判例学習・刑事訴訟法 [第3版]

葛野尋之・中川孝博・渕野貴生 編
Kuzuno Hiroyuki, Nakagawa Takahiro & Fuchino Takao

法律文化社

第3版はしがき

　本書第2版の出版から、6年を経て、第3版を世に送ることができた。刑事訴訟法の学修において、判例を学ぶことの重要性は高い。利用者が本書をフルに活用してくれることを願っている。

　第3版に向けた準備を開始したのは、2019年夏のことであった。出版までには2年近くを要したことになる。この間、新たな重要判例も現れたし、また、編者のあいだには、学部・法科大学院における授業を通じて、素材となる判例を差し替えた方が良いのではないかとの意見もあったので、それらを反映させて、結果的に、第2版からかなり多くの判例を入れ替えることとなった。また、新たな執筆者4名に参加してもらった。この機会に、担当する執筆者を入れ替えた判例も多い。準備開始から出版までに長い時間を要したのは、改訂が大規模なものになったからである。

　本書の狙い、執筆方針などは、「第2版はしがき」において述べられたものから変わっていない。

　第3版の準備段階から執筆、編集、校正を経て出版に至るまで、法律文化社・梶原有美子氏にお世話になった。感謝申し上げる。

2021年3月14日

葛野尋之・中川孝博・渕野貴生

　本書は、学部や法科大学院の授業・ゼミなどにおいて、刑事訴訟法を本格的に学習する人が、リーディング・ケースとなり、あるいは重要論点について意味ある判断を行った基本判例について理解することができるよう、その論点と結論、事案の概要、裁判所による法の解釈、法の適用、そして刑訴法研究者による解説をまとめたものである。

　個々の判例を学習する際には、なぜ裁判所が刑訴法の条文をそのように解釈したのか、そのような解釈にどのような意義があるのかという点を意識することが重要である。そして、それらの点を理解するには、具体的事実がどのような法的問題を提起していたのか、裁判所の条文解釈によって打ち立てられたより具体的な「法規範」がどのように具体的事実に適用されたのか、という点と結びつけながら、「条文―規範―事実への適用」三者の相互関係のなかで判例を理解することが有用である。本書初版は、判例についてのこのような立体的な学習を行うための教材を提供することを目的として作成された。そのために、裁判所が行った法の適用（あてはめ）についてもできるだけ原文をそのまま載せ、コメントは、極力、判例の真意を理解するための解説に徹することとした。

　本書初版が意図したところは、さいわい多くの読者に受け入れられ、判例学習のための教材として高い評価をいただいた。他方、裁判員制度の施行や新たな刑事司法改革の動きとも連動して、判例においても、次々と重要な判断が積み重ねられており、これらの新判例のフォローアップが必要になってきた。また、既存の項目・判例についても、その後の下級審裁判例の集積を踏まえて解説を加えるべきところも少なくない。さらに、初版発行当初より、解説をより深化させ、発展させたいという意見が、執筆陣から寄せられていた。そこで、初版発行からちょうど５年が経過した機会に、版を改めることとした。

　第２版では、10項目について新規に項目を起こし、３項目について判例を差し替えた。同時に、理論的には重要であるが、現時点では、判例規範として取り上げて解説するまでの重要性はなくなったと考えられる９項目については、教科書等の説明に譲り、第２版では取り上げないこととした。その結果、項目は１つ増えて102項目となった。また、既存の判例を引き継いだ項目についても、すべての項目にわたって解説をブラッシュアップしている。なお、新規・差し替え判例についても、各判例の解説の執筆にあたっては、原稿を皆で検討する機会を持ち、徹底的な議論に基づいて執筆担当者の責任で修正を行ったうえで執筆していること、最終的には執筆担当者が文責を負っていることは、初版と変わらない。判例の「名前」については、引き続き、三井誠編『判例教材・刑事訴訟法〔第５版〕』（東京大学出版会、2015年）によっている。

　以上のような作業を経て編まれた第２版は、項目としても解説内容としても、一層深化し、アップ・トゥ・デートされたものと考えている。手間のかかる改訂作業にご協力いただいた"チーム判例学習"

の皆さんに心より感謝申し上げる。

　最後に、改訂の企画段階から、執筆、校正に至るまで、行き届いた助言を与えてくれるとともに、要所要所で自由奔放な執筆陣の手綱を引き締め、刊行にまで漕ぎつけてくれた法律文化社担当編集者の掛川直之氏に深く感謝申し上げる。

2015年7月2日
葛野尋之・中川孝博・渕野貴生

目　次

第 3 版はしがき

第 2 版はしがき

I　捜査の意義

1　任意処分における有形力行使 ……………………………… 001
　　岐阜呼気検査拒否事件［最 3 小決昭和51年 3 月16日］

2　おとり捜査の適法性 ………………………………………… 005
　　大阪大麻所持おとり捜査事件［最 1 小決平成16年 7 月12日］

3　写 真 撮 影 …………………………………………………… 010
　　京都カード強取強盗殺人事件［最 2 小決平成20年 4 月15日］

4　秘 密 録 音 …………………………………………………… 014
　　三里塚闘争会館事件［千葉地判平成 3 年 3 月29日］

5　宿泊をともなう取調べ ……………………………………… 017
　　高輪グリーンマンション事件［最 2 小決昭和59年 2 月29日］

6　職務質問継続のための有形力行使 ………………………… 022
　　瑞穂町ラブホテル覚せい剤所持事件［最 1 小決平成15年 5 月26日］

7　職務質問にともなう所持品検査 …………………………… 027
　　米子銀行強盗事件［最 3 小判昭和53年 6 月20日］

8　職務質問・任意同行要求のための留置き ………………… 031
　　会津若松採尿事件［最 3 小決平成 6 年 9 月16日］

II　対物的強制処分

9　差押え対象物の範囲 ………………………………………… 036
　　大阪南賭博場開張事件［最 1 小判昭和51年11月18日］

10　捜索・差押え令状執行中の写真撮影 ……………………… 039
　　田端押収物写真撮影事件［最 2 小決平成 2 年 6 月27日］

11　電磁的記録物の差押え ……………………………………… 042
　　オウム真理教越谷アジト捜索事件［最 2 小決平成10年 5 月 1 日］

12　報道機関に対する捜索・押収 ……………………………… 044
　　博多駅事件［最大決昭和44年11月26日］

13　差押え対象物の概括的記載 ………………………………… 049
　　都教組事件［最大決昭33年 7 月29日］

14　捜索場所の範囲 ……………………………………………… 050
　　大阪ボストンバッグ捜索事件［最 1 小決平成 6 年 9 月 8 日］

15　捜索令状の呈示と立入り …………………………………… 053
　　京都五条警察署マスターキー事件［最 1 小決平成14年10月 4 日］

16 逮捕着手前の捜索・差押え ··· 055
　　大阪西成ヘロイン所持事件［最大判昭和36年6月7日］

17 逮捕場所から移動したうえでの身体捜索 ·· 058
　　和光大学内ゲバ事件［最3小決平成8年1月29日］

18 検証令状による電話傍受 ··· 062
　　旭川覚せい剤事件［最3小決平成11年12月16日］

19 宅配物のエックス線検査 ··· 066
　　大阪宅配便エックス線検査事件［最3小決平成21年9月28日］

20 GPS捜査の適法性 ··· 071
　　大阪連続窃盗GPS捜査事件［最大判平成29年3月15日］

21 強制採尿 ·· 078
　　江南警察署採尿事件［最1小決昭和55年10月23日］

III　対人的強制処分

22 勾留場所と取調べの違法性 ·· 084
　　引野口事件［福岡地小倉支判平成20年3月5日］

23 現行犯逮捕の適法性／逮捕の違法と勾留請求の違法 ························· 089
　　西ノ京恐喝未遂事件［京都地決昭和44年11月5日］

24 勾留の要件 ··· 095
　　京都地下鉄烏丸線痴漢事件［最1小決平成26年11月17日］

25 別件逮捕・勾留と余罪取調べの限界 ·· 098
　　浦和パキスタン人放火事件［浦和地判平成2年10月12日］

26 再逮捕・再勾留の可否 ··· 103
　　養育院前派出所爆弾事件［東京地決昭和47年4月4日］

IV　被疑者の防御手段

27 接見指定の合憲性・適法性 ·· 108
　　安藤・斎藤事件［最大判平成11年3月24日］

28 逮捕直後の初回接見の申出に対する接見指定の適法性 ····················· 115
　　第二内田事件［最3小判平成12年6月13日］

29 起訴後の余罪捜査と接見指定 ··· 118
　　水戸収賄事件［最1小決昭和55年4月28日］

30 秘密接見の保障範囲 ··· 120
　　富永事件［福岡高判平成23年7月1日］

31 接見時の写真撮影 ·· 127
　　竹内事件［東京高判平成27年7月9日］

32 起訴後の被告人取調べ ··· 132
　　秋田スリ事件［最3小決昭和36年11月21日］

V　公　訴

33 公訴権濫用 ··· 135
　　チッソ水俣病被害補償傷害事件［最1小決昭和55年12月17日］

34 一部起訴 ·· 139
　　西明寺業務上横領事件［最大判平成15年4月23日］

35 起訴状への証拠の添付引用と予断排除原則 ················ 142
　　宇和島生糸恐喝事件［最3小判昭和33年5月20日］

36 公訴時効の起算点 ·· 146
　　チッソ水俣病刑事事件［最3小決昭和63年2月29日］

Ⅵ 訴　因

37 訴因の特定 ·· 150
　　大阪傷害包括一罪事件［最1小決平成26年3月17日］

38 覚せい剤使用の訴因の特定 ································ 156
　　広島吉田町覚せい剤使用事件［最1小決昭和56年4月25日］

39 訴因変更の要否の基準 ···································· 160
　　青森保険金目的放火・口封じ殺人事件［最3小決平成13年4月11日］

40 訴因と異なる過失態様を認定する場合の訴因変更の要否 ···· 167
　　鴨川町業過事件［最3小判昭和46年6月22日］

41 縮 小 認 定 ·· 172
　　福岡前夫殺害事件［福岡高判平成20年4月22日］

42 訴因変更の可否—公訴事実の同一性の判断基準 ············ 178
　　自動車運転免許試験汚職事件［最2小決昭和53年3月6日］

43 覚せい剤使用罪における訴因変更の可否 ·················· 181
　　栃木茨城覚せい剤使用事件［最3小決昭和63年10月25日］

44 訴因変更の時機的限界 ···································· 184
　　沖縄復帰要求デモ事件［福岡高那覇支判昭和51年4月5日］

45 訴因変更を促す求釈明と変更命令 ························ 188
　　日大闘争事件［最3小判昭和58年9月6日］

Ⅶ 公判準備手続

46 公判前整理手続における証拠開示 ························ 191
　　偽1万円札行使事件［最3小決平成19年12月25日］

47 公判前整理手続を経た後の訴因変更 ······················ 196
　　世田谷進路変更事件［東京高判平成20年11月18日］

48 公判前整理手続における主張明示義務の範囲 ·············· 201
　　福井強盗致傷事件［名古屋高金沢支判平成20年6月5日］

49 公判前整理手続を経た事件と被告人質問の制限 ············ 205
　　和歌山当たり屋事件［最2小決平成27年5月25日］

Ⅷ 公判手続

50 保釈要件の解釈 ·· 210
　　LED照明詐欺事件［最1小決平成26年11月18日］

51 保釈と余罪 ·· 214
　　大分保釈許可取消事件［最3小決昭和44年7月14日］

52 弁護人の義務 ……………………………………………………………… 216
　　栃木最終弁論事件［最 3 小決平成17年11月29日］

53 共同被告人の証人適格 …………………………………………………… 219
　　たばこ専売法違反共謀事件［最 2 小判昭和35年 9 月 9 日］

54 迅速な裁判 ………………………………………………………………… 221
　　高田事件［最大判昭和47年12月20日］

55 証人の保護と裁判公開・証人審問権 …………………………………… 225
　　愛知筋違い意趣返し強姦事件［最 1 小判平成17年 4 月14日］

56 被告人の訴訟能力 ………………………………………………………… 228
　　岡山聴覚障害者窃盗事件［最 3 小決平成 7 年 2 月28日］

57 証人尋問における被害再現写真の利用 ………………………………… 231
　　川口強制わいせつ事件［最 1 小決平成23年 9 月14日］

58 即決裁判手続の合憲性 …………………………………………………… 234
　　業務上横領即決裁判事件［最 3 小判平成21年 7 月14日］

59 裁判員裁判の合憲性 ……………………………………………………… 238
　　千葉ダイヤモンド事件［最大判平成23年11月16日］

IX 証拠能力①

60 科学鑑定の証拠能力 ……………………………………………………… 242
　　足利幼女殺害事件［最 2 小決平成12年 7 月17日］

61 同種前科による事実認定 ………………………………………………… 246
　　うっぷん解消放火事件［最 2 小判平成24年 9 月 7 日］

62 伝聞の意義① ……………………………………………………………… 249
　　米子強姦致死事件［最 2 小判昭和30年12月 9 日］

63 伝聞の意義② ……………………………………………………………… 252
　　東京飯場経営者恐喝事件［東京高判昭和58年 1 月27日］

64 供述不能要件のあてはめ ………………………………………………… 254
　　群馬死体遺棄事件［東京高判平成22年 5 月27日］

65 退去強制と検察官面前調書 ……………………………………………… 257
　　タイ人女性管理売春事件［最 3 小判平成 7 年 6 月20日］

66 相反供述要件のあてはめ ………………………………………………… 261
　　高松放火詐欺事件［最 2 小決昭和32年 9 月30日］

67 検証立会人の供述 ………………………………………………………… 265
　　犯行被害再現実況見分調書事件［最 2 小決平成17年 9 月27日］

68 再伝聞供述の証拠能力 …………………………………………………… 267
　　福原村放火未遂事件［最 3 小判昭和32年 1 月22日］

69 特 信 書 面 ………………………………………………………………… 270
　　ロッキード事件児玉・小佐野ルート事件［東京地決昭和53年 6 月29日］

70 証拠とすることの同意 …………………………………………………… 272
　　大阪西成覚せい剤所持事件［大阪高判平成 8 年11月27日］

71 証明力を争う証拠 ………………………………………………………… 274
　　東住吉事件［最 3 小判平成18年11月 7 日］

X 証拠能力② ────────────────────────────

72 余罪と量刑 ··· 277
   リベンジポルノ事件［東京高判平成27年2月6日］

73 違法収集証拠の証拠能力① ·················· 285
   大阪天王寺覚せい剤所持事件［最1小判昭和53年9月7日］

74 違法収集証拠の証拠能力② ·················· 289
   奈良生駒覚せい剤使用事件［最2小判昭和61年4月25日］

75 違法収集証拠の証拠能力③ ·················· 291
   大津違法逮捕事件［最2小判平成15年2月14日］

76 違法収集証拠の証拠能力④ ·················· 294
   札幌おとり捜査事件［札幌地決平成28年3月3日］

77 国際捜査共助による供述調書の証拠能力 ········ 300
   福岡一家殺害事件［最1小判平成23年10月20日］

78 約束による自白 ····························· 303
   児島税務署収賄事件［最2小判昭和41年7月1日］

79 偽計による自白 ····························· 307
   旧軍用拳銃不法所持事件［最大判昭和45年11月25日］

80 黙秘権不告知と自白の任意性 ················ 311
   いわき市覚せい剤譲受け幇助事件［浦和地判平成3年3月25日］

81 接見制限と自白 ····························· 316
   茨城県会議長選挙贈収賄事件［最2小決平成元年1月23日］

82 違法取調べと自白の証拠能力 ················ 320
   ロザール事件［東京高判平成14年9月4日］

83 反復自白の証拠能力 ························· 323
   神戸クラブ従業員宅放火事件［最3小判昭和58年7月12日］

84 自白から派生した証拠物の証拠能力 ·········· 327
   不逮捕等約束事件［東京高判平成25年7月23日］

85 取調べ記録媒体の実質証拠としての利用の可否 ··· 332
   千葉DVD証拠請求事件［東京高判平成28年8月10日］

XI 補強法則 ────────────────────────────

86 補強の範囲 ································· 338
   鳥栖無免許運転事件［最1小判昭和42年12月21日］

87 共犯者の自白 ······························· 342
   広島保険金騙取事件［最1小判昭和51年10月28日］

XII 適正な事実認定 ────────────────────────

88 合理的疑いを差し挟む余地のない証明 ········ 345
   TATP殺人未遂事件［最1小決平成19年10月16日］

89 情況証拠による犯罪事実の認定 ·············· 347
   大阪平野区母子殺害放火事件［最3小判平成22年4月27日］

90　択一的認定 ··· 350
　　　紋別生死不明事件［札幌高判昭和61年 3 月24日］

91　厳格な証明と自由な証明 ··· 356
　　　茨城老女誘拐殺人事件［最 1 小決昭和58年12月19日］

XIII　上　　訴

92　無罪判決後の勾留 ··· 357
　　　東電従業員殺人事件［最 1 小決平成12年 6 月27日］

93　控訴審による職権調査の限界 ··· 359
　　　新潟賭博場開張図利事件［最 1 小決平成25年 3 月 5 日］

94　控訴審における事実の取調べ ··· 363
　　　北巨摩郡はみ出し通行事件［最 1 小決昭和59年 9 月20日］

95　書面審理による破棄自判有罪の可否 ·· 365
　　　竜丸密輸出事件［最大判昭和31年 7 月18日］

96　事実誤認の意義 ··· 367
　　　チョコレート缶事件［最 1 小判平成24年 2 月13日］

XIV　裁判の効力

97　一事不再理効の範囲 ··· 370
　　　八王子常習特殊窃盗事件［最 3 小判平成15年10月 7 日］

98　形式裁判の内容的確定力 ··· 375
　　　大阪偽装死亡事件［大阪地判昭和49年 5 月 2 日］

99　破棄判決の拘束力 ··· 378
　　　八海（やかい）事件［最 2 小判昭和43年10月25日］

XV　非常救済手段

100　明白性の意義 ··· 384
　　　財田川事件［最 1 小決昭和51年10月12日］

判例索引
執筆者紹介

凡　例

(1)　判　例

最大判	最高裁判所大法廷判決
最大決	最高裁判所大法廷決定
最判	最高裁判所判決
最決	最高裁判所決定
高判	高等裁判所判決
高支判	高等裁判所支部判決
高決	高等裁判所決定
地判	地方裁判所判決
地支判	地方裁判所支部判決
地決	地方裁判所決定

(2)　判例集

刑集	最高裁判所刑事判例集
民集	最高裁判所民事判例集
集刑	最高裁判所裁判集刑事
集民	最高裁判所裁判集民事
高刑判決特報	高等裁判所刑事判決特報
高刑裁判特報	高等裁判所刑事裁判特報
高刑集	高等裁判所刑事判例集
下刑集	下級裁判所刑事裁判例集
刑月	刑事裁判月報
訟月	訟務月報
裁時	裁判所時報
判時	判例時報
判タ	判例タイムズ

任意処分における有形力行使

📖 岐阜呼気検査拒否事件

最 3 小決昭和51［1976］年 3 月16日刑集30巻 2 号187頁【LEX/DB24005402】

〈関連判例〉

最 1 小決昭和29［1954］年 7 月15日刑集 8 巻 7 号1137頁【24002040】
最 1 小判昭和53［1978］年 6 月20日刑集32巻 4 号670頁【27682160】［米子銀行強盗事件］〔本書 7〕
最 2 小決昭和59［1984］年 2 月29日刑集38巻 3 号479頁【24005947】［高輪グリーンマンション事件］〔本書 5〕
最 3 小決平成 6［1994］年 9 月16日刑集48巻 6 号420頁【27825712】［会津若松採尿事件］〔本書 8〕
最 3 小決平成11［1999］年12月16日刑集53巻 9 号1327頁【28045259】［旭川覚せい剤事件］〔本書18〕
最 1 小決平成15［2003］年 5 月26日刑集57巻 5 号620頁【28085438】［瑞穂町ラブホテル覚せい剤所持事件］〔本書 6〕
最 2 小決平成20［2008］年 4 月15日刑集62巻 5 号1398頁【28145280】［京都カード強取強盗殺人事件］〔本書 3〕
最 3 小決平成21［2009］年 9 月28日刑集63巻 7 号868頁【25441230】［大阪宅配便エックス線検査事件］〔本書19〕
最大判平成29［2017］年 3 月15日刑集71巻 3 号13頁【25448527】［大阪連続窃盗 GPS 捜査事件］〔本書20〕

1 事実の概要

被告人は、昭和48年 8 月31日午前 4 時10分ころ、岐阜市内路上で、酒酔い運転のうえ、道路端に置かれたコンクリート製のごみ箱などに自車を衝突させる物損事故を起こした。被告人は、間もなくパトロールカーで事故現場に到着したＡ、Ｂ両巡査から、運転免許証の提示とアルコール保有量検査のための風船への呼気の吹き込みを求められたが、いずれも拒否したので、両巡査は、道路交通法違反の被疑者として取り調べるために被告人をパトロールカーで警察署へ任意同行し、午前 4 時30分ころ同署に到着した。

被告人は、当日午前 1 時ころから 3 時間ほど飲酒した後、軽四輪自動車を運転して帰宅の途中に事故を起こしたもので、その際、顔は赤くて酒のにおいが強く、身体がふらつき、言葉も乱暴で、外見上酒に酔っていることがうかがわれた。

被告人は、両巡査から警察署内の通信指令室で取調べを受け、運転免許証の提示要求にはすぐに応じたが、呼気検査については、道路交通法の規定に基づくものであることを告げられたうえ再三説得されてもこれに応じず、午前 5 時30分ころ被告人の父が両巡査の要請で来署して説得したものの聞き入れず、かえって反抗的態度に出たため、父は、説得をあきらめ、母が来れば警察の要求に従う旨の被告人の返答を得て、自宅に呼びに戻った。

両巡査は、なおも説得をしながら、被告人の母の到着を待っていたが、午前 6 時ころになり、被告人からマッチを貸してほしいといわれて断ったとき、

被告人が「マッチを取ってくる。」といいながら急に椅子から立ち上がって出入口の方へ小走りに行きかけたので、Ａ巡査は、被告人が逃げ去るのではないかと思い、被告人の左斜め前に近寄り、「風船をやってからでいいではないか。」といって両手で被告人の左手首をつかんだところ、被告人は、すぐさま同巡査の両手を振り払い、その左肩や制服の襟首を右手でつかんで引っ張り、左肩章を引きちぎったうえ、右手拳で顔面を 1 回殴打し、同巡査は、その間、両手を前に出して止めようとしていたが、被告人がなおも暴れるので、これを制止しながら、Ｂ巡査と 2 人でこれを元の椅子に腰かけさせ、その直後、公務執行妨害罪の現行犯人として逮捕した。

被告人は、道路交通法違反（酒酔い運転）および公務執行妨害で起訴された。第一審（岐阜地判昭49・4・6）は、Ａ巡査による制止行為は、任意捜査の限界を超え、実質上被告人を逮捕するのと同様の効果を得ようとする強制力の行使であって、違法であるから、公務執行妨害罪にいう公務にあたらないうえ、被告人にとっては急迫不正の侵害であるから、これに対し被告人が暴行を加えたことは、行動の自由を実現するためにしたやむをえないものというべきであり、正当防衛として暴行罪も成立しない、と判示した。検察官の控訴を受けて控訴審（名古屋高判昭49・12・19）は、Ａ巡査が被告人の左斜め前に立ち、両手でその左手首をつかんだ行為は、その程度もさほど強いものではなかったから、本件による捜査の必要性、緊急性に照らすときは、呼気検査の拒否に対し翻意を促すための説得手段として客

観的に相当と認められる実力行使というべきであり、また、その直後にA巡査がとった行動は、被告人の粗暴な振舞いを制止するためのものと認められるので、同巡査のこれらの行動は、被告人を逮捕するのと同様の効果を得ようとする強制力の行使にあたるということはできず、かつ、被告人が同巡査の両手を振り払った後に加えた暴行は、反撃ではなくて新たな攻撃と認めるべきであるから、被告人の暴行はすべてこれを正当防衛と評価することができない、と判示した。被告人側が上告。最高裁判所は、以下のように判断して上告を棄却した。

2 法の解釈と適用①
● 法の解釈 ●●
「捜査において強制手段を用いることは、法律の根拠規定がある場合に限り許容されるものである。しかしながら、ここにいう強制手段とは、有形力の行使を伴う手段を意味するものではなく、個人の意思を制圧し、身体、住居、財産等に制約を加えて強制的に捜査目的を実現する行為など、特別の根拠規定がなければ許容することが相当でない手段を意味するものであって、右の程度に至らない有形力の行使は、任意捜査においても許容される場合があるといわなければならない」。

● 法の適用 ●●
「出入口の方へ向かった被告人の左斜め前に立ち、両手でその左手首を摑んだ」というA巡査の行為は、「呼気検査に応じるよう被告人を説得するために行われたものであり、その程度もさほど強いものではないというのであるから、これをもって性質上当然に逮捕その他の強制手段にあたるものと判断することはできない」。

3 法の解釈と適用②
● 法の解釈 ●●
「強制手段にあたらない有形力の行使であっても、何らかの法益を侵害し又は侵害するおそれがあるのであるから、状況のいかんを問わず常に許容されるものと解するのは相当でなく、必要性、緊急性なども考慮したうえ、具体的状況のもとで相当と認められる限度において許容される」。

● 法の適用 ●●
A巡査の上記行為は、「酒酔い運転の罪の疑いが濃厚な被告人をその同意を得て警察署に任意同行して、被告人の父を呼び呼気検査に応じるよう説得を

つづけるうちに、被告人の母が警察署に来ればこれに応じる旨を述べたのでその連絡を被告人の父に依頼して母の来署を待っていたところ、被告人が急に退室しようとしたため、さらに説得のためにとられた抑制の措置であって、その程度もさほど強いものではないというのであるから、これをもって捜査活動として許容される範囲を超えた不相当な行為ということはできず、公務の適法性を否定することができない」。

4 コメント
（1）被疑者取調べ中に身体への有形力行使があった事案で、任意処分としての適法性について判断されたリーディング・ケースである。任意処分としての適法性は、2段階の判断を経る。第1は、当該処分が強制処分か任意処分かという切り分けをする段階で、上記「法の解釈と適用①」にあたる部分である。強制処分を定義づけるのは、一定の強度を有するそのような処分はその侵害性のゆえに、民主的統制（法定）を及ぼすことによって人権保障を全うする必要があり、逆にそのような統制を及ぼさなければならないような処分とはどのようなものかを明らかにする必要もあるからである。ここで強制処分だとされた場合はさらに、現行法に規定されている強制処分であるが法定の手続を履践していないもの（憲法33条・35条とそれを受けた刑訴法所定の手続規定に係る令状主義違反）と、現行法に規定されていない強制処分であってそもそも許されないもの（197条1項ただし書に係る強制処分法定主義違反）とに分かれる。

第2は、当該処分が強制処分ではなく任意処分であるとして、その任意処分が許容されるものであるかを判断する段階（197条1項本文「その目的を達するため必要な取調」であったかの問題）であり、上記「法の解釈と適用②」がそれである。任意処分であるとはいえ、そこに一定の法益侵害の可能性があるならば、その可能性を最小化すべく統制したほうが捜査比例原則にかなう。有形力行使に代表されるような被処分者と相対する場面にあって任意捜査の限界が問題となる事案では、事案の特性に由来する表現の差異は認められるものの、適法性判断のための基本枠組みとしては、本決定の規範を採用ないし援用しているといってよい（任意取調べにつき最決昭59・2・29［高輪グリーンマンション事件］〔本書5〕、職務質問時の有形力行使につき最決平15・5・26［瑞穂

町ラブホテル覚せい剤所持事件〕〔本書6〕、所持品検査につき最判昭53・6・20〔米子銀行強盗事件〕〔本書7〕、留め置きにつき最決平6・9・16〔会津若松採尿事件〕〔本書8〕を参照）。

　(2)　このうち第1段階については、強制処分法定主義に係る法197条1項ただし書の解釈適用に関わるが、従前、「直接的な有形力を行使する場合が強制処分でそれ以外は任意処分」という考え方（有形力基準）が唱えられていた。これに対しては、2つの方向からの批判があった。すなわち、①職務質問や任意捜査の場面で有形力を行使する事案のすべてを強制処分とすることは実務上適当ではないとされ（最決昭29・7・15なども参照）、あるいは、②有形力行使を伴わない処分であっても対象者のプライバシー権など個人的法益を侵害する可能性があり、それらを強制処分の枠外におくことの不当性がいわれてきた。

　本決定は、このうち①について、強制処分の定義を述べる冒頭で「有形力の行使を伴う手段を意味するものではなく」とすることにより、有形力基準を採らない、すなわち有形力行使があるからといって直ちに強制処分となるわけではないことを判示している。そして、本決定は続いて、「個人の意思を制圧し、身体、住居、財産等に制約を加えて強制的に捜査目的を実現する行為など、特別の根拠規定がなければ許容することが相当でない手段を意味するものであって、右の程度に至らない有形力の行使は、任意捜査においても許容される場合があるといわなければならない」と判示している。「個人の意思を制圧」して「身体、住居、財産等」に実質的な「制約を加え」る行為は、それとして「強制的に捜査目的を実現する行為」であると評価できるから、「特別の根拠規定がなければ許容することが相当でない手段」すなわち強制処分となると理解できる。

　ここで、「個人の意思を制圧」することと、「身体、住居、財産等に制約を加えて強制的に捜査目的を実現する行為」との関係が問題となる。有形力行使など被処分者と相対している場合についてみると、「身体、住居、財産等に」実質的な「制約を加え」ることは（真意の承諾があれば格別）「個人の意思を制圧」する形でなければ果たせず、逆に、ある処分が「個人の意思を制圧」する程度に至っていないと評価できるならば、「身体、住居、財産等に」実質的な「制約を加え」るものとはいえない（上記判示でいえば「右の程度に至らない有形力の行使」し

かなされていない）から、強制処分ではない（「任意捜査においても許容される場合がある」）ということになる（この考え方によれば、「個人の意思制圧」と「身体、住居、財産等［への］制約」は連動することになる）。

　本決定が、具体的な有形力行使があった事案について、「個人の意思を制圧し、身体、住居、財産等に制約を加えて」と判示したことから、その射程は、有形力行使事案（ないし被処分者と相対する場面を看取できる事案）に限られるとの理解もあった。他方で、上記②の批判になるが、「個人の意思を制圧」するような、「身体、住居、財産等」といった目に見えるものへの実質的な「制約を加え」る場面を現実に看取することができなくとも、強制処分と評価されるべきものがあって、本決定の規範はそこにも及ぶのではないか、という見解も示されていた。

　その後、最決平11・12・16〔旭川覚せい剤事件〕〔本書18〕では、「電話傍受は、通信の秘密を侵害し、ひいては、個人のプライバシーを侵害する強制処分である」とし、最決平21・9・28〔大阪宅配便エックス線検査事件〕〔本書19〕は、事案のエックス線検査について「その射影によって荷物の内容物の形状や材質をうかがい知ることができる上、内容物によってはその品目等を相当程度具体的に特定することも可能であって、荷送人や荷受人の内容物に対するプライバシー等を大きく侵害するものであるから、検証としての性質を有する強制処分に当たるものと解される」とした。両者は、被処分者と相対する場面を想定しない秘匿捜査に係る事案であるが、いずれも、本決定を参照することなく、「個人の意思制圧」の如何については言及しないまま、「身体・住居・財産」には含まれないプライバシー（等）への侵害を理由に強制処分性を肯定している（なお、写真・ビデオ撮影について〔本書3〕参照）。そのためこれらは、本決定の射程を狭く解する見解を補強する判例群であるようにも思われた。

　ところが、同じく秘匿捜査事案である最大判平29・3・15〔大阪連続窃盗GPS捜査事件〕〔本書20〕は、当該事案のGPS捜査について、本決定を参照しつつ「個人のプライバシーの侵害を可能とする機器をその所持品に秘かに装着することによって、合理的に推認される個人の意思に反してその私的領域に侵入する捜査手法であるGPS捜査は、個人の意思を制圧して憲法の保障する重要な法的利益を侵害

するものとして、刑訴法上、特別の根拠規定がなければ許容されない強制の処分に当たる」と判示した。有形力行使などのない秘匿捜査事案において同判決は、「合理的に推認される個人の意思に反して」なされたものといえるかという評価をすることによって、「個人の意思を制圧」したか否かを判断することにしたのである。また、同判決には、GPS捜査の強制処分性を確認するにあたり「憲法の保障する重要な法的利益を侵害するもの」と述べる部分がある。本決定の「身体、住居、財産等に制約を加え」るという表現は、有形力行使に代表される制約場面を可視的に把握できる事案に即したものであって、その把握ができない秘匿捜査事案を扱った同判決では、そこを「憲法の保障する重要な法的利益を侵害するもの」と表現したと理解できる。そこで「重要な」としているのは、ある法益への侵害が強度で法定することによる保護を与えるべきほどに「重要な」ものかどうかを問題とする趣旨であり、その意味では類型的に判断されるものであって、そのような法益侵害があるときに事案ごとに「重要な」ものかどうかが決まるという性質のものではない。

　このように、最大判平29・3・15に至って、本決定の強制処分に係る定義の射程は、秘匿捜査の事案にまで及ぶことが明らかとなった。そうすると、本決定のいう「個人の意思を制圧」する侵害とは、最大判平29・3・15のいう「個人の意思に反して」なされる「重要な法的利益を侵害する」ものと同義といえるし、逆にいえば、その「個人の意思に反して」なされた侵害であると「合理的に推認」できれば、そこから直ちに「個人の意思を制圧して」なされた侵害といえるのであって、現に「意思を制圧」するに至ったかどうかを改めて問題とする必要はない（「個人の意思に反しているが、制圧はされていない」といったような認定を許さない）というべきであろう。

　いずれにせよ、この第一段階の強制処分であるか否かは、「個人の意思を制圧し、身体、住居、財産等に制約を加えて強制的に捜査目的を実現する行為」であったか否かについて、被侵害利益・権利の内容や重要性、処分の態様・強度（制約の程度）といった要素から類型的に判断される。つまり、事案ごとではあるが、この第一段階では、当該類型において任意処分と強制処分との分水嶺となる絶対的ラインがあって、当該処分がそのラインを超えている

か否かを判断することに尽きるのであって、後述する第二段階の判断でされるような、事件の重大性など当該処分の必要性や緊急性を勘案したり、それに応じた相当な処分であったかを測るような比較衡量をしたりするのではない。本件についていえば、本件の推移を経て「出入口の方へ向かった被告人の左斜め前に立ち、両手でその左手首を摑んだ」というＡ巡査の行為が、強制処分ラインを超えていたか否かが問題となり、「呼気検査に応じるよう被告人を説得するために行われたものであり、その程度もさほど強いものではないというのであるから、これをもって性質上当然に逮捕その他の強制手段にあたるものと判断することはできない」とされた。ここで「被告人を説得するため」とは、当該処分の目的や必要性を言ったものではなく、処分の態様を表したもので、「その程度もさほど強いものではない」という処分の強度に係る認定と相まって、法益侵害の程度が低いことを示したものである。その程度の侵害であれば「個人の意思を制圧」して「身体……に制約を加え」るような処分とはいえない、として強制処分性が否定されたのである。

　本決定のこの認定を前提とするならば、このような態様・強度の処分であれば、当該処分の必要性・緊急性の点がどのようなものであれ、強制手段にはあたらないと判断されることになる（本決定が「性質上当然に」とするのはそういった趣旨であり、それが「類型的判断をする」ということの意味である）。

(3)　それに対して、その第１段階で強制処分ではなく任意処分であると判断され、引き続いて任意処分としての許容性を判断しようとする第２段階では、その判断構造を異にする（なお、任意処分としての適法性が論点となる判例・裁判例では、この２段階の判断が順を追って明記されているとは限らないことに注意が必要である。例えば、第１段階が省略されているようにみえる判例等においても、その第１段階については黙示的に判断されていると理解したほうがよかろう。この点につき〔本書３〕および〔本書５〕～〔本書８〕参照）。有形力基準を放棄したことから「強制手段にあたらない有形力の行使」が観念されることになり、それは「何らかの法益を侵害し又は侵害するおそれがある」ものであることから、「状況のいかんを問わず常に許容されるものと解するのは相当でな」いとの判断の下、「必要性、緊急性なども考慮したうえ、具体的状況のもとで相当と認められる限度において許容される」。ここでは、事案

の具体的状況から導出された、当該事案において一定の処分を行う必要性および緊急性と、現に取られた手段の内容・強度等によってなされた法益侵害との間で比較衡量をする。ここで、必要性・緊急性・相当性の３つを並列にあげて、必要性・緊急性と相当性との比較衡量をするといった理解をする向きがあるが、この「相当性」の使い方には問題がある。つまり、当該処分を行うべき必要性および緊急性に照らして、その必要性・緊急性に見合う程度の法益侵害にとどまるような相当な手段が取られていたかを判断するということを意識しなければならない。

　比較衡量であるから、同程度の必要性・緊急性が認められるときには、被侵害法益の如何、手段の内容・強度の如何によって任意処分としての適法性が判断される。逆に、手段の内容・強度が同じようなものであったとしても、そのような手段をとるべき必要性・緊急性がその事案で高いと認められれば適法の方向に、それが認められなければ違法の方向に判断されることになる。本件では、「酒酔い運転の罪の疑いが濃厚な被告人」がいて、その場で呼気検査をしなければならない必要性があるところ、同人を「その同意を得て警察署に任意同行して、被告人の父を呼び呼気検査に応じるよう説得をつづけるうちに、被告人の母が警察署に来ればこれに応じる旨を述べたのでその連絡を被告人の父に依頼して母の来署を待っていた」という時間が過ぎていく状況の中で、「被告人が急に退室しようとした」。退室を許してさらに時間が経過すると体内からアルコールが消失して呼気検査をする意味が失われるため、その

場で速やかに呼気検査をすべき緊急性が認められる。これらの状況から、「さらに説得のために……抑制の措置」をとるべき必要性・緊急性があると認定できる。他方、そこで取られた手段（「出入口の方へ向かった被告人の左斜め前に立ち、両手でその左手首を摑んだ」という身体の自由を被侵害法益とする行為）は、「その同意を得て警察署に任意同行して、被告人の父を呼び呼気検査に応じるよう説得をつづけるうちに、被告人の母が警察署に来ればこれに応じる旨を述べたのでその連絡を被告人の父に依頼して母の来署を待っていた」、すなわち、任意同行から継続的説得と母の来所待ちという穏やかな経過の末に「説得のためにとられた抑制の措置であって、その程度もさほど強いものではない」というのであるから、そこでの法益侵害の態様は悪くなく、程度も強くないと評価できる。そのような緊急の必要性と、法益侵害の内容との比較衡量の結果として、当該処分は「捜査活動として許容される範囲を超えた不相当な行為ということはでき」ないとされたのである。第２段階の評価においては、「出入口の方へ向かった被告人の左斜め前に立ち、両手でその左手首を摑んだ」行為が相当なものとして適法となるか否かは、その事案における必要性・緊急性がどのようなものであったかに左右されるということに留意が必要である。そのほか、各段階の評価に用いる要素やあてはめ例については、〔本書５〕〜〔本書８〕を参照のこと。

（正木　祐史）

おとり捜査の適法性

📖 大阪大麻所持おとり捜査事件
　最１小決平成16［2004］年７月12日刑集58巻５号333頁【LEX/DB28095520】
　〈関連判例〉
　　最３小決昭和51［1976］年３月16日刑集30巻２号187頁　　　【24005402】［岐阜呼気検査拒否事件］〔本書１〕
　　東京高判昭和63［1988］年４月１日判時1278号152頁　　　　【27804918】
　　最３小決平成８［1996］年10月18日判例集未掲載　　　　　　【28080113】
　　札幌地決平成28［2016］年３月３日判時2319号136頁　　　　【25542306】
　　鹿児島地加治木支判平成29［2017］年３月24日判時2343号107頁【25448594】

1 事実の概要
　被告人は、あへんの営利目的輸入や大麻の営利目

的所持等の罪により懲役６年等に処せられた前科のある外国人で、大阪刑務所で服役したが、服役中に

同刑務所に服役していた捜査協力者と知り合った。被告人は服役後、退去強制手続により本国に帰国し、その後、偽造パスポートを用いて再び日本に不法入国した。

捜査協力者は、自分の弟が被告人の依頼に基づき大麻樹脂を運搬したことによりタイ国内で検挙されて服役するところとなったことから、被告人に恨みを抱くようになり、平成11年中に２回にわたり、近畿地区麻薬取締官事務所に対し、被告人が日本に薬物を持ち込んだ際は、逮捕するように求めた。

被告人は、平成12年２月26日ころ、捜査協力者に対し、大麻樹脂の買手を紹介してくれるように電話で依頼したところ、捜査協力者は、大阪であれば紹介できると答えた。この電話があるまで、捜査協力者から被告人に対しては、大麻樹脂の取引に関する働き掛けはなかった。捜査協力者は、同月28日、近畿地区麻薬取締官事務所に対し、電話の内容を連絡した。同事務所は、捜査協力者の情報によっても、被告人の住居や立ち回り先、大麻樹脂の隠匿場所等を把握することができず、他の捜査手法によって証拠を収集し、被告人を検挙することが困難であったことから、おとり捜査を行うことを決めた。同月29日、同事務所の麻薬取締官と捜査協力者とで打合せを行い、翌３月１日に新大阪駅付近のホテルで捜査協力者が被告人に対し麻薬取締官を買手として紹介することを決め、同ホテルの一室を予約し、捜査協力者から被告人に対し同ホテルに来て買手に会うよう連絡した。

同年３月１日、麻薬取締官は、上記ホテルの一室で捜査協力者から紹介された被告人に対し、何が売買できるかを尋ねたところ、被告人は、今日は持参していないが、東京に来れば大麻樹脂を売ることができると答えた。麻薬取締官は、自分が東京に出向くことは断り、被告人の方で大阪に持って来れば大麻樹脂２kgを買い受ける意向を示した。そこで、被告人がいったん東京に戻って翌日に大麻樹脂を上記室内に持参し、改めて取引を行うことになった。その際、麻薬取締官は、東京・大阪間の交通費の負担を申し出たが、被告人は、ビジネスであるから自分の負担で東京から持参すると答えた。

同月２日、被告人は、東京から大麻樹脂約２kgを運び役に持たせて上記室内にこれを運び入れたところ、あらかじめ捜索差押許可状の発付を受けていた麻薬取締官の捜索を受け、現行犯逮捕された。

被告人は大麻樹脂の営利目的所持などについて起訴された。第一審（大阪地判平13・9・11）は本件おとり捜査の適法性を認めて被告人を有罪とし、控訴審（大阪高判平15・7・7）も、被告人からの控訴を棄却したため、被告人は、おとり捜査の違法性などを争って上告した。最高裁は、以下のように述べて、上告を棄却した。

②法の解釈

「おとり捜査は、捜査機関又はその依頼を受けた捜査協力者が、その身分や意図を相手方に秘して犯罪を実行するように働き掛け、相手方がこれに応じて犯罪の実行に出たところで現行犯逮捕等により検挙するものであるが、少なくとも、直接の被害者がいない薬物犯罪等の捜査において、通常の捜査方法のみでは当該犯罪の摘発が困難である場合に、機会があれば犯罪を行う意思があると疑われる者を対象におとり捜査を行うことは、刑訴法197条１項に基づく任意捜査として許容される」。

③法の適用

本件では、「麻薬取締官において、捜査協力者からの情報によっても、被告人の住居や大麻樹脂の隠匿場所等を把握することができず、他の捜査手法によって証拠を収集し、被告人を検挙することが困難な状況にあり、一方、被告人は既に大麻樹脂の有償譲渡を企図して買手を求めていたのであるから、麻薬取締官が、取引の場所を準備し、被告人に対し大麻樹脂２kgを買受ける意向を示し、被告人が取引の場に大麻樹脂を持参するよう仕向けたとしても、おとり捜査として適法」である。

④コメント

（1）本決定は、おとり捜査が任意処分として適法に行われうる場合があることを認めた初めての最高裁判例である。そのうえで、本決定は、どのような基準（要件）をみたせば、おとり捜査を適法に実施できるのか、という点を明らかにした。

一方、本決定は、要件をみたすおとり捜査はなぜ適法と評価できるのか、逆にいえば、おとり捜査が違法と評価される根拠は何か、という点については明示的には述べていない。おとり捜査の違法性の根拠については、３つの考え方が示されている。第１に、おとり捜査は、本来犯罪を抑制すべき国家が犯罪を作り出そうとしている点で、司法の廉潔性に反する、あるいは手続の公正さを害するという点に違

法性の根拠を見出そうとする考え方がある。そして、おとり捜査に確かにこのような側面があることは否定できない。また、判例の中にも、反対意見中におとり捜査の違法性をこの観点から指摘したものもある（最決平8・10・18）。これに対して、第2に、国家が対象者を通じて犯罪を作り出し、刑事実体法によって保護されるべき法益を侵害することに違法性の根拠を求める考え方もある。この場合、保護されるべき法益とは、被害者が想定される犯罪であれば、個人的法益ということになり、被害者なき犯罪であれば、社会的法益ということになろう。裁判例のなかにも、おとりを使って対象者に銃器を密輸させた事案において、「刑事実体法で保護しようとする法益を国家が自ら危険にさらすという側面も有している」、「犯罪を抑止すべき国家が自ら新たな銃器犯罪を作出し、国民の生命、身体の安全を脅かしたもの」と判示して（札幌地決平28・3・3）、対象者によって行われる犯罪の結果生じる法益侵害の点を違法性を判断するにあたって重視したものがみられる。さらに、第3に、おとりに働きかけられた対象者の公権力から干渉を受けない権利（人格的自律権）を侵害する点に違法性の根拠を求める考え方もある。

　どの考え方にも一長一短があり、また、それぞれの根拠を排他的なものと理解する必要もないから、どの点を重視する説明も可能であろう。以下に、人格的自律権侵害の点を重視する立場に立った場合の説明例を示しておく。

　おとり捜査の違法性の実質は、主として、対象者の人格的自律権に対する侵害に求めることができる。対象者に対する法益侵害の有無、程度という観点から違法性を根拠付けることができれば、おとり捜査に限ってなにゆえに特別の根拠・基準を採用しなければならないのかを説明する必要もなく、他の捜査方法と一律に論じることができるので、他の捜査方法との整合性を取りやすいという利点がある。ところが、おとり捜査は、捜査機関の行為だけで捜査プロセスが完結する写真撮影などの他の捜査方法とは異なり、おとりに働きかけられた被疑者が犯罪行為の実行を決断するという過程を必然的に経る。つまり、最終決断を被疑者の意思決定に依存しているので、捜査機関によって一方的に行動を制約されたとか、私的領域に侵入されたといった現象がみられず、法益侵害・権利侵害が観念しにくいという特徴を有する。それゆえ、おとり捜査の場合は、他の

捜査方法とは切り離して、おとり捜査独自の違法性を説明しなければならないのではないか、という疑問が湧いてくるのである。

　しかしながら、おとり捜査においても、どのような法益を侵害するのか、を具体的に示すことは十分に可能である。すなわち、おとり捜査には、①個人の自由な意思決定にあたって国家から干渉を受けるという側面と、②干渉の内容が、犯罪にかかわりあうことなく平穏、平和に生活する自由を破壊する（悪の道に誘い込まれまいとするために、誘いを振り切ることに要する精神的エネルギーがもたらす精神的・心理的負担を負わなければならない。そもそも誘われなければ、誘惑に打ち克って、断るなどという負担のかかる行動を取らなくてもよかった）という側面とがあり、これらを総じて、個人の尊厳ないし、人格的自律権を侵害していると評価することは可能であろう。なぜなら、もし私たちが、国家によって犯罪を行わないかどうかを不意に試験されて、その試験に合格しないと市民として平穏に暮らせないし、しかも、一度合格してもそれで平穏な市民としての生活が保障されるわけではなく、国家の気まぐれで何度も繰り返し試されるかもしれないとしたら、常に猜疑心に満ちて、怯えながら生きていかなければならず、人格を自由に発展させる権利は著しく制約されると言わなければならないからである。少なくとも、権利というかどうかはともかく、私たちは、国家によって犯罪を行わないかどうか不意に試されない利益があることは否定できず、このような精神的不安定状態に置かれないという法益を法的に保護する必要性は高い。

　このように説明すれば、あとは、最決昭51・3・16の規範を使って、法益侵害の大小に応じて、すべて強制処分にするか、一部強制処分で残りは任意処分にするか、すべて任意処分にするかを判断すればよい。

　(2)　おとり捜査の許容性基準について、判例は、犯意誘発型と機会提供型に分ける伝統的な考え方を踏襲しているようにみえる。一方、このような伝統的基準を主観説と名付け、対象者の主観を判断するから認定が困難と指摘して、おとり捜査の外形を基準に違法性を判断する客観説に立つべきとする考え方もある。しかし、対象者の意思の認定も、実際には、働きかけの手段、態様などから推認していくことになるのだから、結局のところ、判断プロセスは客観説の主張するところと変わらない。であれば、

伝統的な基準をあえて放棄する必要性は乏しいように思われる。

　また、おとり捜査の違法性の根拠をどの点に見出したとしても、許容性基準としては、犯意誘発か機会提供かを基本として判断するものが多い。根拠と基準との関係を整理しておくと、司法の廉潔性論に立つ場合には、犯意誘発型の方が機会提供型よりも、国家が犯罪を創出するという側面が強く、司法の廉潔性を汚す程度が大きいと説明がつく。また、第三者に対する法益侵害を重視する立場からも、犯意誘発型は第三者の法益侵害に対する因果性の強さという点で、国家が犯罪を創出したという面が強く、違法の程度が大きいとする説明が成り立つ。実際、第三者に対する法益侵害の点を違法性の根拠として重視した札幌地決平28・3・3は、捜査官が捜査協力者に対して、「なんでもいいから拳銃を持ってこさせろ」と指示して、拳銃の密輸商人でもなく、それゆえ、もともと銃器犯罪を行う嫌疑もなく、意図も存在しなかった被告人に対して、拳銃の日本への持込みを強く働き掛けたという事例について、「犯意を誘発する強い働きかけ」を行ったもので重大な違法があると判断している。

　さらに、対象者に対する法益侵害性を違法の根拠として重視する場合にも、犯意誘発型は、犯罪の意思がない者に犯罪の意思を作出させるのだから、人格的自律権に対する抑圧の程度は高いのに対して、機会提供型は、犯罪の意思がある者に機会を提供するにすぎないから、人格的自律権に対する抑圧の程度は、相対的に低いと整理することができる。

　いずれにしても、おとり捜査の違法性の根拠についてどの立場に立ったとしても、判例が、機会提供型について任意処分に位置付けたことを無理なく説明できるだろう。ただし、本決定が、法の適用にあたって、働きかけの方法・程度を考慮していることを忘れてはならない。本決定のあてはめは、機会提供型の場合でも働きかけの強さがその適法性に影響しうることを示しているものといえよう。

　(3)　本決定は、おとり捜査のなかで任意処分に分類された行為について、さらに一定の要件を満たした場合に限って適法と評価しうるという判断方法をとっている。この判断方法自体は、任意処分一般の適法性要件について判断した最決昭51・3・16と共通である。ところが、任意処分の適法性について、最決昭51・3・16の規範に従えば、必要性・緊急性を踏まえた相当性を判断することになるはずのところ、

本決定は、独自の規範を立てているようにみえる。そこで、本決定と最決昭51・3・16の規範との間に整合性が取れているのか、疑問が生じるかもしれないので、この点をさらに明確にしておこう。

　結論からいえば、本決定は、一般的規範とは無関係に独自の規範を立てたわけではない。本決定は、あくまで、おとり捜査の場合について、必要性・緊急性・相当性が認められる場合とはどのような場合かをおとり捜査の性質に即して厳格に示したものと理解可能であり、このように理解すれば、全体としての整合性が取れる。たとえば、「直接の被害者がいない薬物犯罪等」という基準は、密行性が高い犯罪という意味で、おとり捜査の必要性を具体化したものと理解できるとともに、同時に、おとりや第三者に被害を生じさせるおそれが少ないという意味で、相当性を具体化したものと理解できる。さらに、補充性要件についても、おとり捜査には、国家が犯罪を作出するという点で手続の公正さを害するという、一般の捜査には見られない特有の違法性が認められることに鑑みて、必要性要件を厳格に絞り込む形で、必要性・緊急性・相当性判断の中に取り込んだとみれば、おとり捜査を最決昭51・3・16の規範のなかで完全に整合的に位置付けることができるだろう。

　ただし、判例が、おとり捜査の許容性基準を捜査一般に使われる必要性・緊急性・相当性で示さず、具体化したことの意味は小さくない。なぜなら、あえて要件を具体的に明示したということは、そこで示された要件について安易な相対化をすることは許さないものとして提示したと理解するのが自然であるからである。したがって、判示の「少なくとも」という文言に過剰な意味を込めるのは、本決定の趣旨に反する。具体的には、犯意誘発型であっても適法になりうる、おとりや第三者に犯罪の被害が生じる危険がある場合でも認められうる、通常の捜査手法で検挙するか、それを保留しておとり捜査を行うかについて捜査官の裁量判断も認めうる、といった拡大解釈を本決定から引き出すことは適切とはいいがたい。

　(4)　おとり捜査に類する捜査として、なりすまし捜査と呼ばれる捜査手法がある。鹿児島地裁加治木支判平29・3・24では、連続車上荒らし事件が発生し、警察が捜査を行ったが、犯人の特定には至っていなかったところ、疑わしい人物として被告人が浮上したため、被告人に対する行動確認を行ったとこ

ろ、被告人が、スーパーマーケットB店駐車場（本件駐車場）付近をよく通り、駐車中の他人の自動車の中をのぞき込んだりする行動が観察されたため、警察が、軽トラックを用意して、本件駐車場に、無人であり、施錠をせず、助手席には発泡酒、食パン2袋、ロールパン5個入り1袋の入ったビニール袋を置き、さらに運転席ドアの窓を12cm、助手席ドアの窓を14cm開けた状態で、本件軽トラックを駐車し、午前1時30分ころから本件駐車場内に張り込んでいたところ、被告人が、自転車に乗って本件駐車場に現れ、本件軽トラックのドアを開けて、発泡酒を手に持って車外に持ち出したため現行犯逮捕したという事案で、なりすまし捜査の適否が問われた。

これに対して、鹿児島地裁加治木支部判決は、おとり捜査は、「相手方に対する犯罪実行の働き掛けを要素とするのに対し、なりすまし捜査ではそのような働き掛けは要素となっておらず、これらの両捜査手法はこの点において区別される。しかし、これらの両捜査手法は、本来犯罪を抑止すべき立場にある国家が犯罪を誘発しているとの側面があり、その捜査活動により捜査の公正が害される危険を孕んでいるという本質的な性格は共通しているから」、本決定が示したおとり捜査の許容要件（＝(1)機会提供型、(2)直接の被害者がいない薬物犯罪等の捜査において、通常の捜査方法では犯罪の摘発が困難）が、有用であるとした。そして、この規範を事案にあてはめ、「被告人には……機会があれば車上狙いを行う意思があるものと疑われるものの、その犯罪傾向は、本件捜査を行わなくても被告人は早晩別の車上狙いを行うはずであるといえるほどに強いものとは思えない」こと、「車上狙いは、被害者の申告等により捜査機関が犯罪の発生をほぼ確実に把握できる種類の犯罪であって、証拠の収集や犯人の検挙が困難な類型ではない」ことなどを指摘して、本件捜査について、任意捜査として許容される範囲を逸脱しており、違法であると結論付けた。

加治木支部判決は、第1に、なりすまし捜査が、違法性の本質の点でおとり捜査と共通していることを正しく見抜き、おとり捜査の規範がなりすまし捜査にも適用可能であることを示した点に大きな意義がある。第2に、一口に機会提供型といっても、被告人がもともと有していた犯意にはさまざまなレベルがあり、犯意が弱ければ、被告人の人格的自律権に対する国家による介入の度合いが増し、国家が犯罪を創出したという性格が強まるから、それだけ「捜

査の必要性やその態様の相当性の判断は、特に慎重な態度でこれを行う必要がある」ことを明示した点でも、重要な意義を有しているといえよう。機会提供型の場合でも働きかけの強さがその適法性に影響しうることは、本決定がすでに、法の適用にあたって、働きかけの方法・程度を考慮していたことから、もともと判例規範上、予定されていたこととはいえ、加治木支部判決がそのことをはっきり述べて確認したことで判例の趣旨が一層明確になったといえよう。

(5) おとり捜査には、さらに、犯罪発生前の捜査という性格もある。捜査機関がおとり捜査を行おうとするきっかけは、確かに、対象とする被疑者について、過去に同種の犯罪を行ったのではないかとの嫌疑が浮上したからである。しかし、おとり捜査自体は、おとりによる働きかけの後に行われる犯罪の検挙を目指して行われるものであるから、捜査の実行時点では直接の検挙の対象となる犯罪行為は未だ実行されていない。本決定は、取り立てて論証することもなく、犯罪発生前の捜査というおとり捜査の性質を是認しているようだが、おとり捜査を許容するためには、本来、犯罪発生前の捜査が許されるか、という論点を正面から立てて、可能であることを論証しなければならないはずである。

この点、監視カメラによるビデオ撮影の事案であるが、一定の要件のもとで、犯罪発生前の捜査を認めた裁判例がある。東京高判昭63・4・1は、「当該現場において犯罪が発生する相当高度の蓋然性が認められる場合であり、あらかじめ証拠保全の手段、方法をとっておく必要性及び緊急性があり、かつ、その撮影、録画が社会通念に照らして相当と認められる方法でもって行われるときには、現に犯罪が行われる時点以前から犯罪の発生が予測される場所を継続的、自動的に撮影、録画することも許される」と解した。

しかし、犯罪が発生する高度の蓋然性が認められるのであれば、本来、警察が行うべき仕事は、犯罪を未然に防ぐことにあるはずである。にもかかわらず、犯罪を予測しながら証拠収集をすることを認めてしまうと、行政警察活動と司法警察活動との境界があいまいになり、警察による恣意的・濫用的な捜査活動を防げなくなるのではないかという懸念がある。実際、犯罪が発生するか否かは将来の予測にならざるを得ず、かつ、蓋然性の有無は、任意捜査においては警察官の判断に委ねるしかなくなる。いく

ら高度の蓋然性を要求しても、判断の根拠となる事実をいかなる方向にも解釈できる以上、裁判所がよほど自覚を持たない限り、警察官の行った判断を事後的に誤っていると認定する可能性は低いと言わざるを得ない。それゆえ、犯罪発生前の捜査を認めることには本来的な疑義がある。仮に、これを認めている判例実務を前提にするとしても、高度の蓋然性は事後的に明らかになった事情も含めて客観的かつ厳格に判断すべきであり、警察官が行為当時に把握していた事情に基づけば、高度の蓋然性があると評価したことはやむを得なかったというような逃げ道を作らない解釈を徹底する必要がある。そうすると、おとり捜査の場合も、犯意誘発型については、犯罪発生との距離が遠く、高度の蓋然性が類型的に認められないものとして、犯罪発生前の捜査の許容

条件の観点からも違法とすべきであり、機会提供型についても、犯罪傾向が強くない場合は、やはり高度の蓋然性要件を満たさないと考えるべきであろう。

（6）　仮に、おとり捜査が違法と判断された場合、どのような法的効果が生じるか。この点、本決定では、おとり捜査は適法であったから、「本件の捜査を通じて収集された……各証拠の証拠能力を肯定した原判断は、正当として是認できる」と判示しており、逆に言えば、おとり捜査が（重大）違法であった場合には、違法収集証拠排除法則を適用して、収集された証拠を排除できることを示唆しているともいえよう。

（渕野　貴生）

写真撮影

📖 京都カード強取強盗殺人事件
　　最2小決平成20[2008]年4月15日刑集62巻5号1398頁【LEX/DB28145280】
　　〈関連判例〉
　　　最大判昭和44[1969]年12月24日刑集23巻12号1625頁　【27681653】［京都府学連事件］
　　　最3小決昭和51[1976]年3月16日刑集30巻2号187頁　【24005402】［岐阜呼気検査拒否事件］〔本書1〕
　　　最2小判昭和61[1986]年2月14日刑集40巻1号48頁　【27803409】
　　　最2小決平成2[1990]年6月27日刑集44巻4号385頁　【24006194】
　　　最3小決平成21[2009]年9月28日刑集63巻7号868頁　【25441230】［大阪宅配便エックス線検査事件］〔本書19〕
　　　さいたま地判平成30[2018]年5月10日判時2400号103頁　【25560354】

1 事実の概要

　本件は、金品強取の目的で被害者を殺害して、キャッシュカード等を強取し、同カードを用いて現金自動預払機から多額の現金を窃取するなどした強盗殺人、窃盗、窃盗未遂の事案である。

　平成14年11月、被害者が行方不明になったとしてその姉から警察に対し捜索願が出されたが、行方不明となった後に現金自動預払機により被害者の口座から多額の現金が引き出され、あるいは引き出されようとした際の防犯ビデオに写っていた人物が被害者とは別人であったことや、被害者宅から多量の血こんが発見されたことから、被害者が凶悪犯の被害に遭っている可能性があるとして捜査が進められた。

　その過程で、被告人が本件にかかわっている疑い

が生じ、警察官は、前記防犯ビデオに写っていた人物と被告人との同一性を判断するため、被告人の容ぼう等をビデオ撮影することとし、同年12月ころ、被告人宅近くに停車した捜査車両の中から、あるいは付近に借りたマンションの部屋から、公道上を歩いている被告人をビデオカメラで撮影した。マンションの部屋には2台のカメラが設置され、白黒のカメラは被告人の自宅から月極ガレージに向かう細い道を撮影するように設置され、カラーのカメラは被告人が細い道を通れば切り替えてガレージを撮影するように設置された。細い道にセンサーが取り付けられ、誰かが通ればマンションの部屋でピンポンと音が鳴るようになっており、センサーが感知すれば捜査員が手動でスイッチを切り替えて録画するカメラを切り替え、ときには手動でズームするなどし

て撮影した。

さらに、警察官は、前記防犯ビデオに写っていた人物がはめていた腕時計と被告人がはめている腕時計との同一性を確認するため、平成15年1月、被告人が遊技していたパチンコ店で、ブリッジに小型カメラが仕込んである眼鏡をかけ、衣服の背中側にコードを通し、腰のビデオカメラと接続し、上着を着てコードが見えないようにして撮影し、あるいはパチンコ店に行き、設置されている防犯カメラの映像を見ながら、パチンコ店の店長にズームアップするなどして被告人の姿を撮影するように依頼し、店内の被告人をビデオ撮影した。

また、警察官は、被告人およびその妻が自宅付近の公道上にあるごみ集積所に出したごみ袋を回収し、そのごみ袋の中身を警察署内において確認し、前記現金自動預払機の防犯ビデオに写っていた人物が着用していたものと類似するダウンベスト、腕時計等を発見し、これらを領置した。

各ビデオ撮影による画像は、防犯ビデオに写っていた人物と被告人との同一性を専門家が判断する際の資料とされ、その専門家作成の鑑定書等ならびに前記ダウンベストおよび腕時計は、第1審において証拠として取り調べられた。

被告人は、警察官による被告人に対する前記各ビデオ撮影は、十分な嫌疑がないにもかかわらず、被告人のプライバシーを侵害して行われた違法な捜査手続であり、また、前記ダウンベストおよび腕時計の各領置手続は、令状もなくその占有を取得し、プライバシーを侵害した違法な捜査手続であるとして、前記鑑定書等の証拠能力を争ったが、第一審（京都地判平18・5・12）、控訴審（大阪高判平19・3・28）とも、ビデオ撮影、ゴミ領置のいずれについても適法と判断したため、被告人が上告した。最高裁は、以下のように判断して、上告を棄却した。

2 法の解釈

事例判断であり、一般的規範は示されていないが、強制処分と任意処分の限界および任意処分の適否に関する判例の基準〔本書1〕を踏襲したものと思われる。

3 法の適用

(1) 本件事実関係の下では、「捜査機関において被告人が犯人である疑いを持つ合理的な理由が存在していたものと認められ、かつ、前記各ビデオ撮影

は、強盗殺人等事件の捜査に関し、防犯ビデオに写っていた人物の容ぼう、体型等と被告人の容ぼう、体型等との同一性の有無という犯人の特定のための重要な判断に必要な証拠資料を入手するため、これに必要な限度において、公道上を歩いている被告人の容ぼう等を撮影し、あるいは不特定多数の客が集まるパチンコ店内において被告人の容ぼう等を撮影したものであり、いずれも、通常、人が他人から容ぼう等を観察されること自体は受忍せざるを得ない場所におけるものである。以上からすれば、これらのビデオ撮影は、捜査目的を達成するため、必要な範囲において、かつ、相当な方法によって行われたものといえ、捜査活動として適法なものというべきである。」

(2) 「ダウンベスト等の領置手続についてみると、被告人及びその妻は、これらを入れたごみ袋を不要物として公道上のごみ集積所に排出し、その占有を放棄していたものであって、排出されたごみについては、通常、そのまま収集されて他人にその内容が見られることはないという期待があるとしても、捜査の必要がある場合には、刑訴法221条により、これを遺留物として領置することができるというべきである。また、市区町村がその処理のためにこれを収集することが予定されているからといって、それは廃棄物の適正な処理のためのものであるから、これを遺留物として領置することが妨げられるものではない。」

4 コメント

(1) 捜査機関による写真撮影が捜査として認められるか、という問題については、もともと最大判昭44・12・24（京都府学連事件）がリーディングケースとして存在していた。最大判昭和44年は、デモ行進を行っていた被告人が、デモの許可条件に外形的に違反する行進をしているところを現認した警察官が、違法な行進の状態および違反者を確認するため、被告人の属する集団の先頭部分の行進状況を写真撮影したという事案について、一定の要件のもとで、写真撮影が許されると判断した。すなわち、最大判昭和44年は、まず、「個人の私生活上の自由の一つとして、何人も、その承諾なしに、みだりにその容ぼう・姿態（以下「容ぼう等」という。）を撮影されない自由を有する」ので、「警察官が、正当な理由もないのに、個人の容ぼう等を撮影することは、憲法13条の趣旨に反し、許されない」と述べつ

つ、「しかしながら、個人の有する右自由も、国家権力の行使から無制限に保護されるわけではなく、公共の福祉のため必要のある場合には相当の制限を受ける」として、「警察官が犯罪捜査の必要上写真を撮影する際、その対象の中に犯人のみならず第三者である個人の容ぼう等が含まれても、これが許容される場合がありうる」と判示した。そのうえで、写真撮影が許容される限度について、「現に犯罪が行なわれもしくは行なわれたのち間がないと認められる場合であって、しかも証拠保全の必要性および緊急性があり、かつその撮影が一般的に許容される限度をこえない相当な方法をもって行なわれるとき」には、写真撮影が犯人の容ぼう等のほか、除外できない状況にある第三者の容貌を含むことになっても、憲法13条、35条に違反しないと結論付けた。

　最大判昭和44年は、写真撮影を強制処分とするのか、任意処分とするのかを明示しなかった。そのため、判例が写真撮影の法的性質をどのように捉えているのかについて、見解が一致しない状態が生じた。1つの見解は、最大判昭和44年が現行犯的状況の存在を当該写真撮影を適法にする根拠に挙げていたことから、判例は、写真撮影を一律に強制処分に分類したうえで、本来は、逮捕に伴う場合にしか無令状で撮影することは許されないところ、若干妥協して、犯人性が明々白々な現行犯逮捕要件を充足している場合であれば、実際に逮捕していなくても逮捕に伴う無令状検証として撮影が許容されると、刑訴法220条に拡張解釈を施して、写真撮影を正当化したのだ、という判例解釈を試みた。このような解釈は、言うまでもなく、強制処分法定主義との関係では問題がある。にもかかわらず、いささか強引な解釈が試みられた狙いは、現行犯的状況を必須不可欠の要件にすることにあった。いわば、写真撮影について類型的な強制処分性を維持するための苦肉の策であったといえよう。これに対して、他の1つは、判例は、写真撮影全体を強制処分に分類したわけではなく、現行犯的状況は、あくまで当該事案における法益侵害の程度や写真撮影の必要性に照らして要求されたものにすぎないと最大判昭和44年を解釈した。このような理解の混乱は、自動車の自動速度取締機による写真撮影の適否が争われた最決昭61・2・14でも、同じく現行犯的状況が存在したため、解決しなかったが、本決定は、この混乱に終止符を打った。

　(2)　本決定は、最大判昭和44年について、「警察官による人の容ほう等の撮影が、現に犯罪が行われ又は行われた後間がないと認められる場合のほかは許されないという趣旨まで判示したものではない」と明言した。本決定によって、ビデオ撮影・写真撮影を類型的に強制処分と位置付ける可能性は、止めを刺されたわけである。しかし、だからといって、ビデオ撮影・写真撮影が一律に任意処分と性格付けられることにはならないという点には注意が必要である。重要な法益侵害を生じさせるビデオ撮影・写真撮影まで任意処分になるというのは、最決昭51・3・16の考え方にも整合しない。そうすると、プライバシー侵害の程度がどのくらい深いビデオ撮影・写真撮影であれば強制処分と評価されるのかという点、すなわち、ビデオ撮影・写真撮影における強制処分と任意処分との分水嶺が次に問題となる。関連する判例をみていこう。

　最決平2・6・27では、令状に基づく住居に対する捜索中に、差押え令状に記載された物件以外の物件を撮影したことの適否が争われた。法廷意見は、当該写真撮影は検証としての性質を有すると述べ、強制処分に当たることを前提にしているとも読める判示をしたにとどまったが、藤島昭裁判官の補足意見では、はっきりと強制処分に当たると明示された。すなわち、同補足意見では、「検証に際して行われる写真撮影は、検証の結果をフィルムに収録する行為といえよう。このような行為を捜査機関が行う場合には原則として令状を必要とする（218条1項）。したがって、人の住居に立ち入って捜索差押許可状を執行するに際し、あわせてその現場において写真撮影を行うためには、原則として検証許可状が必要となる」と述べられた。

　さらに、宅配荷物に対するエックス線撮影の適否が問題となった事案に対して、最決平21・9・28は、「その射影によって荷物の内容物の形状や材質をうかがい知ることができる上、内容物によってはその品目等を相当程度具体的に特定することも可能であって、荷送人や荷受人の内容物に対するプライバシー等を大きく侵害するものであるから、検証としての性質を有する強制処分に当たる」と判示した。

　(3)　本決定と最決平成2年とを照らし合わせると、公道は任意処分、室内は強制処分と分類したくなる。また、最決平21・9・28と照らし合わせて、箱の外側を撮影する行為は任意処分、箱の内部を撮影する行為は強制処分と分類したくなる。そして、その分類は、出発点としては間違ってはいない。しか

し、あくまでも強制処分と任意処分とを区別する規範は、最決昭51・3・16に従わなければならない。そうすると、確かに、箱の撮影については、最決平21・9・28を手掛かりに箱の内と外で強制処分か、任意処分かを一律に分けることはありうるだろう。

しかし、屋外か屋内かについて、室内が強制処分だということには異論はないとしても、たとえば、特定の対象者を1年間つけ回して、ビデオ撮影し続けたような場合、公道だから重大な法益侵害にならないとはいえないはずである。なぜなら、このような継続的・網羅的な撮影は、単に肖像権やある1つの地点に特定の日時に存在したというプライバシーを超えて、対象者の生活パターン、交友関係、嗜好、職業、思想傾向など全生活にわたるプライバシーが捜査機関によって丸裸にされることになるからである。それゆえ、撮影範囲は公道あるいは公道に準じる場所から外れていなくても、撮影態様や撮影時間、撮影場所などを具体的に検討してから、当該撮影行為が強制処分にあたるか、任意処分にあたるかという結論を出すべきである。

また、長期間のビデオ撮影について、強制処分にあたらないかどうかを具体的に検討した結果、任意処分にとどまるとの結論を出した場合であっても、強制に接するほどの法益侵害があることは否定されないから、任意処分としての必要性、相当性について、とくに厳格なあてはめが必要であろう。この点で、7か月半にわたって玄関に接する公道（玄関ドアが開いたときに、一部、住居内部も）を撮影した事例について、撮影対象者による当該住居への立ち寄りが確認できなくなり、「本件撮影を継続する必要性は相当程度減少していたのに」、約5か月間、「漫然と本件撮影を続けていた」、撮影「期間の長さに照らしても、本件撮影によるプライバシー侵害の度合いは他の事案と比べて高かった」、「本件撮影が被告人自身に対する嫌疑からなされたわけではなかった」、「被告人や被告人方の来客の映像のほか、明らかに関係のない近隣住民、通行人や通行車両が写っている映像も保存され続けていた」といった事情から、任意処分としての相当性を欠くので違法と結論付けたさいたま地判平30・5・10のあてはめが参考になる。

（4）さらに、公道上のワンショットの撮影行為が無条件で任意処分として適法になるわけではないことにも注意が必要である。本決定は、最大判昭和44年を否定したわけではないから、現行犯的状況がな

お要件として求められる場合は存在する。デモ行進では表現の自由に対する制約もあるため法益侵害がより重く、また、第三者の容ぼうも撮影されるなど、かなり重大な法益侵害を生じさせる。したがって、このような場合には、引き続き、現行犯的状況の存在を撮影を適法とするための条件とすべきである。また、自動車内の撮影の場合も、自動車内が住居に準じるプライバシー保護を期待される空間であり、かつ（運転者との関係性を公にされたくない場合もある）第三者の容ぼうも撮影されるなどプライバシーに対する侵害度が相当に高いと言えるから、引き続き、現行犯的状況が存在しなければ写真撮影は許容されない。さらに、自動車内の撮影については、権利侵害の大きさと比較衡量したときに、単に現行犯的状況の存在だけでは足りず、大幅な速度超過の場合に限定し、事前の警告版を設置している場合に限ることも必須不可欠の条件と考えることもできるだろう。

（5）本決定は、ゴミ領置の適法性についても判断している。一般に、ゴミは、その人の生活の痕跡を強く示すものであるから、そのなかには高度のプライバシーが含まれていることが常態である。すなわち、ゴミとして出そうとする物のなかには、他人には知られたくなく、こっそり焼却、廃棄したいからこそ、ゴミとして出す、という物がある。これらの物は、犯罪関連物に限られない。犯罪に関連しなくても持っていることを他人に知られたくない物は多く存在する。そして、このようなプライバシーについての高度の要請があるからこそ半透明のゴミ袋に対するニーズが強くあるといえよう。にもかかわらず、領置を認めたということは、判例は、本件ゴミについてプライバシーの利益（保護の期待度）は取るに足らない程度に低いと判断したうえで、結局、占有放棄の有無の点を遺留物に当たるか否かの決定的な基準にしているものと考えられる。

現在では、憲法35条が保障しようとしている権利は、物権的権利と物に載っているプライバシーとの総体と考えられており、しかも、保護法益として重視されているのはむしろプライバシーの方である。本決定も、排出したゴミについては、通常、そのまま収集されて他人にその内容が見られることはないという期待があることを認めているので、公道のゴミステーションに排出されたゴミであっても、プライバシー侵害が重大であると評価する余地は残しているともいえよう。しかし、本事案に対するあては

めとしては、プライバシー侵害よりも占有の方に偏った評価をしているといわざるを得ず、この点は、いささか先祖返りの印象を受ける。

しかも、反射的に軽視されたプライバシー保護の利益に対する本決定のあてはめは、必ずしも合理的であるようには思われない。そもそもゴミは個人情報の塊であり、したがって、一般的に、プライバシーに対する高度の期待（そのまま誰の目にも触れずにゴミ収集車に収集される期待）があると考えるべきであるように思われる。そうだとすると、このような期待のあるゴミについて、原則として憲法35条の要求を及ぼさないのは不合理であるように思われる。

また、本決定は、占有の放棄を重視するあまり、

公道上のゴミ集積場に廃棄したかどうかを遺留物にあたるかどうかのメルクマールにしているようにみえる。その結果、私有地内にあるゴミはもちろん、集合住宅内のゴミ集積場に置かれたゴミも遺留物にあたらないという結論をとる余地は残されているといえる。判例の射程としては、このような理解で問題はないが、私たちは、住んでいる場所や住居の形態によってゴミを捨てる場所を指定されていて、管理の手厚いごみステーションを選んで捨てることはできないのだから、たまたまゴミステーションが公道に設置されていたというだけで、占有を放棄していると擬制することには違和感を禁じ得ない。

（渕野 貴生）

4 秘密録音

三里塚闘争会館事件

千葉地判平成3［1991］年3月29日判時1384号141頁【LEX/DB27921213】
〈関連判例〉
最2小決平成12［2000］年7月12日刑集54巻6号513頁【28055305】［偽広告下請代金詐取（秘密録音）事件］

1 事実の概要

昭和63年11月、警視庁が、電話による脅迫事件について、中核派の拠点であったA会館を令状に基づいて捜索差押えした際、Dら7名の千葉県警の警察官が警視庁の捜査共助の要請に基づいて館内の案内等のために同行し、その際、Dは上司から命ぜられて同僚1名とともに捜索差押えにあたってA会館に在所する中核派活動家の音声を録音する任務も担当し、ネクタイピン型のマイクを自己着用のネクタイの真ん中に装着し、小型録音機を小型バックの中に携帯して、A会館内の各所で立会人となった被告人ら7名の中核派活動家の音声を同人らに気付かれないようにしてカセットテープに録音した。また、同年12月、千葉県警が、職務強要事件等についてA会館を令状に基づいて捜索差押えした際、DおよびEは上司の命を受けて同僚5名とともに捜索差押えに当たってA会館に在所する中核派活動家の音声を録音する任務を担当し、Dは、ネクタイピン型のマイクを自己着用のネクタイの真ん中に装着し、小型録音機を図板の裏側の物入れ内に携帯してA会館の1

階で立会人をしていた被告人ら4名の中核派活動家の音声を同人らに気付かれないようにしてカセットテープに録音し、Eは、小型録音機を図板の裏側の物入れ内に、ネクタイピン型のマイクをその物入れのチャックにはさんで図板を携帯し、A会館に在所していた被告人ら3名の中核派活動家の音声を同人らに気付かれないようにしてカセットテープに録音した。

被告人は、A会館在住者の音声を秘密に録音した行為には、プライバシーを侵害する重大な違法があるとして、録音テープの証拠能力を争った。

2 法の解釈

「一般に、対話者の一方当事者が相手方の知らないうちに会話を録音しても、対話者との関係では会話の内容を相手方の支配に委ねて秘密性ないしプライバシーを放棄しており、また、他人と会話する以上相手方に対する信頼の誤算による危険は話者が負担すべきであるから、右のような秘密録音は違法ではなく、相手方に対する信義とモラルの問題に過ぎ

ないという見方もできよう。

しかし、それは、相手方が単に会話の内容を記憶にとどめ、その記憶に基づいて他に漏らす場合に妥当することであって、相手方が機械により正確に録音し、再生し、さらには話者（声質）の同一性の証拠として利用する可能性があることを知っておれば当然拒否することが予想されるところ、その拒否の機会を与えずに秘密録音することが相手方のプライバシーないし人格権を多かれ少なかれ侵害することは否定できず、いわんやこのような録音を刑事裁判の資料とすることは司法の廉潔性の観点からも慎重でなければならない。

したがって、捜査機関が対話の相手方の知らないうちにその会話を録音することは、原則として違法であり、ただ録音の経緯、内容、目的、必要性、侵害される個人の法益と保護されるべき公共の利益との権衡などを考慮し、具体的状況のもとで相当と認められる限度においてのみ、許容されるべきものと解すべきである。」

③ 法の適用

「電話による脅迫事件について、〔中核派の拠点であった〕A会館において令状により適法に捜索差押をする際に、その事件の犯人が中核派の構成員である容疑が濃厚であり、同会館内には右構成員が在所していたことから、右事件に関連する証拠として被告人を含む中核派構成員の音声を録音する必要があったこと、被告人は相手方が警察官であること及び右捜索差押の被疑事実の概要を了知した上で警察官との会話に応じていること、その会話は捜索差押の立会いに関連することのみでプライバシーないし人格権にかかわるような内密性のある内容ではないこと、録音を担当した警察官らは捜索差押担当の警察官に対する被告人の会話を被告人に気付かれないようにその側で録音していただけで、被告人に強いて発言させるために何ら強制、偽計等の手段を用いていないことが認められる。

以上の諸事情を総合すれば、被告人を含む中核派構成員が本件犯行を犯したことを疑うに足りる相当な理由がある上、本件録音の全過程に不当な点は認められず、また、被告人の法益を侵害する程度が低いのに比し、電話による脅迫という事件の特質から秘密録音（わが国では、いまだこれに関する明文の規定がない。）によらなければ有力証拠の収集が困難であるという公益上の必要性が高度であることな

どにかんがみると、例外的に本件秘密録音を相当と認めて許容すべきであると解される。」

④ コメント

（1）捜査機関が、対象者に知られないようにその会話を録音することによって、対象者の会話・表現に関するプライバシー情報を秘かに取得することは許されるか。この問題は、行為形態の違いによって許否の結論や、許されるとした場合もその範囲に差が生じうるので、あらかじめ、行為形態を整理しておこう。

まず、捜査機関が、秘密性が期待される空間においてなされた会話を会話の両当事者に知られないように聞き、録音する行為は、盗聴であり、強制処分と位置付けられることに異論はない。盗聴自体、違憲論も根強く存在するが、仮に違憲論を措くとしても、現行法では、通信傍受法のもとでのみ許容されている。

これに対して、本判決で問題となったのは、捜査機関が対話の一方当事者となって、相手方の知らないうちに会話を録音するという行為形態である。このような行為形態は一般に秘密録音とか当事者録音と呼ばれる。当事者録音の場合は、盗聴とは異なり、会話をしている者同士は互いに、自己に関するプライバシー情報を会話の相手方に伝達していること自体は自覚しながら、会話を行っている。そして、相手方に伝えた情報は、相手方によって記憶され、第三者に拡散されることも想定している。それゆえ、その限りでは、プライバシーを放棄していると考えることもでき、プライバシー保護に対する期待の度合いは、盗聴の場合より小さいといえる。

しかし、通常、私たちは、会話をしているときに、会話の相手方が自分の話したプライバシー情報を記憶することについては想定し、許容していても、相手方が自分の会話を録音しているとは想定していないし、多くの場合、許容してもいない。相手方が自分の会話を密かに録音していることが分かったら、録音を拒否するのが通常の反応であろう。会話の相手方が自分の話したプライバシーを第三者に漏らした場合には、自己にとって都合の悪い情報であれば「そんなことは言っていない」とか「そういう趣旨で言ったのではない」と否定することができるし、そもそも自己のプライバシー情報を漏らされる第三者も会話の相手方が正しく伝達しているとは限らないと分かったうえで、その情報を受け取って

くれるだろうという暗黙の安心感がある。だからこそ、日常において私たちは、ちょっと大げさに話を盛ったり、話すつもりはなかったことまでうっかり話したり、見栄を張って他愛もない嘘をつくなど、気を緩めて会話を楽しむことができる。これに対して、もし自分の話したことが逐一相手方に録音されているとしたら、そこで話したプライバシー情報は否定しようがないし、話した内容が不適切であるとして事後に批判されたり、非難されたりする危険性に常に怯えながら、常に緊張を強いられた状態で、慎重に言葉や情報伝達範囲を選んで会話しなければならなくなる。つまり、録音行為は、会話の自由を阻害し、人格の自由な発露も阻害するという意味で、単なる会話の聴取にはとどまらないプライバシーないし自己情報コントロールに対する制約をもたらす。

(2) 本判決が、当事者録音は、相手方が会話を聴取していることを認識しつつプライバシー情報を明かしているという点ではプライバシーに対する要保護性は、通信傍受ほどは高くなく、それゆえ、当事者録音それ自体が、一律に強制処分に分類されるほど、類型的に重要な法益侵害をもたらすとまではいえないという立場に立っていることは、結論として本件事案における秘密録音を適法としていることからも、明確である。

他方で、本判決が行った法の解釈についての判示を言葉通りに受け取る限り、本判決も録音がもたらす法益侵害性をかなり重く捉えているようにみえる。すなわち、本判決は、「拒否の機会を与えずに秘密録音することが相手方のプライバシーないし人格権を多かれ少なかれ侵害することは否定できず、いわんやこのような録音を刑事裁判の資料とすることは司法の廉潔性の観点からも慎重でなければならない」と判示し、結論的には一律適法とする考え方を否定した。そのうえで、適否の基準について、「したがって、捜査機関が対話の相手方の知らないうちにその会話を録音することは、原則として違法であり、ただ録音の経緯、内容、目的、必要性、侵害される個人の法益と保護されるべき公共の利益との権衡などを考慮し、具体的状況のもとで相当と認められる限度においてのみ、許容されるものと解すべき」と判示した。

しかし、本判決が、いかなる意味で、「原則として違法」と述べたのか、すなわち、秘密録音（当事者録音）の法的性質をどのように位置付けようとし

たのかは、必ずしも判然としない。

1つの読み方として、録音がもたらす固有の法益侵害性は決して低位のものではないから、原則として強制処分に該当すると評価し、プライバシー侵害性が特に低い態様の録音行為に限って、任意処分として、必要性、相当性の利益衡量を行うことができる、と述べたものと理解することもできるかもしれない。

しかし、本判決のあてはめを見ると、嫌疑が濃厚であり、音声を録音する必要があったこと、会話の相手方が警察官であることおよび捜索差押えの被疑事実を了知したうえで警察官との会話に応じていること、会話内容が捜索差押えの立会いに関連することのみでプライバシーないし人格権にかかわるような内密性のある内容ではないこと、警察官が被告人に強いて発言させるために何ら強制、偽計等の手段を用いていないことを理由に、当該事案での録音行為を適法と結論付けており、本判決が、秘密録音を必ずしも原則として強制処分に該当するとは位置付けているようにはみえないうえ、さらに、任意処分としての必要性・相当性判断においてもある程度緩やかに適法性を容認しているようにみえる。そういう意味で、本判決は、結局、高邁な規範を立てるが、事案へのあてはめは自ら立てた規範からは乖離しているという、裁判所がやりがちな弊に陥っている。

(3) 秘密録音によって生じるプライバシー侵害が決して軽微でないことに鑑みると、本来、本判決の立てた規範がまさに原則どおり適用されるべきであり、第1段階として、録音時間や会話内容、会話の引き出し方などから重要な法益侵害に至っていないかを厳格に判断し（至っていれば、強制処分に該当し、即違法となる）、第2段階として、任意処分にとどまるとしても、必要性・相当性について本判決が挙げている要素を丁寧に検討して、厳格に当てはめるべきであろう。とくに、本判決が、被告人に強いて発言させていないことを相当性を肯定する事情として使っている点は、お手本とすべきではない。なぜなら、録音しながら会話しようとしている時点で、警察官に相手方に積極的に会話させる意図以外の目的があるわけがないし、他方で、録音されていることを知らない会話の相手方の反応として、話しかけられているのに完全に無視して沈黙を続けるといった対応を取ることなど現実的に不可能だからである。

（4） 当事者録音に関して、被告人から詐欺の被害を受けたと考えた被害者が、被告人の説明内容に不審を抱き、後の証拠とするために、被告人の会話を録音した行為を違法ではないと判断した最高裁決定がある（最決平12・7・12）。この最高裁決定について、録音したのが私人であったことは、行為の適否を判断するうえでさしたる重要性を有しない。最初から、証拠収集目的で録音されているからである。むしろ通常の捜査活動と同様に、録音による法益侵害の程度、録音の必要性、録音の態様などの相当性を素直にあてはめた結果、「このような〔事実関係の〕場合」には、秘密録音は適法であるという事例判断を示したものにすぎない。最決平成12年の事案では、録音行為が、被害者による正当防衛行為とまではいえないものの、自衛行為的性格を有していたという点が、相当性を認めやすくする方向に働いたといえよう。

（渕野 貴生）

5 宿泊をともなう取調べ

📖 高輪グリーンマンション事件
最 2 小決昭和59［1984］年 2 月29日刑集38巻 3 号479頁【LEX/DB24005947】
〈関連判例〉
　最 3 小決昭和51［1976］年 3 月16日刑集30巻 2 号187頁【24005402】［岐阜呼気検査拒否事件］〔本書 1 〕
　大阪高判昭和63［1988］年 2 月17日判タ667号265頁　　【27804907】
　最 3 小決平成元［1989］年 7 月 4 日刑集43巻 7 号581頁【27807166】［平塚ウェイトレス殺し事件］
　東京高判平成14［2002］年 9 月 4 日判時1808号144頁【28085197】［ロザール事件］

1 事実の概要

　殺人事件について、かつて被害者と同棲したことのある被告人も捜査の対象となっていたところ、被告人は自ら高輪警察署に出頭し、本件犯行当時アリバイがある旨の弁明をした。ところが、裏付捜査の結果、アリバイの主張が虚偽であることが判明し、被告人に対する容疑が強まったところから、捜査官らは、6 月 7 日早朝、被告人に任意同行を求め、被告人がこれに応じたので、捜査官らは、被告人を同署の自動車に同乗させて自宅から同署に同行し、取調べを開始した。

　そうしたところ、同日午後10時ころに至って、被告人が本件犯行を自白したため、捜査官らは、被告人に本件犯行についての自白を内容とする答申書を作成させ、同日午後11時すぎには一応の取調べを終えたが、被告人からの申出もあって、高輪警察署長宛の「今日は私としても寮に帰るのはいやなのでどこかの旅館に泊めて致だきたいと思います。」旨記載した答申書を作成提出させて、同署近くの宿泊施設に被告人を宿泊させ、捜査官 4、5 名も同宿し、うち 1 名は被告人の室の隣室に泊り込むなどして被告人の挙動を監視した。

　翌 6 月 8 日朝、捜査官らは、自動車で被告人を迎えに行き、朝から午後11時ころに至るまで高輪警察署で被告人を取り調べ、同夜も被告人が帰宅を望まないということで、捜査官らが手配して自動車で被告人を同署からほど近いホテルに送り届けて同所に宿泊させ、翌 9 日以降も同様の取調べをし、同夜および同月10日の夜は別のホテルに宿泊させ、右各夜ともホテルの周辺に捜査官が張り込み被告人の動静を監視した。なお、右宿泊代金については、同月 7 日から 9 日までの分は警察において支払い、同月10日の分のみ被告人に支払わせた。

　この間の取調べで自白調書等も作成されたが、一方で否認調書も作成され、決め手となる証拠が十分でなかったことなどから、捜査官らは、被告人を逮捕することなく、同月11日午後 3 時ころ、被告人を迎えに来た被告人の実母らと帰郷させた。捜査本部ではその後も被告人の自白を裏付けるべき捜査を続け、同年 8 月23日に至って、本件殺人の容疑により被告人を逮捕し、その後、被告人は起訴された。第一審（東京地判昭54・1・31）は、自白の任意性、信用性を認めて、被告人を有罪とし、控訴審（東京高判昭57・1・21）も控訴棄却としたため、被告人が、自白調書は違法な取調べによって得られたものであり、証拠能力を否定すべきと主張し、上告した。最

高裁は、以下のように述べて、上告を棄却した。

2 法の解釈

「昭和52年6月7日に被告人を高輪警察署に任意同行して以降同月11日に至る間の被告人に対する取調べは、刑訴法198条に基づき、任意捜査としてなされたものと認められるところ、任意捜査においては、強制手段、すなわち、『個人の意思を制圧し、身体、住居、財産等に制約を加えて強制的に捜査目的を実現する行為など、特別の根拠規定がなければ許容することが相当でない手段』……を用いることが許されないことはいうまでもないが、任意捜査の一環としての被疑者に対する取調べは、右のような強制手段によることができないというだけでなく、さらに、事案の性質、被疑者に対する容疑の程度、被疑者の態度等諸般の事情を勘案して、社会通念上相当と認められる方法ないし態様及び限度において、許容されるものと解すべきである。」

3 法の適用

(1)「被告人に対する当初の任意同行については、捜査の進展状況からみて被告人に対する容疑が強まっており、事案の性質、重大性等にもかんがみると、その段階で直接被告人から事情を聴き弁解を徴する必要性があったことは明らかであり、任意同行の手段・方法等の点において相当性を欠くところがあったものとは認め難く、また、右任意同行に引き続くその後の被告人に対する取調べ自体については、その際に暴行、脅迫等被告人の供述の任意性に影響を及ぼすべき事跡があったものとは認め難い。」

(2)「しかし、被告人を四夜にわたり捜査官の手配した宿泊施設に宿泊させた上、前後五日間にわたつて被疑者としての取調べを続行した点については、……被告人の住居たる野尻荘は高輪警察署からさほど遠くはなく、深夜であつても帰宅できない特段の事情も見当たらない上、第一日目の夜は、捜査官が同宿し被告人の挙動を直接監視し、第二日目以降も、捜査官らが前記ホテルに同宿こそしなかつたもののその周辺に張り込んで被告人の動静を監視しており、高輪警察署との往復には、警察の自動車が使用され、捜査官が同乗して送り迎えがなされているほか、最初の三晩については警察において宿泊費用を支払つており、しかもこの間午前中から深夜に至るまでの長時間、連日にわたつて本件についての追及、取調べが続けられたものであつて、これらの

諸事情に徴すると、被告人は、捜査官の意向にそうように、右のような宿泊を伴う連日にわたる長時間の取調べに応じざるを得ない状況に置かれていたものとみられる一面もあり、その期間も長く、任意取調べの方法として必ずしも妥当なものであつたとはいい難い。」

「しかしながら、他面、被告人は、右初日の宿泊については前記のような答申書を差出しており、また、記録上、右の間に被告人が取調べや宿泊を拒否し、調べ室あるいは宿泊施設から退去し帰宅することを申し出たり、そのような行動に出た証跡はなく、捜査官らが、取調べを強行し、被告人の退去、帰宅を拒絶したり制止したというような事実も窺われないのであつて、これらの諸事情を総合すると、右取調べにせよ宿泊にせよ、結局、被告人がその意思によりこれを容認し応じていたものと認められるのである。」

(3)「被告人に対する右のような取調べは、宿泊の点など任意捜査の方法として必ずしも妥当とはいい難いところがあるものの、被告人が任意に応じていたものと認められるばかりでなく、事案の性質上、速やかに被告人から詳細な事情及び弁解を聴取する必要性があつたものと認められることなどの本件における具体的状況を総合すると、結局、社会通念上やむを得なかつたものというべく、任意捜査として許容される限界を越えた違法なものであつたとまでは断じ難いというべきである。」

4 コメント

(1) 捜査機関は、捜査のために必要があるときは、被疑者に任意の出頭を求めて、被疑者を取調べることができるが（198条1項）、この出頭を確保するために、捜査官が被疑者の居宅等から警察署等へ同行することを任意同行という。任意同行に応じて警察署に出向いた後に行われる「取調べ」も、あくまで任意のものであり、被疑者はいつでも退去できると規定されている（198条1項但書）。

では、本来任意であるべき任意同行、任意取調べが違法と評価される可能性があるのは、どのような場合だろうか。真っ先に挙げることができるのは、一定以上の有形力を行使した場合であろう。

しかし、任意であるべき同行、取調べが違法と評価される可能性がある捜査機関の行動は、有形力を行使する場合だけではない。すなわち、有形力は行使されていないが、にもかかわらず、任意同行や任

意取調べの違法性が問題となる場合がある。それが、本決定で問題となった長時間あるいは宿泊を伴う取調べである。

　また、徹夜の取調べが問題となった最決平元・7・4も同系列に属する。最決平元・7・4は、殺人事件について、事案の重大性と緊急性に鑑み、被害者と親密な関係にあった被告人から被害者の生前の生活状況や交友関係を中心に事情を聴取する必要があるとして、深夜に被告人方に赴き任意同行を求めたという事案であるが、同行後の取調べは、以下のような経緯をたどった。すなわち、警察署に同行後、警察官は、午後11時30分過ぎころから、本格的な取調べに入り、冒頭被告人に対し捜査への協力を要請したところ、被告人がこれに応じ「同棲していたので知っていることは何でも申し上げます。何とか早く犯人が捕まるように私もお願いします。」と述べて協力を約したので、夜を徹して取調べを行い、その間、被告人の承諾を得てポリグラフ検査を受けさせたり、被告人が最後に被害者と別れたという日以降の行動について一応の裏付け捜査をしたりしたが、翌日午前9時半過ぎころに至り、被告人は、被害者方で被害者を殺害しその金品を持ち出した事実について自白を始めた。そこで、警察官は、その後約1時間にわたって取調べを続けたうえ、午前11時過ぎころ被告人に犯行の概要を記載した上申書を作成するように求め、これに応じた被告人は、途中2、30分の昼休み時間を挟み、全文6枚半に及ぶ上申書を午後2時ころ書き上げた。ところが、上申書の記載や被告人の供述に客観的事実と異なる点があったことなどから、警察官は、被告人が供述するような殺人と窃盗ではなく、強盗殺人の容疑を抱き、その後も取調べを続けたところ、被告人は強盗殺人について認める供述をするに至ったことから、さらに上申書の作成を求め、これに応じた被告人は、午後4時ころから1時間にわたって、上申書を書いた。その後、警察官は、逮捕状を請求し、逮捕状の発付を得たうえ、午後9時25分に被告人を逮捕し、その後間もなく当日の被告人に対する取調べを終えた。以上のように、約22時間にわたり、徹夜の連続的な取調べが行われたのである。

　(2)　このような長時間あるいは宿泊を伴う取調べの適否が争われる事案においては、まず、長時間あるいは宿泊を伴う取調べによって侵害される法益は何か、という点を確認してほしい。本論点を論じるときには、一般に「取調べ」という用語が使われる

が、それがために、侵害される法益が確定されないままに、あるいは混在したままに説明されている例が少なくないからである。

　長時間あるいは宿泊を伴う取調べにおいて侵害される法益は、第1に、取調室に留め置かれ、あるいは宿泊場所において監視されることによって生じる移動の自由に対する制約である。したがって、この点では、職務質問における路上での留め置きと行為の態様は全く同じである。このことは、取調べがいかに穏やかになされたとしても、もっと極端に言えば、取調室にただ放置されて、取調べがほとんどなされなかったとしても、身体拘束状況が実質的に逮捕に至る状態になれば強制処分として違法になるということを意味する。また、実質的な逮捕状態にまでは至っていなくても、任意処分として必要性・相当性を満たさないような留め置き態様であれば、やはり違法になる。

　しかし、長時間あるいは宿泊を伴う取調べにおいて侵害される法益は、移動の自由にとどまらない。任意同行後に行われる取調べのやり方が供述の自由を侵害することがある。供述の自由に対する侵害は、たとえば、任意同行直後に、脅迫的、威圧的取調べや偽計取調べを行った場合のように、留め置き時間とは無関係に生じることもある。この場合も、侵害の程度が実質的な黙秘権侵害に至るような重大な侵害であれば、強制処分に至っているとして違法となり、また、実質的な黙秘権侵害にまでは至っていなくとも、任意処分として必要性・相当性を満たさないような取調べ態様であれば、やはり違法となる。

　他方で、留め置き時間が長くなればなるほど、被疑者は疲弊し、取調べに応じることに対する精神的苦痛が増す。そして、そのような精神的・肉体的疲弊は、供述するかしないかの自由な意思決定に必然的に影響を及ぼすから、長時間の留め置き自体が、他に法益侵害を増加させる要素がなくても、移動の自由の侵害に加えて供述の自由の侵害をももたらしうる。その結果、留め置き下での取調べが、実質的に黙秘権を侵害する状態になれば、強制処分として違法になる。この場合に、移動の自由の侵害と供述の自由の侵害のいずれが先に強制処分と評価しうる状態に達するかは、ケースバイケースの判断になろう。

　(3)　長時間あるいは宿泊を伴う取調べにおいて、両方の違法が発現するか、それとも、片方の違法だ

けが発現するか、両方の違法が発現するとして、どちらの違法が先に発現するかは事案ごとに異なる。本決定は、「取調べ自体については、その際に暴行、脅迫等被告人の供述の任意性に影響を及ぼすべき事跡があったものとは認め難い」として、取調べの適否について簡単に処理したうえで、その後はもっぱら、監視の期間や強さ、取調室からの退去を拒絶あるいは制止した事実の有無など移動・身体の自由に対する制約の程度について詳細に検討しており、どちらかといえば、移動の自由の制約に焦点を当ててあてはめている。これに対して、最決平元・7・4は、被告人が取調べを拒否して帰宅要求をしたかどうか、という点も検討に組み込んではいるが、「このような〔一睡もさせずに徹夜で行われた〕長時間にわたる被疑者に対する取調べは、……被疑者の心身に多大の苦痛、疲労を与えるものであるから、特段の事情がない限り、容易にこれを是認できるものではなく」であるとか、あるいは、「被告人が風邪や眠気のために意識がもうろうとしていたなどの状態にあったものとは認め難い」などと判示しており、主として、取調べによる供述の自由の侵害に着目して、捜査の適否を判断している。

　いずれにしても、両方の観点から捜査の適否を検討する必要があり、その適否は、本決定によれば、最決昭51・3・16の規範に従って判断される。すなわち、本決定は、最決昭51・3・16を引用して、任意同行後の取調べに、最決昭和51年で定義された意味における強制手段を用いることが許されないことを確認したうえで、「任意捜査の一環としての被疑者に対する取調べは、右のような強制手段によることができないだけでなく、さらに、事案の性質、被疑者に対する容疑の程度、被疑者の態度等諸般の事情を勘案して、社会通念上相当と認められる方法ないし態様及び限度において、許容される」と述べ、任意処分の枠内では、他の捜査手法と同様に必要性・相当性の総合衡量をすべきとしている。特段の事情もないのに、捜査行為ごとに適否の基準を違える根拠はないから、判例が採用したこの判断枠組みは、判例の立場を前提とすれば、一貫性のある合理的な選択といえよう。

　(4)　本決定は4泊させての連日にわたる取調べについて、最決平元・7・4は23時から翌日21時過ぎまでの徹夜かつ連続的な取調べについて、いずれも、強制処分にあたるか否かという第一段階のあてはめを省略して、直ちに、必要性や相当性の検討に

入っている。つまり、両決定とも、当該事案における留め置き・取調べが強制処分には該当しないことを暗黙の前提としている。しかし、率直にいって、このような長時間にわたる留め置きおよび取調べに対して、移動・身体の自由に対する重要な侵害にまでは至っていないであるとか、供述の自由を深刻には侵害していない、と評価することには、違和感を禁じ得ない。客観的な法益侵害の量と法的評価とのギャップを埋めるために判例が重視した要素が、被疑者の「同意」である。本決定でも、旅館への宿泊を願う旨の答申書が差し出されていたこと、被告人が取調べや宿泊を拒否したり、調べ室や宿泊施設から退去し帰宅することを申し出たりしていないことなどから、取調べないし宿泊について、「結局、被告人がその意思によりこれを容認し応じていた」ことを強調して、強制処分性の否定、さらには任意処分としての適法性を導いている。同様に、最決平元・7・4においても、「冒頭被告人から進んで取調べを願う旨の承諾を得ていた」こと、被告人が取調べを拒否して帰宅しようとしたり、休息させてほしいと申し出た形跡がないといった「特殊な事情」があったことを根拠に、やはり強制処分性を否定し、任意処分としての適法性を引き出している。

　しかし、取調室で警察官に1人で対峙し、警察官に監視されるなか1人で宿泊する一市民が、帰りたくなったら、「帰りま～す」と気軽に申し出、あるいは、取調べに疲れたら、「取調べやめてくださ～い」と気軽に申し出ることができると、本気で信じているとしたら、あまりにも楽天的で浮世離れしているといわざるを得ない。昼夜を問わず捜査官らの監視下に置かれていたばかりでなく、連日にわたって自己の被疑事実について追及され、取調べが続けられていたといった状況のもとでは、本決定で、強制処分性を肯定しなかったという限界はあるものの、「被告人の自由な意思決定は著しく困難であり、捜査官らの有形無形の圧力が強く影響し、その事実上の強制下に右のような宿泊を伴う連日にわたる長時間の取調べに応じざるを得なかったものとみるほかない」という意見を述べた木下、大橋裁判官および、最決平元・7・4において、「自白をした後の取調べについては、……被告人が積極的に取調べに応じたものではなく、いったん自己の犯行であることを認めたことから、次には強盗の意思がなかったとの主張を受け入れてもらう必要もあって、やむを得ず取調べに応ぜざるを得ない状態に置かれてい

たものとみるべき」、「本件の長時間、連続的な取調べが被告人の心身に与えた苦痛、疲労の程度は、極めて深刻、重大なものであった」という反対意見を述べた坂上裁判官の評価の方にこそリアリティがある（私はこれでも不十分だと思うが）。少なくとも、被告人の表面的同意を強制処分性を否定する事情や任意処分としての相当性を肯定する事情として過度に重視すべきではない。

(5)　重要な法益侵害に至っていないと評価された場合には、第2段階として、任意処分の枠内で相当性が問われる。裁判例では、以下のような要素が考慮されている。第1に、取調べ時間、1日の中での取調べの時間帯、1回の取調べの継続時間などである。取調べの量は、法益侵害の程度に直結し、強制処分と任意処分を分ける際にも使われるが、任意処分の枠内でも、相対的に法益侵害の程度が重いか、軽いか、という事情は、相当性を判断するうえで重要な要素となる。いうまでもなく、取調べ時間が長くなればなるほど、深夜にわたればわたるほど相当性を否定する方向に働く。第2に、宿泊場所ならびに宿泊時の監視の程度である。この事情も行動の自由に対する制約度に関連するとともに、監視等の態様自体が相当性の判断に影響する。宿泊場所については、警察署や警察の管理する施設では自由の制限が大きくなり、相当性を否定する方向に働く。宿泊時の監視については、ホテルのロビーで監視、同一フロアのエレベータ前で監視、同室に同宿の順で、移動の自由に対する制限が大きくなり、相当性を否定する方向に働く。また、宿泊代を捜査機関が負担した場合には、被疑者としては宿泊を拒否しづらくなるので、施設に収容する留置の状態に近くなり、相当性を否定する方向に働く。第3に、犯罪の重大性や嫌疑の濃度、証拠の重要性も必要性を踏まえた相当性評価に組み込まれている。しかし、これらの要素を相当性を肯定する方向で使うことを許すと、ともすれば、重大犯罪であれば、多少荒っぽい捜査をしてもかまわない、といった形で、不当な捜査を不問に付してもらえるというよろしくない学習効果を捜査機関に得させることにならないか、危惧される。さらに、上述した通り、過度に重視すべきではないが、一応、被疑者の同意の有無、程度および同意を得ようとする捜査官の説得の態様、程度、執拗度も、比較衡量に組み込まれる。捜査官が繰り返し説得して、最終的に被疑者が渋々同意したというような場合には、本来は、相当性を否定する方向で評

価すべきであろう。

本決定も、最決平元・7・4も、これらの要素を相当性を肯定する方向で駆使して、最終的に、それぞれの事案における長時間あるいは宿泊を伴う取調べを適法と結論付けている。ただし、本決定は、「宿泊の点など任意捜査の方法として必ずしも妥当とは言いがたいところがある」と苦言を呈し、最決平元・7・4も、「特段の事情がない限り、容易にこれを是認できるものではなく、……その適法性を肯認するには慎重を期さなければならない」と述べているところから分かるように、両決定とも、長時間あるいは宿泊を伴う取調べを一般的に認めたわけではない。いずれも、適法とされる限界事例として位置付けられていることに注意が必要である。

(6)　本決定後の下級審は、基本的に、本決定の枠組みに従って、長時間あるいは宿泊を伴う取調べの適否を判断している。

任意同行後9泊10日に及ぶ連続的な取調べを行った東京高判平14・9・4では、「被告人は、参考人として警察署に任意同行されて以来、警察の影響下から一度も解放されることなく連続して9泊もの宿泊を余儀なくされた上、10日間にわたり警察官から厳重に監視され、ほぼ外界と隔絶された状態で1日の休みもなく連日長時間の取調べに応じざるを得ない状況に置かれたのであって、事実上の身柄拘束に近い状況にあったこと、そのため被告人は、心身に多大の苦痛を受けたこと、……被告人には宿泊できる可能性のある友人もいたから、被告人は少なくとも3日目以降の宿泊については自ら望んだものではないこと」などから、「本件は殺人という重大事件であり、前記のように重要参考人として被告人から事情を緊急、詳細に聴取する必要性が極めて強」かったなどの点を考慮するとしても、「本件の捜査方法は社会通念に照らしてあまりにも行き過ぎであり、……任意捜査として許容される限界を越えた違法なもの」と判断された。9泊10日に及ぶ長期間の取調べであっても、強制処分に至っているので違法であるとは評価しなかった点の妥当性には疑問が残るが、一応、厳格な判断の必要性は意識されているといえよう。

本決定の趣旨に沿って留め置き・取調べの適否を厳格に判断した事例として、大阪高判昭63・2・17がある。本事例は、時価3000円相当の万引き窃盗の事例であるが、警察官が、午後9時20分ころ被告人に対し職務質問を行ったのち、任意同行を求め、その

後、翌朝午前4時ころに至るまで、途中、仮眠や休憩時間を与えずに、連続的に取調べを行ったというものである。これに対して裁判所は、被告人に向けられた嫌疑が重大犯罪とはいえないこと、「被告人は、かりに自ら積極的に取調べを拒否して立ち去る態度を示してはいなかったにしても（……）、少なくとも、自ら徹夜の取調べを積極的に希望していたものではないことは明らかであり、結局、取調べを拒否して立ち去ろうとすれば嫌疑をいっそう深める結果となることを懸念して、警察官の執ような取調べに対してやむを得ず応じていたにすぎないというほかない」ことから、嫌疑が濃厚であったことを考慮に容れても、「任意捜査として許容される社会通念上相当な限度を逸脱し違法である」と結論付けた。なお、この判示からは、任意処分に位置付けたうえで相当性を否定したと解するのが一般的であろうが、同判決は一方で、「令状主義を潜脱して、強制捜査としても当然には許されない取調べを任意捜査に藉口して行ったとの非難を免れ難い」とも述べており、強制処分に至っていると判断したのか、任意処分であるが違法としたのか、正直にいって、よく分からない。

いずれにしても、同判決は、本決定との関係についても触れて、本決定は、殺人という重罪の容疑の強い被疑者が、自ら宿泊を願う旨の答申書を提出している特殊な事案であるうえ、睡眠時間は与えていることや2名の裁判官の実質的な反対意見が付されていることから、「まさに限界的な事案に関するものと考えられるので、右判旨の結論を具体的事情を異にする他の事案へ安易に推及することは、厳に慎まなければならない」と付言されており、本決定の趣旨を正しく理解し、事案に適切に当てはめた好例としてとくに参考になる。

（渕野 貴生）

6 職務質問継続のための有形力行使

📖 瑞穂町ラブホテル覚せい剤所持事件
最1小決平成15［2003］年5月26日刑集57巻5号620頁【LEX/DB28085438】
〈関連判例〉
　　最3小決昭和51［1976］年3月16日刑集30巻2号187頁　【24005402】［岐阜呼気検査拒否事件］〔本書1〕
　　最3小判昭和53［1978］年6月20日刑集32巻4号670頁　【27682160】［米子銀行強盗事件］〔本書7〕
　　最1小決昭和53［1978］年9月22日刑集32巻6号1774頁　【27662137】［鯖江エンジンスイッチ切り事件］
　　最2小判昭和61［1986］年4月25日刑集40巻3号215頁　【27803900】［奈良生駒覚せい剤使用事件］〔本書74〕
　　最3小決平成6［1994］年9月16日刑集48巻6号420頁　【27825712】［会津若松採尿事件］〔本書8〕

1 事実の概要

（1）被告人は、平成9年8月11日午後1時過ぎ、いわゆるラブホテルである本件ホテル301号室に1人で投宿した。本件ホテルの責任者Bは、同月12日朝、被告人がチェックアウト予定の午前10時になってもチェックアウトをせず、かえって清涼飲料水を一度に5缶も注文したことや、被告人が入れ墨をしていたことから、暴力団関係者を宿泊させてしまい、いつ退去するか分からない状況になっているのではないかと心配になり、また、薬物使用も懸念した。Bは、再三にわたり、チェックアウト時刻を確認するため被告人に問い合わせたが、返答は要領を得ず、料金の精算要求に対しては「この部屋は2つに分かれているんじゃないか。」と言うなど、不可解な言動をした。このため、Bは、110番通報をし、警察に対し、被告人が宿泊料金を支払わないこと、被告人にホテルから退去してほしいことのほか、薬物使用の可能性があることを告げた。

（2）警察官C巡査および同D巡査は、同日午後1時11分ころ、パトカーで警ら中、通信指令本部から、本件ホテルで「料金上のゴタ」との無線通報を傍受し、直ちに本件ホテルへ向かった。C、D両巡査は、同日午後1時38分ころ、本件ホテルに到着し、Bから事情説明を受けた。Bは、C巡査らに対し、被告人を部屋から退去させてほしいこと、被告人は入れ墨をしており、薬物を使用している可能性があること等を述べた。C巡査は、警察署の上司から、電話を通じて、部屋に行って事情を聞くように

との指示を受けたので、Bの了解の下に、無銭宿泊の疑いのほか、薬物使用のことも念頭に置いて、警察官職務執行法2条1項に基づき職務質問を行うこととし、B、D巡査および先に臨場していた駐在所勤務のE巡査部長と共に、4人で301号室へ赴いた。

（3）C巡査は、301号室に到着すると、ドアをたたいて声をかけたが、返事がなかったため、無施錠の外ドアを開けて内玄関に入り、再度室内に向かって「お客さん、お金払ってよ。」と声をかけた。すると、被告人は、内ドアを内向きに約20ないし30cm開けたが、すぐにこれを閉めた。同巡査は、被告人が全裸であり、入れ墨をしているのを現認したことに加え、制服姿の自分と目が合うや被告人が慌てて内ドアを閉めたことに不審の念を強め、職務質問を継続するため、被告人が内側から押さえているドアを押し開け、ほぼ全開の状態にして、内玄関と客室の境の敷居上辺りに足を踏み入れ、内ドアが閉められるのを防止したが、その途端に被告人が両手を振り上げて殴りかかるようにしてきた。そこで、同巡査は、とっさに被告人の右腕をつかみ、次いで同巡査の後方にいたD巡査も被告人の左腕をつかみ、その手を振りほどこうとしてもがく被告人を同室内のドアから入って右手すぐの場所に置かれたソファーに座らせ、C巡査が被告人の右足を、D巡査がその左足をそれぞれ両足ではさむようにして被告人を押さえつけた。このとき、被告人は右手に注射器を握っていた。両巡査は、被告人が突然暴行に出るという瞬間的な出来事に対し、ほとんど反射的に対応するうち、一連の流れの中で被告人を制止するため不可避的に内ドアの中に立ち入る結果になったものであり、意識的に内ドアの中に立ち入ったものではなかった。

（4）C巡査は、被告人の目がつり上がった様子やその顔色も少し悪く感じられたこと等から、「シャブでもやっているのか。」と尋ねたところ、被告人は、「体が勝手に動くんだ。」、「警察が打ってもいいと言った。」などと答えた。そのころ、D巡査は、被告人が右手に注射器を握っているのに気付き、C巡査が被告人の手首付近を握ってこれを手放させた。被告人は、その後も暴れたので、C、D両巡査は、引き続き被告人を押さえつけていた。

（5）その後、警察官が、室内にあった被告人の財布を所持品検査したところ、覚せい剤が見つかったため、同日午後2時11分、C巡査らは、被告人を覚せい剤所持の現行犯人として逮捕し、その場でビ

ニール袋入りの白色結晶1袋、注射筒1本、注射針2本等を差し押さえた。C、D両巡査は、上記逮捕に至るまで全裸の被告人を押さえ続けていた。

被告人が、有形力行使の違法を主張し、所持品検査によって収集された証拠等の証拠排除を求めたところ、第一審（東京地裁八王子支判平10・10・28）は、警察官による有形力行使に重大違法があると認め、証拠を排除し、被告人を無罪とした。これに対して、控訴審（東京高判平11・8・23）は、警察官による制圧行為を違法と認定したものの、証拠を排除するほどの重大違法ではないとして、第一審判決を破棄差戻ししたため、被告人が上告に及んだ。これに対して、最高裁は、以下の通り、上告を棄却した。

② 法の解釈

「一般に、警察官が警察官職務執行法2条1項に基づき、ホテル客室内の宿泊客に対して職務質問を行うに当たっては、ホテル客室の性格に照らし、宿泊客の意思に反して同室の内部に立ち入ることは、原則として許されないものと解される。」（が、例外的に許される場合もある。）

③ 法の適用

（1）「しかしながら、前記の事実経過によれば、被告人は、チェックアウトの予定時刻を過ぎても一向にチェックアウトをせず、ホテル側から問合せを受けても言を左右にして長時間を経過し、その間不可解な言動をしたことから、ホテル責任者に不審に思われ、料金不払、不退去、薬物使用の可能性を理由に110番通報され、警察官が臨場してホテルの責任者から被告人を退去させてほしい旨の要請を受ける事態に至っており、被告人は、もはや通常の宿泊客とはみられない状況になっていた。そして、警察官は、職務質問を実施するに当たり、客室入口において外ドアをたたいて声をかけたが、返事がなかったことから、無施錠の外ドアを開けて内玄関に入ったものであり、その直後に室内に向かって料金支払を督促する来意を告げている。これに対し、被告人は、何ら納得し得る説明をせず、制服姿の警察官に気付くと、いったん開けた内ドアを急に閉めて押さえるという不審な行動に出たものであった。このような状況の推移に照らせば、被告人の行動に接した警察官らが無銭宿泊や薬物使用の疑いを深めるのは、無理からぬところであって、質問を継続し得る

状況を確保するため、内ドアを押し開け、内玄関と客室の境の敷居上辺りに足を踏み入れ、内ドアが閉められるのを防止したことは、警察官職務執行法2条1項に基づく職務質問に付随するものとして、適法な措置であったというべきである。本件においては、その直後に警察官らが内ドアの内部にまで立ち入った事実があるが、この立入りは、前記のとおり、被告人による突然の暴行を契機とするものであるから、上記結論を左右するものとは解されない。

(2)「警察官らが約30分間にわたり全裸の被告人をソファーに座らせて押さえ続け、その間衣服を着用させる措置も採らなかった行為は、職務質問に付随するものとしては、許容限度を超えており、そのような状況の下で実施された上記所持品検査の適否にも影響するところがあると考えられる。しかし、前記の事実経過に照らせば、被告人がC巡査に殴りかかった点は公務執行妨害罪を構成する疑いがあり、警察官らは、更に同様の行動に及ぼうとする被告人を警察官職務執行法5条等に基づき制止していたものとみる余地もあるほか、被告人を同罪の現行犯人として逮捕することも考えられる状況にあったということができる。また、C巡査らは、暴れる被告人に対応するうち、結果として前記のような制圧行為を継続することとなったものであって、同巡査らに令状主義に関する諸規定を潜脱する意図があった証跡はない。したがって、上記行為が職務質問に付随するものとしては許容限度を超えていたとの点は、いずれにしても、財布に係る所持品検査によって発見された証拠を違法収集証拠として排除することに結び付くものではないというべきである。」

4 コメント

(1) 本決定は、部屋の中にいる対象者に対して職務質問を行っているという点で、路上を歩いている人や公道を走っている自転車や自動車を停止させて質問を試みるという典型的な職務質問とは態様が異なっている点があり、停止行為の適否の前提問題として、特異点について固有に処理しなければならない法的問題が存在する。まず、本決定は、警察官による立入り行為を「職務質問に付随する行為」として処理している。これはおそらく、立入り行為が警察官による能動的行為であるため、最高裁が、対象者の移動行為の抑止を意味する「停止行為」の範疇に収めることを嫌ったためであろう。そのうえで、より重要な問題は、ホテル客室内にいる対象者に対

して職務質問することが許されるか、という点である。なぜなら、対象者がホテルの客室に対して完全な管理権を有している場合には、住居と同じく、客室内は対象者のプライバシーが全面的に守られるべき空間と位置付けられるから、警察官が対象者の同意なく室内に立ち入ることは、重大な法益侵害にあたり、本来、捜索令状ないし逮捕状がなければ許されないはずだからである。本決定も、「一般に、警察官が警察官職務執行法2条1項に基づき、ホテル客室内の宿泊客に対して職務質問を行うに当たっては、ホテル客室の性格に照らし、宿泊客の意思に反して同室の内部に立ち入ることは、原則として許されないものと解される」と判示し、まずこの原則論を確認している。

にもかかわらず、結局、本決定が、無令状での客室への立入りを容認したのは、「被告人は、チェックアウトの予定時刻を過ぎても一向にチェックアウトをせず、ホテル側から問い合わせを受けても言を左右にして長期間を経過し、その間不可解な言動をしたことから、ホテル責任者に不審に思われ、料金不払、不退去、薬物使用の可能性を理由に110番通報され、警察官が臨場してホテルの責任者から被告人を退去させてほしい旨の要請を受ける事態に至っており、被告人は、もはや通常の宿泊客とはみられない状態になっていた」からである。これらの事実の適示は、不審事由要件の確認という趣旨もあるが、それだけではなく、被告人は客室に対する正当な管理権を有する状態ではなくなっていて、プライバシー保護に対する期待権は低下していたと評価し得ることを示したものと理解することができよう。

ただし、判例が、住居などの対象者の完全なプライバシーが保護されるべき空間への立入りの場合には、いかなる場合も重大な法益侵害を生じさせ、常に強制処分に該当すると考えているかは、怪しいところがある。実際、最判昭61・4・25は、対象者の明確な承諾があったとは認められないにもかかわらず、屋内に上がり、さらに対象者が就寝していた寝室にまで立ち入った事例について、違法であるとは認定したが、違法の程度については重大であるとはいえないと判断しており、立入り行為が強制処分に至っているとまでは評価していないようにみえるからである。しかし、最判昭61・4・25の事実に対するあてはめとしては、「一応は声を掛けてあるのだから、応答がなくとも、私人の住居に立ち入ってよい、というものではない。居住者の明確な承諾を得

ることなく、警察官が私人の住居に入り込むことは、許されない。これは憲法35条の明白な違反である」と断じた島谷六郎裁判官の反対意見こそ正当であるように思われる。ただし、最判昭61・4・25では、警察官は、玄関先で声をかけるなど被告人に承諾を求める行為に出ていること、それに対して、被告人は、就寝していたためではあるが無反応だったこと、つまり、明確に拒絶の意思を示していなかったことから、プライバシー保護に対する期待権が一段階低下しており、それゆえ、立入り行為は強制処分にまでは至っていなかったと説明することはぎりぎり可能かもしれない。

（2）いずれにしても、立入りの点が正当化されれば、留め置き（停止）のためにどの程度強度の有形力行使が許されるか、という典型的な職務質問と同列の論点が残るだけとなる。

警察官には、「異常な挙動」などから「周囲の事情から合理的に判断して何らかの犯罪を犯した、または犯そうとしていると疑うに足りる相当の理由がある」市民に対して、警職法に基づき、職務質問を行う権限が与えられている。職務質問の法的性質として、まず、職務質問および質問のための停止行為は、警職法2条3項の規定を待つまでもなく、理論的に任意処分としてのみ許されることに注意してほしい。なぜなら、職務質問は、何らかの犯罪のおそれという薄い嫌疑の段階で認められる行為であるから嫌疑の薄さに見合った行為しか正当化されないし、そもそも警察官の行為が強制的性格を有するに至れば、強制に至った行為が取調べ、すなわち質問行為であれば、黙秘権の侵害に当たり、絶対的に禁止されるし、同行または留め置き行為であれば、逮捕と定義されるものであるから、刑訴法で定められた要件にしたがって、原則として令状がなければ行うことはできないからである。つまり、警職法2条3項は同行や答弁が任意であることを念のため確認した規定と読まれるべきである。

しかし、他方で、警察官が実際に実効的な職務質問するためには、対象者をまず停止させなければならない。警職法も、質問するためには、まずは対象者を立ち止まらせる必要があるという認識に立って、「停止させて質問することができる」と規定している。しかし、具体的に、警察官に、どこまでの働きかけ、行為が認められるべきかを決するのは、必ずしも容易ではない。なぜなら、停止させなければ質問はできないか、あるいは少なくとも大変やり

にくいのだが、他方で、職務質問は任意処分としてのみ許されるので、停止させるという行為が強制にわたってはならないという二律背反的な状況にあるからである。

判例は、本決定でも明らかなように、停止させるために有形力を行使することは一切認められないという立場には立っていない。それでは、判例は、どの程度の有形力行使であれば許されると考えているのだろうか。また、許される限度内の有形力であれば、いかなる場合でも行使可能なのだろうか。

この点について判断した代表的な判例として、最決昭53・9・22がある。事案は、警察官が交通違反の取締りに従事中、被告人が運転する車両が赤色信号を無視して交差点に進入したのを現認し、被告人車両を停車させたうえ、さらに事情聴取のためにパトロールカーまで任意同行を求めたというものである。被告人は当初、任意同行に応じなかったが、警察官がさらに説得した結果、車両から下車したところ、警察官が、被告人が酒臭をさせていたため、酒気帯び運転を疑い、被告人に対し酒気を検知する旨告げたところ、被告人は、急激に反抗的態度を示して「うら酒なんて関係ないぞ」（「うら」は福井地方の一人称を表す方言）と怒鳴りながら、警察官が提示を受けて持っていた運転免許証を奪い取り、エンジンのかかっている被告人車両の運転席に乗り込んで、ギア操作をして発進させようとしたため、警察官が、運転席の窓から手を差し入れ、エンジンキーを回転してスイッチを切り、被告人が運転するのを制止するという有形力を行使した。このような有形力行使について、最高裁は、「右のような原判示の事実関係の下では、O巡査が窓から手を差入れ、エンジンキーを回転してスイッチを切った行為は、警察官職務執行法2条1項の規定に基づく職務質問を行うため停止させる方法として必要かつ相当な行為である」と述べ、同有形力行使を適法と判断した。

最決昭53・9・22は、当該事案の事実関係の下での事例判断として、当該事案の有形力行使は、必要かつ相当であったと述べているだけで、一般的規範は提示していない。しかし、職務質問に付随する所持品検査の許容性について、同決定に先立つ最決昭53・6・20が、「所持人の承諾のない限り所持品検査は一切許容されないと解するのは相当でなく、捜索に至らない程度の行為は、強制にわたらない限り、所持品検査においても許容される場合があると解するべきである。……所持品について捜索及び押収を

受けることのない権利は憲法35条の保障するところであり、捜索に至らない程度の行為であってもこれを受ける者の権利を害するものであるから、状況のいかんを問わず常にかかる行為が許容されるものと解すべきでないことはもちろんであって、かかる行為は、限定的な場合において、所持品検査の必要性、緊急性、これによって害される個人の法益と保護されるべき公共の利益との権衡などを考慮し、具体的状況のもとで相当と認められる限度においてのみ、許容される」と判示している。そこで示された規範は、要するに、最決昭51・3・16と実質的に同一の規範の、物に対する処分バージョンである。規制される法令は、一方は刑訴法、他方は警職法と異なるが、子亀である所持品検査について、最決昭51・3・16と同様の規範が適用されるのであるから、親亀たる職務質問自体に対しても、最決昭51・3・16の規範が適用されると解さなければ、判例の理解として一貫しないことになろうし、そもそも、強制処分か任意処分かによって、違法か適法かが分岐するという共通の法的性質を持つ以上、職務質問についてだけ任意取調べをはじめとする任意捜査と異なる規範を導く理論的根拠は存在しえないであろう。そうすると、最決昭53・9・22は、第1段階規範である強制処分に至っているか否かという点は、至っていないことが（裁判所にとっては）明らかであったため、あてはめを省略し、任意処分の枠内での必要性、相当性のあてはめに直ちに入ってこれを肯定したものと理解できよう。

さらに、エンジンキーを回転してスイッチを切るだけではなく、エンジンキーを引き抜いて取り上げた行為についても、同様に、最決平6・9・16は、「被告人には覚せい剤使用の嫌疑があったほか、幻覚の存在や周囲の状況を正しく認識する能力の減退など覚せい剤中毒をうかがわせる異常な言動が見受けられ、かつ、道路が積雪により滑りやすい状態にあったのに、被告人が自動車を発進させるおそれがあったから、前記の被告人運転車両のエンジンキーを取り上げた行為は、警察官職務執行法2条1項に基づく職務質問を行うため停止させる方法として必要かつ相当な行為である」と任意処分の枠内での必要性、相当性をあてはめ、同行為を適法と評価している。

本決定も、「質問を継続し得る状況を確保するため、内ドアを押し開け、内玄関と客室の境の敷居上辺りに足を踏み入れ、内ドアが閉められるのを防止

したことは、警察官職務執行法2条1項に基づく職務質問に付随するものとして、適法な措置であった」判示しているが、この判示も、「質問を継続し得る状況を確保するため」という必要性に関わる事情があげられているところから窺われるように、前記の最高裁の判断と同様の手法を取ったものといえよう。他方で、「警察官らが約30分間にわたり全裸の被告人をソファーに座らせて押さえ続け、その間衣服を着用させる措置も採らなかった行為」については、「職務質問に付随するものとしては、許容限度を超えており」と判断したが、この判示が、強制処分に至っているという趣旨なのか、任意処分の範囲内での許容限度を超えているという趣旨なのかは判然としない。結論において重大違法を認定していないことからすると、強制処分にまでは至っていないという評価をしているのかもしれないが、必要性や相当性に関する事情を拾うことなく、法益侵害の量だけで許容限度を超えているという結論を引き出しているようにも読め、そうだとすると強制処分に至っているという評価をしているのかもしれない。

（3）以上の各判例のあてはめを横断的にみると、判例が、それぞれの事案に対して行っているあてはめが、自ら線引きした強制処分と任意処分の定義に沿ったものになっているのか、その妥当性には疑問も残る。エンジンを切られたら、自動車での移動は完全に不可能になるのだから、移動したいという意思は完全に制圧され、移動の自由に対する重大な侵害が生じていると評価するのが常識的な感覚であろう。もう一度エンジンを掛ければよい、との反論がなされるかもしれないが、それは警察官と一般市民との現実の力関係をまるで無視した抽象論にすぎない。しかも、エンジンキーを抜いて取り上げた事案では、そのような抽象論も成り立たない。さらに、自動車を乗り捨てて、歩いて立ち去ればよい、という意見が出るかもしれないが、本来の移動目的を達成することが不可能になりかねず、さらに、事後に乗り捨てた自動車を回収しに来なければならないような多大な負担を対象者に負わせるわけだから、対象者にとって現実に取れる選択肢ではない。現実に取れる選択肢でない以上、移動の自由に対する重大な侵害であることを否定することはできない。

さらに、本決定に至っては、警察官は物理的に被告人を身動きできないように制圧しているのだから、これを強制処分と評価しないとしたら、いったい市民はどこまで警察官による有形力行使を甘受し

なければならないのか、という思いに駆られる。家屋・室内での質問については、対象者が質問を拒否して他の場所に移動するのが困難である点で、路上での職務質問以上に、移動の自由の完全制圧に至り

やすいという特徴を有する。強制処分該当性の判断も、本来、このような場所的特性を踏まえて、厳格に行われるべきであろう。

（渕野　貴生）

職務質問にともなう所持品検査

📖 米子銀行強盗事件

最 3 小判昭和53［1978］年 6 月20日刑集32巻 4 号670頁【LEX/DB27682160】

〈関連判例〉

最 3 小決昭51［1976］年 3 月16日刑集30巻 2 号187頁　【24005402】［岐阜呼気検査拒否事件］〔本書 1 〕
最 1 小決昭53［1978］年 9 月 7 日刑集32巻 6 号1672頁　【27682171】［大阪天王寺覚せい剤所持事件］〔本書73〕
最 3 小決平成 7 ［1995］年 5 月30日刑集49巻 5 号703頁　【27827892】［第一京浜職務質問事件］
最 1 小決平成15［2003］年 5 月26日刑集57巻 5 号620頁　【28085438】［瑞穂町ラブホテル覚せい剤所持事件］〔本書 6 〕
最 3 小決平成21［2009］年 9 月28日刑集63巻 7 号868頁　【25441230】［大阪宅配便エックス線検査事件］〔本書19〕
東京高判平成30［2018］年 3 月 2 日判タ1456号136頁　【25549551】

1 事実の概要

　銀行強盗事件が発生し、犯人らが現金を強奪して逃走中との警察無線を通じた連絡を受けて、警察官Ｐらが、緊急配備検問を行っていたところ、手配人相のうちの 2 人に似た被告人とＡが乗用車に乗っているのを発見したので、Ｐらは職務質問を始めた。乗用車の後部座席にはアタッシュケースとボーリングバッグがあったうえ、被告人とＡは職務質問に対し黙秘したので容疑を深めた警察官らは、両名を強く促して下車させ近くの事務所内に連れて行き、住所、氏名を質問したが返答を拒まれたので、持っていたボーリングバッグとアタッシュケースの開披を求めたが、両名にこれを拒否され、その後30分くらい、警察官らは両名に対し繰り返し上記バッグとケースの開披を要求し、両名はこれを拒み続けるという状況が続いた。

　容疑を一層深めた警察官らは、被告人らを警察署に同行し、Ａに対してボーリングバッグとアタッシュケースを開けるよう何回も求めたが、Ａがこれを拒み続けたので、Ａの承諾のないまま、その場にあったボーリングバッグのチャックを開けると大量の紙幣が無造作にはいっているのが見え、引き続いてアタッシュケースを開けようとしたが鍵の部分が開かず、ドライバーを差し込んで右部分をこじ開けると中に大量の紙幣がはいっており、被害銀行の帯封のしてある札束も見えた。そこで、警察官らは被

告人らを強盗被疑事件で緊急逮捕し、その場でボーリングバック、アタッシュケース、帯封 1 枚、現金等を差し押えた。

　被告人は、所持品検査の違法を主張したが、第 1 審（東京地判昭50・1・23）は、本件所持品検査を適法と認め、被告人を有罪とし、控訴審（東京高判昭52・6・30）も第一審の判断を是認したため、被告人が上告に及んだ。最高裁は、以下の通り、上告を棄却した。

2 法の解釈

　「警職法は、その 2 条 1 項において同項所定の者を停止させて質問することができると規定するのみで、所持品の検査については明文の規定を設けていないが、所持品の検査は、口頭による質問と密接に関連し、かつ、職務質問の効果をあげるうえで必要性、有効性の認められる行為であるから、同条項による職務質問に附随してこれを行うことができる場合があると解するのが、相当である。所持品検査は、任意手段である職務質問の附随行為として許容されるのであるから、所持人の承諾を得て、その限度においてこれを行うのが原則であることはいうまでもない。しかしながら、職務質問ないし所持品検査は、犯罪の予防、鎮圧等を目的とする行政警察上の作用であつて、流動する各般の警察事象に対応して迅速適正にこれを処理すべき行政警察の責務にか

んがみるときは、所持人の承諾のない限り所持品検査は一切許容されないと解するのは相当でなく、捜索に至らない程度の行為は、強制にわたらない限り、所持品検査においても許容される場合があると解すべきである。もつとも、所持品検査には種々の態様のものがあるので、その許容限度を一般的に定めることは困難であるが、所持品について捜索及び押収を受けることのない権利は憲法35条の保障するところであり、捜索に至らない程度の行為であつてもこれを受ける者の権利を害するものであるから、状況のいかんを問わず常にかかる行為が許容されるものと解すべきでないことはもちろんであつて、かかる行為は、限定的な場合において、所持品検査の必要性、緊急性、これによつて害される個人の法益と保護されるべき公共の利益との権衡などを考慮し、具体的状況のもとで相当と認められる限度においてのみ、許容されるものと解すべきである。」

[3] 法の適用

(1) 「所論のP巡査長の行為は、猟銃及び登山用ナイフを使用しての銀行強盗という重大な犯罪が発生し犯人の検挙が緊急の警察責務とされていた状況の下において、深夜に検問の現場を通りかかったA及び被告人の両名が、右犯人としての濃厚な容疑が存在し、かつ、兇器を所持している疑いもあつたのに、警察官の職務質問に対し黙秘したうえ再三にわたる所持品の開披要求を拒否するなどの不審な挙動をとり続けたため、右両名の容疑を確める緊急の必要上されたものであつて、所持品検査の緊急性、必要性が強かつた反面、所持品検査の態様は携行中の所持品であるバッグの施錠されていないチャックを開披し内部を一べつしたにすぎないものであるから、これによる法益の侵害はさほど大きいものではなく、上述の経過に照らせば相当と認めうる行為であるから、これを警職法2条1項の職務質問に附随する行為として許容されるとした原判決の判断は正当である。」

(2) 「前記ボーリングバッグの適法な開披によりすでにAを緊急逮捕することができるだけの要件が整い、しかも極めて接着した時間内にその現場で緊急逮捕手続が行われている本件においては、所論アタッシュケースをこじ開けた警察官の行為は、Aを逮捕する目的で緊急逮捕手続に先行して逮捕の現場で時間的に接着してされた捜索手続と同一視しうるものであるから、アタッシュケース及び在中してい

た帯封の証拠能力はこれを排除すべきものとは認められず、これらを採証した第1審判決に違憲、違法はないとした原判決の判断は正当であ〔る〕」。

[4] コメント

(1) 警察官職務執行法は、警察官が対象者に質問する権限については明文で規定しているが、対象者の所持品を検査する権限については規定を置いていない。しかし、本判決は、明文の規定がない所持品検査も一定の要件の下で許容されることを明言した。本判決は、口頭による質問と密接に関連する、職務質問の効果を挙げるうえで必要性、有効性の認められる行為である、それゆえ、職務質問に付随して行い得るというところに、明文なき所持品検査を許容した論理を求めている。

しかしながら、口頭での質問行為は、有形力の行使を伴わないうえ、質問された対象者が質問に答えて情報を提供するかどうか、提供するとしてもどの範囲の情報を提供するかは、対象者の選択に委ねられており、それゆえ、基本的には、提供する情報について対象者は提供することを承諾しているにもかかわらず、職務質問が許される要件を法律で規定し、明確にしている。その趣旨は、具体化した特定の被疑事実に対する嫌疑（189条2項参照）には至つていない抽象的な薄い嫌疑、すなわち不審事由に基づいて、警察官が、対象者に対して働きかけを行うことによって生じうる濫用の危険の大きさと、薄い嫌疑に応じて甘受されうる法益侵害の程度の小ささとの間の利益衡量の必要性に鑑み、権限が濫用されないように、また法益侵害が過大にならないように、細心の注意を払ったものとみるべきであろう。これに対して、承諾のない所持品検査は、対象者の所持品を物理的に探る行為であるから、有形力行使を必然的に伴うばかりか、探られた範囲のプライバシーが対象者の承諾なく警察官に明らかになってしまう。そうだとすれば、質問行為と比して法益に対する侵襲度が深いという性質を本来的・類型的に有している所持品検査については、仮に任意処分の範囲にとどまる検査態様がありうるとしても、明文で規定しない限り、許容されないと解することにも十分に理由がある。

しかし、上述したように、判例は、明文なき所持品検査を容認した。そして、現在では、本判決に基づく実務が日常化しているといってよい。現在の実務を前提としつつも、濫用防止に意を払った警職法

の趣旨を無にしないためには、最低限、必要性、緊急性、相当性の判断を厳格に行う必要があるといえよう。具体的には、まず、そもそも所持品検査が許されるか否かという点で、「職務質問への付随性」を担保するために、以下の要件をみたさなければならない。第1に、所持品検査を行うに当たっては、質問行為が先行していなければならない。なぜなら、質問が先行していなければ質問との関連性を肯定しようがないからである。それゆえ、たいして質問することもしないままに、いきなり所持品検査を要求し、承諾なく所持品の中を探った場合には、侵襲度の深さにかかわらず、それだけで違法である。第2に、先行した質問行為によっては不審事由が解消しないことが条件となる。質問行為によって不審事由が解消すればもはやそれ以上の情報収集行為を行う必要性はなく、そのような行為は正当化されない。第3に、質問事項に関連する所持品検査でなければならない。つまり、質問の対象となっている不審事由と無関係な所持品検査は認められない。さらに、職務質問にとって有効であることが所持品検査を正当化する根拠であるから、質問行為と所持品検査行為との間に密接な関連性、論理的必要不可欠性が認められなければならないだろう。要するに、所持品検査なくして質問行為が意味あるものになることはない、有効な質問をするためには所持品検査が必要不可欠だという関係が必要であろう。

本判決の事例では、米子銀行強盗事件に何らかの関連しているのではないかという不審事由に基づき、被告人らに対して職務質問を始めた警察官に対して、被告人らは黙秘を続け、所持品の開披要求も拒み続けていたという状況のもとで所持品検査に着手している。したがって、質問が先行しており、黙秘していることにより質問によっては不審事由は解消せず、同時に、黙秘しているから所持品検査をせずに質問を続けるだけでは何ら意味ある情報を得られなかったという意味で、所持品検査の必要性・有効性を肯定し得る事例であったといえ、一応、本判決が自ら立てた要件を満たしていると評価することができよう。

（2）所持品検査に着手する要件を充足した場合に、次に問題となるのは、どの程度深く探索行為を行うことが許されるのか、という点である。所持品検査は職務質問に付随して許容されるものであるが、職務質問自体が任意処分の範囲でしか許されないことからすれば、親亀たる職務質問に付随する子亀たる所持品検査も、当然、任意処分の範囲に限って許されるということでなければ論理的に破たんする。そして、強制処分と任意処分の区別に関しては、最決昭51・3・16が、法益侵害の質と量を基準に規範を定立しているから、同じく強制か任意かで適否が判断される所持品検査について、これと異なる規範を適用することは、やはり論理的に整合しないはずである。このように考えたとき、本判決が定立した規範は、判例として一貫しているといえよう。捜索に至る、といういい方は、強制に至るという概念を対物処分バージョンでいい換えたにすぎないから、要するに、刑訴法上の強制処分たる捜索に該当するほどの重要なプライバシー侵害を生じさせた場合には、即違法であり、そこまで深刻なプライバシー侵害を生じさせなかった場合にも、プライバシーに対する侵害は存在するので、無条件で適法になるわけではなく、必要性・緊急性を踏まえた相当性の利益衡量を行って、検査行為の最終的な適否を判断する、という構造を踏襲しているわけである。

（3）以上の規範のもとで、判例が各事案について、どのようなあてはめをしているかをみてみよう。

第1に、捜索に至っているか否か、すなわち、強制処分と評価すべきか否かという点について、本判決では、ボーリングバッグの施錠されていないチャックを開披し内部を一べつした行為については、任意処分としての必要性・緊急性・相当性の判断に入っているし、判決自身、「法益の侵害はさほど大きいものではなく」と述べているので、明確に、捜索＝強制処分には至っていないと評価していることが分かる。他方、鍵のかかったアタッシュケースについてドライバーを用いて鍵の部分をこじ開けて内部を確認した行為については、緊急逮捕に伴う無令状捜索手続と同一視しうるという論理で正当化しているが、この論理は、強制処分である捜索に至っていることが当然の前提とされていると理解することができよう。次に、被告人の承諾がないのに、その上衣左側内ポケットに手を差入れて所持品を取り出したうえ検査した行為の適否が問われた最判昭53・9・7では、判決は、同行為について、「一般にプライバシイ侵害の程度の高い行為であり、かつ、その態様において捜索に類するものである」と判示し、違法との結論を導いている。この部分の判示だけを読むと、捜索＝強制処分に至っていると評価したのか、と解したくなるが、上記引用の直前の

部分で判決は、嫌疑が濃厚で、職務質問に妨害が入りかねない状況であったので、必要性ないし緊急性は肯定できると述べ、さらに、上記引用に引き続く部分では、本件行為は「相当な行為とは認めがたい」と述べているところから、任意処分としての相当性を欠くという理由で違法にしていることが分かる。つまり、「捜索に類する」とは、捜索には至っていないが、限りなく捜索に近いレベルの法益侵害という意味で理解すべきということになる。さらに、最決平7・5・30では、警察官4名が、懐中電灯等を用い、座席の背もたれを前に倒し、シートを前後に動かすなどして、自動車の内部を丹念に調べた行為について、「所持品検査として許容される限度を超えた」と判示し、違法との結論を取った。この判示の仕方は、最決平15・5・26の職務質問に伴う有形力行使に対する判断と類似している。つまり、「限度を超えた」とは、強制処分に至っているという趣旨なのか、任意処分の範囲内での許容限度を超えているという趣旨なのか判然としない。結論において重大違法を認定していないことからすると、強制処分にまでは至っていないという評価をしているのかもしれないが、必要性や相当性に関する事情は、違法かどうかを判断する際には拾われておらず、これらの事情は排除法則の適用に関する違法の重大性の有無の判断のところで検討されていることから、法益侵害の量だけで許容限度を超えているという結論を引き出しているようにも読め、そうだとすると強制処分に至っているという評価をしていると読む余地もある。ただ、いずれにしても、鍵のかかっていないボーリングバッグの開披が、相対的には最も法益侵害性が低く、鍵のかかったアタッシュケースの鍵を壊して開披する行為が相対的には最も法益侵害性が高く、内ポケットを探る行為と自動車内のフロアを探る行為がその中間に位置することはおおむね異論ないであろうから、これらの判例の判断を見比べると、一応判例のあてはめは相互に整合性は取れているといえよう。また、判例が、どのくらい深くプライバシー領域を侵襲すれば強制処分にあたると考えているのか、その相場感もほのかにうかがえるといえよう。

ただし、以上のような分析・整理が今後も妥当するかどうかについては留意が必要である。というのは、判例はその後、宅配便に対するエックス線撮影の適否が問題となった最決平21・9・28の事案において、「その射影によって荷物の内容物の形状や材質をうかがい知ることができる上、内容物によってはその品目等を相当程度具体的に特定することも可能であって、荷送人や荷受人の内容物に対するプライバシー等を大きく侵害するものであるから、検証としての性質を有する強制処分に当たる」と判断したからである。エックス線撮影は、容器の内部全体に侵入する行為ではある。また、宅配便は、一般に、他人に開披されることは想定されていないから、プライバシー保護に対する期待度は高い。しかし他方で、内容物の識別度は、直接目視する場合に比べて低い。このような法益侵害度を有する行為について、判例は強制処分と判定したのである。つまり、施錠ないし密封されている特定の領域に何らかの方法で侵入したら、識別度が必ずしも高くなくても捜索に当たるといえることになり、そうだすると、従来の判例の相場感に一石を投じる可能性もある。それゆえ、本判決のあてはめを過度に一般化して、所持品検査を許容する範囲を広げるのは、判例の理解としても慎重であるべきであろう。

なお、東京高判平30・3・2は、ファスナーが閉まっていた被告人のバッグを開披して、内容物をひとつ1つ取り出し、取り出した封筒の中に入っていた覚せい剤まで取り出して、写真撮影までした行為に対して、無令状捜索に当たり違法であると評価した。施錠されていない場合には、自動的に任意処分に分類されるわけでなく、施錠されていなくとも容器の内部まで深く侵入した場合には、強制処分に至ることを示した好例といえよう。ただし、強制処分に至っているのであれば、必要性や緊急性がいかに高くとも、問答無用で違法になるはずだから、同判決が必要性・緊急性について論じているところは蛇足である。念のための検討のつもりだったのかもしれないが、本来、不要なあてはめである。

(4) 第2に、任意処分としての必要性・緊急性を踏まえた相当性判断においては、被疑事実の重大性、嫌疑の濃淡、プライバシー保護に対する期待の大小、探す行為の態様(網羅的か、一べつか)とそれによって生じる任意処分の枠内での法益侵害の程度などが総合的に衡量されて結論が導かれている。この判断手法は、任意処分一般に共通しており、所持品検査において特別な判断手法が用いられているという様子はみられない。

(渕野 貴生)

職務質問・任意同行要求のための留置き

会津若松採尿事件

最3小決平成6［1994］年9月16日刑集48巻6号420頁【LEX/DB27825712】

〈関連判例〉
最3小決昭和51［1976］年3月16日刑集30巻2号187頁【24005402】［岐阜呼気検査拒否事件］〔本書1〕
東京高判平成19［2007］年9月18日判タ1273号338頁【28135479】
東京高判平成21［2009］年7月1日判タ1314号302頁【25462582】
東京高判平成22［2010］年11月8日判タ1374号248頁【25443848】
札幌高判平成26［2014］年12月18日判タ1416号129頁【25541462】
東京高判平成27［2015］年3月4日判時2286号138頁【25542609】

[1] 事実の概要

福島県会津若松警察署A警部補は、12月26日午前11時前ころ、被告人から駐在所に意味のよく分からない内容の電話があった旨の報告を受け、覚せい剤使用の容疑があると判断し、立ち回り先とみられる同県猪苗代方面に向かった。

同警察署から捜査依頼を受けた同県猪苗代警察署のB巡査は、午前11時すぎころ、国道を進行中の被告人運転車両を発見し、拡声器で停止を指示したが、被告人運転車両は、2、3度蛇行しながら郡山方面へ進行を続け、午前11時5分ころ、磐越自動車道猪苗代インターチェンジに程近い交差点の手前（以下「本件現場」という。）で、B巡査の指示に従って停止し、警察車両2台もその前後に停止した。当時、付近の道路は、積雪により滑りやすい状態であった。

午前11時10分ころ、本件現場に到着したC巡査部長が、被告人に対する職務質問を開始したところ、被告人は、目をキョロキョロさせ、落ち着きのない態度で、素直に質問に応ぜず、エンジンを空ふかししたり、ハンドルを切るような動作をしたため、C巡査部長は、被告人運転車両の窓から腕を差し入れ、エンジンキーを引き抜いて取り上げた。

午前11時25分ころ、猪苗代警察署から本件現場の警察官に対し、被告人には覚せい剤取締法違反の前科が4犯あるとの無線連絡が入った。午前11時33分ころ、A警部補らが本件現場に到着して職務質問を引き継いだ後、会津若松警察署の数名の警察官が、午後5時43分ころまでの間、順次、被告人に対し、職務質問を継続するとともに、警察署への任意同行を求めたが、被告人は、自ら運転することに固執し

て、他の方法による任意同行をかたくなに拒否し続けた。他方、警察官らは、車に鍵をかけさせるためエンジンキーをいったん被告人に手渡したが、被告人が車に乗り込もうとしたので、両脇から抱えてこれを阻止した。そのため、被告人は、エンジンキーを警察官に戻し、以後、警察官らは、被告人にエンジンキーを返還しなかった。職務質問の間、被告人は、その場の状況に合わない発言をしたり、通行車両に大声を上げて近づこうとしたり、運転席の外側からハンドルに左腕をからめ、その手首を右手で引っ張って、「痛い、痛い」と騒いだりした。

午後3時26分ころ、本件現場で指揮を執っていたD警部が令状請求のため現場を離れ、会津若松簡易裁判所に対し、被告人運転車両および被告人の身体に対する各捜索差押許可状ならびに被告人の尿を医師をして強制採取させるための捜索差押許可状（以下「強制採尿令状」という。）の発付を請求した。午後5時2分ころ、右各令状が発付され、午後5時43分ころから、本件現場において、被告人の身体に対する捜索が被告人の抵抗を排除して執行され、その後、病院にて被告人の尿も採取された。

第一審（福島地裁会津若松支判平5・7・14）は留め置き行為を違法と評価せず、控訴審（仙台高判平6・1・20）は留め置きを違法としつつ、違法の重大性を否定して証拠の排除は行わなかったため、被告人が上告に及んだ。最高裁は、以下の通り、上告を棄却した。

[2] 法の解釈

事例判断であり、一般的規範は示されていない。

③ 法の適用

(1)「職務質問を開始した当時、被告人には覚せい剤使用の嫌疑があったほか、幻覚の存在や周囲の状況を正しく認識する能力の減退など覚せい剤中毒をうかがわせる異常な言動が見受けられ、かつ、道路が積雪により滑りやすい状態にあったのに、被告人が自動車を発進させるおそれがあったから、前記の被告人運転車両のエンジンキーを取り上げた行為は、警察官職務執行法2条1項に基づく職務質問を行うため停止させる方法として必要かつ相当な行為であるのみならず、道路交通法67条3項〔引用者注：現4項〕に基づき交通の危険を防止するため採った必要な応急の措置に当たるということができる。」

(2)「これに対し、その後被告人の身体に対する捜索差押許可状の執行が開始されるまでの間、警察官が被告人による運転を阻止し、約6時間半以上も被告人を本件現場に留め置いた措置は、当初は前記のとおり適法性を有しており、被告人の覚せい剤使用の嫌疑が濃厚になっていたことを考慮しても、被告人に対する任意同行を求めるための説得行為としてはその限度を超え、被告人の移動の自由を長時間にわたり奪った点において、任意捜査として許容される範囲を逸脱したものとして違法といわざるを得ない。」

(3)「しかし、右職務質問の過程においては、警察官が行使した有形力は、エンジンキーを取り上げてこれを返還せず、あるいは、エンジンキーを持った被告人が車に乗り込むのを阻止した程度であって、さほど強いものでなく、被告人に運転させないため必要最小限度の範囲にとどまるものといえる。また、路面が積雪により滑りやすく、被告人自身、覚せい剤中毒をうかがわせる異常な言動を繰り返していたのに、被告人があくまで磐越自動車道で宮城方面に向かおうとしていたのであるから、任意捜査の面だけでなく、交通危険の防止という交通警察の面からも、被告人の運転を阻止する必要性が高かったというべきである。しかも、被告人が、自ら運転することに固執して、他の方法による任意同行をかたくなに拒否するという態度を取り続けたことを考慮すると、結果的に警察官による説得が長時間に及んだのもやむを得なかった面があるということができ、右のような状況からみて、警察官に当初から違法な留め置きをする意図があったものとは認められない。これら諸般の事情を総合してみると、前記の

とおり、警察官が、早期に令状を請求することなく長時間にわたり被告人を本件現場に留め置いた措置は違法であるといわざるを得ないが、その違法の程度は、いまだ令状主義の精神を没却するような重大なものとはいえない。」

④ コメント

(1) 警職法2条1項は、職務質問をするために対象者を停止させる権限を警察官に与えている。もちろん、職務質問は任意処分としてのみ認められる行為であるから、停止行為も任意の範囲に限って認められるにすぎない。ところが、職務質問においては、対象者が所持品検査あるいは尿の提出に応じない限り、その場あるいは取調室から立ち去らせないと警察官が固く決意して、対象者を長時間、職務質問の現場や任意同行先の警察署の取調室に留め置く、という事態がしばしば発生する。職務質問における留め置きの問題構造は、捜査官が望む供述をするまで被疑者を帰宅させないと固く決意して、被疑者を徹夜で、あるいは宿泊させて取調室に滞留させ続ける長時間・宿泊を伴う取調べと全く同じである。また、適用される規範も、最決昭51・3・16をベースに、相手方の意思に反する重大な法益侵害に至っていれば、強制処分として即違法となり、法益侵害の程度が強制処分に至るレベルには達していなければ、必要性・緊急性を踏まえた総合的利益衡量による相当性が認められるか否かによって、適法か違法かの結論が決まる。

ただ、一応は、被疑者が取り調べられることについて同意していることが前提で開始される取調べと、移動中の、したがって、1地点に滞留することをもともと想定していない職務質問とでは、滞留に対する同意の有無や、不同意に転じる時点の到来の早い遅いに、当然のことながら差がある。それゆえ、職務質問における留め置きは、対象者が留め置きのかなり早い段階でしびれを切らして、立ち去りを要求したが実現しないという現象が現れる結果、長時間の取調べ事例よりも短時間で、対象者の意思に反し、行動の自由に対する重大な侵害に至ったり、そこまで重大な法益侵害の程度には至っていなくとも、総合的利益衡量によって相当性を否定される段階に至ることが稀ではないし、総滞留時間が同じであっても、不同意に転じた（と評価される）時点の違いにより、取調べは強制処分には至っていないが、職務質問における留め置きは強制処分に至っ

ているという評価の違いが出ても、直ちに論理的に矛盾しているということにはならないだろう。なお、留め置きの途中で職務質問から捜査に移行しても、身体・行動の自由に対する法益侵害は累積的に積み上がっていくから、留め置き時間は職務質問当初の留め置き時刻から起算される。

本決定は、6時間半を超える路上における留め置き行為について、「任意捜査〔より正確にいえば、任意処分〕として許容される範囲を逸脱したものとして違法」と評価した。しかし、本決定のいう違法が、強制処分に至っているから違法という意味なのか、任意処分だが相当性を欠くので違法という意味なのかははっきりしない。任意処分だが違法という趣旨であると解する見解も有力であり、確かに、本決定が、違法の程度について、「いまだ令状主義の精神を没却するような重大なものとはいえない」と判示していることからすれば、そのような解釈も妥当であるようにも思われる。しかし、本決定が、必要性や相当性について詳細に検討をしているのは、違法という結論を出した後の証拠排除をするかどうかの部分であり、違法という結論自体は、嫌疑の濃さという事情を傍論的に拾っているだけで、ほとんどもっぱら留め置き時間の長さ、すなわち法益侵害の量だけで導かれているようにみえる。このような判断プロセスは、むしろ強制処分に至っているかどうかの規範に沿っている。実際、路上で6時間半も（しかも、12月の東北地方の寒空の中に！）留め置かれるのは、かなり深刻な行動の自由に対する侵害であることは否定できないであろう。というわけで、あれこれ考えると、本決定は、さしあたり、どちらの違法とも解釈できる事案、要するに、法益侵害の程度として、強制に至っているか至っていないかのギリギリの境界線上にある事案と位置付けることができると思われる。

（2）さて、下級審で、職務質問における留め置きの適否が争われた事例は多数存在するが、それぞれの裁判所による滞留時間に対する法的評価や適否を考慮する際に使われる要素の使い方には、かなりの格差がある。当該裁判体の人権意識の高低が表れているといえる。ポイントとなる要素を抽出して解説しておこう。

最も重要な要素となるのは、滞留時間である。東京高判平19・9・18は、被告人運転の車両を停止させて午前1時55分ころから職務質問を開始し、パトカーを被告人車両の前方1.3m、約60cm右側とい

う、被告人が容易に車両を出発させることが難しい位置に停車し、所持品検査への協力を明確に拒否する被告人に対して、約3時間半、所持品検査に応じるように説得を続けて滞留させたという事案について、「被告人らの所持品検査を拒否し立ち去りを求める意思は明確であって、それ以上警察官らが説得を続けたとしても被告人らが任意に所持品検査に応じる見込みはなく、被告人らを留め置き職務質問を継続する必要性は乏しかったといえる。……担当捜査員によって令状による強制捜査が困難と判断されたこの段階では、それ以上被告人らを留め置く理由も必要性もなかったものと思われる。……少なくとも、被告人らが帰らせてほしい旨を繰り返し要求するようになった午前4時ころには、警察官らは所持品検査の説得を断念して、被告人車両を立ち去らせるべきであり、被告人らが繰り返し立ち去りたいとの意思を明示していることを無視して、被告人車両の移動を許さず、被告人らを本件現場に留め置いて職務質問を継続したのは、明らかに任意捜査の限界を越えた違法な職務執行であったといわざるを得ない」と判示して、任意処分としての相当性を欠く方の違法ではあるが、違法との結論を導いている。また、札幌高判平26・12・18は、被告人運転の車両を停止させたうえ、被告人をパトカーに乗車させ、パトカー内で午前2時20分ころから職務質問を行い、強制採尿令状が執行された午前7時18分ころまでの合計5時間近く被告人をパトカー内に留め置いたという事例について、「被告人が、午前3時30分頃及び午前6時頃の2回にわたり、本件警察車両から降車しようとした際、有形力を行使してその行動を制止し、結果として、被告人が本件警察車両から降車する意思を明示した午前3時30分頃から本件採尿令状が執行された午前7時18分頃まで約3時間50分にわたり、上記2回の有形力行使を交えつつ、被告人を本件警察車両内に留め置いたものであり、このようなA警部補の措置は、長時間にわたり被告人の移動の自由を過度に制約したものとして、任意捜査の範囲を逸脱した違法なもの」と判断している。なお、この事案も、結論を導き出す過程で、嫌疑が濃厚であったことから説得行為を続けたことが直ちに不当とはいえないといった事情を検討しているので、任意処分としての相当性を欠く方で違法性を認定したものと思われる。同様に、東京高判平27・3・4も、深夜から早朝にかけて約3時間40分にわたって留め置いた行為は、手段の相当性を欠いて違法で

あると断じている。

一方、東京高判平21・7・1は、被告人運転の車両を停止させて、午後4時39分ころから職務質問を開始し、さらに任意同行を渋る被告人をパトカーに乗車させ、午後5時50分ころから警察署の取調室において尿提出を求め、最終的に、午後9時28分ころに強制採尿令状を被告人に示すまでの、合計5時間近く被告人を路上および取調室で留め置いたという事案について、適法と判断している。同じく、東京高判平22・11・8も、午後3時50分頃から午後7時51分までの間、約4時間にわたり、被告人を職務質問の現場に留め置いた措置に「違法かつ不当な点はない」と結論付けている。

しかし、あらかじめ想定していないのに突然、4、5時間も移動することをできなくされたら、その日の予定は完全に台無しになる。そのような法益侵害を重大とはいえないと評価することにどれだけ説得力があるだろうか。しかも、警察官以外の者がこのような留め置き行為を行ったら、逮捕監禁罪に当たるはずである。最大限控えめにいっても、相当性を欠く違法を認めるのが自然なあてはめといえよう。

(3) 所持品検査や尿提出に応じないという対象者の態度を嫌疑の濃さに結びつけて必要性を肯定する事情として使うことの妥当性について、東京高判平27・3・4は、被告人がパトカーを見て慌てた様子で顔を背けた、大粒の汗をかいていた、覚せい剤や大麻使用の前科前歴を相当数有していたといった事情に加えて、被告人がウェストポーチを抱え込んで頑なに所持品検査を拒否するという「特異な拒絶反応を示したというのであるから、上記の特異な拒絶の状況は、そこに覚せい剤等の薬物が入っているとの疑いを一層強めるものである。嫌疑の補強、あるいは令状発付の必要性の根拠とすることは不当とはいえない」と述べ、肯定的な姿勢を示している。

これに対して、東京高判平19・9・18は消極的な態度を示し、「そのほかの事情と併せ考えて、何らかの犯罪に関係しているとの嫌疑を抱くこと自体を不当とはいえないにしても、その推定力には自ずから限界があるといってよい。そして、なにより、警察官らの車内検査への説得が任意捜査として行われている以上、警察官らの求めに応じて車内検査に応じるか否かはあくまで被告人らの意思に任されているわけであり、被告人らが車内検査に応じないことから嫌疑が一層強まり、それによって警察官らがその

後も説得を継続できると解すると、結局のところ、被告人らが車内検査に応じるまで警察官らはいつまでも説得を継続できるということになってしまう。これは、職務質問を受ける側の者にとっては耐え難いことであろう。任意捜査であることとは明らかに矛盾し、黙秘権の保障、プライバシーの保障という観点からもゆるがせにできないように思われる」と述べている。留め置き拒否の事実を留め置きを正当化する根拠に使うことの矛盾・問題点を鮮やかに論証しているといえよう。

(4) 立ち去りを阻止するための有形力行使や取り囲み行為についても、評価は大きく分かれる。東京高判平21・7・1は、被告人が路上での職務質問に引き続いて同行させられた警察署の取調室から繰り返し退出しようとしたのに対して、その都度、取調室の出入口付近で監視していた警察官が集まり、「退出しようとする被告人の前に立ち塞がったり、背中で被告人を押し返したり、被告人の身体を手で払うなどして退出を阻止」したという行為について、「受動的なものに留まり、積極的に、被告人の意思を制圧するような行為等はされていない」と評価している。

これに対して、東京高判平19・9・18は、「警察官らが被告人車両の直近に佇立している状況においては、そのような行動〔被告人車両を第2通行帯に進出させる行動〕に出ることは物理的にもかなり困難を伴う上、被告人が再三にわたって立ち去りたい旨告げているのに、許可を与えようとはせず、執ように車内の検査に応じるよう要請している状況下においては、それを振り切って発進させることには多大の心理的抵抗があると思われる。……実質的には、被告人車両がその場から立ち去ることができない状況にあったことは明らか」と判断している。

また、東京高判平27・3・4も、警察官十数人で被告人を取り囲んだ行為について「被告人は一定空間で自由に移動することが許されており、被告人の身体に対する直接的な有形力の行使が常時なされてはいないものの、複数の警察官が被告人を隙間なく取り囲み、被告人が再三、そこから出たいとの明確な意思表示をして立ち去る行動に及んでいるにもかかわらず、身体を押し付ける、腕をつかむといった典型的な有形力の行使も用いつつ、被告人を警察官による囲いから出られないようにしている。被告人の移動の自由、ときに身体の自由という重要な法益を侵害したものであり、しかも、それは被告人の動き

に対応した受動的、一時的なものではな〔い〕」と評価して、相当性を欠く違法があるとの結論を引き出している。

判例の立場によれば、確かに、有形力を行使したからといって、直ちに重大な法益侵害に当たるわけではないし、任意処分としての相当性を欠くことになるわけでもない。その場その場の有形力行使が強制処分にあたるか、任意処分としての相当性を欠くと評価されるかは、結局、程度問題に帰する。とはいえ、移動したいという意思が明確なのに、警察官に阻まれて、その場に滞留する以外の選択肢がない状態に置かれれば、判例の規範に従ったとしても、対象者の意思に反しているとあてはめるべきであるし、移動の自由は完全に剥奪され、重大な法益侵害が発生しているとあてはめるべきである。そうすると、被告人の前に立ち塞がり、退出しようとするのを繰り返し押し返す行為について、強制処分にあたらないと評価した東京高判平21・7・1のあてはめは、理解し難い。この状況で、被告人はどうやったら退出することができたのだろうか、という想像力を働かせてほしい。おそらく警察官を突き飛ばしでもしなければ退出することはままならなかったであろう。しかし、仮に実際に被告人が警察官を突き飛ばしたら、直ちに、公務執行妨害罪等で逮捕されてしまっただろう。だとすれば、被告人に移動するという選択肢は全く与えられていなかったと評価すべきではなかろうか。そして、そのような評価をする際に、警察官の有形力行使が「受動的」だったかどうかは無関係である。そもそも、警察官は、対象者が移動しようとアクションを起こした時に、その動きを止めようとして、有形力を行使するのが常態であるのだから、それをもって「受動的だから、適法である」と評価してしまうと、ほとんどすべての有形力行使を救済することになりかねない。「受動的」というマジックワードで法益侵害の程度に対する評価を切り下げるのはフェアとはいえない。

同じような考察は、5、6人以上の警察官で対象者の周りを取り囲んで、身動きできない状態にする行為に対しても、あてはまる。このような形態の留め置きに対して、有形力を行使しているか否かは評価の指標にはなり得ない。その状況で通常の市民が脱出できるかどうかを考えなければならない。東京高判平19・9・18や東京高判平27・3・4は、強制処分性を認めなかった点では画竜点睛を欠くところがなくはないが、それぞれの裁判所が行った事実評価自体は、社会的な現実を正しく認識した合理的なあてはめであるといえよう。

(5) さらに、対象者を留め置き中に、対象者が携帯電話で通話をしたり、飲食物等の授受をしたり、家族や知人と会話できたといった事情が、法益侵害の程度に影響するかどうかという点についても、異なる見方がされている。東京高判平21・7・1では、「被告人の所在確保に向けた措置以外の点では、被告人の自由が相当程度確保されており、留め置きが対象者の所在確保のために必要最小限度のものに留まっていたことを裏付けている」と述べ、法益侵害の程度を減じる事情として加味されている。同様に、東京高判平22・11・8でも、「被告人の意思を直接的に制圧するような行為等はなされておらず」という評価を導くに当たって、携帯電話で通話したり、たばこを吸うことができたという事情を算入している。

これに対して、東京高判平27・3・4は、「被告人は弁護士や妻に何度も電話をかけて自由に振舞っていた」という事情は、「被告人の移動を阻止した手段の許容性と関係ない」と断じている。同判決が述べる通り、たばこを吸うことや電話をすることができたからといって、移動の自由が回復したわけではないので、これらの事情は、移動の自由の侵害の量を算定するうえでは関連性のない事実である。仮に、たばこを吸うことや電話をすることを禁止したとすれば、それ自体が、移動の自由とは異なる種類の行動あるいは身体の自由に対する侵害にあたるから、たばこを吸うことや電話をすることができたという事実は、移動の自由以外の権利侵害が加算されていない、というにすぎず、移動の自由の侵害を減算する根拠にはならない。侵害の対象となる複数の権利を混同せずに、きちんと切り分けてひとつ1つ評価していくという点では、東京高判平27・3・4の判断手法は学ぶべきお手本を示している。

(6) ところで、留め置き時間が相当長時間にわたった事例やかなり強い有形力行使がなされた事例において、強制採尿令状が請求された、あるいは請求の手続に着手したことを根拠に、通常の任意処分よりも一段強いレベルの留め置き要求が許されると解するものがある。東京高判平22・11・8は、午後3時50分ころから午後7時51分ころまで約4時間にわたって、被告人車両を停止させ、路上で職務質問として尿提出の説得行為を続けた事案であるが、判決は、「強制採尿令状の請求に取りかかったというこ

とは、捜査機関において同令状の請求が可能である
と判断し得る程度に犯罪の嫌疑が濃くなったことを
物語るものであり、その判断に誤りがなければ、い
ずれ同令状が発付されることになるのであって、い
わばその時点を分水嶺として、強制手続への移行段
階に至ったと見るべきものである。したがって、依
然として任意捜査であることに変わりはないけれど
も、そこには、それ以前の純粋に任意捜査として行
われている段階とは、性質的に異なるものがあると
しなければならない」と論じ、「同令状を請求する
ためには、予め採尿を行う医師を確保することが前
提となり、かつ、同令状の発付を受けた後、所定の
時間内に当該医師の許に被疑者を連行する必要もあ
る」から、「純粋な任意捜査の場合に比し、相当程
度強くその場に止まるよう被疑者に求めることも許
される」と述べて、留め置き行為を適法と評価して
いる。東京高判平21・7・1でも、同一方向の評価が
なされている。

　これに対して、札幌高裁平26・12・18は、「犯罪の
嫌疑の程度は、採尿令状の請求準備を開始するか否
かという警察官の判断により直ちに左右されるもの
ではない上、本件において、その段階で、嫌疑を深
めるべき新たな証拠や事実が発見されてもいないか
ら、上記のような警察官の判断時点を境界として、
許容される留め置きの程度に有意な違いが生じるも
のと解することは、必ずしも説得力のある立論では
ない」と反対の評価がなされている。

　論理的に説得力があるのは、札幌高判の判断であ
るといえよう。札幌高判が指摘するように、令状請
求行為は、捜査官の主観的嫌疑に基づくものでしか
なく、要件充足性について判断権限を持っているの
は、あくまで令状裁判官である。つまり、令状請求
は却下されるかもしれないのである。にもかかわら
ず、令状請求行為に独自の法的性質を与えるのは、
逆に言えば、令状審査に独自の法的意義を与えてい
ないことを意味する。要するに、令状裁判官のこと
を令状自動発行機と思っているから、そういう発想
がでてくるのである。自らの存在価値を否定するよ
うな判断を（おそらくそのような自覚なく行っている
のではあろうが）たいして躊躇もせずに行う裁判体
が存在することには驚愕するしかないが、いずれに
せよ、そのような考えは、令状主義をないがしろに
しているといわなければならない。

　それゆえ、仮に令状請求行為に固有の意味を持た
せるとしても、せいぜい、当該令状請求が客観的根
拠に基づいて行われていると評価できる場合に限っ
て、嫌疑の程度を推認する間接事実の１つとして必
要性あるいは相当性要素に組み込むことができると
いうにとどまる。言い換えれば、嫌疑に対する客観
的根拠の乏しさを令状請求行為という捜査官の主観
で補って嫌疑の程度を嵩増ししたり、いわんや強制
処分に準ずる行動の自由を正当化することは許され
ない。

（渕野　貴生）

9　差押え対象物の範囲

📖 大阪南賭博場開張事件
　最１小判昭和51［1976］年11月18日判時837号104頁【LEX/DB27920891】
　〈関連判例〉
　　　最大決昭和33［1958］年７月29日刑集12巻12号2776頁　　【27760626】［都教組事件］〔本書13〕
　　　最１小判昭和42［1967］年６月８日判時487号38頁　　　【27661271】
　　　広島高岡山支判昭和56［1981］年８月７日判タ454号168頁　【27915392】
　　　広島高判昭和56［1981］年11月26日判時1047号162頁　　【27915407】
　　　札幌高判昭和58［1983］年12月26日刑月15巻11・12号1219頁【27761193】

1　事実の概要

　恐喝被疑事件について捜索差押許可状の請求を受
けた裁判官が、捜索すべき場所を「大阪市南区西櫓
町＊＊番地Ｏ組事務所及び附属建物一切」差し押え

るべき物を「本件に関係ある、一、暴力団を標章す
る状、バッチ、メモ等、二、拳銃、ハトロン紙包み
の現金、三、銃砲刀剣類等」と記載した捜索差押許
可状を発付した。これを受けて、警察官は、右許可

状に基づき、同年2月10日前記O連合O組事務所において、O連合名入りの腕章、ハッピおよび組員名簿等とともに、「O組の組員である被告人らが昭和46年4月24日ころから同年6月17日ころまでの間、連日のように賭博場を開張し、俗にいう手本引博奕をした際、開張日ごとに、寺師や胴師の名前、張り客のうちいわゆる側乗りした者の名前、寺銭その他の計算関係等を記録したメモ」を差し押さえた。その後、被告人は賭博場開張図利罪（刑法186条）・賭博罪（刑法185条）で起訴され、第一審は有罪とした。しかし、控訴審は弁護人らの主張、すなわち捜索差押許可状に差押の目的物として記載されていない物に対してされた違法な差押えであるという主張を容れて証拠を排除し、被告人に無罪を言い渡した。これに対して検察官が上告したところ、最高裁は原判決を破棄したうえで自判し、本件差押えを適法として第一審の有罪判決を維持した。

2 法の解釈と適用①

● 法の解釈 ●●

事例判例であり、一般的な規範は示されていない。

● 法の適用 ●●

「本件メモ写しの原物であるメモが前記捜索差押許可状の目的物に含まれるかどうかが、上告趣意全体の前提となる論点であるから、まずこの点につき職権により検討すると、右メモが右許可状の目的物に含まれていないのでその差押は違法であったとする原判断は、法令に違反したものというべきである。……右捜索差押許可状には、前記恐喝被疑事件に関係のある『暴力団を標章する状、バッチ、メモ等』が、差し押えるべき物のひとつとして記載されている。この記載物件は、右恐喝被疑事件が暴力団であるO連合O組に所属し又はこれと親交のある被疑者らによりその事実を背景として行われたというものであることを考慮するときは、O組の性格、被疑者らと同組との関係、事件の組織的背景などを解明するために必要な証拠として掲げられたものであることが、十分に認められる。そして、本件メモ……には、O組の組員らによる常習的な賭博場開張の模様が克明に記録されており、これにより被疑者……と同組との関係を知りうるばかりでなく、O組の組織内容と暴力団的性格を知ることができ、右被疑事件の証拠となるものであると認められる。してみれば、右メモは前記許可状記載の差押の目的物に

あたると解するのが、相当である」。

3 法の解釈と適用②

● 法の解釈 ●●

「憲法35条1項及びこれを受けた刑訴法218条1項、219条1項は、差押は差し押えるべき物を明示した令状によらなければすることができない旨を定めているが、その趣旨からすると、令状に明示されていない物の差押が禁止されるばかりでなく、捜査機関が専ら別罪の証拠に利用する目的で差押許可状に明示された物を差し押えることも禁止されるものというべきである」。

● 法の適用 ●●

「そこで、さらに、この点から本件メモの差押の適法性を検討すると、それは、別罪である賭博被疑事件の直接の証拠となるものではあるが、前記のとおり、同時に恐喝被疑事件の証拠となりうるものであり、O連合名入りの腕章・ハッピ、組員名簿等とともに差し押えられているから、同被疑事件に関係のある『暴力団を標章する状、バッチ、メモ等』の一部として差し押えられたものと推認することができ、記録を調査しても、捜査機関が専ら別罪である賭博被疑事件の証拠に利用する目的でこれを差し押えたとみるべき証跡は、存在しない。

以上の次第であって、右メモの差押には、原判決の指摘するような違法はないものというべきである」。

4 コメント①（差押え対象物の範囲）

（1）本判決は、恐喝被疑事件にかかわる差押えの目的物として、賭博場開張にかかわるメモ（賭博メモ）を差し押さえたことの可否について判断したものである。憲法35条が保障する令状主義は、事件ごとに個別具体的に捜索・差押えなどの処分の必要性を令状審査という形で裁判官が判断するとともに、処分が執行されるべき範囲を画し、被処分者への過剰な権利制約を防ぐことを期待して採用されている原則である。令状主義の下では、捜索や差押えの対象となる場所・目的物を令状請求段階で一定程度具体的に明示することによって、当該捜索差押えと被疑事件との間の関連性の有無や捜索差押えを行う必要性を個別具体的に審査し、裁判官が発付する令状（捜索差押許可状）に捜索場所や差押えの目的物を具体的に示すことで一般探索的な捜索や地引き網的な差押えを防ぐことが期待されている。しかし、本件

では令状に記載されておらず、かつ恐喝被疑事件と関連性があるとは容易には認定しがたい、賭博メモが差し押さえられたとして問題となった。なお、この問題が生じる背景には、差押え対象物を令状に概括的に記載することが許容されていることが作用している（この問題にかかわる最決昭33・7・29については〔本書13〕参照）。

（2）本件では恐喝被疑事件の捜索差押許可状で賭博メモが差し押さえられているが、本判決はこのことについて、(a)令状記載の「暴力団を標章する状、バッチ、メモ等」が恐喝行為を成り立たせる「O組の性格、被疑者らと同組との関係、事件の組織的背景などを解明するために必要な証拠」であることを確認したうえで、(b)賭博場開帳のメモも、恐喝行為を成り立たせる「被疑者とO組の関係」「O組の組織内容と暴力団的性格」を証明する証拠といえるので、恐喝被疑事件との関連性を認められる、と判断した。つまり、賭博場開帳のメモも、暴力団を標章する「バッチ」等と同じく、「暴力団を標章する」ものであり、恐喝の背景事情を証明する点で恐喝被疑事件と関係するというわけである。ただ、本決定の射程を広く理解してしまうと、被疑事件の背景事情に関する証拠は広く関連性が認められ、令状の記載が具体的になされていなくとも差押えの対象物を広く認めるという帰結、すなわち地引き網的な差押えを認めるという帰結を導きかねない。本来、差押えは公判で被告人の有罪・無罪や量刑を判断するための証拠を収集する処分であり、その処分の性質からすれば、差押え対象物の範囲は罪体に関する直接証拠および間接証拠、罪責の軽重に相当程度の影響がある情状に関する証拠に限られるべきである（ただし、情状に関する証拠の関連性・必要性は慎重に判断すべきである）。そして、令状に明示された差押え対象物が当該被疑事実との関係で何を証明する証拠なのか、その性質を厳格に認定したうえで、差押え対象物の範囲を画定すべきであろう。その際、被疑事実と差押え対象物との間の関連性を過度に抽象化しないことが必要である。

以上の観点からすれば、本判決は、暴力団であることを恐喝の「手段」として利用した事案における判断であり、賭博メモは罪体たる恐喝手段にかかわる証拠として被疑事件との関連性が認められたと解すべきである。被疑事件との関連性の判断を緩くする趣旨の判決としてとらえるべきではない。

（1）本判決は、さらに差押えの目的物に該当するとしても、「専ら別罪の証拠に利用する目的で差押許可状に明示された物を差し押さえることも禁止される」と判示し、本件賭博メモの差押えがこの禁止に抵触するか判断している。これは、本件についての証拠を発見・収集する目的で、捜索・差押えの必要性の欠けた、あるいは被疑事実との関連性が乏しい別事件の捜索・差押えの手続を執行することが禁止される規範を示した、と解することができる。講学上、これを「別件捜索差押」と呼ぶ論者もみられる。もっとも、別件逮捕勾留が、(a)別件のための処分を本件に流用するのみならず、(b)取調べを本来は目的としていない逮捕勾留を、取調べの手段のために用いるという問題があるのに対して、別罪の証拠物の捜索差押えは、捜索差押えの場面で別罪の証拠物をも押収するという問題にとどまる。したがって、結局のところ、被疑事実との関連性の有無の問題に収斂されてしまい、わざわざ「別件捜索差押え」という概念を設定して議論する実益はないという指摘がなされている。

本件では、結果的に賭博メモが恐喝被疑事件ではなく賭博場開張図利罪等の証明に用いられていることから、最高裁は捜索差押えの時点で別件捜索差押えの色彩を帯びていなかったか否かを確認したものと思われる。最高裁は、「専ら別罪の証拠に利用する目的」が認定できる場合には、本罪（恐喝罪）たる被疑事実との関連性を欠き、証拠として差し押さえる必要性を認められなくなるので違法となる、と考えているのであろう。本事案をあてはめる際にも、最高裁は客観的に当該差押目的物が本罪との関係で証拠として必要といえるか否かを判断することに加えて、「捜査機関が専ら別罪である賭博被疑事件の証拠に利用する目的でこれを差し押えたとみるべき証跡」がなかったことを指摘している。この表現は、違法な捜索差押えか否かを判定する際に、最高裁は捜索差押え時点における捜査機関の目的が別罪の証拠の収集にあったか否かを一定程度重視することを示唆している。

（2）なお、別罪の証拠物の捜索差押えについては、広島高判昭56・11・26が、捜索の現場で領置された預金通帳の証拠能力を判断する文脈で、「本件業務上横領事件の証拠を発見するために、ことさら被告人方を捜索する必要性に乏しい別件の軽微なモーターボート競走法違反事件を利用して、捜索差押令

状を得て右捜索をしたもので、違法の疑いが強いといわざるを得」ないと判示している（もっとも、違法性は重大とまではいえないとして、証拠能力は肯定している）。この結論を導くにあたって、同判決がどのような要素を重視して違法と判断しているか、確認しておくとよいであろう。他に関連する裁判例として、220条の逮捕にともなう捜索差押えの際に、別罪の証拠物を捜索し、あるいは差し押さえた事案として、広島高岡山支判昭56・8・7（監禁・恐

喝未遂被疑事件で逮捕した現場で、覚せい剤粉末を発見した際に、覚せい剤取締法違反の現行犯で逮捕せずに覚せい剤取締法違反の証拠物の捜索を継続したことを違法と判示した事案）、札幌高判昭58・12・26（暴行被疑事件で逮捕した現場で余罪である覚せい剤の所持・使用の嫌疑を裏付ける証拠を捜索したことを違法と判示した事案）などがある。

（緑　大輔）

 # *10* 捜索・差押え令状執行中の写真撮影

📖 田端押収物写真撮影事件
　最 2 小決平成 2［1990］年 6 月27日刑集44巻 4 号385頁【LEX/DB24006194】
　〈関連判例〉
　　最 1 小判昭和51［1976］年11月18日判時837号104頁　　【27920891】［大阪南賭博場開張事件］〔本書 9 〕
　　名古屋地決昭和54［1979］年 3 月30日判タ389号157頁　　【27761102】
　　大津地決昭和60［1985］年 7 月 3 日刑月17巻 7・8 号721頁　【27930768】
　　名古屋高判平成18［2006］年 8 月18日判例集未掲載　　【28130002】

1 事実の概要

　東京北簡易裁判所裁判官は、平成元年11月 2 日、司法警察員の請求により、被疑者Ｘに対する建造物侵入未遂被疑事件について、同事件の犯行を計画したメモ類ならびに被疑者の生活状況を示す預貯金通帳、領収証、請求書、金銭出納帳及び日記帳を差押えることを許可する旨の捜索差押許可状を発付した。司法警察員は、右捜索差押許可状により、同月 8 日、Ｘ方居室において捜索を行い、Ａ名義の預金通帳 2 通およびＡ依頼にかかる振込金受取書 2 通を差押えるとともに、右捜索差押の際、印鑑、ポケット・ティッシュペーパー、電動ひげ剃り機、洋服ダンス内の背広等を床面に並べ、あるいは接写して写真撮影を行い、同室内で発見した手帳の内容のメモをとった。

　これに対して、Ｘは(1)被疑事実と関連性のない物を写真撮影し、その内容をメモしたことおよび司法警察員が差押の必要性のない物を押収したことから、本件捜索差押えは違法であり、本件差押処分を取り消し、(2)右写真撮影は違法であるから、本件捜索差押の際の写真撮影により得られたネガおよび写真を廃棄し、又は申立人に引き渡す旨の決定を求めて準抗告を申し立てた。これに対して、準抗告審

（東京地決平 2・1・11）は、(1)本件差押物品は還付済みであり申立ての利益を欠くため不適法な申立てであり、(2)本件捜索差押許可状記載の「差し押えるべき物」のいずれにも該当せず、捜索差押に付随する写真撮影として許容される範囲を逸脱して違法であるが、違法な写真撮影により得られたネガおよび写真の廃棄又は申立人への返還を求める申立ては430条、426条の文理等に照らして同法の認めていない不適法な申立てであるとして、棄却した。この原決定の(2)に対してＸが特別抗告を申し立てた事案である。最高裁は以下のように述べて特別抗告を棄却した。

2 法の解釈

　事例判例であり、一般的な規範は示されていない。

3 法の適用

　「所論にかんがみ職権をもって判断すると、原決定の認定によれば、本件においては、裁判官の発付した捜索差押許可状に基づき、司法警察員が申立人方居室において捜索差押をするに際して、右許可状記載の『差し押えるべき物』に該当しない印鑑、ポ

ケット・ティッシュペーパー、電動ひげそり機、洋服ダンス内の背広について写真を撮影したというのであるが、右の写真撮影は、それ自体としては検証としての性質を有すると解されるから、刑訴法430条2項の準抗告の対象となる『押収に関する処分』にはあたらないというべきである。したがって、その撮影によって得られたネガ及び写真の廃棄又は申立人への引渡を求める準抗告を申し立てることは不適法であると解するのが相当であるから、これと同旨の原判断は、正当である」。

なお、次のような藤島昭裁判官補足意見が付されている。「検証に際して行われる写真撮影は、検証の結果をフィルムに収録する行為といえよう。このような行為を捜査機関が行う場合には原則として令状を必要とする（刑訴法218条1項）。したがって、人の住居に立ち入って捜索差押許可状を執行するに際し、あわせてその現場において写真撮影を行うためには、原則として検証許可状が必要となる。しかし、検証許可状を請求することなく、捜索差押手続の適法性を担保するためその執行状況を写真に撮影し、あるいは、差押物件の証拠価値を保存するため発見された場所、状態においてその物を写真に撮影することが、捜査の実務上一般的に行われている。このような撮影もまた検証と解されるべきものであるが、捜索差押に付随するため、捜索差押許可状により許容されている行為であると考えられる。……これに対して、本件のように、捜索差押許可状に明記されている物件以外の物を撮影した場合には、捜索差押手続に付随した検証行為とはいえないので、本来は検証許可状を必要とするものであり、その令状なしに写真撮影したことは違法な検証行為といわざるを得ないが、検証について刑訴法430条の準抗告の規定の適用がないことは条文上明らかであって、この点に関する準抗告は現行刑訴法上認められていないものと解するほかない。……もっとも、物の外形のみの写真撮影に止まらず、たとえば、捜索差押が行われている現場で捜索差押許可状に明記された物件以外の日記帳の内容を逐一撮影し、収賄先献金先等を記載したメモを撮影するなど、捜査の帰すうに重大な影響を及ぼす可能性のある、あるいは重大事件の捜査の端緒となるような文書の内容等について、検証許可状なくして写真撮影が行われたような場合を考えると、検証には刑訴法430条の準抗告の規定の適用がないということでこのような行為を容認してしまうことは、適正な刑事手続を確保す

るという観点から問題があるように思われる。すなわち、このような場合、実質的にみれば、捜査機関が日記帳又はメモを差し押さえてその内容を自由に検討できる状態に置いているのと同じであるから、写真撮影という手段によって実質的に日記帳又はメモが差し押さえられたものと観念し、これを『押収に関する処分』として刑訴法430条の準抗告の対象とし、同法426条2項によりネガ及び写真の廃棄又は引渡を命ずることができるとする考え方もありえよう。しかしながら、本件の写真撮影は、印鑑等4点の物の外形のみを撮影したものであって、右のような実質上の押収があったか否かを議論するまでもない事案であるから、刑訴法430条の準抗告の対象とならないとした原決定の結論は相当である」。

4 コメント

(1) 押収に対する救済手段として、法は429条および430条で準抗告の制度を設けており、押収の裁判や処分を取り消すことができる。しかし、写真撮影それ自体に対する準抗告については定めていない。そのため、本件では写真撮影自体に対する準抗告の可否が問題となったのである。本決定が出る以前には、下級審の裁判例では、名古屋地決昭54・3・30が一般論として写真撮影の違法の程度が大きい場合には、捜索差押え自体が違法となる場合があり、押収の取消とともに必要があれば写真のネガ等の廃棄もしくは引渡しを命じることができる旨を説示していた（もっとも、当該事案では撮影を適法としており、また写真撮影のみ独立して準抗告を申し立てられるかは明確に判断していない）。また、大津地決昭60・7・3は覚せい剤取締法違反被疑事件の捜索差押えの際に、ゴルフ場造成計画図面を写真で撮影した事案について、準抗告審で写真撮影処分を取り消す旨を判示している。

(2) 本決定は、当該写真撮影が「検証」の性質を有するので、430条2項にいう「押収に関する処分」に該当しないことを根拠に、不適法な申立てだとして特別抗告を斥けた。この点については、押収の際に行われる事実行為について広く「押収に関する処分」として準抗告の対象となることを理由として、捜索差押えの際の写真撮影も「押収に関する処分」として準抗告の対象になるという理解もありえた。しかし、少なくとも本事例の写真撮影について、最高裁はこの考え方を採用していない。この考え方を採用すると、押収に付随せずに行われた写真撮影の

場合には「検証」に該当して準抗告の対象にならないのに対し、押収に付随して行われた写真撮影の場合には「押収に関する処分」に該当して準抗告の対象になるというのは不均衡だとする指摘もある。もっとも、本決定はあくまで事例判断に徹しており、写真撮影がおよそ準抗告の対象にならないとまでは説示していない。また、藤島補足意見が本件の写真撮影が違法な検証だったとしたうえで、日記帳・メモなどが撮影対象である場合には「写真撮影という手段によって実質的に日記帳又はメモが差し押さえられたものと観念し」て準抗告を認め、426条2項により「ネガ及び写真の廃棄又は引渡を命ずることができるとする考え方もあり得よう」としている。したがって、プライバシーの保護を実質化するという観点から、押収に付随するような継続的なプライバシーへの制約が生じる場合には、「押収に関する処分」の意味を広げて解釈する余地を本決定は残していると解すべきであろう。この判断は、押収の代替処分としての実質を有し、処分後も押収と同程度の権利制約が継続している場合には、準抗告を認めるべきとの理解につながりうる。本決定の事案では、写真撮影の対象となったものが「印鑑、ポケット・ティッシュペーパー、電動ひげ剃り機、洋服ダンス内の背広」などであり、これら自体は文書図画のように内容を構成する情報が重要なものとはいえないうえに、原決定の段階ですでに押収物が還付されているなど、差押えに対する取消を請求するだけの利益を欠いている事案であった。そのため、押収の代替処分としての性質までは有していないといえるため、準抗告の対象とならない、という理解が根底にあったのではないかと思われる。

（3）もう1つの問題として、捜索差押えの際の写真撮影はどこまで許容されうるのかが、準抗告の可否とは別に問題になりうる。本決定自体はこの問題について明示的に判断していないが、藤島補足意見は違法な検証行為だとしている。捜索差押えの際の写真撮影として、①証拠物の証拠価値を保存するために証拠物をその発見された場所、発見された状態で撮影する場合、②捜索差押手続の適法性を担保するためにその執行状況を撮影する場合は、捜索押収に付随する処分として実務上は許容されると解されている。しかしたとえば、捜索差押状が発付された理由となっている被疑事実と関連性を欠く物（別罪の証拠物など）を撮影する場合は、無令状検証として違法とされるべきであろう。その他に、捜索差

押えの際の写真撮影が違法となる場合としてどのような場合がありうるのか、なお本決定でも明らかではなく検討を要するところである。藤島補足意見は、「捜索差押許可状に明記されている物件以外の物を撮影した場合には、捜索差押手続に付随した検証行為とはいえない」としており、注目すべきところである。

（4）なお、名古屋高判平18・8・18は捜索差押えの際の写真撮影をめぐる国賠事件である。同事案の争点は多岐にわたるが、以下では主たる争点と判示内容のみを紹介する。捜査官は恐喝未遂事件で捜索差押令状に基づき原告居宅内での捜索を開始した後、間もなくして、居宅内にあった紙袋のなかに入っていた透明ビニール袋入りの覚せい剤様白色結晶性粉末1袋およびその横にあったプラスチック製注射筒1本を、また透明ビニール袋入りの覚せい剤と認められる白色結晶性粉末1袋およびその横にあったプラスチック製注射筒1本を発見した。そこで、捜査官が原告に対して任意提出するよう促したところ、原告は、上記証拠物が覚せい剤であることおよび自己の所有物であることを否認し、興奮して「恐喝は認めるから、覚せい剤は握れ」などと取引を持ちかけたが、捜査官がこれを拒否すると、上記白色結晶性粉末2袋を隠滅しようとしたり、大声でわめいたりした。そこで、捜査官は、早期に差押令状の発付を得て上記証拠物を押収すべく差押許可状発付の疎明資料として、原告の同意を得ずにこれらをテーブルの上に並べ、ビニール袋の寸法を測定したり、上記白色結晶性粉末2袋およびプラスチック製注射筒2本等を写真撮影した（以下「写真撮影①」）。そして、捜査官は、これら写真を疎明資料として差押許可状の請求をし、その発付を得て、原告方居室内において、原告に上記差押許可状を示して、上記白色結晶性粉末2袋およびプラスチック製注射筒2本等を差し押さえ、これらの写真撮影（以下「写真撮影②」）をした。原告は、本件写真撮影がいずれも違法な強制処分にあたるとして国家賠償請求をした。第一審は写真撮影①について検証令状を得て行うべきものであり違法だとし、写真撮影②についても、違法に撮影された写真に基づいて請求された捜索差押許可状に瑕疵がある以上、同許可状によって行われた差押えおよびその際の撮影は違法だと判断した。これに対して原告・被告双方が控訴した。名古屋高裁は、写真撮影①については、捜査官がその場で覚せい剤所持の現行犯逮捕とそれにともなう無令

状捜索差押えも可能であったところ、慎重を期して捜索差押えのための疎明資料確保のために行ったものであるとしたうえで、「一般に写真撮影行為により侵害される利益とは、個人の私的な生活関係に属する情報をみだりに知られない利益であり、それ自体重要な利益ではあるけれども、本件においては、写真撮影の対象は別件の捜索差押に際し警察官に発覚した覚せい剤自体や自己使用のために用いられる注射器等であり、一審原告はこれらが自己所有であることを否定し、任意提出も拒んでいたのであって……、覚せい剤所持や使用は重大な犯罪であることに鑑みると、これらを写真撮影されないという法的

に保護に値する利益があるとはいい難い」と説示し、写真撮影①・写真撮影②には「刑事手続としては瑕疵があるとしても、民事上の不法行為を構成するような違法があるとはいえず、少なくとも賠償されるべき損害はないといわなければならない」とした。また、写真撮影②について、「被差押物件である白色結晶性粉末等については捜索差押に付随する写真撮影として許容されるものであるし、また、特段被差押物件以外の物件を撮影したことを認めるに足りる証拠はないから、一審原告の主張は失当」として斥けている。

（緑　大輔）

電磁的記録物の差押え

📖 オウム真理教越谷アジト捜索事件

最2小決平成10［1998］年5月1日刑集52巻4号275頁【LEX/DB28035217】

〈関連判例〉

最大決昭和33［1958］年7月29日刑集12巻12号2776頁【27760626】［都教組事件］〔本書13〕
最1小判昭和51［1976］年11月18日判時837号104頁【27920891】［大阪南賭博場開張事件］〔本書9〕
最2小決平成9［1997］年3月28日判時1608号43頁【28020807】
東京地決平成10［1998］年2月27日判時1637号152頁【28031590】［ベッコアメ事件］

1 事実の概要

最高裁が認定するところによれば、本件はオウム真理教の集団生活施設で使用されている普通貨物自動車の使用の本拠地について、虚偽の申請をし、「自動車登録ファイルに自動車の使用の本拠地について不実の記録をさせ、これを備付けさせたという電磁的公正証書原本不実記録、同供用被疑事実に関して発付された捜索差押許可状に基づき、司法警察職員が申立人からパソコン1台、フロッピーディスク合計108枚等を差し押さえた処分等の取消しが求められている事案である。原決定の認定及び記録によれば、右許可状には、差し押さえるべき物を『組織的犯行であることを明らかにするための磁気記録テープ、光磁気ディスク、フロッピーディスク、パソコン一式』等とする旨の記載があるところ、差し押さえられたパソコン、フロッピーディスク等は、本件の組織的背景及び組織的関与を裏付ける情報が記録されている蓋然性が高いと認められた上、申立人らが記録された情報を瞬時に消去するコンピュータソフトを開発しているとの情報もあったことか

ら、捜索差押えの現場で内容を確認することなく差し押さえられた」。これに対して、申立人が差押えの取消しを求めて準抗告を申し立てたが、原審（浦和地決平10・2・27）が申立てを棄却したため、特別抗告が申し立てられた。特別抗告の申立てでは、電磁的記録物を差押え対象物とすることは一般探索的な捜索差押えを認めることになってしまううえ、差し押さえられたフロッピーディスクには本件被疑事実と関連がないものが含まれているところを申立人らが任意の協力の申出をしたにもかかわらずにそれを聞き入れずに無差別的に差し押さえたことは憲法35条に反する旨を主張した。最高裁は、以下のような判示をして本件捜索差押えを適法とし、特別抗告を棄却した。

2 法の解釈

「令状により差し押さえようとするパソコン、フロッピーディスク等の中に被疑事実に関する情報が記録されている蓋然性が認められる場合において、そのような情報が実際に記録されているかをその場

で確認していたのでは記録された情報を損壊される危険があるときは、内容を確認することなしに右パソコン、フロッピーディスク等を差し押さえることが許されるものと解される」。

③ 法の適用

「前記のような事実関係の認められる本件において、差押え処分を是認した原決定は正当である」。

④ コメント

(1) 本件では、最高裁は(a)電磁的記録物中に被疑事実に関連する情報が存在する蓋然性と、(b)捜索差押えの現場で関連性のある情報が記録されているか確認していると情報を損壊される危険があることを要件として、包括的な差押えを許容した。

(2) 一般に、可視性・可読性のある文書等であれば、具体的な内容を示している令状記載事項を踏まえて、被疑事実と差押え対象物との間の関連性を判断することは可能である。しかし、ハードディスクやCD-ROM、DVD等の電磁的記録物の場合は、本体を外部から視認しても、内容についての可視性・可読性がなく、被疑事実との関連を確認することが困難である。無論、それぞれの媒体にラベル等が貼ってある場合もあるだろうが、そのラベルが電磁的記録物の内容を的確に反映しているとは限らない。そのため、差し押さえようとする物を「特定」すること自体に困難をともなう。また、捜索差押えの執行現場で、差し押さえようとする電磁的記録物と被疑事実の関連性を確認するために、膨大なデータを含む多数の電磁的記録物の内容を閲覧することにも困難をともなう。まず、記録内容をパソコン機器などを用いてディスプレイに表示するなどの措置を要する。しかも、処分の相手方の真摯な協力も必要であるところ、罪証隠滅のリスクをともなう。しかし他方で、差し押さえようとする物と被疑事実の間の関連性が確認されないままに電磁的記録物に対して差押えが執行されれば、膨大なデータを含む媒体の占有が捜査機関に移転し、プライバシーが過剰に制約されるおそれがある。

(3) 本件のように内容を確認しないまま執行される差押えは、本来差し押さえるべき被疑事実と関連性のある記録内容を膨大なデータのなかから選別するために行われているにすぎない。つまり、令状に記載された目的物の占有取得を実現するための差押え対象物の選別手段として行われているわけであ

る。したがって、捜査機関によるフロッピーディスクの包括的な占有の取得は、差押えそれ自体でなく、令状記載の差押え目的物に該当するか否かを判断するために行われる、捜索の一過程または差押えに「必要な処分」(222条1項、111条1項)としての色彩が強い。しかし、判決文を読む限りは、「差押え」という形式がとられているため、最高裁は本件のような包括的差押えを「差押えそのもの」として適法と判断したと解すべきであろう。本件のような包括的な差押えを「必要な処分」ではなく「差押えそのもの」だと解するメリットの1つは、当該電磁的記録物が押収品目録に記載されて準抗告の対象になりうる点にある。他方で、このように包括的な差押えを「差押えそのもの」として許容することは、被疑事実と差押え対象物の間の関連性を緩めることを肯定することになり、本来令状主義が予定していた差押え対象物の限定による被処分者の権利保障を掘り崩す危険性がある。つまり、大量に差し押さえられた電磁的記録物全体のレベルでみれば、被疑事実に関連する情報が記録した物を含む蓋然性が一定程度認められるとしても、個々の電磁的記録物のレベルでみれば被疑事実に関連する情報が含まれている蓋然性が低くなる。結果的に本判決の論理は、そのような低い蓋然性でも関連性を肯定することを意味する。このような関連性の薄い差押えを許容することになるがゆえに、本件では、記録された情報が損壊される危険性、現場でのフロッピーディスクの選別ができなかったことを要件として設定し、本件のような包括的な差押えが許容される場面を一定程度限定しようとしたものといえる。したがって、過剰なプライバシーへの制約を防ぐためには、情報損壊の危険性や現場での情報選別の困難性は具体的に認定されるべきであろう。本件では、「記録された情報を瞬時に消去するコンピュータソフトを開発しているとの情報」もあったことから、情報損壊の危険性も具体的に存在していると認定できた点に留意すべきであろう。

(4) しかし少なくとも、差押えを有効に執行する利益を重視する結果として、膨大なデータ(=プライバシー)を捜査機関にさらす点で問題は残る以上、対象物の選別を徹底して行い、関連性を欠く物の還付をしっかりと行う必要がある。ポータブルハードディスクなど大容量の電磁的記録媒体が用いられるようになり、被疑事実と関連性のない情報が大量に収蔵されている場合も想定されるため、電磁

的記録物の包括的な差押えによるプライバシーへの制約は以前よりも深刻になりうる。このような包括的差押えは、ある種の「捜索のための差押え」（膨大なデータのなかから関連性のある情報を探索するための差押え）を許容するものである。そのために、被疑事実との関連性を変動させることが適切といえるのか、疑問とする余地があるように思われる。なお、東京地決平10・2・27は、インターネットプロバイダの会員によるわいせつ画像の公然陳列を被疑事実とする捜索差押令状により、警察官が被疑者を含むアダルトホームページ開設希望者428名分の顧客データを収めるフロッピーディスクを押収した事案である。同決定は、被疑者以外の会員に関するデータについては関連性・必要性が認められないとして、差押えを取り消している。

　また、電磁的記録物の包括的差押えに類似した問題は、可読性のある文書類でも発生する可能性がある。本件は結局のところ、(a)電磁的記録物中に被疑事実に関連する情報が存在する蓋然性と、(b)捜索差押えの現場で関連性を確認していると情報を損壊される危険があることを要件に包括的な差押えを許容した。したがって、大量の文書類のなかに、被疑事実に関連する文書が紛れ込んでおり、その判別に時間を要するうえに捜索差押えの執行現場で判別作業をするとその間に証拠を隠滅されるおそれがある場合、本判決の射程が及ぶ可能性がある。しかし、電磁的記録物は文書類と異なり情報の隠滅が容易であり、可読性を持たせるためには専門技術性を有するという特徴を重視するという理解を妥当と考えるならば、本判決の射程は電磁的記録物の差押えの事案にとどまるものとして解することになろう。最決平9・3・28は、国税査察官が銀行に対して差押えを執

行し、差押物件を選別していたところ、銀行員らが査察官に暴行を加え、帳簿類をばらまき、国税局が用意したダンボールを引き裂くなどしたため、犯則事実との関連性や差押えの必要性を吟味して選別することなく差押えを執行したことについて、国賠法上の違法があるとはいえないとしている。

　(5)　なお、2011年の刑訴法等の改正により、電磁的記録に対する処分が条文化された。①電磁的記録媒体に対する差押状が発付されている場合に、当該電磁的記録を有する媒体を差し押さえる代わりに、電磁的記録を他の記録媒体に複写・印刷・移転し、又は処分を受ける者に複写・印刷・移転させた上で、差し押さえることができる代替的処分（110条の2）、②電磁的記録の保管者等に命じて、必要な電磁的記録を記録媒体に記録させ、又は印刷させた上で、当該記録媒体を差し押さえる記録命令付差押え（99条の2）、③差押対象物がパソコンのような電子計算機であり、その電子計算機からネットワークを通じてクラウド等の記録媒体に電磁的記録が保管され（接続性）、当該電子計算機を通じてその電磁的記録が作成・保管され、又は変更若しくは消去することができることとされている電磁的記録を保管するために使用していると認めるに足りる状況がある場合（データと電子計算機の関連性、使用の蓋然性）、その電磁的記録をダウンロードして当該電子計算機又は他の記録媒体に複写して、差し押さえることができるリモート・アクセス（99条2項）、④差押対象物が電磁的記録に係る記録媒体であるとき、捜索差押えの執行者による被処分者への協力要請（111条の2）などである。

（緑　大輔）

I2　報道機関に対する捜索・押収

 博多駅事件

最大決昭和44［1969］年11月26日刑集23巻11号1490頁【LEX/DB27760891】

〈関連判例〉

最3小決昭和44［1969］年3月18日刑集23巻3号153頁【24004888】［國學院大學映研フィルム事件］

最2小決平成元［1989］年1月30日刑集43巻1号19頁【27809178】［日本テレビ事件］

最2小決平成2［1990］年7月9日刑集44巻5号421頁【27809460］［TBS事件］

1 事実の概要

空母エンタープライズ号佐世保寄港反対運動に参加するために三派系全学連所属の学生約300名が博多駅で下車した。この学生たちの行動を福岡県警察本部長、同警備部長博多鉄道公安室長その他氏名不詳の警察官、鉄道公安官800名以上が警備した際、警察官ら全員が共謀して多数学生を前後より挟撃したうえ、通路階段上から投げ飛ばし、足払いで転倒させて突き落し、また手拳や警棒を以って頭部、背部等を殴打したという事実で福岡地裁に付審判請求が申し立てられた（なお、学生側は公務執行妨害罪で起訴された）。この申立てを受けて福岡地裁が同請求について審理したところ、被害者側の供述調書は僅か数通でありいずれも上記犯罪の成立を肯定する内容のものであるのに対し、被疑者側の供述調書は犯行を否定する内容のもので、双方の供述が相対立し、第三者的立場にある供述調書はない状態であった。そこで福岡地判昭44・8・28、当時の状況を撮影していた報道機関A社代表取締役Xに対して、「昭和43年1月16日、いわゆる三派系全学連所属学生約300名が、午前6時45分着の急行雲仙・西海号で博多駅に下車した際、警備等のため出動していた福岡県警察機動警ら隊員および博多鉄道公安機動隊員らと衝突したいわゆる博多駅頭事件の状況を撮影したフィルム全部」の提出を命令した。これに対してXらは抗告を申し立てたが、福岡高決昭44・9・20は、憲法21条違反の主張に対して、刑訴法103条から105条にかけての規定を「限定的列挙と解すべき」であり「報道機関に対してはこれが適用ないものといわねばならな」いと判示したうえで、司法の「実体的真実を発見し法の適正な実現を期するという使命」のためには、「取材の自由が妨げられ、更には報道の自由に障害をもたらす結果を生ずる場合があっても、それは右自由が公共の福祉により制約を受ける已むを得ない結果」だとして憲法21条に反しないとした。また、提出命令の必要性を欠くとの主張も、フィルムの証拠価値の高さを認定するとともに報道機関の不利益も大きくないことを指摘して斥けた。これに対してXらが特別抗告を申し立てたが、最高裁は以下のように述べて特別抗告を棄却した。

2 法の解釈

「（報道機関の報道の自由・取材の自由が国民の『知る権利』に奉仕し、事実の報道の自由は表現の自由を規定した憲法21条の保障のもとにあり、報道のための取材の自由も、憲法21条の精神に照らし、十分尊重に値いする旨を判示したうえで）……本件において、提出命令の対象とされたのは、すでに放映されたフィルムを含む放映のために準備された取材フィルムである。それは報道機関の取材活動の結果すでに得られたものであるから、その提出を命ずることは、右フィルムの取材活動そのものとは直接関係がない。もっとも、報道機関がその取材活動によって得たフィルムは、報道機関が報道の目的に役立たせるためのものであって、このような目的をもって取材されたフィルムが、他の目的、すなわち、本件におけるように刑事裁判の証拠のために使用されるような場合には、報道機関の将来における取材活動の自由を妨げることになるおそれがないわけではない。

しかし、取材の自由といっても、もとより何らの制約を受けないものではなく、たとえば公正な裁判の実現というような憲法上の要請があるときは、ある程度の制約を受けることのあることも否定することができない。

本件では、まさに、公正な刑事裁判の実現のために、取材の自由に対する制約が許されるかどうかが問題となるのであるが、公正な刑事裁判を実現することは、国家の基本的要請であり、刑事裁判においては、実体的真実の発見が強く要請されることもいうまでもない。このような公正な刑事裁判の実現を保障するために、報道機関の取材活動によって得られたものが、証拠として必要と認められるような場合には、取材の自由がある程度の制約を蒙ることとなってもやむを得ないところというべきである。しかしながら、このような場合においても、一面において、審判の対象とされている犯罪の性質、態様、軽重および取材したものの証拠としての価値、ひいては、公正な刑事裁判を実現するにあたっての必要性の有無を考慮するとともに、他面において取材したものを証拠として提出させられることによって報道機関の取材の自由が妨げられる程度およびこれが報道の自由に及ぼす影響の度合その他諸般の事情を比較衡量して決せられるべきであり、これを刑事裁判の証拠として使用することがやむを得ないと認められる場合においても、それによって受ける報道機関の不利益が必要な限度をこえないように配慮されなければならない」。

3 法の適用

「以上の見地に立って本件についてみるに、本件の付審判請求事件の審理の対象は、多数の機動隊等と学生との間の衝突に際して行なわれたとされる機動隊員等の公務員職権乱用罪、特別公務員暴行陵虐罪の成否にある。その審理は、現在において、被疑者および被害者の特定すら困難な状態であって、事件発生後２年ちかくを経過した現在、第三者の新たな証言はもはや期待することができず、したがって、当時、右の現場を中立的な立場から撮影した報道機関の本件フィルムが証拠上きわめて重要な価値を有し、被疑者らの罪責の有無を判定するうえに、ほとんど必須のものと認められる状況にある。他方、本件フィルムは、すでに放映されたものを含む放映のために準備されたものであり、それが証拠として使用されることによって報道機関が蒙る不利益は、報道の自由そのものではなく、将来の取材の自由が妨げられるおそれがあるというにとどまるものと解されるのであって、付審判請求事件とはいえ、本件の刑事裁判が公正に行なわれることを期するためには、この程度の不利益は、報道機関の立場を十分尊重すべきものとの見地に立っても、なお忍受されなければならない程度のものというべきである。また、本件提出命令を発した福岡地方裁判所は、本件フィルムにつき、一たん押収した後においても、時機に応じた仮還付などの措置により、報道機関のフィルム使用に支障をきたさないより配慮すべき旨を表明している。以上の諸点その他各般の事情をあわせ考慮するときは、本件フィルムを付審判請求事件の証拠として使用するために本件提出命令を発したことは、まことにやむを得ないものがあると認められるのである。

前叙のように考えると、本件フィルムの提出命令は、憲法21条に違反するものでないことはもちろん、その趣旨に牴触するものでもなく、これを正当として維持した原判断は相当であり、所論は理由がない」。

4 コメント

(1) 刑訴法は特定の職務上の秘密を保護するために、特定の職にある者に押収を拒絶する権限を与えている。たとえば、公務員または公務員であった者については、押収の際に「職務上の秘密」を申し立てた場合に、一定の制限はあるものの押収には監督官庁等の承諾が必要となる（103条）。また、国会議員や内閣については104条に同様の規定がある。さらに、「医師、歯科医師、助産師、看護師、弁護士、弁理士、公証人、宗教の職に在る者又はこれらの職に在った者」は、「業務上委託を受けたため保管し、又は所持する物で他人の秘密に関するもの」の押収を拒絶することができる（105条）。

しかしながら、報道機関については本判決が説示するように、報道機関の「報道の自由・取材の自由」が国民の「知る権利」に奉仕し、事実の報道の自由は表現の自由を規定した憲法21条の保障のもとにあり、報道のための取材の自由も、憲法21条の精神に照らし、「十分尊重に値する」にもかかわらず、刑訴法上は報道関係者の押収拒絶権が定められていない。そのため、報道機関は押収を拒絶しうるか、拒絶できないとすれば、報道・取材の自由はどのような枠組みで保障されうるかが問題となるのである。

(2) この問題について本判決は、報道機関の押収拒絶権を刑訴法の103条から105条の各条を類推適用するという形では対処していない。すなわち、報道機関の押収拒絶権の有無については言及せずに、あくまで押収（提出命令）の必要性があったか否かという枠内で問題を処理している点に特徴がある。具体的には、國學院大學映研フィルム事件最高裁決定（最決昭44・3・18）で示されたように、押収の要件である「必要性」の中に「犯罪の態様、軽重、差押物の証拠としての価値、重要性、差押物が隠滅毀損されるおそれの有無、差押によって受ける被差押者の不利益の程度その他諸般の事情」を読み込み、必要性を判断する文脈で利益衡量を行う手法である。

本決定では、最決昭44・3・18で判示されていた「犯罪の態様、軽重、差押物の証拠としての価値、重要性」に対応させる形で、本件事案の内容・罪名を確認した上で、「現場を中立的な立場から撮影した報道機関の本件フィルムが証拠上きわめて重要な価値」がある等の認定を行い、やはり最決昭44・3・18で判示されていた「差押によって受ける被差押者の不利益の程度」に対応させて、本件については報道機関の「将来の取材の自由が妨げられるおそれ」の有無を認定して結論を導いていると理解できる。すなわち、最決昭44・3・18と同じ判断枠組みの下で示された判断といえよう。「公共の福祉」という抽象的な文言によって一刀両断で取材の自由に対する制約を許容する形ではなく、取材の自由に対して(a)犯罪の性質・態様・軽重、(b)証拠価値の重要性と

いった要素について、個別具体的な利益衡量を求めた点で意義がある。

（3）　なお、本判決は利益衡量に際して、押収対象となったフィルムは報道済みだったことを認定した上で、実質的には取材の自由が衡量の対象となる旨を指摘している。しかし、ここで衡量対象とされた取材の自由について、本事案の特性を考慮して判決の射程を検討する必要があるだろう。一般的に、取材の自由とは、取材行為に対して国家機関が介入しないことを保障するための権利であり、典型的には情報提供者と報道機関の信頼関係を保護するために取材源を秘匿する権利を含む。しかし本件フィルムは公開の場で起きた事件を撮影したものであり、取材源秘匿の利益が実質的には観念しにくい事案であった。そのため、本件フィルムの証拠価値の高さと衡量すると、提出命令により押収する必要性を本件における取材の自由よりも比較的優越させやすかったのであろう。本判決も一般論として「取材の自由が妨げられる程度」も考慮されることに言及しており、このような本件の事案の特性に応じた判断だった点は軽視すべきではないように思われる。したがって、「報道機関に対する捜索押収が問題となる事案で特に取材の自由のみが問題となる場合には、本判決に照らして押収の必要性が認められやすいはずだ」と類型的に解すべきではない。

また、取材の自由に対して衡量される証拠価値の重要性等については、本件の具体的な事情を認定したうえで、「ほとんど必須のものと認められる状況」であったことをあげている。このように、証拠価値の重要性は個別具体的な事件の事情を認定したうえで判断される性質のものであり、証拠の重要性は一般的類型的に判断されるわけではない点、そして重要性についても高いレベルのものが要求されているように読みとれる点も留意されるべきであろう。この判断が導かれる背景には、付審判事件において、強制的捜査権限を有しない請求側（被害者側）が有罪証拠を収集することが実際上きわめて困難であり、報道機関に対する提出命令を出さざるを得なかったという本件特有の事情があったのではないか。

（4）　本判決は裁判所による提出命令の事案であるが、その後、最高裁は捜査機関による報道機関に対する捜索・差押えについても判示している。まず、最決平元・1・30［日本テレビ事件］では、被疑者がいわゆるリクルート疑惑に関する国政調査権の行使等に手心を加えてもらいたいなどの趣旨で衆議院議員に対し現金供与の申込をしたとされる贈賄被疑事件で問題となった。衆議院議員側から告発のための証拠保全のために撮影の依頼があったことを受けて報道機関が被疑者と議員の面談状況をビデオテープに収録した。このビデオテープを、捜査機関が差し押さえたため、その適法性が争われた事案である。

最高裁は、本件博多駅事件判決を引きつつ、博多駅事件の最高裁判決は「付審判請求事件を審理する裁判所の提出命令に関する事案であるのに対し、本件は、検察官の請求によって発付された裁判官の差押許可状に基づき検察事務官が行った差押処分に関する事案であるが、国家の基本的要請である公正な刑事裁判を実現するためには、適正迅速な捜査が不可欠の前提であり、報道の自由ないし取材の自由に対する制約の許否に関しては両者の間に本質的な差異がない」としたうえで、「取材の自由が適正迅速な捜査のためにある程度の制約を受けることのあることも、またやむを得ない」とし、具体的には「差押の可否を決するに当たっては、捜査の対象である犯罪の性質、内容、軽重等及び差し押えるべき取材結果の証拠としての価値、ひいては適正迅速な捜査を遂げるための必要性と、取材結果を証拠として押収されることによって報道機関の報道の自由が妨げられる程度及び将来の取材の自由が受ける影響その他諸般の事情を比較衡量すべき」と判示した。そのうえで、国民が関心を寄せていた重大な事犯であること、上記ビデオテープの証拠価値の重要性があること、上記ビデオテープがすべて原本のいわゆるマザーテープであるが報道済みであり、取材源たる衆議院議員が当該贈賄被疑事件を告発するために上記ビデオテープの存在をあげており、検察官も報道機関と折衝していることなどをあげて差押えを適法と判示している。

なお、島谷六郎裁判官による反対意見は、日本テレビ事件の差押えについて、(a)博多駅事件と異なりすでに金員の提供者とその相手方および行為の日時、場所、態様は特定しており、金員提供の趣旨等について争いがあっただけなので、博多駅事件よりも差押えの必要性は低く、(b)上記ビデオテープのような「報道機関の取材結果を押収することによる弊害は、個々的な事案の特殊性を超えたところに生ずるものであり、本件ビデオテープの押収がもたらす弊害を取材経緯の特殊性のゆえに軽視することも、適当ではな」く、「本件ビデオテープには未放映部分が含まれているが、右部分は、記者の取材メモに

近い性格を帯びており」取材の自由への弊害が大きいため、差押えは違法とされるべきだとしている。

（5）また、最決平2・7・9［TBS事件］は、暴力団組長らが暴力団事務所で被害者を脅迫するなどして債権を取り立てる場面を報道機関がビデオテープに収録したところ、上記の暴力団組長の暴力行為等処罰に関する法律違反・傷害被疑事件に関連して、このビデオテープを捜査機関が差し押さえた事案である。

最高裁は、上述の博多駅事件・日本テレビ事件を引き、とくに日本テレビ事件と共通する判断枠組みを採用している。しかし、事案に対するあてはめにはいくつか特徴がある。

まず、差押えの必要性について判示する文脈において、犯罪の性質・態様・軽重について「暴力団組長である被疑者が、組員らと共謀の上債権回収を図るため暴力団事務所において被害者に対し加療約一箇月間を要する傷害を負わせ、かつ、被害者方前において団体の威力を示し共同して被害者を脅迫し、暴力団事務所において団体の威力を示して脅迫したという、軽視することのできない悪質な傷害、暴力行為等処罰に関する法律違反被疑事件」だとしている。この点については、博多駅事件・日本テレビ事件がメディアでも報道されるなど、事件そのものが国民の注目を集めていた点でも重大であり、かつ公権力行使にかかわる犯罪類型だったのに対し、TBS事件ではそのような事情がなく、暴力団による傷害・脅迫という法益侵害の悪質性・重大性を認定している。そのため、TBS事件の最高裁決定によって、「犯罪の性質・態様・軽重」としてどのような要素が取り込まれるのか、曖昧になった（あるいは、より広範な事情を取り込むことになった）といえる。また、ビデオテープの証拠価値の重要性について、「被疑者、共犯者の供述が不十分で、関係者の供述も一致せず、傷害事件の重要な部分を確定し難かったため、真相を明らかにする必要上、右の犯行状況等を収録したと推認される本件ビデオテープ……を差し押さえたものであり、右ビデオテープは、事案の全容を解明して犯罪の成否を判断する上で重要な証拠価値を持つものであった」と判示している。ここでは、日本テレビ事件では証拠として「ほとんど不可欠」としていたのに対し、上記TBS事件では「重要な証拠価値」という表現に変わっているところである。実際、奥野久之裁判官による反対意見は、「暴力団員が不十分ながら犯行を認め、

目撃者もおり、ただそれらの供述と被害者の供述とに一致しないところがあるため、ビデオテープが必要となったのであるから、ビデオテープの証拠としての必要性は、日本テレビ事件よりも弱い」と指摘しており、日本テレビ事件と比較しても差押えの必要性が同等に認められるとはいい難いだろう。したがって、多数意見によれば、報道機関への差押えの必要性のハードルは日本テレビ事件よりも下げられたことになるだろう。

次に、報道の自由・取材の自由に対する弊害の程度については、報道済みのマザーテープの差押えであることを指摘して報道の自由が奪われたわけではなく、取材の自由については、「右取材協力者は、本件ビデオテープが放映されることを了承していたのであるから、報道機関たる申立人が右取材協力者のためその身元を秘匿するなど擁護しなければならない利益は、ほとんど存在しない」うえに、「本件は、撮影開始後複数の組員により暴行が繰り返し行われていることを現認しながら、その撮影を続けたものであって、犯罪者の協力により犯行現場を撮影収録したものといえるが、そのような取材を報道のための取材の自由の一態様として保護しなければならない必要性は疑わしいといわざるを得ない」として、取材の自由を保護すべき必要性が本件では低い旨を判示して差押えの必要性を認めている。ここから翻って考えると、多数意見は、TBS事件における取材の自由の要保護性がとくに低いこととの均衡を考慮したうえで、差押えの必要性の程度が日本テレビ事件よりも低くても差押えが許容されると考えたのだと思われる。

したがって、TBS事件は取材の自由の要保護性がとくに低い場合について判示した特殊な事案であり、その射程を広く解して安易に引用すべきものだとは考えにくい。

なお、奥野久之裁判官による反対意見は、「日本テレビ事件の場合には、贈賄の申込を受けた者が贈賄事件を告発するための証拠を保全することを目的として報道機関に対しビデオテープの採録を依頼し、報道機関がこの依頼に応じてビデオテープを採録したのであるから、報道機関はいわば捜査を代行したともいえるのに対し、本件の場合は、報道機関は、もっぱら暴力団の実態を国民に知らせるという報道目的でビデオテープを採録したものであるから、本件の報道機関の立場を保護すべき利益は、日本テレビ事件のそれに比して、格段に大きい」と指

摘している。この反対意見は、取材方法の反倫理性と差押えの必要性は切り離したうえで、報道内容の公共性・撮影の目的の観点から「報道機関の立場を保護する利益」を衡量している。そもそも取材方法の反倫理性を差押えの必要性の文脈で衡量対象に含めるべきか否かについて問題を提起するものであり、注目すべきである。

(緑　大輔)

13 差押え対象物の概括的記載

📖 都教組事件

最大決昭和33[1958]年7月29日刑集12巻12号2776頁【LEX/DB27760626】

〈関連判例〉

最1小判昭和42[1967]年6月8日判時487号38頁　【27661271】

最1小判昭和51[1976]年11月18日判時837号104頁【27920891】［大阪南賭博場開張事件］〔本書9〕

1 事実の概要

日教組の幹部である被疑者等が都教組の勤務評定反対ストライキを計画・指導していたことが、地方公務員法61条4号に反するものとして逮捕された。この被疑事実に関連して、警察官の請求を受けて裁判官が、被疑者に対する罪名を「地方公務員法違反」、差押えるべき物件を「会議議事録、斗争日誌、指令、通達類、連絡文書、メモその他本件に関係ありと思料せられる一切の文書及び物件」とする捜索差押許可状を発し、これに基づいて司法警察職員による捜索差押が執行された。これに対して、弁護人は罪名が抽象的な記載であること、差押え対象物の記載に末尾に「その他本件に関係ありと思料せられる一切の文書及び物件」という概括的な記載がなされていることが、それぞれ刑訴法218条および219条、憲法35条に反するものとして準抗告を申し立てた。しかし申立てが棄却されたため、特別抗告を申し立てた。最高裁は以下のように判示して本件の令状記載を適法とし、特別抗告を棄却した。

2 法の解釈

事例判例であり、一般的な規範は示されていない。

3 法の適用

(1)「憲法35条は、捜索、押収については、その令状に、捜索する場所及び押収する物を明示することを要求しているにとどまり、その令状が正当な理由に基いて発せられたことを明示することまでは要

求していないものと解すべきである。されば、捜索差押許可状に被疑事件の罪名を、適用法条を示して記載することは憲法の要求するところでなく、捜索する場所及び押収する物以外の記載事項はすべて刑訴法の規定するところに委ねられており、刑訴219条1項により右許可状に罪名を記載するに当っては、適用法条まで示す必要はないものと解する」。

(2)「本件許可状における捜索すべき場所の記載は、憲法35条の要求する捜索する場所の明示として欠くところはないと認められ、また、本件許可状に記載された『本件に関係ありと思料せられる一切の文書及び物件』とは、『会議議事録、斗争日誌、指令、通達類、連絡文書、報告書、メモ』と記載された具体的な例示に附加されたものであって、同許可状に記載された地方公務員法違反被疑事件に関係があり、且つ右例示の物件に準じられるような闘争関係の文書、物件を指すことが明らかであるから、同許可状が物の明示に欠くところがあるということもできない」。

4 コメント

(1) 憲法35条は捜索差押えの執行に際して、「捜索する場所及び押収する物を明示する令状」によらなければならない旨を定めている。これは捜索場所や差押え対象物が明示されない「一般令状」によって捜索差押えが執行されると、当該被疑事件と関連性のない場所や物に対しても処分がなされてしまう危険性があるからである。しかし、本件では差押え対象物を、「その他本件に関係ありと思料せられる

一切の文書及び物件」と記載しており、これ自体が概括的なものである。そのため、この表現のみでは差押え対象物を限定するという令状記載事項の趣旨を充たすとはいい難い。

(2) 本決定は、捜索差押令状に、罪名「地方公務員法違反」、差押え対象物「会議議事録、斗争日誌、指令、通達類、連絡部署、報告書、メモその他本件に関係ありと思料せられる一切の文書及び物件」と記載したことを適法と判断しているが、差押え対象物の概括的記載が許容される理由として被疑事件の明示と対象物の例示をあげている。しかしながら、罪名自体について適用法条の記載を要しない旨を判示しているため、被疑事件の内容は必ずしも明らかではなく、結果的に差押え対象物の概括的記載の範囲を画定することは容易ならざるものになってしまう。適用法条も差押え対象物も概括的な記載であると、被疑事実との関連性の有無の判定も容易ではなく、また当該物品等が差押えの対象に該当するのか否かの判断も容易ならざるものとなる。たまたま本決定は、「斗争日誌」という記載が示すようにストライキに関するものであることが容易に読み取れるなど、差押え対象物と適用法条から被疑事実との関連性の有無を容易に推認しうる事案であり、かつ差押え対象物の該当性の判断が容易だったから適法と判断されたと解すべきであり、本決定の判示内容の射程を広く解するべきではない。むしろ、とくに差押え対象物について概括的な記載をする場合には可能な限り適用法条は記載すべきであるし、被疑事実の要旨を記載するなどして差押え対象物を限定する工夫を施すべきであろう。

(3) また本件に関係して、最判昭42・6・8が「罪名、賭博」「捜索すべき場所、甲府市……麻雀荘 SことM方居宅（含営業所）及附属建物」「差押えるべき物、本件に関係ありと思料される帳簿、メモ、書類等」との記載で麻雀牌および計算棒を差し押さえた事案を適法と判断している。このような結論を導く理由として、最判昭42・6・8の原審はすべての差押え目的物を記載させると「捜査の不能又はその遂行をきわめて困難にする」ことをあげている。この表現からは、捜索差押えが情報を収集する途上で行われることにかんがみて、差押え対象物を完全に明らかにしたうえで、そのすべてを明示するよう捜査機関に要求することは酷だという理解が読みとれる。もっとも、この説明は概括的記載をする必要性を述べたものにとどまる。かような概括的な記載が許容される理由については、実質的には罪名が具体的であり、他の記載事項から差押え対象物の特定が可能である点に理由を求めるべきであろう。裏返せば、これら判例の下でも、概括的記載をする以上は、被疑事実の要旨や個別具体的な罰条を記載することで差押え対象物の範囲を画定できる場合でなければ、差押え対象物の概括的な記載は許容されるべきではない。

(4) なお、概括的な記載は差押え対象物の範囲にも影響する。この点については、最決昭51・11・18〔本書9〕を参照のこと。

（緑　大輔）

14　捜索場所の範囲

📖 大阪ボストンバッグ捜索事件

最1小決平成6［1994］年9月8日刑集48巻6号263頁【LEX/DB24006391】

〈関連判例〉

京都地決昭和48［1973］年12月11日刑月5巻12号1679頁　【27940683】

東京地判昭和63［1988］年11月25日判タ696号234頁　【27806529】

東京高判平成6［1994］年5月11日高刑集47巻2号237頁　【27827591】

最1小決平成19［2007］年2月8日刑集61巻1号1頁　【28135105】［弘前搜索中宅配便捜索事件］

1　事実の概要

京都府中立売警察署の警察官Pらは、当時被告人の内妻であったAに対する別件の覚せい剤取締法違反被疑事件について、AおよびXの居住するマンションの居室を捜索場所とする捜索差押許可状の発付を受けた。警察官Pらは、当該居室付近に赴き、

証拠隠滅工作を防ぐため、在室者がその玄関扉を開けたときに入室して捜索を実行すべく同室付近において張り込みを続けていた。すると、在室していたＸが外出しようとして同室の玄関扉を若干開け、顔を出して室外の様子をうかがうような態度を示したので、すかさず走り寄って同扉から次々に室内に入り込み、同室玄関付近において「警察や。ガサや。」と被告人に告げ、続いて同室内各室に立ち入ってＡを捜した。しかしＡが不在であったことから、Ｘを立会人として捜索を実行することとし、同室内南東側ダイニングキッチンにおいて被告人に対し前記捜索差押許可状を示して捜索を開始した。その際、警察官Ｐらは、Ｘが右手にボストンバッグを持っていたので、再三にわたり当該バッグを任意提出するように求めたが、Ｘがこれを拒否して当該バッグを抱え込んだので、やむを得ず抵抗するＸの身体を制圧して強制的に右バッグを取り上げてそのなかを捜索した。その結果、当該バッグのなかから覚せい剤を発見したため、被告人を覚せい剤営利目的所持の現行犯人として逮捕し、逮捕にともなう捜索を実施して上記覚せい剤、ボストンバッグ等を差し押さえた。

　被告人Ｘは覚せい剤所持の罪で起訴され、上記覚せい剤は証拠調請求をされたが、弁護人はバッグ内の捜索に至る手続に(a)令状不呈示と(b)場所に対する令状でＸの身体を捜索した点で違法があったとして覚せい剤の証拠能力を争った。第一審（京都地判平４・10・22）は、「警察官らは捜索の開始に当たって捜索場所である501号室に居住する被告人に対し捜索差押許可状を呈示し、立会人を被告人として捜索を実施したものであり、また、右場所に対する捜索差押許可状の効力は、捜索場所に居住し、かつ捜索開始時に同場所に在室している者の携帯するバッグにも及ぶものと解されるから、右捜索差押の手続には何ら違法はない」と判示した。被告人側は控訴したが、控訴審（大阪高判平５・７・20）も第一審と同じく捜索の手続に違法はない旨を判示した。そのため、被告人側は上告したが、最高裁は以下のように判示して上告を棄却した。

［2］ 法の解釈

　事例判例であり、一般的な規範は示されていない。

［3］ 法の適用

　「原判決の是認する第一審判決の認定によれば、京都府中立売警察署の警察官は、被告人の内妻であったＡに対する覚せい剤取締法違反被疑事件につき、同女及び被告人が居住するマンションの居室を捜索場所とする捜索差押許可状の発付を受け、平成３年１月23日、右許可状に基づき右居室の捜索を実施したが、その際、同室に居た被告人が携帯するボストンバッグの中を捜索したというのであって、右のような事実関係の下においては、前記捜索差押許可状に基づき被告人が携帯する右ボストンバッグについても捜索できるものと解するのが相当であるから、これと同旨に出た第一審判決を是認した原判決は正当である」。

［4］ コメント

　(1)　本件では、警察官は被疑者宅を捜索場所とする捜索令状によって、捜索の執行現場に居合わせた被疑者以外の第三者が携帯する物を捜索している。102条（222条）は「被告人の身体、物又は住居その他の場所」に対する捜索を認めているが、それに対応して219条は捜索令状について捜索すべき場所、身体もしくは物を記載するものと定めている。各々プライバシーの質が異なるため、記載を求めているのであろう。そこで、場所についての令状の効力によって、被疑者以外の第三者が携帯する物を捜索できるかが問題となるのである。もっとも、捜索場所に置かれた物が、原則として「場所」の概念に含まれ、場所に対する捜索令状によってその物のなかを捜索できるものと理解されており、裁判官もこのことを前提に捜索令状を発付している。問題は、令状の対象となっている被疑者とは別個独立のプライバシーを有しうる第三者の物についても被疑者宅を捜索場所とする捜索令状によって捜索できるか、という点にある。より具体的にいえば、(a)第三者は被疑者とは独立したプライバシーの利益を有しているか（有していなければその物が捜索対象になる）、(b)独立したプライバシーの利益を有している場合にそれでもその物を捜索できるとすれば、それはどのような根拠によってどのような場合になしうるのか、という点が問題になる。

　(2)　もっとも、本決定は本件事案についてどの段階の問題としてとらえているのか、判然としない。本件被告人はＡと内縁関係にあり同居していたため、Ａとは別個独立のプライバシーの利益が観念で

きないと考えて、A宅を捜索場所とする捜索令状の捜索対象にXのバッグが含まれると解して捜索を許容した可能性がある。本件で「捜索」という言葉を用いて許容していることは、このような理解を示唆しているといえよう（本決定が222条1項、111条1項に定められている「必要な処分」に言及していない点にも留意すべきである）。

　少なくとも判例は、被疑者宅を捜索場所とする捜索令状によって、居合わせた第三者の物も当然に捜索できるとは考えていないと解すべきであろう。なぜなら、わざわざ「右のような事実関係の下においては」という言葉を入れており、捜索現場に居合わせたあらゆる第三者に対して捜索を無制限にできるわけではないと読み取れるからである。仮に、居合わせた第三者に独立したプライバシーの利益が存する場合、被疑者宅に対する捜索令状で捜索に着手するためには、第三者の証拠を隠匿する行為を目撃した場合など差押え対象物が当該第三者の手許にある蓋然性が別途要求されるべきであろう（102条2項参照）。このような蓋然性が存する場合には、既に発付されている捜索差押令状の追及効として、令状の効力が第三者にも及ぶと解することが許されよう。すなわち、捜索場所に付属していた証拠物は、捜索差押令状の効力を帯びているところ、その証拠物を所持品内などに隠匿した場合には、隠匿先にも捜索差押令状の効力がそのまま「くっついてくる」ため、隠匿先たる第三者の所持品などにも捜索をなしうるという論理である。あるいは、近時有力に主張されている見解として、捜索差押令状の発付により捜査機関は円滑に捜索差押えを完遂する権限が授権されているとして、完遂するための付随的措置として原状回復のために隠匿された証拠物を取り出すことが許されるというものもある。もっとも、付随的措置によって捜索そのものや、それに類する探索的行為を許容することが適切なのかという疑問は生じうる。

　（3）なお、最決平19・2・8［弘前捜索中宅配便捜索事件］も捜索の範囲にかかわる判例である。警察官が、被告人に対する覚せい剤取締法違反被疑事件につき「捜索場所を被告人方居室等、差し押さえるべき物を覚せい剤等とする捜索差押許可状」に基づいて被告人立会いの下に居室を捜索中、宅配便の配達員によって被告人宛てに荷物が配達された。そこで被告人が受領した当該荷物を警察官が開封したところ、なかから覚せい剤が発見されたため、被告人

を覚せい剤所持罪で現行犯逮捕し、逮捕の現場で荷物から発見された覚せい剤を差し押さえたという事案である。

　この事案で最高裁は「所論は、上記許可状の効力は令状呈示後に搬入された物品には及ばない旨主張するが、警察官は、このような荷物についても上記許可状に基づき捜索できるものと解するのが相当である」と判示している。このような判断は、宅配便が届くタイミング次第で捜索が許されたり許されなかったりするのは不合理だという事情（仮に宅配便が捜索着手前に届いていれば問題なく捜索対象となっていたはずである）、そして当該荷物が捜索対象となっている被告人に宛てたものであり、被告人とは別個に独立した第三者のプライバシーの利益が問題となっているわけではないことなどが適法とされた理由として考えられる。後者の理由は、宅配便小包の当該捜索場所への包摂が許容されることを意味する。しかし、仮に荷物が被告人の配偶者宛である場合などは、被告人以外の第三者のプライバシーを制約することになるため、捜索の可否については別途検討を要するだろう。なお、宅配便が捜索令状執行中に届いたことを重視して、令状審査時点では捜索場所に荷物はなかったはずであり、審査時に存在しなかったものを捜索できるのはおかしいという疑問も指摘されている。もっとも、このように解する場合、令状審査後、令状執行前に届いた荷物も論理的には捜索できないことになり、捜査機関は執行時に個々の物品がいつから捜索場所に存在しているのか確認しなければならなくなる可能性が生じる。この決定は、物に移動可能性があることを前提として、裁判官による令状審査は捜索執行時までに差押え対象物が存在している蓋然性を判断しているものとして理解しているのであろう。なお、小包内の覚せい剤は、新たな所持をもたらすものであり、もともとの捜索令状記載の被疑事実とは別罪の証拠物である。そのため、最高裁は差押えについては逮捕にともなう差押えとして構成している点には注意を要する。捜索については、小包開封前の時点では捜索の理由となっている被疑事実との関連性が疑われたため、許容されたということであろう。

　他に、下級審の裁判例に、場所に対する捜索令状で、居合わせた第三者の身体の捜索が許される場合がある旨を判示したものとして、東京高判平6・5・11、東京地判昭63・11・25などがある。

（緑　大輔）

15 　　　　　　　　　**捜索令状の呈示と立入り**

📖 京都五条警察署マスターキー事件

最１小決平成14［2002］年10月４日刑集56巻８号507頁【LEX/DB28075700】

〈関連判例〉

大阪高判平成６［1994］年４月20日高刑集47巻１号１頁　【27826341】［宅急便配達仮装捜索事件］

大阪高判平成７［1995］年１月25日高刑集48巻１号１頁　【28015030】

東京高判平成８［1996］年３月６日高刑集49巻１号43頁　【28025012】

［1］事実の概要

　警察官らは、被疑者に対する覚せい剤取締法違反被疑事件において、被疑者が宿泊しているホテル客室に対する捜索差押許可状を被疑者在室時に執行することとした。しかし、捜索差押許可状執行の動きを察知されれば、覚せい剤事犯の前科もある被疑者において、直ちに覚せい剤を洗面所に流すなど短時間のうちに差押対象物件を破棄隠匿するおそれがあったため、ホテルの支配人からマスターキーを借り受けた上、来意を告げることなく、施錠された上記客室のドアをマスターキーで開けて室内に入り、その後直ちに被疑者に捜索差押許可状を呈示して捜索及び差押えを実施した。

　第一審（京都地判平13・7・26）は、上記措置について、「捜索差押の実効性を確保するために必要であり、その手段方法も社会通念上相当な範囲内にあるものと認められるから、刑訴法222条１項、110条、111条１項の各規定に照らし、令状執行に必要な処分として許容される」とし、令状呈示についても「警察官らが、ホテルの支配人に令状の発付を説明した上でマスターキーを借り受け、入室後、直ちに被告人に令状を呈示しているのであるから、ホテルの一室に赴いた方法も相当」だと説示した。

　被告人側は訴訟手続の法令違反や事実誤認を理由として控訴したが、控訴審（大阪高判平14・1・23）はマスターキーによる開錠は証拠隠滅のおそれの大きさに照らして「令状呈示に先立ち必要かつ許容される適法な準備行為」として相当だと説示した。これに対して、被告人側は、警察官が任意にドアを開けさせようと試みぬままマスターキーで開錠し、入室した行為がプライバシーの著しい侵害であり、令状呈示を事前にしていない点も含めて違法だとして、違法収集証拠排除法則の適用を主張して上告し

たが、最高裁は以下のように説示して上告を棄却した。

［2］法の解釈

　事例判例であり、一般的な規範は示されていない。

［3］法の適用

　「以上のような事実関係の下においては、捜索差押許可状の呈示に先立って警察官らがホテル客室のドアをマスターキーで開けて入室した措置は、捜索差押えの実効性を確保するために必要であり、社会通念上相当な態様で行われていると認められるから、刑訴法222条１項、111条１項に基づく処分として許容される。また、同法222条１項、110条による捜索差押許可状の呈示は、手続の公正を担保するとともに、処分を受ける者の人権に配慮する趣旨に出たものであるから、令状の執行に着手する前の呈示を原則とすべきであるが、前記事情の下においては、警察官らが令状の執行に着手して入室した上その直後に呈示を行うことは、法意にもとるものではなく、捜索差押えの実効性を確保するためにやむを得ないところであって、適法というべきである」。

［4］コメント

　(1)　刑事訴訟法は222条１項を通じて、110条が被処分者に対して捜索差押令状を示すよう要求しており、111条１項が捜索差押令状等の「執行については、錠をはずし、封を開き、その他必要な処分をすることができる」旨を定めている。これらの条項に照らして、本決定では、(a)令状を示すべき時点はいつか（住居への立入り前に示さなくとも許されるのか）、(b)マスターキーでの開錠は「必要な処分」と

して許容されるのかがそれぞれ問題となった。後者の問題は、111条1項の適用をどの時点まで前倒しできるのかという問題にもかかわる。

　(2)　令状の呈示時期については、本決定は「手続の公正を担保するとともに、処分を受ける者の人権に配慮する趣旨に出たものであるから、令状の執行に着手する前の呈示を原則とすべき」と説示している。ここにいう手続の公正、被処分者の人権への配慮とは、強制処分に受忍すべき正当な理由と範囲を被処分者に告知し、その後に執行される対物的強制処分（本件ならば捜索差押え）への不服申立を実効的ならしめることを意味すると思われる。本決定は、捜索そのものと「令状の執行」を概念として分別した上で、捜索より前の住居への立入りを「令状の執行」にあたるとした上で、令状執行の着手前（立入り時）の令状呈示が原則である旨を確認した点には、意義があると評価できよう（期待される令状の「事前呈示」とは、立入り時の呈示を意味することになる）。他方で、裁判官が令状発付により証拠収集につき捜査機関に授権したにもかかわらず、それを完遂できずに失敗してしまうと、強制処分権限を執行させる意味が失われてしまう。そこで、本決定は、「捜索差押えの実効性を確保するためにやむを得ないところ」として、令状の事前呈示を行うと、捜査機関による強制処分の完遂が失敗する危険性を高めてしまうと具体的に認定できる場合に、例外的に令状の呈示を遅らせることができる旨を説示したといえよう。捜査機関が強制処分を完遂できなくなる危険性を認定するにあたって、本決定が認定している事実のうち、とくに(a)覚せい剤所持という薬物事犯であること、(b)覚せい剤が差押対象物件であり、性質上短時間で毀棄隠匿されやすいものであること、(c)被疑者が在室していたこと、(d)被疑者が覚せい剤取締法違反を含む前科を有することが、意味を有しているものと思われる。このように、罪質や証拠物の性質などを踏まえて、証拠隠滅のおそれを具体的に認定している点には留意されるべきであろう。さらに、本決定が認定している事実によれば、令状呈示は、「ドアをマスターキーで開けて室内に入り、その後直ちに」行われている。室内での捜索行為そのものが実質的に着手される前に、令状呈示がなされたのであり、「手続の公正」「処分を受ける者の人権」を制約する程度が大きくなかったという点も、本決定の結論を導く要素として意味があったと解すべきように思われる。入室直後の令状

呈示できない場合や、令状呈示前に捜索そのものに着手した場合について、本決定から直ちに一義的な結論を導くことはできないだろう。

　(3)　マスターキーでの入室については、第1に111条1項の適用範囲か否かという問題が、第2に111条1項が適用されるとして許容される権利・利益制約の程度の問題が、それぞれ検討対象になりうる。

　まず、未だ捜索そのものを執行しておらず、入室しようとしている段階にも、111条1項が適用されるのかという問題について、本決定は明示的に222条1項、111条1項に基づく処分として許容される旨を説示している。本決定を、令状呈示に関する説示部分とあわせて読むと、「警察官らが令状の執行に着手して入室した上その直後に呈示を行うことは法意にもとるものではなく、捜索差押えの実効性を確保するためにやむを得ないところであって適法」だと表現している。ここから、「令状の執行」とは捜索場所への入室・立入りが着手時点であり、入室・立入りのための開錠措置は「令状の執行」よりも前の行為であるが、111条1項の適用範囲内であると理解しているのだろう。これは、111条1項が「執行について……必要な処分」を許容しており、執行のために必要な処分として、執行に不可欠な（執行直前の）準備行為を含むと解していることをうかがわせる。ただ、本決定が、執行直前の準備行為全般に111条1項の適用が及び、開錠その他の必要な処分をなしうるとまで考えているとまではいえないであろう。本決定は、マスターキーによる開錠行為について、上述の通り薬物事犯による証拠隠滅のおそれを具体的に認定した上で、その「事実関係の下では」本件措置が許容されると説示している。この説示からすれば、111条1項の措置は、緊急の必要性が認められるときに、執行直前にも前倒しして適用されうると解すべきように思われる。

　このことに関連して、マスターキーによる開錠が「必要な処分」として相当な措置態様だったか否かも問題になりうる。本決定は上述した(a)～(d)の証拠隠滅のおそれにかかわる事情のほか（これらの事情はマスターキーによる入室の必要性を支える事情にもなる）、(e)部屋の管理者であるホテル管理人に事情を説明したうえでマスターキーを借り受けていたこと、(f)捜索対象場所が被疑者の宿泊する客室であることを明示的に認定している。これらの事情は、来意告知なく入室することで制約されるプライバシー

が被疑者のみにとどまり、第三者への権利・利益の制約を実質的にはともなっていないことを示唆する。そのため、「必要な処分」にともなう権利利益の制約の程度としては、比例原則に照らしても相当といえるため、「社会通念上相当な態様」と判断したのであろう。

本決定のように、合鍵を用いて捜索対象場所に立ち入った事例としては、東京高判平8・3・6もあげられる。覚せい剤所持の被疑事実で、被疑者は暴力団員で覚せい剤取締法違反での前科があり、証拠隠滅が懸念されたことから、不動産会社から合鍵を借り受けて、被疑者方に合鍵で立ち入り、直ちに令状を呈示した上で被疑事実の概要を説明して、被疑者を立会人として捜索を開始した事案である。この事案も本件同様に222条1項、110条、111条1項、114条2項（立会人を求める規定）に照らして適法とされている。

（4）本決定では合鍵による開錠の適否が問題となったが、これに類する立入りの方法として、宅配便の配達を装って玄関を開けさせた事例が大阪高判平6・4・20［宅急便配達仮装捜索事件］である。この事件においては、大阪高裁は111条1項が「執行を円滑、適正に行うために、執行に接着した時点において、執行に必要不可欠な事前の行為をすることを許容」しているとしたうえで、本件は証拠隠滅等の行為に出ることが「十分予測される場合」であり、「住居の所有者や居住者に財産的損害を与えるもの

でもなく、平和裡に行われた至極穏当なものであって、手段方法において、社会通念上相当性を欠くものとまではいえない」と説示して適法としている。

（5）また、110条の令状呈示にかかわる事例として、大阪高判平7・1・25がある。普通乗用車を急発進させて警察官を負傷させたとして、公務執行妨害罪で被疑者が逮捕されたところ、当該普通乗用車が警察署に搬送された。警察官は、同車両内の捜索への立会いを被疑者に求めたが拒否され、捜索差押状発付後に再度立会いを求めたが拒否されたため、警察官は被疑者の両親を呼び出し、両親に令状を呈示したうえで捜索を執行し、車両内から覚せい剤を発見した事案である。被疑者には令状の呈示がなされなかったことについて、大阪高裁は「被告人がまず任意捜査としての捜索の立会いを拒否し、次いで捜索差押許可状が発布された後も再度立会いを拒否したことは前示のとおりであるが、そのことをもって直ちに、被告人が令状の呈示を受ける利益までも放棄したと考えることは早計に過ぎる。まして、被告人は当時南署に勾留されていて、令状の呈示を困難とする事情がなかった」のであるから、呈示を省略することは許されないとして、222条1項、110条に反する違法があるとした（ただし、両親に令状を呈示したうえで執行に立ち会わせていることなどを理由として、違法は重大ではなく、車両内で発見された覚せい剤の証拠能力は否定されないとしている）。

（緑　大輔）

16　逮捕着手前の捜索・差押え

△△　大阪西成ヘロイン所持事件

　最大判昭和36［1961］年6月7日刑集15巻6号915頁【LEX/DB27681118】

　〈関連判例〉

　　東京高判昭和44［1969］年6月20日高刑集22巻3号352頁　【27930671】

　　大阪高判昭和50［1975］年7月15日刑月7巻7・8号772頁　【27681974】

　　東京高判昭和53［1978］年11月15日高刑集31巻3号265頁　【27921024】

　　札幌高判昭和58［1983］年12月26日刑月15巻11・12号1219頁【27761193】

　　最3小決平成8［1996］年1月29日刑集50巻1号1頁　　【28015011】［和光大学内ゲバ事件］〔本書17〕

[1]　事実の概要

麻薬取締官らが麻薬所持の現行犯で逮捕したAから自白を得て、Aに麻薬を譲渡した麻薬取締法違反の被疑事実でXを緊急逮捕すべく、被疑者X

宅に向かった。しかしXは外出中であったため、麻薬取締官らはX宅に居たXの娘Bの承諾を得て、Xが帰宅する前にX宅の捜索に着手し、タンス等から麻薬やXの所持していた麻薬の包紙に関

係ある雑誌を証拠物として差し押さえた。X宅に立入ってから20分ほどたったところで、Xが帰宅したため、麻薬取締官らはXを麻薬取締法違反で緊急逮捕した。第一審ではXは麻薬取締法違反で有罪判決を受けたが、控訴審では、弁護人の主張を受けて、刑訴法220条1項後段の規定によって行う捜索、差押えは、緊急逮捕に着手した後に開始することを要し、緊急逮捕に着手しないで捜索、差押えを先に行なうことは許されない旨を判示し、本件差押えを違法として麻薬および捜索差押調書の証拠能力を否定して無罪を言い渡した。これに対して検察官が上告したところ、最高裁は以下のように判示して本件捜索差押えを適法とし、原審を破棄して差し戻した。

② 法の解釈

「……右刑訴の規定（引用者注：220条）について解明を要するのは、『逮捕する場合において』と『逮捕の現場で』の意義であるが、前者は、単なる時点よりも幅のある逮捕する際をいうのであり、後者は、場所的同一性を意味するにとどまるものと解するを相当とし、なお、前者の場合は、逮捕との時間的接着を必要とするけれども、逮捕着手時の前後関係は、これを問わないものと解すべきであって、このことは、同条1項1号の規定の趣旨からも窺うことができるのである。従って、たとえば、緊急逮捕のため被疑者方に赴いたところ、被疑者がたまたま他出不在であっても、帰宅次第緊急逮捕する態勢の下に捜索、差押がなされ、且つ、これと時間的に接着して逮捕がなされる限り、その捜索、差押は、なお、緊急逮捕する場合その現場でなされたとするのを妨げるものではない。

そして緊急逮捕の現場での捜索、差押は、当該逮捕の原由たる被疑事実に関する証拠物件を収集保全するためになされ、且つ、その目的の範囲内と認められるものである以上、同条一項後段のいわゆる『被疑者を逮捕する場合において必要があるとき』の要件に適合するものと解すべきである」。

③ 法の適用

「本件捜索、差押の経緯に徴すると、麻薬取締官等4名は、昭和30年10月11日午後8時30分頃路上において職務質問により麻薬を所持していたAを現行犯として逮捕し、同人を連行の上麻薬の入手先である被疑者X宅に同人を緊急逮捕すべく午後9時

30分頃赴いたところ、同人が他出中であったが、帰宅次第逮捕する態勢にあった麻薬取締官等は、同人宅の捜索を開始し、……麻薬の包紙に関係ある雑誌及び……麻薬を押収し、捜索の殆んど終る頃同人が帰って来たので、午後9時50分頃同人を適式に緊急逮捕すると共に、直ちに裁判官の逮捕状を求める手続をとり、逮捕状が発せられていることが明らかである。

してみると、本件は緊急逮捕の場合であり、また、捜索、差押は、緊急逮捕に先行したとはいえ、時間的にはこれに接着し、場所的にも逮捕の現場と同一であるから、逮捕する際に逮捕の現場でなされたものというに妨げなく、右麻薬の捜索、差押は、緊急逮捕する場合の必要の限度内のものと認められるのであるから、右いずれの点からみても、違憲違法とする理由はないものといわなければならない」。

④ コメント

（1）刑訴法220条1項は、「逮捕する場合」に必要があるときに、無令状で被疑者の捜索を行い（同条項1号）、また「逮捕の現場」での捜索・差押え・検証を行える旨を定めている（同条項2号）。本件では、逮捕すべき被疑者が不在の状態で、逮捕着手前に無令状捜索を執行し、証拠物を差し押さえている点で、「逮捕する場合」に該当して適法といえるのかが問題となっている。本判決は「逮捕との時間的接着を必要とするけれども、逮捕着手時の前後関係は、これを問わない」として逮捕着手前の無令状捜索差押えを許容している。この結論を導く最高裁の内在的な論理は、「同条1項1号の規定の趣旨からも窺うことができる」という言葉に示されている。220条1項1号は、逮捕を執行するために、逮捕前に被疑者を発見すべく住居等で捜索を行うことを認めている。このことからすれば、220条1項の「逮捕する場合」とは、220条1項1号の想定する逮捕前の被疑者捜索を含んでいることになり、逮捕と時間的に接着して逮捕着手前に行われる捜索をも許容する時間的に幅のある概念として読み解くべきことになる。そして、このように220条1項1号との関係から同条1項本文の「逮捕する場合」が時間的に幅のある意味だと解される以上、この「逮捕する場合」の文言が同じく220条1項2号にも係っていることから、逮捕現場での捜索・差押え・検証も逮捕前に執行できることになる、というわけである。そして、このように「逮捕する場合」を時間的に幅

を持たせて解釈する結果として、逮捕のために赴いたにもかかわらず被疑者が不在である場合も、結果的に逮捕と時間的に接着する形で逮捕前に捜索をしているのならば、「逮捕する場合」に含めることも可能だと考えたのであろう。

　(2)　しかし、本判決には2名の反対意見、3名の補足意見、1名の意見が付されており、最高裁のなかでも意見が対立したことがうかがわれる。たとえば、横田裁判官の反対意見は、被疑者の帰宅という偶然的事情次第で捜索の適法性が左右されるのは解釈方法として適正とはいえず、またそのような判断方法を採用すると、見込み捜索を誘発する危険がある、という批判をしており、学説上も「将来の濫用の危険性は包蔵している」との指摘がなされた。また、そもそも逮捕着手前で被疑者が不在であるにもかかわらず、なぜ220条1項2号にいう「逮捕の現場」を観念できるのか、疑問の余地もある。

　このような問題は、そもそも220条1項本文にある「逮捕の場合」の意味を、1号・2号問わずに同じ意味として解釈したことに起因する。本来は、220条1項1号の被疑者捜索は、逮捕完遂のために被疑者を発見する目的で行われる捜索を想定されており、万が一被疑者が不在であったとしても、そのこと自体で直ちに1号の無令状捜索が違法となるわけではない。しかし、2号の無令状捜索により証拠物を差し押さえたものの、結果的に被疑者が不在のままで逮捕もできずに終わった場合、差押えを適法とは評価できないであろう。このように本来は1号と2号は異なる性質の条項であるところを、なお1項本文の「逮捕の場合」を同じように解釈すべき理由について、説明を尽くすべきように思われる。

　しかしながら、最高裁はその後も、米子銀行強盗事件（最判昭53・6・20〔本書7〕）においても、職務質問にともなう所持品検査の後に時間的に接着して緊急逮捕が執行されたことを理由に、緊急逮捕前のアタッシュケースをこじ開けて中身を確認した行為を220条に基づく捜索と「同一視」できるとして適法と判断している。結論としては本判決と同様に逮捕着手前の無令状捜索を許容した形になっているが、「同一視」という表現をしている点には留意する必要があろう。つまり、米子銀行強盗事件のアタッシュケースへの捜索行為については、220条1項2号が直截に適用されるわけではないことを示しており、220条1項2号の適用範囲は逮捕着手前についても限界があることを示唆している。米子銀行

事件の場合はアタッシュケースをこじ開けた時点では逮捕の要件を具備していなかった一方で、本判決の事案は逮捕の要件を具備していた。そのため、米子銀行事件では「同一視」するという手法を用いて救済した一方で、本判決は逮捕前の捜索にも220条1項を適用したのであろう。

　(3)　なお、関連して「逮捕の現場」（220条1項2号）の意味についても、広く解する裁判例がある。東京高判昭44・6・20は、ホテル5階の「なかば公開的な待合所」で大麻たばこ所持の現行犯で逮捕した後、被疑者が7階の自らの宿泊部屋の自分の所持品を携行したい旨を申し出たため、捜査官も7階まで同行し、その宿泊部屋を無令状で捜索し、さらに大麻たばこを発見した事案である。この事案について同判決は「適法であつたか否かについては疑いの余地が全くないわけではない」としつつも、「時間的、場所的な距りがあるといつてもそれはさしたるものではなく、また逮捕後自ら司法警察員らを引続き自己と被告人の投宿している相部屋の右714号室に案内していること」など諸事情を考慮して「『逮捕の現場』から時間的・場所的且つ合理的な範囲を超えた違法なものであると断定し去ることはできない」と判示した。同判決は、厳密には「逮捕の現場」をいわゆる相当説のような同一管理権の及ぶ範囲内としてはとらえていない。もしそのように理解しているならば、5階の待合所と7階の宿泊部屋では一次的な管理権が異なるため（前者は共有スペースでありホテルの管理権、後者は宿泊客の管理権に服する）、「同一」の管理権の範囲内の無令状捜索とはいえず、違法と判断されるはずだからである。むしろ、同判決の特徴は「逮捕の現場」の範囲が、逮捕直後の時間帯に被疑者自身が案内したことや、「検挙が困難で、罪質もよくない大麻取締法違反の事案であること」などの諸事情によって変化することを前提としている点にある（さらにこの事案では、7階の宿泊部屋でもう1人が緊急逮捕されている）。すなわち、同判決は「逮捕の現場」の範囲について、逮捕時の諸事情や逮捕後の時間の長短、罪質次第で変化する相対的な概念としてとらえている可能性がある。ここからは、無令状捜索差押えを行う必要性とその執行態様の相当性を衡量して「逮捕の現場」の範囲を事案毎に決定するという姿勢を見出せる。このような理解は、大阪高判昭50・7・15、東京高判昭53・11・15などでも見出せる。

　しかし、そのように内容が不安定な理解をするこ

とが令状主義の例外として存在する条文の解釈として妥当なのか、疑問とする余地はあるだろう。なお、逮捕場所から移動して身体捜索を行った和光大学内ゲバ事件（最決平8・1・29〔本書17〕）についても参照のこと。

（4）　また、220条の無令状捜索押収が認められている趣旨の1つとして、逮捕理由となっている被疑事実に関連する証拠が「逮捕の現場」に存在する蓋然性が高いことがしばしばあげられる。そのため、そのような蓋然性が見込めない逮捕理由となる被疑事実以外の別罪の証拠の捜索押収は、220条では認められない。この点については、東京高判昭46・3・8、札幌高判昭58・12・26などの裁判例が判示しているところである。

（緑　大輔）

17　逮捕場所から移動したうえでの身体捜索

📖 和光大学内ゲバ事件

最3小決平成8[1996]年1月29日刑集50巻1号1頁【LEX/DB28015011】

〈関連判例〉

最大判昭和36[1961]年6月7日刑集15巻6号915頁【27681118】［大阪西成ヘロイン所持事件］〔本書16〕

福岡高判平成5[1993]年3月8日判タ834号275頁【27817360】［福岡覚せい剤営利目的所持事件］

1　事案の概要

（1）　被告人Xについては、本件兇器準備集合、傷害の犯行現場から直線距離で約4km離れた派出所で勤務していた警察官が、いわゆる内ゲバ事件が発生し犯人が逃走中であるなど、本件に関する無線情報を受けて逃走犯人を警戒中、本件犯行終了後約1時間を経過したころ、被告人Xが通り掛かるのを見付け、その挙動や、小雨の中で傘もささずに着衣をぬらし靴も泥で汚れている様子を見て、職務質問のため停止するよう求めたところ、Xが逃げ出したので、約300m追跡して追い付き、その際、同被告人が腕に籠手を装着しているのを認めたなどの事情があったため、Xを本件犯行の準現行犯人として逮捕した。

　また、被告人Y、同Zについては、本件の発生等に関する無線情報を受けて逃走犯人を検索中の警察官らが、本件犯行終了後約1時間40分を経過したころ、犯行現場から直線距離で約4km離れた路上で着衣等が泥で汚れた右両被告人を発見し、職務質問のため停止するよう求めたところ、同被告人らが小走りに逃げ出したので、数十m追跡して追い付き、その際、同被告人らの髪がべっとりぬれて靴は泥まみれであり、被告人Zは顔面に新しい傷跡があって、血の混じったつばを吐いているなどの事情があったため、同被告人らを本件犯行の準現行犯人として逮

捕した。

　被告人Xについては籠手を、被告人YおよびZについてはその所持品（バッグ等）を、それぞれ逮捕場所から離れた場所に移動したうえで、その移動先において差し押さえた（詳細は「法の適用」参照）。

（2）　第一審（東京地八王子支判平3・3・11）は、準現行犯逮捕に至る一連の身体の拘束ないし逮捕そのものが違法であるとともに、違法状態にあった逮捕の下で行われた差押えも違法だったとして、差押えによって得られた証拠物の証拠能力を否定し、被告人らを無罪とした。これに対して控訴審（東京高判平5・4・28）は、第一審判決に事実誤認があったとしたうえで、被告人らの身体の拘束は現行犯人として逮捕したものであり適法だとしたうえで、その後の差押えも適法だとして、第一審の無罪判決を破棄し、自判して被告人らに有罪判決を宣告した。最高裁は、控訴審判決が認定した事実を前提として、以下の通り職権で判断を示し、被告人らの上告を棄却した。

2　法の解釈

（1）　逮捕の適法性については、事例判断であり、一般的な規範は示されていない。

（2）　逮捕に伴う差押えについて、「刑訴法220条1項2号によれば、捜査官は被疑者を逮捕する場合に

おいて必要があるときは逮捕の現場で捜索、差押え等の処分をすることができるところ、右の処分が逮捕した被疑者の身体又は所持品に対する捜索、差押えである場合においては、逮捕現場付近の状況に照らし、被疑者の名誉等を害し、被疑者らの抵抗による混乱を生じ、又は現場付近の交通を妨げるおそれがあるといった事情のため、その場で直ちに捜索、差押えを実施することが適当でないときには、速やかに被疑者を捜索、差押えの実施に適する最寄りの場所まで連行した上、これらの処分を実施することも、同号にいう『逮捕の現場』における捜索、差押えと同視することができ、適法な処分と解するのが相当である。」

3 法の適用

(1) 逮捕の適法性について、「本件の事実関係の下では、被告人3名に対する本件各逮捕は、いずれも刑訴法212条2項2号ないし4号に当たる者が罪を行い終わってから間がないと明らかに認められるときにされたものということができるから、本件各逮捕を適法と認めた原判断は、是認することができる。」

(2) 差押えの適法性について、「原判決の認定によれば、被告人Xが腕に装着していた籠手及び被告人Y、同Zがそれぞれ持っていた所持品（バッグ等）は、いずれも逮捕の時に警察官らがその存在を現認したものの、逮捕後直ちには差し押さえられず、被告人Xの逮捕場所からは約500メートル、被告人Y、同Zの逮捕場所からは約3キロメートルの直線距離がある警視庁町田警察署に各被告人を連行した後に差し押さえられているが、被告人Xが本件により準現行犯逮捕された場所は店舗裏搬入口付近であって、逮捕直後の興奮さめやらぬ同被告人の抵抗を抑えて籠手を取上げるのに適当な場所でなく、逃走を防止するためにも至急同被告人を警察車両に乗せる必要があった上、警察官らは、逮捕後直ちに右車両で同所を出発した後も、車内において実力で籠手を差し押さえようとすると、同被告人が抵抗して更に混乱を生ずるおそれがあったため、そのまま同被告人を右警察署に連行し、約五分を掛けて同署に到着した後間もなくその差押えを実施したというのである。また、被告人Y、同Zが本件により準現行犯逮捕された場所も、道幅の狭い道路上であり、車両が通る危険性等もあった上、警察官らは、右逮捕場所近くの駐在所でいったん同被告人らの前記所

持品の差押えに着手し、これを取り上げようとしたが、同被告人らの抵抗を受け、更に実力で差押えを実施しようとすると不測の事態を来すなど、混乱を招くおそれがあるとして、やむなく中止し、その後手配によって来た警察車両に同被告人らを乗せて右警察署に連行し、その後間もなく、逮捕の時点からは約1時間後に、その差押えを実施したというのである。」「以上のような本件の事実関係の下では、被告人3名に対する各差押えの手続は、いずれも、逮捕の場で直ちにその実施をすることが適当でなかったため、できる限り速やかに各被告人をその差押えを実施するのに適当な最寄りの場所まで連行した上で行われたものということができ、刑訴法220条1項2号にいう「逮捕の現場」における差押えと同視することができるから、右各差押えの手続を適法と認めた原判断は、是認することができる。」

4 コメント①（準現行犯逮捕の適法性）

本決定は、犯行場所と逮捕された現場との間に、一定程度以上の時間的ないし場所的な間隔があったにもかかわらず、準現行犯逮捕として適法と判断した。本決定は、本件事実関係が「212条2項2号ないし4号に当たる」と説示している。つまり、212条2項2号・3号・4号に該当する事由があったということである。

被告人Xについては、籠手を所持していたことが、212条2項2号の「贓物又は明らかに犯罪の用に供したと思われる兇器その他の物を所持しているとき」に該当すると判断されたのだろう。また、Xは「職務質問のため停止するよう求めたところ、Xが逃げ出した」と認定されており、4号「誰何されて逃走しようとするとき」にも該当したことを確認する説示だと理解できる。Xの「挙動や、小雨の中で傘もささずに着衣をぬらし靴も泥で汚れている様子」は、職務質問を行う不審事由が存在したことを認定する趣旨であろうが、犯人であることを推認する事情としても作用すると思われる。

他方で、被告人YとZについては、「職務質問のため停止するよう求めたところ」、「小走りに逃げ出した」旨が認定されており、212条2項4号に該当することが認められる。また、「髪がべっとりぬれて靴は泥まみれであり、被告人Zは顔面に新しい傷跡があって、血の混じったつばを吐いている」と認定しているが、これは212条3号「身体又は衣服に犯罪の顕著な証拠があるとき」に該当する旨を説示

したものと理解できる。ここでは、Ｚの「顔面の新しい傷跡」という事実が、Ｚ自身の犯人性のみならず、同行していたＹの犯人性をも推認するために用いられているように読める。このように、客観的な事情を同行していた者についても考慮することは、本件のような事情の下においては許容されよう。

また、本決定の事案は、無線情報を受けた警察官が、逃走犯人を警戒している中で準現行犯人として逮捕した旨が認定されており、逮捕者たる警察官が逮捕前に得ていた情報を加味して、対象者が犯人であることの明白性を判断することが許されることを前提としているものと読める。つまり、逮捕者が明白性を判断する際の判断資料は、逮捕時の情報だけではなく、逮捕前の情報も含まれるという理解を採用しているのであろう。逮捕前の情報が、不当な判断をもたらすような内容であるか否かについては、事案によっては問題になりうるが、原則として考慮することは許されよう。

本決定は、犯行終了後約１時間または１時間40分を経過し、犯行場所から約300ｍまたは４ｋｍ離れた場所において逮捕した場合であっても、時間的・場所的な近接性を求める212条２項本文「罪を行い終つてから間がないと明らかに認められるとき」という要件を欠くわけではない旨を説示した。しかし、この説示は、上記の時間幅や距離があっても、一律に適法になる旨を意味するわけではない。

令状主義の適用外とされる準現行犯逮捕において、時間的・場所的近接性が要件として求められる理由は、犯罪と犯人の明白性を担保して誤認逮捕を防ぐとともに、捜査機関が令状請求をする時間的余裕がないということにある。そのため、時間的・場所的近接性の要件を充足するか否かを判断する際には、犯罪と犯人の明白性を担保できる限りで、各事案の事実関係に即して検討することが求められる。本件の場合は、被逮捕者が一般的に持ち歩く所持品とはいえない籠手を装着していたり、顔面に新しい傷跡があったりする等、212条２項各号にかかわる事実それ自体が、犯人性を強く推認する事実が存在した。それゆえに、上記の時間幅・距離があっても、時間的・場所的近接性の要件がみたされていると判断されたのだろう。裏返せば、212条２項各号の事由のうち、212条２項４号の「誰何されて逃走しようとするとき」のみに該当する被疑者を準現行犯逮捕する場合には、他に犯人の明白性を担保する事実が認められない限り、時間的・場所的近接性は本決定よりも厳格に判断される必要が生じよう。

⑤ コメント②（逮捕現場から移動したうえでの差押え）

（1）本件では、警察官は、逮捕の現場から約500ｍまたは約３ｋｍ移動し、移動先の警察署において所持品の差押えを執行している。条文上は、220条１項２号が「逮捕の現場」における捜索、差押え、検証を認めているところ、逮捕現場から移動したうえで、移動先で捜索等の措置をとることができるのかが問題となる。もっとも、逮捕の現場から移動したうえでの差押えの適否が問題となっている以上、逮捕の現場の場所的限界そのものの広狭は、ここでは重要な問題ではない（いわゆる相当説か緊急処分説かは、ここでは主要な問題ではない）。本決定以前の下級審の裁判例も、逮捕の現場において捜索差押えを執行することが不適切だといえる具体的な事情がある場合には、逮捕現場から移動したうえで捜索差押えを執行することを適法とする傾向があった。

本決定は、そのような移動が許容される前提事情について、逮捕現場付近の状況からして、「被疑者の名誉等を害し、被疑者らの抵抗による混乱を生じ、又は現場付近の交通を妨げるおそれがあるといった事情」があって、「その場で直ちに捜索、差押えを実施することが適当でないとき」であることをあげている。これらは、いずれも逮捕に伴って220条１項２号が捜査機関に授権している、無令状での捜索差押えの権限の行使が、完遂できない状況を想定しているように読める。

このような状況が認められる場合には、「速やかに被疑者を捜索、差押えの実施に適する最寄りの場所まで連行」することを許容し、移動先において捜索差押えを執行することも、220条１項２号にいう「逮捕の現場」における「捜索、差押えと同視」できると説示している。この説示の意味については、議論がある。１つの理解が、220条１項２号の捜索差押えを完遂する権限を捜査機関に授権している以上、その完遂を実現するための付随的措置として、捜索差押えに適した最寄りの場所までの連行が許容されるとするものである。つまり、220条１項２号の権限を行使するために、必要な処分として許容されるとも説明できよう。しかし、捜索差押えを完遂するという目的のために、身体拘束を伴う連行まで、必要な処分として当然に許容されるのかは、疑問として残る。

また、「逮捕の現場」に逮捕された被疑者の身体そのものが含まれると解したうえで、逮捕現場から移動した先であっても、当該被疑者の所持品である限りは、「現場」である身体に対する捜索差押えの執行として許容されるという理解もある。もっとも、この理解によるならば、本件差押えは「逮捕の現場」たる身体において行われたことになり、判例が「逮捕の現場」での差押えと「同視」できると説示したこととは整合しない。身体が「逮捕の現場」にあたるならば、わざわざ「同視」する必要はなかったはずであるし、「その場で直ちに捜索、差押えを実施することが適当でないとき」という限定を付した理由も不明確になる。

220条1項1号は、逮捕のための被疑者を見つけ出すための捜索を許容していることからすれば、220条1項は、逮捕およびその後の引致のための必要な処分を定めた条文であり、220条1項2号は、逮捕の現場における早急な武装解除や（逮捕・勾留を行う目的の1つである）証拠隠滅の防止のための措置をとることを認める規定だと思われる。そうだとすれば、逮捕や引致を円滑に実施するための措置のみ、220条1項は例示的な条項として読むことが許容されうる。本決定は、そのような解釈を許容したものとして読むならば、「同視」は逮捕完遂のための措置の例示を許容したものとして読まれるべきであり、本件差押えは、妨害を排除するための措置として許容されたものと読むべきように思われる。裏返せば、証拠収集のみを目的として、移動先の差押えを行うことは、許容されるべきではない。

（2）なお、福岡高判平5・3・8は、第三者方における逮捕に伴う無令状捜索差押えの適否が争われた事案である。覚せい剤所持の嫌疑で路上にて被疑者Xに職務質問をした後、Xに質問を継続するために、警察官の誘導の下、Xが父親代わりとして面倒を見ていた近隣のK子方に、K子が「いいですよ。室内を捜して下さい」と返事したことを受けて立ち入り、Xが所持していたペーパーバッグの開披を求め、覚せい剤を発見して差し押さえた。その後、警察官がK子に対して他に隠匿しているものがあれば出すように促したところ、K子が「いいですよ。室内を捜してください」と応じたので、警察官がK子方を捜索したところ、台所から2kgの覚せい剤を発見し、これを差し押さえて、XおよびK子を覚せい剤営利目的共同所持で逮捕した事案である。

まず、この福岡高判平5・3・8は、住居主のK子

による承諾に基づく捜索としては、適法なものとはいえない旨を説示している。この結論を導くにあたって、犯罪捜査規範108条が住居主等の任意の承諾があったとしても捜索許可状の発付を受けて捜索を行うべき旨を定めているが、「完全な自由意思に基づき住居等に対する捜索を承諾したと認められる場合には、これを違法視する必要はない」と説示している。そして、「完全な自由意思による承諾があったかどうかを判断するに当たっては、より慎重な態度が必要であると考えられる」としたうえで、K子が「いいですよ。室内を捜して下さい」と返事したことについて、判断した。すなわち、①K子は当時20歳前の女性であったこと、②K子が警察官から捜索への承諾を求められる直前には、それまで父親代わりとしてK子の面倒を見てくれていたXが、数名の警察官らに連れられてK子方に来ていたうえ、Xが持っていたペーパーバッグの中から覚せい剤も発見されていたこと、③当時Xと一緒に同女方に入って来た警察官の人数は決して少ない数ではなかったこと、④最高責任者である警察官から「他に覚せい剤を隠していないか。あったら出しなさい」と告げられたうえで、K子方に対する捜索についての承諾を求められていたことを挙げて、K子が警察官の「申し出を拒むことは事実上困難な状況にあったと考えざるを得ない」とした。以上の事実等を踏まえて、捜索への承諾が自由意思によるものではなかったとの結論を導いている。上の事情はいずれも、K子が心理的に大きく動揺した状態であったことを自由意思による承諾か否かを判断する際に勘案する趣旨であろう。

以上の説示をしたうえで、逮捕に伴う無令状捜索としての適否について、220条1項2号にいう「逮捕の現場」は、「逮捕した場所との同一性を意味する概念ではあるが、被疑者を逮捕した場所でありさえすれば、常に逮捕に伴う捜索等が許されると解することはできない。すなわち、住居に対する捜索等が生活の平穏やプライバシー等の侵害を伴うものである以上、逮捕に伴う捜索等においても、当然この点に関する配慮が必要であると考えられ、本件のように、職務質問を継続する必要から、被疑者以外の者の住居内に、その居住者の承諾を得た上で場所を移動し、同所で職務質問を実施した後被疑者を逮捕したような場合には、逮捕に基づき捜索できる場所も自ずと限定されると解さざるを得ないのであって、K子方に対する捜索を逮捕に基づく捜索として

正当化することはできないというべきである」と説示した。さらに、「K子方に対して捜索がなされるに至った経過からすれば、同女方の捜索は、被告人が投げ捨てたペーパーバッグの中から発見された覚せい剤所持の被疑事実に関連する証拠の収集という観点から行われたものではなく、被告人が既に発見された覚せい剤以外にもK子方に覚せい剤を隠匿しているのではないかとの疑いから、専らその発見を目的として実施されていることが明らか」だとして、「右2つの覚せい剤の所持が刑法的には一罪を構成するとしても、訴訟法的には別個の事実として考えるべきであって、一方の覚せい剤所持の被疑事実に基づく捜索を利用して、専ら他方の被疑事実の証拠の発見を目的とすることは、令状主義に反し許されないと解すべき」だと説示したうえで、「警部らがK子方に対して行った捜索は、同女の承諾による捜索として適法なものとはいえない上、原判決のように現行犯逮捕に伴う捜索としてその適法性を肯定することができないから、違法であるといわざるを得ない」とした。この説示は複数の論理が混在しており、読み取りにくい。

第1に、この裁判例からは、被疑者以外の第三者方においては、無令状捜索できる場所が限定されるべきだという視点を見出せる。ここから、被疑者の居宅では、証拠存在の蓋然性が被疑者の管理権の及ぶ範囲全体で類型的に認められる一方で、第三者方では被疑者や当該第三者の手の届く範囲においてのみ証拠存在の蓋然性が認められ、捜索範囲もそこに限定されるとする見解も主張されるに至っている。もっとも、このように被疑者方か第三者方かという観点から、捜索が許容される範囲を分別することがどこまで有効なのかは、疑問が残る（被疑者方か第三者方かが十分に分別できない場合も少なからずあるのではないか）。

第2に、警察官がペーパーバッグ内の覚せい剤所持に関連する証拠以外の、他の証拠を専ら獲得する

ためにK子方に赴いて捜索を実施すべきではなかったという視点がある。本判決は、この問題について、ペーパーバッグ内の覚せい剤とK子方の覚せい剤は、実体法上は共同所持として一罪にあたるとしても、「訴訟法的には別個の事実」だとして、「専ら他方の被疑事実の証拠の発見を目的とすることは、令状主義に反し許されない」という説示をしている。実質的には、別件捜索差押え（または被疑事実の関連性を欠く差押え）だと評価しようとしているように読める。ただ、実体法上は一罪の関係にある事実について、このように評価することについては批判が強い。むしろ、K子方で捜索を行うために、本来は公道上でXを逮捕できたにもかかわらず、証拠をさらに収集するために殊更に逮捕の時期を遅らせて、220条1項にいう「逮捕のため必要」があるときを作出した、あるいは「逮捕の現場」を殊更に作出したと解する余地はなかったか。このような観点から事実を精査する余地もなかったかが、検討される必要があるように思われる。

さらに、220条1項が無令状で捜索を許容する趣旨である、逮捕の場合に特有の証拠存在の蓋然性の高さを基礎付ける事情が認められるという趣旨、もし証拠が存在するとすれば被疑者がそれを破壊隠滅しようとする可能性が高いという趣旨を厳格に適用する立場からは、証拠存在の蓋然性や破壊隠滅の可能性は令状審査を不要とする程度に具体的に認定される必要があると指摘されている。このような理解から、この裁判例を確認するならば、K子方全体はもとより、覚せい剤が発見された台所に限ってみても、Xの覚せい剤所持の「犯行現場」とはいえず、少なくとも住居全体を当然に捜索しうるわけではないとの指摘もある。この理解からすれば、福岡高裁が、当該事件のような場合には「逮捕に基づき捜索できる場所〔は〕自ずと限定される」と説示した点は、適切だったということになる。

（緑 大輔）

 18 検証令状による電話傍受

📖 旭川覚せい剤事件

最3小決平成11［1999］年12月16日刑集53巻9号1327頁【LEX/DB28045259】

〈関連判例〉
最3小決昭和51[1976]年3月16日刑集30巻2号187頁【24005402】［岐阜呼気検査拒否事件〕〔本書1〕
最1小決昭和55[1980]年10月23日刑集34巻5号300頁【27682297】［江南警察署採尿事件〕〔本書21〕
最3小決平成21[2009]年9月28日刑集63巻7号868頁【25441230】［大阪宅配便エックス線検査事件〕〔本書19〕
最大判平成29[2017]年3月15日刑集71巻3号13頁【25448527】［大阪連続窃盗GPS捜査事件〕〔本書20〕

1 事実の概要

北海道警察旭川方面本部の警察官は、旭川簡易裁判所の裁判官に対し、氏名不詳の被疑者らに対する覚せい剤取締法違反被疑事件について、電話傍受を検証として行うことを許可する旨の検証許可状を請求した。警察官の提出した資料によれば、以下の事情が明らかであった。すなわち、犯罪事実は、営利目的による覚せい剤の譲渡しであり、その嫌疑は明白であった。同犯罪は、暴力団による組織的、継続的な覚せい剤密売の一環として行われたものであって、密売の態様は、暴力団組事務所のあるマンションの居室に設置された電話で客から覚せい剤買受けの注文を受け、その客に一定の場所に赴くよう指示したうえ、その場所で覚せい剤の譲渡しに及ぶというものであったが、電話受付担当者と譲渡し担当者は別人であり、それらの担当者や両者の具体的連絡方法などを特定するに足りる証拠を収集することができなかった。同居室には2台の電話機が設置されており、1台は覚せい剤買受けの注文を受け付けるための専用電話である可能性が極めて高く、もう1台は受付担当者と譲渡し担当者との間の覚せい剤密売に関する連絡用電話である可能性があった。そのため、その2台に関する電話傍受により得られる証拠は、覚せい剤密売の実態を解明し被疑者を特定するために重要かつ必要なものであり、他の手段を用いて右目的を達成することは著しく困難であった。

裁判官は、検証すべき場所および物を「日本電信電話株式会社旭川支店113サービス担当試験室及び同支店保守管理にかかる同室内の機器」、検証すべき内容を「（前記2台の電話）に発着信される通話内容及び同室内の機器の状況（ただし、覚せい剤取引に関する通話内容に限定する）」、検証の期間を「平成6年7月22日から同月23日までの間（ただし、各日とも午後5時00分から午後11時00分までの間に限る）」、検証の方法を「地方公務員2名を立ち会わせて通話内容を分配器のスピーカーで拡声して聴取するとともに録音する。その際、対象外と思料される通話内容については、スピーカーの音声遮断及び録音中止のため、立会人をして直ちに分配器の電源スイッチを切断させる。」と記載した検証許可状を発

付した。

警察官は、この検証許可状に基づき、これら記載の各制限を遵守して、電話傍受を実施した。これにより、警察官は、被告人と客との間の覚せい剤売買等に係る通話を傍受し、その結果、被告人らを検挙した。被告人は、覚せい剤取締法違反（および詐欺・同未遂）の罪で起訴された。公判で被告人側は、およそ電話傍受は違憲・違法であり、したがって本件電話傍受も違憲・違法である（から関係各証拠は違法収集証拠として排除されるべき）と主張したが、第一審（旭川地判平7・6・12）、控訴審（札幌高判平9・5・15）ともそれを排斥して有罪とした。被告人側が上告したが、最高裁判所は以下のように述べて上告を棄却した（元原利文裁判官による反対意見がある）。

2 法の解釈

(1)「電話傍受は、通信の秘密を侵害し、ひいては、個人のプライバシーを侵害する強制処分である」。

(2) 電話傍受は、「一定の要件の下では、捜査の手段として憲法上全く許されないものではないと解すべきであって、このことは所論も認めるところである。そして、重大な犯罪に係る被疑事件について、被疑者が罪を犯したと疑うに足りる十分な理由があり、かつ、当該電話により被疑事実に関連する通話の行われる蓋然性があるとともに、電話傍受以外の方法によってはその罪に関する重要かつ必要な証拠を得ることが著しく困難であるなどの事情が存する場合において、電話傍受により侵害される利益の内容、程度を慎重に考慮した上で、なお電話傍受を行うことが犯罪の捜査上真にやむを得ないと認められるときには、法律の定める手続に従ってこれを行うことも憲法上許されると解するのが相当である。」

(3)「本件当時、電話傍受が法律に定められた強制処分の令状により可能であったか否かについて検討すると、電話傍受を直接の目的とした令状は存していなかったけれども、次のような点にかんがみると、前記の一定の要件を満たす場合に、対象の特定

に資する適切な記載がある検証許可状により電話傍受を実施することは、本件当時においても法律上許されていたものと解するのが相当である。

　㈠　電話傍受は、通話内容を聴覚により認識し、それを記録するという点で、五官の作用によって対象の存否、性質、状態、内容等を認識、保全する検証としての性質をも有するということができる。

　㈡　裁判官は、捜査機関から提出される資料により、当該電話傍受が前記の要件を満たすか否かを事前に審査することが可能である。

　㈢　検証許可状の『検証すべき場所若しくは物』（刑訴法219条1項）の記載に当たり、傍受すべき通話、傍受の対象となる電話回線、傍受実施の方法及び場所、傍受ができる期間をできる限り限定することにより、傍受対象の特定という要請を相当程度満たすことができる。

　㈣　身体検査令状に関する同法218条5項〔注：その後の改正により同条6項に移動〕は、その規定する条件の付加が強制処分の範囲、程度を減縮させる方向に作用する点において、身体検査令状以外の検証許可状にもその準用を肯定し得ると解されるから、裁判官は、電話傍受の実施に関し適当と認める条件、例えば、捜査機関以外の第三者を立ち会わせて、対象外と思料される通話内容の傍受を速やかに遮断する措置を採らせなければならない旨を検証の条件として付することができる。

　㈤　なお、捜査機関において、電話傍受の実施中、傍受すべき通話に該当するかどうかが明らかでない通話について、その判断に必要な限度で、当該通話の傍受をすることは、同法129条所定の『必要な処分』に含まれると解し得る。

　もっとも、検証許可状による場合、法律や規則上、通話当事者に対する事後通知の措置や通話当事者からの不服申立ては規定されておらず、その点に問題があることは否定し難いが、電話傍受は、これを行うことが犯罪の捜査上真にやむを得ないと認められる場合に限り、かつ、前述のような手続に従うことによって初めて実施され得ることなどを考慮すると、右の点を理由に検証許可状による電話傍受が許されなかったとまで解するのは相当でない。」

3 法の適用

　事実の概要で確認したような本件の「経緯に照らすと、本件電話傍受は、前記の一定の要件を満たす場合において、対象をできる限り限定し、かつ、適

切な条件を付した検証許可状により行われたものと認めることができる」から「本件検証許可状による電話傍受は法律の定める手続に従って行われたものと認められる」。

4 コメント

　⑴　本決定は、最高裁判所が初めて検証許可状による電話傍受の適法性について判断したものである。本決定が出た年の8月、通信傍受法（犯罪捜査のための通信傍受に関する法律〔平11法137〕）が制定され、合わせて刑訴法に222条の2追加改正がなされているが、本決定の事案は、それら改正等がされる以前のものであった。222条の2追加改正の趣旨からすれば、通信傍受法の施行後は、電話傍受は同法の定める要件・手続によってのみ実施可能で、検証許可状による電話傍受は許されない。そのため、本決定は電話傍受の実務に影響を与えるものではないが、強制処分の意義や検証に係る解釈を論じるにあたって、なお重要な位置付けを占めるものといえる。

　⑵　本決定では、(a)電話傍受は強制処分か（上記「法の解釈」⑴）、(b)電話傍受は合憲か（同⑵）。(c)通信傍受法制定・刑訴法222条の2追加改正以前に適法に電話傍受を行うことができたか（同⑶）、(d)本件電話傍受は適法か（上記「法の適用」）、という4つの論点について判断されている。(a)および(b)が肯定されれば(c)について判断されることになる。(c)は、197条1項ただし書の強制処分法定主義の問題であり、「適法に電話傍受を行うことができた」とは、当時の刑訴法に規定された既存の強制処分にあてはまるということを意味する。それが否定されれば、具体的実施状況の如何を問わず強制処分法定主義違反として当該電話傍受は違法となるが、そこも肯定されれば具体的実施状況に照らした(d)の判断がなされることになる。

　まず、(a)電話傍受の強制処分性について、本決定は、先例等を参照することなく、単に「電話傍受は、通信の秘密を侵害し、ひいては、個人のプライバシーを侵害する強制処分である」とのみ述べる。任意処分の適法性を判断する中で強制処分の定義を示した最決昭51・3・16〔岐阜呼気検査拒否事件〕〔本書1〕では、有形力行使がされた事案において、「強制手段とは、有形力の行使を伴う手段を意味するものではなく、①個人の意思を制圧し、②身体、住居、財産等に制約を加えて強制的に捜査目的を実

現する行為など、特別の根拠規定がなければ許容することが相当でない手段を意味する」（丸数字は引用者付加）としていた。これに照らすと、本決定は①の点には触れることなく、②との関係で通信の秘密・プライバシー侵害を認めて、強制処分であるとしている。この構造は、最決平21・9・28［大阪宅配便エックス線検査事件］［本書19］と同じものであるが、この２つは、被処分者と相対する場面のない秘匿捜査の事案であって、被処分者の「意思の制圧」が現になされるような場面を想定できない点で共通している。そこから、本決定のように秘匿捜査に係る事案は最決昭51・3・16の射程の外にあるとの理解も示された。もっともその後、同じ秘匿捜査事案であるGPS捜査に関する最大判平29・3・15［大阪連続窃盗GPS捜査事件］［本書20］では、「合理的に推認される個人の意思に反してその私的領域に侵入する捜査手法であるGPS捜査は、個人の意思を制圧して憲法の保障する重要な法的利益を侵害するものとして、刑訴法上、特別の根拠規定がなければ許容されない強制の処分に当たる」と判示された。ここに至って最決昭51・3・16の規範は秘匿捜査事案をも射程内とすることが明らかとなり、そこから翻って本決定をみるならば、通信の秘密を侵害する形でなされるようなプライバシー、すなわち「憲法の保障する重要な法的利益」といえるようなプライバシーへの侵害を伴う電話傍受が「合理的に推認される個人の意思に反」するものであることは疑いないといえ、同決定の①の点については、本決定でも黙示の判断がなされているとみるべきであろう（以上について［本書１］［本書20］参照）。

（3）　次に、(b)電話傍受の合憲性である。これについては、上告趣意が、本件電話傍受は強制処分法定主義（197条１項）に違反するために憲法31条・35条に反して違憲であるとの主張をしていたが、本決定は、特段憲法の条文等を引用することなく電話傍受は「一定の要件の下では、捜査の手段として憲法上全く許されないものではないと解すべきであって、このことは所論も認めるところである」とし、十分な嫌疑・通話の蓋然性・代替手段の不存在等の事情があるときに、被侵害利益の内容・程度を慎重考慮のうえ、「なお電話傍受を行うことが犯罪の捜査上真にやむを得ないと認められるときには、法律の定める手続に従ってこれを行うことも憲法上許されると解するのが相当」とした。侵害度の高い捜査手法について、一定の限定を付すことによって許容

しようという姿勢は、強制採尿に関する最決昭55・10・23［江南警察署採尿事件］［本書21］でも（合憲性判断の文脈ではないが）すでにみられた。もっとも、そのような限定を付せば許容されるのかについては、なお疑問が呈されている（［本書20］も参照）。

（4）　憲法上は可能であるとして、(c)当時の刑訴法等の下で、適法に電話傍受を行うことができたか、つまり、強制処分法定主義との関係で、当時の刑訴法が予定していた強制処分に該当するかが問題となる。この点につき本決定は、以下の各点に照らせば、一定の要件をみたし、適切な記載がされた検証許可状による電話傍受は、当時の刑訴法の下で許容されていたと判示した（そして、(d)「本件検証許可状による電話傍受は法律の定める手続に従って行われたものと認められる」とした）。元原反対意見は、この(c)の点に異論をはさむものである。

本決定はまず、㈠電話傍受は「検証としての性質をも有する」といえるとする（元原反対意見も、この点には同調する）。従来、人の発言である通話内容の意味内容を認識する電話傍受は検証の概念から外れているという見解が示されていた。本決定（および元原反対意見）が、どのような性質に加えて「検証としての性質『をも』有する」としたかは定かでなく、正面から刑訴法が予定していない「新たな強制処分」としたわけでもないが、少なくとも検証そのものに該当するとしたわけではない。刑訴法が予定している検証の要件・手続から外れるのだとすれば、それは強制処分法定主義の趣旨からも外れていくものとなろう。

また、㈡事前審査が可能であり、㈢傍受対象の特定という要請は相当程度みたしうるとしている。この㈢は、対象の特定明示が令状主義の要請であるとすれば、ここは本来は合憲性の問題であるというべきであろう。実際、通信傍受法の制定過程を中心として、この点は憲法35条の問題として激しい議論がされていた。

次に、㈣身体検査令状に関する218条５項（現・6項）を準用して、裁判官が電話傍受の実施に関し適当と認める条件（第三者の立会い・対象外通話内容の遮断措置等）を検証の条件として付することができる、とする。この論法は、先にも参照した強制採尿に係る最決昭55・10・23でもとられていた。そこでは、捜索差押許可状に同条項を準用した一定の（事案の如何を問わず同一となる）条件記載が「不可欠」とされたが、その点に強制処分法定主義違反

（新たな令状の創設）をみる見解が示されている（〔本書21〕参照）。本決定はこの点、同条項準用による条件記載が（事案のバリエーションがより広く、条件の選択肢・組合せが多様になりうることもあってか）「できる」としており、強制採尿に係る最決昭55・10・23とは異なっているが、本来適用することを予定していない条文を「準用」することによってしか、刑訴法上の検証が本来予定している侵害の「範囲、程度を減縮させる」ことができないのだとすれば、そのような条件記載を（「不可欠」ではなくとも）類型的に認めなければならないような電話傍受のための検証許可状には、同じく強制処分法定主義違反との批判を免れないように思われる。

そして本決定は、㈤該当性判断のための傍受（選別的聴取）は、129条所定の「必要な処分」によってできるとする。一般に、「必要な処分」は、令状執行に付随してその執行目的を達成するために必要であり、かつ、その方法も社会的に相当なものでなければならず、また、発付された令状がその侵害をも予定しているといえるものでなければならないと理解されてきたが、近時はその肥大化傾向もみられる。元原反対意見の骨子の1つはこの点に係る批判にある。そこでは、「犯罪に関係のある通話についてのみ検証が許されるとしながら、前段階の付随的な処分にすぎない『必要な処分』に無関係通話の傍受を含めることは、不合理というべき」であって、「電話傍受に不可避的に伴う選別的な聴取は、検証のための『必要な処分』の範囲を超えるものであり、この点で、電話傍受を刑訴法上の検証として行うことには無理があるといわなければならない」とする。無関係通話に対する選別的傍受は、当該令状が当然侵害を予定したものではないから「必要な処分」に含み込むことはできず、そのような傍受をしなければならないとするなら、法定された検証許可

状で対応することはできない、としたのである。

本決定はさらに、検証許可状による場合には事後通知の措置や不服申立の規定がないことが問題であることを認めつつ、一定の要件・手続の下であれば許容しうるとする。この点への批判が元原反対意見のもう1つの骨子であり、その性質上、令状の事前呈示ができないのはやむを得ないとしつつ（なお、令状の事前呈示ができないような検証を刑訴法は予定していないはずだから、当時の刑訴法で電話傍受はできないとする議論は別にあった）、「適正手続の保障の見地から」「事後の告知及び不服申立ての各規定を欠く点で、電話傍受を刑訴法上の検証として行うことは、許されないというべき」とする。

適正手続や強制処分法定主義への配意、「必要な処分」の解釈について、法廷意見と元原反対意見との間には、顕著な相違をみてとることができる。その後、GPS捜査の事案に係る最大判平29・3・15が出たことによって、これらの点について改めて議論が必要な状況にあるといえよう（〔本書20〕参照）。

(5) 本決定は、電話傍受の事案に係る判断であって、たとえば室内の会話盗聴などは、被侵害利益の範囲の広さ、法益侵害程度の深さ、特定明示の困難さなどに電話傍受との顕著な違いがさまざまあるほか、盗聴機器がどのようなものかによっても議論すべき事項が変わってくるなど、明らかに本決定の射程の外にある。上述の最大判平29・3・15の内容・趣旨にも照らして、慎重な検討が必要であろう。

また、ここまでみてきた電話傍受は、双方の通話当事者に秘匿してなされるものであるが、通話当事者の一方が、他方に秘匿して行う秘密録音ないし同意傍受がある。これらについては、〔本書4〕を参照。

(正木 祐史)

 19 ## 宅配物のエックス線検査

📖 大阪宅配便エックス線検査事件
　　最3小決平成21[2009]年9月28日刑集63巻7号868頁【LEX/DB25441230】
　　〈関連判例〉
　　　最3小決昭和51[1976]年3月16日刑集30巻2号187頁　【24005402】［岐阜呼気検査拒否事件]〔本書1〕
　　　最3小判昭和53[1978]年6月20日刑集32巻4号670頁　【27682160】［米子銀行強盗事件]〔本書7〕

最 3 小決平成 6 [1994] 年 9 月16日刑集48巻 6 号420頁　【27825712】[会津若松採尿事件]〔本書 8〕
最 3 小決平成11 [1999] 年12月16日刑集53巻 9 号1327頁　【28045259】[旭川覚せい剤事件]〔本書18〕
最 1 小決平成14 [2002] 年10月 4 日刑集56巻 8 号507頁　【28075700】[京都五条警察署マスターキー事件]〔本書15〕
最大判平成29 [2017] 年 3 月15日刑集71巻 3 号13頁　【25448527】[大阪連続窃盗 GPS 捜査事件]〔本書20〕

1 事実の概要

　O警察本部の警察官らは、かねてから覚せい剤密売の嫌疑で大阪市内の有限会社A（以下「本件会社」という。）に対して内偵捜査を進めていたが、本件会社関係者が東京の暴力団関係者から宅配便により覚せい剤を仕入れている疑いが生じたことから、宅配便業者の営業所に対して、本件会社の事務所に係る宅配便荷物の配達状況について照会等をした。その結果、同事務所には短期間のうちに多数の荷物が届けられており、それらの配送伝票の一部には不審な記載のあること等が判明した。そこで、警察官らは、同事務所に配達される予定の宅配便荷物のうち不審なものを借り出してその内容を把握する必要があると考え、上記営業所の長に対し、協力を求めたところ、承諾が得られたので、平成16年 5 月 6 日から同年 7 月 2 日にかけて、 5 回にわたり、同事務所に配達される予定の宅配便荷物各 1 個を同営業所から借り受けたうえ、K空港内O税関においてエックス線検査を行った（警察官らは、本件エックス線検査について、荷送人や荷受人の承諾を得ていなかった）。その結果、 1 回目の検査においては覚せい剤とおぼしき物は発見されなかったが、 2 回目以降の検査においては、いずれも、細かい固形物が均等に詰められている長方形の袋の射影が観察された（以下、これら 5 回の検査を「本件エックス線検査」という）。なお、本件エックス線検査を経た上記各宅配便荷物は、検査後、上記営業所に返還されて通常の運送過程下に戻り、上記事務所に配達された。

　本件覚せい剤等は、 4 回目のエックス線検査が行われた日である同年 6 月25日に発付された各捜索差押許可状に基づいて同年 7 月 2 日に実施された捜索において、 5 回目の本件エックス線検査を経て本件会社関係者Bが受け取った宅配便荷物の中および同関係者の居室内から発見されたものであるが、これらの許可状（Bが受け取った宅配便荷物については、Bの身体・所持品を捜索対象とする許可状、Bの居室については、Bの居室を捜索場所とする許可状）は、 4 回目までの本件エックス線検査の射影の写真等を一資料として発付されたものと窺われた。

　被告人は、覚せい剤取締法違反で起訴された（後に訴因変更）。弁護人は、弁論において、令状に基づかず、かつ、寄託者の承諾を得ずに実施されたエックス線検査は、プライバシーを侵害する違法な捜査である（から、エックス線撮影に基づく本件覚せい剤等は違法収集証拠として証拠能力を有しない）と主張した。第一審（大阪地判平18・9・13）は、「荷送人及び荷受人が当該荷物に関し本件のようなエックス線検査が実施されようとしていることを知った場合、これを承諾しないことも予想されるところ、そのような機会を与えずに荷物をエックス線検査にかけることは、その程度はともかくとして、荷送人・荷受人のプライバシー等を侵害するものであることは否定できない」ものの、「本件によるエックス線検査による方法は、その射影により内容物の形状や材質を窺い知ることができるだけで、内容物が具体的にどのようなものであるかを特定することは到底不可能である」から、「この方法が荷送人・荷受人のプライバシー等を侵害するものであるとしても、その程度は極めて軽度のものにとどまる」から強制処分ではなく、任意捜査としても相当なものであったとして、その主張を排斥した。控訴審（大阪高判平19・3・23）もこれを是認したため、被告人側が上告。弁護人は、本件エックス線検査は任意捜査の範囲を超えた違法なものである（ことから違法収集証拠として排除すべき）と主張した。

2 法の解釈

　事例判断であり、一般的な規範は示されていない。

3 法の適用

　「[本件]事実関係を前提に検討すると、本件エックス線検査は、荷送人の依頼に基づき宅配便業者の運送過程下にある荷物について、捜査機関が、捜査目的を達成するため、荷送人や荷受人の承諾を得ることなく、これに外部からエックス線を照射して内容物の射影を観察したものであるが、その射影によって荷物の内容物の形状や材質をうかがい知ることができる上、内容物によってはその品目等を相当程度具体的に特定することも可能であって、荷送人や荷受人の内容物に対するプライバシー等を大きく侵害するものであるから、検証としての性質を有す

る強制処分に当たるものと解される」。そこから、「本件エックス線検査については検証許可状の発付を得ることが可能だったのであって、検証許可状によることなくこれを行った本件エックス線検査は、違法であるといわざるを得ない」としたが、重大な違法があるとまではいえないなどとして本件覚せい剤等の証拠能力を肯定した（上告棄却）。

4 コメント

（1）　本決定は、荷送人・荷受人の承諾なく、宅配業者から借り受けてなされた運送過程にある宅配荷物に対するエックス線検査について、「強制の処分」（197条1項ただし書）にあたるとした（判断過程一般については、〔本書1〕〔本書20〕参照）。その結論を導くに際しては、任意処分としての適法性の判断にあたって強制処分の定義について判示をした最決昭51・3・16〔岐阜呼気検査拒否事件〕〔本書1〕を参照していないが、同決定において示された判断基準と本決定の判断基準との関係がまず問題となる。そして、その整理された判断基準に照らして本件エックス線検査が強制処分に該当するかが問題となり、該当するということになれば、次いで、それが既存の強制処分に含まれるか、含まれるとする場合、令状はどういうものであるべきかが問題となる。

（2）　身体への有形力行使がされた事案に係る最決昭51・3・16は、強制処分の定義について、有形力基準を取らないことを述べたうえで、①「個人の意思を制圧し」、②「身体、住居、財産等に制約を加えて強制的に捜査目的を実現する行為」であるか否か、という判断基準を立てた。この判断基準に沿って「特別の根拠規定がなければ許容することが相当でない手段」であれば、それは強制処分と評価されることになる。

この点、本決定では、一般的規範は立てられていないものの、事案の具体的判断の中で本件エックス線検査は「荷送人や荷受人の内容物に対するプライバシー等を大きく侵害するものであるから、検証としての性質を有する強制処分に当たる」としている。最決昭51・3・16との関係では、上記①については触れず、②との関係でプライバシー侵害を認めて、強制処分であるとの結論を導いている。この判断方式は、「電話傍受は、通信の秘密を侵害し、ひいては、個人のプライバシーを侵害する強制処分である」とした最決平11・12・16〔旭川覚せい剤事件〕〔本書18〕にも表れていたものであるが、この2つ

は、被処分者と相対する場面のない秘匿捜査の事案であって、そのような場合に、現実に①のような状況が生じることは想定されない。そこから、本件のような秘匿捜査に係る事案は最決昭51・3・16の射程の外にあるとの理解も示された。

しかし、同じ秘匿捜査事案であるGPS捜査の適法性が問われた最大判平成29・3・15〔大阪連続窃盗GPS捜査事件〕〔本書20〕は、「合理的に推認される個人の意思に反して私的領域に侵入する捜査手法であるGPS捜査は、個人の意思を制圧して憲法の保障する重要な法的利益を侵害するものとして、刑訴法上、特別の根拠規定がなければ許容されない強制の処分に当たる」と判示した。①の点について、「合理的に推認される個人の意思に反して」いたかを評価することによって「個人の意思を制圧して」なされた侵害か判断することとしたのである。また、②についても（もともと「等」がつけられてはいたが）「身体、住居、財産」に限られないことも示された。ここに至って最決昭51・3・16の規範は、事案の特性による表現の違いはあれ、本件のような秘匿捜査事案をも射程内とすることが明らかとなったといえる。

（3）　次に、本件エックス線検査が、上述の規範に照らして、強制処分に該当するかである（この点については、〔本書1〕〔本書20〕も参照）。

先に②の点について考えてみると、本決定は、本件エックス線検査は「その射影によって荷物の内容物の形状や材質をうかがい知ることができる上、内容物によってはその品目等を相当程度具体的に特定することも可能」であることから「内容物に対するプライバシー等を大きく侵害するものである」としている。本件第一審はこの点、本件エックス線検査は「その射影により内容物の形状や材質を窺い知ることができるだけで、内容物が具体的にどのようなものであるかを特定することは到底不可能である」から、「この方法が荷送人・荷受人のプライバシー等を侵害するものであるとしても、その程度は極めて軽度のものにとどまる」としていた。また第一審は、最判昭53・6・20〔米子銀行強盗事件〕〔本書7〕の事案等を念頭に、「荷物を開披した上で内容物を見分した場合……〔とは〕格段の差がある」とも述べている。

このように、品目の具体的特定可能性について本決定と第一審との間で反対の評価がされているが、侵害の度合いを問題とするときには、現実の性能に

も即しつつ最大限に見積もるべきであろう。また、荷物を開披したうえで一瞥することとの比較についても、一概にどちらの侵害度が高いとはいえまい。ここはむしろ、最判昭53・6・20のあてはめ判断の是非について再考すべきともいえよう。いずれにせよ、ここでは、処分の具体的結果として何が得られたかに依存することなく（そこに依存すると、実際にやってみて結果を見てみないと強制処分か任意処分か判別できないということになる）、その処分をすれば一般的にどのような侵害がありうるかを判断する。本件エックス線検査に即してみれば、現に個々の射影を観察した結果としてどのような品目が特定されたかを見て強制処分か任意処分かを決めるのではなく、ひとたび本件のようなエックス線検査を行えば、「その射影によって荷物の内容物の形状や材質をうかがい知ることができる上、内容物によってはその品目等を相当程度具体的に特定することも可能」（傍点引用者）というのである。そのようなエックス線検査の実施は、（個々の結果がどうあれ、いつでも）梱包された荷物の「内容物に対するプライバシー等」という「憲法の保障する重要な法的利益」を侵害するものである、と「類型的に」判断するということである。

　次に①の点について、最大判平成29・3・15に係る上記検討を踏まえれば、上述のような侵害を伴うエックス線検査は、「合理的に推認される個人の意思に反して」なされるものと評価できるから（本件第一審でも「エックス線検査が実施されようとしていることを知った場合、これを承諾しないことも予想される」と述べられている）、「個人の意思を制圧して」なされた侵害ということができる。本決定ではその点について明示的には言及されていないが、黙示の判断がなされているとみるべきであろう。

　（4）　本件エックス線検査が個人の意思を制圧してプライバシーを侵害する強制処分であるとして、それが既存の強制処分に該当するか否かが問題となる。ここから後では、本決定が射程とする、運送過程下にある荷物を（借り受けるなどして）検査した後、直ちに押収せずに再び運送過程下に戻して配達される事案を対象として検討する。覚せい剤など差し押さえるべき物が発見され次第、直ちに押収することを予定するような事案は、本決定の射程の外にあり、ここで論じるものとは各所で違う立論や検討が必要になる。

　この点、本決定は「検証としての性質を有する強制処分に当たるものと解される」としたうえで、「本件エックス線検査については検証許可状の発付を得ることが可能だった」としている。そうすると、強制処分法定主義（197条1項ただし書）違反はないことになる。検証とは、場所・物・人について、五感（官）の作用によりその存在・形状等を認識する強制処分であって、押収と異なり、物の占有取得を伴うことなく、単にその形状、外観を感得（し、記録）するところに特徴があるとされる。本決定の判断は、本件エックス線検査が「その射影によって荷物の内容物の形状や材質をうかがい知ること」や「内容物によってはその品目等を相当程度具体的に特定すること」のため、荷物に「外部からエックス線を照射して内容物の射影を観察」することを捉えてのものと考えられる。また、ここでの被侵害者は荷送人・荷受人である。本決定も「荷送人や荷受人の承諾を得ることなく」としているほか、荷物の受託人（宅配業者の営業所長）の承諾を受けて荷物を借り出した事実を、強制処分性を否定する事情とはしていない。荷送人・荷受人が受託人に荷物内容の暴露について権限授与をしたと認められる特段の事情がない限り、受託人には内容物暴露に係る承諾は行い得ないというべきであろう。

　では、本件宅配業者のような受託人は、受託荷物の占有については一定の処分が可能か。本事案のように、捜査機関の借り受けに対する承諾と検査後の荷物の返還は、任意提出・領置（221条）および還付（222条1項・123条1項）といった手続によって可能との理解がある一方、本件のような宅配便の場合には、100条に規定のある郵便物に準じて通信・信書の秘密（憲21条1項）が保障されるべきだから、その受託人には任意提出の権限はないという理解も示されている。本決定は、事実的経緯を記述するのみで評価をしていないが、今日の社会において宅配便が有する機能に照らせば、後者の理解にもうなずけよう。

　受託人の承諾が得られない（または任意提出権限がない）場合には、営業所を捜索場所とし、荷送人名などによって差し押さえるべき物を特定した捜索差押許可状の執行によるという方法が考えられる。また、エックス線検査に係る検証許可状の本来的効力ないし必要な処分（222条1項・129条）として行うことができるとの理解もある。この点、強制採尿について、「強制採尿令状の効力として、採尿に適する最寄りの場所まで被疑者を連行することがで

き」るとした判例がある（最決平6・9・16［会津若松採尿事件］〔本書8］。被疑者連行の論点については〔本書21〕を参照）ことを踏まえたとき、捜索差押許可状によって「人」の強制的移動までできるという立論を非とする場合であっても、検証許可状があることにより対象物に対する侵襲は許容されているのだから、その同一「物」についての占有移転も可能だとするような理解はあり得よう。また、このエックス線検査対象荷物の持ち出し場面で侵害されるのは受託人の宅配荷物に対する占有であって、それは検証許可状によって許されている荷送人・荷受人が宅配荷物の内容について有しているプライバシー権に対する侵害とはおよそ別個の侵害を招くものというべきであるが、それについても、検証許可状を発付する裁判官はその持出し（占有移転）の当否を含めて審査しているといった論法をとることができよう。その際、対象物の占有移転は、検証許可状が元来予定したものでないとすれば、その点を審査して許可したことを明らかにするために、許可状には持出しが可能である旨を記載すべきである。

（5）　本件のようなエックス線検査が検証としての性質を有する（そして荷送人・荷受人の承諾がなく、かつ荷物受託人には承諾権限がない）強制処分である以上、検証許可状の発付を受けて検査を行うよりほかない。検証許可状には、検証すべき物が記載されなければならない（219条1項）から、エックス線検査の対象となる荷物を特定明示する必要がある。探索的に、たとえばある特定の時点で営業所に受託されているすべての荷物を対象とするエックス線検査などは、令状主義の特定明示の要請に反するし、個々の荷物は荷送人ごとに個別のプライバシー権の対象であることを考えれば、「各別の令状」（憲35条2項）の趣旨にも悖ることになる（検査場所への占有移転をするために受託者に任意提出を求め、あるいは差押手続をとる時点でも同様の要請が働く）。同一荷送人による荷物の中から検証対象を選別するためのモニタリング的な検証や、「検証すべき物」として記載された（特定性としては十分な）ものと同じ特徴のある、同一荷送人からの荷物が一定期間内に複数、同一営業所に受託されることがあったとして、それらを一定期間・継続的に対象とする検査も、法が予定していないものとして許されないというべきであろう。そのような可能性を排除した特定明示の要請にかなう記載がされる必要がある。また、対象物の確保方法、持出しの当否・条件や持出

し先など、当該許可状で許容される処分の範囲を明示するための記載がいかなるものかは、慎重に検討されなければならない。

検証許可状は本来、その執行に先立って、「処分を受ける者」（通常は荷送人であろう）に事前に呈示されなければならない（222条1項・110条。執行着手前の［事前］呈示が原則である。最決平14・10・4〔本書15〕参照）が、本件のようなエックス線検査の場合、この事前呈示をしていたのでは（初回のその荷物についてだけは検査が可能だろうが）その後の捜査の実効性に差し支えることは容易に想像がつく。同じく秘匿捜査の事案である電話傍受の場合にも同様の問題があるものの、最決平11・12・16は「法律や規則上、通話当事者に対する事後通知の措置……は規定されておらず、その点に問題があることは否定し難い」と述べるにとどめている（〔本書18〕参照）。電話傍受の場合には、令状執行開始時に存在しない爾後の会話を対象とするという処分の特質上、令状の事前呈示になじまず事後の通知にせざるを得ないという理解も可能であるが、同決定の元原反対意見は、同様の理解に立ちつつ、その事後的通知の規定などがないことを理由に、当時の検証許可状で電話傍受を実施することはできないとの見解を示していたし、現実に存在する物を対象とするエックス線検査の場合には、そのような処分を秘匿したいという捜査の都合以上の特質が認められるわけではないとすれば、令状の事前呈示は令状主義の要請するところとして遵守されるべきという見解も十分成り立ち得よう。

この点ではさらに、令状執行開始時には存在しない所在検索を行うという点で電話傍受との類似性があるGPS捜査について、最大判平29・3・15〔本書20〕は、「GPS捜査は、被疑者らに知られず秘かに行うのでなければ意味がなく、事前の令状呈示を行うことは想定できない。刑訴法上の各種強制の処分については、手続の公正の担保の趣旨から原則として事前の令状呈示が求められており（222条1項、110条）、他の手段で同趣旨が図られ得るのであれば事前の令状呈示が絶対的な要請であるとは解されないとしても、これに代わる公正の担保の手段が仕組みとして確保されていないのでは、適正手続の保障という観点から問題が残る」と判示していることも踏まえる必要があろう。令状の事前呈示をしていたのでは本事案のような捜査が成り立たないというのであれば、現行法は、令状の事前呈示を原則とする

検証許可状しか予定していないのであるから、それに代わる担保手続が必要ならそれを法で定めなければならないというべきであろう。

（正木 祐史）

GPS 捜査の適法性

📖 大阪連続窃盗 GPS 捜査事件

最大判平成29[2017]年 3 月15日刑集71巻 3 号13頁【LEX/DB25448527】

〈関連判例〉

最 3 小決昭和51[1976]年 3 月16日刑集30巻 2 号187頁　【24005402】［岐阜呼気検査拒否事件］〔本書 1 〕
最 1 小決昭和55[1980]年10月23日刑集34巻 5 号300頁　【27682297】［江南警察署採尿事件］〔本書21〕
最 3 小決平成 6 [1994]年 9 月16日刑集48巻 6 号420頁　【27825712】［会津若松採尿事件］〔本書 8 〕
最 3 小決平成11[1999]年12月16日刑集53巻 9 号1327頁　【28045259】［旭川覚せい剤事件］〔本書18〕
最 3 小決平成21[2009]年 9 月28日刑集63巻 7 号868頁　【25441230】［大阪宅配便エックス線検査事件］〔本書19〕
大阪地決平成27[2015]年 6 月 5 日判時2288号134頁　　【25540308】［本事件の第一審証拠決定］
水戸地決平成28[2016]年 1 月22日判例集未掲載　　　　【25545987】［茨城連続窃盗 GPS 捜査事件］
名古屋高判平成28[2016]年 6 月29日判時2307号129頁　【25543439】［愛知連続窃盗 GPS 捜査事件］
広島高判平成28[2016]年 7 月21日高刑速（平28）号241頁　【25543571】［広島常習累犯窃盗 GPS 捜査事件］
千葉地判平成30[2018]年 8 月30日判例集未掲載　　　　【25449690】［千葉連続自動車盗 GPS 捜査事件］

1 事実の概要

（1）　本件捜査の態様は、以下のとおりである。捜査機関は、被告人が複数の共犯者と共に犯したと疑われていた窃盗事件に関し、組織性の有無、程度や組織内における被告人の役割を含む犯行の全容を解明するための捜査の一環として、約 6 か月半の間、被告人、共犯者のほか、被告人の知人女性も使用する蓋然性があった自動車やバイク合計19台に、同人らの承諾なく、かつ、令状を取得することなく、順次 GPS 端末を取り付け、それぞれの位置情報を断続的に取得しつつ追尾等を行う捜査を実施した。GPS 端末は、対象となる自動車については、その下部（車両の部品等を取り外さなくとも取り付けられる部分）に磁石で取り付けられた。GPS 端末のバッテリーは、 3 ～ 4 日程度で充電が必要なため、警察官らは、その都度、GPS 端末の本体ごと取り換えた。この交換作業は、管理権者の承諾も令状の発付もなく、商業施設の駐車場やコインパーキング、ラブホテルの駐車場等の私有地で実施されることもあった。本件で使用された GPS は、顧客が携帯電話機を使用して任意に検索し、位置情報を取得することによって、その携帯電話機の画面上に、対象GPS 端末の所在位置のおおまかな住所、測位時刻、測位誤差および地図上の位置を表示させることができるもので、その測位精度は、電波の届かない

場所では数百ｍ以上の誤差が生じ、あるいは位置情報が取得できないことがある一方、電波状況の良好な場所では十数ｍ程度の誤差しか生じず、数十ｍの誤差にとどまることも多いものであった。さらに、任意に取得した位置情報や顧客の事前登録により毎日自動で取得される位置情報等は、一定期間、データファイルとして保存されており、これをダウンロードして利用することもできた。本件捜査の継続中、警察官らは、被告人らの使用車両に取り付けたGPS 端末の位置情報を取得しながらでなければ、被告人らの使用車両を追尾できなかった。

（2）　被告人は、上記 GPS 捜査によって犯行が現認された窃盗事件を含む10件の窃盗ほかの罪で順次起訴された。

第一審（大阪地判平27・7・10）は、本件 GPS 捜査は検証の性質を有する強制の処分（197条 1 項ただし書）にあたり、検証許可状を取得することなく行われた本件 GPS 捜査には重大な違法がある旨の判断を示したうえ、本件 GPS 捜査により直接得られた証拠およびこれに密接に関連する証拠の証拠能力を否定したが、その余の証拠に基づき被告人を有罪と認定した。

これに対し、控訴審（大阪高判平28・3・2）は、本件 GPS 捜査により取得可能な情報は GPS 端末を取り付けた車両の所在位置に限られるなどプライバ

シーの侵害の程度は必ずしも大きいものではなかったというべき事情があること、被告人らの行動確認を行っていくうえで、尾行や張り込みと併せて本件GPS捜査を実施する必要性が認められる状況にあったこと、本件GPS捜査が強制の処分にあたり、無令状でこれを行った点において違法と解する余地がないわけではないとしても、令状発付の実体的要件はみたしていたと考えうること、本件GPS捜査が行われていた頃までに、これを強制の処分と解する司法判断が示されたり、定着したりしていたわけではなく、その実施にあたり、警察官らにおいて令状主義に関する諸規定を潜脱する意図があったとまでは認め難いこと、また、GPS捜査が強制処分法定主義に反し令状の有無を問わず適法に実施し得ないものと解することも到底できないことなどを理由に、本件GPS捜査に重大な違法があったとはいえないと説示して、第一審判決が証拠能力を否定しなかったその余の証拠についてその証拠能力を否定せず、被告人の控訴を棄却した。被告人側が上告。最高裁判所は、控訴審の判断は是認できないとして以下のような判断を示しつつ、結論としては上告を棄却した（岡部喜代子、大谷剛彦、池上政幸各裁判官による補足意見がある）。

② 法の解釈

憲法35条の解釈につき、「［同］条は、『住居、書類及び所持品について、侵入、捜索及び押収を受けることのない権利』を規定しているところ、この規定の保障対象には、『住居、書類及び所持品』に限らずこれらに準ずる私的領域に『侵入』されることのない権利が含まれるものと解するのが相当である」と判示し、また、強制処分の定義に関して最決昭51・3・16への参照指示があるほかは、事例判断であり、一般的規範は示されていない。

③ 法の適用

(1) 「GPS捜査は、対象車両の時々刻々の位置情報を検索し、把握すべく行われるものであるが、その性質上、公道上のもののみならず、個人のプライバシーが強く保護されるべき場所や空間に関わるものも含めて、対象車両及びその使用者の所在と移動状況を逐一把握することを可能にする。このような捜査手法は、個人の行動を継続的、網羅的に把握することを必然的に伴うから、個人のプライバシーを侵害し得るものであり、また、そのような侵害を可

能とする機器を個人の所持品に秘かに装着することによって行う点において、公道上の所在を肉眼で把握したりカメラで撮影したりするような手法とは異なり、公権力による私的領域への侵入を伴うものというべきである」。

(2) 上記「法の解釈」で確認した判示事項を述べたうえで、「そうすると、前記のとおり、個人のプライバシーの侵害を可能とする機器をその所持品に秘かに装着することによって、合理的に推認される個人の意思に反してその私的領域に侵入する捜査手法であるGPS捜査は、個人の意思を制圧して憲法の保障する重要な法的利益を侵害するものとして、刑訴法上、特別の根拠規定がなければ許容されない強制の処分に当たる（最高裁昭……51年3月16日第三小法廷決定……参照）とともに、一般的には、現行犯人逮捕等の令状を要しないものとされている処分と同視すべき事情があると認めるのも困難であるから、令状がなければ行うことのできない処分と解すべきである」。

(3) 控訴審が「GPS捜査について、令状発付の可能性に触れつつ、強制処分法定主義に反し令状の有無を問わず適法に実施し得ないものと解することも到底できないと説示しているところ、捜査及び令状発付の実務への影響に鑑み、この点についても検討する。

GPS捜査は、情報機器の画面表示を読み取って対象車両の所在と移動状況を把握する点では刑訴法上の『検証』と同様の性質を有するものの、対象車両にGPS端末を取り付けることにより対象車両及びその使用者の所在の検索を行う点において、『検証』では捉えきれない性質を有することも否定し難い。仮に、検証許可状の発付を受け、あるいはそれと併せて捜索許可状の発付を受けて行うとしても、GPS捜査は、GPS端末を取り付けた対象車両の所在の検索を通じて対象車両の使用者の行動を継続的、網羅的に把握することを必然的に伴うものであって、GPS端末を取り付けるべき車両及び罪名を特定しただけでは被疑事実と関係のない使用者の行動の過剰な把握を抑制することができず、裁判官による令状請求の審査を要することとされている趣旨を満たすことができないおそれがある。さらに、GPS捜査は、被疑者らに知られず秘かに行うのでなければ意味がなく、事前の令状呈示を行うことは想定できない。刑訴法上の各種強制の処分については、手続の公正の担保の趣旨から原則として事前の

令状呈示が求められており（同法222条 1 項、110条）、他の手段で同趣旨が図られ得るのであれば事前の令状呈示が絶対的な要請であるとは解されないとしても、これに代わる公正の担保の手段が仕組みとして確保されていないのでは、適正手続の保障という観点から問題が残る。

これらの問題を解消するための手段として、一般的には、実施可能期間の限定、第三者の立会い、事後の通知等様々なものが考えられるところ、捜査の実効性にも配慮しつつどのような手段を選択するかは、刑訴法197条 1 項ただし書の趣旨に照らし、第一次的には立法府に委ねられていると解される。仮に法解釈により刑訴法上の強制の処分として許容するのであれば、以上のような問題を解消するため、裁判官が発する令状に様々な条件を付す必要が生じるが、事案ごとに、令状請求の審査を担当する裁判官の判断により、多様な選択肢の中から的確な条件の選択が行われない限り是認できないような強制の処分を認めることは、『強制の処分は、この法律に特別の定のある場合でなければ、これをすることができない』と規定する同項ただし書の趣旨に沿うものとはいえない。

以上のとおり、GPS 捜査について、刑訴法197条 1 項ただし書の『この法律に特別の定のある場合』に当たるとして同法が規定する令状を発付することには疑義がある。GPS 捜査が今後も広く用いられ得る有力な捜査手法であるとすれば、その特質に着目して憲法、刑訴法の諸原則に適合する立法的な措置が講じられることが望ましい」。なお、 3 裁判官による補足意見は、この点についてのものである。

以上と異なる控訴審の判断は、憲法・刑訴法の解釈適用を誤っていて是認できないが、「被告人を有罪と認定した第 1 審判決は正当であり、第 1 審判決を維持した原判決の結論に誤りはないから、原判決の前記法令の解釈適用の誤りは判決に影響を及ぼすものではないことが明らかである」。

4 コメント

（1） GPS 端末を用いて対象者の所在・動静を把握する捜査（GPS 捜査）は、捜査対象者に秘匿して実施されるという特性があり、運用実態も不明確なものであった。しかし、2010年代に入って、とくに違法収集証拠排除法則の適用との関係で、GPS 捜査の違法性が公判で争われるようになった。下級審では後述のとおり判断が分かれていたところ、本判決は、その GPS 捜査（車両に使用者らの承諾を得ることなく秘かに GPS 端末を取り付けてその位置情報の検索・把握をするもの）の適法性について大法廷が判断した、捜査法に関する最重要判例の 1 つであり、大きくは、GPS 捜査の強制処分性と、当該処分の性質ないし既存の強制処分といえるか（197条 1 項ただし書）、その関係での令状規制のあり方が論点となっている。

（2） 本判決以前の下級審では、GPS 捜査の強制処分性自体について判断が分かれていた。 1 つは、任意処分としてなしうるとするもので、たとえば広島高判平28・ 7 ・21［広島常習累犯窃盗 GPS 捜査事件］は、「本件 GPS 捜査は、性質上、車両の位置情報のほか、少なくとも移動中は事実上使用者の移動も把握することが可能となり、そのプライバシーを制約する面があることは否定できない」が、「車両は、通常、公道を移動［する］……など、公衆の目にさらされ、観察されること自体は受忍せざるを得ない存在である。車両の使用者にとって、その位置情報は、基本的に、第三者に知られないですますことを合理的に期待できる性質のものではなく、一般的にプライバシーとしての要保護性は高くない」から、「少なくとも、本件のような類型の GPS 捜査は、その性質上、法定の厳格な要件・手続によって保護する必要のあるほど重要な権利・利益に対する実質的な侵害ないし制約を伴う捜査活動とはいえず、刑訴法197条 1 項ただし書にいう強制の処分には該当せず、任意処分（任意捜査）と解するのが相当」とした。

他方、名古屋高判平28・ 6 ・29［愛知連続窃盗 GPS 捜査事件］は、対象自動車の視認可能性などは肯定したうえで「GPS 端末を利用した捜査は、対象者に気付かれない間に、容易かつ低コストで、その端末の相当正確となり得る位置情報を、長期間にわたり常時取得できるだけでなく、その結果を記録し、分析することにより、対象者の交友関係、信教、思想・信条、趣味や嗜好などの個人情報を網羅的に明らかにすることが可能であり、その運用次第では、対象者のプライバシーを大きく侵害する危険性を内包する捜査手法であることは否定できない」とし、同事件における GPS 捜査の具体的実施状況に照らすと「本件 GPS 捜査は、GPS 捜査が内包しているプライバシー侵害の危険性が相当程度現実化したものと評価せざるを得ないから、全体として強制処分に当たるというべきであ」り、「令状の発付を受け

ることなく行われた本件GPS捜査は、違法である」とした。また、水戸地決平28・1・22［茨城連続窃盗GPS捜査事件］では、「本件GPS捜査は、潜在的に、単なる尾行の補助的手段として想定される以上に捜査対象者のプライバシーを大きく侵害する危険を有しているものといえるのであって、本件GPS捜査の具体的実施状況を踏まえても、強制処分に当たるというべきである」とされた。

（3）まず、強制処分の定義づけとの関係で、その射程が問題となる。この点に係るリーディングケースである最決昭51・3・16［岐阜呼気検査拒否事件］〔本書1〕は、有形力行使のあった事案について、「強制手段とは、有形力の行使を伴う手段を意味するものではなく、個人の意思を制圧し、身体、住居、財産等に制約を加えて強制的に捜査目的を実現する行為など、特別の根拠規定がなければ許容することが相当でない手段を意味するもの」と判示した。

その後、電話傍受の事案に係る最決平11・12・16［旭川覚せい剤事件］〔本書18〕では、「電話傍受は、通信の秘密を侵害し、ひいては、個人のプライバシーを侵害する強制処分である」とされ、エックス線検査の事案に係る最決平21・9・28［大阪宅配便エックス線検査事件］〔本書19〕は、「荷送人や荷受人の内容物に対するプライバシー等を大きく侵害するものであるから、検証としての性質を有する強制処分に当たるものと解される」とした。これらはいずれも有形力行使を伴わない秘匿捜査の事案であったが、最決昭51・3・16の引用・参照をすることなく、個人の意思制圧の如何については言及しないままに、プライバシー（等）への侵害を理由に強制処分性を肯定していた。そのため、最決昭51・3・16の規範は、有形力行使など目に見える制圧場面を想定し得る事案に限って適用されるという理解もあった。

しかしながら、本判決は、本事案のGPS捜査について、上記最決昭51・3・16を明示的に参照しつつ「個人のプライバシーの侵害を可能とする機器をその所持品に秘かに装着することによって、合理的に推認される個人の意思に反してその私的領域に侵入する捜査手法であるGPS捜査は、個人の意思を制圧して憲法の保障する重要な法的利益を侵害するものとして、刑訴法上、特別の根拠規定がなければ許容されない強制の処分に当たる」と判示した。現実に「個人の意思を制圧」したかを判断するための対象場面を看取できる有形力行使事案などと違って、本件のような秘匿捜査事案ではそのような場面を想定できない。そこで本判決は、「合理的に推認される個人の意思に反して」なされたものといえるかという評価をすることによって、「個人の意思を制圧」したか否かを判断することにしたのである。先述した秘匿捜査の事案にこれをあてはめてみると、通信の秘密ひいてはプライバシーを侵害する電話傍受も、梱包された宅配荷物の内容物に対するプライバシーを侵害するエックス線検査も、「合理的に推認される個人の意思に反して」侵害をするものと評価できるから、「個人の意思を制圧」して侵害がなされたものといえることになる。

また、本判決には、GPS捜査の強制処分性を確認するにあたり「憲法の保障する重要な法的利益を侵害するもの」と述べる部分がある。最決昭51・3・16の「身体、住居、財産等に制約を加え」るという表現は、有形力行使に代表される制約場面を可視的に把握できる事案に即したものである。その把握ができない秘匿捜査事案を扱った本判決では、そこを「憲法の保障する重要な法的利益を侵害するもの」と表現したとみることができる。そこで「重要な」としているのは、ある法益への侵害が強度で法定することによる保護を与えるべきほどに「重要な」ものかどうかを問題とする趣旨であり、その意味では類型的に判断されるものであって、そのような法益侵害があるときに事案ごとに「重要な」ものかどうかが決まるという性質のものではない。

以上から、本判決の強制処分性に係る判断は、事案の特質に相応した表現を用いている点で秘匿捜査事案一般に通用するものであるが、最終的には　最決昭51・3・16のそれに立ち戻るものといえよう。そうだとすれば、最決昭51・3・16の言う「個人の意思を制圧」する侵害とは、本判決のいう「個人の意思に反して」なされる「重要な法的利益を侵害する」ものと同義といえるし、その「個人の意思に反して」なされた侵害かどうかは「合理的に推認」できればいいのであって、現に「意思を制圧」するに至ったか否かを問題とするものではない（「個人の意思に反しているが、制圧はされていない」という認定を許さない）というべきであろう。

（4）本判決は、GPS捜査を強制処分としたが、どのような理由から強制処分であるとしたかが、次に問題となる。

すでに引用したが、電話傍受の事案に係る最決平

11・12・16では、「電話傍受は、通信の秘密を侵害し、ひいては、個人のプライバシーを侵害する」ことを理由として、また、エックス線検査の事案に係る最決平21・9・28は、「荷送人や荷受人の内容物に対するプライバシー等を大きく侵害するものであるから」という理由で、それぞれ強制処分を肯定していた。

　この点、本判決は次のようにいう。「GPS 捜査は、対象車両の時々刻々の位置情報を検索し、把握すべく行われるものであるが」、①「その性質上、公道上のもののみならず、個人のプライバシーが強く保護されるべき場所や空間に関わるものも含めて、対象車両及びその使用者の所在と移動状況を逐一把握することを可能にする」。②「このような捜査手法は、個人の行動を継続的、網羅的に把握することを必然的に伴うから、個人のプライバシーを侵害し得るものであり」、また、③「そのような侵害を可能とする機器を個人の所持品に秘かに装着することによって行う点において、公道上の所在を肉眼で把握したりカメラで撮影したりするような手法とは異なり」、④「公権力による私的領域への侵入を伴うものというべきである」。⑤憲法35条の「保障対象には、『住居、書類及び所持品』に限らずこれらに準ずる私的領域に『侵入』されることのない権利が含まれるものと解するのが相当である」から、⑥「個人のプライバシーの侵害を可能とする機器をその所持品に秘かに装着することによって、合理的に推認される個人の意思に反してその私的領域に侵入する捜査手法である GPS 捜査は、個人の意思を制圧して憲法の保障する重要な法的利益を侵害するものとして、刑訴法上、特別の根拠規定がなければ許容されない強制の処分に当たる」（丸数字は引用者）。

　このうち、⑥「合理的に推認される個人の意思に反してその私的領域に侵入する捜査手法である」から強制処分である、というのが法適用の結論としての表現になる。その中の「私的領域に侵入する」という評価規範は、⑤の憲法35条の解釈論として導き出されたものであるが、GPS 捜査は、①から③の理由により、④「公権力による私的領域への侵入を伴うものというべき」と評価されている。

　この①と②で「個人のプライバシー」への侵害がいわれているが、さらに③で「そのような侵害を可能とする機器を個人の所持品に秘かに装着することによって行う点」にも着目して、④「私的領域への

侵入を伴うもの」との評価につながっている。この③については、これを「所持品」への侵害ととらえてそのこと単独で重要な利益侵害がある根拠とする趣旨のものではないだろう。事案の概要で確認したとおり、本事案で GPS 端末は、「自動車については、その下部（車両の部品等を取り外さなくとも取り付けられる部分）に磁石で取り付けられた」のみであるし、⑤では、「所持品」という文言を離れた「侵入」の解釈を行っているからである。ここは、事案に即した判断として、①②「のような侵害を可能とする機器」が「個人の所持品に秘かに」、すなわち対象者の同意なく装着されたことをいうものであって、④「私的領域への侵入」の実質は、①②の点にあるとみるべきであろう。

　このうち、①では「個人のプライバシーが強く保護されるべき場所や空間に関わるもの」（以下、「強保護空間」とする）への言及がある。強保護空間がどのような場所・空間を指すのかについて本判決は具体的に示していないが、本件第一審証拠決定（大阪地決平27・6・5）では、プライバシー侵害性の高いものとして「私有地であって、不特定多数の第三者から目視により観察されることのない空間、すなわちプライバシー保護の合理的期待が高い空間」（本件での具体例として示されているのは、出入口がカーテンで目隠しされているラブホテルの駐車場）に所在する対象の位置取得をあげていることが参考になろう。この強保護空間と対置されるのが、本判決のいう「公道上のもの」（以下、「公的空間」とする）である。写真・ビデオ撮影の事案などでこの対比を意識した議論がなされており、公的空間でなされた写真・ビデオ撮影は任意処分と判断されることも多い（〔本書 3〕参照）。対して②では、「個人の行動を継続的、網羅的に把握すること」が問題とされている。この、継続的・網羅的把握がもたらす侵害（モザイク理論と呼ばれる）については、前記コメント(2)で確認した名古屋高判平28・6・29の判示によく表れている。本判決は、①で本件 GPS 捜査が強保護空間「も含め」た、すなわち強保護空間も公的空間も対象として、所在・移動状況を逐一把握することが可能であると性格付けたうえで、②で「このような」性格を有する「捜査手法は、個人の行動を継続的、網羅的に把握することを『必然的に伴うから』、個人のプライバシーを侵害し得るものである」としている。つまり本判決の論理にあっては、①のような性格付けが肝要であり、そこが認定できれば

②は「必然的に伴う」ものとして自動的についてくる（改めて積極的に認定する必要はない）、ということになる。

この部分の（③部分が、本判決の射程を画する働きをするか、あるいは事案に即して別の規範ないし判断要素として表れるかといった点を含めた）立論や比重の置き方は、事案や捜査手法によって変わりうるであろう。最決平11・12・16の電話傍受は、マンション居室内に設置された電話を対象に一定期間傍受している点で、①強保護空間での逐一把握が予定されており、それが②を「必然的に伴う」関係にあるといえるとすれば、本事案と類似した立論により説明可能である。それに対して最決平21・9・28では、梱包された宅配荷物に対してエックス線検査がなされている点で、①強保護空間内の把握を伴うが、その把握は「逐一」といえるようなものではなく、また、②を「必然的に伴う」ものではなかった。ここまで見ると、①の「強保護空間内の把握」が重要な位置づけを占めるものといえそうである。では、①強保護空間を対象とはしていないが、②継続的網羅的な把握をするような場合はどうか。たとえば、公道上など公的空間でのみ継続的に写真・ビデオ撮影を行ったような場合が考えられるが、モザイク理論が懸念する侵害が顕在化する可能性のあるようなこの種事案についても、その強制処分性を認める余地は十分あるように思われる（〔本書3〕で検討されているので、詳しくはそちらを参照されたい）。なお、対象者がすでに使用している携帯電話等の位置情報を取得するような態様の捜査については、本判決の射程の外にあることは明らかであり、たとえば本判決の上記①から⑥に至る判示部分についてどのように判断されることになるかといったことについては、別途検討されなければならない。

さらに、先述のコメント(2)でみたGPS捜査の強制処分性を肯定した従前の下級審裁判例が、具体的実施状況に照らした個別事情を考慮したうえでの判断であったのに対して、本判決は、本件GPS捜査が「その性質上」、強保護空間を含め所在・移動状況の逐一把握を「可能にする」ものであって、「このような捜査手法は、個人の行動を継続的、網羅的に把握することを『必然的に伴うから』、個人のプライバシーを侵害『し得る』ものである」としており、捜査の経緯や必要性、得られた結果などの個別事情を考慮せず、本件のような態様のGPS捜査であればそれだけで一律に強制処分にあたるとしたことも確認しておく必要がある。したがって今後、本件態様のGPS捜査は、その捜査経緯・結果等を見るまでもなく類型的に、任意処分として行うことは許されず、令状を取得して（この点について後述）行うほかない。下級審における強制処分性に係る争いには、終止符が打たれたことになる。

(5)　GPS捜査が強制処分であるとして、それが現行刑訴法に定めのあるものか（197条1項ただし書）、そしてその場合にどのような令状が必要か、が続く問題となる。このように、新しい捜査方法が既存の強制処分に該当するかが問題となったものとして、強制採尿と電話傍受がある。判例はこれらについて、既存の強制処分の中に含まれるよう、よくいえば柔軟な、悪くいえば強制処分法定主義の趣旨を骨抜きにするような解釈を示してきた。

例えばカテーテルを用いた強制採尿について、旧実務は、身体検査令状と鑑定処分許可状を併用していたが、最決昭55・10・23〔江南警察署採尿事件〕〔本書21〕は、捜索差押令状によるべきだとした。この令状については、「身体検査令状に関する刑訴法218条5項〔編注・現在の6項〕が右捜索差押令状に準用されるべきであつて、令状の記載要件として、強制採尿は医師をして医学的に相当と認められる方法により行わせなければならない旨の条件の記載が不可欠であると解さなければならない」とされた。さらに、最決平6・9・16〔会津若松採尿事件〕〔本書8〕（被疑者連行の論点については〔本書21〕を参照）は、「強制採尿令状の効力として、採尿に適する最寄りの場所まで被疑者を連行することができ、……その場合、右令状に、被疑者を採尿に適する最寄りの場所まで連行することを許可する旨を記載することができる……」とした。捜索差押令状によるとしながら、身体検査令状に係る条文を準用した記載が不可欠であり、特定の記載により捜索差押令状では本来制約し得ない被疑者の身体の自由まで制約しなければ実効性を担保できないということは、素直に見れば、強制採尿が、既存の令状では対応できないような新たな（法定されていない）強制処分であることの証左であるようにも思われるのだが、判例はこれを強制処分法定主義に反するとはしなかった。

また、電話傍受について、最決平11・12・16は、「本件当時、電話傍受が法律に定められた強制処分の令状により可能であったか否かについて検討すると、電話傍受を直接の目的とした令状は存していなかったけれども、次のような点にかんがみると……

対象の特定に資する適切な記載がある検証許可状により電話傍受を実施することは、本件当時においても法律上許されていたものと解するのが相当である」とした。同決定はその中で、電話傍受は「検証としての性質をも有する」とするが、検証以外にどのような性質を有するかについては明らかにしていない。また、強制採尿のときと同様、218条［現］6項を準用して、電話傍受の実施に関して適当な条件を付することができる、ともした。電話傍受が検証の枠組みでは把握しきれないことを認め、電話傍受の実態とはおよそ異質の（検証の一種とはいえ）身体検査に係る条文を準用して対応しなければならないような強制処分は、やはりあらかじめ法定されていたとは評価できないように思われるのだが、判例はここでも問題とはしなかった。

これらと対照的に、本判決は、強制処分法定主義の趣旨に忠実な姿勢を示している。まず、「GPS 捜査は、情報機器の画面表示を読み取って対象車両の所在と移動状況を把握する点では刑訴法上の『検証』と同様の性質を有するものの、対象車両にGPS 端末を取り付けることにより対象車両及びその使用者の所在の検索を行う点において、『検証』では捉えきれない性質を有することも否定し難い」とする。ここでの「『検証』では捉えきれない性質」が生じる原因を、本判決は、「対象車両にGPS 端末を取り付けることにより対象車両及びその使用者の所在の検索を行う点」に見出している。ここでいう「検索」は、「仮に、検証許可状の発付を受け、あるいはそれと併せて捜索許可状の発付を受けて行うとしても」と設定したうえでの検討につなげていることからも、対象車両ひいては使用者の「捜索」としての性質をもつものとして想定しているのであろう。もっとも、本判決は言及していないが、現行法上、捜索は、押収すべき物が存在する蓋然性のある場合に（222条1項・102条）その物の発見を目的として、または被疑者や現行犯人を逮捕する場合（220条1項1号）のほか、勾引状・勾留状を執行する場合（126条）にその者の発見を目的として行うことができるとされていて、そもそも GPS 捜査が行われるような状況における、その場での押収を予定しない対象車両や逮捕等を予定していない使用者の「捜索」は法定されていないから、捜索許可状の発付自体にも疑問がある。それを措くとしても、その検討の中では、GPS 端末装着車両と罪名の特定だけでは被疑事実と無関係な「使用者の行動の過剰

な把握」を抑制できないこと、GPS 捜査の特質として令状の事前呈示が想定できないところ、これに代わる公正の担保手段が仕組みとして確保されていないことなどを問題点として指摘する。そしてその解消手段として「一般的には、実施可能期間の限定、第三者の立会い、事後の通知等様々なものが考えられる」が、それを「裁判官が発する令状に様々な条件を付す」ことで解決しようとすると、「事案ごとに、令状請求の審査を担当する裁判官の判断により、多様な選択肢の中から的確な条件の選択が行われない限り是認できない」こととなり、そのような強制処分を認めることは強制処分法定主義の趣旨に沿うものとはいえず、したがって、「GPS 捜査について、刑訴……法が規定する令状を発付することには疑義がある」。その解決方策は、「第一次的には立法府に委ねられている」問題であり、「その特質に着目して憲法、刑訴法の諸原則に適合する立法的な措置が講じられることが望ましい」としているのである。

この検討の中で指摘されている特質や問題点は、電話傍受にも共通するものである（〔本書18〕参照）。GPS 捜査に係る本判決と電話傍受に係る最決平11・12・16との間のこの対応の違いには、GPS 捜査については本判決がいうように、検証許可状かそれと捜索許可状の併用かという令状の種類じたいが定まっていないうえ、本件についていえば、「個人の行動を継続的、網羅的に把握することを必然的に伴う」点でプライバシー侵害の程度が高い、と指摘するものもある。しかしこのような指摘に対しては、検証の性質のみで把握しきれないことや、プライバシー侵害の程度も手続保障の不在についても両者に本質的な違いは認められないとする批判がある。そしてむしろ、判例変更こそしなかったものの、最高裁判所は明確に方向転換を図ったのではないかとする観測も示されている。すなわち、電話傍受については、最高裁の判断に前後して通信傍受法が制定されており、（その評価はどうあれ）電話傍受に関する様々な議論が重ねられていたのに対し、GPS 捜査については、そういった議論や同捜査活動の実態の解明さえも不十分なままである（GPS 捜査は従前任意処分として行われていたとみられるうえ、実施したことじたいを強く秘匿する傾向にあった）ことについて、最高裁が警戒感を抱き、国民的な議論（その結果としての「法定」）の必要をみてとった、あるいは、まさしくその通信傍受法制定の

ころから、刑法・刑訴法の改正が活発になされるようになり、立法活動に任せることも現実的選択肢になったと最高裁が受け止めたのだ、というのである。こういった指摘や観測が当たっているかは、今後の強制処分法定主義のあり方に関わる判例の動向を注視しつつ評価を加えていくことになろう。

本判決の補足意見は、立法的措置を講じるべきとする法廷意見に賛同しつつ「法制化されるまで……の間、裁判官の審査を受けてGPS捜査を実施することが全く否定されるべきものではないと考える」とする。もっともそれは、「本来的に求められるべきところとは異なった令状によるものとなる」から、「刑訴法1条の精神を踏まえたすぐれて高度の司法判断として是認できるような場合に限定され」、「ごく限られた極めて重大な犯罪に対する」「高度の必要性が要求される」うえ、「令状の請求及び発付は、法廷意見に判示された各点について十分配慮した上で行われなければならないことはいうまでもな」く、「ごく限られた特別の事情の下での極めて慎重な判断が求められる」ようなものである。法廷意見も、「疑義がある」との指摘にとどめたという点で、現行法の下での令状発付を完全に否定し去ったわけではなく、補足意見はそのことを確認した意味はあるが、その内容に照らせばむしろ、現行法下では、裁判官がGPS捜査のための令状を発付することは事実上不可能とする方向に働くものとみられている。実際、千葉地判平30・8・30〔千葉連続自動車盗GPS捜査事件〕では、検証許可状の発付を受けて実施されたGPS捜査の適法性について判断

しているが、当該GPS捜査自体は、2016（平28）年9月から11月にかけて、つまり本判決以前に実施されたものであるところ、千葉地裁は、本判決に倣って「GPS捜査は、個人のプライバシーの侵害を可能とする機器をその所持品に秘かに装着することによって、合理的に推認される個人の意思に反してその私的領域に侵入する捜査手法であり、令状がなければ行うことができない『強制の処分』であると解される」としたうえで、検証許可状で可能か、あるいは、当該検証許可状の記載内容や条件といったことを検討することなく、「現行法上、同捜査を想定した令状はなく、その適法性には疑義がある（最高裁平成……29年3月15日大法廷判決……参照）。そのため、各検証許可状に係る被疑事実におけるGPS捜査の必要性等を考慮したとしても、本件GPS捜査には違法の疑いがある」と判断している（ただし、本判決以前に実施されたものであったことなどを理由に、重大な違法はなかったとした）。

本判決の参照指示を、現行法における適した令状の不存在とその適法性への疑義の部分につけているのは、そこが最高裁からのメッセージであると受け止めていることにほかならない。そうだとすれば、令状の種類（組合せ方）・記載条件等の如何を問わず、GPS捜査のために発付することは確かに事実上不可能といえよう。解決の方向性や方策は、今後の立法措置（そのための議論）に委ねられた状況にある。

（正木 祐史）

21 強 制 採 尿

📖 江南警察署採尿事件

　　最1小決昭和55[1980]年10月23日刑集34巻5号300頁【LEX/DB27682297】

　　〈関連判例〉

　　　仙台高判昭和47[1972]年1月25日刑月4巻1号14頁　　【27760955】

　　　最3小決平成6[1994]年9月16日刑集48巻6号420頁　　【27825712】〔会津若松採尿事件〕〔本書8〕

　　　福岡高判平成24[2012]年5月16日高刑速（平24）号242頁【25444756】

1 事実の概要

昭和52年6月28日午前10時頃、警察官は、被疑者Xを覚醒剤譲渡の被疑事実で逮捕した。警察官は、

Xの両腕の静脈注射痕様のものや言動・態度などに照らし、覚醒剤の自己使用の余罪の嫌疑を抱き、尿の任意提出を再三にわたり求めたが、Xは拒絶し続

けた。翌29日午後４時頃、警察官は、強制採尿もやむなしとして身体検査令状および鑑定処分許可状を裁判官に請求し、その発付を得た。同日夕刻、鑑定受託者である医師が、強制採尿の着手に先立ち、Xに自然排尿の機会を与えた後、同日午後７時頃、警察署医務室のベッド上において、数人の警察官に身体を押さえつけられたXの陰茎から、カテーテルを尿道に挿入して約100ccの尿を採取した。Xは、採尿の開始直前まで採尿を拒否し激しく抵抗したが、採尿開始後はあきらめてさして抵抗しなかった。警察官は、医師から、採取した尿の任意提出を受けてこれを領置し、その鑑定を嘱託した結果、尿から覚醒剤成分が検出された。Xは、覚醒剤譲渡の罪とともに、この尿鑑定書などを基にして、覚醒剤自己使用の罪でも起訴された。

第一審（名古屋地一宮支判昭53・5・1）は有罪判決を言い渡した。

控訴審（名古屋高判昭54・2・14）は、「尿の提出を拒否して抵抗する被疑者の身体を数人の警察官が実力をもって押えつけ、カテーテルを用いてその陰茎から尿を採取するがごときことは、それが裁判官の発する前記のような令状に基づき、直接的には医師の手によって行われたものであったとしても、被疑者の人格の尊厳を著しく害し、その令状の執行手続として許される限度を越え、違法である」としたものの、なお尿鑑定書の証拠能力を認め、被告人の控訴を棄却した。被告人が上告した。

2 法の解釈

(1)「尿を任意に提出しない被疑者に対し、強制力を用いてその身体から尿を採取することは、身体に対する侵入行為であるとともに屈辱感等の精神的打撃を与える行為であるが、右採尿につき通常用いられるカテーテルを尿道に挿入して尿を採取する方法は、被採取者に対しある程度の肉体的不快感ないし抵抗感を与えるとはいえ、医師等これに習熟した技能者によって適切に行われる限り、身体上ないし健康上格別の障害をもたらす危険性は比較的乏しく、仮に障害を起こすことがあっても軽微なものにすぎないと考えられるし、また、右強制採尿が被疑者に与える屈辱感等の精神的打撃は、検証の方法としての身体検査においても同程度の場合がありうるのであるから、被疑者に対する右のような方法による強制採尿が捜査手続上の強制処分として絶対に許されないとすべき理由はなく、被疑事件の重大性、

嫌疑の存在、当該証拠の重要性とその取得の必要性、適当な代替手段の不存在等の事情に照らし、犯罪の捜査上真にやむをえないと認められる場合には、最終的手段として、適切な法律上の手続を経てこれを行うことも許されてしかるべきであり、ただ、その実施にあたっては、被疑者の身体の安全とその人格の保護のため十分な配慮が施されるべきものと解するのが相当である。」

(2)「体内に存在する尿を犯罪の証拠物として強制的に採取する行為は捜索・差押の性質を有するものとみるべきであるから、捜査機関がこれを実施するには捜索差押令状を必要とすると解すべきである。ただし、右行為は人権の侵害にわたるおそれがある点では、一般の捜索・差押と異なり、検証の方法としての身体検査と共通の性質を有しているので、身体検査令状に関する刑訴法218条5項（現6項。引用者注）が右捜索差押令状に準用されるべきであつて、令状の記載要件として、強制採尿は医師をして医学的に相当と認められる方法により行わせなければならない旨の条件の記載が不可欠であると解さなければならない」。

3 法の適用

本件においては、「覚せい剤自己使用の罪は10年以下の懲役刑に処せられる相当重大な犯罪であること、被告人には覚せい剤の自己使用の嫌疑が認められたこと、被告人は犯行を徹底的に否認していたため証拠として被告人の尿を取得する必要性があったこと、被告人は逮捕後尿の任意提出を頑強に拒み続けていたこと、捜査機関は、従来の捜査実務の例に従い、強制採尿のため、裁判官から身体検査令状及び鑑定処分許可状の発付を受けたこと、被告人は逮捕後33時間経過してもなお尿の任意提出を拒み、他に強制採尿に代わる適当な手段は存在しなかったこと、捜査機関はやむなく右身体検査令状及び鑑定処分許可状に基づき、医師に採尿を嘱託し、同医師により適切な医学上の配慮の下に合理的かつ安全な方法によって採尿が実施されたこと、右医師による採尿に対し被告人が激しく抵抗したので数人の警察官が被告人の身体を押えつけたが、右有形力の行使は採尿を安全に実施するにつき必要最小限度のものであったことが認められ、本件強制採尿の過程は、令状の種類及び形式の点については問題があるけれども、それ以外の点では、法の要求する前記の要件をすべて充足していることが明らかである。

令状の種類及び形式の点では、本来は前記の適切な条件を付した捜索差押令状が用いられるべきであるが、本件のように従来の実務の大勢に従い、身体検査令状と鑑定処分許可状の両者を取得している場合には、医師により適当な方法で採尿が実施されている以上、法の実質的な要請は十分充たされており、この点の不一致は技術的な形式的不備であって、本件採尿検査の適法性をそこなうものではない」。上告棄却。

4 コメント

(1) 捜査目的で、尿の任意提出を頑強に拒む被疑者の身体を複数の警察官が押さえつけて下半身と秘部を露出させ、尿道にカテーテルというゴム製の器具を挿入して排尿作用を人為的に行うことによって強制的に採尿する方法（以下「強制採尿」という）は、対象者の羞恥感情や屈辱感等の精神的打撃を与える点で人間の尊厳・人格的法益を侵害する性格を有するため、そもそも強制処分として許容される限度を超えないかが問題となる。覚醒剤自己使用罪の立証のために被疑者の尿が不可欠であるという「捜査の必要性」のみを強調することによって、その許容性を正当化することはできない。

強制採尿の許容性について、本決定と原審とで判断が分かれた。

本決定は、強制採尿が「身体に対する侵入行為であるとともに屈辱感等の精神的打撃を与える行為である」ことを認めつつ、カテーテルによる強制採尿は、「被採取者に対しある程度の肉体的不快感ないし抵抗感を与えるとはいえ、医師等これに習熟した技能者によって適切に行われる限り、身体上ないし健康上格別の障害をもたらす危険性は乏しく、仮に障害を起こすことがあっても軽微なものにすぎないと考えられる」こと、「強制採尿が被疑者に与える屈辱感等の精神的打撃は、検証の方法としての身体検査においても同程度の場合がありうる」ことを理由に強制採尿を許容しうる場合がありうると判断した。後者の理由は、例えば、薬物の密輸入の嫌疑を受けた被疑者に対して、その抵抗を制圧しつつ下半身を露出させて肛門や膣内に薬物を隠していないかどうかを調べる形態の身体検査を想定している。

他方、原審のように、人格の尊厳の著しい侵害を理由に、強制採尿の許容性を否定する見解も、学説上いまなお有力である。強制採尿は、カテーテルを尿道から膀胱に挿入するという人の身体内部に侵入

する処分であって、たとえ安全性が確立した医療技術として医師が実施するとしても、犯罪捜査目的で対象者の意思や抵抗を抑圧して実施する際には、内部器官等を損傷する等生命・身体の安全に対する危険が高まる。また、排尿は人の基本的生命活動であって、強制採尿はこれを人為的に操作する強制処分であることに鑑みると、これに伴う屈辱感や羞恥感情という精神的打撃は、肛門や膣内を調べる行為に比して大きいと評価することも可能である。生命と人格の尊厳は最も高い価値を有するため、いかに捜査の必要性が認められても、憲法13条および31条により許容性の限界を超えると説明される。この点、本決定も、強制採尿が「屈辱感等の精神的打撃を与える行為である」ことを認めている一方、強制採尿が人間の尊厳を傷つけるものではないことそれ自体について論証しているわけではない。

なお、強制採尿を許容する立場の中には、任意の尿の提出に応じていれば容易に精神的苦痛を避けることができたのに、それを被疑者自身が選択しなかったのだから、被疑者が不利益を受けてもやむを得ないと述べる見解があるが、任意提出を拒否したこと自体が権利・利益の放棄を意味することにはならず、人格の尊厳に対する侵害を許容する根拠とはなりえない。

(2) 強制採尿が許容される要件について、本決定は、①犯罪の捜査上真にやむを得ないと認められる場合に最終的手段として実施すること、②適切な法律上の手続を経ること、③実施にあたって、被疑者の身体の安全とその人格の保護のため十分な配慮を施すことをあげた。

特に要件①について本決定が考慮した要素は、(a)被疑事件が重大であり、(b)被疑者に嫌疑が認められ、(c)証拠として重要であり、その取得の必要性があるとともに、(d)カテーテル法に代わる適当な採尿方法がないことである。

このうち、(a)被疑事件の重大性について、本決定は、覚醒剤自己使用罪の法定刑が10年以下の懲役であることを捉え、相当重大な犯罪であると判断している（被疑事件の重大性は、法定刑、罪質、態様、結果等を併せ総合的に判断される）。(c)証拠としての重要性およびその取得の必要性について、本決定で問題となった覚醒剤自己使用罪の場合、尿の鑑定書が決定的証拠となるため、肯定されうる。

それゆえ、現在の強制採尿実務において実質的に意味を有するのは(b)と(d)であろう。

本決定が(b)嫌疑の存在を考慮したことから、被疑者以外の者に対する強制採尿は許されないことが分かる。これは、対象者の自白や目撃者の供述、これらがない場合、対象者の言動、注射痕の存在、前科前歴等の事情を考慮して判断される。問題はその程度である。本決定は、強制採尿の性質を「捜索・差押」と解した。令状発付に際して捜索・差押えに要する嫌疑は、これが捜査の初期段階に行われることが多いゆえに、一般に、逮捕に要する嫌疑よりも低いもので足りると解される。しかし、本決定は、強制採尿が認められる場合を最終的手段としてやむを得ない場合に限っていることから、通常の捜索・差押えの場合よりも高度の嫌疑が必要であるとの見解が有力である。

また、本決定は、(d)につき、適当な代替手段が存在せず最終的手段であったことを基礎付ける事情（補充性）として、逮捕後、令状請求を経て（30時間）令状執行に至るまで（33時間）、被疑者が任意提出を頑強に拒み続けていた事情をあげており、これを任意の尿の提出が期待できない状況であることの一態様であるとみている。被疑者が尿の任意提出を拒否しているという事情は重要な考慮要素であるが、この事情があれば直ちにカテーテルによる強制採尿ができるわけではなく、その結果として、「任意の尿の提出が期待できない状況」にあることが認められなければならない点に注意されたい。

なお、強制採尿は、「真にやむを得ない……最終的手段」でなければならないと述べていることから、捜査機関は、令状請求に先立って、任意の排尿・提出を説得し、これを促す必要がある。説得にもかかわらず被疑者が拒否する場合に初めて令状を請求することとなる。また、令状執行の段階でも、採尿の実施に先立って、令状が発付された旨を告知し、任意排尿の機会を与えなければならない。これを怠り直ちに令状を執行した場合、補充性の要求を充たさないゆえに違法と判断される余地があろう。

(3) 強制採尿の性質と令状の種類について、本決定は、強制採尿の目的が「犯罪の証拠物」の探索とその占有移転であることに着目し、その性質を「捜索・差押」であると位置付け、「(条件付) 捜索差押許可状」（以下「強制採尿令状」という）によるべきと判断した。

しかし、本決定以前に、強制採尿の性質を「捜索・差押」とみる見解は存在しなかった。なぜならば、人の身体の一部は性質上捜索・差押えの対象と

はならないと解されるところ（222条1項準用の99条1項）、尿は、人の生体（膀胱）内にある以上これを「物」とは評価できないためである。また、捜索・差押えの主体は捜査機関であり、医師等の専門家により実施されるべき尿採取の法形式として適当でないことも理由である。強制採尿の問題の本質は、尿の占有の移転（証拠物の差押え）にあるのではなく、身体内部への侵襲行為の適否にあると考えられてきたのである。それゆえ最高裁の判断に衝撃が走った。

なぜ最高裁は強制採尿を「捜索・差押」と解したのか。その背景には、従前の各説の難点、すなわち、検証（218条1項・222条1項準用の139条）の概念を体内（膀胱）に器具を侵襲させる行為にまで拡張できないという身体検査令状説の難点、鑑定処分としての身体検査に直接強制を認めることは法解釈の点で無理がある（225条4項は172条を準用していない）という鑑定処分許可状説の難点、法が検証としての身体検査と鑑定処分としての身体検査を区別した趣旨を無意味にするうえ、法はある捜査手法が1種類の令状でまかなえない場合には数種類の令状を組み合わせて併用する手法を規定しておらず便宜的解釈であるという身体検査令状と鑑定処分許可状の併用説の難点をクリアできるという考慮があったと思われる。また、証拠物の取得を、それが身体内部であると否とを問わず、すべて捜索・差押えと理解するほうが、簡明・直截であると考えたのではないかとも指摘される。

この点について、本決定は、尿は老廃物としていずれ体外に排泄されるものであって、身体の構成部分ではなく価値のない物と捉えた、との見方が一般的である。確かに、本決定は行為の性質に着目することを明らかにしてはいるが、それが老廃物であるかといった対象物の価値について言及してはいない。無価値物であれば体内のどこにあっても差押えができるというわけではない。

(4) このように、最高裁は、強制採尿の性質を「捜索・差押」と捉えたものの、身体への直接の侵襲を伴い医師等によって実施されなければならないものであるため、「右行為は人権の侵害にわたるおそれがある点では、一般の捜索・差押と異なり、検証の方法としての身体検査と共通の性質を有しているので、身体検査令状に関する218条5項（現6項）が右捜索差押令状に準用されるべきであって、令状の記載要件として、強制採尿は医師をして医学的に

相当と認められる方法により行わせなければならない旨の条件の記載が不可欠である」と判示した。つまり、最高裁は、被疑者が被る法益侵害の大きさおよび保護の必要性に鑑み、218条6項を準用し条件記載を要求することによって対処した。

（5）　しかし、最高裁が採ったこの法解釈に対する批判は強い。

第1に、法は、令状裁判官が捜索（218条1項）に適当と認める条件を付加することができると定めていないうえ、「捜索」という捜査方法が人の身体内部に及ぶことも想定していない。ところが、最高裁の法解釈によれば、処分の目的が証拠物の探索とその占有移転であれば、身体の内部か否かを問わず捜索・差押えができることになってしまう。さらに、この条件付加という手法を認めると、たとえば、従前、検証としての身体検査であるとされていた肛門や膣内の探索行為も条件付捜索令状で行えることにもなりうる。法は、身体検査という処分が、対象者の身体の安全や秘密、名誉等の人格的利益という極めて重大な権利・利益を侵害・制約することに配慮して特に慎重な手続を予定しているにもかかわらず、この法解釈は、人の身体を対象とする処分の基本枠組みを崩しかねない。

第2に、現行法は、人の身体に対する強制処分について、体表から体内の順に、身体を対象とする捜索（218条1項）、対象者を裸にし体表や体腔入口付近を検査する検証としての身体検査（同）、医師が体内を検査する鑑定処分としての身体検査（225条1項準用の168条1項）を予定する。本件のカテーテルによる採尿は、医師でなければ安全に実施し得ない泌尿器科の医療技術であって、これに最も適合する法形式は鑑定処分であると考えられる。これを捜索差押令状で対処したことは、身体検査処分に関する現行法の枠組みを無視するものである。また、条件付捜索差押令状は、証拠物という側面を捜索差押令状で、法益侵害に配慮した条件付加という側面を身体検査令状で、医師等の専門家による実施という側面を鑑定処分許可状でカバーする、3つを合成した新たな令状である。司法にこれを創出する権限はない。この点で、本決定の論理には強制処分法定主義の点で疑問がある。

この点、GPS捜査に関する最大判平29・3・15［大阪連続窃盗GPS捜査事件］〔本書20〕は、検証令状と捜索令状を併用し、かつ、さらに特別の条件を付けるという方法を検討しつつも、「事案ごとに、令状請求の審査を担当する裁判官の判断により、多様な選択肢の中から的確な条件の選択が行われない限り是認できないような強制の処分を認める」ことは197条1項の趣旨に添わず、立法が必要と論じている点に注意されたい。

（6）　本決定の射程に関して、2つの問題がある。

第1に、強制採血に射程は及ぶか。強制採血は、被疑者の血中アルコール濃度が構成要件要素をなすまたは犯罪の成否を判断するうえで重要な意味を有する、危険運転致死傷罪（自動車の運転により人を死傷させる行為等の処罰に関する法律）、酒酔い運転罪（道交117条の2第1号）、酒気帯び運転罪（道交117条の2の2第1号）において問題となる。血液について、身体内にある体液である点で尿と共通すると捉えると、強制採血も、捜索差押許可状によることになりそうである。しかし、尿と血液は性質を異にし、特に血液は生命維持に重要な役割を果たす生体の構成部分であるから、少なくとも差押えの対象である「物」にはあたるとは言い難い。強制採血に関しては、本決定の射程は及ばないと解される。強制採血に関しては、鑑定処分許可状と身体検査令状の併用が相当であるとされ、実務もそのような運用である。

なお、本決定以前の判断であるが、仙台高判昭47・1・25は、交通事故で重傷を負い失神した被疑者に酒気帯び運転の疑いがあった者に対し、体内保有のアルコール濃度検査のために医師を介して注射器を用い無令状で採血したという事案について、①採血は「人身に対する直接の侵犯を伴う」から、「令状主義の制約を潜脱する名目に堕す虞れの著しい暗黙の承諾を首肯するに足る根拠もなく所論の如く［被告人の黙示の承諾を（引用者注）］安易に推定すべきでな」い、②医師と警察官の間の採血についての問答及び血液の入った試験管の授受を被告人が「見聞認識しつつ何ら抗議しなかつたとしても、現に令状なき採血を拒みうることを告知されなかつた以上、異議なく承諾したものと解する余地は存しない」と判示して、「危険でも苦痛でもない通常の医学的処置に従つ」た採血行為の場合も鑑定処分許可状によらなければ採血は許されないとしている。

第2の問題は、強制採尿の法的性質が「捜索・差押」であると解する結果、適法な逮捕に伴う無令状の強制採尿も許容されうるのか（220条1項2号・3項）。本決定は、強制採尿は「最終的手段」であり「人権の侵害にわたるおそれがある」から十分な配

慮が必要であると厳格な要件を示しており、令状裁判官がこの厳格な要件の審査を行ったうえで発付される条件付捜索差押許可状を前提としている。それゆえ、逮捕に伴う無令状の強制採尿は許容されないと解すべきであろう。

（7）強制採尿令状が発付された場合であっても、強制採尿は、医師が医学的に相当と認められる方法で実施しなければならないため、被疑者を採尿に適した場所（たとえば医療設備の整った病院や警察署内の医務室）に連行する必要がある。しかし、身体を拘束されていない被疑者が任意同行を頑なに拒否する場合がある。この際、捜査機関が被疑者の身体を拘束しその意思に反して採尿に適した場所に強制的に連行することの適否が問題になる。

また、仮に強制採尿が許容される場合がありうるとしても、最終的手段である以上、捜査機関は、令状を請求する前に被疑者に対して尿を任意に提出するよう説得を尽くさなければならないうえ、令状請求にあたって疎明資料等の作成や裁判所と警察署等の往復等の手続を行う必要がある。捜査機関としては、強制採尿令状請求がなされるほど嫌疑が濃厚な被疑者について、令状を執行するために所在を確保する必要性が高く、それに伴って被疑者をその場に留め置く必要性や緊急性が高いことを理由に、被疑者がその場（例えば職務質問の現場や取調室）から立ち去ろうとするのを、そのつど警察官らが被疑者の前に立ちふさがる等これを阻止して、被疑者をしばしば長時間にわたってその場に留め置き、身体及び移動の自由を制限する。こうした留め置き行為の適法性が問題となる。この採尿のための強制連行および留め置きについて判断したのが、最決平6・9・16［会津若松採尿事件］〔本書8〕である（この21番解説部分では強制連行のみ言及する。留め置きについては本書8を参照）。

採尿のための強制連行について、これを認める見解と認めない見解がある。このうち、強制連行を認める見解には、連行できる理由について、①裁判官が強制採尿令状の審査の際に、対象者を連行する権限を捜査機関に授権したと解し、強制採尿（捜索・差押）令状の効力として連行できるとする見解と、②強制採尿が認められた時点で、強制採尿のために必要となる、採尿に適した医療施設への連行を含む各種の付随的な措置は当然に授権されると解し、強制採尿（捜索・差押え）に「必要な処分」（222条1項・111条）として連行できるとする見解が、含ま

れる。

同決定は、見解①によった。同決定は、身体「を拘束されていない被疑者を採尿場所へ任意に同行することが事実上不可能であると認められる場合には、強制採尿令状の効力として、採尿に適する最寄りの場所まで被疑者を連行することができ、その際、必要最小限度の有形力を行使することができる」と判断した。最高裁は、同決定によって、採尿のための強制連行を、強制採尿（捜索・差押え）処分の一部と位置付けた。強制採尿は、適切な医療施設で医師によって医学的に相当と認められる方法で実施されることが不可欠であるので、このような実施も強制できる処分の内容である。そうだとすれば、裁判官によって許容された強制採尿（捜索・差押え）を実施するという本来の処分内容と不可分である限りで、医師による強制採尿実施に不可欠な連行も付随する処分として許容されると説明される。

同決定は、「強制採尿令状の効力」として採尿に適する最寄りの場所まで連行できるとした理由について、「そのように解しないと、強制採尿令状の目的を達することができない」ことと、「令状を発付する裁判官は、連行の当否を含めて審査し、右令状を発付したものとみられる」ことをあげた。

後者の理由は、司法審査なく身体を制約することは令状主義に反するという批判に答えたものであるとされる。採尿のための強制連行は、付随的措置であるとはいえ、身体および行動の自由を制約するものであり、採尿（捜索・差押え）処分とは別個の重大な法益侵害であるため、令状裁判官は、本体である強制採尿とは別に、付随的措置である強制連行についても個別具体的に審査しなければならないと考えたためと思われる。

このように、見解①は、裁判官が強制連行の当否を個別具体的に審査したことを要するという趣旨を重視する点に特徴がある。見解①によれば、連行を本体である強制連行（捜索・差押え）に付随する必要な処分と位置付ける見解②に対し、強制採尿に「必要な処分」は、身体を押さえつけて着衣を脱がせる行為にとどまるのであって、令状裁判官の事前の具体的審査を要する強制連行を説明できないと疑問を投げかける。

同決定に対しては、強制採尿（捜索・差押）令状による強制連行は、人の身体に対する捜索令状によって対象者の身体を処分に適する最寄りの場所へ移動させることができることと同じであるし（令状

裁判官は、捜索令状発付時に、身体の移動について疎明資料を得て具体的に審査しているわけではない)、採尿のための強制連行が付随的措置として許容されるとして、これが本体の強制処分の令状審査とは別に授権されなければ許されないとすると、司法が新たな強制処分を創り出すことに等しく強制処分法定主義との関係で疑問がある。そこで、強制採尿令状による採尿場所への強制連行は許容されないという見解も、有力である。この見解は、身体の自由を制約する強制連行と、強制採尿（捜索・差押え）とは性質の異なる処分であるという認識を前提とする。そのうえで法は、裁判所による身体検査につき、身体検査それ自体の強制実施（139条）と身体検査のために対象者の出頭を強制的に確保する勾引（58条、135条）を分けて規定していることに鑑みると、強制採尿（捜索・差押え）と採尿のために強制的に特定の場所へ連行することは別個の強制処分であって、採尿のための強制連行を許容するためには、法律上の根拠規定が必要である（197条1項ただし書）。しかし、捜査機関による身体検査のために対象者を指定の場所に引致することを認める規定はない。規定がないにもかかわらず、身体拘束効果を与える形の強制連行は許されないと説明される。

なお、同決定は、その場合、強制採尿令状に「被疑者を採尿に適する最寄りの場所まで連行することを許可する旨」あるいは「被疑者の所在場所……から最も近い特定の採尿場所を指定して、そこまで連行することを許可する旨」を記載することができるとする。このような記載は連行のための必須条件とする趣旨ではないとの見解もあるが、同決定が採尿のための強制連行について個別に司法審査することを要するとしていることを考慮すると、この点を令状裁判官が事前審査したことを明らかにするためにもこれを記載しなければならないだろう。

　(8)　最後に、強制採尿令状執行中に捜査官が、外部の者と連絡を取ろうとした被告人の携帯電話を強制力を用いて取り上げ、被告人からの返却要求を拒んだ行為について、福岡高判平24・5・16は、「必要な処分」（222条1項・111条1項）は「令状の執行目的を達成するために必要であり、かつ、その方法も社会的に相当なものでなければならず、強制力を行使して被処分者に不利益を与える場合には必要最小限度の方法によらなければならないとするのが相当である」としたうえで、当該行為は「必要な処分」に当たらず違法と判断している。

（松倉　治代）

22　勾留場所と取調べの違法性

〔引野口事件〕

福岡地小倉支判平成20〔2008〕年3月5日季刊刑事弁護55号172頁【LEX/DB25400324】

〈関連判例〉

仙台地判昭和59〔1984〕年7月11日判時1127号34頁　　【27915604】〔松山事件〕

東京高判平成3〔1991〕年4月23日高刑集44巻1号66頁　【27921214】〔松戸女性社員殺人事件〕

大津地判令和2〔2020〕年3月31日判時2445号3頁　　　【25565177】〔湖東記念病院事件〕

1　事実の概要

平成16年3月24日、福岡県北九州市にある住宅で火災が発生し、その焼け跡から被告人の兄が死体で発見された。同年5月23日、被告人は窃盗（兄名義の預金の引き出し）の被疑事実で逮捕され、同年7月1日、威力業務妨害（義姉が兄宅で経営していた塾を一部改装し、一部の教室などへの立入りを不可能にした）の被疑事実で逮捕された。その後、被告人は同年10月3日に兄に対する殺人の被疑事実で逮捕

され、同月25日に同事実で起訴された。

被告人および弁護人は、殺人罪と非現住建造物等放火罪の事実（以下、本件犯行）について、捜査段階から一貫して無罪を主張していた。本件の公判審理においては、被告人と本件犯行を直接結びつける証拠である、勾留中に被告人と同房であった者が聞いたとする被告人の犯行告白の証拠能力およびその信用性の判断が主な争点となっていた。

検察官は、この犯行告白について、あくまで被告

人の自由意思によるものであるから任意性に問題はなく、証拠能力は認められ、さらにその内容が客観的状況に合致していることなどから信用性にも問題はないと主張した。これに対し、弁護人は、犯行告白自体が存在しないとするとともに、犯行告白は被告人に対する捜査機関の違法な取調べ過程において同房者が得た知見に基づく違法収集証拠であるとして、その証拠能力を否定すべきと主張していた。

福岡地裁小倉支部は、以下のように判断して、本件犯行について無罪を言い渡した。

2 法の解釈と適用①

● 法の解釈 ●●

事例判断であり、一般的な規範は示されていない。

● 法の適用 ●●

(1) 「本件について、犯行告白の証拠能力を検討するに、同房者が八幡西署でその『犯行告白』を聞いたという捜査過程には、以下のような問題点が指摘できる。」

(2) 「同房者を通じて捜査情報を得る目的で、意図的に2人を同房状態にするために代用監獄を利用したものということができ、代用監獄への身柄拘束を捜査に利用したとの誹りを免れない。」

(3) 「同房者の態度は、偶々同房になった者が吐露した犯行告白を聞いたというような状況とは異なり、捜査側の意を酌んで、聞き出した内容を捜査側に伝えることをあらかじめ意図して、しかも、被告人にはその意図を秘したまま、積極的に質問して被告人の『犯行告白』を得たものといえる。しかも、……同じ房に留置して強制的に二人切りとなる状況を作出した上、その状態を相当な期間継続して、いわば必然的に会話を交わすようにしむけた状況の下で、同房者を捜査側に協力させ、被告人から話を聞き出させたということができる。そして、同房者からの事情聴取を担当する専従班を作り、事情聴取する態勢を取ってほぼ連日事情聴取を行い、同房者を介して、被告人の房内での様子を詳細に把握した。

逮捕勾留が被疑者の取調べのために存するとの立場によっても、身柄拘束を不当に犯罪捜査に利用することを許容するものでないと考えられるが、本件では、上記に指摘したとおりの状況にあり、被告人は房内での留置時においても自らはそれと知らされないまま、同房者を介して捜査機関による取調べを

受けさせられていたのと同様の状況に置かれていたということができ、本来取調べとは区別されるべき房内での身柄留置が犯罪捜査のために濫用されていたといわざるを得ない。」

(4) 「同房者は、捜査側の意図を酌んで、房内において被告人に発問するなどし、その結果、被告人から犯行告白を含む自己に不利益な事実を聞き出し、その内容は、同房者を介して調書化され、同房者が公判廷で供述する事態となった。

被告人の側からすれば、房内で同房者を信じて話をするにあたり、その話した内容が将来犯罪事実認定の証拠となり得ることなど全く想定しておらず、むしろ、捜査側には伝わらないことが前提となっていて、自己に有利か不利益かを考慮した上で話すような状況になく、当然のことながら、話をする際に黙秘権や供述拒否権を告知されるようなことはない。」

(5) 「捜査官にそのまま伝達するという意図を隠して同房者により聞き出された犯行告白に果たして供述の任意性があるのか疑問である上、同房者を捜査協力者とし、同人を介して、当該被疑者の房内での犯行告白を得るという捜査手法によって得られた供述には虚偽が入り込む危険が高いと言わざるを得ない。すなわち、犯行告白を聴取する同房者は一私人であって、捜査官のような事情聴取能力や聴取した事情を把握する能力に裏付けがあるわけではなく、同房者も逮捕あるいは勾留によって身柄を留置され、捜査機関の捜査を受け、捜査機関に自らの処分を委ねている立場にあるから、無意識的にであれ、捜査機関に迎合するおそれが内在していることは否定できない。本件についてみても、同房者は、窃盗及び覚せい剤取締法違反の被疑事実で勾留され、余罪がどれくらい立件されるか等について捜査機関に委ねられている状況にあったが、先の認定事実によれば、同房者は、捜査側から質問要望を受けたり、捜査情報の提供を与えられたことはなかったにしろ、同房者自ら捜査側の意を酌んで積極的に捜査に協力する姿勢をみせており、弁護人指摘のとおり、その全体的な供述は捜査機関が客観的な証拠を有している部分についてのみ不自然に詳細であるようにも見え、同房者が公判廷で述べる被告人の不利益供述が全てそのとおりされたものであるか否かには疑いが残る。

したがって、被告人の犯行告白には供述の真実性を担保する情況的な保障がなく、むしろ虚偽が入り

込む危険性が指摘できる。」

（6）「本件の捜査手法は、身柄留置を犯罪捜査に濫用するものであり、他の捜査手法を用いることが困難であったということもできないから、適正手続の観点からも捜査手法としての相当性を欠くといわざるを得ない。」

3 法の解釈と適用②

● 法の解釈 ●●

事例判断であり、一般的な規範は示されていない。

● 法の適用 ●●

「当裁判所も、同房となった者から、その者が体験した容疑者との会話内容など、容疑者に関する事情を参考聴取すること自体は、任意捜査として許されるものであると考えるし、その有用性を否定するものでもない。しかし、本件のそれは同房者からの参考聴取といえるものではなく、被告人の告白を直接同房者を通じて得ようとする捜査手法であり、先に指摘した諸点に照らすと、被告人の告白が真実であることの情況的保障がなく、虚偽自白を誘発しかねない不当な方法であって、その結果得られた犯行告白に任意性を認めることはできない。のみならず、本件の捜査手法は、身柄留置を犯罪捜査に濫用するものであり、他の捜査手法を用いることが困難であったということもできないから、適正手続の観点からも捜査手法としての相当性を欠くといわざるを得ない。そもそも本件捜査においては、被告人と犯行を直接結びつけるような客観的な証拠がなく、いきおい被告人の自白がほとんど唯一の証拠となりうる事案であり、その任意性の担保について捜査上特段の留意を払うべき事案であると考えられ、現に、被告人が窃盗容疑で逮捕されて以来、弁護人から別件逮捕であるとの主張や、余罪取調べの違法など種々の申立がされており、検察官は捜査指揮に当たって慎重な配慮を要する事案であったと考えられるのに、本件のような捜査手法を選択し、被告人の犯行告白を得て、同房者供述によってそれを立証しようというのであって、その証拠能力を認めることは、将来における適正手続確保の見地からしても相当でないと考える。

以上のとおり、同房者供述のうち八幡西署で被告人から聞いたとする犯行告白部分については、任意性に疑いがあり、その証拠能力を認めることはできない。」

4 コメント（本件捜査の違法性と問題性）

（1）本判決は、「本件の捜査手法は、身柄留置を犯罪捜査に濫用するものであり、他の捜査手法を用いることが困難であったということもできないから、適正手続の観点からも捜査手法としての相当性を欠くといわざるを得ない」とするものである。以下では、本判決が、本件捜査手法について問題視した論理を明らかにする。

（2）被疑者が逮捕された場合、当該被疑者は、逮捕状に記載された「引致すべき官公署その他の場所」（200条1項）へ引致される。実務では、この引致場所（警察署など）への引致後に被疑者の身体拘束を継続する必要がある場合は、最大で72時間、被疑者の留置（警察留置施設への収容）が行われる（203条・204条・205条、刑事収容14条2項）。この留置の場所の変更に関する明文規定は存在しないが、実務では、209条が準用する75条により、裁判所の許可なく捜査機関の判断で変更可能とされている（最決昭39・4・9）。

逮捕に続いて、勾留決定がなされた場合、当該勾留状には勾留すべき「刑事施設」が記載される（207条1項、64条1項）。この「刑事施設」は法務省所管の施設であり、警察留置施設とは異なる（刑事収容3条、14条を参照）。以上の規定からすると、勾留場所として警察留置施設を選択することはできないようにも思える。しかし、刑事収容15条は、刑事施設に収容することに「代えて」留置施設への留置を認めている。実務では、この刑事収容15条などを根拠に、警察留置施設への勾留が認められている（刑事収容15条1項により警察留置施設に勾留される場合、同286条によって留置業務管理者を刑事施設の長、留置担当官を刑事施設職員とみなし、刑訴法の多くの規定が適用される）。勾留場所としての警察留置施設は、「代用刑事施設（代用監獄）」と呼ばれる。この代用刑事施設は、被疑者の身体を拘束するだけにとどまらず、施設内の食事、睡眠、用便、外界の情報の入手などをコントロールして被疑者を精神的に支配することによる自白獲得につながるとされ、「誤判の温床」と批判されてきた。

裁判官が勾留場所を決定する際には、特段の事情が認められる例外的な場合以外は、勾留場所として刑事施設を選択すべきとする裁判例（和歌山地決昭42・2・7など）がかつて多くみられたが、その後は、裁判官が諸事情を総合考慮して、健全な裁量に基づき勾留場所を決定すべきとする裁判例（東京地

決昭47・12・1）が定着している。もっとも、後者の裁判例においても、裁判官は、代用刑事施設において警察官が違法・不当に自白を追及する危険性を考慮しながら、勾留場所を決定すべきとされる。

被疑者が勾留された場合、検察官は、裁判官の同意を得て、被疑者を別の勾留場所に移すことができる。これを「移監」という（207条1項、刑訴規80条）。本判決の認定によれば、本件の捜査機関は、以上の諸規定を根拠として被疑者と特定の者を同房状態に置いたといえる。

（3）本判決は、被疑者と「同房となった者から、その者が体験した容疑者との会話内容など、容疑者に関する事情を参考聴取すること自体は、任意捜査として許される」とする。それでは、本判決は、代用刑事施設への勾留がどのように捜査に利用されれば違法と評価したのであろうか。

本判決は、本件における同房者からの聴取について以下の問題点を指摘している。①「同房者を通じて捜査情報を得る目的で、意図的に2人を同房状態にするために代用監獄を利用したものということができ、代用監獄への身柄拘束を捜査に利用したとの誹りを免れない」こと、②「逮捕勾留が被疑者の取調べのために存するとの立場によっても、身柄拘束を不当に犯罪捜査に利用することを許容するものでないと考えられるが、本件では、上記に指摘したとおりの状況にあり、被告人は房内での留置時においても自らはそれと知らされないまま、同房者を介して捜査機関による取調べを受けさせられていたのと同様の状況に置かれていたということができ、本来取調べとは区別されるべき房内での身柄留置が犯罪捜査のために濫用されていたといわざるを得ない」こと、③「同房者は、捜査側の意図を酌んで、房内において被告人に発問するなどし、その結果、被告人から犯行告白を含む自己に不利益な事実を聞き出し、その内容は、同房者を介して調書化され、同房者が公判廷で供述する事態となった。被告人の側からすれば、房内で同房者を信じて話をするにあたり、その話をした内容が将来犯罪事実認定の証拠となり得ることなど全く想定しておらず、むしろ、捜査側には伝わらないことが前提となっていて、自己に有利か不利益かを考慮した上で話すような状況になく、当然のことながら、話をする際に黙秘権や供述拒否権を告知されるようなことはない」こと、そして、④「捜査官にそのまま伝達するという意図を隠して同房者により聞き出された犯行告白に果たし

て供述の任意性があるのか疑問である上、同房者を捜査協力者とし、同人を介して、当該被疑者の房内での犯行告白を得るという捜査手法によって得られた供述には虚偽が入り込む危険が高いと言わざるを得ない」ことである。

①部分は捜査や取調べを主目的として代用刑事施設への身体拘束を利用すること、②部分は代用刑事施設の房内で「実質的には」捜査機関による取調べを行うことを問題視するものである。いずれも代用刑事施設への身体拘束が捜査や取調べに「不当に」利用された点を問題視するものといえる。そして、③部分は実質的には捜査機関による取調べであるにもかかわらず、捜査機関による取調べにあたっての黙秘権告知などが欠けていること、④部分は本件捜査手法における任意性の確保や供述の正確性の確保に問題点があることを指摘するものである。いずれも本件の被告人からの供述採取手続や方法を問題視するものといえる。本判決は、「本件の捜査手法は、身柄留置を犯罪捜査に濫用するものであり、他の捜査手法を用いることが困難であったということもできないから、適正手続の観点からも捜査手法としての相当性を欠くといわざるを得ない」とする。単なる「相当性」ではなく、「適正手続の観点からも」としていることからすれば、197条や198条だけでなく、憲法31条も踏まえた一定以上の重大な違法性が想定されているといえよう。

このような捜査手法の適法性判断は、従来の裁判例にもみられるところである。たとえば、東京高判平3・4・23［松戸女性社員殺人事件］は、代用刑事施設について、「自白の強要等の行われる危険の多い制度であるので、その運用に当たっては、慎重な配慮が必要である」として、「本来、被疑者の取調べという犯罪捜査と、代用監獄として被疑者の身柄を留置場に収容する業務とは、同じ警察が行うにしても、全く別個の業務であり、混同して運用されてはならず、それぞれ別個独立の立場で適正に行われることが必要不可欠であり、留置業務が捜査に不当に利用されることがあってはならない」とする。

以上の論理を踏まえて、東京高判平3・4・23は、捜査機関が被疑者の自白を得る目的で勾留場所を選択し、さらに捜査員を看守として選任し留置業務にあたらせ被告人の留置施設内での言動を逐一記録し捜査資料として提供させたうえで取調べを行ったと認定し、同事件の捜査手法について留置業務が捜査に不当に利用されたと評価でき、「このような留

置のあり方は、不当なものであり、代用監獄に身柄を拘束して利用されたといえる」としている。

本判決も東京高判平3・4・23も、自白獲得目的で勾留場所を選択し、当該勾留場所での取調べやこれにあたる情報収集など（勾留場所を選択した目的である自白獲得行為）が行われた場合、代用刑事施設の自白強要の危険が高まる、または実現することなどを理由に、身体拘束の捜査への濫用であると評価している点で共通する。このような捜査の不当性・違法性は、取調べだけでなく身体拘束のあり方を判断対象とするものといえる。本判決が、根拠条文を明示していないものの、上述のように憲法31条の「適正手続」をあげているのは、本件捜査手法の①②部分について、197条1項本文や198条違反（取調べ方法）だけでなく、身体拘束のあり方も含めた不当性・違法性を認めたからであろう。

（4）　上記の点に関する本判決の特徴は、②部分のように、当該捜査について、捜査機関以外の者が関与しても、「同房者を介して捜査機関による取調べを受けさせられていたのと同様の状況に置かれていた」と評価できる場合も、代用刑事施設への勾留を捜査へ濫用したといえるとした点にある。そして、本判決③④部分では、この論理を前提とした本件の「実質的」取調べの問題性（取調べ手続保障や正確性の担保の保障が欠けていること）が指摘されている。

このように捜査機関以外の者による関与が捜査機関による捜査と同視される理由として、本判決は、「同じ房に留置して強制的に二人切りとなる状況を作出した上、その状態を相当な期間継続して、いわば必然的に会話を交わすようにしむけた状況の下で、同房者を捜査側に協力させて、被告人から話を聞き出させたということができる。そして、同房者からの事情聴取を担当する専従班を作り、事情聴取する態勢を取ってほぼ連日事情聴取を行い、同房者を介して、被告人の房内での様子を詳細に把握した」ことをあげている。捜査機関による同房者との会話せざるを得ない状況の作出、捜査機関と同房者との協力関係の構築、実際の同房者を通じた情報収集行動の状況などを考慮したものといえる。

これに対し、仙台地判昭59・7・11［松山事件］は、捜査機関が捜査への利用目的で特定の者と被疑者とを同房としたとしつつ、同房者が行ったのは「自白の示唆」にとどまること、その自白の示唆も捜査機関との共謀によるものではなく、同房者自身の意図によるものであることを理由に、自白の任

性を否定しなかった。同判決は、捜査機関による関与はみられるものの、同房者による関与は「自白の示唆」にとどまること、捜査機関との協力関係も不十分であることを理由に、同房者による関与が捜査機関による捜査と同視できないと評価したのであろう。

（5）　最後に、本件のような捜査と、その結果得られた犯行告白の証拠能力について検討する。

本件の犯行告白は、被告人の供述調書や公判期日における供述ではなく、同房者が被告人から聞いたと証言した犯行告白である。そのため、この「犯行告白」の証拠能力を判断するためには、「被告人以外の者の……公判期日における供述で被告人の供述をその内容とするもの」（324条1項）にあたることから、同項により、322条1項の規定が準用される。そして、本件犯行告白は「被告人に不利益な事実の承認を内容とする」（322条1項ただし書）ものであることから、319条の規定に準じて、被告人による犯行告白の任意性判断がその証拠能力の有無を左右することになる（自白の任意性判断については、本書78〜80などを参照）。

結論からいえば、本判決は、複数の観点から、本件犯行告白の証拠能力を否定している。もっとも、その論理は十分明示されていない。

まず、本判決は、本件のような捜査手法が「被告人の告白が真実であることの情況的保障がなく、虚偽供述を誘発しかねない不当な方法」であることを任意性否定の根拠としてあげている。これは、自白法則のうち、いわゆる虚偽排除の観点から、本件犯行告白の任意性を否定するものといえる。

本判決は、「先に指摘した諸点に照らすと」として、上記のような評価を下している。その「諸点」とは、ここまで検討してきた点、つまり、(a)「同房者を通じて捜査情報を得る目的で、意図的に2人を同房状態にするために代用監獄を利用したものということができ、代用監獄への身柄拘束を身体に利用した」点、(b)「被告人は房内での留置時においても自らはそれと知らされないまま、同房者を介して捜査機関による取調べを受けさせられていたのと同様の状況に置かれたということができ、本来取調べとは区別されるべき房内での身柄留置が犯罪捜査のために濫用されていたといわざるを得ない」点、(c)「被告人の供述拒否権への配慮不足」、そして、(d)「犯行告白を聴取する同房者は一私人であって、捜査官のような事情聴取能力や聴取した事情を把握す

る能力に裏付けがあるわけではなく、同房者も逮捕あるいは勾留によって身柄を留置され、捜査機関の捜査を受け、捜査機関に自らの処分を委ねている立場にあるから、無意識的にであれ、捜査機関に迎合するおそれが内在していることは否定できない」点があげられる。

上記のうち、(c)は、本件捜査について、被告人の供述拒否権や黙秘権を侵害する危険があったと本判決が評価したということもできる。そうすると、本判決は、虚偽排除の観点だけでなく、いわゆる人権擁護の観点から、本件犯行告白の任意性を否定したということもできよう。

以上のように、本判決は、虚偽排除の観点（評価の仕方によっては、人権擁護の観点）から、本件犯行告白の任意性を否定したものといえる。さらに、本判決の重要な部分は、「本件の捜査手法は、身柄留置を犯罪捜査に濫用するものであり、他の捜査手法を用いることが困難であったということもできないから、適正手続の観点からも捜査手法としての相当性を欠くといわざるを得ない」であり、本件における諸事情を考慮すると、「その証拠能力を認めることは、将来における適正手続確保の見地からも相当でないと考える」としている点である。

学説においては、憲法38条2項および刑訴法319条1項により、将来における違法な自白獲得手続の抑止を理由として、自白の「任意性」を否定すべき

とする違法排除説も有力である。これに対し、近年の裁判実務は、自白の証拠能力として、自白法則として虚偽排除と人権擁護の観点から自白の任意性を判断し、さらに違法収集証拠排除法則の観点からも自白の証拠能力を判断しているとされている。他方で、近年の裁判例には、「任意性のない」自白の証拠能力を否定すべき趣旨として、人権擁護・違法排除・虚偽排除をあげ、人権侵害および捜査手続の違法・不当性の有無・程度を中心に据えたうえ、虚偽供述である可能性も付加して、総合的に検討・判断するのが相当とするものもある（大津地判令2・3・31〔湖東記念病院事件〕）。

「将来における適正手続の確保の見地」から、本件犯行告白の「任意性」ではなく「証拠能力」を否定していることからすれば、本判決は、違法排除説ではなく、近年の裁判実務の論理に従って判示したものと評価できる。

違法収集証拠排除法則の観点から自白の証拠能力を否定する場合、どの程度の違法性が必要となるかについては、現在も争いがある。この点、本判決の判断は、個別の根拠規定に反するとまでいえない捜査手法について、「適正手続の観点」から問題視し、さらに当該捜査手法により得られた供述の証拠能力を否定した点で特徴があるといえよう。

（斎藤　司）

現行犯逮捕の適法性／逮捕の違法と勾留請求の違法

📖 西ノ京恐喝未遂事件

京都地決昭和44[1969]年11月5日判時629号103頁【LEX/DB27760888】

〈関連判例〉

最1小決昭和31[1956]年10月25日刑集10巻10号1439頁　【24002687】
釧路地決昭和42[1967]年9月8日ド刑集9巻9号1234頁　【27930507】
京都地決昭和44[1969]年7月4日刑月1巻7号780頁　【27930679】
東京地決昭和47[1972]年8月5日刑月4巻8号1509頁　【27940513】
東京地決昭和48[1973]年2月15日判タ292号389頁　【27940564】
青森地決昭和48[1973]年8月25日刑月5巻8号1246頁　【27940645】
富山地決昭和54[1979]年7月26日判時946号137頁　【27921088】
東京高判昭和54[1979]年8月14日刑月11巻7・8号787頁　【27921091】［飯山買物袋置き引き事件］
東京高判昭和60[1985]年4月30日判タ555号330頁　【27930751】
大阪高判昭和60[1985]年12月18日判時1201号93頁　【27803385】
福岡地久留米支決昭和62[1987]年2月5日判時1223号144頁　【27803943】
東京高判平成5[1993]年4月26日判時1461号68頁　【27815714】
東京地決平成12[2000]年4月28日判タ1047号293頁　【28065048】

1 事実の概要

昭和44年10月29日午後8時55分ころ、京都市中京区の地金物商A方において、Aは、通りがかりのBから「金を貸してくれ」といいよられた。Aがこれを断ったところ、Bは、その場にあった裁ちばさみをAにつきつけ、「心臓をぶち抜いてやろうか」とどなった。Aは、直ちに110番で被害状況を急訴したが、その間にBはいずれかの方向へ逃走した。

Aから被害申告を受けた警察当局は、直ちに管内巡回中のパトカーに対して上記犯行場所へ急行せよとの指令を流した。これを受けた司法巡査2名は、パトカーで同日午後9時5分ころA方に到着し、直ちに同人から事情を聴取した。その結果、犯人はうぐいす色のジャンパーを着た酒の臭いがする30歳過ぎの男性であることが判明した。

そこで、同巡査らは、この情報に基づき犯人を発見すべく、直ちにパトカーにて上記現場付近の巡回に出たところ、その約10分後の同日午後9時15分ころ、A方から東方約20m離れた路上において、Aから聴取した犯人の人相、年齢、服装とよく似た風体のXを発見したので、直ちに職務質問を実施した。しかし、Xは犯行を否認して自分は犯人Bではない旨を述べた。そこで、同巡査らは、その場にAの同行を求めてXと対面させたところ、AからXが犯人Bに間違いない旨の供述を得られたので、その場でXを本件被疑事実の現行犯人と認めて現行犯逮捕した。

上記逮捕に引き続いて、検察官はXについて勾留を請求した。これに対し、京都地裁の裁判官は、本件における現行犯逮捕は要件をみたさず違法なものであるとして、当該勾留請求を却下した。検察官が準抗告を申し立てたところ、京都地裁は以下のように判断して、準抗告を棄却した。

2 法の解釈と適用①

● 法の解釈 ●●

「被疑者を現行犯人として逮捕することが許容されるためには、被疑者が現に特定の犯罪を行い又は現にそれを行い終った者であることが、逮捕の現場における客観的外部的状況等から、逮捕者自身においても直接明白に覚知しうる場合であることが必要と解されるのであって、被害者の供述によること以外には逮捕者においてこれを覚知しうる状況にないという場合にあっては、事後的に逮捕状の発布（引用者注——ママ）請求をなすべきことが要求される

緊急逮捕手続によって被疑者を逮捕することの許されるのは格別、逮捕時より48時間ないし72時間内は事後的な逮捕状発布（引用者注——ママ）請求手続もとらず被疑者の身柄拘束を継続しうる現行犯逮捕の如きは、未だこれをなしえないものといわなければならない。」

● 法の適用 ●●

「司法巡査が被疑者Xを『現行犯逮捕』したのは、犯行時よりわずか20数分後であり、その逮捕場所も犯行現場からわずか20数メートルしか離れていない地点であったのであるが、逮捕者である司法巡査とすれば犯行現場に居合わせて被疑者Xの本件犯行を目撃していたわけでなく、またその逮捕時において被疑者が犯罪に供した凶器等を所持しその身体、被服などに犯罪の証跡を残していて明白に犯人と認めうるような状況にあったというわけでもないのであって、被害者Aの供述に基づいてはじめて被疑者Xを本件被疑事実を犯した犯人と認めえたというにすぎないのである。なお、被疑者Xは、司法巡査の職務質問に際して逃走しようとしたこともなく、また犯人であることを知っている被害者自身からの追跡ないし呼号を受けていたわけでもない。

以上によれば、司法巡査が被害者Aの供述に基づいて被疑者を『現行犯逮捕』した時点においては、被疑者Xについて緊急逮捕をなしうる実体的要件は具備されていたとは認められるけれども、現行犯逮捕ないしは準現行犯逮捕をなしうるまでの実体的要件が具備されていたとは認められないといわなければならない。」

3 法の解釈と適用②

● 法の解釈 ●●

「現行刑事訴訟法は、勾留請求について逮捕前置主義を採用し、裁判官が勾留請求についての裁判において違法逮捕に対する司法的抑制を行っていくべきことを期待していると解される」。

● 法の適用 ●●

本件においては、「司法警察職員がその時点で被疑者を逮捕したこと自体には違法の点はないとしても、直ちに事後的措置として裁判官に対して緊急逮捕状の発布（引用者注——ママ）請求の手続をとり、右逮捕についての裁判官の司法審査を受けるべきであったというべく、従って、そのような手続をとらずに漫然と被疑者の逮捕を継続したという点において、本件逮捕手続には重大な違法があるといわ

なければならない。」

「本件の如き違法な逮捕手続に引続く勾留請求を受けた裁判官とすれば、仮に被疑者につき勾留の実体的要件が具備されていて将来同一事実に基づく再度の逮捕や勾留請求が予想されるという場合であっても、その時点において逮捕手続の違法を司法的に明確にするという意味において当該勾留請求を却下するほかなきものと解される。」

4 コメント① （現行犯逮捕の適法性判断）

（1）憲法33条が令状逮捕の例外として無令状逮捕（現行犯逮捕）を許容している根拠の1つは、現行犯逮捕の場合、犯行の存在や被逮捕者が犯人であることは明白であるから、令状逮捕の要件の1つである「逮捕の理由」（犯罪の嫌疑）が類型的に明白に存在し、裁判官による事前の令状審査を経なくとも恣意的な逮捕や誤認逮捕の危険が低いことにある。第2の根拠としては、犯人であることの明白な者が面前にいるにもかかわらず、裁判官の令状審査が必要ということになれば、その者の逃亡や証拠隠滅を防止できないという緊急の必要性の存在があげられる。

憲法33条を受けて、刑訴法212条1項は、現行犯逮捕の要件を「現に罪を行い、又は現に行い終わった者」（現行犯人）としている。さらに、212条2項は、同項各号の要件に該当し、かつ「罪を行い終わってから間がないと明らかに認められるとき」（犯行と犯人の明白性が認められるとき）も「現行犯人」とみなすとしている（準現行犯人）。これらの規定においては、「犯行と犯人の明白性」が最終的にみたされるべき要件である点で共通している。もっとも、準現行犯逮捕の場合、現行犯逮捕と比べて犯行から逮捕までの場所や時間の隔たりが大きいため、犯人とそれ以外の者を混同する危険（恣意的な逮捕や誤認逮捕の危険）が存在することから、この危険を除去するために212条2項各号の要件をみたすことも必要とされているのである。

なお、上記にいう「罪」とは、犯罪の実行正犯者だけでなく、現場共謀による共同正犯者も含むと解されている（東京高判昭57・3・8）。

（2）本件において問題となっているのは、「犯行と犯人の明白性」が認められるか否かである。より具体的には、①逮捕する者が「犯行と犯人」を現認していない場合でも現行犯逮捕は許容されるのか、②「犯行と犯人の明白性」の判断材料として供述も考慮することは可能なのかが問題となる。

まずは、現行犯逮捕の適法性判断の順序全般について整理する。上述のように、現行犯逮捕の適法性が認められるためには、「犯行と犯人の明白性」が認められなければならない。そして、この「犯行と犯人の明白性」を認定するためには、(a)当該犯行と逮捕との時間的・場所的接着性、(b)当該逮捕現場における客観的・外部的状況などを個別具体的に評価することが必要となる。

準現行犯逮捕の場合には、212条2項の各号要件の該当性に加え（これが認められない時点で準現行犯逮捕は成立しない）、(a)当該犯行と逮捕との時間的・場所的接着性、(b)当該逮捕現場における客観的・外部的状況を個別具体的に評価し、「犯行と犯人の明白性」が認められなければならない。

なお、(a)の検討が必要とされるのは、時間的・場所的接着性が認められれば、基本的に、恣意的な逮捕や誤認逮捕の危険が低下する関係にあるからである。もっとも、時間的・場所的接着性が認められれば直ちに「犯行と犯人の明白性」が認められる関係にはない。たとえば、多くの人が行き来する街中で犯行場所から200m離れた場所で犯行の10分後に逮捕された場合、誤認逮捕の可能性は一定以上存在するといえるから、他の事情（被疑者の衣服や所持品など）も検討する必要がある。(a)はあくまで「犯行と犯人の明白性」について検討する際に補助的な考慮事情にすぎない。他方で、時間的・場所的接着性すら認められない場合は、その時点で「犯行と犯人の明白性」は認められない。

これらの判断手順を踏まえ、本決定の判断をみてみよう（「法の解釈と適用①」の「法の適用」）。まず、本決定は、(a)時間的・場所的接着性について検討し、「司法巡査が被疑者Xを『現行犯逮捕』したのは、犯行時よりわずか20数分後であり、その逮捕場所も犯行現場からわずか20数メートルしか離れていない地点であった」と評価している。時間的・場所的接着性については肯定されているといえる。そのうえで、本決定は、(b)本件逮捕現場の客観的・外部的事情を個別具体的に評価し、「逮捕者である司法巡査とすれば犯行現場に居合わせて被疑者Xの本件犯行を目撃していたわけでなく、またその逮捕時において被疑者が犯罪に供した凶器等を所持しその身体、被服などに犯罪の証跡を残していて明白に犯人と認めうるような状況にあったというわけでもないのであって、被害者Aの供述に基づいてはじめて

被疑者Xを本件被疑事実を犯した犯人と認めえたというにすぎない」としている。

このように本決定は、(a)時間的・場所的接着性という観点からは恣意的な逮捕や誤認逮捕の危険が低いとしつつも、(b)本件逮捕の現場における客観的・外部的事情（被疑者が凶器等を所持していたか否か、身体や衣服などに犯罪の証跡が残っていたか）を検討し、本件における「犯行と犯人の明白性」を否定し、現行犯逮捕の適法性を否定したといえる。

なお、本決定が、被疑者Xについて、司法巡査の職務質問に際して逃走しようとしたこともなく、また犯人であることを知っている被害者自身からの追跡ないし呼号を受けていたわけでもない」としたのは、準現行犯逮捕の適法性という観点から、212条2項各号要件該当性を検討した結果であろう。

（3）次に、本決定の問題点①「逮捕する者が『犯行と犯人』を現認していない場合でも現行犯逮捕は許容されるのか」について確認しよう。

本決定は、「法の解釈」として、「被疑者が現に特定の犯罪を行い又は現にそれを行い終った者であることが、逮捕の現場における客観的外部的状況等から、逮捕者自身においても直接明白に覚知しうる場合であることが必要と解される」とし、「被害者の供述によること以外には逮捕者においてこれを覚知しうる状況にないという場合」、現行犯逮捕は許容されないとしている。さらに、「法の適用」として、「逮捕者である司法巡査とすれば犯行現場に居合わせて被疑者Xの本件犯行を目撃していたわけでなく」、被害者Aの供述に基づいてはじめて被疑者Xを本件被疑事実を犯した犯人と認めえたというにすぎない」とする。

本決定については、逮捕者が犯行および犯人を現認した場合に限り現行犯逮捕は許容されるという論理を採用しているという説明が可能かもしれない。もっとも、本決定以前の最決昭31・10・25は、被告人が特殊飲食店の玄関において、従業員の胸に強打を加え、さらに同店のガラス戸を破損させた事件について、同店の店主が直ちに付近の派出所の勤務巡査に届け出て、同巡査が現場に急行したところ、上記従業員から事件の状況および被告人が同店から約20m離れた特殊飲食店にいる旨を聞き取ったので、犯行現場の状況を確認したのち、移動先の特殊飲食店に赴いたところ、手をけがして大声で叫びながら足を洗っていた被告人を逮捕した（犯行から逮捕までの時間は、30〜40分程度）という事例について、212

条1項にいう「現に罪を行い終わった者」にいう現行犯人の逮捕ということができるとした高裁判決を「是認することができる」としている。この最高裁決定は、逮捕者が犯行や犯人を現認していない場合でも、現行犯逮捕として適用となりうる場合があることを認めたものと評価できる。

この最高裁決定を踏まえて本決定の論理を把握してみよう。本決定は「逮捕の現場における客観的外部的事情等から、逮捕者自身においても直接明白に知覚しうる」（傍点引用者）としており、「直接明白に知覚した」とはしていない。たとえば、青森地決昭48・8・25は、「被害者の報告以外に外見上その者が犯罪を行い、あるいは、行った者であることを直接知覚し得る状況の存しないときには現行犯逮捕若しくは準現行犯人として逮捕することはできない」とし、当該事件においてはそのような状況にあったと認めるに足る資料はなかったとしている。また、東京高判昭60・4・30は、「本件犯罪の存在及びその犯人が被告人であるという特定については、すべて被害者の記憶に基づくいわゆる面通しを含む供述に頼っていたのであるから、犯行を現認したのと同一視できるような明白性は存在しなかったといわなければならない」としている。これらの裁判例や本決定が採用していた論理は、逮捕者自身が犯行や犯人を「現認した」場合だけでなく、「直接明白に知覚し得る」（客観的事情などにより知覚し得る）場合にも、「犯行や犯人の明白性」を肯定できるとするものといえる。

（4）本件の問題点②である「『犯人と犯行の明白性』の判断について、被逮捕者や被害者、そして第三者の供述も考慮することは可能なのか」について検討する。

本決定は、「被害者Aの供述に基づいてはじめて被疑者Xを本件被疑事実を犯した犯人と認めえたというにすぎない」とし、「犯行と犯人の明白性」は認められないとしている。同決定だけでなく、青森地決昭48・8・25や釧路地決昭42・9・8、そして東京高判昭60・4・30も、供述のみが判断材料となる場合には、「犯行と犯人の明白性」を認めるべきではないとしている。まさに犯行が行われている状況での視認や供述の正確性を吟味する時間的余裕がない状況で、供述のみを根拠として「犯行と犯人の明白性」を判断することには、類型的に恣意的な逮捕や誤認逮捕の危険を伴うといえよう。上記の裁判例もこれらのことを理由としていると考えられる。

　もっとも、上記の裁判例は「犯行と犯人の明白性」の判断材料に供述を加えること自体を禁止していない。「犯行と犯人の明白性」は、通報などにより逮捕者がすでに得ていた情報も含めて、客観的・外部的事情を示す資料や情報、そして供述を基礎として判断されることになる。なお、供述を判断材料とする際には、その信用性の検討も必要となる。

　この問題がより鮮明となるのが、212条2項の準現行犯逮捕の場合である。上述のように、準現行犯逮捕の場合は、現行犯逮捕に比べ、逮捕者が犯行や犯人を現認しておらず、犯行と逮捕との間に時間的・場所的な隔たりが大きいことが基本的に前提となるから、逮捕者が駆けつける前提となった情報や犯行現場等で得た供述が、「犯行と犯人の明白性」の判断材料とせざるを得なくなるからである。この場合、その時点で明らかになっている客観的事情との整合性などを踏まえ、当該供述の信用性を検討したうえで、これを含めた客観的・外部的事情から「犯行と犯人の明白性」を認めることができるかの検討が必要となる。

　(5)　明文の規定は存在しないが、現行犯逮捕についても、「逮捕の必要性」（通常逮捕については199条2項ただし書を参照）が必要である。大阪高判昭60・12・18は、「現行犯逮捕も人の身体の自由を拘束する強制処分であるから、その要件はできる限り厳格に解釈すべきであって、通常逮捕の場合と同様、逮捕の必要性をその要件と解するのが相当」としている（東京高判平5・4・26も同旨）。

5　コメント②（先行する逮捕の違法と勾留請求および勾留への影響）

　(1)　本件のように逮捕に違法性が認められる場合、明文の規定はないものの、違法逮捕に続く勾留請求を却下すべき場合があること、あるいは現実に行われた勾留が違法・無効となる場合があることは一般的に認められている（通常逮捕や緊急逮捕の場合についても同様である）。前者は勾留審査の場面で、後者は当該勾留中に得られた自白の証拠能力が問題となる場面で主に検討されることになる。本件の場合は、逮捕の違法性を理由に勾留請求を却下すべきか否かが問題となっている。

　一般的には、違法逮捕に引き続く勾留請求を却下すべき理由としては、207条5項ただし書が逮捕の制限期間の不遵守（206条2項）という典型的な違法が存在する場合に裁判官は勾留請求を却下すべき

としていることがあげられる。すなわち、207条5項ただし書を前提とすれば、206条2項にあたらない場合でも、これに匹敵する違法逮捕がある場合には、勾留請求を却下すべきことを刑訴法が予定していると考えられているのである。

　このように207条5項ただし書を解釈する実質的根拠としては、①逮捕前置主義は適法な勾留について適法な逮捕を当然の前提としているから、逮捕に違法がある場合、被疑者は直ちに釈放されるべきであって、仮に勾留請求があっても「許されない勾留請求」とみるべきこと、②刑訴法が逮捕を準抗告の対象としていない（429条1項を参照）のは、逮捕に続く勾留請求段階で逮捕の違法性も含めて司法審査をすべきことを予定していると考えられること、③逮捕に重大な違法が認められる場合、司法の廉潔性の保持（司法に対する信頼の確保）や同様の違法捜査の抑止のために、それに続く勾留請求は却下すべきことがあげられる。

　本決定は、違法逮捕に引き続く勾留請求を却下すべきとする理由として、「現行刑事訴訟法は、勾留請求について逮捕前置主義を採用し、裁判官が勾留請求についての裁判において違法逮捕に対する司法的抑制を行っていくべきことを期待していると解される」とする。この判示は、上記の解釈の根拠のうち、逮捕前置主義の採用（①の根拠）と勾留請求段階における違法逮捕への司法的抑制の必要性（②の根拠）を根拠として、勾留請求却下の理由とするものと評価できよう。もっとも、本決定は、「法の適用」部分で、「逮捕手続の違法を司法的に明確にするという意味において当該勾留請求を却下するほかなきものと解される」とする。この判示部分が、司法の廉潔性と違法捜査抑制を目的としているのであれば、本決定は①②に加え、③も根拠として考えていると評価することもできるだろう。

　なお、明確に①②を根拠としてあげるものとして、京都地決昭44・7・4がある。さらに、逮捕の違法性を理由として勾留請求を却下した裁判例としては、富山地決昭54・7・26、福岡地久留米支決昭62・2・5、東京地決平12・4・28などがある。

　(2)　先行する逮捕にどの程度の違法があれば、引き続く勾留請求や勾留を違法・無効とすべきかについては争いがある。上記の条文上の根拠や上記①②の実質的根拠からすれば、先行する逮捕が無効となるほどの重大明白な違法性が必要となるだろう。たとえば、207条5項ただし書が定める違法に匹敵す

るような、実体的要件を欠く逮捕や逮捕状の基本部分に重大明白な瑕疵がある場合、令状主義違反の逮捕などが考えられる。また、③の根拠からしても、司法の廉潔性と違法捜査抑止の必要性と勾留を認めないことによる捜査上の不利益とを考慮した結果、勾留却下という形で違法性を明示することが求められるのは、相当程度重大な違法が必要となるだろう。

　本決定は、本件逮捕の違法性について、「緊急逮捕をなしうる実体的要件は具備されていたとは認められるけれども」として、「司法警察職員がその時点で被疑者を逮捕したこと自体には違法の点はないとしても、直ちに事後的措置として裁判官に対して緊急逮捕状の発布請求の手続をとり、右逮捕についての裁判官の司法審査を受けるべきであったというべく、従って、そのような手続をとらずに漫然と被疑者の逮捕を継続したという点において、本件逮捕手続には重大な違法があるといわなければならない」としている。この判断は、本件では緊急逮捕という選択肢があり得たことを前提に、緊急逮捕について法定される緊急逮捕後に「直ちに裁判官の逮捕状を求める手続」(210条1項)を遵守しないという「重大な違法」があったとするものである。

　(3)　これに対し、先行する逮捕の違法性についてよくあげられるのが、東京高判昭54・8・14［飯山買物袋置引き事件］である。同判決は、実質的な逮捕と評価される違法な任意同行があったと認定したうえで、その実質的逮捕と評価できる時点で緊急逮捕の要件が客観的には存在したこと、実質的逮捕の約3時間後に令状による逮捕が行われ、さらに実質的逮捕の時点から48時間以内に検察官送致の手続が行われており、勾留請求の時期についても違法は認められないとして、当該実質的逮捕の違法性は勾留を違法とするほど重大ではないとしている。

　この事案は、本決定とは異なり、実質的な逮捕にあたる違法な任意同行に引き続き逮捕状や勾留の請求が行われたものである。このような事案に対し、この東京高裁判決は、(a)実質的逮捕の開始時点での緊急逮捕の要件が存在していたかどうか、(b)その後に逮捕状が得られていたかどうか、そして、(c)当該実質的逮捕の開始時点から起算して逮捕の制限時間内に勾留請求がなされているかを検討するものである。そして、これらが満たされる場合は、適法な逮

捕が可能であって、仮にこれがなされていたのであれば、その逮捕の制限時間も遵守されているのであるから、緊急逮捕の手続や方式をとらなかったという軽微な手続違反にすぎないと考えたといえる。

　このような東京高裁の判断と比較すると、本決定は、上述のように「直ちに事後的措置として裁判官に対して緊急逮捕状の発布請求の手続をとり、右逮捕についての裁判官の司法審査を受けるべきであったというべく、従って、そのような手続をとらずに漫然と被疑者の逮捕を継続したという点において、本件逮捕手続には重大な違法があるといわなければならない」としており、(a)緊急逮捕の要件が存在していたが、(b)逮捕状を得る手続を行っていないという理由で、重大な違法があったと判断したものと理解することも可能であろう。そうすると、いずれの決定も同様の論理を採用したものと評価することになろう（逮捕の違法性の程度は勾留請求を却下すべき程度に重大ではないとするものとして、東京地決昭47・8・5、東京地決昭48・2・15など）。

　もっとも、両者の判断には前提となる事案に違いがあることには注意が必要かもしれない。まず、上述のように先行する手続が違法な任意同行と違法な現行犯逮捕という違いがある。それ以外にも、本決定が勾留請求の段階であるのに対し東京高裁判決はすでに執行された勾留自体を違法とできるかという手続段階の違い、さらには本件では勾留状発付の可否が問題となっていたのに対し東京高裁判決では勾留中に得られた自白の証拠能力が問題となっているという違いがある。これらのことを踏まえると、東京高裁判決のケースでは、すでに発付された勾留状の有効性や自白の証拠能力を否定するほどの違法の重大性の有無が検討されていたといえる。一概には言い難いが、こちらのケースの方がより違法の重大性が要求されることになろう。

　(4)　これらの裁判例の論理にはいくつかの批判が示されている。特に東京高裁判決の論理については、210条1項で法定されている（緊急逮捕の合憲性を支える）逮捕後に直ちに逮捕状を請求するという重要手続がとられないことを考慮すれば、その逮捕手続には当該逮捕だけでなく、それに引き続く勾留請求や勾留を違法・無効とするほどの重大な違法性が認められるというべきとの批判が可能であろう。

（斎藤　司）

24 勾留の要件

📖 京都地下鉄烏丸線痴漢事件

最1小決平成26［2014］年11月17日裁時1616号17頁【LEX/DB25446777】

〈関連判例〉

最2小判平成10［1998］年9月7日判時1661号70頁　【28032713】［京都指紋押なつ事件］

最1小決平成26［2014］年11月18日刑集68巻9号1020頁【25446776】［LED照明詐欺事件］〔本書50〕

最2小決平成27［2015］年10月22日裁時1638号2頁　【25447525】

大阪地決平成30［2018］年9月8日判例集未掲載　【25564441】

1 事実の概要

被疑者は、「平成26年11月5日午前8時12分頃から午前8時16分頃までの間、京都市営地下鉄烏丸線の五条駅から烏丸御池駅の間を走行中の車両内で、当時13歳の女子中学生に対し、右手で右太腿付近及び股間をスカートの上から触った」（京都府迷惑防止条例違反）という被疑事実で逮捕され、検察官が勾留を請求した。

原々審の京都地裁裁判官は、勾留の必要性がないとして勾留請求を却下した（207条4項ただし書・60条1項）。これに対し、検察官が準抗告を申し立てた（429条1項2号）。

原審の京都地裁（京都地決平26・11・7）は、「被疑者と被害少女の供述が真っ向から対立しており、被害少女の被害状況についての供述内容が極めて重要であること、被害少女に対する現実的な働きかけの可能性もあることからすると、被疑者が被害少女に働きかけるなどして、罪体について罪証を隠滅すると疑うに足りる相当な理由があると認められる。そうすると、被疑者の身上関係や生活状況等に照らし、逃亡のおそれがあるとまではいえないことに加えて、定職があることなどを考慮してもなお、勾留の必要性は認めざるを得ない」とし、本件準抗告を認容し勾留状を発付した。これに対し、弁護人が特別抗告した。

2 法の解釈

事例判断であり、一般的な規範は示されていない。

3 法の適用

最高裁は、本件抗告の趣意は、433条の抗告理由にあたらないとしながら、411条1号を準用し、原

決定を取り消し、本件準抗告を棄却した（全員一致）。

「被疑者は、前科前歴がない会社員であり、原決定によっても逃亡のおそれが否定されていることなどに照らせば、本件において勾留の必要性の判断を左右する要素は、罪証隠滅の現実的可能性の程度と考えられ、原々審が、勾留の理由があることを前提に勾留の必要性を否定したのは、この可能性が低いと判断したものと考えられる。本件事案の性質に加え、本件が京都市内の中心部を走る朝の通勤通学時間帯の地下鉄車両内で発生したもので、被疑者が被害少女に接触する可能性が高いことを示すような具体的な事情がうかがわれないことからすると、原々審の上記判断が不合理であるとはいえないところ、原決定の説示をみても、被害少女に対する現実的な働きかけの可能性もあるというのみで、その可能性の程度について原々審と異なる判断をした理由が何ら示されていない。

そうすると、勾留の必要性を否定した原々審の裁判を取り消して、勾留を認めた原決定には、刑訴法60条1項、426条の解釈適用を誤った違法があり、これが決定に影響を及ぼし、原決定を取り消さなければ著しく正義に反するものと認められる」。

4 コメント

(1) 勾留の要件は、勾留の理由と勾留の必要性である。この要件がなければ、裁判官は勾留請求を却下し、直ちに被疑者の釈放を命じなければならない（207条5項ただし書）。

勾留の理由は、①「罪を犯したことを疑うに足りる相当な理由がある」ことである（207条1項・60条1項本文）。これに加えて、②被疑者が(a)「定まった住居を有しない」こと（60条1項1号）、(b)「罪

証を隠滅すると疑うに足りる相当な理由がある」こと（2号）、(c)「逃亡し又は逃亡すると疑うに足りる相当な理由がある」こと（3号）のうち、いずれか1つ以上に当たる場合をいう。(b)を「罪証隠滅のおそれ」と表現するものが見受けられるが、正確ではない。かつて旧刑訴法が「罪證ヲ隠滅スル虞アルトキ」を勾留できる事由の1つとしていたところ、現行法の立法者は、罪証隠滅の判断について、厳格に一定程度以上の具体的な可能性を要求するために、意図的に（罪証隠滅のおそれという文言ではなく）「罪証隠滅を疑うに足りる相当な理由」という文言を採用したのである。

勾留の必要性は、③勾留によって被疑者の身体を長期にわたって拘束する積極的な必要性と勾留により被疑者が被る社会生活・経済生活・防御上の不利益等とを衡量し、これが均衡していることである（60条3項や87条はこれを考慮すべきことを前提としている）。

（2）　本件のように罪証隠滅が争点となる場合、裁判官は、当該具体的事件における罪証隠滅の「対象」と「想定される態様」を把握する。

では、本件における罪証隠滅の対象と想定される態様は何か。本件は、地下鉄車内で発生した痴漢行為が問題となった迷惑防止条例違反事件であり、罪証隠滅の対象は、被害少女の被害状況についての供述であった。想定される罪証隠滅の態様は、被疑者が被害少女の供述を変更させるまたは新たに自己に有利な供述をさせるために直接働きかける行為であった。

そのうえで、裁判官は、通例、当該事件について、まず、被疑者による罪証隠滅の可能性があるかどうか（有無）を判断し、被疑者による罪証隠滅の可能性があると判断される場合、次に、その可能性の「程度」を評価することとなる。

本決定を見ると、「本件において『勾留の必要性』の判断を左右する要素は、罪証隠滅の現実的可能性の『程度』と考えられ、原々審が、『勾留の理由』があることを前提に勾留の必要性を否定したのは、この可能性が低いと判断したものと考えられる」（二重括弧は引用者による）と判示している。

本決定のいう「罪証隠滅の現実的可能性」とは、具体的事情によって裏付けられ現実に即したものであるといえるくらい高度の可能性という意味で、少なくとも、一般的・抽象的な可能性や「おそれ」では足りないとされている。

（3）　本決定のいう「勾留の必要性」は、要件③を指す。しかし、罪証隠滅は、要件②に係る要素でもあるため、この点が問題になる。

この点について、本決定には次の2つの読み方がありうる。

第1の読み方は、要件②判断においては、抽象的な罪証隠滅の可能性の有無を判断し、要件③判断においては罪証隠滅の現実的可能性が必要である、とするものである。その根拠として、本決定が、罪証隠滅の可能性がある（要件②）と判断したことを前提に、要件③で具体的事情を審査していることをあげる。つまり、もし、要件②判断でも現実的可能性が必要なら、本決定は、具体的事情がないゆえに要件②はみたさないと判断したはずであって、本決定はそうしなかった、と指摘する。

しかし、この第1の読み方によると、要件②は抽象的な可能性でよいことになるため、要件②をみたさない場合はほぼありえず、要件①が認められれば、要件③を判断する段階に進むことになる。要件③は、他の利益との衡量による判断であり、たとえば、現実的可能性が高くなくとも、重大事件である場合には勾留が認められやすくなるであろう。

そこで、第2の読み方として、要件③だけでなく要件②判断においても、罪証隠滅の現実的可能性が必要である、という読み方がありうる。すなわち、要件②では罪証隠滅の現実的可能性の有無を判断し、要件③では罪証隠滅の現実的可能性の程度を判断していると読む。

この読み方では、本件で直接問題とされたのは要件②ではなく要件③であった点について、原々審は、要件①②があることを前提に要件③を否定し、原審は要件③を認めたように、原々決定と原決定との間で要件③の判断が分かれたために、特別抗告審の審査対象が要件③となったものと説明される。

現行刑訴法の立法者が、旧法と異なり「罪証を隠滅すると疑うに足りる相当な理由」（60条1項2号）という文言を意識的に用い、その判断が厳格に行われることを意図していたこと、また、勾留判断において要件②および③の判断が連続していることにも鑑みると、第2の読み方が妥当であると思われる。

（4）　そこで、被疑者の罪証隠滅の「現実的可能性」の程度について、本決定が、具体的に各事実をどのように評価したのかをみてみよう。

まず、本件が迷惑行為防止条例違反事件であり、被疑者が「前科前歴がない会社員であ」ったという

点である。

この点について、法定刑は比較的軽く、前科前歴の不存在は、被疑者が社会で安定した生活を継続してきたことを示すとして勾留請求を却下する方向に評価できる一方、もし今後痴漢事件で有罪判決を受ければ、職、信頼関係や家族を失うことによる経済的・精神的なダメージが甚大であるゆえに、罪証隠滅の意図を予測できないわけではないとして勾留請求を認める方向に評価することも可能である。

本決定は、後者の罪証隠滅の意図を示す具体的事情は挙げていない。会社員である被疑者が勾留によりさらに身体を拘束されれば欠勤が続くため、勤務先の理解が得られる場合を除き、長期の欠勤が理由で解雇される可能性があるため、それに伴って被疑者（およびその家族）が被る経済生活上の不利益は重大である。勾留を認めた場合に生じる被疑者の権利・利益侵害の程度の大きさを考慮したものと思われる。

次に、本決定は、「被疑者が被害少女に接触する可能性が高いことを示すような具体的な事情がうかがわれ」るかどうかを検討している。これは、もしかすると身体を解放された被疑者が被害少女を探し出して直接接触するかもしれない、といった抽象的な可能性では足りないと考えるものである。本件において、被疑者は被害少女と全く面識がなく、その生活圏も異なっており、事件の際に偶然居合わせただけであったうえ、例えば被疑者が身体拘束前に罪証隠滅を図った経緯がある等、罪証隠滅を現実に行う可能性が高いことを示す「具体的事情」がなかったことなどを考慮したものと考えられる。

なお、原決定では、「被疑者と被害少女の供述が真っ向から対立して」いたことに触れている。これについて、裁判官は、被疑者が被疑事実を否認していることから、その罪証隠滅の意図を推認してもよいかが問題となる。本決定では、被疑事実について被疑者が否認していた点に触れておらず、罪証隠滅の意図を推認する要素としなかったと思われる。

(5) 本決定は、勾留の要件を示した点以外にも意義がある。本決定は、「原々審の上記判断が不合理であるとはいえないところ、原決定の説示をみても、被害少女に対する現実的な働きかけの可能性もあるというのみで、その可能性の程度について原々審と異なる判断をした理由が何ら示されていない」として、勾留を認めた原決定（準抗告審決定）を取り消した。準抗告審は、事後審的性格を有するとい

われ、その判断資料は勾留請求を受けた裁判官と同じである。本件のように、準抗告審で勾留請求却下とした原判断を取り消す場合、その資料に基づき、異なる判断をした理由（勾留を認める理由）を積極的に示さなければならないことを示した。

(6) なお、本件に関連して、出頭拒否・不出頭と身体拘束の問題について触れておく。

被疑者が正当な理由なく捜査機関の取調べのための出頭要求（198条1項）に応じないことも、「逮捕の必要」を基礎付けるかという問題がある（刑訴規143条の3。なお、学習上の注意点として、「逮捕の必要」は、「勾留の必要」が相当性を意味するのと異なり、必要性を意味する）。

この点について、最二小判平10・9・7［京都指紋押なつ事件］がある。この事件は、昭和60年2月8日、韓国籍を有し日本の協定永住権を有するXが、外国人登録原票等への指紋の押捺を拒否したとして、外国人登録法違反被疑事件として捜査が開始され、巡査部長らが、Xに対して、5回にわたり出頭を求めたが、Xが応じなかったため、逮捕状を請求し、Xを逮捕したというものである。最高裁は、「Xは、巡査部長らから5回にわたって任意出頭するように求められながら、正当な理由がなく出頭せず、また、Xの行動には組織的な背景が存することがうかがわれたこと等にかんがみると、本件においては、明らかに逮捕の必要がなかったということはでき」ないと判示した。

しかし、198条1項ただし書は、少なくとも、逮捕または勾留されていない被疑者に、出頭拒否・退去の自由を認めている。もし被疑者が呼び出しに応じなかったこと自体から「逮捕の必要」を認めることになれば、被疑者に出頭義務を認めることと同じになり、その自由は保障されない。

この点について、刑訴規143条の3「虞がない等」という文言を根拠に、逃亡や罪証隠滅の可能性以外に、正当な理由のない不出頭も、逮捕の必要性の判断において考慮できるという見解があるが、この143条の3の「等」に当たるのは、逃亡または罪証隠滅の可能性がないわけではないが、事案に照らして、逮捕しなければならないほどではないという、逮捕の相当性を欠く場合であり、ここに捜査機関への出頭の実現という目的を読み込むことは適当ではないと思われる。

また、被疑者が呼び出しに応じれば、逃亡の可能性がないことが強く推認されるが、逆に、呼び出し

に応じないこととその回数が、逃亡または罪証隠滅の可能性を推認させることにはならない。なぜならば、もし逃亡や罪証隠滅をするつもりならば、最初の呼び出し時にすぐに逃亡または罪証隠滅するはずであって、自宅等で何度も呼び出しを受けていることは、むしろ逃げるつもりがないことを推認させるからである。それゆえ、捜査機関への不出頭それ自体は、逮捕の必要を基礎付けず、これを推認させることもないと解するのが妥当と思われる。

（7）なお、捜査機関が、一貫して黙秘する被疑者に対して出頭要求と任意取調べを繰り返していたところ、弁護人が、今後も黙秘する方針であること、その黙秘意思を確認したいならば弁護人の立会いの上時間限定で応じる用意があるとの申入れを行ったところ、その後被疑者が逮捕され勾留請求された事案について、「被疑者が警察の出頭要請に応じなかったことが、罪証隠滅や逃亡のおそれの徴表であると評価することはでき」ないと述べ、勾留請求を却下した原決定を維持した、大阪地決平30・9・8も参照されたい。

（松倉 治代）

別件逮捕・勾留と余罪取調べの限界

浦和パキスタン人放火事件

浦和地判平成2［1990］年10月12日判時1376号24頁【LEX/DB27921194】

〈関連判例〉

金沢地七尾支判昭和44［1969］年6月3日刑月1巻6号657頁【27760872】［蛸島事件］
東京地判昭和45［1970］年2月26日刑月2巻2号137頁【27760896】［東京ベッド事件］
大阪高判昭和47［1972］年7月17日高刑集25巻3号290頁【27760972】［六甲山事件控訴審］
東京地決昭和49［1974］年12月9日刑月6巻12号1270頁【27940771】［富士高校放火事件第一審証拠決定］
最2小決昭和52［1977］年8月9日刑集31巻5号821頁【27761076】［狭山事件］
東京高判昭和53［1978］年3月29日刑月10巻3号233頁【27920982】［富士高校放火事件控訴審］
仙台高判昭和55［1980］年8月29日判時980号69頁【27662371】
神戸地決昭和56［1981］年3月10日判時1016号138頁【27761139】［神戸まつり事件第一審証拠決定］
大阪高判昭和59［1984］年4月19日高刑集37巻1号98頁【27915582】［神戸まつり事件控訴審］
福岡高判昭和61［1986］年4月28日刑月18巻4号294頁【27761228】［鹿児島夫婦殺し事件差戻控訴審］
福岡地判平成12［2000］年6月29日判タ1085号308頁【28075225】［大宰府刺殺事件］
東京地決平成12［2000］年11月13日判タ1067号283頁【28065245】［千駄木強盗致傷事件］

1 事実の概要

被告人（パキスタン人）は、同国の友人らから、同人らが居住し、被告人自身も居候していた共同住宅に放火したと疑われ、警察に突き出された。

警察官は、被告人から事情を聴取したが、放火の事実で逮捕するに足りるだけの供述は得られなかったため、パスポートの提示により発覚した出入国管理及び難民認定法違反（不法残留）の事実により、被告人を現行犯逮捕し、右逮捕及びこれに引き続く勾留（第1次逮捕・勾留）期間中に放火の事実について被告人を本格的に取り調べることとした。そして、不法残留に関する取調べを勾留3日目までには終わらせ、残りの勾留期間は放火についての取調べを行い、被告人の自白を得た。

検察官は、勾留満期日に、不法残留の事実により起訴した。また、不法残留で起訴した翌日、被告人を放火の事実で逮捕、勾留（第2次逮捕・勾留）し、重ねて被告人の自白を得たうえで、延長後の勾留期間満了の後に、放火（現住建造物放火）の事実でも起訴した。

弁護人は、自白調書の任意性を争うとともに、別件逮捕・勾留中に得られた自白であって、違法収集証拠としても証拠能力は認められない旨を主張した。

浦和地裁は、自白の任意性を否定するとともに、以下のように判示して、別件逮捕・勾留中の自白の証拠能力を否定し、現住建造物放火については無罪とした（不法残留は有罪）。

［2］法の解釈と適用①

● 法の解釈 ●●

「第1次逮捕・勾留の適否について考えるに、……第1次逮捕・勾留が逮捕・勾留の理由や必要性を全く欠く、それ自体で違法・不当なものであったとまでは認められない。しかし、他方、捜査当局による被告人の第1次逮捕・勾留の主たる目的が、軽い右別件による身柄拘束を利用して、重い本件放火の事実につき被告人を取り調べる点にあったことも明らかである」。

「検察官は、いわゆる別件逮捕・勾留として自白の証拠能力が否定されるのは、『未だ重大な甲事件について逮捕する理由と必要性が十分でないため、もっぱら甲事件について取り調べる目的で、逮捕・勾留の必要性のない乙事件で逮捕・勾留した場合』（以下、『典型的な別件逮捕・勾留の場合』という。）に限られる旨主張している。……しかし、右見解にいう『もっぱら甲事件について取り調べる目的』を文字どおり、『乙事件については全く取り調べる意図がなく、甲事件だけを取り調べる目的』と解するときは、違法な別件逮捕・勾留というものは、そもそも『逮捕・勾留の理由・必要性が全くない事件について身柄拘束した場合』と同義となって、わざわざ『違法な別件逮捕・勾留』という概念を認める実益が失われてしまう。……いわゆる別件逮捕・勾留に関する人権侵害の多くは、もし本件に関する取調べの目的がないとすれば、身柄拘束をしてまで取り調べることが通常考えられないような軽微な別件について、主として本件の取調べの目的で被疑者の身柄を拘束し、本件についての取調べを行うことから生じていることが明らかである。そして、このような場合であっても、捜査機関が、未だ身柄拘束をするに足りるだけの嫌疑の十分でない本件について、被疑者の身柄を拘束した上で取り調べることが可能になるという点では、典型的な別件逮捕・勾留の場合と異なるところがないのであるから、このような『本件についての取調べを主たる目的として行う別件逮捕・勾留』が何らの規制に服さないと考えるのは不合理である。……当裁判所は、違法な別件逮捕・勾留として許されないのは、前記のような典型的な別件逮捕・勾留の場合だけでなく、これには『未だ重大な甲事件について被疑者を逮捕・勾留する理由と必要性が十分でないのに、主として右事件について取り調べる目的で、甲事件が存在しなければ通常立件されることがないと思われる軽微な乙事

件につき被疑者を逮捕・勾留する場合』も含まれると解するものである。このような場合の被疑者の逮捕・勾留は、……令状主義を実質的に潜脱し、一種の逮捕権の濫用にあたると解される」。

● 法の適用 ●●

「本件について検討すると、……被告人に……もし放火の嫌疑の問題がなかったならば、不法残留の事実により逮捕・勾留の手続をとらなかったであろうと考えられるのに、主として、未だ嫌疑の十分でない放火の事実について取り調べる目的で、不法残留の事実により逮捕・勾留したと認められるのであるから、本件は、まさに当裁判所の定義による違法な別件逮捕・勾留に該当する場合であるといわなければならない。

従って、本件における被告人の身柄拘束には、そもそもの出発点において、令状主義を潜脱する重大な違法があるので、右身柄拘束中及びこれに引き続く本件による身柄拘束中に各作成された自白調書は、すべて証拠能力を欠くと解するのが相当である」。

［3］法の解釈と適用②

● 法の解釈 ●●

「当裁判所は、違法な別件逮捕・勾留の範囲につき、検察官とはやや見解を異にするものであるが、仮に違法な別件逮捕・勾留に関し検察官の定義に従った場合であっても、右別件による身柄拘束を利用して行う本件についての取調べの方法に一定の限界があると解すべきことは、また、別個の問題であって、適法な別件逮捕・勾留中の本件についての取調べが無条件に許容されることにはならない。これは、逮捕・勾留について、我が刑事訴訟法が、いわゆる事件単位の原則をとることにより、被疑者の防禦権を手続的に保障しようとしていることから来る当然の帰結である」。

「当裁判所は、右余罪の取調べにより事件単位の原則が潜脱され、形骸化することを防止するため、これが適法とされるのは、原則として右取調べを受けるか否かについての被疑者の自由が実質的に保障されている場合に限ると解するものである（例外として、逮捕・勾留の基礎となる別件と余罪との間に密接な関係があって、余罪に関する取調べが別件に関する取調べにもなる場合は別論である。）。刑事訴訟法198条1項の解釈として、逮捕・勾留中の被疑者には取調べ受忍義務があり、取調べに応ずるか否かに

ついての自由はないと解するのが一般であるが（右見解自体に対する異論にも傾聴すべきものがあるが、ここでは実務を強く支配している右の見解に従って論を進める。）、法が、逮捕・勾留に関し事件単位の原則を採用した趣旨からすれば、被疑者が取調べ受忍義務を負担するのは、あくまで当該逮捕・勾留の基礎とされた事実についての場合に限られる……というのが、その論理的帰結でなければならない。……従って、捜査機関が、別件により身柄拘束中の被疑者に対し余罪の取調べをしようとするときは、被疑者が自ら余罪の取調べを積極的に希望している等、余罪についての取調べを拒否しないことが明白である場合……を除いては、取調べの主題である余罪の内容を明らかにした上で、その取調べに応ずる法律上の義務がなく、いつでも退去する自由がある旨を被疑者に告知しなければならないのであり、被疑者がこれに応ずる意思を表明したため取調べを開始した場合においても、被疑者が退去の希望を述べたときは、直ちに取調べを中止して帰房させなければならない」。

● 法の適用 ●●

「本件において、被告人の取調べにあたった……警察官及び……検事は、余罪取調べに関する前記のような限界を全く意に介することなく、別件逮捕・勾留中においても、本件たる放火の事実について、別件の不法残留に関する取調べの場合と同様、被告人に取調べ受忍義務があることを当然の前提として取調べを行ったことが明らかであって、当然のことながら、被告人に対し、前記のような意味において、本件たる放火の事実については取調べを受ける義務がない旨告知したことはなく、被告人自身も、かかる義務がないということを知る由もなかったと認められる……。従って、本件第1次逮捕・勾留中になされた本件放火に関する取調べは、明らかに許される余罪取調べの限界を逸脱した違法なものであり、これによって作成された被告人の自白調書は、証拠能力を欠き、また、その後の第2次逮捕・勾留は、右証拠能力のない自白調書を資料として請求された逮捕状、勾留状に基づく身柄拘束であって、違法であり、従ってまた、その間に作成された自白調書も証拠能力を欠くと解すべきである」。

4 コメント

（1）本判決の意義は多岐にわたるが、ここでは、別件逮捕・勾留の適否および余罪取調べの限界の問題に限定して検討する（この他に本判決は、目撃者の人物識別供述の信用性判断、外国人被疑者に対する取調べ方法、自白の任意性・信用性判断のあり方についても言及している。なお、本判決における任意性判断については〔本書80〕参照）。

本判決の最大の意義は、別件逮捕・勾留の定義に若干の修正を加えることで、後述するように裁判例の大勢が別件基準説的な立場を採用するなか、別件につき身体拘束要件がいちおうみたされている場合でも、なお一定の場合（「主として」甲事件を取り調べる目的で、「甲事件が存在しなければ通常立件されることがない」軽微な乙事件で逮捕・勾留する場合）には身体拘束が違法となることを認めた点にある。このように、本判決は別件逮捕・勾留が違法とされる範囲を（別件基準説よりも）広げることで、（いちおう身体拘束要件が認められる）第1次逮捕・勾留を違法な別件逮捕にあたると結論づけた。

なお、本件では別件逮捕・勾留が違法と認定されているのであるから、違法拘禁中の自白として証拠能力を否定すれば足りるのであって、余罪取調べの適否について言及する必要はなかったともいえる。しかし、従前の裁判例の大勢に従うならば、逮捕・勾留の理由と必要性が認められる別件（不法滞在）での身体拘束が適法とされる余地もある。そこで、本判決は、別件での身体拘束が適法とされる場合についても検討し、なお自白の証拠能力は認められないという結論に変わりがないことを確認したものと思われる。

（2）以下では、他の裁判例との関係で、本判決がどのような位置にあるのかを確認するために、別件逮捕・勾留と余罪取調べに関するこれまでの判例・裁判例を概観する。

最高裁判例には、別件逮捕・勾留を違法と認定したものはなく、その適否の判断基準についても、最高裁がいかなる立場によっているのかは明らかでない。最決昭52・8・9〔狭山事件〕が、「専ら、いまだ証拠の揃っていない『本件』について被告人を取調べる目的で、証拠の揃っている『別件』の逮捕・勾留に名を借り、その身柄の拘束を利用して、『本件』について逮捕・勾留して取調べるのと同様な効果を得ることをねらいとした」場合に、そのような「目的」や「ねらい」が、別件での身体拘束の適法性判断に影響を与えうることを示唆しているにとどまる。

（3）このように別件逮捕・勾留の適否に関する判

断基準について、最高裁の立場が明らかでないこともあり、下級審には、さまざまな立場に依拠する裁判例が並存している。

第1に、別件につき逮捕・勾留の理由と必要性がいちおう認められる場合であっても、別件での逮捕・勾留が実質において本件の捜査を目的としている場合には、別件での身体拘束を違法とする裁判例がある（金沢地七尾支判昭44・6・3［蛸島事件］、東京地判昭45・2・26［東京ベッド事件］など）。このように実質に着目し、身体拘束の適否を判断する見解を本件基準説という。その代表例である金沢地七尾支判昭44・6・3は、（いちおう要件の整っている）別件での逮捕・勾留が違法とされる理由として、①それが自白獲得の手段とされている点、②別件逮捕・勾留後に本件での逮捕・勾留が見込まれており、逮捕・勾留の時間的制限を潜脱する点、③本件についての司法審査をかいくぐり令状主義を潜脱する点をあげる。本件捜査の意図や目的があることで、いちおう要件の整っている別件での身体拘束の適否が影響を受けることを認める点に、本件基準説の特徴がある。

第2に、別件での逮捕・勾留中の大半が本件の取調べに費やされ、他方で別件の捜査がほとんど行われていない場合のように、別件による身体拘束としての実体を失い、実質において本件捜査のための身体拘束となった場合に、令状主義違反として身体拘束を違法とする裁判例がある（東京地決平12・11・13［千駄木強盗致傷事件］）。この裁判例は、（捜査官の意図や目的ではなく）別件逮捕・勾留中に実際にどのような捜査が行われたのかに着眼する点に特徴がある（実体喪失説）。さしあたり別件についての身体拘束要件が充足されているか否かを問題とする点では、後述する別件基準説と同様であるが、別件での身体拘束中に行われた捜査のあり方によっては、当初適法であった別件での身体拘束が違法となるという点（捜査のあり方が、身体拘束の適否に影響を与えるという点）では、本件基準説的な裁判例とも評価できよう。

第3に、別件での身体拘束の要件（逮捕・勾留の理由や必要性）が充足されているか否かによって、別件逮捕・勾留の適否を決し、あとは余罪取調べの適否の問題として処理する裁判例（大阪高判昭47・7・17［六甲山事件控訴審］、東京高判昭53・3・29［富士高校放火事件控訴審］）がある。このように、別件を基準に身体拘束の適否を判断する見解を別件基準

説という。

以上のようにさまざまな立場が並存しているものの、裁判例には、①別件基準説的な立場に依拠し、別件での身体拘束を適法としたうえで、あるいは、②別件での身体拘束の適否については言及しないまま（適法・違法の判断を示さないまま）、余罪取調べの限界の問題として処理する例が多い。それゆえ、結論として自白の証拠能力が否定される場合であっても、別件での身体拘束が違法であったことを理由とするのではなく、余罪取調べが違法であったことを理由とするのが裁判例の大勢といえる。

(4) では、本判決は、いかなる立場によっているのであろうか。別件の身体拘束要件が整っている場合でも、その身体拘束の主たる目的が本件取調べにある場合に身体拘束が違法となること（本件取調べの目的が要件を充足する身体拘束の適否に影響を与えること）を認める点で、本判決は本件基準説的な立場に依拠するものと評価できよう。

また、本判決の射程であるが、この点、本判決が、「典型的な別件逮捕・勾留」の場合に加え、主として本件について取り調べる目的で、本件が存在しなければ通常立件されることがないと思われる軽微な別件につき被疑者を逮捕・勾留する場合も違法な別件逮捕・勾留に「含まれる」とするにとどめていることに留意する必要があろう。つまり、本判決は、違法な別件逮捕・勾留にあたる場合を、本件事案のように、①捜査機関が本件捜査の目的を有し、かつ、②本件がなければ通常立件されることがない軽微な別件で逮捕・勾留した場合に限定していないのである。それゆえ、①②は別件での逮捕・勾留が違法となるための要件とまでは解されず、②の事情を欠く場合（たとえば別件自体が通常立件されない軽微な事件とはいえない場合）であっても、①の事情（本件捜査の目的）があれば、なお別件での逮捕・勾留が違法と解される余地を残している。

(5) 別件逮捕・勾留の適否の判断基準につき、いかなる立場によろうとも、別件での身体拘束が違法とは判断されなかった場合には、次に身体拘束中の本件（余罪）取調べの限界が問題とされよう。

この点、余罪取調べの限界について明示した最高裁の判例はなく、下級審においても、さまざまな立場に依拠する裁判例が並存している。

第1に、余罪の取調べにとくに限界を設定せず、余罪についても取調べ受忍義務を課した取調べが許されるとする裁判例がある（東京高判昭53・3・29、

仙台高判昭55・8・29）。もっとも、本判決を含め、近年の裁判例には、この立場を明確に否定するものが散見される（福岡地判平12・6・29［大宰府刺殺事件］）。

第2に、事件単位の原則を根拠に、取調べ受忍義務は身体拘束の理由となった被疑事実（別件）についてのみ生じるとして、余罪について取調べ受忍義務をともなう取調べが行われた場合に余罪取調べを違法とする裁判例がある（東京地決昭49・12・9［富士高校放火事件第一審証拠決定］、神戸地決昭56・3・10［神戸まつり事件第一審証拠決定］など）。本判決もこの立場に依拠することを明示している。

第3に、受忍義務の範囲については問題とせず、余罪の取調べが、具体的状況のもとで、令状主義の原則を実質的に潜脱する場合に、余罪取調べを違法とする裁判例がある（大阪高判昭59・4・19［神戸まつり事件控訴審］、福岡高判昭61・4・28［鹿児島夫婦殺し事件差戻控訴審］など）。令状主義の実質的な潜脱があったかどうかは、①別件と本件（余罪）との罪質および態様の相違、法定刑の軽重、捜査当局の両事実に対する捜査上の重点の置き方の違いの程度、②別件と本件との関連性の有無および程度、③取調べ時の別件についての身体拘束の必要性の程度、④本件についての取調べ方法（場所、身体拘束状況、追求状況等）および程度（時間、回数、期間等）、ならびに被疑者の態度、健康状態、⑤本件について逮捕・勾留して取り調べたのと同様の取調べが、捜査において許容される被疑者の逮捕・勾留期間を超えて行われていないか、⑥本件についての証拠、とくに客観的証拠の収集程度、⑦本件に関する捜査の重点が被疑者の供述（自白）を追求する点にあったか、物的資料や被疑者以外の者の供述を得る点にあったか、⑧取調べ担当者らの主観的意図はどうであったか等の具体的状況を総合して判断するものとされる（福岡高判昭61・4・28）。

（6）　以上のとおり、余罪取調べの限界に関する裁判例には種々のものが並存しているが、今日では、第2ないし第3の立場に依拠するものが主流といってよいであろう。また、近年の裁判例には、第2と第3の裁判例の考え方を併記したうえで、いずれの見解によっても、余罪取調べの違法性が認められるとしたものもみられる（福岡地判平12・6・29）。

なお、仮に本判決が、第3の裁判例が示す基準（令状主義の実質的潜脱の有無）を採用していたとしても、結論に差異は生じなかったであろう。第3の

裁判例が示す上記①～⑧の観点に即して、本件事案を当てはめてみると、①別件たる不法残留と本件たる放火とは、罪質および態様において大きく異なり、その法定刑にも著しい差異があるだけでなく、別件での勾留期間のほとんどが本件の取調べにあてられており、捜査当局は、本件に重点を置いていたといえること、②不法残留と放火の間に関連性はないこと、③別件たる不法滞在については、通常、行政手続（強制退去手続）によって対応することが多く、身体拘束の必要性は低かったこと（被告人を放火犯として突き出した同国の友人らも不法残留であったのに、現に逮捕されていなかったこと）、④別件に関する取調べは勾留3日目までに終了しており、それ以後の勾留期間は本件取調べにあてられていたこと、⑤別件逮捕・勾留後、本件でも逮捕・勾留（23日間）しており、別件での第1次勾留中から本件について逮捕・勾留して取り調べたのと同様の取調べを行っていたことからすると、法が許容する期間（23日）を超えていること、⑥本件についての客観的証拠はほとんど収集されていなかったこと、⑦本件に関する捜査は、「ただやみくもに自白を迫り」、被疑者の供述（自白）を追求することに重点があったこと、⑧取調べ担当者らにおいて、別件逮捕の当初から、本件取調べの目的を有していたことなどが認められる。それゆえ、本事案における余罪取調べは、令状主義を実質的に潜脱する違法なものであったと評価されたであろう。

結局、本判決の事実認定を前提とする場合、いかなる立場によろうとも、本件自白調書の証拠能力が否定されるという結論はおそらく変わらなかったと思われる。身体拘束の適否に関し、別件基準説的な立場によって、第1次逮捕・勾留が適法と判断されたとしても、本事案における余罪取調べは、余罪につき取調べ受忍義務を課した違法な取調べ、あるいは、令状主義を実質的に潜脱する違法な取調べと認定されざるをえなかったと思われるからである。

（7）　なお、余罪取調べの限界に関する裁判例の主流といえる第2・第3の見解に対しては、本来、強制処分たる身体拘束処分を規律する「事件単位の原則」や「令状主義の原則」によって、なぜ「取調べ」が規制されうるのか、という理論上の疑問も提起されている。

この点、第2の見解に依拠する裁判例は、逮捕・勾留の法的効果として取調べ受忍義務が生じることを認めるため、受忍義務が生じる範囲も事件単位の

原則によって規制されるという論理は、いちおう成立しうるであろう。しかし、身体拘束の基礎となる被疑事実について取調べ受忍義務を認めること自体、黙秘権を保障し、取調べ目的での身体拘束を予定していない現行法の立場と矛盾するとの批判はなお妥当しよう。

また、第3の見解に依拠する裁判例に関しては、たしかに、判文上、令状主義の実質的潜脱があれば、そのまま余罪取調べが違法となるかのように解しているようにも読めるが、令状主義の実質的潜脱によって違法とされたのは、別件による「身体拘束処分」であって、その結果、違法な身体拘束中の取調べとなる余罪取調べが違法とされたものと理解することも可能であろう。

（石田 倫識）

26 再逮捕・再勾留の可否

📖 養育院前派出所爆弾事件
東京地決昭和47[1972]年4月4日刑月4巻4号891頁【LEX/DB27940463】
〈関連判例〉
浦和地決昭和48[1973]年4月21日刑月5巻4号874頁【27940602】［加須警察署再逮捕事件］
仙台地決昭和49[1974]年5月16日判タ319号300頁　【27940726】［宮城常習賭博事件］
最2小決平成30[2018]年10月31日判時2406号70頁　【25449783】

1 事実の概要

被疑者Xは、5件の爆発物取締罰則違反事件について、昭和47年1月7日に逮捕され、同月9日の勾留請求により勾留され、その後勾留延長がなされた。Xは、犯行を否認しており、Xの犯行を具体的に証明しうる証拠資料も得られなかったため、勾留期間満了日である同月28日に釈放された。

ところが、その後の捜査によって、Aが上記事件のうち1件（養育院前派出所爆弾事件）に関与している疑いが濃厚となり、同年3月4日、Aを取り調べたところ、AがXおよびBと共謀して実行したと自白した。捜査機関は、Xが本件犯行の責任者かつ実行行為者であることが明白になったとして、Xを当該事件の被疑事実で再逮捕した。これに引き続き、検察官は、Xの勾留を請求した。

原裁判官は、「被疑者に対する同一被疑事実による勾留は、やむを得ない事由があるとすべきときであっても、また、その回数を1回に限らないとしても、勾留期間は通じて20日を超えることができないと解すべきであり（このことは、前の釈放をされた後に、新たな証拠が発見される等の事由が生じた場合でも同一であると解する）本件に関しては、すでに右の20日間の期間の勾留を経ているのであるから、本件の再度の請求を不適法として却下」した。これ

に対して、検察官が準抗告を申し立てた。

2 法の解釈

「思うに同一被疑事件について先に逮捕勾留され、その勾留期間満了により釈放された被疑者を単なる事情変更を理由として再び逮捕・勾留することは、刑訴法が203条以下において、逮捕勾留の期間について厳重な制約を設けた趣旨を無視することになり被疑者の人権保障の見地から許されないものといわざるをえない。しかしながら同法199条3項は再度の逮捕が許される場合のあることを前提にしていることが明らかであり、現行法上再度の勾留を禁止した規定はなく、また、逮捕と勾留は相互に密接不可分の関係にあることに鑑みると、法は例外的に同一被疑事実につき再度の勾留をすることも許しているものと解するのが相当である。そしていかなる場合に再勾留が許されるかについては、前記の原則との関係上、先行の勾留期間の長短、その期間中の捜査経過、身柄釈放後の事情変更の内容、事案の軽重、検察官の意図その他の諸般の事情を考慮し、社会通念上捜査機関に強制捜査を断念させることが首肯し難く、また、身柄拘束の不当な蒸し返しでないと認められる場合に限るとすべきであると思われる。このことは、先に勾留につき、期間延長のうえ

20日間の勾留がなされている本件のような場合についても、その例外的場合をより一層限定的に解すべきではあるが、同様にあてはまるものと解され、また、かように慎重に判断した結果再度の勾留を許すべき事案だということになれば、その勾留期間は当初の勾留の場合と同様に解すべきであり、先の身柄拘束期間は後の勾留期間の延長、勾留の取消などの判断において重視されるにとどまるものとするのが相当だと思われる」。

3 法の適用

「……そこで、本件についてみると、関係記録により、本件事案の重大さ、その捜査経緯、再勾留の必要性等は……申立理由中に記載されているとおりであると認められ、その他、前回の勾留が期間延長のうえその満了までなされている点についても、前回の勾留は本件被疑事実のみについてなされたのではなく、本件を含む相互に併合罪関係にある5件の同種事実……についてなされたものであることなどの点も考慮すると、本件の如き重大事犯につき捜査機関に充分な捜査を尽させずにこれを放置することは社会通念上到底首肯できず、本件について被疑者を再び勾留することが身柄拘束の不当なむしかえしにならないというほかなく、前記の極めて例外的な場合に該当すると認めるのが相当である」。

4 コメント

（1） 同一の被疑者に対して複数の逮捕・勾留がなされるとき、その適法性が問題となる。

同一の被疑者に対して、複数の被疑事実が存在する場合、複数の逮捕・勾留が許されるが、1つの被疑事実が存在する場合、原則、1回の逮捕・勾留しか許されない。被疑者に対する身体拘束は、身体の自由・行動の自由を奪うとともに、拘束されていない場合と比べ、防御活動や公判準備のための弁護人との接見交通に重大な制約が課されるうえ、外部とのコミュニケーションを遮断し、人間関係や仕事・学生生活等への影響を及ぼしかねない点で、重大な不利益処分である。法は、身体拘束期間を厳格に定め、同一の被疑事実について、特段の事情もないのに、逮捕・勾留を繰り返すことによって身体拘束を長期化させることを、原則許さない。この繰り返し禁止には、1つの被疑事実を分割して複数回逮捕・勾留してはならないという意味と、同一の被疑事実について複数回逮捕・勾留してはならないという意味が含まれる（なお、後者は「再逮捕・再勾留の禁止」と呼ばれるが、報道等において、別の被疑事実について同一人物が再び逮捕されたという意味で用いられる「再逮捕」と意味が異なるので注意されたい）。

（2） 「1つの被疑事実」とはどういう意味か。例えば、住居に侵入して窃盗をした被疑事実は、住居侵入罪と窃盗罪に該当するが、実体法上は一罪（牽連犯）と評価される。仮に、倍の身体拘束時間を得るために捜査機関がこれを恣意的に分割することを許せば、上記法の趣旨に反する。それゆえ、「1つの被疑事実」の意味を実体法上一罪と解する見解が支持されている。仙台地決昭49・5・16もこの立場を採る。

（3） このように、実体法上一罪を構成する事実については、常に、逮捕・勾留は1回のみしか許されないのだろうか。

この点について、仙台地決昭49・5・16が参考となる。この事案で問題となったのは、時系列順に、①昭和48年2月1日の賭博、②昭和48年2月3日、4日、14日の賭博、③昭和48年5月初めころの賭博、④昭和48年5月19日の賭博である。まず、被疑者Yは、昭和49年2月18日、賭博被疑事件でP警察署で逮捕・勾留され、同年3月7日、常習賭博（賭博②）等被告事件でJ簡裁に起訴された。その後、Yは、賭博①について取調べを受けた後、同年4月1日に保釈を許可された。その後は、賭博①③について取調べが行われ、いずれも常習賭博としてJ簡裁に訴因の追加的変更請求がなされた。他方、同年1月4日、関係者の供述により賭博④が行われた事実がQ警察署に判明し、同年4月27日になって本件被疑者Yがこれに関与していたことが判明し、逮捕され、K地裁によって勾留決定された。なお、Q警察署による逮捕に係る逮捕状請求書中の刑訴規142条1項8号所定の記載欄には、Yがこれ以前に逮捕・勾留がなされた旨の記載はなかった。この勾留決定に対し、弁護人は、一罪一勾留の原則に反する逮捕・勾留であるとして、勾留の取消しを請求した。

同決定は、「本件常習賭博は、昭和48年5月19日になされたものであり、前記起訴にかかる常習賭博と一罪をなすものであり、その逮捕勾留中に同時に捜査を遂げうる可能性が存したのである（本件は昭和49年1月4日にQ警察署に認知されており、直ちに捜査を行えば本件被疑者を割り出すことは充分可能であったのであり、事件自体が全く認知されていなかった場合とは異なるのである）。従って本件逮捕勾留

は、同時処理の可能性のある常習一罪の一部について の逮捕勾留であるから、一罪一勾留の原則を適用すべきである」と判示し、勾留を取り消した。

　同決定は、P警察署による先の逮捕・勾留中に、賭博④も同時に処理する可能性があったか、という問題を検討している。これは、もし本件のような常習一罪を構成する各事実を分割し各別に逮捕・勾留することを許してしまうと、まず甲事実による逮捕・勾留、次に乙事実による逮捕・勾留というように不当な逮捕・勾留が無制限に繰り返され、法が厳格に身体拘束期間を定めている意味がなくなってしまうため、捜査機関にはこれらを同時に処理することが要請されることに基づく。賭博④について、先行するP警察署による逮捕・勾留以前に、Q警察署は認知しており、直ちに捜査を行えばYを割り出すことは充分可能であったため、同決定は、「事件自体が全く認知されていなかった場合とは異なる」と述べたうえで、同時処理の可能性があることを認めた。

　同決定の射程について、事件が先の逮捕・勾留前にすでに発生していたものの、捜査機関に発覚したのが先の逮捕・勾留後であった場合が問題となる。同決定の「事件自体が全く認知されていなかった場合とは異なる」という表現を反対解釈すると、事件自体が捜査機関に全く認知されていなかった場合には、同時処理は現実的に（事実上）不可能であると読めそうである。

　しかし、捜査機関側に判明していたかどうかという基準は、捜査機関側の事情次第である点で不明確であり、基準として適当とはいい難い。この点について、事件が先の逮捕・勾留の時点ですでに発生している以上、同時処理が絶対的に不可能であったとはいえず、捜査のやり方次第で同時処理は可能であるともいえるという見解も有力である。

　(4)　では、同時処理義務の認められる「1つの被疑事実」と判断される場合、それに対して2回以上の逮捕・勾留が行われたら直ちに違法と評価されるのだろうか。

　上述(1)のとおり、同一の被疑事実について複数回逮捕・勾留することは原則許されない。もっとも、例外があると解されている。この点について、上述の仙台地決昭49・5・16も、「本件逮捕勾留は一罪一勾留の原則により適法視しえないものであるが、本件は常習賭博中の一部の事件である関係上、一個の犯罪事実につき再度の逮捕勾留がなされた場合に該

当すると思料されるので、再逮捕勾留の適否が問題となる」と表現しており、直ちに違法であるとは考えていないようである。

　この例外を考えるにあたり、先行する身体拘束が「適法」に終了した後、何らかの事情変更が生じた場合（場合分け1）と、先行する身体拘束が「違法」で、それゆえにその継続を許されずに終了した場合（場合分け2）に分ける。なお本決定の事案は、場合分け1にあたる。

　本決定は、下級審裁判例であるが、「199条3項は再度の逮捕が許される場合のあることを前提にしていることが明らかであり、現行法上再度の勾留を禁止した規定はなく、また、逮捕と勾留は相互に密接不可分の関係にあること」をあげ、再逮捕だけでなく再勾留も例外的に許容される場合があるという立場を採った。

　このうち「199条3項は再度の逮捕が許される場合のあることを前提にしていることが明らかであ」るという点について、まず、再逮捕について、199条3項と刑訴規142条1項8号は、再逮捕を許容する直接の根拠条文ではないが、逮捕状を請求する場合、「同一の犯罪事実についてその被疑者に対し前に逮捕状の請求又はその発付があったとき」は、その旨を逮捕状請求書に記載して裁判官に通知すべきと定める。この趣旨は、同一の犯罪事実に対する逮捕が不当に無制限に繰り返されることを防ぐために、裁判官に審査の手がかりを提供する点にあると解される。それゆえ、逮捕の不当な繰り返しに当たらないのであれば、再逮捕を許容することを想定した規定であるとされる。そのうえで、逮捕前置主義によれば、再勾留の前に、再逮捕が行われる。再勾留の請求を受けた裁判官は、再逮捕時の逮捕状請求書が送られる（刑訴規148条1項）。これによって、裁判官は、これを審査の手がかりとして、勾留が不当に繰り返されることを防ぐことができる。また、上述の再逮捕に関する199条3項および刑訴規142条1項8号の趣旨が、再勾留にもすでに実現されているとみることもできる。これによれば、法は再勾留を一切許容していないと解することはできないと説明される。

　また「逮捕と勾留は相互に密接不可分の関係にあること」という点について、これは、法が、被疑者の勾留には必ず逮捕が先行していなければならないとしていることに着目し、逮捕と勾留を被疑者の身体拘束に関する一連の密接不可分の強制処分とする

構造を採っているとみれば、再度の身体拘束について
も、再逮捕が許容されるのであれば、それに続く
再勾留も、これを禁じる規定がない以上、一連の密
接不可分の処分として行い得ることが想定されると
考えたものと思われる。

　本決定も含め、再勾留を許容する例外的場合を認
める見解が一般的であるが、その根拠について疑問
がないわけではない。再度の身体拘束を例外的に許
容する見解の中には、仮に再度の身体拘束を一切許
さないと、身体拘束期間の途中でその理由や必要が
なくなった場合でも、被疑者を直ちに釈放せず、将
来生じるかもしれない事情変更に備えて、できる限
り身体を拘束し続けるという運用がなされるおそれ
があるので、これを防ぐ意義があることを、根拠と
して指摘するものがある。しかし、理由や必要がな
くなった場合に被疑者を釈放することは当然であ
り、再度の身体拘束をその担保とすることには問題
がある。さらに、法が拘束期間の短い逮捕について
再度の逮捕を想定する規定を設けているにもかかわ
らず、より拘束期間が長く被疑者の苦痛も大きい勾
留について一切規定を置いていないことや（もし法
がこれを認めるつもりならば、より一層慎重を期す
ための規定を置いたはずであると考えられる）、例え
ば20日間の勾留期間満了の直前に新証拠が発見され
たとしても法は再延長を認めていないにもかかわら
ず、期間満了による釈放後に発見された場合には再
勾留できるというのは不合理であるという指摘もあ
る。それゆえ、再勾留を一切許容しない見解にも説
得力がある。

　(5)　再勾留が例外的に許される場合が認められう
るとして、具体的にいかなる場合が例外にあたる
か。そして、その判断において、いかなる事実をい
かなる重みをもって評価したらよいか。

　本決定は、再勾留は、「先行の勾留期間の長短、
その期間中の捜査経過、身柄釈放後の事情変更の内
容、事案の軽重、検察官の意図その他の諸般の事情
を考慮し、社会通念上捜査機関に強制捜査を断念さ
せることが首肯し難く、また、身柄拘束の不当なむ
しかえしでないと認められる場合」に例外的に許さ
れると判示した。ここで再勾留の必要性を示す事情
として「事案の軽重」と「検察官の意図」をあげた
うえで、再勾留が許容されるのは「社会通念上捜査
機関に強制捜査を断念させることが首肯し難い」場
合であると表現していることから、本決定は、特に
事案の重大性を重視しているようにみえる。

　しかし、事案の重大性は、再勾留の必要性を示す
考慮要素の1つにすぎないし、また「検察官の意
図」という捜査機関側の主観を考慮することも基準
として不明確であると思われる。また、釈放後に新
たな証拠が見つかったという事情は、再度の身体拘
束の必要性を高める事情の1つではあるが、このこ
とのみで例外的な再度の身体拘束が認められるわけ
ではない。釈放後の新たな事情が、「前の身体拘束
期間中に、捜査機関が適切な捜査を尽くしていれば
明らかにできたはずである」とはいえず、再度の身
体拘束が、被疑者が被る不利益を考慮してもなお、
やむを得ないものといえることが求められる。学説
でも、再度の身体拘束の要件について、①前の身体
拘束の終了後に新たに重要な証拠の発見があり、将
来の公判への出頭確保とその新たな証拠から判明し
た事実に関連する証拠について罪証隠滅の可能性が
認められ、再びその身体を拘束する必要性が生じた
こと、②事情変更によって基礎付けられる再度の身
体拘束の必要性とこれによって被疑者が被る不利益
とのバランスがとれていること、③再度の身体拘束
が、逮捕・勾留の不当な繰り返し（蒸し返し）に当
たらないこと、という3つの要件をみたす必要があ
ると整理されている。

　そこで本件事実関係をみると、先行する身体拘束
が、先の勾留が延長を経て20日間に及んだ後に勾留
期間満了で終了した事案で、被疑者が被る不利益が
特に重大であった点に、本件の特徴がある。「先行
の勾留期間の長短」は、本決定も考慮要素の第1に
あげているように、再度の身体拘束が「不当な」繰
り返しであるかを判断する際に、特に重視すべき事
情であり、それは通常の逮捕・勾留よりも高い必要
性がなければその相当性は認められず、かつ、先行
の身体拘束期間が長いほど、被疑者の不利益は大き
いため、その判断も厳格に行うべきである。ところ
が、本決定は、先の勾留が延長を経て20日間に及ん
だ後に勾留期間満了で終了した本件について、再勾
留を許容した。その理由について、考慮事情として
「前回の勾留は本件被疑事実のみについてなされた
のではなく、本件を含む相互に併合罪関係にある5
件の同種事実……についてなされたものであるこ
と」が挙げられていることから、事件単位で1件ず
つ逮捕・勾留できたにもかかわらず、本件ではそれ
をしなかったという事情が考慮された可能性がある
との見方が示されている。

　しかし、法は、前の勾留が延長を経て20日（また

は25日）に及んだ場合、いかなる勾留の理由や必要
があっても、その継続を認めていない。もしこの場
合に再度の身体拘束を認めれば、実質的に、法が認
めていない勾留の再延長を認めることに等しくな
る。また、本決定が再勾留を認めた理由は、養育院
前派出所爆弾事件について共犯者の自白が得られ、
犯罪の嫌疑が強まったことにあるが、この共犯者の
自白について、前の身体拘束中の捜査で明らかにで
きなかったことがやむを得ないといいうるかについ
ても疑問が残ると指摘されている。

(6)　これに対して、場合分け２は、前の身体拘束
手続に捜査機関による「違法」行為がある点で場合
分け１と異なる。この場合に再度の身体拘束が認め
られると、結果的に、被疑者の身体拘束時間は、違
法がなかった場合に比して結果的に長くなりうる。
とくに、先の身体拘束期間と再度のそれとの合計
が、法によって厳格に定められている時間制限を超
過する場合、被疑者が負う不利益は重大である。裁
判官は、被疑者にさらなる身体拘束という重大な不
利益を負わせることで捜査機関の違法行為をフォ
ローすることについて正当化する理由が認められる
かどうかを慎重に判断しなければならない。

この問題について、浦和地決昭48・4・21が参考と
なる。被疑者Ｚは、強盗致傷事件により緊急逮捕さ
れた。しかし、緊急逮捕状の請求が、警察署に引致
されてから５時間30分後であったため、「直ちに」
(210条) 逮捕状を求める手続をとらなかったとし
て、緊急逮捕状の請求は却下された。このままで
は、犯罪の嫌疑や逃亡・罪証隠滅の可能性が消滅し
た等の変化がないにもかかわらず、捜査機関は、Ｚ
の身体を拘束した状態での捜査を継続できなくなっ
てしまう。そこで、司法警察員は、同一被疑事実に
ついて、今度は通常逮捕状を請求し、その発付を得
た。司法警察員が裁判所から警察署に戻ってから５
分後、Ｚは、留置場から出され手錠を外され、警察
署内の長椅子に宿直用毛布を与えられた。この際、
Ｚは、釈放する旨を告げられなかった。その５分
後、Ｚは、通常逮捕状に基づき、警察署前の路上で
再逮捕された。その後、検察官が、勾留請求をし
た。これに対し、原裁判は、緊急逮捕に基づく逮捕
状の請求が「直ちに」の要件を欠くとして却下され
た場合には、その後に特別の事情変更が存しない限
り通常逮捕も許されないところ、本件の通常逮捕状
に基づく再逮捕には上記にいう特別の事情変更が
あったものとは認められないなどとして、本件勾留

請求を却下した。検察官が原裁判に対して準抗告を
申し立てたが、同決定はこれを棄却した。

まず、同決定は、199条３項を指摘し、同一犯罪
事実の再逮捕は可能であるとした。しかし、これを
無制限に許すと、厳格な時間的制約を設けた法の趣
旨が没却される。そこで、例外的に許容される場合
について、「緊急逮捕に基づく逮捕状の請求が『直
ちに』の要件を欠くものとして却下されたもののな
お逮捕の理由と必要性の存する場合には『直ちに』
といえると考えられる合理的な時間を超過した時間
が比較的僅少であり、しかも右の時間超過に相当の
合理的理由が存し、しかも事案が重大であつて治安
上社会に及ぼす影響が大きいと考えられる限り、右
逮捕状請求が、却下された後、特別の事情変更が存
しなくとも、……再逮捕を許すべき合理的な理由
が、存するというべく、通常逮捕状に基づく再逮捕
が許される」と判示した。

この事案では、被疑者が緊急逮捕されてから緊急
逮捕状が請求されるまで５時間30分経過している
が、警察署（逮捕後の引致場所）と裁判所間の「距
離的関係に加えて本件事案の重大性、性質等に鑑み
れば、本件の緊急逮捕に基づく逮捕状発付の請求が
『直ちに』されたものでないとしてもその超過時間
は比較的僅少であると認められ、またその間被疑者
は逃亡中の他の共犯者を緊急に逮捕するべくその割
り出しのための取調べを受けていたものであって、
捜査機関には制限時間の趣旨を潜脱する意思は勿論
なく、右時間超過には一応の合理的理由の存したこ
とが窺われる。しかも、本件は５人の共犯者による
４人の被害者に対する強盗致傷の事案で重大であ
り、社会に及ぼす影響も大きいと考えられる」とし
て、通常逮捕状の発付は適法であると判断した。

なお、そのうえで、同決定は、今回の釈放手続に
ついて、緊急逮捕状の請求が却下された場合、被疑
者を直ちに釈放しなければならないのに（210条１
項）、被疑者を釈放しないまま通常逮捕状によって
再逮捕した違法があるとして、勾留請求を却下し
た。

同決定の事案は、捜査機関による違法行為が原因
で先の身体拘束が終了している。再度の身体拘束を
例外的に許容するか否かを判断する際、その違法の
内容・程度がポイントとなる。本件では、緊急逮捕
後に「直ちに」裁判官の逮捕状を求める手続をしな
かったという違法を重大なものと評価するかどうか
がポイントであった。これについて、同決定は、

「直ちに」といえると考えられる合理的な時間からの超過の程度が比較的僅少であること、時間超過の理由、事案の重大性等を考慮し、これを重大な違法と評価していないようである。

しかし、緊急逮捕は、そもそも合憲性の点で議論があり、実務上も極めて厳しい要件のもとで許容されていることに鑑みると、緊急逮捕後に「直ちに」司法審査を受けなかったという違法は重大である。本件で再逮捕のための通常逮捕状請求を受けた裁判官も、先の緊急逮捕状の請求が「直ちに」なされたものではなく違法であると判断している。再逮捕のための逮捕状を発付すべきではなかったと思われる。

（7）　最後に、上記(3)で触れた同時処理義務について、補足する。最決平30・10・31が、併合罪関係にある（実体法上一罪の関係にない）被疑事実に関する、身体拘束された状態での捜査の同時処理義務の有無について判断した。本件では、税関検査で大麻が発見され、クリーン・コントロールド・デリバリーが実施されたところ、被疑者は、規制薬物として取得した大麻代替物所持の被疑事実により勾留され、その後、大麻の営利目的輸入の被疑事実で本件勾留請求がされた。同決定は、「原決定が、本件勾留の被疑事実である大麻の営利目的輸入と、本件勾留請求に先立つ勾留の被疑事実である規制薬物として取得した大麻の代替物の所持との実質的同一性や、両事実が一罪関係に立つ場合との均衡等のみから、前件の勾留中に本件勾留の被疑事実に関する捜査の同時処理が義務付けられていた旨説示した点は是認できないが、いまだ同法411条を準用すべきものとまでは認められない」と判示し、勾留を認めた原々裁判を取り消して勾留を却下した原審に対する検察官による特別抗告を棄却している（三浦守裁判官の補足意見が付されている）。

（松倉 治代）

27　接見指定の合憲性・適法性

📖 安藤・斎藤事件
　最大判平成11[1999]年3月24日民集53巻3号514頁【LEX/DB28040615】
　〈関連判例〉
　　最1小判昭和53[1978]年7月10日民集32巻5号820頁　【27000237】［杉山事件］
　　最3小判平成3[1991]年5月10日民集45巻5号919頁　【27808497】［浅井事件］
　　最3小判平成12[2000]年6月13日民集54巻5号1635頁　【28051168】［第二内田事件］
　　最3小判平成16[2004]年9月7日判時1878号88頁　【28092356】［第二若松事件］

1 事実の概要

　AとBは、被疑者Xの弁護人であった。被疑者Xは、昭和62年12月4日に恐喝未遂容疑で逮捕され、翌日から勾留され、併せて接見禁止決定を受けた。

　Aは検察官に対し、12月9日、10日に電話で接見を申し入れたが、検察官は接見指定書を検察庁まで取りに来ることを求めた。そこで、Aは、裁判所に検察官がした一般的指定処分の取消しを求める準抗告を申立て、これが認容された。

　これを受けて、Aは、検察官に対して12月12日に接見する旨を申入れたが、検察官は、準抗告の認容決定は一般的指定処分を取消したにすぎないとし、接見指定書で指定すると述べたうえ、Aに対して、検察庁に来庁することを求めた。Aは、同日、Xの勾留場所に直接赴き、準抗告認容決定を示して接見を求めたが、接見することはできなかった。そこで、Aは、同日、再度裁判所に準抗告を申し立て、これが認容されたが、検察官は、なお、接見指定書を来庁して受領することを求めた。

　AはBとともに検察庁に赴き、接見時間を1時間にすることや、口頭で指定することを求めるなどして1時間以上交渉したものの、検察官が接見指定書を弁護人らに受領させることに固執したため、やむなく、接見指定書を受領した。その後も検察官は接見指定書を受領することを求め続けたことから、接見指定書を受領したうえでXとの接見が行われた。

　なお、接見指定書により認められた接見は、13日に1時間、17日に45分間、19日に30分間、23日に30

分間であった。

A、Bは、国と福島県に対して、違法に接見を妨害されたとして国家賠償法に基づく損害賠償を請求した。一審の福島地裁郡山支部は、検察官の措置の一部を違法とし、国に損害賠償の支払いを命じた（福島地郡山支判平 2・10・4 判タ751号88頁）。当事者双方が控訴し、仙台高裁は、検察官の措置に違法はなかったとして国の敗訴部分を取り消した（仙台高判平 5・4・14民集53巻 3 号551頁）。

A、Bは上告し、憲法違反に関する上告理由についてのみ、裁判所法10条および最高裁判所事務処理規則 9 条に基づき、大法廷に回付された（論点回付）。本件大法廷判決は、論点回付された上告理由のみに関するものである。

2 法の解釈と適用①

「憲法34条前段は、「何人も、理由を直ちに告げられ、且つ、直ちに弁護人に依頼する権利を与へられなければ、抑留又は拘禁されない。」と定める。この弁護人に依頼する権利は、身体の拘束を受けている被疑者が、拘束の原因となっている嫌疑を晴らしたり、人身の自由を回復するための手段を講じたりするなど自己の自由と権利を守るため弁護人から援助を受けられるようにすることを目的とするものである。したがって、右規定は、単に被疑者が弁護人を選任することを官憲が妨害してはならないというにとどまるものではなく、被疑者に対し、弁護人を選任した上で、弁護人に相談し、その助言を受けるなど弁護人から援助を受ける機会を持つことを実質的に保障しているものと解すべきである。

刑訴法39条 1 項が、「身体の拘束を受けている被告人又は被疑者は、弁護人又は弁護人を選任することができる者の依頼により弁護人となろうとする者（弁護士でない者にあつては、第31条第 2 項の許可があつた後に限る。）と立会人なくして接見し、又は書類若しくは物の授受をすることができる。」として、被疑者と弁護人等との接見交通権を規定しているのは、憲法34条の右の趣旨にのっとり、身体の拘束を受けている被疑者が弁護人等と相談し、その助言を受けるなど弁護人等から援助を受ける機会を確保する目的で設けられたものであり、その意味で、刑訴法の右規定は、憲法の保障に由来するものであるということができる」

3 法の解釈と適用②

「憲法は、刑罰権の発動ないし刑罰権発動のための捜査権の行使が国家の権能であることを当然の前提とするものであるから、被疑者と弁護人等との接見交通権が憲法の保障に由来するからといって、これが刑罰権ないし捜査権に絶対的に優先するような性質のものということはできない。そして、捜査権を行使するためには、身体を拘束して被疑者を取り調べる必要が生ずることもあるが、憲法はこのような取調べを否定するものではないから、接見交通権の行使と捜査権の行使との間に合理的な調整を図らなければならない。憲法34条は、身体の拘束を受けている被疑者に対して弁護人から援助を受ける機会を持つことを保障するという趣旨が実質的に損なわれない限りにおいて、法律に右の調整の規定を設けることを否定するものではないというべきである。」

「刑訴法39条は、前記のように 1 項において接見交通権を規定する一方、3 項本文において、「検察官、検察事務官又は司法警察職員（司法警察員及び司法巡査をいう。以下同じ。）は、捜査のため必要があるときは、公訴の提起前に限り、第 1 項の接見又は授受に関し、その日時、場所及び時間を指定することができる。」と規定し、接見交通権の行使につき捜査機関が制限を加えることを認めている。この規定は、刑訴法において身体の拘束を受けている被疑者を取り調べることが認められていること（198条 1 項）、被疑者の身体の拘束については刑訴法上最大でも23日間（内乱罪等に当たる事件については28日間）という厳格な時間的制約があること（203条から205条まで、208条、208条の 2 参照）などにかんがみ、被疑者の取調べ等の捜査の必要と接見交通権の行使との調整を図る趣旨で置かれたものである。そして、刑訴法39条 3 項ただし書は、「但し、その指定は、被疑者が防禦の準備をする権利を不当に制限するようなものであつてはならない。」と規定し、捜査機関のする右の接見等の日時等の指定は飽くまで必要やむを得ない例外的措置であって、被疑者が防御の準備をする権利を不当に制限することは許されない旨を明らかにしている。」

「このような刑訴法39条の立法趣旨、内容に照らすと、捜査機関は、弁護人等から被疑者との接見等の申出があったときは、原則としていつでも接見等の機会を与えなければならないのであり、同条 3 項本文にいう「捜査のため必要があるとき」とは、右接見等を認めると取調べの中断等により捜査に顕著

な支障が生ずる場合に限られ」る。

「弁護人等から接見等の申出を受けた時に、捜査機関が現に被疑者を取調べ中である場合や実況見分、検証等に立ち会わせている場合、また、間近い時に右取調べ等をする確実な予定があって、弁護人等の申出に沿った接見等を認めたのでは、右取調べ等が予定どおり開始できなくなるおそれがある場合などは、原則として右にいう取調べの中断等により捜査に顕著な支障が生ずる場合に当たると解すべきである」

4 法の解釈と適用③

「（接見指定の）要件が具備され、接見等の日時等の指定をする場合には、捜査機関は、弁護人等と協議してできる限り速やかな接見等のための日時等を指定し、被疑者が弁護人等と防御の準備をすることができるような措置を採らなければならないものと解すべきである」

5 法の解釈と適用④

「刑訴法は、身体の拘束を受けている被疑者を取り調べることを認めているが、被疑者の身体の拘束を最大でも23日間（又は28日間）に制限しているのであり、被疑者の取調べ等の捜査の必要と接見交通権の行使との調整を図る必要があるところ、（一）刑訴法39条3項本文の予定している接見等の制限は、弁護人等からされた接見等の申出を全面的に拒むことを許すものではなく、単に接見等の日時を弁護人等の申出とは別の日時とするか、接見等の時間を申出より短縮させることができるものにすぎず、同項が接見交通権を制約する程度は低いというべきである。また、前記のとおり、（二）捜査機関において接見等の指定ができるのは、弁護人等から接見等の申出を受けた時に現に捜査機関において被疑者を取調べ中である場合などのように、接見等を認めると取調べの中断等により捜査に顕著な支障が生ずる場合に限られ、しかも、（三）右要件を具備する場合には、捜査機関は、弁護人等と協議してできる限り速やかな接見等のための日時等を指定し、被疑者が弁護人等と防御の準備をすることができるような措置を採らなければならないのである。このような点からみれば、刑訴法39条3項本文の規定は、憲法34条前段の弁護人依頼権の保障の趣旨を実質的に損なうものではない」

「刑訴法39条3項本文が被疑者側と対立する関係

にある捜査機関に接見等の指定の権限を付与している点も、刑訴法430条1項及び2項が、捜査機関のした39条3項の処分に不服がある者は、裁判所にその処分の取消し又は変更を請求することができる旨を定め、捜査機関のする接見等の制限に対し、簡易迅速な司法審査の道を開いていることを考慮すると、そのことによって39条3項本文が違憲であるということはできない。」

6 コメント①

（1）**憲法と接見交通権** 法39条は、1項で被疑者と弁護人等との自由な接見交通権を保障し、2項に法令による、被告人または被疑者の逃亡、罪証の隠滅、または、戒護に支障のある物の授受を防ぐための制限、3項で捜査機関による捜査の必要性に基づく日時、場所等の制限である接見指定を規定する。法の構造からすると、原則が自由かつ秘密の接見交通権が認められることであり、例外的に制限しうることとなる。

しかし、接見交通権は、実務の運用によって、法制定直後から原則と例外とが逆転する状況が継続してきた。身体拘束を受けた被疑者等にとって、弁護人等との接見交通権が保障されていることは、防御権を実質的に行使するための大前提である。本件では、接見指定の違憲性が争われ、その前提として、接見交通権が憲法により直接保障される権利なのか、その法的性質が問題とされた。

まず、本判決は、憲法34条前段の目的を、「身体の拘束を受けている被疑者が、拘束の原因となっている嫌疑を晴らしたり、人身の自由を回復するための手段を講じたりするなど自己の自由と権利を守るため弁護人から援助を受けられるようにすること」であるとした。そのうえで、憲法34条前段の保障の意義について、官憲が弁護人選任を妨害してはならないという消極的な意義を有するにとどまらず、身体の拘束を受けた被疑者が弁護人に相談し、その助言を受けるなど弁護人から援助を受ける機会を持つことを「実質的に保障」しているものと解すべきとした。

刑訴法39条1項が憲法34条前段と関連することは、杉山事件（最判昭53・7・10）ですでに述べられ、また、浅井事件（最判平3・5・10）では、刑訴法39条1項は「憲法上の保障に由来する」とされた。本判決は、憲法と接見交通権との関係をより詳細に述べたものといえる。もっとも、憲法34条前段

に「由来する」というのが、具体的にいかなる意味なのかは、必ずしも明らかとはいえない。

(2) 上告人らは、接見交通権が法律によっても制限し得ない憲法上の権利であると主張していた。憲法34条を含む憲法31条以下に規定された被疑者・被告人の手続上の権利は、刑罰権の発動や捜査権の行使が認められることを当然の前提とし、これを制約するものとして規定されており、これを再度捜査権の行使等を理由に制約することは許されないという論理である。本判決が、捜査権の行使と接見交通権の行使との間の合理的調整を認めていることからすると、上記の主張は排斥されたことになり、本判決が用いた憲法34条に「由来する」という文言からも、接見交通権は憲法が直接保障する権利であるとの位置付けはしなかったとも評価しうる。

もっとも、接見交通権の保障が、身体拘束を受けた被疑者・被告人の防御権の行使の大前提であることからすれば、接見交通権が認められない制度は憲法34条前段の許容するところではないという意味では、接見交通権の保障は憲法34条前段の保障の範囲に含まれるという理解もありえよう。

(3) いずれにせよ、本判決が接見交通権を憲法34条に由来する重要な権利であると明示した意義は大きい。杉山事件では、「弁護人等との接見交通権は、身体を拘束された被疑者が弁護人の援助を受けることができるための刑事手続上最も重要な基本的権利に属するものであるとともに、弁護人からいえばその固有権の最も重要なものの一つ」とされた。

憲法34条が弁護人からの援助を受ける機会を「実質的」に保障するとするならば、原則として自由な接見が認められることが憲法の趣旨に適合するというべきであり、本判決も、結論として、自由な接見の機会が認められることが原則であるとする。

そうすると、かかる重要な権利がいかなる場合に例外的に制限されうるのかが次の問題となる。

[7] コメント②

(1) 本判決は、憲法は刑罰権発動のための捜査権の行使が国家の権能であることを当然の前提としており、接見交通権が憲法に由来する権利であるとしても、接見交通権の行使と捜査権の行使との間に合理的な調整を図らなければならないとした。そして、憲法34条は、身体の拘束を受けている被疑者に対して弁護人から援助を受ける機会を持つことを保障するという趣旨が実質的に損なわれない限りにおいて、調整の規定を設けることを許容するとした。

そして、接見指定の要件である39条3項の「捜査のため必要があるとき」とはいかなる場合かについて次のように述べた。

「捜査機関は、弁護人等から被疑者との接見等の申出があったときは、原則としていつでも接見等の機会を与えなければならないのであり、同条3項本文にいう『捜査のため必要があるとき』とは、右接見等を認めると取調べの中断等により捜査に顕著な支障が生ずる場合に限られ」る。

本判決が、39条3項が、被疑者の取調べ等の捜査の必要と接見交通権の行使との調整を図る趣旨の規定であるとし、その根拠を、198条1項が身体を拘束された被疑者の取調べを認めていること、身体拘束期間が法定されていることに求めていることからすれば、身体拘束に厳格な時間的制約がなされる中で1つしかない被疑者の身体の利用をめぐって調整の必要があることを接見指定がなされる根拠としていると解される。上記基準に続けて、本判決が「捜査のため必要があるとき」の具体例として、捜査機関が現に被疑者を取調べ中である場合や実況見分、検証等に立ち会わせている場合、また、間近い時に右取調べ等をする確実な予定があって、弁護人等の申出に沿った接見等を認めたのでは、取調べ等が予定どおり開始できなくなるおそれがある場合など、被疑者が捜査の場に存在することが求められている場合をあげていることからも、被疑者の身体の利用の調整を接見指定の根拠としていると理解できる。本判決が「捜査のため必要があるとき」に罪証隠滅の防止等のより広い捜査の必要性も含ませていると理解することは困難であろう。

もっとも、本判決の示した「捜査に顕著な支障」が生ずる場合には、広く取り調べの予定がある場合等も含まれるため、直ちに接見をする必要性が高い場合にいかなる措置を取るべきかは、39条3項の問題とされることとなった。

(2) 本判決が示した基準は、原則と例外が逆転した実務の実態に照らせば、接見交通権の実質的保障を実現する方向に踏み出したものと評価できる。

現行法の制定直後から、実務では、検察官が、あらかじめ、捜査のため必要があるので、被疑者と弁護人等との接見または書類もしくは物の授受に関し、その日時、場所および時間を別に発すべき指定書のとおり指定する旨の書面、いわゆる一般的指定書を作成し、謄本を被疑者、弁護人、被疑者が収容

されている監獄の長等に交付しておき、弁護人から接見等の要求があった時には、接見の日時、時間、場所を記載したいわゆる具体的指定書を交付し、これを監獄に持参しない限り弁護人と被疑者を接見させない扱いとなっていた。このような、法の原則と例外とを逆転させる運用の中、多くの国賠訴訟が提起されるなどし、その結果、1988（昭和62）年に一般的指定書は廃止された。

しかし、その後、同年の通達に基づき、監獄の長等に対して、捜査のため必要があるときは、その日時、場所および時間を指定することがあるので通知する旨の文書が交付されるようになった（いわゆる「通知事件」制度）。この通知がある事件について弁護人から接見の申出があった場合には、その都度個別に指定の要否について判断し、接見指定の方法も、具体的指定書を交付する方法の他、口頭、電話、ファクシミリの使用などの方法が取られるようになった。

2008年最高検および警察庁の通達では、「取調べ中の被疑者について弁護人等から接見の申出があった場合、できる限り早期に接見の機会を与えるようにし、遅くとも、直近の食事又は休憩の際に接見の機会を与えるよう配慮する」とされ、接見の機会の保障を巡る争いの数自体は減少してきているとされる。さらに、2019年の通達は、実況見分、検証等に現に立ち会わせている場合と異なり、取調べに関しては、間近いときに予定があっても、当該取調べが予定どおり開始できる範囲で接見時間の調整が可能な場合にはその機会を与えるよう配慮するほか、現に取調べ中であっても、遅くとも直近の食事または休憩の際に接見の機会を与えるよう配慮することなど、これまで以上に柔軟な対応がとられるよう求めている。実務の現状の方が本判決より39条1項の接見が自由にできるという原則を尊重しているとも評価できる。

8 コメント③

(1) 「（接見指定の）要件が具備され、接見等の日時等の指定をする場合には、捜査機関は、弁護人等と協議してできる限り速やかな接見等のための日時等を指定し、被疑者が弁護人等と防御の準備をすることができるような措置を採らなければならないものと解すべきである。」とされた。

すなわち、接見交通権が侵害されたかどうかを判断するためには、まず、接見指定の要件が具備され

ているかが確認される。そして、接見指定の要件が具備されているとしても、39条3項ただし書は「防禦の準備をする権利を不当に制限するようなものであってはならない」と規定するのであるから、速やかに接見を実施するための措置が取られているかどうかが問題とされることとなる。

(2) 本判決の基準は、杉山事件（最判昭53・7・10）の示した基準を踏襲したものであった。杉山事件は、弁護人が、昭和40年4月25日午後4時30分ころ、威力業務妨害等により逮捕された被疑者と接見するために警察署を訪れ、接見の申出をしたが、取り調べ担当の警察官が直ちに接見することを認めず、結局弁護人が被疑者と接見することができたのは約4時間後の同日午後8時25分から35分までの10分間となった事案である。

控訴審では、取調べ担当の警察官が、直ちに接見指定の権限のある捜査官に取り次いで接見指定を受け、これを弁護人に告知するなどの措置をすることなく接見を拒否した行為を違法とした。これに対し、最高裁は、接見の申入れがなされた時点では現に取り調べ中であったことから、接見指定の要件が具備されていたこと、また、取調べ担当官が、弁護人に対し、弁護人に直接接見指定の権限のある捜査官の指定を受けてもらうなどと返答していたことなどから、取調べ担当官の行為を違法であるとはいえないとし、原判決を破棄し、さらに審理を尽くさせる必要があるとして事件を原審に差戻した。

(3) 間近い時期の取調べの予定が、接見指定の要件が具備される場合として例示されたことは、その後の複数の事案で問題となった。浅井事件（最判平3・5・10民集45巻5号919頁）の事案の概要は下記の通りである。名古屋市内に事務所を構える弁護士Aは、昭和48年10月4日午後0時40分ころ魚津警察署に赴き、被疑者との接見等を申し出たが、担当警察官は、Aに対して、検察官に対応について指示を仰いだうえで、富山地方検察庁の検察官から指定書の交付を受け持参しなければ接見させることはできないと告げた。Aは、魚津警察署から富山地方検察庁までは往復2時間以上もかかるのであるから、現に取調べ中でなければ被疑者と接見させるべきであると申し入れたが、警察官は応じなかった。その後、Aは、午後1時過ぎころ魚津警察署を退去した。なお、当日は昼過ぎころから被疑者の取調べが予定されていたが、接見の申出時点では取調べは行われていなかった。取調べ担当官は、Aが指定書を持参し

て接見のため来署することを予想し、その日は取調べをしなかった。

最高裁は、「間近い時に右取調べ等をする確実な予定があって、弁護人等の必要とする接見等を認めたのでは、右取調べ等が予定どおり開始できなくなるおそれがある場合も含むものと解すべきである。」としたうえで、接見指定の要件がある場合であっても、39条3項ただし書の要請から、「弁護人等ができるだけ速やかに接見等を開始することができ、かつ、その目的に応じた合理的な範囲内の時間を確保することができるように配慮すべきである。そのため、弁護人等から接見等の申出を受けた捜査機関は、直ちに、当該被疑者について申出時において現に実施している取調べ等の状況又はそれに間近い時における取調べ等の予定の有無を確認して具体的指定要件の存否を判断し、右合理的な接見等の時間との関連で、弁護人等の申出の日時等を認めることができないときは、改めて接見等の日時等を指定してこれを弁護人等に告知する義務があるというべきである。」とした。もっとも、捜査機関の指定の方法は合理的な裁量に委ねられており、「その方法が著しく合理性を欠き、弁護人等と被疑者との迅速かつ円滑な接見交通が害される結果になるようなときには、それは違法なものとして許されない」とした。

そのうえで、本件では取調べの確実な予定があり、接見指定の要件が具備されていたことは認めつつ、移動に2時間を要する検察庁に接見指定書を取りに来ることを求めた接見指定の方法が著しく合理性を欠き違法なものであったとした。

本件には、裁判官坂上壽夫の補足意見が付されている。「捜査機関が、弁護人等の接見申出を受けた時に、現に被疑者を取調べ中であっても、その日の取調べを終了するまで続けることなく一段落した時点で右接見を認めても、捜査の中断による支障が顕著なものにならない場合がないとはいえないと思われるし、また、間近い時に取調べをする確実な予定をしているときであっても、その予定開始時刻を若干遅らせることが常に捜査の中断による支障が顕著な場合に結びつくとは限らないものと考える。したがって、捜査機関は、接見等の日時等を指定する要件の存否を判断する際には、単に被疑者の取調状況から形式的に即断することなく、右のような措置が可能かどうかについて十分検討を加える必要があり、その指定権の行使は条理に適ったものでなければならない。」

重大事件の場合には、午前、午後ともに取調べの予定があることは珍しくないことからすると、取調べの予定があることを形式的に接見指定の要件具備と判断することは、常に接見指定の要件は具備されているとの帰結を招く場合がある。補足意見のように実質的な捜査の支障を考慮する方が望ましいが、そもそも、取調べの「予定」があることを捜査に顕著な支障がある場合と類型的に判断すること自体に疑問を呈するべきではないかと思われる。

（4）第二内田事件〔本書28〕は、東京都公安条例違反容疑で現行犯逮捕され警察署に引致された被疑者の弁護人となろうとする弁護士が同被疑者との即時の接見を申し出たところ、司法警察職員が取調べの予定があるなどとしてこれを拒否し、接見の日時を翌日に指定した事件である。初回接見の類型的な重要性から、弁護人となろうとする者と協議し、即時又は近接した時点での接見を認めても捜査に顕著な支障が生じることを避けることが可能であれば、被疑者の引致後直ちに行うべき手続き等を終えた後に、時間を指定したうえで、比較的短時間でも即時または近接した時間での接見を認めるべきであるとした。

確実な取調べの予定が接見指定の要件具備の具体例とされたことにより、多くの場合に接見指定の具備自体は認められてしまうこととなり、接見指定の要件の有無ではなく、39条3項ただし書の趣旨に沿った指定権行使がなされているかどうかが主たる争点となっているように思われる。

（5）第二若松事件（最判平16・9・7）では、接見指定をするまでに要する時間および、一旦開始した接見を中断させることができるかが問題となった。京都弁護士会所属の弁護士Wは、暴力行為等処罰ニ関スル法律違反の容疑で逮捕・勾留されている被疑者甲及び被疑者乙の弁護人であった。いずれの被疑者についても、検察官が「接見等の指定に関する通知書」を被疑者らが身体拘束を受けている各警察署長宛に発していた。

Wは、平成10年7月4日（土曜日）午前9時35分ころ、事前の連絡なしに乙が（留置されている）警察署に赴き、留置係官であるE巡査部長（以下「E留置係官」という。）に対し、被疑者乙との接見を申し出た。検察官が接見指定の照会を受けてから回答するまでに、被疑者乙については約40〜45分間の時間を要した。

また、Wは、平成10年7月16日（木曜日）午前8

時45分ころ、事前の連絡なしに旭警察署に赴き、被疑者甲との接見を申し出、直ちに接見が開始されたが、その直後に指定書を持参していないことを理由に、午前8時50分ころ接見が中断された。検察官に対し、接見指定するかどうかを確認して接見が再開されるまでに、約34分間を要した。

最高裁は、まず、接見指定までに要する時間について次のように述べた。

「弁護人等から接見等の申出を受けた者が、接見等のための日時等の指定につき権限のある捜査機関（以下「権限のある捜査機関」という。）でないため、指定の要件の存否を判断できないときは、権限のある捜査機関に対して申出のあったことを連絡し、その具体的措置について指示を受ける等の手続を採る必要があり、こうした手続を要することにより、弁護人等が待機することになり、又はそれだけ接見等が遅れることがあったとしても、それが合理的な範囲内にとどまる限り、許容されているものと解するのが相当である。そして、接見等の申出を受けた者が合理的な時間の範囲内で対応するために採った措置が社会通念上相当と認められるときは、当該措置を採ったことを違法ということはできない」

「検察官から被疑者との接見等に関して「接見等の指定に関する通知書」が発せられている場合、弁護人等から当該被疑者との接見等の申出を受けた留置係官は、検察官に対して接見等の申出があったことを連絡し、その具体的措置について指示を受ける等の手続を採る必要があるから、接見等のため警察署に赴いた弁護人等は、こうした手続が採られている間待機させられ、それだけ接見等が遅れることとならざるを得ない。そして、前記説示したところによれば、上記通知書を発出した検察官は、上記の手続を要することにより接見等が不当に遅延することがないようにするため、留置係官から接見等の申出があったことの連絡を受けたときは、合理的な時間内に回答すべき義務があるものというべきであり、これを怠ったときは、弁護人等の接見交通権を違法に侵害したものと解するのが相当である。」

続けて、一旦開始された接見を中断させた点について、「弁護人等から接見の申出を受けた留置係官が、「接見等の指定に関する通知書」が発せられているため、検察官に対して接見の申出があったこと

を連絡する等の手続を採る必要があったのに、これを失念し、同手続を採ることなく接見を開始させた後、これに気付いて、同手続を採るために接見を中断させる措置を採ることも、それが接見開始直後にされたものであるなど社会通念上相当と認められるときは、当該措置を採ったことを違法ということはできない」とし、留置係官の措置について違法はないとした。

一旦開始した接見を中止させた点については、裁判官濱田邦夫の反対意見は、①接見開始の直後であっても留置管理官が突然立ち入ることは秘密交通権を侵害するおそれを生じさせ、防御の準備をする権利を不当に制限する、②多数意見の基準が不明確である、③捜査機関側の内部的取り決め違反を被疑者及び弁護人等の時間的かつ心理的な負担において是正するべきではないとして、いったん弁護人等と被疑者とが適法に接見を開始した後においては、特段の事情が存しない限り、留置係官は接見を中断させることはできないと解すべきとしている。

9 コメント④

（1）　憲法34条前段に関して、本判決が刑訴法39条3項を合憲とした根拠は、①接見指定による制限は、接見等の申出の全面的な拒絶ではなく、日時の指定や時間の短縮に止まること（制約の程度の低さ）、②指定権を行使できるのは捜査に顕著な支障が生じる場合に限定されること（制約場面の限定）、③指定権の行使の要件が具備されている場合でも、捜査機関は弁護人等と協議してできる限り速やかな接見等のための日時等を指定し、被疑者が弁護人等と防御の準備をすることができるような措置を採らなければならないとされること（制約の最小化の措置）から、憲法34条前段の弁護人依頼権の保障の趣旨を実質的に損なうものではないとした。

（2）　また、刑訴法39条3項が被疑者側と対立する関係にある捜査機関に接見等の指定の権限を付与している点についても、準抗告（430条1項・2項）により、捜査機関のする接見等の制限に対し、簡易迅速な司法審査がなされることから違憲ではないとの結論を導いた。

（高平 奇恵）

28 逮捕直後の初回接見の申出に対する接見指定の適法性

📖 第二内田事件

最3小判平成12[2000]年6月13日民集54巻5号1635頁【LEX/DB28051168】

〈関連判例〉

最大判平成11[1999]年3月24日民集53巻3号514頁【28040615】［安藤・斎藤事件］〔本書27〕

1 事実の概要

Xは、平成2年10月10日午後3時53分ころ、東京都公安条例違反（デモ行進の許可条件違反）の容疑で現行犯逮捕され、午後4時10分ころ、警察署に引致された。司法警察職員が、午後4時15分ころ上告人市川に犯罪事実の要旨及び弁護人を選任することができる旨を告げ、弁解の機会を与えたところ、Xは、救援連絡センターに登録された弁護士を弁護人に選任する旨述べた。

Aは、救援連絡センターの弁護士であり、午後4時25分ころ、警察署に赴き、午後4時35分ころに捜査主任官の警察官に対して、Xとの即時の接見を申し出たが、警察官は、取調べ中なのでしばらく接見を待ってほしい旨の発言を繰り返し、午後4時40分ころ、いったん署内に引き揚げた。その後、午後5時10分ころ、警察署の玄関口において、警察官は、Aに対し、Xは救援連絡センターの弁護士を弁護人に選任すると言っているから、同センターに電話してAが同センターの弁護士かどうかを確認する、現在Xは取調べ中であるから接見をしばらく待ってほしい旨述べた。

午後5時45分ころ再度玄関口に出て来た警察官は、Aが救援連絡センターの弁護士であることは確認できたが、Xは取調べ中なので接見させることができない、接見の日時を翌日午前10時以降に指定する旨を告げたことから、Aは、午後6時ころ、築地署の玄関前から引き揚げた。

Xは午後6時15分頃夕食を終えたが、その後取調べは実施されなかった。

2 法の解釈

「弁護人等の申出に沿った接見等を認めたのでは捜査に顕著な支障が生じるときは、捜査機関は、弁護人等と協議の上、接見指定をすることができるのであるが、その場合でも、その指定は、被疑者が防御の準備をする権利を不当に制限するようなものであってはならないのであって（刑訴法39条3項ただし書）、捜査機関は、弁護人等と協議してできる限り速やかな接見等のための日時等を指定し、被疑者が弁護人等と防御の準備をすることができるような措置を採らなければならないものと解すべきである。」

「とりわけ、弁護人を選任することができる者の依頼により弁護人となろうとする者と被疑者との逮捕直後の初回の接見は、身体を拘束された被疑者にとっては、弁護人の選任を目的とし、かつ、今後捜査機関の取調べを受けるに当たっての助言を得るための最初の機会であって、直ちに弁護人に依頼する権利を与えられなければ抑留又は拘禁されないとする憲法上の保障の出発点を成すものであるから、これを速やかに行うことが被疑者の防御の準備のために特に重要である。したがって、右のような接見の申出を受けた捜査機関としては、前記の接見指定の要件が具備された場合でも、その指定に当たっては、弁護人となろうとする者と協議して、即時又は近接した時点での接見を認めても接見の時間を指定すれば捜査に顕著な支障が生じるのを避けることが可能かどうかを検討し、これが可能なときは、留置施設の管理運営上支障があるなど特段の事情のない限り、犯罪事実の要旨の告知等被疑者の引致後直ちに行うべきものとされている手続及びそれに引き続く指紋採取、写真撮影等所要の手続を終えた後において、たとい比較的短時間であっても、時間を指定した上で即時又は近接した時点での接見を認めるようにすべきであり、このような場合に、被疑者の取調べを理由として右時点での接見を拒否するような指定をし、被疑者と弁護人となろうとする者との初回の接見の機会を遅らせることは、被疑者が防御の準備をする権利を不当に制限するものといわなければならない。」

3 法の適用

「本件申出は、午後4時35分ころから午後5時45分ころまで継続していたものというべきところ、上告人市川について、午後5時28分ころの夕食開始まで取調べがされ、夕食後も取調べが予定されていたというのであるから、本件申出時において、現に取調べ中か又は間近い時に取調べが確実に予定されていたものと評価することができ、したがって、上告人Aと上告人Xとの自由な接見を認めると、右の取調べに影響し、捜査の中断等による支障が顕著な場合に当たるといえないわけではなく、Y課長が接見指定をしようとしたこと自体は、直ちに違法と断定することはできない。

しかしながら、前記事実関係によれば、本件申出は、上告人Xの逮捕直後に同上告人の依頼により弁護人となろうとする上告人Aからされた初めての接見の申出であり、それが弁護人の選任を目的とするものであったことは明らかであって、上告人市川が即時又は近接した時点において短時間でも上告人内田と接見する必要性が大きかったというべきである。しかも、上告人Xは、救援連絡センターの弁護士を選任する意思を明らかにし、同センターの弁護士である上告人Aが現に築地署に赴いて接見の申出をしていたのであるから、比較的短時間取調べを中断し、又は夕食前の取調べの終了を少し早め、若しくは夕食後の取調べの開始を少し遅らせることによって、右目的に応じた合理的な範囲内の時間を確保することができたものと考えられる。

他方、上告人Xの取調べを担当していたK巡査部長は、同上告人の夕食終了前、逮捕現場での実況見分の応援の依頼を受けて、夕食後の取調べについて他の捜査員の応援を求める等必要な手当てを何らしないまま、にわかに右実況見分の応援に赴き、そのため、夕食終了後も同上告人の取調べは行われず、同巡査部長が築地署に戻った後も、同上告人の取調べは全く行われないまま中止されたというのであって、このような同上告人に対する取調べの経過に照らすと、取調べを短時間中断し、夕食前の取調べの終了を少し早め、又は夕食後の取調べの開始を少し遅らせて、接見時間をやり繰りすることにより、捜査への支障が顕著なものになったとはいえないというべきである。原判決は、上告人Xの態度いかんによっては夕食後同上告人に実況見分への立会いを求める可能性があり、場合によっては同上告人の取調べが留置人の就寝時間に食い込む可能性があったこ

となどを指摘するが、そのような可能性があったというだけでは、現に築地署に赴いて接見を申し出ている上告人Aと上告人Xとの当日の接見を全面的に拒否しなければならないような顕著な捜査上の支障があったとはいえない。

そして、前記事実関係によれば、午後4時45分ころには上告人Xの写真撮影等の手続が終了して取調べが開始され、Y課長は、午後5時ころまでには、上告人Xが救援連絡センターの弁護士を弁護人に選任する意向であることを知っており、同センターからの連絡によって上告人Aが同センターの弁護士であることを容易に確認し得たものということができる。また、山口課長は、そのころには、M課長との協議により、上告人Xの取調べを一時中断して夕食を取らせることを予定していたものである。

そうすると、Y課長は、上告人Aが午後4時35分ころから午後5時45分ころまでの間継続して接見の申出をしていたのであるから、午後5時ころ以降、同上告人と協議して希望する接見の時間を聴取するなどし、必要に応じて時間を指定した上、即時に上告人Aを上告人Xに接見させるか、又は、取調べが事実上中断する夕食時間の開始と終了の時刻を見計らい（午後五時四五分ころまでには、上告人Xの夕食時間が始まって相当時間が経過していたのであるから、その終了時刻を予測することは可能であったと考えられる。）、夕食前若しくは遅くとも夕食後に接見させるべき義務があったというのが相当である。

ところが、Y課長は、上告人Aと協議する姿勢を示すことなく、午後五時ころ以降も接見指定をしないまま同上告人を待機させた上、午後5時45分ころに至って一方的に接見の日時を翌日に指定したものであり、他に特段の事情のうかがわれない本件においては、右の措置は、上告人Xが防御の準備をする権利を不当に制限したものであって、刑訴法39条3項に違反するものというべきである。そして、右の措置は、上告人Xの速やかに弁護人による援助を受ける権利を侵害し、同時に、上告人Aの弁護人としての円滑な職務の遂行を妨害したものとして、刑訴法上違法であるのみならず、国家賠償法1条1項にいう違法な行為にも当たるといわざるを得ず、これが捜査機関として遵守すべき注意義務に違反するものとして、同課長に過失があることは明らかである。」

4 コメント

(1) 本件は、弁護人となろうとする者が初回の接見を申出た場合に、捜査機関がいかなる措置を取るべきかについて判断した最高裁判決である。

最大判平11・3・24〔本書27〕は、「捜査機関は、弁護人等から被疑者との接見等の申出があったときは、原則としていつでも接見等の機会を与えなければならないのであり、同条〔刑訴法39条〕3項本文にいう『捜査のため必要があるとき』とは、右接見等を認めると取調べの中断等により捜査に顕著な支障が生ずる場合に限られ」るとした上で、「（接見指定の）要件が具備され、接見等の日時等の指定をする場合には、捜査機関は、弁護人等と協議してできる限り速やかな接見等のための日時等を指定し、被疑者が弁護人等と防御の準備をすることができるような措置を採らなければならない」としていた。判例が、接見指定をした捜査機関に対しこのような措置を要求するのは、原則が自由で秘密の接見であるとした法の趣旨が没却されることのないよう39条3項ただし書に「被疑者の防禦をする権利を不当に制限するようなものであってはならない」と規定した所以である。

(2) 初回接見の重要性について、本判決は、「身体を拘束された被疑者にとっては、弁護人の選任を目的とし、かつ、今後捜査機関の取調べを受けるに当たっての助言を得るための最初の機会であって、直ちに弁護人に依頼する権利を与えられなければ抑留又は拘禁されないとする憲法上の保障の出発点を成すものであるから、これを速やかに行うことが被疑者の防御の準備のために特に重要である」とした。

平成11年判決は、接見交通権が憲法34条前段に由来する重要な権利であることを前提として、接見指定が例外的措置であることを確認したが、本判決は、この趣旨を踏まえたうえで、さらに、接見の中でもとくに初回接見が重要であることを指摘している。

被疑者は、ともすれば捜査の客体として扱われがちであるが、捜査段階においても、被疑者には防御活動の主体として、将来の公判準備とこれにふさわしい防御権の保障がなされなければならない。しかし、被疑者は、一般的に手続的権利等について知識があるわけではなく、防御の主体として活動が可能になるかどうかは、弁護人との接見が実現するかにかかっていることも多い。いい換えると、初回接見が、全ての防御活動のスタート地点であるといっても過言ではない。

もっとも、本判決は、初回接見であるから一切接見指定をなし得ないとするものではなく、初回接見の場合には、通常の接見指定をする場合より、39条3項の要請として許される指定措置のハードルが上がることを明示したうえで、接見を実施するための措置が必要であるとしたものである。まず①接見指定の要件が具備されているかどうかを確認し、②要件が具備されている場合であっても、弁護人となろうとするものと協議して、時間を指定すれば捜査に顕著な支障が生じるのを避けうるかを検討し③避けられる場合には、留置施設の管理運営上支障があるなど特段の事情がない限り被疑者の引致後直ちに行うべきものとされている手続き等の後に、比較的短時間であっても即時または近接した時点での接見を認めるようにすべきであるとした。

本判決が、仮に接見指定の要件が具備されていたとしても上記のような措置を取るべきとしたのは、初回接見の類型的な重要性に鑑みれば、上記のような措置が取られなければ39条3項ただし書に抵触するとの理解からであり、「このような場合に、被疑者の取調べを理由として右時点での接見を拒否するような指定をし、被疑者と弁護人となろうとする者との初回の接見の機会を遅らせることは、被疑者が防御の準備をする権利を不当に制限するもの」と述べた。

本判決が「比較的短時間であっても」接見を認めるべきとしたのは、この時点での接見が短時間しか認められえないという趣旨ではなく、早い時点での接見の機会を保障することを重視したこと、比較的短時間の場合には、通常捜査に顕著な支障が生じるとはいえないことから、初回接見が原則として早期に実現されることの保障を徹底しようとしたと解すべきであろう。

なお、本判決でも、最大判平11・3・24と同じ文言を用い、捜査に「顕著な支障」が生ずるかどうかを問題としているが、ここでいう「顕著な支障」は、平成11年のいう類型的な判断とは異なり、具体的・実質的に顕著な支障が生じるかを問題としている。そうすると、初回接見の場合に、本判決のいう実質的な捜査上の「顕著な支障」が生じる場合というのは、ほとんどありえないといえよう。

なお、本件は、逮捕直後の案件であったことから、判決では、「逮捕直後の初回の接見」という文

IV

言が用いられているが、本判決が、弁護人の選任が目的であること、捜査機関の取調べを受ける最初の機会であることを接見の重要性の理由としていることからすれば、接見の申出の時期が逮捕直後でなくとも、初回の接見であれば、本件と同様の措置が必要であると解される。

（3）本判決は、「留置施設の管理運営上支障があるなど特段の事情のない限り、犯罪事実の要旨の告知等被疑者の引致後直ちに行うべきものとされている手続及びそれに引き続く指紋採取、写真撮影等所要の手続を終えた後」（203条ないし205条参照）において接見を認めるべきとする。この引致後直ちに行われるべき手続きには、弁解録取も含まれうるとこ

ろであるが、身体の拘束の理由を告げ、弁解の機会を与えるという本来の趣旨を超えて、実質的な取調べがなされる場合には、本判決が取調べに先立つ助言を根拠の一つとして初回接見の重要性を位置付けていることからすれば、弁解録取に先立って接見が認められるべきということになろう。

また、初回接見の場合と同様に、39条ただし書からすれば同様の特別な措置が要請される場合はあると考えられる。たとえば、何らかの理由で一定期間にわたって接見がなかった場合などはこれにあたるといえよう。

（高平 奇恵）

 29 　起訴後の余罪捜査と接見指定

📖 **水戸収賄事件**
　最1小決昭和55[1980]年4月28日刑集34巻3号178頁【LEX/DB24005694】
　〈関連判例〉
　最2小決平成13[2001]年2月7日判時1737号148頁【28065068】

1 事実の概要

　被告人Xは、昭和55年3月15日収賄被告事件で勾留のまま起訴され、同年4月7日別件の収賄被告事件で追起訴され、さらにその後余罪である別件の収賄被疑事件に基づき逮捕され、同月10日勾留されて現に勾留中であった。いずれの事件でもXの弁護人に選任されていたAは、同月16日にXと接見しようとしたところ、接見を拒否され、検察官から具体的指定権の行使を受けた。Aは当該具体的指定の取消しを求めて準抗告を申し立てたが、棄却された。Aは特別抗告を申し立て、原決定が憲法34条・37条3項、刑訴法39条3項に違反することと、原決定が、被告人が余罪について逮捕・勾留されていない場合に指定権を行使しえないとした最三小決昭和41・7・26刑集20巻6号728頁（以下、「昭和41年決定」という）に違反することを主張した。

2 法の解釈・適用

　「同一人につき被告事件の勾留とその余罪である被疑事件の逮捕、勾留とが競合している場合、検察官等は、被告事件について防禦権の不当な制限にわ

たらない限り、刑訴法39条3項の接見等の指定権を行使することができるものと解すべきで」ある。

3 コメント

　（1）刑訴法39条1項は、「身体の拘束を受けている」被告人または被疑者と弁護人等の接見交通権を保障し、同3項は、「公訴の提起前に限り」1項の接見について接見指定をなしうるとする。すなわち、刑訴法39条3項を根拠として、起訴後に、当該被告事件の捜査の必要性を根拠に接見指定がなされる余地はない。もっとも、ある事件で逮捕・勾留された者が、当該事件について起訴された後、余罪について捜査の対象とされることはありうる。

　昭和41年決定は、被告人が余罪について身体拘束を受けていないにもかかわらず、被疑事件の捜査の必要性を理由に接見指定がなされた事案において「およそ公訴の提起後は、余罪について捜査の必要がある場合であつても、検察官等は、被告事件の弁護人または弁護人となろうとする者に対し、39条3項の指定権を行使し得ない」とした。もっとも、昭和41年決定の射程が被疑事件について身体拘束を受

けている場合にも及ぶのか、すなわち、被疑事件について被告人が逮捕・勾留されている場合にも、捜査機関は刑訴法39条３項の指定権を行使し得ないのかについては明らかではなかった。

本決定は、同一人について、被告事件の勾留と被疑事件の逮捕・勾留とが競合している場合には、「被告事件について防禦権の不当な制限にわたらない限り」検察官等が刑訴法39条３項の指定権を行使しうるとし、被疑事件について身体拘束がなされている場合には、昭和41年決定の射程は及ばないことを明確にした。

（2）刑訴法39条３項が、接見指定をなしうる時期を「公訴の提起前」に限定したのは、公判段階における防御の準備の重要性からである。捜査段階では、防御の対象・範囲は流動的であるが、公訴提起後は、その対象・範囲が明確となり、対等な当事者として公判に臨むために、弁護人による実効的な援助が十分に得られなければならない。その不可欠の前提が接見交通権の保障である。

被告人としての身体拘束と被疑者としての身体拘束が併存する場合に、被疑事件についての捜査の必要性を理由として刑訴法39条３項による接見指定をなしうるかという問題は、接見指定の根拠とも関連する問題である。

判例は、「弁護人等との接見交通権は、身体を拘束された被疑者が弁護人の援助を受けることができるための刑事手続上最も重要な基本的権利に属するものであるとともに、弁護人からいえばその固有権の最も重要なものの一つ」であるとし（最１小判昭53〔1978〕・7・10）、接見交通権を、憲法34条前段に由来する権利であるとする（〔本書27〕参照）。

接見指定は、この重要な権利である接見交通権を制約する制度であるが、その趣旨について、平成11年判決〔本書27〕は、刑訴法において身体の拘束を受けている被疑者を取り調べることが認められていること（198条１項）、被疑者の身体の拘束については刑訴法上最大でも23日間という厳格な時間的制約があることなどにかんがみ、被疑者の取調べ等の捜査の必要と接見交通権の行使との調整を図る趣旨であり、接見指定が認められるのは「取調べの中断等により捜査に顕著な支障が生ずる場合に限られ」るとし、被疑者の身体の利用について合理的な時間的・場所的調整を行うことを軸とした判断をしている。このことからすれば、判例が「捜査の必要性」に罪証隠滅の防止なども含む捜査一般の必要性が含

まれるという立場を採用していないことは明らかである。

本件の準抗告審は、「事案の軽重、それまでの接見状況、被疑事件の重大性など具体的な場合、状況に応じ、接見時間の大幅な緩和など特段の配慮をなすことによって、被告人の防禦権と余罪捜査の必要性との調和を図るのが相当」とした。準抗告審の判断枠組みは、被告事件の具体的な防御の必要性と被疑事件の具体的な捜査の必要性とを比較衡量するもののようにも思える。しかし、本決定は、準抗告審のように具体的考慮要素をあげるのではなく「被告事件について防禦権の不当な制限にわたらない限り」接見指定をなしうるとした。これは、上述した、１つしかない被疑者の身体の利用をめぐる合理的な時間的・場所的調整を軸とした考え方を採用したうえで、さらに被告事件の防御権への特段の配慮を要求したものと解すべきであろう。

冒頭述べたように、防御の対象・範囲が確定した公訴提起後に、実質的な防御をするための不可欠の前提である接見交通権が保障されることは極めて重要である。被疑事件についての接見交通権に対する接見指定も、原則を自由な接見とすることの例外であるが、被告事件の接見について接見指定をなしうるのは、さらに例外的な場合であり、余罪である被疑事件について被告人の身体を利用した捜査を行う緊急の必要性が極めて高い場合などに限定されると解されよう。さらに、被告事件の公判期日が近いなどの事情がある場合には、緊急に接見する必要性が高い場合であると考えられるので、余罪を理由とする接見指定は許されないと解すべきであろう。

（3）本決定は、被疑事件、被告事件の弁護人を兼任している事案であり、弁護人が被告事件にのみ選任されている場合について本決定の射程が及ぶかどうかは明らかではなかった。

最決平13・2・7は、被害者Aに対する殺人未遂事件で起訴された被告人が、被害者Bに対する殺人被疑事件で逮捕・勾留された事案で、被告事件にのみ弁護人に選任されている弁護人に被疑事件についての捜査の必要性を理由として接見指定がなされた事案である。

最高裁は、「同一人につき被告事件の勾留とその余罪である被疑事件の勾留が競合している場合、検察官は、被告事件について防御の不当な制限にわたらない限り、被告事件についてだけ弁護人に選任された者に対しても、同法39条３項の接見等の指定権

を行使することができる」とした。

判例が上述のように、1つしかない被疑者の身体の利用をめぐる合理的な調整を軸とした考え方を採用しているとすれば、調整の必要性は、被告事件にしか弁護人が選任されていない場合にも存在するといいうる。また、弁護人が被告事件と被疑事件をいずれも受任している場合には、一方の事件にのみ接見指定をなしうるとすることがあまりに観念的であり、両者を区別することは不可能であるとの批判は

妥当しよう。

もっとも、平成13年の事案のように被告事件にのみ弁護人が選任されている場合には、いずれの目的の接見かの区別が可能であり、防御権の保障という観点からは、接見指定を認めないという考え方もありえ、事件単位の判断をする余地はあったようにも思われる。

（高平 奇恵）

秘密接見の保障範囲

📖 **富永事件**

福岡高判平成23[2011]年 7 月 1 日判時2127号 9 頁【LEX/DB25471538】

〈関連判例〉

大阪地判平成12[2000]年 5 月25日判時1754号102頁	【28061430】	髙見・岡本国賠事件
大阪高判平成17[2005]年 1 月25日訟月52巻10号3069頁	【28101910】	後藤国賠事件
鹿児島地判平成20[2008]年 3 月24日判時2008号 3 頁	【28141808】	志布志事件
最 3 小判平成25[2013]年12月10日裁時1593号 3 頁	【25446077】	
大阪高判平成28[2016]年 4 月22日判時2315号61頁	【25542789】	

1 事実の概要

Xは、平成18年 5 月24日、業務上過失傷害および道路交通法違反で逮捕・勾留された後、同年 6 月 5 日、同じ事実について殺人未遂の被疑事実で逮捕・勾留された。

殺人未遂の被疑事実は、Xが普通貨物自動車を運転中、当時11歳の被害者が操縦する自転車に自車を衝突させて同人に頭蓋骨骨折等の重傷を負わせる交通事故を起こし、その後、被害者を自車の助手席に乗せて同所を出発したものの、そのころ、上記交通事故の発生を隠蔽するため、被害者を人目につかない山中に運び込んで置き去りにして殺害しようと企て、被害者を人目につかない同市内の杉林内に運び込んで同所に放置したが、翌日、被害者の家族らに被害者を発見され、その目的を遂げなかったというものであった。

Xは、業務上過失傷害および道路交通法違反の事実で逮捕された 5 月24日には、「子供が死んだと思い、山の中に置いて行き、そのままそこを立ち去った」と、殺意を否認する旨の供述をしていた。しかし、Xは、その翌日には、殺意を認める旨の供述を始めた。さらに、Xは、殺人未遂の被疑事実で逮捕

された 6 月 5 日の弁解録取において、被害者に対する殺意を認め、6 月 6 日の裁判官の勾留質問においても、「事実は、そのとおり間違いありません。」と供述していた。

Xは、5 月28日に業務上過失傷害等被疑事件について、6 月 8 日に殺人未遂被疑事件について、本件原告であるA弁護士を私選弁護人に選任した。A弁護士は同年 6 月15日に私選弁護人を辞任したが、22日に国選弁護人に選任された。また、Xは、6 月 2 日に業務上過失傷害等被疑事件について、6 月 5 日に殺人未遂被疑事件についてB弁護士を私選弁護人に選任したが、B弁護士は 6 月15日に辞任した。

B弁護士は、6 月 5 日、Xの同意を得たうえ、Xとの接見直後、報道機関から「警察の方は、本件被疑者は被害者が生きていることを知りながら置き去りにしたと言っているが、接見した本件被疑者の言い分はどうなのか。」と質問を受け、「本件被疑者は、被害者が死んだと思ったと主張している。」と答え、翌日その旨の報道が新聞に掲載された。

検察官は、本件新聞記事を読み、本件被疑者の供述の信用性をより慎重に判断する必要があると考え、同日以後、相当な時間をかけ、さまざまな角度

から質問をするなどして本件被疑者を取り調べた。Xは、その後も殺意を認める旨の供述を維持した。

そこで、検察官が、Xに対し、新聞報道にあるとおり、弁護人に対し、殺意を否認する供述をしたことがあるのかと尋ねたところ、本件被疑者は、これを認めたため、検察官が、その理由を尋ねると、Xは、罪が重くなると思ったため、弁護人に対しては虚偽の説明をしたと答え、さらに、業務上過失傷害及び道路交通法違反事実での逮捕直後に警察官に対し、「被害者が死んだと思い、山の中においた。」と述べて殺意を否認した理由も同様である旨供述した。

もっとも、検察官は、Xが迎合して供述しているのではないかと感じたことから、さらに、殺意を認めると罪が重くなるということは弁護人から言われて分かったことか、それとも、もともと知っていたことかと質問したところ、Xは、「私の面会に来てくれたC先生からも『生きている人間ば置いてきた方が罪ば太うなる。』などと言われた。ですが、私は、C先生からそのように言われる前から、まだ生きている人間を山奥に置いてくることの方が、既に死んでしまった人間を山奥に置いてくることよりもずっと悪いことであり、ずっと罪が重いことであるということを常識的に分かっていました。」などと答えた。

そして、検察官は、Xに対し、「死んだと思った。」旨の供述が虚偽であることを弁護人に対して伝えているかを確認したところ、本件被疑者は、「弁護士の先生に対しても、後でそのように話し、本当のことを話しました。」「弁護士の先生に対しては『子供は死んじゃろと思った。』などと言った。」などと答えた。

検察官は、以上の聴取の結果を本件供述調書にまとめ、Xに署名・指印させた。本件刑事事件は、公判前整理手続に付されたため、検察官は、第1回公判整理手続期日に先立つ同年8月14日、裁判所に対し、同日付け「証明予定事実記載書」を提出するとともに、「生きていた被害児童を殺そうと考えたこと、逮捕直後は警察官に『死んだと思った。』旨嘘をついていたこと、その理由、弁護士にも嘘をついていたこと等」を立証趣旨として本件供述調書の取調べを請求した。

2 法の解釈と適用①

● 法の解釈 ●●●

「刑訴法39条1項所定の秘密交通権は、憲法34条の保障に由来するものであり、同条にいう「立会人なくして」との文言は、接見に際して捜査機関が立ち会ってはならないということを意味するにとどまらず、弁護人等の固有権として、接見終了後においても、接見内容を知られない権利を保障したものであると解するのが相当である」

「憲法が刑罰権の発動ないし刑罰権発動のための捜査権の行使が国家の権能であることを当然の前提としていることに照らし、被疑者等と弁護人等との接見交通権は、刑罰権ないし捜査権に絶対的に優先するような性質のものとはいえないこと、しかしながら、捜査機関は、刑訴法39条1項の趣旨を尊重し、被疑者等が有効かつ適切な弁護人等の援助を受ける機会を確保するという同項の趣旨を損なうような接見内容の聴取を控えるべき注意義務を負っているといえ、捜査機関がこれに反して接見内容の聴取を行った場合、捜査機関の接見内容の聴取行為は国賠法上違法となると解すべきであること、また、起訴後も、検察官は、公判において、証拠調べ請求や被告人質問等の職務行為をするに当たり、被疑者等が有効かつ適切な弁護人等の援助を受ける機会を確保するという同項の趣旨を損なわないようにすべき注意義務を負っており、これに違反して職務行為を行った場合に、当該職務行為は、国賠法上違法となると解すべきである」

「刑訴法上、被疑者の取調べは、被疑者の弁解、主張を含む供述を聴取して犯罪の嫌疑を明らかにし、起訴、不起訴を決定し、また、その後の公判手続を含めて、刑罰法令を適正に適用するために不可欠なものと位置づけられており、捜査機関は、被疑者から当該事件の詳細を聴取することはもちろんのこと、供述内容の真偽を明らかにするために、その供述の信用性を十分に吟味することが必要となるところ、被疑者等がある時点でそれまでそれなりに一貫していた供述を突然翻して相反する供述をするに至ったり、あるいは従前から何度も供述を変転、変遷させ、かつ、その変転、変遷の理由が必ずしも合理的とは認められない場合などにおいて、取調べに当たっている捜査官が被疑者等に対しその供述を変えた理由等について聴き出そうとするのは、捜査官として当然であり、また職責でもあるから、こうした際に、被疑者等の供述が弁護人等との接見内容

に及ぶことはままあり得ることであって、その限度において、捜査権の行使が秘密交通権の保障と抵触することは、事実としては承認せざるを得ない」

「被疑者等と弁護人等との接見交通権は、身体を拘束された被疑者等が弁護人等の援助を受けることができるための刑事手続上最も重要な基本的権利に属するものであるとともに、弁護人等にとって、その固有権の最も重要なもののひとつであるから、捜査権の行使と秘密交通権の保障とを調整するに際しては、秘密交通権の保障を最大限尊重すべきであり、被疑者等と弁護人等との自由な意思疎通ないし情報伝達に萎縮的効果を及ぼすことのないよう留意することが肝要であって、刑訴法39条1項の趣旨を損なうことになるか否かについても、かかる観点から慎重に判断すべきものといわなければならない。

また、一般に法的知識に乏しく、あるいは逮捕、勾留等捜査官憲による身柄拘束を体験したことがなく、時には捜査官と勾留担当裁判官や弁護人との区別も正確に認識できない被疑者等に対し、唯一の後ろ盾といってよい弁護人の援助を受ける機会を実質的に確保する目的で、秘密交通権を弁護人等の固有権と位置づけている以上、取調べの際に被疑者等が自発的に接見内容を供述したとしても、そのことをもって、弁護人固有の秘密交通権を保護する必要性が低減したということはできないというべきである。

したがって、捜査機関は、被疑者等が弁護人等との接見内容の供述を始めた場合に、漫然と接見内容の供述を聞き続けたり、さらに関連する接見内容について質問したりすることは、刑訴法39条1項の趣旨を損なうおそれがあるから、原則としてさし控えるべきであって、弁護人との接見内容については話す必要がないことを告知するなどして、被疑者等と弁護人等との秘密交通権に配慮すべき法的義務を負っているものと解するのが相当である」

● 法の適用 ●●

「F弁護士は、接見の際の本件被疑者の供述の一部を報道機関に対して公表しているところ、秘密交通権保障の趣旨は、接見内容が捜査機関に知られることによって、被疑者等と弁護人等との自由な意思疎通が萎縮し、被疑者等が有効かつ適切な助言を得られなくなることがないようにするためであり、被疑者等と弁護人等との意思疎通の過程全体が秘密交通権の対象となるというべきであるから、F弁護士が報道機関に対し、本件被疑者の供述の一部を公表

したからといって、供述過程を含む秘密交通権が放棄されたとは到底認めることができない。しかしながら、一方、本件被疑者がF弁護士との接見の際に同弁護士に対し、『被害者が死んだと思い放置した』と供述した事実それ自体については、前記報道機関に対する公表をもって、秘密性が消失したものといわざるを得ない（このように解すると、弁護人等が被疑者等の供述を報道機関に公表することにつき、萎縮的効果が生じることも考えられるが、報道機関への情報開示は、法律の専門家である弁護人等において、その方法や範囲を慎重に取捨選択することができるのであるから、報道機関への情報開示が防御権行使の一環であるとしても、被疑者等の防御権保障の根幹をなす接見交通権と同様の保障が及ぶものではない。）。

（中略）引用に係る原判決の認定事実及びE作成の陳述書（乙13）によれば、E検事は本件新聞記事に接し、取調べにおいて被害者が生きているとわかって放置した旨供述していた本件被疑者が、弁護人に対しては、これと異なる供述をしていることを知って、本件被疑者の供述の信用性をより慎重に判断する必要があると考え（なお、E検事は、従前の数回にわたる取調べの中で、本件被疑者が知的レベル、理解力、表現力の点がそれほど高くなく、性格も気弱であることを十分に認識していた。）、本件被疑者に対し『（弁護人に対して）被害者が死んだと思った』旨の供述をしたことがあるのかどうかを尋ねたこと、すると本件被疑者がこれを認めたことから、その理由を尋ねたところ、本件被疑者は罪が重くなると思ったため、弁護人に対しては虚偽の説明をしたと答えたこと、E検事は、殺意を認めると罪が重くなることは弁護人から言われてわかったことか、もともと知っていたことかを確認したところ、本件被疑者は、控訴人からも生きている人間を放置した方が罪が重くなるといわれたが、控訴人から言われる前からそのことはわかっていたと答えたこと、さらに、E検事は、本件被疑者に対し、『死んだと思った』旨の供述が虚偽であることを弁護人に対して伝えているかを確認したことが認められる。

E検事において、本件被疑者に対し、本件被疑者がF弁護士に『（被害者が）死んだと思った』と供述した事実の有無を確認した点は、当該事実につき既に秘密性が消失していることに照らし、接見交通権に萎縮的効果を及ぼすおそれはなく、弁護人に対して捜査機関に対する供述と異なる供述をした理由を尋ねた点についても、本件被疑者が接見内容に関

わる回答をする可能性はあるものの、本件被疑者と
その弁護人との間の意思疎通の内容を尋ねたわけで
はなく、その意味では接見内容と無関係に供述が変
遷した理由を尋ねたにすぎないとみてよいから、直
ちに刑訴法39条1項の趣旨を損なうとまではいえな
いものと解される。

　しかしながら、E検事が、さらに、本件被疑者に
対し、殺意を認めると罪が重くなることは弁護人か
ら言われてわかったことか、もともと知っていたこ
とかを確認した点、『死んだと思った』旨の供述が
虚偽であることを弁護人に対して伝えているか否か
を確認した点については、未だ秘密性が消失してい
ない本件被疑者と弁護人との間の情報交換の内容を
尋ねるものであり、本件被疑者と弁護人との意思疎
通の過程を聴取したものにほかならず、被疑者等と
弁護人等との自由な意思疎通ないし情報伝達に萎縮
的効果を及ぼすおそれがあるというべきであるか
ら、E検事は、刑訴法39条1項の趣旨を損なうよう
な聴取を控えるべき注意義務に違反したといわざる
を得ず、本件聴取行為は、国賠法上違法となるとい
うべきである。」

3 法の解釈と適用②
● 法の解釈 ●●
　「被疑者供述を調書に録取する行為は、単に聴取
した被疑者の供述を書面化して証拠化する行為に過
ぎず、当該調書に署名・指印を求める行為も、当該
調書の記載内容の正確性を承認し、当該調書に証拠
能力を付与することを求める行為に過ぎない」

　「聴取行為によっていったん侵害された接見内容
の秘密が、供述を調書に録取する行為及び当該調書
に署名・指印を求める行為によって新たに侵害され
たと解することは困難である」

　「被疑者の起訴後においても、刑訴法39条1項の
趣旨は妥当し、検察官は、公判において、証拠調べ
請求や被告人質問等の職務行為をするに当たり、刑
訴法39条1項の趣旨を損なわないようにすべき注意
義務を負っており、これに違反した場合には、当該
職務行為は、国賠法上違法となると解すべき」であ
り、検察官の証拠調べ請求が別途違法と評価される
場合はある。

● 法の適用 ●●
　「聴取行為によっていったん侵害された接見内容
の秘密が、供述を調書に録取する行為及び当該調書
に署名・指印を求める行為によって新たに侵害され

たと解することは困難であるといわざるを得ず、E
検事が接見内容を調書化した行為は、接見内容を聴
取した行為と一体のものとして国賠法上違法とな
る」

　「本件供述調書は、前記のとおり、国賠法上違法
な聴取行為に基づいて作成されたものであるとこ
ろ、本件において、E検事は、「生きていた被害児
童を殺そうと考えたこと、逮捕直後は警察官に『死
んだと思った。』旨嘘をついたこと、その理由、弁
護士にも嘘をついたこと等」を立証趣旨として、本
件供述調書の証拠調べ請求をしたことが認められ
る」

　「E検事が、本件供述調書の証拠調べ請求をする
に際し、あえて『弁護人にも嘘をついたこと』をま
でも立証趣旨とする必要があったとは、被疑者の殺
意を巡る供述にそれなりの変遷があったことを考慮
にいれても、到底認めることができず、かかる訴訟
活動は、控訴人と本件被疑者との信頼関係を破壊す
るおそれのある行為であって、控訴人に対し、今後
の公判における審理準備のため弁護活動をなす際に
おいても、実質的弁護権としての秘密交通権を行使
する機会を持つことについて、心理的な萎縮効果を
生じさせたものと認めることができるから、聴取行
為それ自体とは別個に、国賠法上違法と評価せざる
を得ない。」

4 コメント①
　(1)　39条1項は、弁護人等が被疑者等と「立会人
なくして」接見しうるとし、接見時のやり取りが捜
査機関を含む公的機関に確知されることはないとい
う意味で、「秘密交通権」を保障する。

　いったん秘密性が侵害されれば、防御の有効性が
損なわれ、回復はほとんど不可能である。また、接
見の内容が事後的に捜査機関等によって覚知される
可能性があるならば、防御の方針等について、打ち
合わせが差し控えられざるを得なくなるという萎縮
効果が生じる。そうなると、被疑者と意思疎通等を
した上で弁護方針を策定するという防御の準備の実
効性は著しく損なわれる。その意味で、秘密性の保
障が相対化されることは、防御権の実質を奪うこと
にも繋がりかねない。

　本判決は、まず、接見の秘密性が接見時のみなら
ず、接見後にも保障されること、そして、接見交通
権は弁護人等の固有権であることを確認した。

　被疑者等が実効的に防御権を行使するためには弁

護人の有効かつ適切な援助を受けることが不可欠である。しかし、取調べの場に弁護人が立会いを認められていない現行の制度のもとでは、被疑者が十分にその権利の重要性を認識しないままに接見内容の聴取に応じるということも生じうる。本件では、被疑者が接見内容に関する取調べに応じているが、弁護人の固有権としての性質から、仮に被疑者が秘密交通権を放棄したとしても、弁護人の固有権としての権利には影響がなく、なお接見内容の秘密性は保護されるべきであるとの結論が導かれている。弁護権の保障の中核ともいえる接見交通権が、弁護人等の固有権と位置付けられることの重要性が確認されたといえよう（最判昭53・7・10民集32巻5号820頁参照）。

　もっとも、本判決は、被疑者等と弁護人等との接見交通権は、刑罰権ないし捜査権に絶対的に優先するような性質のものとはいえないとした。同様の言い回しは、接見指定に関する最高裁の判断に多く現れている。しかし、接見指定が接見の機会の保障の問題であることに対し、本件は接見内容の秘密性の問題である。

　秘密性の保障を後退させることが、権利保障の実質的な意義を失わしめるほどの重大な影響を与えることに照らせば、調整は認められないとの判断も可能であったところ、本判決が「捜査権の行使と秘密交通権の保障とを調整する」ことを認めつつ、「秘密交通権の保障を最大限尊重すべき」とし、「被疑者等と弁護人等との自由な意思疎通ないし情報伝達に萎縮的効果を及ぼすことのないよう留意することが肝要」と判断したのは、秘密性の保障の重要性を一定程度考慮した結果であろう。

　また、弁護人を被疑者等の「唯一の後ろ盾」と位置付け、その固有権とされる秘密交通権の重要性を根拠として、取調べの際に被疑者等が自発的に接見内容を供述したとしても、そのことをもって、弁護人固有の秘密交通権を保護する必要性が低減したということはできないということを理由に、具体的な義務内容を導いた。原則として聴取が認められないとする点は、秘密性の保障を最大限尊重しようとする姿勢の現れであろう。具体的なあてはめにおいても、報道機関への接見内容の一部の公表が供述過程の全てに及ぶ秘密交通権の放棄とはいえないことを前提として、検察官の質問ごとにその違法性を検討するという手法が取られた。「被害者が死んだと思い放置した」と供述した事実それ自体については、

弁護人の報道機関に対する公表をもって、秘密性が消失したことを認め、検察官の、前記事実を確認する質問およびその理由を尋ねた質問の違法性は否定し、それ以外の弁護人との意思疎通の過程に関する質問は違法との判断をした。

　秘密性の消失以外の理由による例外を認めうるのか明確ではないが、これを広く認めた場合には、萎縮効果によって防御の中核となる接見交通権が空洞化されるおそれがある。本判決が捜査権の行使と秘密交通権の保障の「調整」という文言を用いつつも、秘密性が消失した事実以外の接見内容の聴取について、聴取の必要性について個別具体的に検討することなく違法性を認めたことは「原則」聴取が禁じられるという判断枠組みの例外に該当するほどの捜査の必要性は、単に供述が変遷した程度では認められず、相当限定されるべきことを示していると理解すべきであろう。少なくとも、対立利益との単純な比較衡量が予定されてはおらず、例外がありうることを排除しなかっただけで、実質的には調整を認めていないとも解しうる。

　(2)　他に接見内容の聴取が問題となった事例に、志布志事件（鹿児島地判平20・3・24）がある。公職選挙違反で身体拘束された被疑者らの取調べにおいて、警察官および検察官により、弁護人と被疑者らの接見内容が聴取され、調書化された。鹿児島地裁は、秘密交通権の保障は、被告人らが弁護人から有効かつ適切な援助を受けるためには自由な意思疎通が捜査機関に知られることなくなされることが必要不可欠であることに基づくとした。そのうえで、39条1項の「立会人なくして」とは、接見に際して捜査機関が立ち会わなければこれで足りるとするというにとどまらず、およそ接見内容について捜査機関はこれを知ることができないとの接見内容の秘密性を保障したものといえ、原則的には接見後その内容を捜査機関に報告させることも許されないとした。事後的な接見内容の聴取が禁じられる理由としては、萎縮効果を生じさせ、刑訴法39条1項の趣旨を没却するからであると説明されている。

　本事例では、被告人らが自発的に供述したとしても、弁護人の固有の権利は放棄されたとはいえず、接見内容を聴取することは捜査妨害的行為等接見交通権の保護に値しない事情等特段の事情がない限り接見交通権の侵害にあたるとされた。被告側が、捜査妨害的行為を接見内容の聴取等が認められる根拠として主張したことから「特段の事情」として捜査

妨害的行為をあげたうえで捜査の必要性を検討する枠組みが取られることとなった。もっとも、本件で主として主張された捜査の必要性は、実質的には、弁護人との接見後に被疑者の供述の変遷（自白→否認）があり、取調べにより再度自白に転じたことに尽きている。結果として、捜査機関の望まない方向に供述が変遷したからといって、正当な弁護活動を捜査妨害行為と評価することはできないのであり、そういう意味で、この点が注目されなかったことは当然だといえよう。

本判決は、原則として聴取を許さないとしたうえで、特段の事情としての接見交通権の保護に値しない捜査妨害的行為の存在という高いハードルを設定し、秘密交通権を保護しようとしたとも評価しうる。

（3）弁護人と被疑者等との間の意思伝達は、信書の授受によってなされる場合もある。意思伝達をするにあたっては、口頭よりも正確性・固定性のある書面の方が適する場合もある。信書の授受は、39条1項にいう書類もしくは物の授受に該当するとされるが、接見の場合の「立会人無くして」という文言のような秘密性を明確に保障する文言はない。

信書の授受に関する事案として、大阪地判平12・5・25がある。本事案では、大阪拘置所において、同拘置所に勾留されていた被疑者・被告人とその弁護人であった原告らとの間の信書が開披され、または未封緘のままで、その内容が確認されてその要旨が記録化されたうえ、検察官からの照会に対して右信書の発受状況（信書の内容の要旨を含む。）が回答された。さらに、検察官は当該回答書を、裁判所に対する接見禁止の申立ての資料及び検面調書の特信性を立証するための資料として使用した。

大阪地裁は、弁護人との信書の授受が「接見等の交通権の一内容であることは明らか」であるとした上で、憲法の保障に由来するものと位置付けた。そして、書類若しくは物の授受について秘密性を明確に保障する文言はないとしつつも、「特に接見における秘密交通権の保障が憲法に由来する重要なものであることを考慮すると、書類若しくは物の授受の場合においても、被拘禁者と弁護人との間の意思及び情報の伝達が問題になる場面においては、同項は、秘密交通権の一態様として、その秘密保護のためのできる限りの配慮を要求しているものと解するのが相当」であるとした。そして、「信書の授受は、正に弁護人と被拘禁者の意思及び情報の伝達が

問題になる場面であり、信書の授受による意思及び情報の伝達も、被拘禁者の防御権及び弁護人の弁護権にとって重要なものであり、それらが捜査機関、訴追機関及び収容施設側に対して秘密性が保障される必要性は接見における口頭の場合と実質的にはさほど異なるところはない」とその重要性を確認した。

もっとも「信書の授受の場合には、収容施設側において封緘された信書の中に信書以外の物又は書類が混入されていないか、第三者宛の信書又は第三者からの信書が混入されていないか、更には間違いなく弁護人からの信書なのかどうかを確認する必要がある」ことから、「混入物の存否や実際に弁護人との間の信書であるか否か等の確認を許容する以上、その目的の限度で信書を開披し、その内容を収容施設側が閲読することも、許容されているといわざるを得ないと」と結論づけた。

信書を開披して内容が確認されることが許容されれば、弁護人と被疑者等は信書の内容が知られることを前提とせざるを得ず、結局、重要な伝達事項の場合には信書は用いないという萎縮的効果が生じると思われ、問題が残る。

（4）信書を含む書類のやり取りは、防御活動に不可欠であるが、かかる防御のための資料が捜索・差押えの対象となりうるのかが問題となったのが、大阪高判平28・4・22である。本件は、窃盗、強盗、覚せい剤取締法違反および大麻取締法違反被告事件の被告人が、強盗事件に関して、大阪拘置所内の居室の居室、書信室および領置倉庫並びにこれらの付属施設の捜索を受け、同控訴人の国選弁護人が各刑事事件に関して差入れた書面等（弁護人宛の信書の書き損じが含まれる便箋や、弁護人宛の信書、「尋問事項書」を含む）が差押えられた事案である。捜索差押許可状の請求、捜索差押え及び検察官が本件押収品を精査し、かつ還付しなかった行為、ならびに裁判官らの捜索差押許可状の各発付の適法性が問題となった。

大阪高裁は、捜索差押許可状の請求の違法、捜索差押許可状に基づく捜索差押えの違法、検察官が本件押収物を精査し、かつ刑事事件が終結するまで還付しなかった行為の違法は認めたが、裁判官らの捜索差押許可状の各発付は、違法であると認めることはできないとした。

「弁護人が接見時に防御方法の打合せの一環として交付した書類、被告人が接見内容及び防御構想を

書き留めたメモ類並びに弁護人との面会接見の代替方法として行われた信書のやり取りは、憲法34条に基づく被告人の接見交通権又は防御権及び弁護人の弁護権として保障されており、これらの防御方法の内容は、基本的には、捜査機関に対して秘匿されるべきであるものの、防御方法の内容の秘密といえども絶対的に保障されるものではなく、捜査権の行使という国家の権能との間で合理的な調整を図る必要があり、必要かつ合理的な範囲の制約に服する」ものであり、控訴人らが主張した、被告人と弁護人との間で交わされる文書の差押えは原則として許されず、これが許されるのは、接見の機会を利用して証人威迫等に及んだことがほとんど確実といえる程度の高度な証明がある場合や、別の犯罪の嫌疑が客観的に明らかな場合に限られるという主張を退け、「捜索差押えの当否については、犯罪の態様、軽重、差し押さえるべき物の証拠としての価値、重要性、差し押さえるべき物が隠滅毀損されるおそれの有無、差押えによって受ける被差押者の不利益の程度その他諸般の事情に照らし、捜索差押えの必要性と被差押者である被告人の被る不利益とを考慮して、判断すべき」とした。

原審においては「第1回公判期日後には、公判中心主義及び当事者対等の原則（武器平等の原則）の要請が働くことや、予断排除の原則の適用がなくなり、受訴裁判所が職権又は請求により捜索差押えを行うことができること（刑訴法99条1項）からすれば、原則として、捜査機関が捜索差押えを行うことは許されず、例外的に、受訴裁判所による捜索差押えを待っては、捜索差押えの実効性を図ることができないような場合、例えば、被告人又はその意を受けた第三者による罪証隠滅のおそれがあり受訴裁判所の捜索差押えではその実効性が図られないような場合にのみ許されると解するべきである。そして、この例外的な場合に該当するかどうかは、前記捜索差押えの必要性を判断する際に考慮することとなるが、勾留中の被告人の居室等を捜索場所とする場合には、弁護人と接見した内容や防御構想等を記載した書面などの防御方法が集積することが予想されることからすれば、捜査機関による捜索差押えの必要性については慎重な判断が求められる」とされており、接見交通権の重要性への一定の配慮が示された。大阪高裁は、検察官の捜索差押許可状の請求、捜索差押えおよび検察官が本件押収品を精査し、かつ還付しなかった行為はそれぞれ違法とした原審の

判断を是認した。いずれも捜索差押えの必要性が否定された（ただし、弁護人以外の者との間で発受する信書を保管した書信室については捜索差押えの必要性を肯定）。

そして、裁判官の令状の発布については、「通常の裁判官が当時の資料、状況の下で合理的に判断すれば、到底捜索差押許可状を発付しなかったであろうと思われるのに、これを発付したような場合には、これに該当し、国家賠償法上も違法と判断される」という基準のもと、第1回公判期日後の令状請求であり当事者対等の原則がより強く要請されること、捜索差押えによって控訴人らの接見交通権又は防御権並びに弁護権が侵害されるおそれがあることを考慮に入れたとしてもなお、通常の裁判官が合理的に判断すれば、到底捜索差押許可状を発付しなかったであろうと認めることはできないとして違法性を否定した。

(5) 接見の際には、口頭での意思伝達のみがなされるわけではない。証拠資料の検討等、防御のために必要な行為がなされる。後藤国賠（大阪高判平17・1・25）は、弁護士である被控訴人が、大阪拘置所に勾留中の被告人の刑事弁護人として、同拘置所の職員らに対し、同被告人の刑事事件において証拠物として採用されたビデオテープを再生しながら同被告人と接見することを申し入れた。しかし、同職員らから、ビデオテープを再生することは「書類若しくは物の授受」に準ずるとして同ビデオテープの内容の検査を求められ、その検査を経なければ同ビデオテープを再生しながらの接見は認められないとされ、同被告人との接見を違法に拒否されたとする事件である。大阪高裁は、被告人等と弁護人とが直接面会して被告事件等に関する口頭での打合せを行うことと証拠書類等を見せるなど口頭での打合せに付随する行為とは実際の接見の場面でも密接不可分であるし、被告人の防御権行使の点、弁護人の弁護権の行使の点から規範的に見ても密接不可分のものとすべきであるとし、39条1項の「接見」には口頭での打合せに付随する証拠書類等の提示をも含む打合せが含まれるとした。そして、口頭での打合せに付随して提示などする証拠書類等を一般的に検査し、その内容を覚知するような広範な検査を許容すれば、収容施設等が被告人等と弁護人との打合せの内容を推知することとなり、被告人等と弁護人とのコミュニケーションに萎縮的効果を及ぼしかねず、39条1項の趣旨を没却し、ひいては憲法の保障を損

なうとし、事前の内容検査を違法とした。

本件では、内容検査を許容する根拠となった監獄法50条および監獄法施行規則127条が、39条１項が由来するところの憲法34条前段および37条３項の趣旨等により限定解釈された。刑訴法の規定と施設法の規定の趣旨を別個独立のものとして捉える二元的解釈ではなく、訴訟法の規定が存在する部分につき一元的な解釈が採用されたとも評価でき、訴訟法上の権利等の実質的な保障という観点からは、このような解釈手法が支持される。

（6）再審請求段階については、秘密交通権を保障する明文の規定はない。最判平25・12・10では、拘置所に収容されている死刑確定者およびその再審請求のために選任された弁護人（以下「再審請求弁護人」という。）である被上告人らが、拘置所の職員の立会いのない面会を許さなかった拘置所長の措置の違法性が問題となった。最高裁は、440条１項が再審請求人に弁護人選任権を保障していることを根拠として、「死刑確定者が再審請求をするためには、再審請求弁護人から援助を受ける機会を実質的に保障する必要があるから、死刑確定者は、再審請求前の打合せの段階にあっても、刑事収容施設法121条ただし書にいう『正当な利益』として、再審請求弁護人と秘密面会をする利益を有する」とした。そのうえで、秘密面会の利益は、再審請求人の固有の利益であり、「刑事施設の長は、死刑確定者の面会に関する許否の権限を行使するに当たり、その規律及び秩序の維持等の観点からその権限を適切に行使するとともに、死刑確定者と再審請求弁護人との秘密面会の利益をも十分に尊重しなければなら」ず「秘密面会により刑事施設の規律及び秩序を害する結果を生ずるおそれがあると認められ、又は死刑確定者の面会についての意向を踏まえその心情の安定を把握

する必要性が高いと認められるなど特段の事情がない限り、裁量権の範囲を逸脱し又はこれを濫用して死刑確定者の秘密面会をする利益を侵害するだけではなく、再審請求弁護人の固有の秘密面会をする利益も侵害するものとして、国家賠償法１条１項の適用上違法となる」と結論づけた。刑事施設の長に面会の許否の権限に関する裁量権を認めつつ、特段の事情がない限り立会いをつけることを違法とする判断枠組みは、440条の趣旨を施設法の解釈に反映させた結果であると評価でき、本件においても刑訴法と施設法の一元的な解釈の手法が採用されたと評価できる。

<u>5</u> コメント②

福岡高裁は、①検察官の接見内容の聴取、②聴取内容の調書化し、署名・指印を求めた行為、③調書の証拠請求の各行為の違法性について、②の行為は、接見内容の新たな侵害をもたらさないとして①と一体の行為としての違法性を認めるにとどまった。

もっとも、③については、起訴後においても、39条１項の趣旨は妥当し、検察官は、公判において、証拠調べ請求や被告人質問等の職務行為をするにあたり、39条１項の趣旨を損なわないようにすべき注意義務を負うとした。そして、本件で検察官が、あえて「弁護人にも嘘をついたこと」を立証趣旨とした点につき、「控訴人と本件被疑者との信頼関係を破壊するおそれのある行為」であり、「実質的弁護権としての秘密交通権を行使する機会を持つことについて、心理的な萎縮効果を生じさせ」違法であるとした。

（高平 奇恵）

---

31 接見時の写真撮影

竹内事件

東京高判平成27［2015］年７月９日判時2280号16頁【LEX/DB25540787】

<u>1</u> 事実の概要

Ｘは外国籍であり、海賊行為の処罰及び海賊行為への対処に関する法律違反被告事件で起訴され、東

京拘置所に勾留されていた。ＡはＸの弁護人である。Ｘは、自傷行為をするなど、精神の不安定な状況にあり、精神系の薬を服用していた。Ａは、裁判

所に対し、平成23年12月8日、Xの精神鑑定の申立てを行い、平成24年2月3日には弁護人の主張として、Xは、幻覚を伴う何らかの精神の障害により、弁識能力または制御能力を欠く状態にあったから心神喪失により無罪であるとの主張を行った。

平成19年5月30日付け法務省矯成第3350号矯正局長依命通達「被収容者の外部交通に関する訓令の運用について」と題する通達（以下「平成19年通達」という。）には、未決拘禁者との面会を申し出る弁護人等に対して、〔1〕刑事施設の規律および秩序を害する行為をする場合には、面会を一時停止させたり、終了することがあること、〔2〕録音機、映像再生機またはパソコンを使用する場合には、あらかじめ申し出ること、〔3〕カメラ、ビデオカメラ、携帯電話を使用しないことを、面会人待合室に掲示する方法等により告知すべき旨定められている。これを受けて、東京拘置所には、面会に係る待合室の壁面に「面会室に写真機、録音用機械、録音機、携帯用電話機は持込まないでください。ただし、録音を必要とする場合は、事前に申し出てください。」と掲示し、面会室の扉に「当所の許可なく、面会室内に、『携帯電話』『カメラ』『録音機器』を持ち込むこと及び同機器を使用することは禁止しています。持込み等を発見した場合、面会を一時停止させていだだく場合もありますので、御了承ください。なお、面会室には電波を感受する装置が備え付けられており、同装置が反応した場合、面会を一時停止させていただきますので、御了承ください。」と掲示されていた。

平成24年3月30日、Aが通訳を伴ってXとの接見を申し出たところ、拘置所職員から、Aに対し、Xには腸ねん転等の症状があるため点滴等の治療を行っていること、この治療にともなって精神系の薬の服用を中断していること、全身の震えがありうまく話せない様子であること等が説明され、Aは車椅子で接見室に入室し、拘置所職員らは退出して接見が開始された。

Xは体が小刻みに震えており、ぶつぶつつぶやいている状態であった。Aは、このようなXの様子を撮影して、裁判所に対する鑑定の申出に関する証拠として保全する必要があると考えた。Aは、持参していたカメラを用いてXの様子を録画しようとしたが、操作を誤りすぐに録画が開始されなかったため、カメラでAの写真を1枚撮影した。

巡回視察をしていた東京拘置所職員が、内側ドアについている小窓ごしにAが本件カメラを構えている姿を見たため、別の職員とともに面会室内に入った。拘置所職員が、Aに対し、カメラを面会室内に持ち込んでいるか否か、Xを撮影したか否かにつき確認したところ、Aは、カメラを持っており、Xの写真を撮影した旨回答した。P4は、面会室内へのカメラの持ち込みは禁止されている旨述べたうえ、本件画像データを消去するよう求めた。これに対しAは、カメラの持ち込みを禁止する旨の掲示があるのは知っているが、その内容に同意はしておらず、本件画像データの消去にも応じられない旨回答した。拘置所職員は、責任者を呼ぶなどと述べて面会室から退室した。

拘置所職員は、拘置所長に報告しようとしたが、不在のため報告はできなかった。

拘置所職員は面会室に入り、Aに対し、カメラを持ち込んでいるか否かおよび、Xの写真撮影をしたか否かを確認したところ、Aは、カメラを持っており、Xの写真を撮影したと回答した。拘置所職員は、カメラの持込は禁止されている旨述べたうえ、本件画像データを消去するよう求めた。Aは、本件画像データは裁判所に提出する可能性がある証拠として必要であるから消去できないと回答した。その後も拘置所職員は、複数回にわたって、本件画像データの消去を要求したため、Aは、どのような根拠で消去を求めているのかと問うた。これに対し拘置所職員は、施設管理権だと回答した。拘置所職員は、本件画像データを消去しないのであれば接見を終了させると述べたが、Aは、接見妨害である等と述べて本件写真データを消去しなかった。拘置所職員らは、接見を終了させると述べ、Xを面会室から退室させた。事後に東京拘置所長は上記の処理で構わなかった旨述べた。

Aは、すでに請求していた精神鑑定の申立ての必要を補充するための報告書に、本件写真を添付資料として使用した。

一審（東京地判平26・11・7）は、本件撮影行為等を理由に面会の一時停止・終了の措置は取り得なかったとして、原告の訴えを一部認容した。なお、本件は上告棄却、不受理により確定した。

2 法の解釈と適用①

● 法の解釈 ●●

「刑訴法39条1項の「接見」という文言は一般的には「面会」と同義に解されること、「接見」と

「書類若しくは物の授受」が区別されていること、同規定が制定された昭和23年7月10日当時、カメラやビデオ等の撮影機器は普及しておらず、弁護人等が被告人を写真撮影したり、動画撮影したりすることは想定されていなかったことなどからすれば、同項の「接見」とは、被告人が弁護人等と面会して、相談し、その助言を受けるなどの会話による面接を通じて意思の疎通を図り、援助を受けることをいうものであって、被告人が弁護人等により写真撮影やビデオ撮影されたり、弁護人が面会時の様子や結果を音声や画像等に記録化することは本来的には含まれないものと解される。」

「平成11年最高裁判決は、刑訴法39条1項の被告人と弁護人等の接見交通権について、憲法34条の趣旨にのっとり、被告人が弁護人等と相談し、その助言を受けるなど弁護人等から援助を受ける機会を確保する目的で設けられたものであり、その意味で、憲法の保障に由来するものであるということができると説示するものの、それ以上に「接見」の定義を明らかにしたものではなく、その判示自体からしても、「接見」の意義を一審原告が主張する「意思疎通及び情報発信・取得してのコミュニケーションをいう」と解しているということはできない。また、刑訴法39条1項が、接見交通権の方法としては、「接見」、「文書若しくは物の授受」と区別して規定するところ、一審原告の主張するように「接見」の意義を解するとした場合には、「文書若しくは物の授受」自体も「接見」に含まれ得ることになるから、同条項の規定の仕方とそぐわない。」

「一審原告は、写真撮影等が、メモと同じく、情報の記録化のための行為である以上、刑訴法39条1項の「接見」に含まれる旨主張する。

しかし、情報の記録化のための行為であれば、当然に「接見」に含まれると解することはできない。

もっとも、弁護人が被疑者・被告人との接見（面会）の接見内容を備忘のために残すことは、その後の円滑な弁護活動のために必要なことが多いから、メモのように弁護人の接見交通権の保障の範囲内として認められるべきものもあるといえる。しかしながら、上記のとおり、情報の記録化のための行為であれば、当然には接見の内容に含まれるものではないから、メモ以外の情報の記録化のための行為が許されるか否かは、記録化の目的及び必要性、その態様の相当性、立会人なくして行えることからくる危険性等の諸事情を考慮して検討されるべきものである。」

● 法の適用 ●●

「本件において、一審原告は、本件撮影行為の意義として、「Aの心身の状態を理由とする勾留執行停止の申請、責任能力の主張立証、情状事実の主張立証等の弁護活動に向けて」接見室内でAの容貌姿態の撮影を行っている、本件撮影行為は、接見室内における弁護人と「被疑者・被告人」との間の「意思疎通及び情報発信・取得」としてのコミュニケーションであり、憲法で保障された弁護活動の自由が及ぶ弁護活動そのものであると主張するものであるが、写真撮影等が弁護活動に必要なコミュニケーションとして保障されるものではないことは前説示のとおりである。また、本件撮影行為がAとの面会の内容を備忘するために行われたのでもなく、証拠保全として行われたものであると認めることができるところ、上記のような接見交通権が規定された趣旨に鑑みれば、将来公判等において使用すべき証拠をあらかじめ収集して保持しておくという証拠保全の目的は、接見交通権に含まれるものとして保障されているとはいえず、この様に解したとしても、一審原告としては、刑訴法179条に定める証拠保全を行えば足りるのであり、弁護活動を不当に制約することにはならない。」

③ 法の解釈と適用②
● 法の解釈 ●●

「収容法117条、113条は、被告人と弁護人等の接見について、被告人と弁護人等の接見交通権を踏まえ、同条1項2号の不適切な内容の発言がされる場合等を除外し、同項1号ロの刑事施設の規律及び秩序を害する行為（規律等侵害行為）をする場合に限定して、その行為を制止し、又は面会を一時停止させ、次いで、面会の終了の措置を執ることができる旨規定していること（同法117条、113条1項及び2項）から、被告人又は弁護人等が規律等侵害行為をする場合に、面会の一時停止や終了の措置を執ることは、法令に基づく措置であって、違法に接見交通権や弁護活動を侵害するものということはできない。なお、同法117条、113条1項及び2項は、未決拘禁者の逃亡のおそれ、罪証隠滅のおそれ、その他の刑事施設の設置目的に反するおそれといった要件を規定することなく、規律等侵害行為があれば、その行為の制止、面会の一時停止、面会の終了の措置を執ることができる旨規定しているところ、これ

は、規律等侵害行為が認められる場合には、刑事施設の規律秩序を維持するための措置を執る必要があるため、規律等侵害行為の他には、上記のような逃亡のおそれ等の要件を要求しないとしたことに基づくものと解される。

ところで、国有財産法5条は、各省各庁の長は、その所管に属する行政財産を管理しなければならないと規定し、同法9条1項は、各省各庁の長は、その所管に属する国有財産に関する事務の一部を、部局等の長に分掌させることができると規定するが、これは、庁舎の管理者が庁舎をその本来の目的が達成できるようにするための庁舎管理権を認めたものである。そして、庁舎内において自由に写真撮影等が行われる場合には、庁舎内の秩序が乱れ、警備保安上の支障をもたらすおそれがあるから、庁舎内の秩序を維持し、安全を確保するため、庁舎管理権に基づき、庁舎内における写真撮影等を禁止することができるものと解される。」

● 法の適用 ●●

「東京拘置所長は、庁舎管理権に基づき、面会室内へのカメラの持込みや面会室内での写真撮影等を禁止し、これを掲示していたことが認められる（前記認定事実(1)、弁論の全趣旨）。しかるに、一審原告は、上記掲示の内容を認識しながら、あえて本件カメラを面会室内に持込み、本件撮影行為に及び、東京拘置所職員から、数回にわたり、本件画像データを消去するように求められたのに、これを拒否し続け、更に写真撮影等を行う意向がある旨を表明したというのであるから、このような一審原告の行為は、収容法113条1項1号ロの規律等侵害行為に該当するものと認められる。

そうすると、本件措置は、一審原告の規律等侵害行為が認められたために執られたものであるから、一審原告の弁護活動を侵害し違法であるということはできない。」

4 コメント①

(1) 「接見」の意義　本件では、弁護人が弁護活動の一環としてした接見室内での写真撮影が、39条1項の保障する接見交通権の保障の範囲に含まれるかが争われた。

39条1項の接見交通権が、憲法34条前段に由来する権利であることは、平成11年大法廷判決（最大判平11・3・24、本書27）などでも確認されている。もっとも、いかなる行為が「接見」に含まれるか

は、必ずしも明らかにされてこなかった。上記大法廷判決は、接見交通権を「身体の拘束を受けている被疑者が弁護人等と相談し、その助言を受けるなど弁護人等から援助を受ける機会を確保する目的で設けられた」ものと述べるにとどまり、具体的な保障の範囲までは示していない。

原告は、弁護人が面会室内で被疑者・被告人に対する助言や記録化といったさまざまな活動をする機会が保障されなければ弁護人依頼権が実質的に保障されたとはいえないから、39条1項の「接見」とは、単なる意思疎通にとどまらない、意思疎通及び情報発信・取得としてのコミュニケーションであると主張し、また、このような解釈が、上記大法廷判決が弁護人等から助言を受ける「など」とすることとも適合するとした。

これに対し、本判決は、「接見」について、①接見は「面会」と同義と考えられること、②接見が「書類若しくは物の授受」と区別されていること、③法の制定当時には写真撮影等がなされることが想定されていなかったことなどを理由として、接見は「被告人が弁護人等と面会して、相談し、その助言を受けるなどの会話による面接を通じて意思の疎通を図り、援助を受けること」であるとした。本判決は、「接見」という文言を、形式的に狭く解釈したものといえよう。

(2) また、本判決は、弁護人による写真撮影等は、メモと同様に、接見の際に得られた情報を記録化する行為であるという主張に対し、メモについては「弁護人が被疑者・被告人との接見（面会）の接見内容を備忘のために残すことは、その後の円滑な弁護活動のために必要なことが多いから、メモのように接見交通権の保障の範囲内として認められるべきものもあるといえる」としつつ、記録化のための行為であっても当然には接見の内容には含まれないとした。

仮に本判決のように「接見」そのものは狭く解するとしても、接見に付随する行為、または、弁護人の弁護活動の一環として、写真撮影行為について一定の保護が認められないかが問題となる。

本判決は、記録化のための行為が許されるか否かは、記録化の目的および必要性、その態様の相当性、立会人なくして行えることからくる危険性等の諸事情を考慮して検討されるべきものであるとした。そのうえで、本件撮影行為は将来公判等において使用すべき証拠をあらかじめ収集して保持してお

くという証拠保全の目的で行われたものであり、接見交通権で保障されているとはいえず、このように解しても179条の証拠保全を行えば足り、弁護活動を不当に制約することにはならないとした。

本判決が、写真撮影が備忘等の記録の目的であればメモと同様に解することができるとするものかどうかは不明であるが、判決自身が示した、態様の相当性や立会人なくして行えることからくる危険性等の諸事情が具体的に検討されているようには見受けられない。

なお、大阪高判平17・1・25（後藤国賠）は、弁護人が被告人の刑事事件において証拠物として採用されたビデオテープを再生しながら同被告人と接見することを申し入れたところ、拘置所職員らから、同ビデオテープの内容の検査を求められ、その検査を経なければ同ビデオテープを再生しながらの接見は認められないとされたが、接見は「口頭での打合せに付随する証拠書類等の提示をも含む」行為であるとして、接見交通権の保障の範囲内の行為であるとした。

本判決と上記大阪高裁の事案では、接見交通権の保障の範囲にメモを取る行為や、書類等を提示するなどの口頭のコミュニケーションに付随する行為が接見交通権の保障の範囲内とされている。しかし、そもそも、接見交通権が保障される趣旨が、憲法34条前段の弁護人依頼権に由来するとすれば、防御活動全般を実効的になすことを目的とした規定であり、身体拘束の目的による罪証隠滅・逃亡防止の制約以外の制約を受けることなく、さまざまな広がりを持つ弁護活動をなしうることがむしろ原則なのではないだろうか。接見交通権の保障の趣旨に立ち戻ったならば、本判決のように接見交通権の意味内容を狭く解することはできないように思われる。

（3）さらに、仮に証拠保全目的の写真撮影は接見交通権の保障の範囲に含まれないとしても、本件写真撮影が弁護活動の一環として行われたことには争いがない。本来であれば、弁護権の制約が許されるのかが問われるべきであるが、本判決がその点について実質的な判断をしているとはいえない。

被疑者・被告人には、憲法上防御権が認められ、実効的な弁護人による援助を受ける権利があるのであり、弁護活動を制約しようとする側にその正当化の根拠の有無や、制約しうる程度についての説明が厳しく求められるというのが、判断の基本的な姿勢であるべきと思われる。

本件で国側が主張した写真撮影の弊害とは、罪証隠滅の危険が生じる、被疑者・被告人自身のプライバシー侵害、接見室内の状況が外部に流出すれば保安・警備上の重大な支障が生ずることであったが、いずれも抽象的な危険性であるとして排斥されている。そうであるならば、具体的な弊害のない防御活動をいかなる理由で制限しうるのかが、判断されるべきであった。

5 コメント②

（1）39条2項は、接見交通権を制限しうるのは「法令」による場合に限るとする。写真撮影行為が接見交通権の保障を受ける場合には、写真撮影行為を直接制限する法令は存在しておらず、違法との評価は免れない。もっとも、本判決は、コメント①で述べたように、証拠保全目的でなされた写真撮影を接見交通権の保障の範囲外としたので、写真撮影を禁じること自体が接見交通権の侵害であるとはいえず、写真撮影の禁止それ自体に法令の根拠は必要ではないとの論理を採用した。

（2）もっとも、本件では、収容法117条、113条1項および2項により写真撮影という「規律・秩序違反」を根拠として面会の一時停止、終了の措置が取られている。写真撮影行為自体が接見交通権の範囲内の行為として保障されないとしても、この行為を根拠として結果として接見交通権が制約されることとなることをどう評価するかはなお問題となる。

本判決は、規律等侵害行為が認められる場合には、刑事施設の規律秩序を維持するための措置をとる必要があるとして、刑訴法が規定する要件は要求されないとし、国有財産法5条および9条1項をあげ、刑事施設は、庁舎管理権に基づき写真撮影行為を禁止することができるとした。そのうえで、写真撮影等を実施したことが規律等侵害行為であるので、面会の一時停止、終了の措置を執りうるとした。

この点、仮に内部規律を制定できるとしても、39条2項が、接見交通権を制約しうる場面に限定を付し、「被告人又は被疑者の逃亡、罪証の隠滅又は介護に支障のある物の授受を防ぐため必要な措置を規定することができる」することから、収容法が接見交通権を制約しうるのは、かかる場合に限定されるという考え方もあり得た。実際、本件の第一審は、写真撮影行為を禁止すること自体は認めつつ「収容法31条が未決拘禁者の処遇について、その逃走及び

罪証隠滅の防止に特に留意すべきと定めていること、他方、（中略）、接見交通権は憲法の保障に由来する権利であることに照らし、面会者が弁護人等の場合、規律等侵害行為を理由に面会を一時停止し又は面会を終了させることができるのは、遵守事項に違反する行為等をすることにより、具体的事情の下、未決拘禁者の逃亡のおそれ、罪証隠滅のおそれ、その他の刑事施設の設置目的に反するおそれが生ずる相当の蓋然性があると認められる場合に限られる」としていたところである。

本判決のように、収容法に独自の制約を認め、さらに、その制約の正当性についての吟味を実質的にはしないという判断枠組みが取られた場合、39条2項が接見交通権の制約場面を限定した意味は失われる。本判決自身が引用する大法廷判決が39条1項を憲法に由来する権利であるとした意義は大きく損なわれることとなろう。

仮に刑訴法と収容法との一元的理解という立場を取らず、収容法独自の目的での接見交通権の制約を認めるという立場に立ったとしても、接見交通権の重要性に照らせば、その目的が正当であるかと、目的に照らして接見交通権の制約が相当なものかどうかが厳しく吟味されるべきではなかろうか。

なお、最判平30・10・25民集72巻5号940頁では、より一元的理解に近付く論理が採用されている。本件は、拘置所において刑事収容施設法79条1項2号イに該当するとして保護室に収容されていた被告人である上告人X1との面会を求める申出が、その弁護人である上告人X2からあったのに対し、同拘置所の職員が、本件申出があった事実を上告人X1に告げないまま、保護室に収容中であることを理由として面会を許さなかったことが問題となった。

最高裁は、「刑訴法39条1項によって被告人又は被疑者に保障される接見交通権は、身体の拘束を受けている被告人又は被疑者が弁護人又は弁護人となろうとする者（以下「弁護人等」という。）の援助を受けることができるための刑事手続上最も重要な基本的権利に属するものであるとともに、弁護人等からいえばその固有権の最も重要なものの一つである（最高裁昭和49年（オ）第1088号同53年7月10日第一小法廷判決・民集32巻5号820頁参照）。そして、刑事収容施設法31条も、未決拘禁者の処遇に当たっては、未決の者としての地位を考慮し、その防御権の尊重に特に留意しなければならないものとし、また、刑事収容施設法115条は、刑事施設の長は、未決拘禁者（受刑者又は死刑確定者としての地位を有する者を除く。）に対し、弁護人等を含む他の者から面会の申出があったときは、同条所定の場合を除き、これを許すものとしている。これらに照らすと、刑事施設の長は、未決拘禁者の弁護人等から面会の申出があった場合には、直ちに未決拘禁者にその申出があった事実を告げ、未決拘禁者から面会に応ずる意思が示されれば、弁護人等との面会を許すのが原則となるというべきである。」とし、「刑訴法及び刑事収容施設法の趣旨等に鑑みると、刑事施設の長は、未決拘禁者が刑事収容施設法79条1項2号に該当するとして保護室に収容されている場合において面会の申出が弁護人等からあったときは、未決拘禁者が極度の興奮による錯乱状態にある場合のように、精神的に著しく不安定であることなどにより上記申出があった事実を告げられても依然として同号に該当することとなることが明らかな場合を除き、直ちに未決拘禁者に同事実を告げなければならず、これに対する未決拘禁者の反応等を確認した上で、それでもなお未決拘禁者が同号に該当するか否かを判断し、同号に該当しない場合には、同条4項により直ちに保護室への収容を中止させて刑事収容施設法115条等により未決拘禁者と弁護人等との面会を許さなければならないというべきである。」と述べ、刑訴法の趣旨を収容法に読み込んで解釈している。

（高平　奇恵）

 32 起訴後の被告人取調べ

📖 秋田スリ事件

最3小決昭和36［1961］年11月21日刑集15巻10号1764頁【LEX/DB24004082】

〈関連判例〉
大阪高判昭和43[1968]年12月 9 日判時574号83頁　　【27930622】
東京地決昭和50[1975]年 1 月29日刑月 7 巻 1 号63頁　　【27761044】
大阪高判昭和50[1975]年 9 月11日判時803号24頁　　　【27681988】[宮原操車場事件差戻控訴審]
最 2 小決昭和57[1982]年 3 月 2 日集刑225号689頁　　【25450449】
東京高判平成 8 [1996]年 5 月29日高刑集49巻 2 号272頁　【28025008】
福岡地判平成15[2003]年 6 月24日判時1845号158頁　　【28095110】
東京地決平成27[2015]年 7 月 7 日判時2315号132頁　　【25544909】

[1] 事実の概要

被告人は、窃盗の被疑事実による勾留期間中、捜査官の取調べに対し、一貫して否認を続けていたものの、窃盗で起訴された後、第 1 回公判期日前の取調べにおいて、検察官に対し、初めて自白した。第一審（秋田地判昭35・11・22）では、この自白調書が有罪の証拠とされた（なお、被告人および第一審弁護人は同意していた）。

控訴審の弁護人は、「公訴提起後は当該起訴状に訴因として掲げた事実については捜査機関は被告人の取調をなすことを許されず、またこれに違反して取調をなしてもその供述調書は証拠能力がない」と主張した。これに対し、控訴審（仙台高秋田支判昭36・6・21）は、検察官は公訴の提起およびその維持に当たる公の機関であるから、公訴の維持に必要な限度における捜査は、任意捜査である限り、公訴の提起後であっても可能であるとしたうえで、本件被告人が検察官宛の召喚願を作成していることなども考慮し、本件被告人取調べは任意捜査であって、違法ではないとした。

そこで、弁護人らは、検察官による被告人取調べは本来許されず、仮に許されるとしても、それは公訴維持に必要な限度での任意捜査に限られるべきであるところ、本件起訴後の取調べの態様は、被告人が勾留中になされた取調べであって強制捜査というべきであること等を理由に上告した。上告棄却。

[2] 法の解釈

「刑訴法197条は、捜査については、その目的を達するため必要な取調をすることができる旨を規定しており、同条は捜査官の任意捜査について何ら制限をしていないから、同法198条の『被疑者』という文字にかかわりなく、起訴後においても、捜査官はその公訴を維持するために必要な取調を行うことができるものといわなければならない。なるほど起訴後においては被告人の当事者たる地位にかんがみ、捜査官が当該公訴事実について被告人を取り調べることはなるべく避けなければならないところである

が、これによって直ちにその取調を違法とし、その取調の上作成された供述調書の証拠能力を否定すべきいわれはなく、また、勾留中の取調べであるのゆえをもって、直ちにその供述が強制されたものであるということもできない」。

[3] 法の適用

「本件において、第一審判決が証拠に採用している所論被告人の検察官に対する昭和35年 9 月 6 日付供述調書は、起訴後同年 9 月 7 日の第 1 回公判期日前に取調がなされて作成されたものであり、しかも、右供述調書は、第一審公判において、被告人およびその弁護人がこれを証拠とすることに同意している。したがって、原判決には所論のような違法は認められない」。

[4] コメント

（1）　本決定は、公訴提起後の被告人取調べの可否に関する最初の最高裁の判断である。

刑訴法198条は被疑者の取調べを許容するにすぎず、被告人の取調べが許されるか否かについての明文規定は存しない。そのため、公訴提起後、公訴事実に関する被告人取調べの可否については争いがあった。本決定は、起訴後の被告人取調べが一律に禁止されるわけではないことを明らかにしたものである（197条、198条）。

他方で、本決定は、「被告人の当事者たる地位にかんがみ、捜査官が当該公訴事実について被告人を取り調べることはなるべく避けなければならない」とも判示しており、起訴後の被告人取調べを無制限に許容したものでないことも明らかである。

（2）　では、いかなる場合に起訴後の取調べが許され、いかなる場合に違法とされるのであろうか。

この点につき、本決定は、①本件被告人取調べが第 1 回公判期日前であったこと、②被告人および弁護人が供述調書を証拠とすることに同意していたことをあげている。一見すると、これらは、起訴後の被告人取調べの適否（ないし供述調書の証拠能力の

有無）を決するための判断基準（要件）を提示（規範立）したもののようにも解される。

しかしながら、本決定が、起訴後の被告人取調べが許容される要件として、上記２点を提示したもの（上記２点が満たされない場合の被告人取調べを違法とするもの）と即断することはできない。本決定が、法の解釈においてではなく、法の適用において、上記２点を指摘していることからもわかるように、本決定は事案に即した事例判断を行ったものとの理解もできるからである。現に、その後の最決昭57・3・2は、本決定に関し、「起訴後においては被告人の当事者たる地位にかんがみ、捜査官が当該公訴事実について被告人を取り調べることはなるべく避けなければならないことを判示してはいるが、それ以上に、起訴後作成された被告人の捜査官に対する供述調書の証拠能力を肯定するために必要とされる具体的な要件を判示しているとは解せられない」として、上記２点を、起訴後の被告人取調べ（およびその供述調書の証拠能力）を認めるための要件とは解していない（なお、前記昭和57年決定の判示は、上記２点を起訴後の被告人取調べが認められるための判例上の要件と解する弁護側の上告理由（判例違反）に対するものである。前記昭和57年決定の事案においても、第１回公判期日前に被告人取調べが行われているが、その供述調書は不同意とされていた）。

結局、本決定は、起訴後の被告人取調べの適否に関する判断基準を提示（規範定立）したものではなく、一種の事例判断と理解するのが妥当であろう。

（3）　もっとも、本決定は、被告人の「当事者としての地位」にかんがみ、起訴後の被告人取調べは「なるべく避けなければならない」とする一定の指針を提示しており、単なる事例判断にとどまるものでもない。そして、この指針は、その後の下級審裁判例の蓄積によって、ある程度具体化されている。そこで、以下に下級審裁判例を概観する。

本決定以降の下級審裁判例には、起訴後の被告人取調べが許される範囲を限定するものが多く散見される。

たとえば、大阪高判昭50・9・11は、起訴後の被告人取調べにつき、「被告人の防禦権を実質的に侵害しないよう必要最少限度にとどめるべきであり、ことに被告人が現実に検察官と対等の当事者として活動を開始する第１回公判期日後は許されない」と明示する。

また、大阪高判昭43・12・9は、第１回公判期日前であっても、「検察官（ないし捜査官）が起訴後において被告人を当該公訴事実に関して取り調べうるのは、被告人が自ら供述する旨を申し出て取調を求めたか、あるいは、取調のための呼出に対し、被告人が取調室への出頭を拒み、または出頭後いつでも取調室から退去することができることを十分に知ったうえで、出頭し、取調に応じた場合にかぎられる」としている。

さらに、東京地決昭50・1・29は、起訴後、弁護人が選任されていない段階で被告人取調べが行われた事案につき、「捜査官が被告人に対して弁護人選任権を告知したのみでは十分でなく、さらに、弁護人の選任を希望するならば弁護人の選任がなされた後その立会の下で取調を受ける権利があることをも告知する必要があり、そのうえで、被告人が弁護人の立会は必要でない旨を明示して取調に応じた場合等の特別の事情のない限り、捜査官が弁護人を立ち会わせることなく当該被告事件について取調をすることは、訴訟の当事者としての被告人の本質的権利である、弁護人の弁護を受ける権利を奪うことになり、被告人に対する任意捜査の方法として許されない」とする。

また、近年の裁判例に福岡地判平15・6・24がある。事案は、被告人質問が終了した第２回公判期日後に、否認している共犯者を起訴するために被告人の供述が必要である旨を告げ、被告人自身の被告事件に本件検察官調書が提出されることを説明せず、また、弁護人の立ち会いや同意を求めることもなく、被告人を取り調べたというものである。福岡地裁は、「本件検察官調書は、公判における被告人質問の後に、被告人質問によって更に明白になった捜査の不備を補完するために、弁護人の援助を受ける権利を与えることなく作成されたものであることが明らか」であり、「このような検察官の取調べは、被告人の防御権を奪い、憲法37条１項、３項の精神を没却し、被告人の当事者としての地位を侵害するものであるのみならず、従前公判期日で行われた被告人質問を全く無意味ならしめ、刑事訴訟法の当事者主義や公判中心主義にも反するものであることが明らかである」として、証拠能力を否定している。

なお、第１回公判期日後の被告人取調べが許容された事例として、東京高判平8・5・29がある。しかし、本件は、第１回公判期日後の被告人取調べによって得られた供述調書が、当該供述者の被告事件においてではなく、他の共犯者の被告事件において

証拠として許容されうるかが問題とされた事案であった。この点を指摘したうえで、東京高裁は、第1回公判期日後の被告人取調べにつき、「専ら被告人以外の共犯者を被疑者又は被告人とする事件の捜査という面からなされたものと考えられる」として、供述調書の証拠能力を認めている。この判示からすると、同判決も、当該被告事件のために第1回公判期日後の被告人取調べを行うことはやはり許されないと考えているものと思われる。

（4）　以上のように、下級審裁判例においては、①第1回公判期日後の被告人取調べを適法とした裁判例はみられず、また、②第1回公判期日前であっても、公訴事実に関する被告人取調べは、受忍義務の

ない任意の取調べでなければならないことが強調されている。最高裁は、本決定において、「当事者としての地位」にかんがみ、「なるべく避けなければならない」と判示するのみであるが、下級審裁判例の動向を踏まえるならば、被告人取調べが許容されるためには、少なくとも、①第1回公判期日前であり、かつ、②被告人が取調べに応じる義務のないことを十分に認識したうえで、任意に取調べに応じた場合に限られることになろう。下級審裁判例の動向が示唆する上記2点は、事実上、被告人取調べが許容される判例上の要件となっていると理解してよいであろう。

（石田　倫識）

V

33　公訴権濫用

📖 チッソ水俣病被害補償傷害事件
　　最1小決昭和55[1980]年12月17日刑集34巻7号672頁【LEX/DB24005736】
　〈関連判例〉
　　最2小判昭和56[1981]年6月26日刑集35巻4号426頁【24005764】［赤碕町長選挙違反事件］
　　山口簡判平成2[1990]年10月22日判時1366号158頁【27921195】
　　大阪地判平成24[2012]年1月23日判タ1404号373頁【25444392】

1　事実の概要

（1）　水俣病患者である被告人が、被害交渉のためにチッソ本社に出向いた際、それを排除しようとした社員に全治1〜2週間の傷害を負わせたとして5件の傷害罪で起訴された。被告人側は、被告人の行為をとらえて起訴した点につき、真に訴追すべきチッソ株式会社側の水俣病加害の刑事責任を追及せず、また、会社側従業員による患者や支援者に対する暴行傷害の刑事責任を追及せずに被告人の行為のみを起訴することは、著しく差別的な訴追であり、その訴追裁量権を逸脱したものであると主張した。

　第一審（東京地判昭50・1・13）は、「本件事案の審理の核心は、被告人の会社側従業員らに対する傷害行為の存否およびその実質的違法性の存否にこそある」としたうえで、訴追裁量の逸脱に基づく公訴権濫用による公訴無効を論ずる余地は認めたものの、本事案にはそれを基礎づける事情は認められないとして、執行猶予付罰金の有罪判決を言い渡した。

（2）　被告人側の控訴を受けて控訴審（東京高判昭

52・6・14）は、検察官の故意または重過失により、法の下の平等に反する偏頗な公訴の提起がなされたような場合は、その処分は無効というべきであるとしたうえで、本件には「被告人に対する訴追はいかにも偏頗、不公平であり、これを是認することは法的正義に著るしく反するというべき」事情があって、「本件は訴追を猶予することによって社会的に弊害の認むべきものがなく、むしろ訴追することによって国家が加害会社に加担するという誤りをおかすものでその弊害が大きいと考えられ、訴追裁量の濫用に当たる事案である」として、原判決を破棄し、公訴棄却の自判をした。これに対して、検察官が上告したところ、最高裁は以下のように述べて上告を棄却した。

2　法の解釈

　「検察官は、現行法制の下では、公訴の提起をするかしないかについて広範な裁量権を認められているのであって、公訴の提起が検察官の裁量権の逸脱

によるものであったからといって直ちに無効となる
ものでないことは明らかである。たしかに、右裁量
権の行使については種々の考慮事項が刑訴法に列挙
されていること（刑訴法248条）、検察官は公益の代
表者として公訴権を行使すべきものとされているこ
と（検察庁法4条）、さらに、刑訴法上の権限は公
共の福祉の維持と個人の基本的人権の保障とを全う
しつつ誠実にこれを行使すべく濫用にわたってはな
らないものとされていること（刑訴法1条、刑訴規
則1条2項）などを総合して考えると、検察官の裁
量権の逸脱が公訴の提起を無効ならしめる場合のあ
りうることを否定することはできないが、それはた
とえば公訴の提起自体が職務犯罪を構成するような
極限的な場合に限られるものというべきである」。

　この法解釈は不当であり、検察官の訴追裁量の当
否を審査して結果のいかんによっては公訴棄却とす
ることを予定した法規は存在せず、手続法規に従っ
て適法・適式にされた公訴提起はつねに有効であっ
て、裁判所は、訴訟条件を具備している限り実体的
裁判をすべきである、とする本山亨裁判官の反対意
見がある。

3 法の適用

　「いま本件についてみるのに、原判決の認定によ
れば、本件犯罪事実の違法性及び有責性の評価につ
いては被告人に有利に参酌されるべき幾多の事情が
存在することが認められるが、犯行そのものの態様
はかならずしも軽微なものとはいえないのであっ
て、当然に検察官の本件公訴提起を不当とすること
はできない。本件公訴提起の相当性について疑いを
さしはさましめるのは、むしろ、水俣病公害を惹起
したとされるチッソ株式会社の側と被告人を含む患
者側との相互のあいだに発生した種々の違法行為に
つき、警察・検察当局による捜査権ないし公訴権の
発動の状況に不公平があったとされる点にあるであ
ろう。原判決も、また、この点を重視しているもの
と考えられる。しかし、すくなくとも公訴権の発動
については、犯罪の軽重のみならず、犯人の一身上
の事情、犯罪の情状及び犯罪後の情況等をも考慮し
なければならないことは刑訴法248条の規定の示す
とおりであって、起訴又は不起訴処分の当不当は、
犯罪事実の外面だけによっては断定することができ
ないのである。このような見地からするとき、審判
の対象とされていない他の被疑事件についての公訴
権の発動の当否を軽々に論定することは許されない

のであり、他の被疑事件についての公訴権の発動の
状況との対比などを理由にして本件公訴提起が著し
く不当であったとする原審の認定判断は、ただちに
肯認することができない。まして、本件の事態が公
訴提起の無効を結果するような極限的な場合にあた
るものとは、原審の認定及び記録に照らしても、と
うてい考えられないのである」。

　以上から、公訴棄却とした原審判断は失当とした
が、他方、本件の極めて特異な背景事情等からは、
原判決を破棄して第一審判決を復活させなければ著
しく正義に反する（法411条）ことにはならないと
して、検察官の上告は棄却した。この最後の点につ
き、上述の法の解釈については多数意見に賛同しつ
つ、本事案について原審の判断が失当であるとする
なら、本件の特異な背景事情を前提としても、名目
的な刑であれ被告人の責任を明らかにすべきなので
あって、原判決を破棄すべきである、とする藤﨑萬
里裁判官の反対意見がある。

4 コメント

　(1)　公訴提起について、国家訴追主義および起訴
独占主義がとられたうえ（247条）、起訴便宜主義が
採用されている（248条）現行法にあって、検察官
の訴追権限をどのように構成するかは大きな課題で
ある。（広義の）不起訴処分については、不起訴通
知制度（260条・261条）、付審判請求手続（262条以
下）、検察審査会制度（検察審査会法）などが法定
されている一方で、公訴提起の処分を控制するための
直接の制度は法定されていない。

　この点、戦前の職権主義から転換して当事者主義
の訴訟構造を採用した現行法の下では、訴訟条件
（329条・337〜339条）が検察官による公訴提起の適
法要件、さらに進んで被告人の側からみたときには
応訴強制の適法要件であるととらえられるようにな
る。ここから、被告人に不当な応訴を強制するよう
な公訴提起があった場合には、公訴権の濫用があっ
たものとして公訴提起の適法要件を欠くために手続
を打ち切るべきだという主張がされた（法定されて
いる訴訟条件に当てはまらないものを括ったいわゆる
非類型的訴訟条件ないし非典型的訴訟条件の1つとと
らえることになる）。これが（広義の）公訴権濫用論
であり、①（狭義の）公訴権濫用論（訴追裁量の逸
脱）、②嫌疑なき起訴、③違法捜査に基づく起訴の
3類型に整理するのが一般的である。

　(2)　この3類型のうち①の公訴権濫用論について

判断した本決定では、最高裁として公訴権濫用の法理を採用することが確認された。その点で、本決定の意義には大きなものがある。その法の解釈においてはまず、検察官の訴追裁量は広範なものであって、その逸脱が直ちに公訴提起の無効にはつながらないとしつつも、裁量権逸脱によって公訴提起が無効となる場合もありえるとした。この部分は２つに分かれる。

第１に、本山反対意見が指摘するように、検察官の訴追裁量の当否を審査することを予定する法規は存在しないように思える。それにもかかわらず、本決定があげる条文の趣旨から、許容されない逸脱がありえるとしたうえで、裁判所はその当否を審査できる、とした。検察官の訴追裁量が広範であるとしてもそれは自由裁量ということではなく、起訴便宜主義の源泉である248条自体が考慮事項を列挙することで、他の条文とも相俟って裁量を羈束しているという判断と理解される。ただし、公訴権の濫用といえるかの判断基準については、後述するように、極めて限定されたものとなっている。

第２に、その審査の結果たる判断として、公訴提起が無効となる場合があることを認めた。刑事訴訟手続の打切りにつながる、いわゆる非類型的訴訟条件の存在が肯定されたことになる。この点、公訴提起が無効となるとして、その場合にどのような終局判断をすべきかについて本決定は明示していない。が、結論においては検察官の上告を棄却して原審の判断を是認していることから、「訴訟条件の包括規定」ともいわれる338条４号の公訴棄却によるものと思われる。

(3) 本決定はそれに続いて、公訴の提起が無効となる場合の判断基準（公訴権濫用の成立要件）について、「たとえば」として「公訴提起自体が職務犯罪を構成する」という例を示しながら、そのような「極限的な場合に限られる」として、極めて限定的な立場をとることを明示した。そこで例示されている職務犯罪の具体的内容としては、職権濫用や収賄などがあげられよう。さらに広げるならば、公訴提起・追行に耐える証拠関係を整えるための偽証教唆や証人威迫を伴う起訴なども含まれようか。

本決定がこのように極めて限定的な理解をする理由については、訴追裁量という非常に広範な検察官の権限に対して、公訴権濫用という、直接の規定のない非類型的訴訟条件の存在によって手続を打ち切ることになるため、その適用に慎重な態度を示した

ものなどと理解されている。

(4) その「極限的な場合」とはどのように判断された、いかなる場合をいうのか、ということが問題となる。この点、本事案に対する法の適用をみてみると、まず、被告人に有利な事情もあるものの、本件犯罪事実そのものの態様は必ずしも軽微ではないことが確認され、そこから「当然に検察官の本件公訴提起を不当とすることはできない」とされる。そして、公訴提起の相当性に疑問が生まれるのは、公害惹起者とされる会社側と被告人ら患者側との間で発生した種々の違法行為についての処理に不平等があった点だと指摘する一方で、公訴提起に係る処分の当不当は犯罪事実の外面だけでは断定できない、また、他の被疑事件の公訴権発動の当否を軽々に論ずることはできないことからそれとの対比等によって、原審が言うように本件公訴提起を著しく不当であるとすることは直ちにはできないし、本決定が判示したような「極限的な場合」にあたるとは考えられない、と判断されている。

前半の判示については、対象となっている犯罪事実じたいが一見明白に軽微な場合には、「当然に」当該事件の公訴提起が不当とされる場合があるとみる余地を残すものともいえる。もっとも、後半で述べているように、犯罪事実の外面だけでは断定できないともしているから、248条の考慮事項を縷々検討することになろう。

他方、後半の判示について、本決定は、本件が事件関係者間における不平等起訴の事案であることを認めつつも、本件と他の被疑事実との対比等によってその当不当を判断することじたいに慎重で、本件についても「極限的な場合」にはあたらないとしている。この点、対向的共犯間の不平等が問題となった最判昭56・6・26［赤碕町長選挙違反事件］においても、「被告人自身に対する警察の捜査が刑訴法にのっとり適正に行われており、被告人が、その思想、信条、社会的身分又は門地などを理由に、一般の場合に比べ捜査上不当に不利益に取り扱われたものでないときは、かりに、原判決の認定するように、当該被疑事実につき被告人と対向的な共犯関係に立つ疑いのある者の一部が、警察段階の捜査において不当に有利な取扱いを受け、事実上刑事訴追を免れるという事実があったとしても（もっとも、本件において、八橋警察署が、原判決認定のように、［町長選立候補者］Ｓを不当に有利に取り扱う意図のもとに偏頗な捜査をしたとまで断定できるかどうかに

ついては、証拠上疑問なしとしない。）、そのために、被告人自身に対する捜査手続が憲法14条に違反することになるものでない」、また、「公訴提起を含む検察段階の措置には、被告人に対する不当な差別や裁量権の逸脱等はなかった」同事件では、「これと対向的な共犯関係に立つ疑いのある者の一部が、警察段階の捜査において前記のような不当に有利な取扱いを受けたことがあったとしても、被告人に対する公訴提起の効力が否定されるべきいわれはない」と判示されている。不平等起訴については、公訴権濫用論の中でも独自の位置づけがされるべきとする議論もあるが、いずれにせよ、不平等の内容がごく限定されたうえ、他の者が不当に有利に扱われたことの反射としてのものでは足りないとされている点をあわせ考えると、本決定が設定した判断基準を前提とする限り、この種事案が公訴権濫用にあたるとされることはほとんどないように思われる。

　（5）　これらの点から、本決定に対しては、次のような否定的評価もなされている。仮に形式的には公訴権濫用の法理を認めたといえるとしても、その判断基準が「極限的な場合」とされ、本事案については、他事件との比較も封じられてその適用が否定されたことからすれば、結局のところ、本決定が例としてあげた「公訴提起自体が職務犯罪を構成するような」場合以外の具体的な事案は想定できず、したがって、実質的には公訴権濫用論の適用はできないことに帰する、というのである。

　もっとも、藤崎反対意見にもかかわらず、本決定は、（論点としては、411条の「著しく正義に反すると認めるとき」の該当性という問題に帰着するが）公訴権濫用論により公訴棄却とした原審の判断を失当としつつも、結論として、それを破棄して第一審の有罪判決を復活させることは否定している。この本件の具体的な事案処理には注目すべきであろう。本事案が本決定の定立した「極限的な場合」に直接には該当しないまでも、結論として公訴棄却で終結させることじたいは是認されているのである。

　この点をとらえ、公訴権濫用の成立要件については、なお後にゆだねられたものであるとする見解もある。本決定にも、先にみたように、対象となっている犯罪事実じたいが一見明白に軽微な場合には、「当然に」当該事件の公訴提起が不当とされる余地があるとみられる部分もあるし、最判昭56・6・26では思想・信条等を理由とする不平等起訴のような場

合であれば公訴提起の無効を導く余地があることを示しているともいえる。

　（6）　本決定以降も、本決定が理論として承認した公訴権濫用論に依拠して公訴提起の無効を主張する事案は続いている。そのほとんどは本決定ないし最判昭56・6・26の示した法の解釈適用を範とする各裁判所に排斥されているが、そのなかで、山口簡判平2・10・22は、駐車違反に係る道交法違反事件について、本件取締当時は、駐車違反の検挙は現認時間を10分間確認し、それに満たない違反者に対しては口頭警告にとどめていたところ、当事案では10分間確認していたことが認められないとした事実認定を前提に、「道路交通法違反事件については、公正な取締をすることはもちろん、画一的な処理がなされているところ、被告人は終始数分間の駐車である旨の抗弁をしているのであり、捜査を充分尽くしていたならば、本件は現場において交通巡視員による口頭警告にとどまり、送致または起訴には至らなかった事案であると認められる」から、「本件取締、送致及び起訴について被告人に対して特に差別的意図はなく、検察官に刑事訴訟法248条による起訴、不起訴の裁量の余地があるにしても、以上認定のとおり杜撰な捜査にもとづき、結局は被告人に不公正な処罰を求めているものであり、いわゆる公訴権の濫用の理論にもとづき同法338条4号に準じて、本件公訴を棄却することとする」と判示した。

　この判決においては、交通法規の取締りについての同種事例との公平性が問題となった特殊な事案に係るものであって、先例の引用も一般的な規範定立もされていないが、公訴権濫用の理論について、被告人の不公正な処罰を求める点にその意義を見出している点には着目すべきであろう。この観点および本コメント冒頭で述べた訴訟条件論の展開の点から、本決定がいう「極限的な場合」については、単なる例示にすぎない「職務犯罪を構成するような」場合のみならず、訴追裁量の著しい逸脱により違法と評価されるようなものと解釈すべきという主張をも踏まえた検討が必要であろう。

　（7）　なお、大阪地判平成24・1・23が、公訴提起後の検察官の違法行為（具体的には証拠改ざん）が手続打切りの事由となるかという関連論点を扱っているので、あわせて参照されたい。

（正木　祐史）

....

📖 西明寺業務上横領事件

　最大判平成15〔2003〕年 4 月23日刑集57巻 4 号467頁【LEX/DB28085319】

　〈関連判例〉

　　東京地判昭和38〔1963〕年12月21日下刑集 5 巻11・12号1184頁【27915655】〔杉並区強姦等事件〕

　　最 1 小決昭和55〔1980〕年12月17日刑集34巻 7 号672頁　【24005736】〔チッソ水俣病被害補償傷害事件〕〔本書33〕

　　最 1 小決昭和59〔1984〕年 1 月27日刑集38巻 1 号136頁　【24005937】

　　最 3 小判平成 4 〔1992〕年 9 月18日刑集46巻 6 号355頁　【24006259】〔ロッキード（全日空ルート）事件〕

　　最 3 小決平成21〔2009〕年 7 月21日刑集63巻 6 号762頁　【25440968】〔四街道市原付自転車等窃盗事件〕〔本書90〕

[1] **事実の概要**

　(1)　宗教法人Aの責任役員である被告人は、Aの代表役員らと共謀の上、 i ）平成 4 年 4 月30日、業務上占有するA所有の土地（以下「本件土地 1 」という）をB株式会社に対し代金 1 億0324万円で売却し、同日、その所有権移転登記手続を了して横領し、ii ）同年 9 月24日、業務上占有するA所有の土地（以下「本件土地 2 」という）を、株式会社Cに対し代金1500万円で売却し、同年10月 6 日、その所有権移転登記手続を了して横領した、との事実により起訴された。

　なお、被告人は、上記各売却に先立ち、本件土地 1 について昭和55年 4 月11日、被告人が経営するD株式会社（以下「D」という）を債務者とする極度額2500万円の根抵当権（以下「本件抵当権〔1〕」という）を設定してその旨の登記を了し、その後、平成 4 年 3 月31日、Dを債務者とする債権額4300万円の抵当権（以下「本件抵当権〔2〕」という）を設定してその旨の登記を了し、また、本件土地 2 については、平成元年 1 月13日、Dを債務者とする債権額 3 億円の抵当権（以下「本件抵当権〔3〕」という）を設定してその旨の登記を了していた。

　(2)　被告人は、両土地に抵当権を設定すれば横領罪が成立し、その後になされた売却行為は不可罰的事後行為となるため、本件起訴事実について犯罪は成立しないと主張した。

　第一審及び原審は、売却行為が不可罰的事後行為にあたることを否定し、起訴事実たる売却行為について横領罪の成立を認めた。そこで、被告人は、上記判断が、先行の抵当権設定行為により横領罪が成立する場合には、後行の売却行為は不可罰的事後行為となり横領罪は成立しないとした最判昭31・6・26

に違反すると主張して上告した。

　最高裁大法廷は、従来の判例を変更して、委託を受けて他人の不動産を占有する者が、これにほしいままに抵当権を設定してその旨の登記を了した後、その不動産につき、ほしいままに売却等による所有権移転行為を行いその旨の登記を了したときは、売却等による所有権移転行為について、横領罪の成立自体は、これを肯定することができるというべきであり、先行の抵当権設定行為が存在することは、後行の所有権移転行為について犯罪の成立自体を妨げる事情にはならない、としたうえで、次のように述べて上告を棄却した。なお、本件が最高裁の大法廷で審理されたのは、上述のように実体法分野において最高裁判例の変更がなされたからである（裁判所法10条 3 号）。

[2] **法の解釈と適用①**

　「このように、所有権移転行為について横領罪が成立する以上、先行する抵当権設定行為について横領罪が成立する場合における同罪と後行の所有権移転による横領罪との罪数評価のいかんにかかわらず、検察官は、事案の軽重、立証の難易等諸般の事情を考慮し、先行の抵当権設定行為ではなく、後行の所有権移転行為をとらえて公訴を提起することができるものと解される」。

　「本件において、被告人が本件土地 1 につき本件抵当権〔1〕、〔2〕を設定し、本件土地 2 につき本件抵当権〔3〕を設定して、それぞれその旨の登記を了していたことは、その後被告人がこれらの土地を売却してその旨の各登記を了したことを業務上横領罪に問うことの妨げになるものではない」。

3 法の解釈と適用②

　「そのような公訴の提起を受けた裁判所は、所有権移転の点だけを審判の対象とすべきであり、犯罪の成否を決するに当たり、売却に先立って横領罪を構成する抵当権設定行為があったかどうかというような訴因外の事情に立ち入って審理判断すべきものではない。このような場合に、被告人に対し、訴因外の犯罪事実を主張立証することによって訴因とされている事実について犯罪の成否を争うことを許容することは、訴因外の犯罪事実をめぐって、被告人が犯罪成立の証明を、検察官が犯罪不成立の証明を志向するなど、当事者双方に不自然な訴訟活動を行わせることにもなりかねず、訴因制度を採る訴訟手続の本旨に沿わないものというべきである」。

　「したがって、本件土地１、２の売却に係る訴因について業務上横領罪の成立を認め」、前記ⅰ）、ⅱ）の「各犯罪事実を認定した第一審判決を是認した原判決の結論は、正当である」。

4 コメント①（一部起訴の可否）

　(1)　検察官は、広範な訴追裁量を有し（248条）、審判の対象である訴因を設定する権限を有するが（256条３項）、実体法上の一罪を構成する事実のうち一部を取り出して訴因を構成し、起訴することが許されるか。訴因制度を採用する現行法の下では、裁判所は訴因外の事実を自由に認定することができないため、客観的にはその全部についての起訴が可能であるにもかかわらず、①１個の罰条のみが問題となる一罪の一部起訴（例えば、窃盗の被害品の一部を除外して起訴する場合。以下、同じ）、②結合犯の一部起訴（強盗致傷を強盗で起訴する場合）、③加重的構成要件該当の罪の基本的構成要件該当の罪による起訴（業務上横領を横領で起訴する場合）、④科刑上一罪の一部起訴（牽連関係にある住居侵入を除外して殺人のみで起訴する場合）、⑤包括一罪の一部起訴（常習一罪となる窃盗の一部を起訴する場合）、⑥法条競合の一部起訴（強盗を恐喝で起訴する場合）、⑦既遂の未遂での起訴、⑧共同正犯の従犯による起訴を行うことが許されるか、が問題となる。なお、併合罪など、実体法上も手続法上も数罪となる罪の一部起訴は、訴追裁量（248条）の範囲内として異論なく認められる。

　(2)　一罪の一部起訴の可否について、最高裁が初めてその立場を明示した最決昭59・1・27は、金銭等が供与の共謀者間で授受され、その後供与が実行さ

れた公職選挙法違反事件において、交付罪（先行行為）が、供与罪（後行行為）に（処罰上）吸収されるにもかかわらず、交付罪のみで起訴された場合について、「選挙運動者たる乙に対し、甲が公職選挙法221条１項１号所定の目的をもって金銭等を交付したと認められるときは、たとえ、甲乙間で右金銭等を第三者に供与することの共謀があり乙が右共謀の趣旨に従いこれを第三者に供与した疑いがあったとしても、検察官は、立証の難易等諸般の事情を考慮して、甲を交付罪のみで起訴することが許される」とし、「立証の難易等諸般の事情を考慮」した一罪の一部起訴を認めた。

　また、本判決は、冒頭で判例変更を行い、抵当権設定行為（先行行為）につき横領罪が成立する場合であっても、所有権移転行為（後行行為）は不可罰的事後行為にはならず、抵当権設定行為と所有権移転行為双方に横領罪が成立する、とした。本判決は、両者の罪数関係については、「罪数評価のいかんにかかわらず」と述べるにとどまり、判断を留保する。しかし、仮に、両者が併合罪であるとすれば、上述の通り、一部起訴の問題は発生しない。それゆえ、本判決は、両者の罪数関係を、いずれの行為についても犯罪は成立しているが、両者を処罰することはできないという共罰的事前行為・事後行為（包括一罪）と解し、そのうえで、双方の行為に横領罪が成立する以上、検察官にはどちらの横領罪を起訴するのかを決定する権限があるとの判断を示したといえよう。

　(3)　このように判例は、一部起訴の可否につき肯定の立場をとる。しかし、無条件に一部起訴を許容する趣旨ではない。検察官は広範な訴追裁量を有し、訴因設定権限があるとはいえ、一定の限界がある。最判平4・9・18が「偽証罪として一罪を構成すべき事実の一部について告発を受けた場合にも、右一罪を構成すべき事実のうちどの範囲の事実について公訴を提起するかは、検察官の合理的な裁量に委ねられ」る、とするように、一部起訴は、検察官の権限の「合理的裁量」の行使といえる場合、すなわち、合理的な理由がある場合にのみ認められることになる。

　前述の最決昭59・1・27は、「立証の難易等諸般の事情を考慮」した一部起訴を認める。この種の裁判においては、いわゆる百日裁判規定（公職選挙法253条の２）により、迅速な裁判が要求されていることを、合理的な理由として考慮したものといえ

る。また、本判決も、合理的な理由として、「事案
の軽重、立証の難易等諸般の事情」を挙げる（な
お、本判決での明示的な判断はないが、本件控訴審
においては、当該「事情」として、先行行為につき公訴
時効が完成していたとの指摘がある）。

（4）　一方で、合理的な理由が認められない一部起
訴は、許容されない。例えば親告罪につき告訴がな
い場合、その一部を非親告罪として起訴すること
（例えば、強姦罪ないし強制わいせつ罪の手段たる暴
行のみを取り上げて起訴すること）は、親告罪の趣
旨を没却するため合理的な訴追裁量の行使とはいえ
ず許されない。東京地判昭38・12・21は、「暴行の事
実について審理判決をすることになると、……右暴
行と不可分の関係にある被告人の強姦または強制わ
いせつの意思ないし行為を、したがって被害者のこ
れら被害の事実をも、公判廷において究明し、これ
を判決において公表することになるのが通常」であ
ることから、「強姦罪または強制わいせつ罪の被害
者の意思、感情、名誉などを尊重してこれを親告罪
とした法の趣旨をほとんど没却することになって、
明らかに不当である」として、このような一部起訴
を違法とする（なお、平成29年法律第72号によって、
刑法177条は改正され、強姦罪は強制性交等罪となっ
た。また同法180条の親告罪規定は削除され、強制性
交等罪ないし強制わいせつ罪は非親告罪となった）。

（5）　裁判員裁判の導入によって、新たに問題とな
る一部起訴の類型として、次のようなものがある。
すなわち、①複雑難解な事件について、立証上の難
点や法律上の問題点を慮って、訴因を絞り込むよう
な一部起訴（組織的殺人（組織犯罪処罰法3条1項7
号）を殺人（刑法199条）で起訴する場合）、②迅速審
理、争点の解消を意図した訴因の絞り込みによる一
部起訴（多数の財物を強取したうえで被害者を殺害し
た強盗殺人の事例において、財物強取については、主
要な財物に絞って起訴する場合）などである。①に
ついては、行為の悪質性や社会的影響に鑑みれば、
組織的殺人で起訴することが、事案の真相に見合っ
た起訴といえる。しかし、裁判員裁判においてこの
ような起訴を行えば、立証が煩雑になったり、証拠
評価をめぐって複雑な争点を生じさせたりするなど
の事情があるときには、相応の科刑が実現される
（すなわち、組織的殺人と殺人の法定刑に大きな相違
がなく、殺人罪でも相応の科刑が実現できる）ことを
前提に、真相解明の要求を多少後退させることは、
合理的な訴追裁量権の行使として許されるであろ

う。また、②について、被害者の死亡に加えて、立
証可能な限りの財物強取を起訴して、できる限り重
い科刑を目指すのではなく、裁判員裁判の迅速審理
の要請にこたえて、財物の部分については主要な財
物に絞って起訴するといった、量的な意味における
一部起訴は必要であり、また相応な科刑が期待でき
ることから、合理的な訴追裁量権の行使として許さ
れるであろう。

5 コメント②（審判の範囲）

（1）　本判決は、一部起訴が有効である以上、審判
の対象はもっぱら訴因に限定されるべきであるとす
る。抵当権設定行為（先行行為）の有無にかかわら
ず、売却行為（後行行為）につき横領罪が成立し、
訴因外の事実の存否が、訴因記載の事実の成否に影
響を与えないからである。最高裁は、すでに前掲の
最決59・1・27において、「裁判所としては、訴因
の制約のもとにおいて、甲についての交付罪の成否
を判断すれば足り、訴因として掲げられていない乙
との共謀による供与罪の成否につき審理したり、検
察官に対し、右供与罪の訴因の追加・変更を促した
りする義務はないというべき」とする。交付罪（先
行行為）と供与罪（後行行為）の関係（吸収関係）
を、供与罪の成立により交付罪が供与罪に吸収され
て消滅するのではなく、交付罪は成立した状態であ
るものの供与罪と合わせて処罰することはできない
との意味であると解すれば、同様の状況にあるとい
え、本判決によって、改めてその立場を確認したと
いえる。一方、訴因外の事実の存否が、訴因記載の
事実の成否に影響を及ぼす場合（例えば、訴因外の
事実の存在により、訴因記載の犯罪事実の成立が妨げ
られる場合）には、当該訴因外の事実は、裁判所の
審判対象となる。訴因外の事実の審理が、訴因記載
の犯罪事実の成否を判断するために必要だからであ
る。

なお、最決平21・7・21［四街道市原付自転車等窃
盗事件］〔本書90〕は、7件の窃盗と1件の窃盗未遂
の単独犯として起訴された被告人が、自らが実行行
為の全部を1人で行ったものの、他に共謀共同正犯
の責めを負うべき者がおり、単独犯ではないと主張
した事案である。仮に、（共謀）共同正犯が成立す
ることが、訴因記載の単独犯の成立を妨げる事由
になるとすれば、被告人は共犯者の存在を主張する
ことができ、また裁判所もそれを審理しなければな
らない。同決定は、「検察官において共謀共同正犯

者の存在に言及することなく、被告人が当該犯罪を行ったとの訴因で公訴を提起した場合において、被告人1人の行為により犯罪構成要件のすべてが満たされたと認められるときは、他に共謀共同正犯者が存在するとしてもその犯罪の成否は左右されないから、裁判所は訴因どおりに犯罪事実を認定することが許されると解するのが相当である」とする。最高裁は、①刑罰法令本条（本件では刑法235条）の規定は、他に関与者がいないことを要求しているわけではなく、また、②共犯規定（刑法60条）は、実行行為の全部または一部を行っていないため、それだけでは本条の正犯とはならない場合に、同条を適用することで、正犯として責任を負う範囲を拡張する規定であるとの理解を前提にしたうえで、被告人が実行行為の全部を1人で行った場合には、刑罰法令本条の正犯が成立するのであるから、仮に共謀共同正犯が成立する場合においても、検察官は訴追裁量に基づいて共謀の事実を落として起訴することも、共謀共同正犯として起訴することも可能である、との考え方に立ったといえる。当事案では、前者のかたちでの起訴がなされており、訴因外の事実（共謀共同正犯者の存在）の存否が、訴因記載の事実（窃盗の正犯）の成否に影響を与えないために、裁判所は訴因記載の犯罪事実の成否の判断にあたり、共謀共同正犯者の存否を審理する必要はないことになる

（もっとも、量刑事情として、共謀の事実が考慮されることはありうる）。

（2）　他方で、合理的な理由がない一部起訴は、違法な起訴となる（ 4 (4)参照）。もっとも、最高裁は、最決昭55・12・17［チッソ水俣病被害補償傷害事件］〔本書33〕において、「検察官の裁量権の逸脱が公訴の提起を無効ならしめる場合のありうることを否定することはできないが、それはたとえば公訴の提起自体が職務犯罪を構成するような極限的な場合に限られるものというべきである」とする。この立場を前提とすると、検察官が賄賂を収受し、その見返りに一部起訴にとどめたような「極限的な場合」には、裁判所は、直ちに当該起訴を公訴棄却（338条4号）することになる。しかし、「極限的な場合」に至らない程度の合理的裁量から逸脱した一部起訴の場合（例えば、審理の過程で一部起訴であったことが判明した場合、すなわち、本来ならば、より広い範囲で起訴することが必要だったことが審理の過程で判明した場合）には、裁判所は、適法な起訴になるよう検察官に訴因に関し求釈明（294条、規則208条）したうえで、判明した事実に沿うように訴因変更を促し、検察官に訴因の補正の機会を与えることになろう。それでもなお補正がなされない場合には、公訴棄却することになる。

（黒川　亨子）

 起訴状への証拠の添付引用と予断排除原則

宇和島生糸恐喝事件

　最3小判昭和33[1958]年5月20日刑集12巻7号1398頁【LEX/DB24003315】

　　〈関連判例〉

　　　最3小判昭和26[1951]年4月10日刑集5巻5号842頁　【24001267】

　　　最大判昭和27[1952]年3月5日刑集6巻3号351頁　【24001503】

　　　最1小判昭和29[1954]年1月14日集刑91号161頁　【27920000】

　　　最1小決昭和44[1969]年10月2日刑集23巻10号1199頁【24004950】

1 事実の概要

　本件起訴状には、恐喝に係る公訴事実について「被告人XはYと共謀の上A等から金円を不法に領得せんことを企て、被告人Xに於て、昭和23年12月31日炭酸紙及び骨筆を使用し和罫紙3枚にA宛「拝啓貴下がBに対し従来莫大なる数量の生糸の売買を為し本年下半期のみにても八百数十貫其の価格壱千

万円に及び就中（なかんずく）弐拾壱中の如き入手困難なるものもあり之等に関し各種脱税に対する第三者申告の対称（原文ママ。一審及び控訴審では、「対照」となっている。筆者注）たるのみならず近日中宇和島市に於て発行の予定なる新日本建設新聞の創刊号に所謂（いわゆる）特種（とくだね）としての価値を発揮する次第なる処本件事案の重大性と業界に及ぼす影響不尠（すくなからざる）点［並］に貴下

の御迷惑を考慮し十分慎重なる態度を以て臨み度に付貴下の釈明をも参考に致し度く依って来る1月5日迄に何分の御書面相 煩 度得貴意 候 也昭和弐拾参年拾弐月参拾壱日、北宇和郡泉村出目C方X、宇和島市御殿町員外一、A殿」と複写し、以て同人をして釈明しなければ脱税に対する第三者申告を為し且つ新聞紙上に掲載して刑事処分をも受けしむべく依って同人の自由、名誉、財産に対し害を加るべきことを暗示し暗に之が採消しのため相当額の金円を提供すべき旨の脅迫文3通を作成し、即日宇和島郵便局から内1通を書留内容証明郵便としてA宛郵送翌昭和24年1月1日同人をして受領畏怖せしめ」たものである、との記載があった（なお、引用中の［　］内の文字は、本件控訴審の判文にはあるが、本判決の判文にはない文字である）。この起訴状に記載された脅迫文書の記載は、第一審公判廷に証拠として提出された脅迫状の記載と、記載形式に差異はあるものの、ほとんど同様のものである。

第一審（松山地宇和島支判昭28・3・3）は、「右書類の内容引用も恐喝罪を構成するに必要な恐喝手段たる害悪通知の内容を明瞭ならしめもしくはこれを特定するため必要なもので何等違法なものではな」いとして、被告人に懲役2年、執行猶予5年の判決を言い渡した。控訴審（高松高判昭28・7・27）も、「右内容証明郵便文書の内容は本件恐喝の手段方法を明らかならしめるに必要な事実であるから、これらの記載があっても、その起訴状は刑事訴訟法第256条第6項に違反しない」とした。これに対し、被告人側が上告したところ、最高裁は、以下のように述べて上告を棄却した。

2 法の解釈

本判決は、「起訴状に記載された事実がその訴因を明示するため犯罪構成要件にあたる事実若くはこれと密接不可分の事実であって被告人の行為が罪名として記載された罰条にあたる所以を明らかにするため必要であるときはその記載は刑訴256条6項に違反しないこと当裁判所の判例とするところである」と先例（最判昭26・4・10）を確認したうえで、以下のように述べた。

「一般に、起訴状には、裁判官に事件につき予断を生ぜしめる虞のある書類その他の物を添付し、又はその内容を引用してはならないこと刑訴256条6項の明定するところであるから、本件起訴状において郵送脅迫書翰の記載内容を表示するには例えば第

一審判決事実認定の部においてなされているように少しでもこれを要約して摘記すべきである。しかし、起訴状には訴因を明示して公訴事実を記載すべく、訴因を明示するにはできる限り犯罪の方法をも特定して記載しなければならないことも刑訴256条の規定するところであり、そして起訴状における公訴事実の記載は具体的になすべく、恐喝罪においては、被告人が財物の交付を受ける意図をもって他人に対し害を加えるべきことの通告をした事実は犯罪構成事実に属するから、具体的にこれを記載しなければならないというまでもない」。

3 法の適用

「本件公訴事実によればいわゆる郵送脅迫文書は加害の通告の主要な方法であるとみられるのに、その趣旨は婉曲暗示的であって、被告人の右書状郵送が財産的利得の意図からの加害の通告に当るか或は単に平穏な社交的質問書に過ぎないかは主としてその書翰の記載内容の解釈によって判定されるという微妙な関係のあることを窺うことができる。かような関係があって、起訴状に脅迫文書の内容を具体的に真実に適合するように要約摘示しても相当詳細にわたるのでなければその文書の趣旨が判明し難いような場合には、起訴状に脅迫文書の全文と殆んど同様の記載をしたとしても、それは要約摘示と大差なく、被告人の防禦に実質的な不利益を生ずる虞もなく、刑訴256条6項に従い『裁判官に事件につき予断を生ぜしめる虞のある書類その他の物の内容を引用し』たものとして起訴を無効ならしめるものと解すべきではない」。違憲ないし判例違反をいう所論は、「いずれも右記載が裁判官に予断を生ぜしめる虞のあることを前提とするから上記の理由により前提を欠くもの」である。

4 コメント

（1）刑訴法は、「公訴事実」を起訴状記載事項の1つとして掲げる（256条2項2号）。公訴事実は訴因を明示してこれを記載しなければならず、訴因を明示するには、できる限り日時、場所及び方法を以て罪となるべき事実を特定してこれをしなければならないが（同条3項）、他方で、起訴状には、裁判官に事件につき予断を生ぜしめる虞のある書類その他の物を添附し、又はその内容を引用してはならない（同条6項）。そこで、前者の訴因明示の要求と後者の予断排除の要請とをどのように調整すべきか

が問題となる。

(2) 訴因明示の要求の趣旨は、裁判所に対して審判対象を明示し、また、被告人に対して防禦範囲を明示するためである。一方、予断排除の要請の趣旨について、起訴状への同種の前科の記載の可否が問われた最大判昭27・3・5は、「裁判官が、あらかじめ事件についてなんらの先入的心証を抱くことなく、白紙の状態において、第一回の公判期日に臨み、その後の審理の進行に従い、証拠によって事案の真相を明らかにし、もって公正な判決に到達するという手続の段階を示したものであって、直接審理主義及び公判中心主義の精神を実現するとともに、裁判官の公正を訴訟手続上より確保し、よって公平な裁判所の性格を客観的にも保障しようとする重要な目的をもっている」と判示する。

「公訴犯罪事実について、裁判官に予断を生ぜしめるおそれのある事項……を起訴状に記載したときは、これによってすでに生じた違法性は、その性質上もはや治癒することができない」(最大判昭27・3・5)のに対し、他の犯罪事実と識別可能な程度に訴因が明示されていれば、審判対象の明示の観点からは問題が生じず、また冒頭陳述などで争点を明らかにすることにより防禦範囲を確定することは可能であるから、訴因明示の要求に比べて予断排除の要請が優先されるべき、との判断が妥当であろう。しかし、本判決が先例として引用するのは、上記大法廷判決ではなく、明確な理由を示さないまま訴因明示の要求が予断排除に優先するとした最判昭26・4・10である。すなわち、公職追放令違反事件に関し、証拠となるビラの内容が起訴状に引用された事案において、最判昭26・4・10は、「本件起訴状に記載された、所論の各記載は、何れも公訴事実を起訴状に記載するにあたり、その訴因を明示するため犯罪構成要件にあたる事実自体若しくは、これを密接不其分(原文ママ)の事実を記載したものであって、被告人等の行為が罪名として記載された公職追放令第11条若しくは第12条にあたる以所を明にする為必要なものであるから起訴状に所論の如き記載があるからといって、右起訴は刑訴法第256条第6項に違反するものではない」と述べる。

(3) 訴因を明示するためには、できる限り犯罪の方法をも特定して記載しなければならないとされるところ(256条3項)、恐喝罪においては、恐喝の内容は訴因を特定する一手段として具体的に記載されることが要請されており、証拠文書を引用する必要

性が認められる場合があることは否定できない。他方で、上記大法廷判決が指摘するように、裁判官が一旦抱いた予断はもはや治癒することができない。

本件は、脅迫文書が婉曲暗示的な表記となっており、「起訴状に脅迫文書の内容を具体的に真実に適合するように要約摘示しても相当詳細にわたるのでなければその文書の趣旨が判明し難い」特別の場合であり、このような特別の場合においては、「罪となるべき事実」の特定(256条3項)の要請をみたすべく「起訴状に脅迫文書の全文と殆んど同様の記載」をする必要があり、かつ、起訴状にそのような記載をしたとしても、「それは要約摘示と大差なく、被告人の防禦に実質的な不利益を生ずる虞もな」いから、256条6項違反として起訴状を無効とすべきでないため、本判決は、起訴状の記載が裁判官に予断を生ぜしめる虞のあることを前提とする弁護側の所論は、「前提を欠くもの」としたと考えられる。しかしながら、本件のような事案においても、大法廷判決が示した予断排除の趣旨を踏まえて、当該引用が訴因の「罪となるべき事実」の特定のために必要不可欠なものであるか、また当該記載が裁判官に予断を生ぜしめるおそれがないかを判断する必要があろう。

本件において、小林俊三裁判官は、起訴状の記載は違法であるとの少数意見を述べるにあたり、①本件起訴状の記載内容は、脅迫文書をそのまま引用したものであり、256条6項が禁ずる「引用」そのものであること、②脅迫文書は、本件の公訴事実である恐喝の手段にすぎず、「公訴事実としては、右書面の関係部分は、被害者宛判示年月日附の内容証明郵便をもって判示のような趣旨を記載した書面を郵送し、それが何月何日被害者に到達し、同人をして受領畏怖せしめ……云々と記載すれば足りる」ため、正確に引用する必要性は少しもないこと、③このような引用は、多数意見が先例として引用しない、上述の最大判昭27・3・5の趣旨に徴すれば許されない、などとして、当該引用の必要不可欠性はない旨を指摘する。一方、本判決は、訴因を詳細に記載すべき必要性を強調するのみで、当該引用の必要不可欠性にまで踏み込んだ検討や当該記載が裁判官に予断を生ぜしめる蓋然性についての検討がなされておらず、妥当ではない。

(4) 本判決では、256条6項の趣旨を考慮し、脅迫文書の記載内容を表示するには、「少しでもこれを要約して摘記すべきである」との原則を示したう

えで、本件は、当該文書が、婉曲暗示的な表記となっており、「起訴状に脅迫文書の内容を具体的に真実に適合するように要約摘示しても相当詳細にわたるのでなければその文書の趣旨が判明し難い」特別な場合であり、かつ、起訴状に脅迫文書とほとんど同様の記載をしたとしても、「それは要約摘示と大差なく、被告人の防禦に実質的な不利益を生ずる虞もな」い事案であるから、例外的にこのような記載が許される、という一定の制限を設けたものとみることができる。

しかしながら、最決昭44・10・2は、名誉毀損罪の起訴状に、証拠となる雑誌記事から約3,500字にわたって引用して記載した事案において、「本件起訴状における『外遊はもうかりまっせ、大阪府会滑稽譚』と題する文章原文の引用は、検察官が同文章のうち犯罪構成要件に該当すると思料する部分を抽出して記載し、もって罪となるべき事実のうち犯罪の方法に関する部分をできるかぎり具体的に特定しようとしたものであって、刑訴法256条3項に従って本件訴因を明示するための方法として不当とは認められず、また、これをもって同条6項にいう裁判官に事件につき予断を生ぜしめるおそれのある書類の内容を引用したものというにはあたらない」と判示する（また、同決定では、本判決は「本件と事案を異に」するものと判断されている）。このように同決定は、起訴状への証拠文書の引用について、本件のような一定の制限を設けることなく、訴因明示の要求を優先する。同決定では、抽出して記載すれば訴因明示のために不当とはいえず、訴因の「罪となるべき事実」の特定に必要であれば相当詳細な引用であっても予断排除の要請に反しない、との判断が示されているが、妥当ではない。最大判昭27・3・5が示した同条6項の趣旨を踏まえれば、本判決が示した一定の制限に加え、当該引用が訴因の「罪となるべき事実」の特定のために必要不可欠なものであり、かつ、裁判官に予断を生ぜしめるおそれがないことが必要であろう。

（5）また、訴因明示のために必要な犯罪事実以外の事実が記載されていた場合、起訴状の効力はどうなるか。裁判官に予断を生じさせるおそれのない、単なる余事記載であれば、起訴状記載事項（256条2項）以外の事柄を記載したとして、同条項違反として、当該余事記載を削除し補正すれば足りる。しかし、裁判官に事件について予断を抱かせるような余事記載である場合には、書類などの「添附」や内

容の「引用」を禁じて予断排除を目的とする256条6項を準用し、公訴提起は無効となる（338条4号）。具体的には、被告人の前科や経歴、性格などの起訴状への記載が問題となる。

上述の最大判昭27・3・5は、起訴状への同種の前科の記載の可否が問われた事例である。詐欺罪の公訴事実について、起訴状冒頭の「被告人は詐欺罪により既に二度処罰を受けたものであるが」との記載について、同判決は、「詐欺の公訴について、詐欺の前科を記載することは、両者の関係からいって、公訴犯罪事実につき、裁判官に予断を生ぜしめるおそれのある事項にあたる」として、当該記載を違法であるとする。詐欺の訴因で起訴されている被告人に、同種の前科があるとの記載は、今度もまた詐欺を行ったのではないかとの予断を与えかねないからである。

もっとも、起訴状に前科を記載することが一律に禁じられるわけではない。同判決も、「被告人の前科であっても、それが、公訴犯罪事実の構成要件となっている場合（例えば常習累犯窃盗）又は公訴犯罪事実の内容となっている場合（例えば前科の事実を手段方法として恐喝）等は、公訴犯罪事実を示すのに必要であって、これを一般の前科と同様に解することはできないからこれを記載することはもとより適法である」とする。

一方、被告人の暴力団との関連を起訴状に記載したことが問題となった判例がある。最判昭29・1・14は、2通の起訴状のうち、第一の脅迫・暴行・殺人未遂・傷害等の公訴事実にかかる起訴状には、「被告人は通称Tと称し、銚子市……○番地で株式会社T組なる名称で土建業を営むものなるが、これ迄賭博4犯、傷害2犯の前科を累ね、同所及其附近で縄張りを有する博徒の親分なるところ」との記載が、また第二の傷害の公訴事実にかかる起訴状には、「被告人は博徒の親分であるが」との記載がなされていた事例において、前者については「本件脅迫の犯罪事実の内容をなすものと認められる」とし、また、後者については「被告人の経歴を示したもので、裁判官に予断を生ぜしめるおそれある事項に当らない」として、256条6項違反には当たらないとした。

第一の起訴状中の前科の記載については、上述の最大判昭27・3・5が「犯罪事実の内容となっている場合（例えば前科の事実を手段方法として恐喝）等」は記載することが許されるとしているものの、最判

昭29・1・14においては、前科がどのように脅迫事実の内容となっているか（すなわち、最大判昭27・3・5の例示のような事情があるか）について、判示からは明らかではない。また、第二の起訴状中の経歴の記載について、同判決は、明確な理由を示すことなく「裁判官に予断を生ぜしめるおそれある事項に当たらない」と一蹴する。経歴が犯罪構成要件にかかわるような場合を除いて、例えば当該事例における「博徒の親分である」との経歴の記載は、犯罪構成要件事実でも犯罪事実の内容でもないために、訴因明示に不必要な余事記載（256条2項違反）といえよう。そのような余事記載のうち、当該事案における当該経歴の記載が、256条6項に違反するか否かが問題となるところ、同判決は、当該記載がなぜ256条6項に違反しないのか、について全く言及されておらず不当である。

（黒川　亨子）

36 公訴時効の起算点

チッソ水俣病刑事事件

　最3小決昭和63［1988］年2月29日刑集42巻2号314頁【LEX/DB27761240】
〈関連判例〉
　大判大正12［1923］年12月5日大審院刑事判例集2巻922頁【25330125】
　最1小判昭和41［1966］年4月21日刑集20巻4号275頁　　【27760796】
　最3小判昭和47［1972］年5月30日民集26巻4号826頁　　【27000563】
　最1小判平成27［2015］年12月3日刑集69巻8号815頁　　【25447623】

1　事実の概要

　(1)　本件は、化学製品製造会社の工場が、塩化メチル水銀を含む有害な工場廃水を継続的に海に排出したことにより、これに汚染された魚介類の摂取を通じて、ACDEF を成人水俣病に、BG を胎児性水俣病に罹患させて傷害を負わせ、Bを除く6名を同病に起因する疾病により死亡させたとして、上記代表取締役社長Xおよび工場長Yが業務上過失致死傷罪で起訴された事案である。XとYは、同工場の操業にともなう危害の発生を防止すべき立場にあるにもかかわらず、工場廃水を排出しない措置を講ずべき業務上の注意義務を怠り、昭和33年9月初旬から昭和35年6月末頃までの間、継続的に上記廃水を排出した過失行為により、同廃水によって汚染された魚介類の摂取を通して、次のような結果を発生させたとして、昭和51年5月に起訴された。公訴提起に至るまでの事実の概要は以下のとおりである。なお、本件は、昭和43年法律第61号による改正前の刑法211条前段が適用される事案であり、当時の法定刑の上限（禁錮3年）を基準にした場合、その公訴時効期間は3年であった。

　昭和33年9月初旬～昭和35年8月頃（一審認定は

昭和35年6月末頃）	過失行為（工場廃水の排出）
昭和34年7月	A死亡
昭和34年9月	B発病（胎児性水俣病に罹患して出生）
昭和34年11月	C死亡
昭和34年11月	D死亡
昭和34年12月	E死亡
昭和35年8月	G発病（胎児性水俣病に罹患して出生）
昭和46年12月	F死亡
昭和48年6月	G死亡
昭和51年5月	公訴提起

　(2)　第一審（熊本地判昭54・3・22）は、ほぼ公訴事実通りの事実を認定したうえで、公訴時効について、いわゆる時効連鎖説を採用し、AないしEを被害者とする各業務上過失致死傷罪については、公訴時効が完成しているとして免訴を言い渡し、F及びGを被害者とする各業務上過失致死罪についてのみ有罪とした。その理由は以下のとおりである。
　結果犯の公訴時効は、結果の発生時点から進行すると解すべきである。観念的競合犯（刑法54条1項前段）の公訴時効の期間算定については、各別に論

ずることなく、これを一体として観察することが原則であり、1個の行為が、同時かまたはさほどの時間的間隔を置くことなく数個の罪名に触れるような通常の場合には、これを単純に一体として観察して公訴時効の期間算定をすれば足りる。しかしながら、観念的競合犯は実体上の数個の罪を包含するものであり、各罪は他の罪のために吸収されることなく互に併存するものであるから、単純一罪と異なりこれを分離して処断することを絶対に許さない性質のものではないのであって、数個の罪を一括してその最も重い刑をもって処断する場合に比べて格別不利益とならず、かつ、社会通念上妥当と認められる場合には、これを分離して処断することも許されるべきである。それゆえ、仮に、1個の行為が順次数個の罪名甲罪・乙罪・丙罪に触れる場合に、甲罪の公訴時効期間内に乙罪の結果が発生したときには、これを一体として観察して乙罪の結果発生時を起算点として公訴時効期間を算定すべきである。他方、乙罪の公訴時効完成後に丙罪に触れる結果が発生した場合には、これを個別に観察し、丙罪については独立して公訴時効期間を算定すべきである。

本件公訴事実によると、被害者全員に関する罪について観念的競合の関係にあるとして起訴されたものであるから、AECD に関する業務上過失致死罪、B に関する業務上過失傷害罪については、GF に関する業務上過失傷害罪をも含めて、これを一体として観察し、（最終結果発生時点である）G に関する業務上過失傷害罪を起算点として、公訴時効期間3年が経過した昭和38年8月27日限りで公訴時効が完成したことになる。よって、本件公訴事実中、AECD に関する業務上過失致死罪、B に関する業務上過失傷害罪についての部分は、これを免訴すべきものである。他方、被害者 GF に関する業務上過失致死罪については、免訴部分とは個別に観察し、G の死亡時点である昭和48年6月を公訴時効の起算点とすべきであるから、時効は未完成である。以上の一審判決に対し、被告人 X および Y が控訴した（検察官は控訴しなかった）。

（3）控訴審（福岡高判昭和57・9・6）は、結論において第一審の判断を是認したものの、その理由付けは異なる。すなわち、観念的競合犯の公訴時効の算定にあたっては、各別にすべきものではなく、全一体として観察することが原則であるとしつつ、「事故型過失犯」すなわち「1個の行為が同時又はさほどの時間的間隔をおかないで、数個の罪名に触

れる場合」は別として（事故型過失犯の観念的競合では、単純にこれを一体的に観察して公訴時効の期間を算定すれば足りるものである）、近時しばしば発生する薬物（化学物質）公害等の業務上過失犯にみられるところの「構造型過失犯」に対する限り、右の原則はそのままには妥当しない。後者においては、「業務上の過失行為の形態やその責任及び被害その他の社会的反響等のみを顧慮するときは、観念的に競合する各罪の公訴時効を一体として考慮すること……が、むしろ妥当性を有すように思われる」。しかし反面、「全一体として観察することは、いつまでも時効にかからせないことに帰着」する。「かように極めて不確定な状態のまま放置することは、明らかに公訴時効制度に対する本質的な矛盾であり、他面、時効の効果を実質的に否定することとなり、行為者の基本的権利を侵害することにもなる。したがって、構造型過失犯においては観念的に競合する各罪につき無制限にこれを全一体として観察することは相当でなく、時効的連鎖を有する結果の範囲に制限することが、公正妥当な措置というべきである」。

これに対し、被告人 X および Y が上告したところ、最高裁は、以下のように述べて上告を棄却した。

2 法の解釈と適用①
● 法の解釈 ●●
「公訴時効の起算点に関する刑訴法253条1項にいう『犯罪行為』とは、刑法各本条所定の結果をも含む趣旨と解するのが相当である」。
● 法の適用 ●●
「G の出生は昭和35年8月28日であり、その死亡は昭和48年6月10日であって、出生から死亡までの間に12年9か月という長年月が経過している」が、上記のような法の解釈から、「G を被害者とする業務上過失致死罪の公訴時効は、当該犯罪の終了時である同人死亡の時点から進行を開始するのであって、出生時に同人を被害者とする業務上過失傷害罪が成立したか否か、そして、その後同罪の公訴時効期間が経過したか否かは、前記業務上過失致死罪の公訴時効完成の有無を判定するに当たっては、格別の意義を有しないものというべきである。したがって、同人死亡の時点から起算して公訴時効期間が満了する前の昭和51年5月4日に公訴が提起されている前記業務上過失致死罪につき、その公訴時効の完

成を否定した原判断の結論は、正当である」。

③ 法の解釈と適用②

● 法の解釈 ●●

「観念的競合の関係にある各罪の公訴時効完成の有無を判定するに当たっては、その全部を一体として観察すべきものと解するのが相当である……（最高裁昭和……41年4月21日第1小法廷判決……）」。

● 法の適用 ●●

「Gの死亡時から起算して業務上過失致死罪の公訴時効期間が経過していない以上、本件各業務上過失致死傷罪の全体について、その公訴時効はいまだ完成していないものというべきである。したがって、原判決がG及びFを被害者とする各業務上過失致死罪について公訴時効の完成を否定した点は、その結論において正当であり、他方、右2名以外の5名を被害者とする各業務上過失致死傷罪について公訴時効の完成を肯定した点は、法令の解釈適用を誤ったものである」。しかしながら、「その部分については、第一審判決の理由中において公訴時効完成による免訴の判断が示され、同判決に対しては検察官による控訴の申立がなかったものであって、右部分は、原審当時既に当事者間においては攻防の対象からはずされていたものとみることができるから（最高裁昭和……46年3月24日大法廷決定……、同昭和……47年3月9日第1小法廷判決……参照）、結局、原判決の右誤りは、判決に影響を及ぼさない」。

④ コメント①（「犯罪行為が終わった時」（253条1項）の解釈および結果的加重犯における公訴時効の起算点）

（1）　本決定は、公訴時効の起算点となる「犯罪行為が終わった時」（253条1項）とは、実行行為終了時をさすのか（行為時説）それとも構成要件的結果発生時をさすのか（結果時説）について、結果時説を採用することを最高裁として初めて言明した判例である。

（2）　公訴時効の起算点につき結果時説を採用した場合、次に、結果的加重犯の公訴時効の起算点を、基本的結果（傷害）発生時点とするか、それとも加重的結果（死亡）発生時点とするかが問題となる。とりわけ、本件のように、基本的結果発生から加重的結果発生までに長期間の時間的間隔がある場合において、公訴時効の起算点を基本的結果発生時点とすれば、時効が完成してしまうが、加重的結果発生

時を起算点とすれば時効未完成となるときに、問題がより顕在化する。すなわち、Gに対する基本的結果発生は昭和35年8月28日、加重的結果発生は昭和48年6月10日であり、前者を起算点にすると公訴提起時（昭和51年5月4日）には、すでに公訴時効（3年）が成立していることになるが、一方で、後者を起算点にすると、時効は未完成となるのである。このような場合に、例外的に公訴時効の起算点を基本的結果発生時とすべきか否かが問題となる。

第一審は、GおよびFに対して業務上過失傷害罪の限度において公訴時効の成立を認める立場を採った。しかし、本決定は「業務上過失致死罪の公訴時効は、当該犯罪の終了時である同人死亡の時点から進行を開始」し、公訴時効完成の有無の判定にあたって、「業務上過失傷害罪が成立したか否か、そして、その後同罪の公訴時効期間が経過したか否かは、……格別の意義を有しない」として、第一審のような例外を認めないことを明らかにした。

この問題は、公訴時効制度の本質をどのように捉えるのかに深くかかわる。すなわち、業務上過失傷害罪の公訴時効期間の経過によりいったん時効が成立したにもかかわらず、その後の事情によって反故にされてしまうのは不当であるから、本件のような場合には例外的に被告人の法的安定性を優先させるべきとの立場と、さらに重大な結果が発生したのであるから処罰の必要性を重視すべきとの立場との対立である。本決定は、このような価値判断については言及していないものの、結論として、後者を優先したものといえよう。

（3）　なお、公訴時効制度は、過去2回改正されている。1度目の平成16年法律第156号において、時効期間が延長され、さらに、2度目の平成22年法律第26号では、再度の時効期間延長が定められるとともに、死刑にあたる「人を死亡させた罪」について、公訴時効が廃止された。この改正法は、附則3条2項により、改正法施行前に行われた犯罪であっても、その時点で公訴時効が完成されていない事件にも適用されるとした。それゆえ、公訴提起の際に、犯罪行為時に定められていた公訴時効期間よりも長い公訴時効期間を定めた規定が適用されたり、犯罪行為時に公訴時効が存在していたとしても、公訴提起時には公訴時効がないものとして扱われたりする場合が生じうる。このことが、遡及処罰を禁ずる憲法39条前段および適正手続を保障する同法31条に違反するか否かにつき、最判平27・12・3は、「公

訴時効制度の趣旨は、時の経過に応じて公訴権を制限する訴訟法規を通じて処罰の必要性と法的安定性の調和を図ることにある」としたうえで、改正法は「行為時点における違法性の評価や責任の重さを遡って変更するものではない」こと、また附則3条2項は、「被疑者・被告人となり得る者につき既に生じていた法律上の地位を著しく不安定にするようなものでもない」ことから、「附則3条2項は憲法39条、31条に違反せず、それらの趣旨に反するとも認められない」と判示する。

5　コメント②（観念的競合犯の公訴時効の起算点）

(1)　さらに、本決定においては、観念的競合犯（刑法54条1項前段）の公訴時効の起算点をどのように算定するかが問題となる。

観念的競合犯および牽連犯（刑法54条1項後段）の科刑上一罪に関する公訴時効期間の算定については、各罪を個別に観察し、それぞれの結果発生ごとに時効が開始するという個別説と、全体を一体のものとして観察し、最終結果発生時から全体についての時効が開始するという一体説がある。また、第一審および原審は、先行する罪の時効が完成する前に後行する罪の結果が発生したときは時効が中断し、先行する罪の時効が完成した後に後行する罪の結果が発生したときは、先に完成した時効がそのまま確定するという時効連鎖説を採用する。この説は、個別説を基本としつつ、前の犯罪の時効期間内に後の犯罪の時効が進行を開始する限りにおいて一体的な処理を認めるものであり、一体説と個別説の折衷的な見解である。

(2)　観念的競合犯の公訴時効の起算点に関し、従来の判例は一体説を採る。すなわち、本決定が引用する最判昭41・4・21は、被告人が立候補届出前に選挙運動をし、選挙人らに金銭を供与した公職選挙法違反事件において、「刑法54条1項前段のいわゆる観念的競合は、一個の行為が数個の罪名に触れる場合に、科刑上一罪として取り扱うものであるから、公訴の時効期間算定については、各別に論ずることなく、これを一体として観察し、その最も重い罪の刑につき定めた時効期間によるを相当とする」と判示する。

ただし、当該事案は、被告人の行為が、観念的競合の関係に立つ事前運動の罪（公訴時効は6か月）

と買収の罪（公訴時効は1年）とに該当するものの、各罪の公訴時効の起算点は同じであり、前者の時効完成後、後者の時効完成前に公訴提起された事案である。これに対し、本件は、長期間にわたる過失行為により、複数の結果が順次発生した事案であり、各罪を個別に観察すると公訴時効の起算点が異なることから、同じ観念的競合といっても異質なものである点に注意を要する。すなわち、従来、判例が観念的競合犯において取り扱う類型は、ひとつの行為が、同時期に成立する複数の罪に該当する場合であるのに対し、本件の類型は、ひとつの行為が時を異にして成立する複数の罪に該当する場合である。本決定は、「観念的競合の関係にある各罪の公訴時効完成の有無を判定するに当たっては、その全部を一体として観察すべきものと解するのが相当である」として、最判昭41・4・21の判旨が本件にも妥当するとし、「Gの死亡時から起算して業務上過失致死罪の公訴時効期間が経過していない以上、本件各業務上過失致死傷罪の全体について、その公訴時効はいまだ完成していないものというべき」として、本件のような類型にも一体説を適用することを明らかにした。判例は、観念的競合犯について、改めて一体説を採ることを確認したといえる。

(3)　これに対し、牽連犯に関して、判例は時効連鎖説を採用する。すなわち、最判昭47・5・30は、私文書偽造罪・同行使罪を手段として、公正証書原本不実記載・同行使罪を犯した事例において、「牽連犯において、目的行為がその手段行為についての時効期間の満了前に実行されたときは、両者の公訴時効は不可分的に最も重い刑を標準に最終行為の時より起算すべきものと解するのが相当である（大審院判決大正12年12月5日……）」とする一方で、目的行為がその手段行為の時効完成後に行われた場合には、手段行為の時効は完成している（大判大12・12・5参照）とする。

(4)　もっとも、以上のような判例の結論については、論理が首尾一貫していないとの指摘がある。すなわち、科刑上一罪は本来的数罪であることを理由に、公訴時効についても各罪を個別に観察し、それぞれの結果発生ごとに時効が開始するという個別説からの異論がある。

(黒川　亨子)

📖 大阪傷害包括一罪事件

最 1 小決平成26[2014]年 3 月17日刑集68巻 3 号368頁【LEX/DB25446292】

〈関連判例〉

　最大判昭和24[1949]年 2 月 9 日刑集 3 巻 2 号141頁　【24000480】
　最 1 小判昭和33[1958]年 1 月23日刑集12巻 1 号34頁　【27461048】
　最大判昭和33[1958]年 5 月28日刑集12巻 8 号1718頁　【27760617】［練馬事件］
　最大判昭和37[1962]年11月28日刑集16巻11号1633頁　【27681195】［白山丸事件］
　最 2 小決昭和58[1983]年 5 月 6 日刑集37巻 4 号375頁　【24005870】
　最 3 小決昭和61[1986]年10月28日刑集40巻 6 号509頁　【24006083】
　最 3 小決平成13[2001]年 4 月11日刑集55巻 3 号127頁　【28065112】［青森保険金目的放火・口封じ殺人事件］
　最 1 小決平成14[2002]年 7 月18日刑集56巻 6 号307頁　【28075632】［前原遺体白骨化事件］
　最 1 小決平成17[2005]年10月12日刑集59巻 8 号1425頁　【28105446】［阿倍野区麻薬特例法違反事件］

1 事実の概要

　本件は、死体遺棄、傷害致死、殺人各 1 件と傷害 7 件からなる事案についてのものであった。このうち、公判前整理手続における訴因変更手続を経た被害者Aおよび被害者Bに対する各傷害の訴因は、以下のようなものであった。

　すなわち、被害者Aに対する傷害の訴因は、「被告人は、かねて知人のA……を威迫して自己の指示に従わせた上、同人に対し支給された失業保険金も自ら管理・費消するなどしていたものであるが、同人に対し、⑴平成14年 1 月頃から同年 2 月上旬頃までの間、……当時のA方等において、多数回にわたり、その両手を点火している石油ストーブの上に押し付けるなどの暴行を加え、よって、同人に全治不詳の右手皮膚剥離、左手創部感染の傷害を負わせ、⑵Yと共謀の上、平成14年 1 月頃から同年 4 月上旬頃までの間、上記A方等において、多数回にわたり、その下半身を金属製バットで殴打するなどの暴行を加え、よって、同人に全治不詳の左臀部挫創、左大転子部挫創の傷害を負わせたものである」というものであった。

　また、被害者Bに対する傷害の訴因は、「被告人は、Z、V及びWと共謀の上、かねてB……に自己の自動車の運転等をさせていたものであるが、平成18年 9 月中旬頃から同年10月18日頃までの間、大阪市西成区……付近路上と堺市堺区……付近路上の間を走行中の普通乗用自動車内、同所に駐車中の普通乗用自動車内及びその付近の路上等において、同人に対し、頭部や左耳を手拳やスプレー缶で殴打し、

下半身に燃料をかけ、ライターで点火して燃上させ、頭部を足蹴にし、顔面をプラスチック製の角材で殴打するなどの暴行を多数回にわたり繰り返し、よって、同人に入院加療約 4 か月間を要する左耳挫・裂創、頭部打撲・裂創、三叉神経痛、臀部から両下肢熱傷、両膝部瘢痕拘縮等の傷害を負わせたものである」というものであった。

　弁護人は、第一審（大阪地判平22・1・25）および控訴審（大阪高判平23・5・31）において、上記各訴因について、個別機会の暴行の日時等および各暴行とそれによる傷害結果との対応関係が特定されておらず、訴因不特定の違法があるとして、公訴棄却（338条 4 号）を求めていた。しかし、第一審、控訴審とも、この主張を退けた。

　被告人は、判例違反および憲法31条違反があるとして上告した。最高裁は、上告趣意はいずれも405条の上告理由にあたらないとして、これを棄却した。訴因不特定の主張に対しては、以下のような職権判断を示した。

2 法の解釈と適用

　「検察官主張に係る一連の暴行によって各被害者に傷害を負わせた事実は、いずれの事件も、約 4 か月間又は約 1 か月間という一定の期間内に、被告人が、被害者との上記のような人間関係を背景として、ある程度限定された場所で、共通の動機から繰り返し犯意を生じ、主として同態様の暴行を反復累行し、その結果、個別の機会の暴行と傷害の発生、拡大ないし悪化との対応関係を個々に特定すること

はできないものの、結局は一人の被害者の身体に一定の傷害を負わせたというものであり、そのような事情に鑑みると、それぞれ、その全体を一体のものと評価し、包括して一罪と解することができる。そして、いずれの事件も、……訴因における罪となるべき事実は、その共犯者、被害者、期間、場所、暴行の態様及び傷害結果の記載により、他の犯罪事実との区別が可能であり、また、それが傷害罪の構成要件に該当するかどうかを判定するに足りる程度に具体的に明らかにされているから、訴因の特定に欠けるところはないというべきである」。

3 コメント

(1) 本判決は、一連の暴行によって傷害結果を発生させた各事件が包括一罪にあたるかという実体法的論点をも含んでいるが、以下、訴因の特定に関する判示についてのみコメントする。

256条3項は、「公訴事実は、訴因を明示してこれを記載しなければならない。訴因を明示するには、できる限り日時、場所及び方法を以て罪となるべき事実を特定してこれをしなければならない」と定めている。ここから、起訴状に明示されるべき訴因が、「罪となるべき事実」を必須の構成要素としており、その「罪となるべき事実」の特定が要求されていることが分かる。最大判昭37・11・28は、この規定において、「犯罪の日時、場所及び方法は、これら事項が、犯罪を構成する要素になつている場合を除き、本来は、罪となるべき事実そのものではなく、ただ訴因を特定する一手段として、できる限り具体的に表示すべきことを要請されている」と判示しており、訴因は「罪となるべき事実」を必須の構成要素とするものであるが、訴因を構成する事実がすべて「罪となるべき事実」にあたるわけではないことを明らかにした。

従来、同規定における「訴因」の「明示」と「罪となるべき事実」の「特定」とが截然と区別されることなく、「訴因」の「特定」が論じられることも少なくなかった。判例においても、用語の使い方は定まっていなかった。しかし、「訴因」と「罪となるべき事実」は、256条3項の文理から明らかなように同じではないから、本来、区別を要するというべきである。256条3項によれば、訴因の明示においては、「罪となるべき事実」の特定が必須の条件であり、それを超えて、日時・場所・方法の「できる限り」の「特定」も求められているのである。

(2) 最大判昭37・11・28は、256条の規定は、「裁判所に対し審判の対象を限定するとともに、被告人に対し防禦の範囲を示すことを目的」としていると判示しており、ここから、訴因の機能としては、①審判対象の画定、②防御範囲の限定、があるとされてきた。しかし、同判決も、訴因において審判対象が画定されていれば、直ちに、防御範囲も限定されていることを認めており、最高裁の他の判決のなかにも、審判対象は画定されていても防御範囲が限定されていないとの理由から訴因を不特定としたものはない。結局、審判対象の画定こそが訴因の主要な機能であって、防御範囲の限定は、審判対象の画定によって自ずから達成される反射的機能だというべきであろう。最大判昭37・11・28も、当該事案について、「たとえその出国の日時、場所及び方法を詳しく具体的に表示しなくても、起訴状及び右第一審第一回公判の冒頭陳述によつて本件公訴が裁判所に対し審判を求めようとする対象は、おのずから明らかである」るとした後、具体的審理経過をなんら検討することなく、直ちに、「被告人の防禦の範囲もおのずから限定されているというべきであるから、被告人の防禦に実質的な障碍を与えるおそれはない」と判断している。最決平13・4・11が、「殺人罪の共同正犯の訴因としては、その実行行為者がだれであるかが明示されていないからといって、それだけで直ちに訴因の記載として罪となるべき事実の特定に欠けるものとはいえないと考えられるから、訴因において実行行為者が明示された場合にそれと異なる認定をするとしても、審判対象の画定という見地からは、訴因変更が必要となるとはいえない」と判示することによって、訴因における「罪となるべき事実」こそが審判対象であることを前提としつつ、訴因変更が必要かどうかは、まずもって「審判対象の画定」という見地から判断すべきとしたことも、訴因の主要な機能は審判対象の画定にあるとの立場から導かれたものといえよう。

訴因における「罪となるべき事実」が特定され、審判対象が画定されていれば、一事不再理効の及ぶ範囲、二重起訴が禁止される範囲、さらには公訴時効の停止が及ぶ範囲も確定することができる。逆に、訴因の「罪となるべき事実」が特定されず、審判対象が画定されないならば、裁判所としては証拠調べを進めることができない。それゆえ、訴因の「罪となるべき事実」が特定されていないとき、裁判所は、まずは検察官に釈明を求め（294条、刑訴

規208条）、それでも検察官が訴因を補正し特定しない場合には、訴因における「罪となるべき事実」の不特定の違法（256条3項）を理由にして公訴を棄却すべきこととなる（338条4号。最判昭33・1・23）。また、審判対象が画定していなければ、被告人の防御の対象も定まることはないのに対して、審判対象が画定していれば、必要な防御方針を決定することができる。被告人の防御に対する配慮は、公判手続の進行過程に応じて、さまざまな方法により可能であるうえに、訴因における事実の具体的な明示を強調しすぎると、起訴前の捜査の徹底化・肥大化をも招きかねない。訴因の明示の主要な目的が審判対象の画定にあるとされるのは、これらのことが理由である。

　（3）　問題は、訴因においてどのような事実がどのように具体的に明示されたならば、「罪となるべき事実」は特定され、審判対象が画定しているといえるかである。本判決は、訴因における「罪となるべき事実」の特定性は、①特定の犯罪構成要件に該当するかを判定することが可能であること、②他の犯罪事実との区別が可能であること、という二点を基準として判断されるべきだとしたところ、後述するように、「罪となるべき事実」がこれら二点の基準を満たすためには、①主体、客体、行為、結果、故意・過失など、構成要件要素たる事実が具体的に明示されなければならず、共同正犯の場合には、その範囲も具体的に明示されなければならない。②同一の犯罪構成要件において同一客体に対する事実が複数存在しうる場合であれば、これらに加えて、日時、場所、方法などをさらに具体的に明示する必要がある。

　ところで、有罪判決を言い渡すことができるのは、「被告事件について犯罪の証明があつたとき」（333条1項）であり、また、審判の対象となるのは、訴因の「罪となるべき事実」（256条3項）であるから、「被告事件について犯罪の証明があつたとき」とは、訴因の「罪となるべき事実」について合理的疑いを超える証明がなされたことを意味する。このようにして、訴因の「罪となるべき事実」と有罪判決において示される「罪となるべき事実」（335条）とは対応関係にあることが認められる。実際には証拠による証明の程度に応じて、後者は前者に比べより具体的で詳細な事実によって示され、また、前者、後者いずれについても、犯行の経緯、動機など、「罪となるべき事実」の不可欠の構成要素ではない事実をも盛り込まれることがあるにせよ、いずれも具体的な刑罰権の発動の対象であって、具体的な刑罰権を基礎づけ限界づける事実として、どの程度の特定が必要かという点においては共通するとされるのである。

　有罪判決の「罪となるべき事実」について、最決平13・4・11は、被告人と他一名とによる殺人の共同正犯についての罪となるべき事実において殺害の日時・場所・方法が概括的なものであり、さらに実行行為者がいずれか一方または両名というものであっても、「殺人罪の構成要件に該当すべき具体的事実を、それが構成要件に該当するかどうかを判定するに足りる程度に具体的に明らかにしているものというべきであって、罪となるべき事実の判示として不十分とはいえない」と判示した。「罪となるべき事実」とは、特定の犯罪構成要件に該当する具体的事実を意味するものであって、同決定の事案においては、殺人の共同正犯の構成要件に該当すると判定することが可能な程度にまで具体的事実が示されているから、「罪となるべき事実」の特定において不十分ではないとしたのである。

　また、最大判昭24・2・9が、複数の犯罪行為が併合罪の関係にあるときは、「その行為が同一罪質であり、手段、方法等において共通した分子を持つものであつても、その各個の行為の内容を一々具体的に判示し更らに日時、場所等を明らかにすることにより一の行為を他の行為より区別し得る程度に特定し、以つて少くとも各個の行為に対し法令を適用するに妨げなき限度に判示することを要するものといわねばならぬ」と判示しているように、他の犯罪事実と区別が可能な程度にまで具体的事実の摘示がなされなければならないとする一連の判例が存在する。他の犯罪事実との区別が可能であることという基準は、諸判例において、訴因における「罪となるべき事実」の特定の基準としても用いられてきた。かくして、訴因の「罪となるべき事実」こそが審判対象であって、審判対象の画定こそが訴因の主要な機能であることを前提として、訴因の「罪となるべき事実」が特定されているというためには、他の犯罪事実との区別が可能な程度にまで具体的事実が明示されていなければならず、かつ、それをもって足りるとする識別説が、判例理論として確立された。

　本判決は、このような過去の判例を踏まえて、訴因における「罪となるべき事実」は、①特定の犯罪構成要件に該当するかを判定することが可能である

こと、②他の犯罪事実との区別が可能であること、という二点を基準として、その特定性が判断されるべきことを明らかにした。これら二点の基準を満たす程度に具体的事実が明示されたときに、「罪となるべき事実」の特定があるとされるのである。

本判決は、これら二点を基準として、2つの傷害事件について、「訴因における罪となるべき事実は、その共犯者、被害者、期間、場所、暴行の態様及び傷害結果の記載により、他の犯罪事実との区別が可能であり、また、それが傷害罪の構成要件に該当するかどうかを判定するに足りる程度に具体的に明らかにされているから、訴因の特定に欠けるところはない」とした。本判決の事案をみると、被害者Aに対する傷害事件については、被害者（客体）、暴行（行為）、傷害結果、故意が具体的に明示されていることから、また、被害者Bに対する傷害共同正犯事件については、これらとともに、共犯者（共同正犯）が具体的に明示されていることから、各「罪となるべき事実」が傷害罪、傷害罪共同正犯の構成要件に該当すると判定することが可能であった。さらに、両事件について、これら具体的事実の明示に加えて、期間、場所および暴行の態様（方法）が明示されていることから、いずれの「罪となるべき事実」も傷害罪の構成要件または傷害罪の共同正犯の構成要件に該当する他の犯罪事実と区別することも可能であった。本判決によれば、「一連の暴行によって各被害者に傷害を負わせた事実は、いずれの事件も、……一定の期間内に、被告人が、被害者との上記のような人間関係を背景として、ある程度限定された場所で、共通の動機から繰り返し犯意を生じ、主として同態様の暴行を反復累行し、その結果、……一人の被害者の身体に一定の傷害を負わせた」という点において、包括一罪を構成するとされることから、包括一罪を構成する個々の行為の個性・独自性が捨象されることとなり、単純一罪または科刑上一罪の場合とは異なり、個々の暴行についての傷害結果および日時・場所・方法を特定しなくともよい。包括一罪を構成する暴行・傷害とそれに含まれない傷害罪を構成する事実との区別は必要とされるが、それで足りるのである。

（4）翻ってみると、訴因の特定が争われた過去の判例においても、本判決において示された二点が訴因の特定性を判断する基準とされてきたとみることができよう。

最大判昭37・11・28は、密出国事件について、246条3項の規定は、「裁判所に対し審判の対象を限定するとともに、被告人に対し防禦の範囲を示すことを目的とするものと解されるところ、犯罪の日時、場所及び方法は、これら事項が、犯罪を構成する要素になつている場合を除き、本来は、罪となるべき事実そのものではなく、ただ訴因を特定する一手段として、できる限り具体的に表示すべきことを要請されているのであるから、犯罪の種類、性質等の如何により、これを詳らかにすることができない特殊事情がある場合には、前記法の目的を害さないかぎりの幅のある表示をしても、その一事のみを以て、罪となるべき事実を特定しない違法があるということはできない」と判示した。同判決が「前記法の目的を害さないかぎり」としていることからも明らかなように、たとえ「特殊事情」により、日時・場所・方法について幅のある表示がなされたとしても、訴因における「罪となるべき事実」は特定されていなければならず、そのことによって審判対象が画定され、それにともなって防御範囲も限定されるという訴因の機能が満たされなければならない。

同判決によれば、同判決の事案については、「昭和33年7月8日被告人は中国から白山丸に乗船し、同月13日本邦に帰国した事実」が証拠により判明しており、訴因において、この帰国に対応する1回の密出国の事実を起訴したことが明らかであり、あるいは検察官の冒頭陳述の内容も合わせ考慮すれば、訴因の「罪となるべき事実」から、「昭和27年4月頃より同33年6月下旬までの間」の1回の密出国の事実を起訴していることが明らかであるとされた。まず、訴因において構成要件要素たる事実が明示されていることから、「罪となるべき事実」が出入国管理法違反（密出国）に該当すると判定することが可能であった。また、「罪となるべき事実」が訴因の期間内における1回の密出国の事実を指しており、審理の過程で、証拠から、これとは別の密出国の事実が具体的に明らかになったわけではないから、「罪となるべき事実」の指している1回の密出国の事実と他の密出国の事実との区別を問題にする必要はない。密出国の日時・場所・方法の具体的明示がなくとも「罪となるべき事実」の特定性が認められたのは、それゆえである（この点については、本書38参照）。

最大判昭33・5・28は、有罪判決において判示すべき「罪となるべき事実」について、「『共謀』または『謀議』は、共謀共同正犯における『罪となるべき

事実』にほかならない」としながら、「しかし『共謀』の事実が厳格な証明によつて認められ、その証拠が判決に挙示されている以上、共謀の判示は、前示の趣旨において成立したことが明らかにされれば足り、さらに進んで、謀議の行われた日時、場所またはその内容の詳細、すなわち実行の方法、各人の行為の分担役割等についていちいち具体的に判示することを要するものではない」とした。同判決の理からすれば、訴因における「罪となるべき事実」としても、謀議の日時、場所またはその内容の詳細について、具体的に明示する必要はないということになる。実際、起訴状の訴因としては、「被告人は、～と共謀の上」とのみ記載する実務が定着している。このような実務は、訴因の「罪となるべき事実」がこのような記載であつても、他の共謀者による犯罪の実行行為が「罪となるべき事実」として特定されている限り、特定の共同正犯の構成要件に該当すると判定することが可能であり、また、共謀はその実行行為に対応するものとして、他の犯罪事実と区別することも可能であつたということを前提としている。

　最決昭58・5・6は、有罪判決における「罪となるべき事実」の判示について、昭和55年11月14日午前5時20分ころ（第一審判決・東京地判昭56・12・10による）、被告人が、未必の殺意をもつて、「被害者の身体を、有形力を行使して、被告人方屋上の高さ約0.8メートルの転落防護壁の手摺り越しに約7.3メートル下方のコンクリート舗装の被告人方北側路上に落下させて、路面に激突させた」という判示は、「手段・方法については、単に『有形力を行使して』とするのみで、それ以上具体的に摘示していない」としても、「被告人の犯罪行為としては具体的に特定しており、……被告人の本件犯行について、殺人未遂罪の構成要件に該当すべき具体的事実を、右構成要件に該当するかどうかを判定するに足りる程度に具体的に明白にしている」とした。このような「罪となるべき事実」の判示であつても、構成要件要素たる事実としての犯罪の主体・客体・行為・結果（殺人未遂）、故意、さらには日時・場所が明示されていることから、「罪となるべき事実」が殺人未遂の構成要件に該当すると判定することが可能であり、また、殺人未遂の構成要件に該当する他の犯罪事実と区別することも可能であつたといえる。

　最決平14・7・18は、「被告人は、単独又はA及びBと共謀の上、平成9年9月30日午後8時30分ころ、福岡市中央区所在のビジネス旅館あさひ2階7号室において、被害者に対し、その頭部等に手段不明の暴行を加え、頭蓋冠、頭蓋底骨折等の傷害を負わせ、よつて、そのころ、同所において、頭蓋冠、頭蓋底骨折に基づく外傷性脳障害又は何らかの傷害により死亡させた」という傷害致死の予備的訴因について、「予備的訴因が追加された当時の証拠関係に照らすと、被害者に致死的な暴行が加えられたことは明らかであるものの、暴行態様や傷害の内容、死因等については十分な供述等が得られず、不明瞭な領域が残つていた……。そうすると、……予備的訴因は、暴行態様、傷害の内容、死因等の表示が概括的なものであるにとどまるが、検察官において、当時の証拠に基づき、できる限り日時、場所、方法等をもつて傷害致死の罪となるべき事実を特定して訴因を明示したものと認められるから、訴因の特定に欠けるところはない」と判示した。たしかに、「暴行態様や傷害の内容、死因等」については具体的な明示がないものの、構成要件要素たる事実としての主体・行為・客体・結果（傷害致死）、故意に加え、日時および場所が具体的に明示されていることから、訴因の「罪となるべき事実」が傷害致死の構成要件に該当すると判定することが可能であり、また、傷害致死構成要件に該当する事実は同一客体に対して複数存在しうることからしても、傷害致死構成要件に該当する他の犯罪事実と区別することも可能であつた。

　なお、覚せい剤自己使用の訴因の特定については、別に論じる。

　包括一罪の事実についてみると、いずれも集合犯についてのものであるが、最決昭61・10・28は、常習賭博罪（常習犯）の有罪判決における「罪となるべき事実」について、「被告人が賭博遊技機を設置した遊技場の所在地、右遊技場の営業継続期間、遊技機の種類・台数、賭博の態様を摘示したうえ、被告人が、『Aと共謀のうえ、右期間中、常習として、Bほか不特定多数の賭客を相手とし、多数回にわたり、右遊技機を使用して賭博をした』旨判示している。……多数の賭博遊技機を設置した遊技場を経営する者が、不特定多数の遊技客との賭博を反覆継続した場合につき、右遊技場の営業継続期間の全般にわたつて行われた各賭博行為を包括した一個の常習賭博罪と認定する際は、右の程度の判示で常習賭博罪の罪となるべき事実の具体的摘示として欠けるところはない」とした。また、最決平17・10・12は、麻

薬特例法5条の罪（業としての営利目的覚せい剤譲渡等）（営業犯）の訴因における「罪となるべき事実」について、「4回の覚せい剤譲渡につき、譲渡年月日、譲渡場所、譲渡相手、譲渡量、譲渡代金を記載した別表を添付した上、『被告人は、平成14年6月ころから平成16年3月4日までの間、営利の目的で、みだりに、別表記載のとおり、4回にわたり、大阪市阿倍野区王子町2丁目5番13号先路上に停車中の軽自動車内ほか4か所において、Aほか2名に対し、覚せい剤である塩酸フエニルメチルアミノプロパンの結晶合計約0.5gを代金合計5万円で譲り渡すとともに、薬物犯罪を犯す意思をもって、多数回にわたり、同市内において、上記Aほか氏名不詳の多数人に対し、覚せい剤様の結晶を覚せい剤として有償で譲り渡し、もって、覚せい剤を譲り渡す行為と薬物その他の物品を規制薬物として譲り渡す行為を併せてすることを業としたものである。』旨を記載した本件公訴事実は、本罪の訴因の特定として欠けるところはない」と判示した。いずれの事実についても、包括一罪であることから、それを構成する個々の行為の特定は不要とされ、また、各構成要件要素たる事実に加え、一定の日時・場所・方法が示されていることから、各「罪となるべき事実」がそれぞれの犯罪構成要件に該当すると判定することが可能であり、それぞれの構成要件に該当する他の犯罪事実と区別することも可能であった。

　（5）　審判対象の画定という観点から、訴因における「罪となるべき事実」の特定は、①特定の犯罪構成要件に該当するかを判定可能であること、②他の犯罪事実との区別が可能であること、という二点を基準として判断されるとしても、256条3項は、「……訴因を明示するには、できる限り日時、場所及び方法を以て罪となるべき事実を特定してこれをしなければならない」と定めており、日時・場所・方法の「できる限り」の特定を求めている。最大判昭37・11・28は、同規定からすれば、訴因の「罪となるべき事実」が特定され、もって審判対象が画定していることを条件として、日時・場所・方法については、「犯罪の種類、性質等の如何により、これを詳らかにすることができない特殊事情がある場合には」、概括的な表示も許されるとした。

　同一の犯罪構成要件において同一客体に対する事実が複数存在しうる場合であれば、主体、行為、客体、結果、故意・過失など構成要件要素たる事実に加え、日時・場所・方法のいずれかまたはすべてを

具体的に明示することによってこそ、訴因の「罪となるべき事実」の特定が可能になる（ただし、最大判昭37・11・28の事案のように、「罪となるべき事実」が1回の犯罪事実を指していることが明らかであって、そのことを前提として「罪となるべき事実」の特定性を判断すればよい場合を除く）。しかし、同一の犯罪構成要件において同一客体に対する事実が複数存在しうる場合でなければ、日時・場所・方法の具体的明示は、上記2つの基準からすれば、これらが犯罪を構成する要素になっているときは別として、「罪となるべき事実」の特定のために必要とはいえない。このようなときに、256条3項による「できる限り」の特定という要求は、どのような趣旨によるものか。

　256条3項は、被告人の防御に配慮して、日時・場所・方法が「罪となるべき事実」の特定に不可欠ではない場合でも、訴因において具体的に明示することのできない「特殊事情」が存せず、あるいは証拠から具体的に明示することが可能であるときは、日時・場所・方法を具体的に明示しなければならないことを要求しているとの理解が有力である。同規定の文理からすると、自然な理解である。

　別の理解もありえよう。最決平13・4・11は、訴因における「罪となるべき事実」の主要な機能は、審判対象の画定にあるとする立場から、判決が「罪となるべき事実」の特定に不可欠な事実について訴因と異なる事実を認定する場合には、審判対象の画定という見地から訴因変更が必要であると判示しつつ、一般に被告人の防御にとって重要な事実については、被告人の防御への配慮から、そのような事実の成否について争いがある場合には、「争点の明確化などのため、検察官において……（そのような事実を・引用者）明示するのが望ましいということができ、検察官が訴因において（そのような事実の・引用者）明示をした以上、判決においてそれと実質的に異なる認定をするには、原則として、訴因変更手続を要する」ものの、「罪となるべき事実」を特定するために「訴因の記載として不可欠な事項ではないから、少なくとも、被告人の防御の具体的な状況等の審理の経過に照らし、被告人に不意打ちを与えるものではないと認められ、かつ、判決で認定される事実が訴因に記載された事実と比べて被告人にとってより不利益であるとはいえない場合には、例外的に、訴因変更手続を経ることなく訴因と異なる実行行為者を認定することも違法ではない」とし

た。

同決定の理からすれば、「罪となるべき事実」の特定を超える、日時・場所・方法の「できる限り」の特定という要求は、争点の明確化など、被告人の防御への配慮によるものであって、この見地からすれば、訴因において日時・場所・方法を具体的に明示することが「望ましい」とされるにとどまるものといえよう。ここにいう被告人の防御への配慮は、訴因の独自の機能によるものものではなく（判例の依拠する識別説からすれば、訴因の主要な機能は審判対象の画定であって、「罪となるべき事実」の特定によって審判対象の画定という要請がみたされるときは、その反射的効果として、防御範囲限定の要請も満たされることになる）、より一般的な、訴訟手続全体を通じて要請されるものである。具体的明示が「望ましい」ということの意味は、検察官において証拠から具体的明示が可能であれば、訴因として具体的

に明示することが期待される一方、証拠からそれが可能でないならば、具体的に明示しなくともよく、また、証拠から具体的明示が可能であるのにそれをしなかったとしても、それだけで直ちに公訴提起の手続が違法・無効となるわけではないということであろう。被告人の防御への配慮は、訴訟手続全体を通じて、公判前整理手続における証明予定事実の明示、冒頭陳述、釈明による争点明確化など、さまざまな手段によってなされるべきものである。審理経過を通してみたときに、争点となる事実が明確化・顕在化され、判決が訴因と異なる事実を認定しても被告人に不意打ちを与えるものでなければ、違法とはいえないのである。

なお、公判前整理手続における訴因変更および同手続を経た事件における訴因変更については、本書47参照。

（葛野　尋之）

38　覚せい剤使用の訴因の特定

📖 広島吉田町覚せい剤使用事件

最1小決昭和56[1981]年4月25日刑集35巻3号116頁【LEX/DB24005761】

〈関連判例〉

最大判昭和37[1962]年11月28日刑集16巻11号1633頁　【27681195】[白山丸事件]

東京高判平成6[1994]年8月2日高刑集47巻2号282頁　【27827279】

最3小決平成13[2001]年4月11日刑集55巻3号127頁　【28065112】[青森保険金目的放火・口封じ殺人事件]

最1小決平成26[2014]年3月17日刑集68巻3号368頁　【25446292】[大阪傷害包括一罪事件]〔本書37〕

1 事実の概要

本件起訴状の訴因は、「被告人は、法定の除外事由がないのに、昭和54年9月26日ころから同年10月3日までの間、広島県高田郡吉田町内及びその周辺において、覚せい剤であるフエニルメチルアミノプロパン塩類を含有するもの若干量を自己の身体に注射又は服用して施用し、もつて覚せい剤を使用したものである。」というものであった。

第一審（広島地判昭55・3・12）は、訴因の特定に欠けるとの弁護人の主張を、最大判昭37・11・28を引用して退けたうえで、上記訴因のうち、「9月26日ころから」を「9月30日ころから」と、「自己の身体に注射又は服用して施用し」を「自己の身体に使用し」としたほかは、起訴状の訴因と同一の事実を認定して、被告人を有罪とした。

控訴審（広島高判昭55・9・4）も、上記大法廷判決を引用しつつ、「検察官は原審第一回公判における冒頭陳述として、被告人は公訴事実記載の日時の間は、前記吉田町及び賀茂郡豊栄町内におり、その間に覚せい剤を自己使用し、10月5日尿を警察官に任意提出し、鑑定の結果覚せい剤が検出された事実を立証する旨陳述していること、本件犯行の日時、覚せい剤使用量、使用方法につき具体的表示がされない理由は、被告人が終始否認しているか、供述があいまいであり、目撃者もいないためであることが推認できること、覚せい剤の自己使用は犯行の具体的内容についての捜査が通常極めて困難であることを合わせ考えると、本件はまさに……（上記大法廷判決にいう・引用者）特殊の事情がある場合に当るものというべく、また、本件は、被告人が10月5日

に警察官に任意提出した尿から検出された覚せい剤を自己の体内に摂取したその使用行為の有無が争点となるものであるから、本件の審判の対象と被告人の防禦の範囲はおのずから限定されているというべきであり、被告人の防禦に実質的な障害を与えるおそれも存しない」と判示して、第一審の訴訟手続に違法はなかったとし、控訴を棄却した。

被告人は、訴因の特定がないため、審判対象が特定されておらず、また、被告人の防御権の行使にも重大な支障が生じると主張して、上告した。

2 法の解釈

事例判断であって、法の一般的解釈は示していない。

3 法の適用

「本件公訴事実の記載は、日時、場所の表示にある程度の幅があり、かつ、使用量、使用方法の表示にも明確を欠くところがあるとしても、検察官において起訴当時の証拠に基づきできる限り特定したものである以上、覚せい剤使用罪の訴因の特定に欠けるところはないというべきである。」

4 コメント

(1) 256条3項は、「……訴因を明示するには、できる限り日時、場所及び方法を以て罪となるべき事実を特定してこれをしなければならない」と定めており、訴因における「罪となるべき事実」の特定を要求している。この「罪となるべき事実」こそが、審判の対象である。最決平26・3・17〔本書37〕は、特定の犯罪構成要件に該当する具体的事実としての「罪となるべき事実」については、①特定の犯罪構成要件に該当するかが判定可能であること、②他の犯罪事実との区別が可能であること、という二点を基準として、その特定性が判断されるべきことを明らかにした。これら二点の基準を満たす程度に具体的事実が明示されたときに、「罪となるべき事実」の特定があるとされるのである。このことは、当然、覚せい剤自己使用の事実についても妥当する。

ところが、覚せい剤自己使用の事実については、被告人の尿から覚せい剤が検出されて、被告人が自己の身体に覚せい剤を使用したことは明らかとなっても、被害者が存在せず、行為の相手方、目撃者なども存在しないのが通常であることから、被告人が自白しない限り、使用の具体的な日時・場所・方法

が判明しないことが多い。また、被告人が覚せい剤を2回以上使用したとしても、その尿から検出された覚せい剤がいずれの使用によるものかを特定することはできない。これらのことから、被告人が否認または黙秘した場合、あるいは自白しても、使用の具体的な日時・場所・方法を明らかにしなかった場合には、覚せい剤の体内残留期間（尿への排泄期間）に照らして、採尿時または逮捕時までの数日ないし1週間程度の期間によって使用の日時を示し、場所についても被告人の行動状況などから推認した概括的な表示をし、使用量・使用方法についても具体的に明示することなく、訴因を記載することが一般化している。被告人が公判においても否認・黙秘を続ければ、このような訴因の記載が、有罪判決の「罪となるべき事実」（335条1項）にも引き継がれることとなる。本決定の事案においてもそうであった。

問題は、訴因において日時・場所・方法を概括的に記載したときも、上記基準に照らして「罪となるべき事実」の特定があるといえるのかである。実務において支配的な立場は、覚せい剤の使用は1回の使用ごとに一罪を構成するというものである。これを前提とするならば、使用の日時として示された幅のある期間のうちに、理論的には、被告人が2回以上覚せい剤を使用した可能性があるため、日時・場所・方法の具体的明示なくして、訴因の「罪となるべき事実」と他の覚せい剤自己使用の事実との区別があるといえるのかが問題となるのである。

(2) 最大判昭37・11・28は、「犯罪の日時、場所及び方法」については、「犯罪の種類、性質等の如何により、これを詳らかにすることができない特殊事情がある場合には、……（審判対象の画定および防御範囲の限定という・引用者）法の目的を害さないかぎりの幅のある表示をしても、その一事のみを以て、罪となるべき事実を特定しない違法があるということはできない」と判示していた。本決定の原審たる控訴審判決は、日時・場所・方法の具体的明示がない理由として、被告人の黙秘または供述の曖昧さ、目撃者がいないこと、さらには覚せい剤自己使用の具体的内容についての捜査が通常きわめて困難であることを指摘したうえで、これらをもって「特殊の事情がある場合に当る」として、訴因の記載において違法はなかったと判断した。本決定前の下級審判例においても、訴因の記載に違法がないと判示するにあたり、これと同様に、「特殊事情」の存在を指摘したものが多かった。これらに対して、本決

定は、「特殊事情」に言及することなく、訴因において日時・場所・方法の記載が概括的なものであっても、「検察官において起訴当時の証拠に基づきできる限り特定したものである以上、覚せい剤使用罪の訴因の特定に欠けるところはない」とした。

　本決定によるならば、「検察官において起訴当時の証拠に基づきできる限り特定した」場合には、たしかに使用の日時・場所・方法の具体的明示がなくとも、256条3項による日時・場所・方法の「できる限り」の特定という要求には反しないこととなろう（この要求の意味については、本書37コメント(5)参照）。この「できる限り」の特定という要求は、もちろんのことながら、訴因において「罪となるべき事実」が特定され、したがって審判対象が画定されていることが前提となる。審判対象としての「罪となるべき事実」が特定されていなければ、公訴の提起は、本来的に違法・無効である。

　(3)　一般に、訴因に示された時期において、同一の犯罪構成要件において同一客体に対し複数事実が存在する可能性がある場合には、構成要件要素たる事実に加えて、日時・場所・方法を具体的に明示しなければ、訴因の「罪となるべき事実」を特定することはできないところ、覚せい剤自己使用は、一定期間において同一客体に対し複数の事実が存在する可能性のある行為の典型例ともいえる。訴因において幅のある日時が表示されたときに、その期間内に2回以上の覚せい剤使用の可能性があるとすれば、いずれの使用が起訴されたのか、「罪となるべき事実」はいずれの使用を指しているのかが問われることになる。実際、本決定の事案をみると、被告人は本件の半年前に同じく覚せい剤自己使用により保護観察付執行猶予の有罪判決を受けていること、被告人の所持品であった注射器2本のうち1本に覚せい剤が付着していたこと、被告人の腕に注射痕があったこと、被告人は訴因において示された期間の直前ころに覚せい剤を使用した旨認めていたことが認められ、これらのことからすれば、被告人における複数回の使用が疑われるものであった。

　この点について、控訴審判決は、「被告人が……警察官に任意提出した尿から検出された覚せい剤を自己の体内に摂取したその使用行為」として、訴因の「罪となるべき事実」が指している使用を特定しようとした。しかし、覚せい剤使用については、複数回の使用があったときは、被告人の尿から、その複数回の使用によって摂取された覚せい剤が検出さ

れる可能性があるため、「検出された覚せい剤を自己の体内に摂取したその使用行為」という形では、1回の使用を特定することはできない。

　実務において、訴因において日時・場所・方法が概括的に表示された場合、被告人側から訴因不特定の主張がなされたときは、検察官は、最終使用、すなわち幅のある日時のなかで尿の任意提出または逮捕の時点に最も近い1回の使用を起訴した趣旨であるとの釈明を行ってきた。下級審判例のなかには、検察官のこのような釈明を考慮に入れて、「罪となるべき事実」の特定性を認めたものもある。しかし、尿から検出された覚せい剤が最終使用によるものであることを証拠により確定することはできないことに加え、最終使用の1回の起訴だから特定されているというのでは観念的に過ぎるとの批判は強い。本決定は、最終使用の1回として「罪となるべき事実」の特定性を認めたのではないとは明言しなかったが、逆に、そのようにして認めたとも述べなかった。

　それでは、どのように理解することができるか。被告人の尿から覚せい剤が検出されたことから、被告人が覚せい剤を最低1回使用したことは明白である。また、本決定の事案における訴因の記載からすれば、検察官において被告人の尿から検出された覚せい剤に関する1回の使用事実を起訴した趣旨であることが明らかである。たしかに、訴因において示された幅のある日時のなかで、理論的には、被告人が覚せい剤を2回以上使用した可能性は否定できない。しかし、審理の過程で、証拠から、別の使用事実の具体的可能性が明らかになったとはいえない。このとき、2回以上の使用の可能性は抽象的なものでしかないのであって、そのような抽象的な可能性を前提として、起訴の対象となった使用事実、すなわち「罪となるべき事実」の指している使用事実と別の使用事実との区別を問題にする必要はない。したがって、他の使用事実と区別することができないとの理由から、「罪となるべき事実」が特定性を欠くということにはならない。また、訴因は審判対象を画定すると同時に、二重起訴の禁止および一事不再理効が及ぶ範囲を画するものでもあるところ、これらについても、別の使用事実が現実に起訴されていない限り、問題にする必要はなく、この観点から「罪となるべき事実」が不特定だとされることもない。本決定が、最終使用の1回として「罪となるべき事実」の特定を認めたのではないとすれば、この

ような理解に立って、覚せい剤自己使用の「罪となるべき事実」の特定性を認めたものと理解することができよう。

（4）本決定がそのような立場をとったとするならば、審理の過程で、証拠から、別の使用事実の具体的可能性が明らかにならない限り、「罪となるべき事実」が指している使用事実と他の使用事実との区別を問題にする必要はないものの、別の使用事実の具体的可能性が明らかになった場合には、両事実が区別されなければならず、そのためには、使用の日時・場所・方法を具体的に明示することによって、「罪となるべき事実」が指している使用事実を具体的に特定しなければならないことになろう。本決定の事案のように日時・場所・方法が概括的に表示された訴因により起訴した後、審理の過程で、証拠から、別の使用事実の具体的可能性が明らかになった場合には、検察官は、「罪となるべき事実」を特定するために、日時・場所・方法を具体的に明示するよう訴因を補正すべきことになる。

控訴審判決は、公判審理の過程で使用の日時・場所・方法および使用量について具体的明示が可能になったにもかかわらず、第一審が訴因変更の手続をとらなかったことは違法であるとする弁護人の主張に対して、「起訴状記載の公訴事実が、特殊な事情から訴因の具体的表示ができない場合であつても、右特殊な事情が解消し、これが可能となり、可能となつた訴因により有罪判決をする場合には、裁判所は訴因変更の手続をとつて訴因を特定しなければならない」としながらも、審理の結果、「使用日時が明確に特定されたわけでなく、公訴事実記載の使用日時の範囲内で若干期間を限定するに至つたものに過ぎ」ず、また、使用の場所・方法および使用方法についての被告人の公判供述は信用できなかったことから、訴因変更の手続をとらなかったことは違法とはいえないとした。

本決定の立場からすれば、かりに証拠から「罪となるべき事実」が指している使用事実の日時・場所・方法および使用量が明らかになった場合には、日時・場所・方法について「できる限り」の特定を求める256条3項によって、それらを具体的に明示すべきことになろう。もっとも、最決平13・4・11が、一般に被告人の防御にとって重要な事実については、被告人の防御への配慮から、訴因の成否に争いがあるときは、「争点の明確化などのため、検察官において実行行為者を明示するのが望ましい」と

したことからすれば、「できる限り」の特定という同規定にもかかわらず、具体的に明示しなかったとしても、直ちに違法となるわけではないとの理解もありえよう（本書37コメント(5)）。

また、本決定の立場からすると、「罪となるべき事実」の指している1回の使用事実について、その日時・場所・方法および使用量が証拠から明らかになったとしても、審理の過程で、証拠から、別の使用事実の具体的可能性が明らかになったというわけではないので、審判対象の画定という観点から、「罪となるべき事実」を特定するために訴因の補正が必要になるというわけではなかろう。

東京高判平6・8・2は、覚せい剤自己使用の日時・場所・方法および使用量を概括的に表示した訴因により起訴し、第一審判決が日時の幅を若干狭め、場所を特定した「罪となるべき事実」を認定して有罪とした事案について、「犯罪の日時、場所等が、詳らかでない場合に、本件程度に公訴事実を概括的に記載することは、それが検察官において、起訴当時の証拠に基づきできる限り特定したものであるときは、訴因の特定に欠けるところはないとして許容されるけれども、証拠上これが判明しているときには、これを具体的に記載すべきものであることは自明の理である」と判示したうえで、具体的な使用の日時・場所・方法および使用量に関する被告人の供述その他の証拠が信用できることに加えて、覚せい剤の使用場所に居住する目撃者が訴因の期間内における被告人の別の使用事実について供述しており、その供述にも信用性が認められることから、起訴状における「公訴事実の記載につき、検察官として、同女の目撃したとする被告人の覚せい剤使用を起訴したものと見る余地もない訳ではない」と指摘して、これらのことからすれば、「原審が検察官に釈明を求め訴因を特定識別することの必要性」があったにもかかわらず、検察官に釈明を求め、日時・場所・方法および使用量を具体的に明示するための措置をとらなかったことは違法であるとした。本決定の立場からすれば、審理の過程で、証拠から、別の使用事実の具体的可能性が明らかになったのであるから、審判対象の画定という観点から、訴因の「罪となるべき事実」が指している使用事実と別の使用事実とを区別する必要が生じ、それにもかかわらず裁判所が、「罪となるべき事実」を別の使用事実との区別が可能となるように特定するための求釈明（規則208条1項）の手続をとることなく、審

判対象たる訴因が不特定のまま審判を行ったなら
ば、それは違法とされることになろう。

（葛野　尋之）

訴因変更の要否の基準

📖 青森保険金目的放火・口封じ殺人事件

最3小決平成13[2001]年4月11日刑集55巻3号127頁【LEX/DB28065112】

〈関連判例〉

　　最1小判昭和24[1949]年2月10日刑集3巻2号155頁　【24000483】

　　最3小決昭和55[1980]年3月4日刑集34巻3号89頁　【24005685】

　　最3小決昭和58[1983]年12月13日刑集37巻10号1581頁　【24005930】［よど号ハイジャック事件］

　　最1小決昭和63[1988]年10月24日刑集42巻8号1079頁　【24006137】［高知五台山業過事件］

　　最2小決平成24[2012]年2月29日刑集66巻4号589頁　【25444325】［長崎ガスコンロ点火事件］

　　最1小決平成26[2014]年3月17日刑集68巻3号368頁　【25446292】［大阪傷害包括一罪事件］〔本書37〕

　　大阪高判平成28[2016]年5月26日判タ1438号130頁　【25448432】

1 事実の概要

　被告人は、Y、Zらと共謀して保険金を詐取する
などしたほか、口封じのため、Yと共謀して、Zを
殺害し、死体を遺棄したとして起訴されていた。殺
人事件の当初の訴因は、「被告人は、Yと共謀の
上、昭和63年7月24日ころ、青森市大字合子沢所在
の産業廃棄物最終処分場付近道路に停車中の普通乗
用自動車内において、Zに対し、殺意をもってその
頸部をベルト様のもので絞めつけ、そのころ窒息死
させて殺害した」というものであった。被告人がY
との共謀の存在、実行行為への関与をともに否定し
て、無罪を主張したことから、共謀の存否および実
行行為への被告人の関与の有無について、証拠調べ
が実施されたところ、検察官は、第一審の審理の過
程で、「被告人は、Yと共謀の上、前同日午後8時
ころから午後9時30分ころまでの間、青森市安方2
丁目所在の共済会館付近から前記最終処分場に至る
までの間の道路に停車中の普通乗用自動車内におい
て、殺意をもって、被告人が、Zの頸部を絞めつけ
るなどし、同所付近で窒息死させて殺害した」とす
る訴因に変更する請求をし、裁判所はこれを許可し
た。審理の結果、第一審は、「被告人は、Yと共謀
の上、前同日午後8時ころから翌25日未明までの間
に、青森市内又はその周辺に停車中の自動車内にお
いて、Y又は被告人あるいはその両名において、扼
殺、絞殺又はこれに類する方法でZを殺害した」旨
の事実を認定し、有罪判決の「罪となるべき事実」

においてこれを判示した。

　被告人は、殺害の日時・場所・実行行為者・方法
についての概括的・択一的な認定には理由不備の違
法があり、また、訴因変更の手続を経ることなく実
行行為者を択一的に認定したことは訴訟手続の法令
違反にあたるとして控訴した。控訴審は、これらの
主張をいずれも退け、事実誤認の主張も認めず、控
訴を棄却した。被告人は、第一審による殺害の日時
などの概括的・択一的な認定は被告人の防御を著し
く困難にするものであって、適正手続を保障する憲
法31条に違反し、また、実行行為者を被告人とする
訴因のまま、実行行為者を択一的に認定したこと
は、裁判所の訴因変更義務に違反するものであっ
て、同じく憲法31条に違反するなどと主張し、上告
した。

　最高裁は、すべての上告理由を退けたうえで、被
告人のこれらの主張について、職権により、以下の
ような判断を示した。

2 法の解釈と適用①

　「以上のような判示が殺人罪に関する罪となるべ
き事実の判示として十分であるかについて検討す
る。上記判示は、殺害の日時・場所・方法が概括的
なものであるほか、実行行為者が『Y又は被告人あ
るいはその両名』という択一的なものであるにとど
まるが、その事件が被告人とYの2名の共謀による
犯行であるというのであるから、この程度の判示で

あっても、殺人罪の構成要件に該当すべき具体的事実を、それが構成要件に該当するかどうかを判定するに足りる程度に具体的に明らかにしているものというべきであって、罪となるべき事実の判示として不十分とはいえない」。

3 法の解釈と適用②

● 法の解釈 ●●

「実行行為者につき第1審判決が訴因変更手続を経ずに訴因と異なる認定をしたことに違法はないかについて検討する。訴因と認定事実とを対比すると、前記のとおり、犯行の態様と結果に実質的な差異がない上、共謀をした共犯者の範囲にも変わりはなく、そのうちのだれが実行行為者であるかという点が異なるのみである。そもそも、殺人罪の共同正犯の訴因としては、その実行行為者がだれであるかが明示されていないからといって、それだけで直ちに訴因の記載として罪となるべき事実の特定に欠けるものとはいえないと考えられるから、訴因において実行行為者が明示された場合にそれと異なる認定をするとしても、審判対象の画定という見地からは、訴因変更が必要となるとはいえないものと解される」。

「とはいえ、実行行為者がだれであるかは、一般的に、被告人の防御にとって重要な事項であるから、当該訴因の成否について争いがある場合等においては、争点の明確化などのため、検察官において実行行為者を明示するのが望ましいということができ、検察官が訴因においてその実行行為者の明示をした以上、判決においてそれと実質的に異なる認定をするには、原則として、訴因変更手続を要するものと解するのが相当である。しかしながら、実行行為者の明示は、前記のとおり訴因の記載として不可欠な事項ではないから、少なくとも、被告人の防御の具体的な状況等の審理の経過に照らし、被告人に不意打ちを与えるものではないと認められ、かつ、判決で認定される事実が訴因に記載された事実と比べて被告人にとってより不利益であるとはいえない場合には、例外的に、訴因変更手続を経ることなく訴因と異なる実行行為者を認定することも違法ではないものと解すべきである」。

● 法の適用 ●●

「本件について検討すると、記録によれば、次のことが認められる。第1審公判においては、当初から、被告人とYとの間で被害者を殺害する旨の共謀

が事前に成立していたか、両名のうち殺害行為を行った者がだれかという点が主要な争点となり、多数回の公判を重ねて証拠調べが行われた。その間、被告人は、Yとの共謀も実行行為への関与も否定したが、Yは、被告人との共謀を認めて被告人が実行行為を担当した旨証言し、被告人とYの両名で実行行為を行った旨の被告人の捜査段階における自白調書も取り調べられた。弁護人は、Yの証言及び被告人の自白調書の信用性等を争い、特に、Yの証言については、自己の責任を被告人に転嫁しようとするものであるなどと主張した。審理の結果、第1審裁判所は、被告人とYとの間で事前に共謀が成立していたと認め、その点では被告人の主張を排斥したものの、実行行為者については、被告人の主張を一部容れ、検察官の主張した被告人のみが実行行為者である旨を認定するに足りないとし、その結果、実行行為者がYのみである可能性を含む前記のような択一的認定をするにとどめた。以上によれば、第1審判決の認定は、被告人に不意打ちを与えるものとはいえず、かつ、訴因に比べて被告人にとってより不利益なものとはいえないから、実行行為者につき変更後の訴因で特定された者と異なる認定をするに当たって、更に訴因変更手続を経なかったことが違法であるとはいえない」。

4 コメント

(1) 本決定は、殺人の共同正犯について、有罪判決の「罪となるべき事実」(335条1項)において、どのような事実に関して概括的・択一的な認定が許されるかを判示するとともに、訴因変更の要否の基準について、審判対象の画定という訴因の主要な機能、被告人の防御権の保障という手続全体にわたる一般的要請の各観点から、判例の立場を明らかにした。

訴因変更の要否の基準に関する最高裁判例の流れを大摑みにすると、当初は、判決が訴因と異なる事実を認定することが、具体的な審理経過からみて、被告人に対して具体的な防御の不利益を与えるかどうかを基準とする立場に傾いていたものが、その後、同じく防御の不利益を問題にするにしても、具体的な審理経過からは離れて、一般的・抽象的な防御の不利益を生じさせるかどうかを基準とする立場へと転換していった。訴因の主要な機能が審判対象の画定にこそあるとの立場が明確化するにともない、訴因と判決が認定する事実とのあいだに審判対

VI

象においてずれが生じたかどうかを、一般的・抽象的な防御の不利益が生じたかどうかという指標に投影し、それをもって審判対象におけるずれの有無を確認しようとしたのである。その後、一般的・抽象的な防御の不利益という指標をあげる一方で、訴因の機能とは区別された被告人の防御への配慮が一般に深まるにともない、具体的な審理経過からみて、被告人に対して具体的な防御の不利益を与えるかどうかをもあわせ考慮する立場が前面に現れた。本決定は、このような立場から、訴因変更の要否の基準を定式化したものといえよう。

（2）　本決定は、上記の判示が殺人罪の共同正犯に関する「罪となるべき事実」の判示として十分であるとした。すなわち、「上記判示は、殺害の日時・場所・方法が概括的なものであるほか、実行行為者が……択一的なものであるにとどまるが、……この程度の判示であっても、殺人罪の構成要件に該当すべき具体的事実を、それが構成要件に該当するかどうかを判定するに足りる程度に具体的に明らかにしているものというべきであって、罪となるべき事実の判示として不十分とはいえない」としたのである。

最判昭24・2・10が、有罪判決の「罪となるべき事実とは、刑罰法令各本条における犯罪の構成要件に該当する具体的事実をいうものであるから、該事実を判決書に判示するには、その各本条の構成要件に該当すべき具体的事実を該構成要件に該当するか否かを判定するに足る程度に具体的に明白にし、かくしてその各本条を適用する事実上の根拠を確認し得られるようにするを以て足る」としていたところ、本決定も、これと同じ判断基準を用いて、「罪となるべき事実」の判示としての十分性を判断し、これを肯定した。たしかに、殺害の日時・場所・方法が概括的に示され、また、実行行為者の表示が択一的なものであっても、共謀した共犯者、主体、行為、客体、結果、故意という構成要件要素たる事実が具体的に明示されていることによって、上記の「罪となるべき事実」が殺人の共同正犯（刑199条・60条）の構成要件に該当すると判定することが可能である。

（3）　本決定は、訴因変更の要否について、2つの基準を提示した。

まず、「審判対象の画定という見地」からの訴因変更の要否に関する本決定の判示を敷衍すれば、訴因の「罪となるべき事実」の特定に不可欠な事実に

ついて、判決が訴因と異なる事実を認定するときは、「審判対象の画定という見地」から訴因変更が必要とされることになる。

このような場合において訴因変更が必要とされる理由は、「罪となるべき事実」の特定に不可欠な事実こそが、審判対象たる事実であることを前提として、審判対象たる事実が拘束力を有し、裁判所はそれを超える事実について審判することを許されないことにある。それゆえ、この場合における訴因変更の必要は、被告人の防御の具体的状況など審理の経過がどうであったかにかかわらない。

本決定の後、最決平26・3・17は、訴因における「罪となるべき事実」の特定性の基準として、①特定の犯罪構成要件に該当するかを判定することが可能であること、②他の犯罪事実との区別が可能であること、という二点を提示したが、「罪となるべき事実」の特定に関する同判決以前のものも含めた諸判例からすれば、「罪となるべき事実」がこれら二点の基準を満たすためには、①主体、客体、行為、結果、故意・過失など、構成要件要素たる事実が具体的に明示されなければならず、共同正犯の場合には、その範囲も具体的に明示されなければならない。②同一の犯罪構成要件において同一客体に対する事実が複数存在しうる場合であれば、これらに加えて、日時、場所、方法などをさらに具体的に明示する必要がある（本書37コメント(3)）。

本決定の事案において訴因変更の要否が問題となったのは、殺人の共同正犯における実行行為者について、第一審の判決が訴因と異なる事実を認定したためである。本決定は、訴因の「罪となるべき事実」の特定において、実行行為者を具体的に明示することは不可欠ではないとし、それゆえ、実行行為者について、判決が訴因と異なる認定をするとしても、「審判対象の画定という見地」から訴因変更が必要とされるわけではないとした。本決定は、先に、殺人の共同正犯について、殺害の日時・場所・方法が概括的に表示され、実行行為者が択一的に表示されている場合でも、有罪判決における「罪となるべき事実」の判示として不十分なものとはいえないとしていた。「罪となるべき事実」の特定性において、有罪判決と訴因とのあいだに差異はないとされるところ（本書37コメント(3)）、有罪判決の「罪となるべき事実」の判示に関するこの判断は、訴因の「罪となるべき事実」の特定においても、実行行為者の具体的明示が不可欠ではないということを含意

していたといえよう。実際、本件の訴因において
は、殺人の共同正犯について、共謀した共犯者、主
体、行為、客体、結果、故意という構成要件要素た
る事実が具体的に明示されており、殺人の共同正犯
については、同一客体に対して複数事実が存在する
可能性はないから、日時・場所・方法、さらには実
行行為者の具体的明示がなくとも、「罪となるべき
事実」の特定性の基準、すなわち、①特定の犯罪構
成要件に該当すると判定可能であること、②他の犯
罪事実との区別が可能であること、がいずれも満た
されていたといえよう。

　なお、本決定の立場からすれば、「審判対象の画
定という見地」から訴因変更が必要とされるにもか
かわらず、訴因変更の手続を経ることなく、判決が
訴因と異なる事実を認定したときは、審判対象とし
て設定された「罪となるべき事実」を超える事実に
ついて裁判所が審判したこととなるから、「審判の
請求を受けない事件について判決をしたこと」(337
条3号)にあたり、絶対的控訴理由となる。

　(4)　次に、被告人の防御への配慮に基づく、争点
を顕在化し、不意打ちを回避するための訴因変更の
要否について、本決定の判示を敷衍すれば、次のよ
うになろう。すなわち、「一般的に、被告人の防御
にとって重要な事項」であれば、訴因の成否につい
て争いがある場合などには、「争点の明確化などの
ため、検察官において実行行為者を明示するのが望
まし」く、検察官が訴因においてそのような事実を
明示した以上、裁判所が判決において訴因と異なる
事実を認定するときは、原則として訴因変更が必要
となる。しかし、被告人の防御の具体的状況など審
理の経過からみて、被告人に不意打ちを与えること
にならず、かつ、判決が認定する事実が訴因に比べ
て被告人にとってより不利益ではない場合には、例
外的に訴因変更は不要である。

　ところで、訴因は審判対象を画定する機能ととも
に、防御範囲を限定する機能を有しているとされる
ところ、一般的に「被告人の防御にとって重要な事
項」について訴因変更の要否を検討するさいに問題
となる被告人の防御への配慮は、防御範囲の限定と
いう訴因の機能から導かれるものとはいえない。判
例の立場からすると、訴因の主要な機能は審判対象
の画定であって、訴因において「罪となるべき事
実」が特定され、審判対象が画定されている以上、
それを超える事実について裁判所の審判が及ばない
こととなり、したがって被告人の防御範囲もその範

囲に限定されることとなる。防御範囲の限定という
訴因の機能は、その主要な機能である審判対象の画
定のいわば反射的機能ということになる。

　本決定も、被告人の防御への配慮に基づく訴因変
更の要否の前に、「審判対象の画定という見地」か
らの訴因変更の要否を検討すべきとし、また、この
見地からの訴因変更の必要は、被告人の防御の具体
的状況など審理の経過がどうであったかにかかわら
ないとした点において、訴因の機能についてのこの
ような理解に立っているといえよう。そうすると、
訴因の「罪となるべき事実」の特定に必要な事実に
ついて、判決が異なる事実を認定するのではなく、
したがって「審判対象の画定という見地」から訴因
変更が不要とされる以上は、審判対象の画定という
機能の反射的機能たる防御範囲の限定という訴因の
機能はなんら損なわれることはなく、ゆえに防御範
囲の限定という機能からの要請として、訴因変更が
必要となることはない。そうすると、本決定が示し
た被告人の防御への配慮に基づく訴因変更の必要
は、防御範囲の限定という訴因の機能から導かれる
ものではなく、より一般的な被告人の防御権の保障
に由来するものというべきであろう。

　被告人の防御への配慮に基づく訴因変更の必要
は、これら訴因の機能から導出されるものではない
から、本決定によれば、原則として訴因変更が必要
だとされても、被告人の防御の具体的状況など審理
の経過からみて、被告人に不意打ちを与えることに
ならず、かつ、判決が認定する事実が訴因に比べて
被告人にとってより不利益ではない場合には、例外
的に、訴因変更は不要だとされた。認定事実の不利
益性とは、個別事案における具体的不利益を意味す
るものであるところ、本決定の事案においては、実
行行為を担当するかどうか、また、一人で担当する
か、共犯者とともに担当するかが、被告人の犯情の
軽重に実質的に影響を与えるとはいえず、さらに、
判決が、実行行為にも、共謀にも関与していないと
いう被告人の主張を一部認めて、被告人が実行行為
に関与していない可能性もあることを認定したこと
から、認定事実の具体的な不利益性が否定されたと
いえよう。もっとも、認定事実の不利益性があげら
れたのは、本決定の事案に即した判示であるとの理
解が有力である。たしかに、被告人の防御への配慮
という観点から訴因変更の要否を判断するにあたり
問題となるのは、判決の認定が被告人に不意打ちを
与えるかどうかという点であろう。認定事実の不利

益性が認められなければ、そもそも不意打ち認定という問題は生じないから、一般的には、認定事実の不利益性の要件は、不意打ち認定の要件のなかに吸収されるものといえよう。実際、後述する最決平24・2・29は、本決定が示した基準を適用しつつ、判決が訴因変更の手続を経ることなく訴因と異なる事実を認定したことを違法だと認めるにあたり、不意打ち認定にあたることのみを理由としてあげた。

判決の認定が被告人に不意打ちを与えるかどうかは、本決定によれば、「被告人の防御の具体的な状況等の審理の経過に照らし」て判断されるものとされた。訴因、被告人の防御、判決の認定事実の三者を対比して、すでに認定事実が争点として顕在化しており、被告人のその事実について防御することが可能であった場合には、不意打ちとはならないことになる。もちろん、被告人の防御が成功したかどうかが問題なのではない。

（5）　本決定によれば、「一般的に、被告人の防御にとって重要な事項」については、「当該訴因の成否について争いがある場合等においては、争点の明確化などのため、検察官において実行行為者を明示するのが望ましい」とされた。ここにおいて「明示するのが望ましい」とされたのは、訴因においてのことであろうが、争点を明確化する方法として、他の方法ではなく、訴因に明示するのがなにゆえ望ましいとされたのかといえば、争点を早期に明確化し、早期の防御準備を可能にすることにより、第1回公判から実質的な攻撃・防御が展開されるのが望ましいと考えたからであろう。あるいは、256条3項が、訴因において日時・場所・方法を「できる限り」特定すべきと規定しているところ、これに応えてのことかもしれない。

他方、本決定が、明示することが必要だとするのではなく、「望ましい」とするにとどめたのは、被告人の防御にとって一般的に重要な事実を明確化する方法は、訴因において明示することだけではなく、公判前整理手続における「証明予定事実記載書面」の提出（316条の13）、起訴状についての検察官の釈明、検察官の冒頭陳述（296条）など、さまざまなものがあって、起訴後の手続の進行に応じて、相応しい方法を選択することができるからであろう。

実際、共謀共同正犯の訴因においては、「〜と共謀の上」とだけ記載され、共謀の日時・場所、その内容は、被告人の防御にとって一般的に重要な事項

であっても、具体的に明示されることはないという実務が定着している。本決定の後も、この実務に変化はない。このような起訴状の記載も、その後の手続の進行のなかで、なんらかの適宜の方法により、共謀の日時・場所、その内容が争点として明確化され、被告人への不意打ちとなる認定が回避される限りは、違法とはいえないことになろう。

また、本決定が、被告人の防御にとって一般的に重要な事項を訴因において明示した以上、それと異なる事実を認定するときは、原則として訴因変更を要するとしたことからすれば、争点を明確化するため、そのような事項をなんらかの方法により明示した場合には、判決が、明示されたものとは異なる事実を認定するときは、原則として、当初明示したのと同じ方法により、あらためて争点を顕在化させる措置をとる必要があるといえよう。もっとも、争点を顕在化させる措置がとられたのであれば、別の方法によったとしても、そのことがただちに違法となるわけではない。

ところで、256条3項は、「……訴因を明示するには、できる限り日時、場所及び方法を以て罪となるべき事実を特定してこれをしなければならない」と定めている。ここの「できる限り」の特定の意味について、日時・場所・方法が審判対象たる「罪となるべき事実」の特定に不可欠なものでない限りは、訴因において具体的に明示することのできない「特殊事情」がある場合、あるいは証拠から具体的明示ができない場合を除いて、具体的に明示しなければならないとの理解が有力である。同規定の文理からすると、自然な理解である。

他方、本決定の判示からすると、次のように理解することもできよう。すなわち、同規定が、審判対象たる「罪となるべき事実」の特定を超えて、日時・場所・方法の「できる限り」の特定を求めているのは、被告人の防御への配慮に基づき、争点を明確化し、被告人に不意打ちを与えるような認定を回避するためであって、日時・場所・方法のみならず、共同正犯における実行行為者などをも含め、被告人の防御にとって一般的に重要な事項については、訴因において具体的に明示することが望ましい。もっとも、これらの事項について、証拠から具体的明示が可能な場合であっても、そうしないことが、ただちに違法となるわけではない。とはいえ、いかなる適宜の方法によっても争点が明確化されることがないままに、判決が被告人に不意打ちを与え

るような事実を認定したならば、それは違法となる。このような理解である。この点について、本書37コメント(5)参照。

被告人の防御への配慮に基づき訴因変更が必要とされるにもかかわらず、裁判所が検察官に対して訴因変更を促す求釈明（刑訴規208条）をすることなく、判決において訴因と異なる事実を認定することは違法であり、判決への影響が明らかである限り、訴訟手続の法令違反として相対的控訴事由（379条）にあたることになる。

(6)　被告人の防御への配慮に基づく、争点の顕在化による不意打ち認定の回避については、本決定に先立ち、最判昭58・12・13が要請していたところである。すなわち、控訴審が、ハイジャックの共謀共同正犯について、第一審判決の認定とは異なる、検察官も主張していなかった日時に謀議が行われたと認定したことに対して、「本件ハイジヤツクに関する謀議が行われたという事実は、第一審の検察官も最終的には主張せず、第一審判決によつても認定されていないのであり、右12日の謀議が存在したか否かについては、……原審においても検察官が特段の主張・立証を行わず、その結果として被告人・弁護人も何らの防禦活動を行つていないのである。したがつて、……原審が、第一審判決の認めた13日夜の第一次協議の存在に疑問をもち、右協議が現実には12日夜に行われたとの事実を認定するのであれば、少なくとも、12日夜の謀議の存否の点を控訴審における争点として顕在化させたうえで十分の審理を遂げる必要があると解されるのであつて、このような措置をとることなく、13日夜の第一次協議に関する被告人のアリバイの成立を認めながら、率然として、右第一次協議の日を12日夜であると認めてこれに対する被告人の関与を肯定した原審の訴訟手続は、本件事案の性質、審理の経過等にかんがみると、被告人に対し不意打ちを与え、その防禦権を不当に侵害するものであつて違法である」と判示していた。

本決定は、被告人の防御にとって一般的に重要な事項を訴因に明示することによって、争点を明確化することが望ましく、訴因に明示した以上、判決が訴因と異なる事実を認定する場合には、原則として訴因変更の手続をとることによって、あらためて争点を顕在化させる必要があるとした点において、最判昭58・12・13が示した争点の顕在化という要請を、訴因および訴因変更という刑事訴訟の根幹をなす制度を用いて、より明確な基準をもって提示したとい

えよう。

争点の顕在化による不意打ち認定の回避のための訴因変更の必要についても、すでに、最決昭63・10・24が示唆していたところである。同決定は、「過失犯に関し、一定の注意義務を課す根拠となる具体的事実については、たとえそれが公訴事実中に記載されたとしても、訴因としての拘束力が認められるものではないから、右事実が公訴事実中に一旦は記載されながらその後訴因変更の手続を経て撤回されたとしても、被告人の防禦権を不当に侵害するものでない限り、右事実を認定することに違法はない」と判示していた（本書40コメント(4)）。ここにおいては、「訴因としての拘束力」が認められる事実について必要とされる訴因変更とともに、それとは区別されるものとして、「被告人の防禦権を不当に侵害する」ことを回避するために必要とされる訴因変更があげられている。本決定の判示に即して言い換えるならば、前者は、訴因の「罪となるべき事実」の特定に不可欠な事実についての、「審判対象の画定という見地」から必要とされる訴因変更であり、後者が、被告人の防御にとって一般的に重要な事項についての、被告人の防御への配慮に基づく、争点の顕在化による不意打ち認定の回避のために必要とされる訴因変更である。

もっとも、最決昭63・10・24は、「被告人の防禦権を不当に侵害する」場合には訴因変更が必要とされることを示唆していたのに対し、本決定は、被告人の防御にとって一般的に重要な事項を訴因に明示した以上、判決がそれと異なる事実を認定する場合には、「原則として」訴因変更が必要となり、被告人の防御の具体的状況など審理の経過からみて不意打ち認定にならない場合には、例外的に、訴因変更が不要であるとした。本決定が、このような原則・例外関係を示したことにより、訴因変更の必要が事実上推定されることとなり、訴因変更の要否が争われたとき、それが不要であったことを主張するためには、そのように主張する側、すなわち検察官が、審理の経過からみて不意打ち認定にはあたらなかったことを証明する責任を負うこととなる。本決定が被告人の防御に深く配慮したことを示すものである。

また、さらに早く、最決昭55・3・4は、「酒酔い運転」の訴因に対して、訴因変更の手続を経ることなく、判決が「酒気帯び運転」の事実を認定した事案について、審判対象の画定という点において、両者が包摂・被包摂の関係にある場合に準じて、「縮

小認定」の法理を準用できることを認めたうえで、「しかも本件においては運転開始前の飲酒量、飲酒の状況等ひいて運転当時の身体内のアルコール保有量の点につき被告人の防禦は尽されていることが記録上明らかであるから、前者の訴因に対し原判決が訴因変更の手続を経ずに後者の罪を認定したからといつて、これにより被告人の実質的防禦権を不当に制限したものとは認められ」ないと判示していた。この後段の判示は、審判対象の画定という訴因の機能から区別された、被告人への防御への配慮に基づき、争点を顕在化させて、不意打ち認定を回避するために訴因変更の手続が必要とされる場合があることを示唆したものと理解すべきであろう（本書41）。

　(7)　本決定が示した訴因変更の要否の基準を適用したものとして、最決平24・2・29がある。同決定の事案において、検察官は、放火の具体的方法について、訴因に「ガスコンロの点火スイッチを作動させて点火し、同ガスに引火、爆発させて火を放ち」と記載していたところ、第一審は、この訴因の範囲内で、「被告人が点火スイッチを頭部で押し込み、作動させて点火した」と認定した。ところが、控訴審は、訴因変更の手続を経ることなく、放火の具体的方法を特定することなく、「被告人が『何らかの方法により』上記ガスに引火、爆発させた」と認定した。

　上告審の最高裁は、まず、「被告人が上記ガスに引火、爆発させた方法は、本件現住建造物等放火罪の実行行為の内容をなすものであって、一般的に被告人の防御にとって重要な事項であるから、判決において訴因と実質的に異なる認定をするには、原則として、訴因変更手続を要するが、例外的に、被告人の防御の具体的な状況等の審理の経過に照らし、被告人に不意打ちを与えず、かつ、判決で認定される事実が訴因に記載された事実と比べて被告人にとってより不利益であるとはいえない場合には、訴因変更手続を経ることなく訴因と異なる実行行為を認定することも違法ではない」と述べ、本決定の示した基準を確認した。その後、審理の具体的経過を検討し、第一審および控訴審の審理の過程で、検察官は、被告人がガスコンロ点火スイッチを作動させて点火し、放火したと主張していたのに対し、被告人は、故意に同スイッチを作動させて点火したことはなく、ガスの引火・爆発の原因は別にある可能性を主張していたことを指摘したうえで、検察官はガスコンロ点火スイッチの作動による点火以外の行為

による放火の場合の被告人の刑事責任に関する予備的主張は行っておらず、裁判所も、そのような行為の具体的可能性やその場合の被告人の刑事責任の有無・内容に関して、求釈明や証拠調べにおける発問などはしていなかったと認めた。最高裁は、「このような審理の経過に照らせば、原判決が、同スイッチを作動させた行為以外の行為により引火、爆発させた具体的可能性等について何ら審理することなく『何らかの方法により』引火、爆発させたと認定したことは、引火、爆発させた行為についての本件審理における攻防の範囲を越えて無限定な認定をした点において被告人に不意打ちを与えるものといわざるを得ない。そうすると、原判決が訴因変更手続を経ずに上記認定をしたことには違法がある」と断じた。裁判所が、「なんらかの方法」による放火の可能性を争点として顕在化させることなく、したがって被告人がその事実について防御する機会を実質的に与えることのないまま、判決が訴因において示された具体的方法と異なる方法を認定したことをもって、不意打ち認定にあたるとしたのである。

　また、大阪高判平28・5・26の事案においては、殺人の共同正犯の訴因において、被告人Xと併合審理されている共同被告人Yとがともに実行行為を行ったものの、被害者の死亡の直接の原因となった最後の首絞め行為を行ったのはYであるとされており、審理において、Yは、最後の首絞め行為を行ったのはXであると主張していたものの、検察官は、一貫して訴因に沿った主張を行い、Xも、検察官の主張と同様、最後の首絞め行為を行ったのはYであると主張していた。公判前整理手続の結果、Yの事件との関係では、実行行為および殺意・共謀の有無が争点とされたのに対し、Xの事件との関係では、犯行の態様は争点とされず、殺意・共謀の有無のみが争点とされた。審理の結果、第一審は、訴因変更の手続を経ることなく、同行為を行ったのはXであると認定した。このような第一審の手続について、同判決は、本決定の示した基準に依拠しつつ、「被害者の首を絞めて殺害したとされている事案では、同じく実行行為を行ったとされている者であっても、被害者が絶命するまで首を絞め続け、いわば最後にとどめを刺した者と、その行為自体には直接加担していない者との間では、責任等に相当の差異が生じる可能性があるから、訴因において、最後にとどめを刺した者が明示されている場合に、それと異なる認定をするには、実行行為者が明示されているときに

それと実質的に異なる認定をする場合と同様に」、訴因「と実質的に異なる認定をする……ことが、被告人に不意打ちを与えるものでなく、かつ、認定事実が訴因に記載された事実に比べて被告人にとってより不利益であるとはいえない」ような「例外的な場合のほかは、その旨の訴因変更手続を経ることを要する」と判示したうえで、このような「例外的な場合」にあたるかどうかを検討した。

同判決は、まず、「被告人Xが被害者の首を絞めた後にYが被害者の首を絞めて死亡させたという事実関係は、訴因に明示され、検察官もそれを強く主張していたのだから、……Xとしては、原審裁判所が、訴因や検察官の主張と異なる認定をしようとする場合は、訴因変更手続がとられるはずであり、原審裁判所が、訴因変更手続も経ないまま、訴因や検察官の主張と異なる認定をするはずがないと期待したとしても何ら不当ではない。……原審裁判所が、検察官に訴因変更を促したり、Xに対する被告人質問の機会に、同被告人にその供述の信用性に疑いを抱いている旨の発言をするなどして、最終的な首絞め行為の実行者について訴因と異なる認定をする可能性があることを示唆し、この点をXとの関係でも争点として顕在化させるような努力をした形跡は見当たらない。／そうすると、原判決が、Aのみが死亡の直接の原因となる首絞め行為をしたと認定したことは、被告人にとって不意打ちであるというほかない」として、第一審判決の認定が不意打ちにあたることを認めた。次に、「本件のような首絞めによる殺人の事案において、訴因では最後まで首を絞め続けて被害者を死亡させ、いわばとどめを刺したの

は他の共犯者とされていたのに、当該他の共犯者はそのような行為をしておらず、被告人だけが被害者の首を絞めたと認定された場合、刑事責任の軽重という点から見ると、そのこと自体が、当該被告人にとって不利益というべきであるから、原判決の上記認定は、その点だけを見ても、被告人にとって不利益なものというべきである」として、第一審判決の認定は被告人にとってより不利益な事実の認定であるとした。かくして、同判決は、第一審判決が訴因変更の手続を経ることなく、被告人に不意打ちを与え、かつ、より不利益となるような事実を認定したことを違法だとした。

同判決については、殺人の共同正犯において被告人と共犯者がともに実行行為に関与した場合でも、刑事責任に影響を与える犯情の軽重という観点から、死亡結果の直接の原因となった行為を担当したことをもって、被告人の防御にとって一般的に重要な事実であると認めたうえで、本決定の示した基準を適用した点のみならず、共同被告人により主張され、共同被告人の事件との関係で争点化されていても、検察官により主張されず、被告人の事件との関係では争点化されていなかった事実について、判決が訴因と異なる認定をしたことが不意打ち認定にあたると認めた点が注目される。後者については、訴因に明示され、検察官が主張していた事実がどのようなものであったかという点とともに、争点・証拠の整理を目的として制度化された公判前整理手続による争点整理の結果を重視したことによるものであろう。

（葛野 尋之）

訴因と異なる過失態様を認定する場合の訴因変更の要否

📖 鴨川町業過事件

最3小判昭和46[1971]年6月22日刑集25巻4号588頁 【LEX/DB24005124】

〈関連判例〉

最2小判昭和46[1971]年11月26日集刑182号163頁　　　【25355846】
最1小決昭和63[1988]年10月24日刑集42巻8号1079頁　　【24006137】［高知五台山業過事件］
最3小決平成13[2001]年4月11日刑集55巻3号127頁　　　【28065112】［青森保険金目的放火・口封じ殺人事件］
最2小決平成15[2003]年2月20日判時1820号149頁　　　【28085486】
広島高判平成12[2000]年6月29日判時1820号152頁　　　【28085488】
東京高判平成28[2016]年8月25日判タ1440号174頁　　　【25547480】

1 事実の概要

　被告人は、「被告人は、自動車の運転業務に従事しているものであるが、昭和42年10月2日午後3時35分頃普通乗用自動車を運転し、……千葉県安房郡鴨川町横渚905番地先路上に差掛つた際、前方交差点の停止信号で自車前方を同方向に向つて一時停止中のA運転の普通乗用自動車の後方約0.75米の地点に一時停止中前車の先行車の発進するのを見て自車も発進しようとしたものであるが、かゝる場合自動車運転者としては前車の動静に十分注意し、かつ発進に当つてはハンドル、ブレーキ等を確実に操作し、もつて事故の発生を未然に防止すべき業務上の注意義務があるのに、前車の前の車両が発進したのを見て自車を発進させるべくアクセルとクラッチペダル（マニュアル式自動車において区道との接続を一時的に切断するペダルのことであり、ペダルを踏み込んだ状態からゆっくり足を離さないと、急発進する可能性がある・引用者）を踏んだ際当時雨天で濡れた靴をよく拭かずに履いていたため足を滑らせてクラッチペダルから左足を踏みはずした過失により自車を暴進させ未だ停止中の前車後部に自車を追突させ、因つて前記Aに全治約2週間を要する鞭打ち症、同車に同乗していたBに全治約3週間を要する鞭打ち症の各傷害を負わせた」とする訴因により、業務上過失致死傷罪について起訴されていた。第一審（千葉地館山支判昭43・11・11）は、訴因変更の手続を経ることなく、「被告人は、自動車の運転業務に従事している者であるが、昭和42年10月2日午後3時35分頃普通乗用自動車を運転し、……安房郡鴨川町横渚905番地先路上に差しかかつた際、自車の前に数台の自動車が一列になつて一時停止して前方交差点の信号が進行になるのを待つていたのであるが、この様な場合はハンドル、ブレーキ等を確実に操作し事故の発生を未然に防止すべき業務上の注意義務があるのに、これを怠り、ブレーキをかけるのを遅れた過失により自車をその直前に一時停止中のA運転の普通乗用自動車に追突させ、よつて、右Aに対し全治2週間を要する鞭打ち症の、同車の助手席に同乗していたBに対し全治約3週間を要する鞭打ち症の各傷害を負わせた」との「罪となるべき事実」（335条1項）を認定した。

　被告人が、訴因と判決の認定事実とのあいだでは、被告人の過失の態様に関する記載がまったく異なるから、訴因変更の手続をとるべきであったと主張し、控訴したところ、控訴審（東京高判昭44・3・

31）は、「その差は同一の社会的事実につき同一の業務上注意義務のある場合における被告人の過失の具体的行為の差異に過ぎず、本件においてはこのような事実関係の変更により被告人の防禦に何ら実質的不利益を生じたものとは認められないから、第一審が訴因変更の手続を経ないで訴因と異なる事実を認定したことは何ら不法ではない」旨判示し、被告人の控訴を棄却した。

　被告人が上告したところ、最高裁は、以下のように述べて、第一審が訴因変更の手続をとらなかったことは違法であると認め、これを是認した控訴審判決には法令解釈を誤った違法があり、この違法は判決に影響を与え、これを破棄しなければ著反正義となるとして（411条1号）、第一審判決および控訴審判決を破棄し、事件を千葉地裁に差し戻した。

2 法の解釈

　「起訴状に訴因として明示された態様の過失を認めず、それとは別の態様の過失を認定するには、被告人に防禦の機会を与えるため訴因の変更手続を要する」。

3 法の適用

　「本件起訴状に訴因として明示された被告人の過失は、濡れた靴をよく拭かずに履いていたため、一時停止の状態から発進するにあたりアクセルとクラッチペダルを踏んだ際足を滑らせてクラッチペダルから左足を踏みはずした過失であるとされているのに対し、第一審判決に判示された被告人の過失は、交差点前で一時停止中の他車の後に進行接近する際ブレーキをかけるのを遅れた過失であるとされているのであつて、両者は明らかに過失の態様を異にして」いるから、訴因の変更手続を要するものであつて、「第一審がこの手続をとらないで判決したことは違法であ」る。

4 コメント

　(1)　本判決は、過失犯についての訴因変更の要否の基準を明らかにした。

　過失犯の訴因においては、通例、①注意義務を課す根拠となる具体的事実、②注意義務の内容、③注意義務違反の具体的事実、が記載される。③注意義務違反の具体的事実が、過失態様と呼ばれるものである。本判決の事案の訴因についてみると、「前方交差点の停止信号で自車前方を同方向に向つて一時

停止中のＡ運転の普通乗用自動車の後方約0.75米の地点に一時停止中前車の先行車の発進するのを見て自車も発進しようとしたものであるが」の部分が①にあたり、「自動車運転者としては前車の動静に十分注意し、かつ発進に当つてはハンドル、ブレーキ等を確実に操作し、もつて事故の発生を未然に防止すべき業務上の注意義務」の部分が②に、「前車の前の車両が発進したのを見て自車を発進させるべくアクセルとクラッチペダルを踏んだ際当時雨天で濡れた靴をよく拭かずに履いていたため足を滑らせてクラッチペダルから左足を踏みはずした過失」の部分が③にあたる。なお、クラッチペダルとは、マニュアル式自動車において区道との接続を一時的に切断するペダルのことであり、ペダルを踏み込んだ状態からゆっくり足を離さないと、急接続し、急発進する可能性がある。

本判決は、「訴因として明示された態様の過失……とは別の態様の過失を認定するには、被告人に防禦の機会を与えるため訴因の変更手続を要する」と判示しているから、このうち、③の過失態様、すなわち注意義務違反の具体的事実について、判決が訴因と異なる事実を認定する場合には、訴因変更が必要となるとした。注意義務違反の具体的行為としての過失態様は、②の注意義務の内容を前提とするものであるから、注意義務の内容について訴因と異なる認定をすることにともない、過失態様についても異なる認定をすることになるときは、そのことによって訴因変更が必要とされることになろう。

（2）過失犯については、過失犯の構成要件はいわゆる開かれた構成要件として規定されており、注意義務の内容を前提とした注意義務違反の具体的行為、すなわち過失態様こそが、過失犯の構成要件要素としての「行為」であるとの理解が、本判決の前提にあるといってよい。

本判決が、「交差点前で一時停止中の他車の後に進行接近する際ブレーキをかけるのを遅れた過失」という判決の認定した過失態様は、「濡れた靴をよく拭かずに履いていたため、一時停止の状態から発進するにあたりアクセルとクラッチペダルを踏んだ際足を滑らせてクラッチペダルから左足を踏みはずした過失」という訴因の過失態様とは明らかに異なっていると認定したうえで、判決が訴因と異なる過失態様を認定するときに訴因変更を要すると判断したのは、過失態様、すなわち注意義務違反の具体的行為は過失犯の構成要件要素であって、したがっ

て過失犯の訴因における「罪となるべき事実」の特定に不可欠な事実であるとの理解を前提としているといえよう。

もっとも、本判決は、訴因変更の手続が必要になるのは、「被告人に防禦の機会を与えるため」だとした。この表現からすると、被告人の防御への配慮に基づく訴因変更の必要を理由としているかのようにみえる。しかし、過失態様が、過失犯の訴因における「罪となるべき事実」の特定に不可欠な事実であることからすれば、過失態様について、判決が訴因と異なる認定をする場合には、最決平13・4・11が示した訴因変更の要否の基準に即していえば、「審判対象の画定という見地」から訴因変更が必要となるというべきである。実際、本判決も、「被告人に防禦の機会を与えるため」に訴因変更が必要だと述べながらも、被告人の具体的な防御状況など審理の経過を検討したうえで、被告人にとっての不意打ち認定になると認め、それをもって訴因変更の必要性を根拠付けているわけではない。過失態様について、判決が訴因と異なる認定をする場合には、被告人に不意打ちを与えるかどうかにかかわりなく、審判対象の画定という見地から、訴因変更が必要とされるのである。本判決にいう「被告人に防禦の機会を与えるため」の訴因変更は、最決平13・4・11における被告人の防御への配慮に基づく訴因変更とは別のものである。

ところで、本判決の原審たる控訴審は、訴因の過失態様と第一審判決が認定した過失態様との「差は同一の社会的事実につき同一の業務上注意義務のある場合における被告人の過失の具体的行為の差異に過ぎず、本件においてはこのような事実関係の変更により被告人の防禦に何ら実質的不利益を生じたものとは認められないから」、第一審が訴因変更の手続を経ることなく、訴因と異なる過失態様を認定したのも違法ではないとしていた。第一審が訴因変更の手続を経ることなく、異なる態様の過失を認定したのも、おそらく同じ考えによるものであろう。控訴審が、両者の差異を「同一の社会的事実につき同一の業務上注意義務のある場合における被告人の過失の具体的行為の差異に過ぎ」ないとしたのは、第一審判決において、過失態様、すなわち注意義務違反の具体的行為の前提となる注意義務の内容が、訴因においても、判決の認定においても、抽象的に捉えられたうえで、同一のものとされていたからであろう。第一審における訴因と判決の認定とのあいだ

で、たしかに過失態様は異なるものであった。しか
し、両者において、注意義務の内容は、「ハンド
ル、ブレーキ等を確実に操作し事故の発生を未然に
防止すべき業務上の注意義務」という抽象的なもの
であり、同一のものであった。注意義務の内容に差
異がなかったため、それを前提とした過失態様の差
異は、「同一の社会的事実につき同一の業務上注意
義務のある場合における被告人の過失の具体的行為
の差異に過ぎ」ないとされたのである。これに対し
て、本判決は、訴因と判決の認定とでは「明らかに
過失の態様を異にして」いるとした。このことは、
第一審判決および控訴審判決のように注意義務の内
容を抽象的に捉えるのではなく、訴因に示された過
失態様の前提としては、ペダル操作を適切に行うべ
き注意義務、判決の認定した過失態様の前提として
は、適時にブレーキをかけるべき注意義務というよ
うに、注意義務の内容をより具体的なものとして明
示すべきことを示唆したといえよう。

　(3)　最判昭46・11・26は、本判決と同様の基準に
よって、訴因変更が必要であったと判断した。すな
わち、第一審の有罪判決に対して被告人が控訴した
ところ、控訴審がこれを破棄し、有罪自判した事案
について、「訴因に示された被告人の過失は、酒に
酔い注意力が散漫になつたのであるから運転を断念
すべきであるのに自車の運転を開始し、的確な前方
注視ができないまま漫然進行した過失であるとされ
ているのに対し、原判決（控訴審判決・引用者）の
判示した被告人の過失は、自車を運転進行中、路上
に仰臥していた被害者を発見して一旦停止し、下車
して同人を道路左端に移し再び発進した際、右被害
者の動静に注意し前方を注視しながら進行すること
を怠つた過失であるとされているのであるから、両
者は明らかに過失の態様を異にするというべきであ
る。このように、訴因として示された態様の過失と
は異なる態様の過失を認定するには、被告人に防禦
の機会を与えるため訴因の変更手続をとる必要があ
るといわなければならない。原審が右の手続をとな
らいで前記の認定をし被告人を有罪としたのは違
法」であるとした。同判決の事案においては、訴因
と判決の認定とのあいだで、「明らかに過失の態様
を異にする」ものとされたが、その前提として、注
意義務の内容も、両者間で大きく異なるものであっ
た。

　最決平15・2・20は、本判決と同様の基準に依拠し
ながら、訴因変更を不要とした。控訴審（広島高判

平12・6・29）が、第一審が訴因変更の手続を経るこ
となく被告人を無罪としたのを違法だとして、第一
審判決を破棄したうえで、自判により有罪と認定し
た事案において、訴因は、「被告人は、……業務と
して普通乗用自動車を運転し、……（事故現場を・
引用者）進行するに当たり、前方左右を注視し、進
路の安全を確認して進行すべき業務上の注意義務が
あるのにこれを怠り、前方注視を欠いたまま漫然進
行した過失により、自車を道路右側部分に進出さ
せ、折から対向進行してきたA運転の大型貨物自動
車に衝突させ」、よって同乗者3人に傷害を負わせ
たというものであったのに対し、控訴審は、控訴審
において変更されえた訴因に基づいて、「本件事故
現場の道路状況等からすると、これを進行する自動
車運転者には、黄色のセンターラインを含む進路前
方を注視し、自車が対向車線にはみ出さないようハ
ンドルを握持して、自車の進路である道路左側部分
を進行すべき業務上の注意義務があるところ、被告
人には、右注意義務に違反してハンドルを右方向に
転把し、対向車線内に自車をはみ出させて進行した
過失があり、その結果、本件事故が発生した」と認
定し、自判により有罪とした。最高裁は、控訴審
「判決が認定した過失は、被告人が『進路前方を注
視せず、ハンドルを右方向に転把して進行した』と
いうものであるが、これは、被告人が『進路前方を
注視せず、進路の安全を確認しなかった』という検
察官の当初の訴因における過失の態様を補充訂正し
たにとどまるものであって、これを認定するために
は、必ずしも訴因変更の手続を経ることを要するも
のではない」とした。

　訴因と判決の認定とのあいだには、過失態様の表
示において差異があるものの、最高裁は、判決の認
定した過失態様は、訴因の過失態様を「補充訂正し
たにとどまるもの」だとした。訴因に示された「道
路の安全を確認しなかった」という過失態様と、判
決の認定した「ハンドルを右方向に転把して進行し
た」という過失態様との関係について、両者が実質
的に異なるものではなく、過失態様として前者が後
者を包摂しており、判決の認定した過失態様は訴因
の過失態様をより具体的に表現したものにすぎない
と捉えたのであろう。訴因においても、「道路の安
全を確認しなかった」という態様の過失が結果へと
至る因果の経路のなかに、「自車を道路右側部分に
進出させ」たことがあげられていた。「自車を道路
右側部分に進出させ」たことは、判決の認定した

「ハンドルを右方向に転把して進行した」という過失態様と実質的に同じである。訴因の過失態様と判決が認定した過失態様とのあいだに包摂関係があるとするならば、判決の認定は訴因に対する一種の縮小認定であるともいえよう。判決の認定した過失態様は訴因において明示的に表示されていなかったものの、それを包摂する過失態様が訴因において表示されていたことをもって、審判対象として黙示的に掲げられたということであろうか。

　（4）　過失態様ではなく、注意義務を課す根拠となる具体的事実について、判決が訴因と異なる認定をする場合には、訴因変更が必要か。この問題について判断したのが、最決昭63・10・24である。

　被告人は、「被告人が、普通乗用自動車を業務として運転し、時速約30ないし35キロメートルで進行中、前方道路は付近の石灰工場の粉塵等が路面に凝固していたところへ、当時降雨のためこれが溶解して車輪が滑走しやすい状況にあつたから、対向車を認めた際不用意な制動措置をとることのないよう、あらかじめ減速して進行すべき業務上の注意義務があるのにこれを怠り、前記速度で進行した過失により、対向車を認め急制動して自車を道路右側部分に滑走進入させ、折から対向してきた普通乗用自動車に自車を衝突させ、右自動車の運転者に傷害を負わせた」という起訴状記載の訴因により起訴されていた。第一審において、被告人は訴因に示された速度調整義務の存在を争ったところ、検察官は、訴因中の「前方道路は……車輪が滑走しやすい状況にあつたから」という部分を、「当時降雨中であつて、アスファルト舗装の道路が湿潤し、滑走しやすい状況であつたから」と変更する旨の訴因変更請求をし、この請求が許可された。その後、検察官は、撤回した当初訴因とほぼ同じ内容の訴因を予備的に追加する請求をしたものの、この請求は却下された。審理の結果、第一審（高知地判昭61・4・18）は、現場付近が格別滑走しやすい状況にあったことを被告人が認識し、または認識しえたとは認めることはできず、被告人に上記注意義務があったとは認められないとして、被告人に無罪を言い渡した。

　控訴審において、検察官は、当初訴因とほぼ同じ内容の予備的訴因の追加を請求したところ、この請求が許可され、現場の路面状況とそれについての被告人の認識などについて証拠調べが行われた。控訴審は、「事故現場付近の道路は、石灰が路面に付着凝固していたところへ折からの降雨で湿潤して滑走

しやすくなつており、被告人がそのような状況を認識していたものと認められる」として、被告人のこの認識を否定した第一審判決には事実誤認があるとし、同判決を破棄した。そのうえで、控訴審は、予備的に追加された訴因に基づき、「被告人が、普通乗用自動車を業務として運転し、時速約30ないし35キロメートルで進行中、対向進行してきた普通乗用自動車を進路前方に認めたが、当時被告人の走行していた道路左側部分は、付近の石灰工場から排出された石灰の粉塵が路面に堆積凝固していたところへ折からの降雨で路面が湿潤し、車輪が滑走しやすい状況にあつたのであるから、対向車と離合するため減速するにあたり、不用意な制動措置をとることのないようあらかじめ適宜速度を調節して進行すべき業務上の注意義務があるのにこれを怠り、漫然右同速度で進行し、前記対向車に約34メートルに接近して強めの制動をした過失により、自車を道路右側部分に滑走進入させて同対向車に自車前部を衝突させ、同対向車の運転者に傷害を負わせた」とする事実を認定し、被告人を自判により有罪とした。

　最高裁の決定は、次のような職権判断を示し、上告を棄却した。すなわち、「過失犯に関し、一定の注意義務を課す根拠となる具体的事実については、たとえそれが公訴事実中に記載されたとしても、訴因としての拘束力が認められるものではないから、右事実が公訴事実中に一旦は記載されながらその後訴因変更の手続を経て撤回されたとしても、被告人の防禦権を不当に侵害するものでない限り、右事実を認定することに違法はない」。「本件において、降雨によつて路面が湿潤したという事実と、石灰の粉塵が路面に堆積凝固したところに折からの降雨で路面が湿潤したという事実は、いずれも路面の滑りやすい原因と程度に関するものであつて、被告人に速度調節という注意義務を課す根拠となる具体的事実と考えられる。……石灰の粉塵の路面への堆積凝固という事実……を含む予備的訴因が原審において追加され、右事実の存否とそれに対する被告人の認識の有無等についての証拠調がされており、被告人の防禦権が侵害されたとは認められない」。このように判示し、控訴審が第一審判決を破棄したうえで、訴因変更の手続を経ることなく、有罪を認定したことに違法はないとしたのである。

　同決定の判示によれば、過失犯の訴因において「一定の注意義務を課す根拠となる具体的事実」が記載された場合でも、その事実は「訴因としての拘

VI

束力が認められるものではない」とされた。訴因としての拘束力が認められるのは、審判対象たる事実、すなわち訴因の「罪となるべき事実」（256条3項）の特定に不可欠な事実についてである。最決平13・4・11の示した訴因変更の要否の基準によれば、このような事実であれば、判決が訴因と異なる認定をする場合には、審判対象の画定の見地から訴因変更が必要とされる。過失態様、すなわち注意義務違反の具体的行為は、過失犯の構成要件要素であって、そのような事実にあたる。これに対して、注意義務を課す根拠となる具体的事実は、それ自体、過失犯の構成要件要素ではなく、訴因の「罪となるべき事実」の特定に不可欠な事実ではないとされたのである。

　他方、最決昭63・10・24の判示を敷衍すれば、注意義務を課す根拠となる具体的事実について、判決が訴因と異なる認定をするときに、「被告人の防禦権を不当に侵害する」ことになれば、訴因変更が必要とされることになる。すなわち、注意義務を課す根拠となる具体的事実は、被告人の防御にとって一般的に重要な事項であり、そうであるがゆえに、被告人の防御の具体的状況など審理の経過からみて、被告人に不意打ちを与えるような場合には、訴因変更が必要とされるのである。この場合における訴因変更は、被告人の防御への配慮によるものであり、争点を顕在化させ、不意打ち認定を回避するために必要とされるものである。もっとも、最決昭63・10・24による「被告人の防禦権を不当に侵害する」場合における訴因変更の必要は、原則として訴因変更が必要とされ、例外的に不意打ち認定に当たらない場合には不要という原則・例外関係を含んではいない。この点において、最決平13・4・11の示した基準とは異なっている。

　最決昭63・10・24においては、被告人に速度調整という注意義務を課す根拠となる具体的事実について、控訴審判決が訴因と異なる認定をしたところ、

認定した事実を含む予備的訴因が追加されており、その事実についての被告人の認識の有無などについて証拠調べが行われていたという審理の経過からみて、判決の認定は被告人に不意打ちを与えるものではなく、それゆえ「被告人の防禦権が侵害されたとは認められない」とされたのである。

　なお、東京高判平28・8・25は、異なる注意義務およびそれを前提とした異なる過失態様を内容とする2つの過失を択一的に認定した第一審判決について、「過失を択一的に認定することは、過失の内容が特定されていないということにほかならず、罪となるべき事実の記載として不十分といわざるを得ない。これをより実質的に考慮すると、過失犯の構成要件はいわゆる開かれた構成要件であり、その適用に当たっては、注意義務の前提となる具体的事実関係、その事実関係における具体的注意義務、その注意義務に違反した不作為を補充すべきものであるから、具体的な注意義務違反の内容が異なり、犯情的にも違いがあるのに、罪となるべき事実として、証拠調べを経てもなお確信に達しなかった犯情の重い過失を認定するのは『疑わしきは被告人の利益に』の原則に照らして許されない」と判示し、第一審判決は「いずれの過失についても、確信に至っていない」にもかかわらず、「犯情の重い過失をも認定しているのであるから」、利益原則に反して違法であって、「過失を択一的に認定した原判決には理由不備の違法があり、破棄を免れない」とした（〔本書90〕コメント⑹参照）。同判決は、過失犯について有罪判決を言い渡すためには、「罪となるべき事実」として、具体的な注意義務違反行為たる過失態様が十分に証明されなければならないことを含意しており、過失態様について、判決が訴因と異なる認定をするときは、訴因変更の手続を経なければならないとする判例と軌を一にするものといえよう。

（葛野　尋之）

41　縮小認定

📖 福岡前夫殺害事件

福岡高判平成20［2008］年4月22日季刊刑事弁護56号185号【LEX/DB25421350】

〈関連判例〉
最 2 小判昭和26[1951]年 6 月15日刑集 5 巻 7 号1277頁【24001321】［伊万里焼酎強取事件］
最 1 小判昭和29[1954]年 1 月21日刑集 8 巻 1 号71頁【24001911】
最 2 小判昭和29[1954]年12月17日刑集 8 巻13号2147頁【24002171】
最 1 小決昭和33[1958]年 3 月27日刑集12巻 4 号697頁【27680889】
最 3 小決昭和55[1980]年 3 月 4 日刑集34巻 3 号89頁【24005685】
最 3 小決平成13[2001]年 4 月11日刑集55巻 3 号127頁【28065112】［青森保険金目的放火・口封じ殺人事件］〔本書39〕
名古屋高判平成18[2006]年 6 月26日判タ1235号350頁【28135173】

1 事実の概要

被告人は、殺人の共同正犯について起訴されていた。起訴状記載の訴因は、「被告人は、Yと共謀の上、平成 6 年10月22日未明ころ、福岡県……郡……町のV（Yの前夫）（被害者）方兼有限会社A事務所において、Vに対し、殺意をもって、その腹部を刃体の長さ約18センチメートルの包丁で突き刺すなどし、よって、そのころ、その場において、被害者を腹部刺創による血管損傷に基づく出血性ショックにより死亡させた」というものであった。

第一審（福岡地判平19・7・19）においては、①事前共謀の成否、②事前共謀の解消の有無、③被告人が被害者殺害の実行行為に及んだか否か、が争点とされ、これらについて、検察官の主張は、Yの捜査段階の供述（検察官面前調書）に依拠していたのに対し、弁護人の主張は、被告人の供述に基づいており、そのため、Yおよび被告人の供述の信用性が問題となった。第一審は、Yの検察官面前調書の供述には信用性が認められない反面、被告人の供述は全体として信用性が高いとして、Yと被告人との間において、被害者殺害の共謀が事前に成立していたものの、犯行の直前でその共謀が解消され、Yが単独で殺害を実行したとして殺人の共同正犯の成立を否定したうえで、被告人に対し、殺人の幇助犯の犯罪事実を認定して、懲役 3 年 6 月の判決を言い渡した。判決に至るまで、訴因変更の手続はとられなかった。

第一審判決の認定した事実は、「被告人は、Yが、平成 6 年10月22日未明ころ、A事務所 1 階和室において、被害者に対し、殺意をもって、その腹部及び腰部を包丁で突き刺し、よって、そのころ、その場において、被害者を腹部刺創による血管損傷に基づく出血性ショックにより死亡させて殺害した際、これに先立つ同月中旬ころ、Yから被害者を殺害する手伝いを頼まれてこれを承諾し、その後被告人自らがYと一緒に被害者を殺害する行為に出ることは断ったものの、被害者を殺害した後の事後処理等について、Yから協力を求められればこれに協力する気持ちを持ち続けるとともに、Yにもそのことを期待させ、もって、Yの殺人の犯行を容易にさせてこれを幇助した」というものであった。

被告人は、「裁判所が、訴因変更の手続を踏むことなく、殺人の幇助犯の成立を認めたのは、著しい不意打ちであり、防御権の侵害である」と主張して、控訴した。

控訴審は、訴訟手続の法令違反があったと認め、第一審判決を破棄した。そのうえでさらに、第一審判決が認定した殺人の幇助についても合理的疑いが残るとして、被告人を自判により無罪した。控訴審裁判所は、訴因変更の要否に関して、以下のような判断を示した。

2 法の解釈

事例判断であって、法の一般的解釈は示していない。

3 法の適用

「1 審の審理においては、〔1〕事前共謀の成否、〔2〕事前共謀の解消の有無、〔3〕被告人が被害者殺害の実行行為に及んだか否かが争点となり、そのため、検察官及び弁護人の主張からも明らかなとおり、当事者は、被害者殺害までにされたYと被告人との間の会話内容や被告人のYに対する協力内容、さらには被害者の殺害状況、特に被告人が実行したのか否かという点に関して、攻防を繰り広げていたものである。

一般に、共同正犯の訴因に対し、訴因変更の手続を経ることなく幇助犯を認定することは、いわゆる縮小認定として許容されることがあるとしても、これまでみたとおり、1 審での当事者の攻防は、被告人に関していえば、もっぱら、被害者殺害の場面を含めそれまでの被告人の有形的・物理的関与を巡って行われたと評価することができる。これに対し、1 審の裁判所が認定した犯罪事実は、被告人が、被害者殺害後の事後処理等についてYに協力してもよいと考えており、Yも、それに期待していたという

もので、黙示の無形的・心理的幇助であるが、両者は質的にかなり異なるものであるといわざるを得ない。このような場合、被告人の防御の対象も、当然に異なってくるが、1審においては、この点について訴因変更の手続がとられていないことはもちろん、明示にも黙示にも争点となっていなかったため、4回の公判期日にわたって行われた被告人に対する質問において、弁護人だけでなく、検察官や裁判所も、共謀が解消した後、なお被害者殺害後の事後処理等の協力の意思があったか否かなどに関して、被告人に対し、まったく質問していないのである（もとより、Yに対しても、この点に関する質問は一切されていない）。

そうであるのに、1審の裁判所が無形的・心理的幇助犯の成立を認めたのは、被告人の防御が尽くされないままされた不意打ちの認定であるといわざるを得ない。

したがって、1審の訴訟手続には法令違反があり、その違反が判決に影響を及ぼすことは明らかである。

この点、1審の裁判所は、『被告人に幇助犯としての責任を認めることは、検察官主張の公訴事実を縮小して認定するものである上、その内容は、被告人の公判供述に従って事実を認定するものであって、被告人の防御権を侵害するものではないと言うべきであるから、訴因変更の手続をとる必要はないと解する』と説明するが……、不意打ちや防御権侵害の問題は、被告人の公判供述に従って事実認定していれば回避される筋合いのものではないから、失当である（もし、そのような考え方が許されるとすると、被告人としては、狭義の共犯を含め公訴事実の同一性がある範囲において、自己の供述に基づき様々な認定があり得ることを想定しながら防御しなければならず、それが過重な負担であることは明らかである）」。

4 コメント

（1）判決が、訴因の「罪となるべき事実」（256条3項）と異なる事実を「罪となるべき事実」（335条1項）として認定するとき、一般に、審判対象の画定という見地から、訴因変更の手続を経る必要がある。しかし、判決が訴因と異なる事実をとして認定する場合でも、判決の認定する「罪となるべき事実」が、訴因の「罪となるべき事実」のなかに包摂されているときは、訴因変更を要しないとする「縮

小認定」の法理が認められてきた。その実質的理由については、訴因の「罪となるべき事実」と判決の認定する「罪となるべき事実」とのあいだに包摂・被包摂の関係があるのであれば、もともと訴因において、判決の認定する「罪となるべき事実」が予備的・黙示的に主張されていたのあり、また、被告人の防御範囲も訴因の「罪となるべき事実」の範囲に限定されていたからであると説明された。

最判昭26・6・15は、強盗の訴因に対して、訴因変更の手続を経ることなく、恐喝の事実を認定した控訴審の手続について、「元来、訴因又は罰条の変更につき、一定の手続が要請される所以は、裁判所が勝手に、訴因又は罰条を異にした事実を認定することに因つて、被告人に不当な不意打を加え、その防禦権の行使を徒労に終らしめることを防止するに在るから、かかる虞れのない場合、例えば、強盗の起訴に対し恐喝を認定する場合の如く、裁判所がその態様及び限度において訴因たる事実よりもいわば縮少された事実を認定するについては、敢えて訴因罰条の変更手続を経る必要がない」と判示した。

最判昭29・12・17も、「元来訴因又は罰条の変更につき一定の手続が要請される所以は裁判所が訴因又は罰条を異にした事実を認定することによつて被告人の防禦権行使の機会を失わしめ又はこれを徒労に終らしめることを防止するにある」としたうえで、「強盗致死罪の訴因に対し、財物奪取の点を除きその余の部分について訴因に包含されている事実を認定し、これを傷害致死罪として処断しても右のような虞れはない」から、訴因変更の手続をとる必要はないとした。

これら両判決は、訴因変更の要否の基準について、初期の判例の一般的傾向を反映して、具体的な防御の不利益を指標とするような表現を用いているが、縮小認定の法理を承認し、訴因変更の手続を不要だとしている。最高裁判例において、ほかにも、殺人（訴因）から同意殺人（判決）、殺人未遂（訴因）から傷害（判決）、傷害（訴因）から暴行（判決）、過徴収賄（訴因）から単純収賄（判決）などについて、訴因変更の手続を経ない縮小認定が認められてきた。

（2）最決昭55・3・4は、「酒酔い運転」の訴因に対し、訴因変更の手続を経ることなく、「酒気帯び運転」の事実を認定した控訴審の手続に違法はないとした。犯罪構成要件において、「酒気帯び運転」が体内のアルコール保有量を要件としているのに対

して、「酒酔い運転」は、「酒に酔った状態」、すなわちアルコールの影響により正常な運転ができないおそれを要件としており、体内のアルコール保有量を要件とはしていない。それゆえ、アルコールに弱い体質の人が「酒気帯び運転」の基準に満たない少量のアルコールを摂取することによって「酒に酔った状態」になることもありえるのであって、このような人が自動車を運転すれば「酒酔い運転」となる。すなわち、「酒酔い運転」を構成する事実と「酒気帯び運転」を構成する事実とは、完全な包摂・被包摂の関係にはないのである。

同決定は、「酒酔い運転」の訴因とは異なる、公訴提起されていない「酒気帯び運転」の事実を認定した控訴審の手続は憲法31条に違反するという被告人の主張を退け、上告を棄却したうえで、次のように述べた。すなわち、「道路交通法117条の2第1号の酒酔い運転も同法119条1項7号の2の酒気帯び運転も基本的には同法65条1項違反の行為である点で共通し、前者に対する被告人の防禦は通常の場合後者のそれを包含し、もとよりその法定刑も後者は前者より軽く、しかも本件においては運転開始前の飲酒量、飲酒の状況等ひいて運転当時の身体内のアルコール保有量の点につき被告人の防禦は尽されていることが記録上明らかであるから、前者の訴因に対し原判決が訴因変更の手続を経ずに後者の罪を認定したからといつて、これにより被告人の実質的防禦権を不当に制限したものとは認められ」ない。

同決定に対しては、訴因が判決の認定した事実を完全に包摂しているわけではないから、本来、縮小認定は許されず、訴因変更の手続をとるべきであったとする批判も強い。しかし、同決定は、運転者が「酒気帯び運転」の基準に満たない少量のアルコールを摂取したことによって「酒に酔った状態」になり、「酒酔い運転」を行ったとして起訴されることは、実際にはまずないという実務の状況を前提として、「酒酔い運転」と「酒気帯び運転」はいずれもアルコールを摂取して自動車を運転する行為であるため、被告人がより重い罪である「酒酔い運転」の成否を争うときは、ほぼ確実に、運転時の身体のアルコール保有量が争点となるという意味において、「前者に対する被告人の防禦は通常の場合後者のそれを包含」することになるとしたと理解することができよう。訴因の「罪となるべき事実」が審判の対象を画定し、それにともない被告人の防御もその範囲に限定されることからすれば、「前者に対する被

告人の防禦は通常の場合後者のそれを包含」するということは、審判対象たる「罪となるべき事実」としても、「酒酔い運転」の訴因が、「通常の場合」には、「酒気帯び運転」の認定事実を包摂するということを意味している。同決定は、このようにして、厳密には両者が包摂・被包摂の関係にあるといえないものの、いわばその関係に準じた関係にあるものとして捉え、それをもって縮小認定の法理を「準用」したということができよう。審判対象の画定という見地からする訴因変更の要否をこのように判断したのである。

同決定は、この点に加えて、具体的な審理経過からみて、「運転開始前の飲酒量、飲酒の状況等ひいて運転当時の身体内のアルコール保有量の点につき被告人の防禦は尽されてい」たことを指摘し、これをもって訴因変更の手続を要しないことのもう1つの理由としてあげた。この点については、完全な包摂・被包摂の関係がある事案ではなかったことから、縮小認定の法理を「準用」するための補強的な根拠としてあげたとする理解もある。しかし、完全な包摂・被包摂の関係があって、縮小認定の法理が「適用」される場合でも、訴因変更の手続を経ないでした事実の認定が、被告人にとって不意打ちとなり、防御権の具体的侵害となる可能性があることからすれば、縮小認定の法理とは別の問題として、被告人への防御への一般的な配慮に基づき、争点を顕在化させて、不意打ち認定を回避するために訴因変更の手続が必要とされる場合があることを判示したものとして理解すべきであろう。

最決平13・4・11〔本書39〕は、訴因の主要な機能が審判対象の画定にあるとの前提に立って、訴因変更の要否について、①訴因において「罪となるべき事実」の特定に必要な事実について、訴因と異なる認定をする場合には、審判対象の画定という見地から訴因変更が必要とされ、②一般的に被告人の防御にとって重要な事実については、訴因の成否について争いがある場合には、争点の明確化のために、訴因にその事実を明示することが望ましく、訴因に明示した以上、判決が訴因と異なる認定をするときは、原則として訴因変更が必要になるものの、被告人の防御の具体的状況などの審理の経過から、被告人に不意打ちを与えることがなく、異なる事実の認定が被告人にとってより不利益ではない場合には、訴因変更は不要である、との判断基準を示した。最決昭55・3・4の示した訴因変更の要否の基準は、上

VI ● 訴　因

記の理解によるならば、審判対象の画定の見地から
の要否の判断を基本にして、被告人の防御への配慮
からの要否をも確認するという点において、最決平
13・4・11の提示した基準に通じるところがあるとい
えよう。

　(3)　本判決は、最決平13・4・11が示した訴因変更
の要否の基準に従いつつ、判決が訴因と異なる事実
を、訴因変更の手続を経ることなく認定したことの
適法性を判断したものといえよう。

　まず、本判決は、殺人の共同正犯の訴因に対し、
訴因変更の手続を経ることなく殺人の幇助犯の事実
を認定することが、縮小認定として許容されること
を前提として、第一審の手続の適法性を判断してい
る。上記引用部分からは、縮小認定としての許容性
を仮定しているにとどまるかにみえるが、本判決
は、職権調査の結果、殺人の幇助犯の成立について
合理的な疑いが残るとし、それゆえ事件を第一審に
差し戻すことはできないとしたうえで、自判するに
あたり、「当初の訴因である殺人の共同正犯の公訴
事実については、被告人の控訴申し立てに伴って法
律上控訴審に移審係属するところとなっている。し
かし、その殺人の共同正犯の訴因と1審の裁判所が
認定した殺人の幇助の訴因とは大小の関係にあっ
て、いわゆる縮小認定であることからすると、1審
判決では、大の部分に当たる殺人の共同正犯の訴因
については無罪判断があるものとして扱うのが相当
であり、この1審判決に対する検察官の控訴の申立
てがない以上、その無罪部分（殺人の共同正犯の訴
因）について、控訴審であるこの裁判所は、職権に
よる調査を行うことができず、1審判決の無罪判断
に従うほかない」と判示している。この判示からす
ると、殺人の共同正犯の訴因に対し、訴因変更の手
続を経ることなく殺人の幇助犯の事実を認定するこ
とが、縮小認定として許容されるものと判断してい
るものといえよう。これは、審判対象の画定という
見地からする訴因変更の要否についての判断であ
る。

　引き続き、本判決は、具体的な審理経過を検討し
たうえで、殺人の共同正犯の訴因に対し、訴因変更
の手続を経ることなくして殺人の幇助犯の事実を認
定したことが、「被告人の防御が尽くされないまま
された不意打ちの認定」にあたるとして、違法だと
した。本判決のこの判断を前提とするならば、第一
審は、殺人の幇助犯を認定するためには、本来、不
意打ち認定を回避し、被告人に防御の機会を保障す

べく、検察官に訴因変更を請求するよう促す求釈明
を行い、または少なくともなんらかの方法により、
争点を顕在化する措置をとるべきであったといえよ
う。もっとも、本判決は、控訴審における判断とし
て、殺人の幇助犯については「そもそもこれを認め
るに足りる証拠がないのであるから、被告人に防御
の機会を与えるために、検察官に対して訴因変更を
促し、あるいは訴因変更を命じる必要があるとはい
えない」とした。

　本判決の意義は、判決が訴因と異なる事実を認定
するにあたり、審判対象の画定という見地からは、
縮小認定の法理により訴因変更を必要としないとき
でも、被告人の防御への配慮に基づき、具体的な審
理経過からみて不意打ち認定にあたる場合には、争
点を顕在化させるために訴因変更が必要となること
を明らかにした点にあるといえよう。

　とはいえ、具体的事案に即してみたとき、殺人の
共同正犯に関する訴因の「罪となるべき事実」が、
本判決の認定した殺人の幇助犯に関する「罪となる
べき事実」を包摂しているといえるのか、前者に対
する後者の事実の認定が縮小認定といえるのかにつ
いては疑問が残る。

　たしかに、「共謀の上」実行したという共謀の日
時・場所・内容の具体的明示を欠いた抽象的事実
は、教唆または幇助により正犯を通じて犯罪を実現
したという事実を包括的に包摂しているという見解
もある。初期の最高裁判例のなかにも、共同正犯の
訴因に対し、判決が幇助犯の事実を認定するとき
は、訴因変更を要しないとするものがある。たとえ
ば、最判昭29・1・21は、窃盗の共同正犯の訴因に対
し、訴因変更の手続を経ることなく、窃盗の幇助犯
の事実を認定した第一審の手続について、「被告人
は、第一審公判廷で、窃盗共同正犯の訴因に対し、
これを否認し、第一審判決認定の窃盗幇助の事実を
以て弁解しており、本件公訴事実の範囲内に属する
ものと認められる窃盗幇助の防禦に実質的な不利益
を生ずる虞れはない」として、適法と認めた。当時
の判例の一般的傾向のとおり、具体的な防御の不利
益を重視するような表現を用いているが、判決の認
定した幇助犯の事実が「公訴事実の範囲内に属する
もの」だとした点が注目される。共同正犯の訴因に
対して判決が幇助犯の事実を認定するときは訴因変
更を要しないとするのが、判例の趨勢となった。

　しかし、幇助犯の訴因においては、「罪となるべ
き事実」として、幇助にあたる具体的事実を明示す

ることが要求されている（最決昭33・3・27）ことを前提とするならば、共同正犯の訴因において幇助犯にあたる具体的事実が記載されていた場合は別として、「共謀の上」との記載しかないときに、あらゆる方法の幇助犯の事実が、「共謀の上」という訴因のなかに包摂されており、それが訴因において予備的・黙示的に主張されていたとみることには無理があるというべきであろう。共同正犯の訴因と判決が認定する幇助犯の事実とのあいだに、一般的に、包括・被包摂の関係があるとはいえないのである。訴因変更を不要とした上記最判昭29・1・21についても、具体的事案をみると、被告人は捜査、公判を通じて、「自分は牛の所在をＹに教えてやりその牛を処分してやつた旨」主張していたところ、共同正犯の訴因は「被告人は相被告人Ｙと共謀の上……二才雌牛一頭を窃取した」というものであり、被告人による窃盗の共同実行を内容とするものではなかったところ、このような訴因に対し、訴因変更の手続を経ずして、「被告人は……Ｙの右牛一頭の窃取行為についてその所在場所を同人に教示してこれを幇助した」という事実を認定したものであった。このような事案であったがゆえに、共同正犯の訴因が判決の認定した幇助犯の事実を包摂していたとみることができ、同判決は、それゆえにこそ、縮小認定が可能であって、訴因変更は不要であるとしたと理解することができよう。

名古屋高判平18・6・26は、児童ポルノ公然陳列罪の共同正犯の訴因に対し、訴因変更の手続を経ることなく、同罪の不作為の幇助犯の事実を認定した第一審の手続について、「一般に、共同正犯の訴因に対し、幇助犯を認定する場合には、いわゆる縮小認定として、訴因変更の手続を必要としないこともあるといえるが、その認定の変更（ずれ）が、被告人の防御方法につき抜本的な変更を生ぜしめるような場合には、訴因変更手続を経ないまま変更した事実を認定すれば、被告人の防御に実質的な不利益を生じるのであり、訴因変更の手続を経る必要があると解される。以上の解釈は、作為犯を想定してのものであるが、本件は、作為犯である共同正犯の訴因につき、同じく作為犯の幇助犯を認定するという場合とは異なり、作為犯である共同正犯の訴因につき、

不作為犯の幇助犯を認定する場合に該当するのであり、更なる検討を要する。この場合、作為犯と不作為犯の両者の行為態様は基本的に異質であり、被告人の防御の重点も、当然に、共謀の存否、作為犯における作為の存否などから、不作為犯における作為義務の存否、作為義務違反の存否などに移行することになると思われる。被告人の防御方法が抜本的に修正を余儀なくされることは明白であり、本件は、訴因変更の手続が必要とされる場合に当たるというべきである」と判示し、「訴因変更手続をしないで、原判示第2の事実を認定した原審の訴訟手続には法令違反があり、その違反が判決に影響を及ぼすことは明らかである」として、原判決を破棄した。

同判決が原審手続について訴訟手続の法令違反（379条）にあたるとしたことからすれば、訴因変更が必要であると判断した理由は、判決が訴因の「罪となるべき事実」から逸脱した事実を認定したということではなく、被告人の具体的な防御権を侵害するような不意打ち認定にあたるということになろう。実際、同判決は、原判決の具体的内容に踏み込んで検討したうえで、「現実にも、審理対象を不作為による幇助犯と明確にしなかったことから、十分な防御活動が展開されなかった」と認めていた。しかし、同時に、同判決は、作為犯である共同正犯の訴因に対し、不作為の幇助犯の事実を認定するときは、「被告人の防御方法が抜本的に修正を余儀なくされることは明白であ」り、「一般的にいって、防御の観点から訴因変更が必要と解される場合」にあたるとも認めていた。「防御方法が抜本的に修正を余儀なくされる」のは、訴因と判決の認定する事実とのあいだで、「罪となるべき事実」が異なるからであろう。同判決が、訴訟手続の法令違反を理由にして第一審判決を破棄したのは、共同正犯の訴因に対し幇助犯の事実を認定するときに訴因変更を要しないとした最高裁判例があることに配慮したことによるのかもしれないが、本来であれば、第一審の手続においては、審判対象の画定という見地からの訴因変更が必要であったというべきであり、破棄の理由は訴因逸脱認定（378条3号）だとすべきであった。

（葛野　尋之）

42 訴因変更の可否——公訴事実の同一性の判断基準

📖 自動車運転免許試験汚職事件

最2小決昭和53[1978]年3月6日刑集32巻2号218頁【LEX/DB24005500】

〈関連判例〉

　　最2小判昭和29[1954]年5月14日刑集8巻5号676頁　　【24001981】
　　東京高判昭和40[1965]年7月8日高刑集18巻5号491頁　　【27930338】
　　最3小決昭和47[1972]年7月25日刑集26巻6号366頁　　【27670643】［小松市寄附募集事件］
　　東京高判昭和61[1986]年6月5日判時1215号141頁　　【27930833】

1 事実の概要

　被告人Xは、自動車運転免許の取得を希望しているYらから運転免許試験官のZへの贈収賄に、Yら、Z両者のあいだを仲介して関与したとして起訴されていた。起訴状においては、「被告人Xは、自動車運転免許の学科試験・適性試験に関する事務を処理する職務に従事していた警察官Zと共謀の上、Zの免許試験に関する職務上の不正行為に対する謝礼の趣旨で、Yらから賄賂を収受した」旨の枉法収賄の訴因が記載されていた。

　検察官は、検察官立証がほぼ終了した時点で、「被告人Xは、Yらと共謀の上、上記謝礼の趣旨で、Zに対して賄賂を供与した」旨の贈賄の訴因を予備的に追加するとの請求をした。その拒否が争われたが、第一審（横浜地判昭51・2・5）は、これを許可したうえで、追加された予備的訴因について、有罪を認定した。

　被告人Xは、第一審は、本位的訴因と予備的訴因とのあいだに公訴事実の同一性がないにもかかわらず、訴因変更を許したのは違法だと主張して控訴した。控訴審（東京高判昭52・4・6）は、「本位的訴因における免許証取得者Yらと、予備的訴因における免許証取得者Yらとは、いずれも同一であり、右の者らに運転免許証を得させるために施した不正の行為の内容、その日時、場所はすべて同一であるところ、本件においては右免許証取得者Yらが、それぞれZを含む自動車運転免許試験の試験官……らに賄賂を供与する目的で金員を支出したこと、Zが右金員の一部またはその変形物により職務上不正の利益を得ていること、Xが右免許証取得者とZとの間の右賄賂の供与、受供与に関与していることは、両訴因間においていずれも共通しているのであつて、検察官は、当初Xを被告人Zの収賄の共犯者とみて起

訴したところ、審理の結果、Xは免許証取得者Yらからそれぞれ金員を受取り、その一部を試験官であるZに交付し、あるいはその金員でZに饗応接待したもので、むしろZに対する贈賄の罪責を負うべきものと評価すべきことが判明したというに過ぎないのであつて、なるほど本件両訴因間に受供与の日時、場所、共犯者、賄賂の額、内容等について相違あることは所論が指摘するとおりであるけれども、前記のような事実関係に鑑みれば、両訴因は結局一連の同一事実関係を対象としながら、法廷に提出された証拠に対する評価を異にする結果、犯罪の日時、場所、共犯者の有無、賄賂の額、内容等犯罪の形態を異にしているに過ぎないとみるべきであり、したがつて右のような事実関係においては、両訴因が同時に併立する関係にはない（即ち一方の犯罪の成立が認められるときは、他方の犯罪の成立を認め得ない関係にある）と解せられ、右両訴因は公訴事実の同一性の範囲内にある」とし、控訴を棄却した。

　被告人は、本位的訴因と予備的訴因のあいだには公訴事実の同一性がないと主張して、上告した。最高裁は、上告を棄却し、公訴事実の同一性について次のような判断を示した。

2 法の解釈

　事例判断であって、法の一般的解釈は示していない。

3 法の適用

　「『被告人Xは、公務員Zと共謀のうえ、Zの職務上の不正行為に対する謝礼の趣旨で、Yから賄賂を収受した』という枉法収賄の訴因と、『被告人Xは、Yと共謀のうえ、右と同じ趣旨で、公務員Zに対して賄賂を供与した』という贈賄の訴因とは、収

受したとされる賄賂と供与したとされる賄賂との間
に事実上の共通性がある場合には、両立しない関係
にあり、かつ、一連の同一事象に対する法的評価を
異にするに過ぎないものであつて、基本的事実関係
においては同一であるということができる。したが
つて、右の二つの訴因の間に公訴事実の同一性を認
めた原判断は、正当である」。

4 コメント

（1）312条1項は、「裁判所は、検察官の請求があ
るときは、公訴事実の同一性を害しない限度におい
て、起訴状に記載された訴因又は罰条の追加、撤回
又は変更を許さなければならない」と定めている。
「公訴事実の同一性」は、訴因変更の限界を画する
とともに、二重起訴（338条3号）および一事不再
理効（337条1項）が及ぶ範囲を画する機能を有し
ている。

公訴事実の同一性は、一般に、公訴事実の単一性
と狭義の同一性とに区別され、前者は、実体法にお
ける「一罪」の関係を意味するものとされる。新旧
両訴因のあいだに一罪の関係があるときは、公訴事
実の単一性が認められ、それゆえ公訴事実の同一性
が肯定されることになる。たとえば、両訴因間に牽
連犯または観念的競合の関係、すなわち科刑上一罪
（刑54条1項）の関係があれば、公訴事実の単一
性、したがって同一性が認められるのである。

他方、本決定が明確に判示したように、判例の立
場によれば、新旧両訴因のあいだに事実上の共通性
があって、両立しえない関係（非両立の関係）があ
り、両訴因が基本的事実関係において同一である場
合には、狭義の同一性が認められてきた。

非両立性とは、新旧両訴因間に事実上の共通性が
あり、それゆえに旧訴因と新訴因とが犯罪事実とし
て両立しえない関係にあることをいう。また、基本
的事実関係の同一性は、両訴因における犯罪を構成
する事実の基本的部分が同一であることを意味す
る。構成要件要素たる犯罪の主体・行為・客体・結
果など、犯罪の日時・場所、犯罪の具体的方法・態
様などから判断されることになるが、犯罪の構成要
素として最も重要なものといえる行為または結果
（法益侵害）が共通する場合には、同一性が認めら
れることになろう。公訴事実の同一性の判断基準と
して、新旧両訴因の非両立性は、基本的事実関係の
同一性を補完する基準だとされている。すなわち、
両訴因に示された犯罪事実の共通性が乏しいため、

両訴因の比較からは、ただちにその間の基本的事実
関係の同一性を確認することができない場合におい
て、非両立性の基準が用いられることになる。

本決定の事案についてみると、本位的訴因と予備
的訴因は、いずれも、YからZに対して賄賂が交付
され、それに被告人Xが関与したという事実に関
するものであった。本決定は、証拠から、Xが収受に
関与したとされる賄賂（本位的訴因）と供与に関与
したとされる賄賂（予備的訴因）とが同一のもので
あるという「事実上の共通性」を認め、Xとしては
収賄側に関与したのか、贈賄側に関与したかのいず
れかしかありえない以上、賄賂の授与または供与の
日時・場所、賄賂の額などに差異があったにして
も、両訴因は「両立しない関係」にあるとした。ま
た、Xの関与が収賄側か、贈賄側かの違いはあるも
のの、新旧両訴因のあいだには、YからZに対して
同一の賄賂が交付されたという点において、具体的
な法益侵害の共通性があり、したがって基本的事実
関係の同一性があることを認めた。本決定は、この
ことをもって、「一連の同一事象に対する法的評価
を異にするに過ぎないもの」と評価したのである。

（2）両訴因間に非両立の関係があっても、それだ
けで基本的事実関係の同一性が認められるわけでは
ない。たとえば、東京高判昭40・7・8は、業務上過
失致死傷事件の身代わり犯人となった者が、略式命
令による確定判決を受けた後、身代わりであったこ
とが発覚し、犯人隠避の事実について起訴されたと
いう事案について、「確定裁判を経た業務上過失傷
害の罪と被告人に対する本件犯人隠避の罪とは、な
るほどその一方が認められるときは、他方がその成
立する余地を失う関係にあることを否定し得ないけ
れども、両者はその罪質、被害法益、行為の客体及
び態様等その主要な犯罪構成要素を全く異にし、そ
の間に所論のいうような公訴事実の同一性は到底認
めることはできない」として、公訴事実の同一性を
否定したうえで、業務上過失致死傷事件の確定判決
の一事不再理効は犯人隠避の事実には及ばないとし
て、犯人隠避の事実についての起訴の適法性を認め
た。両訴因のあいだで「罪質、被害法益、行為の客
体及び態様等その主要な犯罪構成要素」の共通性が
欠けていることから、基本的事実関係の同一性を否
定したのである。東京高判昭61・6・5は、業務上過
失傷害事件について略式命令による確定判決を受け
た後、保険会社から保険金を騙取しようとした詐欺
未遂の事実について起訴された事案について、同様

VI

に判断して、起訴の適法性を認めた。

　ところで、最決昭47・7・25は、検察官が詐欺の訴因に対して寄付募集に関する条例違反の予備的訴因の追加を請求したところ、裁判所がこれを許したうえで、予備的訴因について有罪を認定したという事案について、「公訴事実の同一性があるとの原審の判断は正当である」とした。原審の名古屋高金沢支判昭40・9・4は、「犯罪の日時場所が同一であり、被告人が受領した金銭の額、交付者、直接右金銭を受領した被告人の外交員、及び右外交員が右金銭の交付を受けるために交付者は働きかけた言動も全く同一であり、従つて右両者は基本たる事実関係において同一である」として、予備的訴因の追加を適法とした第一審の判断を是認していたところであるが、田中二郎裁判官は、「両者は、その罪名・罪質を全く異にするのみならず、構成要件的事実の共通性又は類似性を全く欠く」ものであって、公訴事実の同一性に欠けるとする反対意見を付した。翻って考えるならば、多数意見も、両者間に基本的事実関係の同一性を認めたと理解すべきではなかろう。むしろ、両者が観念的競合による科刑上一罪（刑54条1項）の関係にあることから、両訴因間に公訴事実の単一性を認め、それゆえにこそ「公訴事実の同一性があるとの原審の判断は正当である」と判示したものというべきであろう。

　(3)　新旧両訴因のあいだに事実上の共通性があって、非両立の関係があり、両訴因が基本的事実関係において同一であるときに、狭義の同一性が認められるという判断基準を示した初期の判例として、最判昭29・5・14がある。

　被告人は、「昭和25年10月14日頃、静岡県長岡温泉Aホテルに於て宿泊中のBの所有にかかる紺色背広上下一着、身分証明書及び定期券一枚在中の豚皮定期入れ一個を窃取したものである」とする窃盗罪の訴因により起訴されていた。審理の過程で、検察官は、「被告人は贓物たるの情を知りながら、10月19日頃東京都内において自称Bから紺色背広上下一着の処分方を依頼され、同日同都豊島区池袋2丁目1034番地C方に於て金4千円を借受け、その担保として右背広一着を質入れし、以つて贓物の牙保（有

償処分あつせんのこと・引用者）をなしたものである」とする盗品有償処分あつせんの予備的訴因の追加を請求したところ、第一審はこれを許可したうえで、予備的訴因を認定し、有罪判決を言い渡した。

　同判決は、両訴因間の公訴事実の同一性について、「予備的訴因において被告人が牙保したという背広一着が、起訴状記載の訴因において被告人が窃取したというB所有の背広一着と同一物件を指すものであることは、本件審理の経過に徴し、極めて明らかである。従つて、右二訴因はともにBの窃取された同人所有の背広一着に関するものであつて、ただこれに関する被告人の所為が窃盗であるか、それとも事後における贓物牙保であるかという点に差異があるにすぎない。そして、両者は罪質上密接な関係があるばかりでなく、本件においては事柄の性質上両者間に犯罪の日時場所等について相異の生ずべきことは免れないけれども、その日時の先後及び場所の地理的関係とその双方の近接性に鑑みれば、一方の犯罪が認められるときは他方の犯罪の成立を認め得ない関係にあると認めざるを得ないから、かような場合には両訴因は基本的事実関係を同じくするものと解するを相当とすべく、従つて公訴事実の同一性の範囲内に属するものといわなければならない」とした。

　同判決は、たんに両訴因に記載された事実を比較するのではなく、証拠から、窃盗の本位的訴因において窃取した客体の背広と、盗品有償処分あつせんの予備的訴因において処分を斡旋した客体の背広とが同一の物であるという事実上の共通性を認め、このような事実上の共通性を前提にするならば、被告人について窃盗の事実が認められたならば、被告人が盗品有償処分あつせんの主体とはなりえず、したがって両訴因間に非両立の関係があるとした。そのうえで、同一客体に対する窃盗と有償処分あつせんとであることから、両訴因が基本的事実関係において同一であると認めた。

　なお、覚せい剤自己使用の訴因についても、公訴事実の同一性は同じ基準によって判断されているところ、これについては、〔本書43〕参照。

（葛野　尋之）

覚せい剤使用罪における訴因変更の可否

📖 栃木茨城覚せい剤使用事件

最3小決昭和63[1988]年10月25日刑集42巻8号1100頁【LEX/DB27807152】

〈関連判例〉

最1小決昭和56[1981]年4月25日刑集35巻3号116頁【24005761】[広島吉田町覚せい剤使用事件]

1 事実の概要

被告人は、職務質問にさいし真新しい注射痕を見つけられたことから、警察署に任意同行された後、警察官の求めに応じて、尿を任意提出したところ、尿から覚せい剤が検出されたため、覚せい剤使用の事実により逮捕された。警察取調べにおける被告人の供述に依拠して、検察官は、昭和60年11月8日、「被告人は、『Aちゃん』ことB某と共謀の上、法定の除外事由がないのに、昭和60年10月26日午後5時30分ころ、栃木県芳賀郡a町b番地の被告人方において、右Bをして自己の左腕部に覚せい剤であるフエニルメチルアミノプロパン約0.04グラムを含有する水溶液約0.25ミリリットルを注射させ、もつて、覚せい剤を使用した」とする訴因により、被告人を起訴した。

その後、同月21日になって、被告人は、起訴前の供述を翻し、「Aちゃん」ことB某は実在するものの、その供述はCをかばうためにしたまったく虚偽のものであって、訴因に示されているような、B某から覚せい剤を注射してもらったという事実は存せず、尿から覚せい剤が出たのは、Cから譲り受けて所持していた覚せい剤を昭和60年10月26日午後6時30分ころ、茨城県下館市a番地のb所在の被告人の経営するスナック「珊瑚」店内で、自らこれを水溶液にし左腕部に注射して使用したことによるものである旨を供述するに至った。検察官は、Cを取り調べるなどした結果、被告人の新供述を信用できると考え、同年11月25日付で、「被告人は、法定の除外事由がないのに、昭和60年10月26日午後6時30分ころ、茨城県下館市a番地のb所在スナック『珊瑚』店舗内において、覚せい剤であるフエニルメチルアミノプロパン約0.04グラムを含有する水溶液約0.25ミリリットルを自己の左腕部に注射し、もつて、覚せい剤を使用した」とする訴因への変更を請求した。しかし、第一審（水戸地下妻支判昭61・2・10）

は、訴因変更の請求を許可せず、起訴状記載の旧訴因に基づき、被告人を無罪とした。

検察官の控訴に応えて、控訴審（東京高判昭61・6・25）は、証拠によれば、「本件において、検察官は、前記被告人の尿中から検出された覚せい剤にかかる本件逮捕（同年10月28日）に直近する一回の使用行為を訴追する趣旨で、これが当初の訴因記載の日時、場所及び態様におけるものとして起訴したところ、前記の経緯で、右使用行為は、右訴因記載のようなものでなく、同訴因記載の時間の約1時間後の、訴因記載の場所から約1.8キロメートルの距離にある、変更請求にかかる訴因に示された場所におけるものであり、かつ、その態様は被告人自らが自己の左腕部に注射するというものであることが判明したとして、本件訴因変更請求に及んだことが明らかであり、かつ、右の変更請求にかかる訴因に示された日時以降逮捕時迄に被告人が覚せい剤を使用した証跡はない。以上のような事実関係の下においては、当初の訴因事実と変更請求にかかる訴因事実とは、同一の社会的、歴史的事象に属し、基本的事実関係を同じくするものとして、公訴事実の同一性の範囲内にある」と判断して、第一審判決を破棄し、事件の差戻しを決定した。

これに対して、被告人が上告したところ、最高裁は、上告を棄却した。

2 法の解釈

事例判断であって、法の一般的解釈は示していない。

3 法の適用

「記録によれば、検察官は、昭和60年10月28日に任意提出された被告人の尿中から覚せい剤が検出されたことと捜査段階での被告人の供述に基づき、……起訴状記載の訴因のとおりに覚せい剤の使用日

時、場所、方法等を特定して本件公訴を提起した
が、その後被告人がその使用時間、場所、方法に関
する供述を変更し、これが信用できると考えたこと
から、新供述にそつて訴因の変更を請求するに至つ
たというのである。そうすると、両訴因は、その間
に覚せい剤の使用時間、場所、方法において多少の
差異があるものの、いずれも被告人の尿中から検出
された同一覚せい剤の使用行為に関するものであつ
て、事実上の共通性があり、両立しない関係にある
と認められるから、基本的事実関係において同一で
あるということができる。したがつて、右両訴因間
に公訴事実の同一性を認めた原判断は正当である」。

4　コメント

　(1)　訴因変更の可否を決する公訴事実の同一性
(312条1項) について、判例は、基本的事実 (関係)
の同一性が認められるかという判断基準を用いてき
た。また、基本的事実の同一性を判断するさいに、
しばしば、旧訴因と新訴因とのあいだに非両立の関
係があるかを問題にしてきた。非両立性は、基本的
事実の同一性を判断するための補助的基準として用
いられてきたといってよい。

　覚せい剤自己使用の訴因についてみると、近接し
た日時・場所において1人の行為者が2回以上使用
する可能性があるため、1個の訴因が1回の使用事
実についてのものとされる以上、使用の日時・場所
に変化が生じた場合には、旧訴因と変更しようとす
る新訴因とのあいだには両立する関係があって、し
たがって基本的事実関係の同一性が欠けることにな
り、公訴事実の同一性が否定されるかにもみえる。
本決定は、このような事案について、旧訴因と新訴
因とは「いずれも被告人の尿中から検出された同一
覚せい剤の使用行為に関するものであつて、事実上
の共通性があり、両立しない関係にあると認められ
るから、基本的事実関係において同一である」と判
示した。

　被告人の尿より覚せい剤が検出されたことから、
被告人が覚せい剤を使用したこと自体は明らかで
あっても、覚せい剤自己使用は密行的で、被害者の
ない犯罪であるがゆえに、被告人の信頼できる自白
がない場合には、通常、訴因において日時・場所・
方法および使用量を具体的に明示することができな
い。また、被告人が2回以上使用したとしても、そ
の尿から検出された覚せい剤が、いずれの使用によ
るものか特定することもできない。これらのこと

は、先に述べたとおりである (〔本書38〕コメント(1))。
本決定において、覚せい剤自己使用に関する新旧両
訴因のあいだに非両立の関係があり、基本的事実関
係が同一だとされたのは、どのような理由からか。

　(2)　本決定は、捜査段階での被告人の供述に基づ
いて、検察官が起訴状の訴因において使用の日時・
場所・方法を具体的に明示したこと、また、被告人
が起訴後に供述を変更したところ、検察官がこれを
信用できると判断し、変更後の供述に沿った訴因へ
の変更を請求したことという起訴から訴因変更に至
る経過を認定したうえで、新旧両訴因が「いずれも
被告人の尿中から検出された同一覚せい剤の使用行
為に関するものであ」るとの理由から、両訴因の非
両立性、さらには基本的事実関係の同一性を肯定し
ている。このような判断の仕方からすれば、本決定
は、たんに新旧両訴因の事実を比較することによっ
て公訴事実の同一性を判断したのではなく、証拠に
基づき、新旧両訴因間の社会的事実としての共通性
を判断し、被告人の尿から検出された同一の覚せい
剤を使用した事実という共通性を根拠にして、公訴
事実の同一性を肯定したといえよう。

　もっとも、覚せい剤自己使用については、新旧両
訴因のあいだに複数回使用の事実の可能性もある。
複数回使用したのであれば、実務の支配的立場によ
る限り、各使用事実について一罪が成立することと
なる。別個の一罪を構成する新旧両訴因であれば、
公訴事実の同一性は否定される。

　複数回使用の事実の可能性があることを踏まえ
て、控訴審は、逮捕前の最終使用1回の事実を起訴
した趣旨という検察官の訴追意思をもとにして、新
旧両訴因はいずれも被告人の尿から検出された覚せ
い剤に関する最終使用1回の事実という点で共通性
を有しており、したがって「同一の社会的、歴史的
事象に属し、基本的事実関係を同じくするもの」で
あると判断した。

　本決定は、控訴審判決と異なり、最終使用1回の
事実という点における事実上の共通性を指摘してい
ない。本決定がこれを根拠にして公訴事実の同一性
を認めたのではないとすれば、どのような理由から
認めたのであろうか。

　(3)　最決昭56・4・25は、検察官が訴因において使
用の日時・場所・方法および使用量を具体的に明示
することなく起訴した事案について、「検察官にお
いて起訴当時の証拠に基づきできる限り特定したも
のである以上、覚せい剤使用罪の訴因の特定に欠け

るところはない」とした。この決定も、最終使用の
１回としての特定という立場をとったのではないと
すると、訴因の記載から、検察官が１回の使用事実
を起訴した趣旨が明らかであり、審理の過程で、証
拠から、別の使用事実の具体的可能性が明らかに
なったのでない限り、複数回使用の理論的な可能性
があること前提として、訴因の「罪となるべき事
実」が指している使用事実と別の使用事実との区別
を問題にする必要はないとの理解に立って、「罪と
なるべき事実」の特定性を認めたものと理解される
（〔本書38〕コメント(3)）。

　本決定も、覚せい剤使用罪の訴因の特定について
このような立場を前提として、新旧両訴因間の公訴
事実の同一性を認めたのだとすれば、次のように理
解することができよう。すなわち、訴因の「罪とな
るべき事実」が指している使用事実は、被告人の尿
から検出された覚せい剤に関する訴因の期間内の１
回の使用事実であって、そのことは新旧両訴因に共
通している。旧訴因と新訴因とは、被告人の尿から
検出した覚せい剤に関する訴因の期間内の１回の使
用という事実上の共通性を有しているのである。し
たがって、審理の過程で、証拠から、別の使用事実
の具体的可能性が明らかになったのでない限り、
「罪となるべき事実」の特定において、被告人の尿
から検出された覚せい剤に関する１回の使用事実と
別の使用事実との区別は問題にならないから、被告
人の尿から検出された覚せい剤に関する１回の使用
という事実上の共通性を有することをもって、新旧
両訴因の非両立性、そして両訴因間の基本的事実関
係の同一性を肯定することができる。本決定が、新
旧両訴因が「いずれも被告人の尿中から検出された
同一覚せい剤の使用行為に関するものであつて、事
実上の共通性があ」るということをもって、両訴因
の非両立性、したがって基本的事実関係の同一性を
肯定する根拠としていることの意味は、このように
理解することができよう。

　念のために確認しておくならば、本決定が新旧両
訴因の非両立性を認めたのは、旧訴因における場所
である「栃木県芳賀郡ａ町ｂ番地の被告人方」か
ら、新訴因における場所である「茨城県下館市ａ番
地のｂ所在の被告人の経営するスナック『珊瑚』」
まで、両訴因の時間の隔たりである約１時間で移動
することが不可能であるからではない。

　(4)　本決定の事案において、検察官は、捜査段階
での被告人の供述に依拠して、起訴状の訴因におい

て使用の日時・場所・方法および使用量を具体的に
明示している。この点において、いずれも概括的な
表示にとどまった最決昭56・4・25とは事案を異にし
ている。同決定の事案においては、被告人の尿から
覚せい剤が検出されたものの、被告人が否認し、ま
たはその供述が曖昧であって、目撃者もいなかった
ことから、使用の日時・場所・方法および使用量を
具体的に明示することができなかった。本決定の事
案においては、たしかに被告人の供述があり、検察
官はそれに依拠して、これらを具体的に明示してい
た。

　しかし、最決昭56・4・25によれば、もともと覚せ
い剤自己使用については、訴因において使用の日
時・場所・方法が具体的に明示されていなくとも、
審理の過程で、証拠から、２回以上の使用が具体的
事実として明らかになったのでない限り、「罪とな
るべき事実」の特定に欠けることはない。本決定の
事案においても、審理の過程で被告人が供述を変更
したため、検察官は変更後の供述を信用できるとし
て、異なる使用時間・場所・方法による訴因に変更
を請求したというのであるから、審理の過程で、証
拠から、２回以上の使用が具体的事実として明らか
になったというわけではない。起訴状の旧訴因、変
更請求された新訴因のいずれにおいても、検察官が
使用の日時・場所・方法および使用量を具体的に明
示したのは、256条３項による「できる限り（の）
……特定」の要求に応えようとしてのことであろ
う。そうであるから、「罪となるべき事実」が指し
ている使用事実と別の使用事実とを区別する必要は
なく、それゆえ使用の日時・場所・方法の具体的明
示が、「罪となるべき事実」の特定に不可欠だとい
うわけではない。新旧両訴因において使用の日時・
場所・方法が具体的に明示されていても、それらに
よって「罪となるべき事実」の特定がなされたわけ
ではなく、「罪となるべき事実」が指している使用
事実は、あくまでも被告人の尿から検出された覚せ
い剤に関する訴因の期間内の１回の使用なのであ
る。そのような場合には、新旧両訴因間で日時・場
所・方法に違いがあったとしても、それによって新
旧両訴因が両立する関係にあり、したがって基本的
事実関係の同一性を欠くということになるわけでは
ない。新旧両訴因間には、被告人の尿から検出され
た覚せい剤に関する訴因の期間内の１回の使用とい
う事実上の共通性が認められ、そうであるがゆえに
非両立の関係、したがって基本的事実関係の同一性

が肯定されるのである。新旧両訴因間には、尿から検出された覚せい剤に関する訴因の期間内の１回の使用という共通の事実について、使用の時間・場所・方法に違いがあるにすぎないのである。

　本決定がこのような理解に立つとすれば、使用の日時・場所・方法を具体的に明示した旧訴因により起訴した後、異なる具体的な日時・場所・方法について被告人が新たに供述し、証拠から新供述が信用できると判断された場合には、新供述の内容の通りに日時・場所・方法を具体的に明示した新訴因に変更すればよく、それは可能というべきである。また、異なる日時・場所・方法について被告人が新たに供述したものの、証拠から新旧いずれの供述が信用できるとも判断できない場合には、新旧両供述のあいだで幅をもたせた概括的な記載による訴因へと変更することとなろう。

　本決定の立場からしても、審理の過程で、証拠から、２回以上の使用が具体的事実として明らかになった場合には、使用の日時・場所・方法を具体的に明示することによって、「罪となるべき事実」の指している使用事実と別の使用事実とを区別する必要があり、そうしなければ、「罪となるべき事実」の特定性に欠けることになる。日時・場所・方法を具体的に明示することによって複数の使用事実を区別したとき、これらの事実は、両立する関係に立ち、基本的事実関係において同一性を有するとはいえないから、公訴事実の同一性を欠き、そのあいだでの訴因変更は認められない。検察官が別事実について審判を求めるのであれば、別途、公訴提起をしなければならない。

（葛野　尋之）

44　訴因変更の時機的限界

📖 沖縄復帰要求デモ事件
　　福岡高那覇支判昭和51［1976］年４月５日判タ345号321頁【LEX/DB27920853】
　　〈関連判例〉
　　　　最２小判昭和30［1955］年12月26日刑集９巻14号3011頁【24002479】
　　　　最１小判昭和42［1967］年５月25日刑集21巻４号705頁【24004670】［千葉石垣削取事件］
　　　　最１小判昭和42［1967］年８月31日刑集21巻７号879頁【24004688】
　　　　大阪地判平成10［1998］年４月16日判タ992号283頁【28045049】

1 事実の概要

　被告人は、1971年（昭和46年）12月８日、殺人罪の共同正犯として起訴された。その起訴状には、「公訴事実」として「被告人はかねてより警察権力に反感を抱いていたものであるが、氏名不詳の者数名の者と共謀の上、1971年11月10日午後５時50分頃、浦添市勢理客一番地中央相互銀行勢理客出張所先交叉点道路上に於いて警備の任に当っていた琉球警察警備部隊第四大隊第二中隊第二小隊所属巡査部長Ａ（当49年）を殺害せんと企て、同人を捕捉し角材、旗竿で殴打し、足蹴し顔面を踏みつけた上、火炎瓶を投げつけ焼く等の暴行を加え、よって右警察官を前記日時頃、前記場所に於いて、脳挫傷、蜘蛛膜下出血等により死亡させて殺害したものである」とあり、「罪名及罰条」として、「殺人刑法第199条」と記載されていた。

　検察官は、1972年（昭和47年）２月25日の第１回公判期日において、「本件における被告人の具体的行為は、炎の中から炎に包まれているＡの肩をつかまえてひきずり出し顔を２度踏みつけ脇腹を１度蹴った行為である」などと釈明した。検察官は、ひきつづき同公判期日において、冒頭陳述をし、「本件犯行状況」として、「本件犯行当日被告人は午後４時頃……友人と共に与儀公園に至り、集会に参加した。その後デモに移り、徒歩で牧青集団の近くを安謝迄同行した。安謝橋を過ぎ勢理客交番近くまで到り、同所でドクロ覆面をした集団が交番所機動隊に攻撃を開始したのち、午後５時50分頃、多数の者で機動隊員をとりかこみ、滅多打ちしているのを目撃し、同人等と有無相通じ、その肩を掴まえて炎の中から右警察官をひきずり出し、顔面部を２度踏みつけ、脇腹附近を１度足蹴りしてその場を離れた」

と述べた。

　これに対し、被告人及び弁護人は全面的に争い、その後、本件の攻撃防禦は、もっぱら被告人が炎の中から右警察官をひきずり出したこと及びその直後の被告人の足踏み等の行為が、検察官主張の本件殺人の実行行為なのか、それとも被告人主張の右警察官に対する救助行為としての消火行為なのかを争点として展開されていった。

　ところが、第1回公判期日から約2年6か月を経た昭和49年8月5日の第18回公判期日において、検察官は、第1回公判期日における前記釈明及び冒頭陳述の訂正として、被告人の具体的な実行行為についての釈明である「炎の中から炎に包まれているAの肩をつかまえてひきずり出し、顔を2度踏みつけ脇腹を1度蹴った行為である」の前に、「Aの腰部附近を足げにし、路上に転倒させたうえ」と追加すると述べ、また、冒頭陳述につき、「同人等と有無相通じ」としたその次に、「右警察官の腰部附近を足げにし路上に転倒させたうえ」と追加すると述べた。これに対し裁判長がその追加訂正を許さなかったため、検察官は、右を訴因の変更として申し立てた。

　裁判長は、本件審理が長期にわたっており、また結審段階にきていることを挙げて、訴因変更請求の撤回を勧告したが、検察官が応じなかったため、本件が結審段階にあることを理由に右訴因の変更を許可しないと告知した。原審裁判所は、第19回公判期日に若干の証拠調べをしたうえ、第20回公判期日に結審した。

　第一審（那覇地判昭49・10・7）は、被告人を傷害致死罪で有罪としたが、検察官および被告人双方が控訴した。検察官の控訴趣意は、訴因変更請求を結審段階にあるとの理由から不許可にした原審の措置は312条1項に違反するとの主張である。これに対し、福岡高裁那覇支部は、次のように述べ、第一審判決を破棄し、被告人に無罪を言い渡した。

2 法の解釈

　「刑訴法312条1項は、『裁判所は検察官の請求があるときは、公訴事実の同一性を害しない限度において、起訴状に記載された訴因又は罰条の追加、撤回又は変更を許さなければならない。』と定め、一般に、右請求は、検察官の責任と権限においてなされるべく、裁判所の介入すべきことではないとされ、ここに刑事訴訟の当事者主義的構造のあらわれ

がみられると解されている。そしてその赴くところは、公訴事実の同一性を害しない限り、検察官は、一度撤回した訴因を再び追加することすら、原則として禁ぜられるものではないとの裁判例も示されている。しかしながら、およそ例外を全く許さない原則はないのであって、同条4項に、『裁判所は訴因又は罰条の追加又は変更により被告人の防禦に実質的な不利益を生ずる虞があると認めるときは、被告人又は弁護人の請求により、決定で被告人に充分な防禦の準備をさせるため必要な期間公判手続を停止しなければならない。』と定めていることにかんがみると、右検察官の権限といえども、被告人の防禦に実質的な不利益を生ぜしめないこととの適正な釣合いの上に成り立っていることが明らかであって、もし、被告人の右不利益を生ずるおそれが著しく、延いて当事者主義の基本原理であり、かつ、裁判の生命ともいうべき公平を損うおそれが顕著な場合には、裁判所は、公判手続の停止措置にとどまらず、検察官の請求そのものを許さないことが、例外として認められると解するのが相当である。しかして、ここにいう被告人の防禦に実質的な不利益のなかには、憲法上の要請でもある迅速な裁判をうけ得ないことからくる被告人の不安定な地位の継続による精神的物質的な消耗をも考慮に入れるべきである」。

3 法の適用

　「このような観点に立って本件を案ずるに、検察官の前記訴因変更の請求は、成程公訴事実の同一性を害しない限度ではあるが、……検察官が弁護人の求釈明によって自ら明瞭に訴因から除外することを確認した事実をあらためて復活させるに等しく（本件においてはこの事実即ち前記足蹴り行為が訴因にのぼせられるにおいては、被告人にとっては、本件殺人の点につきあらたな防禦範囲の拡大を強いられるのみならず、暴行、傷害、傷害致死等の実行行為としても独立に評価され、処断される危険にさらされることに留意すべきである）、しかも約2年6箇月の攻防を経て一貫して維持してきた訴因、即ち本件問題の行為が殺害行為そのものであるとの事実の証明が成り立ち難い情勢となった結審段階のことであってみれば、そうしてまた、被告人としては、右足蹴り行為につき、それまで明確に審判の対象から外され、従って防禦の範囲外の事実として何ら防禦活動らしい活動をしてこなかったことの反面、右問題の行為が、殺害行為どころか救助行為としての消火行為で

あるとの一貫した主張がようやく成功したかにみえ
る段階であったことをも考えあわせてみれば、それ
はまさに、不意打ちであるのみならず、誠実な訴訟
上の権利の行使（刑訴規則１条２項）とは言い難い
うえに、右事実をあらたに争点とするにおいては、
……被告人としても、これらに対するあらたな防禦
活動が必然的に要請され、裁判所もまた十分にその
機会を与えなければならないから、訴訟はなお相当
期間継続するものと考えられ、迅速裁判の趣旨（刑
訴規則１条１項）に反して被告人をながく不安定な
地位に置くことによって、被告人の防禦に実質的な
著しい下利益（原文ママ。「不利益」の間違いだと思
われる。筆者注）を生ぜしめ、延いて公平な裁判の
保障を損うおそれが顕著であるといわなければなら
ない。

　以上審案したところによってみれば、原審裁判所
が、検察官の前記訴因の変更を許さなかったこと
は、さきに示した例外的な場合に該当して結局相当
というべく、刑訴法312条１項の解釈適用を誤った
ものとすることはできず、訴訟手続の法令違反は存
しない」。

4 コメント

　(1)　訴因変更制度は、検察官が当初設定した訴因
と、証拠上判明した事実との食い違いが生じた場合
に、同一手続内にて有罪獲得を可能にするための制
度である。現行法上、訴因変更には「公訴事実の同
一性を害しない限度」（312条１項）という空間的な
制約が存在するに過ぎない。それでは、「公訴事実
の同一性を害しない」訴因変更請求があった場合
に、裁判所は常にこれを許可すべきなのか。

　(2)　最判昭和42・8・31は、現訴因のままでも有罪
判決の見込みがあるのに訴因変更請求がなされた場
合において、「刑訴法312条１項は、『裁判所は、検
察官の請求があるときは、公訴事実の同一性を害し
ない限度において、起訴状に記載された訴因又は罰
条の追加、撤回又は変更を許さなければならない。』
と規定しており、また、わが刑訴法が起訴便宜主義
を採用し（刑訴法248条）、検察官に公訴の取消を認
めている（同257条）ことにかんがみれば、仮に起
訴状記載の訴因について有罪の判決が得られる場合
であっても、第一審において検察官から、訴因、罰
条の追加、撤回または変更の請求があれば、公訴事
実の同一性を害しない限り、これを許可しなければ
ならないものと解すべき」とし、審判対象の設定権

限を検察官に委ねた当事者主義を尊重する。

　(3)　しかしながら、例えば、被告人の防禦活動が
成功した訴訟の最終段階において、検察官が有罪を
獲得することのみを目的として訴因変更請求をして
きた場合に、裁判所は「公訴事実の同一性」の範囲
内である限り、これを認めるしかないのであろう
か。訴因変更により「被告人の防禦に実質的な不利
益を生ずる虞がある」場合には、裁判所は「被告人
に充分な防禦の準備をさせるため必要な期間公判手
続を停止しなければならない」（312条４項）が、公
判手続の停止だけでは、被告人の不利益を補うこと
が困難な場合もあろう。当事者主義は、当事者双方
が誠実に権利を行使するとの合意の上に成り立って
いるところ、検察官が上述のような権利濫用的な訴
追活動を行った場合に、裁判所は、被告人の防禦上
の不利益を考慮して、訴因変更請求を許可すべきで
はない場合があるのではないか、が問われてきた。
これが「訴因変更の時機的な限界」とよばれる問題
である。本判決は、裁判所が、現行法上直接の規定
がない「訴因変更の時機的な限界」を正面から認
め、またどのような要素を考慮して「時機的限界」
を決定するのかについて判断したリーディング・
ケースである。

　本判決では、公訴事実の同一性があっても、例外
的に訴因変更を許すべきではないとの結論を導くに
あたり、①時期的要因（審理期間の長さ、訴因変更
請求がなされた手続の段階）、②被告人側の事情（被
告人が一貫して当初の訴因について防禦を尽くして
きたこと、またその防禦活動が功を奏し無罪判決の見込
みが生じていること、それまで明確に審判の対象から
外されていたことによって不意打ちになること、訴因
変更を認めた場合には、あらたな防禦活動が必然的に
要請され、裁判が長期化すること）、③検察官側の事
情（手続の早い段階で、訴因変更請求をする機会が
あったこと、訴因変更請求は、検察官が自ら明瞭に訴
因から除外することを確認した事実をあらためて復活
させるものであること）などの事情を考慮する。す
なわち、一般的に、訴因変更によって新たに発生す
る被告人の防禦の負担に対しては、公判手続の停止
（321条４項）で対応すべきところ、本件における訴
因変更請求は、検察官の権利濫用あるいは信義則違
反と評価できるような事情があること、および、迅
速な裁判の観点から被告人に防禦上の著しい不利益
をもたらすことを考慮して、訴因変更請求権の行使
が許される限度を超えるため許可しない、との判断

がなされている。

　(4)　その後の判例において、本判決と同じような立場は、大阪地判平10・4・16でも採られている。すなわち、大阪地判平10・4・16は、一般論として、「刑事訴訟法312条1項によると、裁判所は、検察官の請求があるときは、公訴事実の同一性を害しない限度において、訴因の変更を許さなければならない。しかし、迅速かつ公正な裁判の要請という観点から、訴訟の経過に照らし検察官の訴因の変更請求が誠実な権利の行使と認められず、権利の濫用に当たる場合には、刑事訴訟規則1条に基づき、訴因の変更は許されないこともあると解される」としたうえで、同判決においては、①捜査当初は、強盗致傷の嫌疑で捜査が進められ、勾留段階でいったんは強盗殺人未遂の被疑事実に変更されたものの、結局、強盗致傷として起訴され、そのまま審理が進められたこと、②第1回公判において被告人側は、検察官が取調べを請求した証拠にすべて同意し（なお、ここでいう「同意」とは、326条1項の「同意」ではなく、検察官請求証拠に異議がないという趣旨の証拠意見（規則190条2項前段）を指す。筆者注）、取調べがなされた（検察官の立証は一応終了した）が、被告人が検察官請求証拠に同意したのは、強盗致傷として起訴されたためであり、仮に強盗殺人未遂として起訴されていたならば、上記証拠の証拠のすべてに同意することはなかった可能性があり、訴因等変更請求が認められた場合、被告人の防御に実質的な不利益を及ぼすものとみられること、③検察官は、起訴から約3年2か月（計14回の公判期日）の間、訴因変更請求をする機会があったにもかかわらず、何らこれらの措置を採らずに訴訟終結間近（論告期日直前）になって、訴因等変更請求をしたこと、④検察官が訴因等変更の必要性が生じた根拠とする事実（主として、被告人の本件行為の態様、本件前後の状況、創傷の状況等）は、いずれも第1回公判において、当初の訴因である強盗致傷について、検察官から証拠の取調べ請求がなされ、採用決定を経た後、取り調べられた証拠によりあらわれていたものと内容的には異ならないものであり、犯罪の構成要素について基礎となる証拠及びその評価について変更は認められないこと、などの事情を考慮して、「迅速かつ公正な裁判の要請という観点から、本件訴因等変更請求は、誠実な権利の行使とは認められず、権利の濫用に当たるものと解され、刑事訴訟規則1条に反し、許されない」と判断した。

　訴因変更の時機的限界が問題となった事例は、起訴事実が争われ、検察官側立証が不成功に終わるのを糊塗するために結審間近に訴因変更請求が行われるものが多いが、同判決では、従前の訴因である強盗致傷について被告人はこれを認め、検察官請求証拠もすべて同意されていたのであり、この立証が困難となったとの事情はうかがえないにもかかわらず、結審直前に訴因変更請求がなされたところに特徴がある。なお、同判決は、公判前整理手続（316条の2以下）が導入される前の事案である（公判前整理手続を経た後の訴因変更請求につき、東京高判平20・11・18［世田谷進路変更事件］［本書47］を参照）。

　(5)　なお、控訴審段階において訴因変更請求がなされた場合、控訴審の事後審的性格からの一定の制約を受ける。すなわち、最判昭42・5・25［千葉石垣削取事件］が「一審判決に、事実誤認ないし法令の違反があって、これが破棄されることが予想される場合に、控訴審裁判所が、検察官の訴因、罰条の追加変更を許すことは違法とはいえないのであるが、控訴審裁判所が右追加変更された訴因、罰条について審理判決することのできるのは、あくまでも、一審判決に事実誤認ないし法令違反があることを理由に控訴審でこれが破棄されることが前提とならねばならず、破棄が相当とされた場合に始めて（原文ママ）これについて審理判決することができるものと解すべきである。一審当時の訴因、罰条からみて、一審判決になんら誤りが見出されないのに、新たに訴因、罰条が追加変更されたことを理由に、その新しい訴因について一審判決がその存在を認めず罰条を適用しなかったことが結局において一審判決の事実誤認ないし法令違反になるとして、これを破棄することは許されない。なんとなれば、現行刑訴法上の控訴審は、刑訴法393条2項等の場合を除き、本来その性質は、第一審判決になんらかの過誤があるか否かを審査するいわゆる事後審査をする裁判所であるからである」と指摘するように、原判決を破棄し、自判する場合に限り訴因変更が認められることになる。

　また、最判昭30・12・26は、「検察官から訴因変更の申出がある場合に、控訴裁判所は審理の経過に鑑み、訴訟記録並びに原裁判所及び控訴裁判所において取り調べた証拠によって原判決を破棄し自判しても被告人の実質的利益を害しないと認められるような場合においては、訴因変更を許すべきものと解するのが相当である」と判示する。控訴審での訴因変

更請求がなされた場合、本判決で指摘された「被告人の不安定な地位の継続による精神的物質的な消耗」は、より甚大になる。また、控訴審と上告審の２回しか争う機会がなく、審級の利益は常に害される。それゆえ、控訴審段階での訴因変更請求は、第一審での訴因変更請求に比べて、「被告人の防禦に実質的な不利益」がより大きくなることから、訴因変更請求権の行使が許される限度を超えるため認められない、との判断に傾くことになろう。

（黒川　亨子）

45　訴因変更を促す求釈明と変更命令

📖 日大闘争事件

最３小判昭和58［1983］年９月６日刑集37巻７号930頁【LEX/DB24005896】

〈関連判例〉

最大判昭和40［1965］年４月28日刑集19巻３号270頁　【27760783】［茨城３区衆議院議員選挙事件］

最３小決昭和43［1968］年11月26日刑集22巻12号1352頁　【24004841】［伊勢市暴力団猟銃発砲事件］

最２小判平成30［2018］年３月19日刑集72巻１号１頁　【25449335】

1 事実の概要

被告人らを含む学生ら多数が占拠する日本大学経済学部１号館につき、昭和43年９月４日、占有排除等を内容とする仮処分決定が執行された。その際、被告人Ａは、①数十名の学生と共謀の上、同日午前５時20分頃から同６時15分頃までの間、執行官及び警察官らに対し、ベランダ、窓及び屋上等から石塊、コンクリート破片、牛乳びん、椅子等を投げつけたり、放水したりするなどして暴行を加え、職務の執行を妨害した（以下、甲事実という）、また、②同月同日、警察官らが同館１階エレベーターホール窓を破壊して館内に侵入していることを認め、同館５階にいた学生らと共謀の上、午前５時30分頃から同５時50分過ぎ頃まで、５階の窓から、重さ数キログラムから十数キログラムのレンガ・コンクリート塊、コンクリートブロック等数十個を、警察官らめがけて激しく投下し、もってその職務執行を妨害し、その際、警察官18名に対して傷害を負わせ、１名を傷害により死亡させた（以下、乙事実という）、として起訴された。他方、被告人BCDEFは、乙事実のみについて起訴された。

検察官は、第一審の冒頭において、①甲事実に関する訴因は、「事前共謀」による共謀共同正犯であり、乙事実に関する訴因は「現場共謀」による実行正犯である、②甲事実と乙事実とは、犯行現場や投下物が異なる、など主張し、甲訴因と乙訴因はまったく別個のものであり、両者併合罪の関係にあると主張ないし釈明した。その後約８年半に及ぶ審理の全過程を通じ、検察官が上記主張を維持したため、乙事実に関する当事者の攻撃防禦は、「被告人らが犯行現場にいたか否か」の事実問題を中心に展開された。検察官は、第一審の最終段階（第54回公判）において裁判長からなされた求釈明（甲・乙両事実が別罪との主張に変わりないか、乙訴因に関し共謀の時期や場所等について訴因変更の意思はないか等）に対しても、本件訴因を変更する意思はない旨、釈明した。

第一審（東京地判昭52・3・29）は、それ以上進んで検察官に訴因変更を命じたり積極的に促したりすることなく、現場共謀に基づく犯行の訴因の範囲内において被告人らの罪責を判断し、B及びCについては乙事実について無罪、その他の被告人らに対しては、前記午前５時40分過ぎ以降の傷害、公務執行妨害についてのみ有罪（ただしAに対しては甲事実についても有罪）とした。

これに対し、原判決（東京高判昭55・2・25）は、被告人BCDEFについて共謀の時期及び場所について訴因を変更しさえすれば、第一審が無罪とした部分についても共謀共同正犯としての責任を問い得ることが証拠上明らかであり、しかも、無罪とされた部分は、１名に対する傷害致死及び多数者に対する完治不能の重傷を含む傷害という重大な犯罪にかかるものであるから、裁判所は、検察官に対し、訴因変更の意思があるかどうかの意向を打診するにとど

まらず、訴因変更を命じあるいは少なくともこれを積極的に促す義務があったとして、審理不尽の違法ゆえに第一審判決を破棄し差し戻した。

被告人らの上告をうけて、最高裁（最判昭58・9・6）は、職権判断により、乙事実の現場共謀の訴因について事前共謀に基づく犯行を認定するには、訴因変更を要するとした原判決を支持したうえで、次のように判示し、原判決を破棄し差し戻した。

2 法の解釈

事例判例であり、一般的規範は示されていない。

3 法の適用

「第一審裁判所には検察官に対し訴因変更を命ずる等の原判示の義務があったか否かの点につき検討すると、第一審において右被告人らが無罪とされた乙事実又はその一部が警察官1名に対する傷害致死を含む重大な罪にかかるものであり、また、同事実に関する現場共謀の訴因を事前共謀の訴因に変更することにより右被告人らに対し右無罪とされた事実について共謀共同正犯としての罪責を問いうる余地のあることは原判示のとおりであるにしても、記録に現われた前示の経緯、とくに、本件においては、検察官は、約8年半に及ぶ第一審の審理の全過程を通じ一貫して乙事実はいわゆる現場共謀に基づく犯行であって事前共謀に基づく甲事実の犯行とは別個のものであるとの主張をしていたのみならず、審理の最終段階における裁判長の求釈明に対しても従前の主張を変更する意思はない旨明確かつ断定的な釈明をしていたこと、第一審における右被告人らの防禦活動は右検察官の主張を前提としてなされたことなどのほか、本件においては、乙事実の犯行の現場にいたことの証拠がない者に対しては、甲事実における主謀者と目される者を含め、いずれも乙事実につき公訴を提起されておらず、右被告人らに対してのみ乙事実全部につき共謀共同正犯としての罪責を問うときは右被告人らと他の者との間で著しい処分上の不均衡が生ずることが明らかであること、本件事案の性質・内容及び右被告人らの本件犯行への関与の程度など記録上明らかな諸般の事情に照らして考察すると、第一審裁判所としては、検察官に対し前記のような求釈明によって事実上訴因変更を促したことによりその訴訟法上の義務を尽くしたものというべきであり、さらに進んで、検察官に対し、訴因変更を命じ又はこれを積極的に促すなどの措置に

出るまでの義務を有するものではないと解するのが相当である」。

4 コメント

（1） 訴因は検察官の主張であるから、これを設定し維持するのは検察官の権限である。それゆえ、訴因変更の主体も、検察官である（312条1項）。しかし、312条2項は、裁判所に訴因変更命令を出す権限を認める。これは、起訴状記載の訴因と裁判所の心証に食い違いが生じたにもかかわらず、検察官が訴因変更しない場合に、真実発見や検察官の訴追意思の尊重の見地から、不当な無罪判決を回避するために、裁判所に後見的に認められた権限である。訴因変更命令は、一種の裁判であるため、検察官はこの命令に従う義務がある。しかし、何らかの理由で検察官がこれに従わなかった場合、どのように処理することになるだろうか。訴因変更命令に、形成力（訴因変更命令により、検察官の意向に関係なく、直ちに訴因変更の効果を生じさせる力）があるのか、それとも、あくまでも検察官の訴因変更を待って初めて訴因が変更されることになるのか。

最大判昭40・4・28［茨城3区衆議院議員選挙事件］は、「検察官が裁判所の訴因変更命令に従わないのに、裁判所の訴因変更命令により訴因が変更されたものとすることは、裁判所に直接訴因を動かす権限を認めることになり、かくては、訴因の変更を検察官の権限としている刑訴法の基本的構造に反するから、訴因変更命令に右のような効力を認めることは到底できない」として、訴因変更命令の形成力を明確に否定する。訴因の設定は、検察官の専権であるにもかかわらず（256条3項）、仮に、訴因変更命令に形成力があるとすると、裁判所が自ら審判対象を設定することを認めることになり、当事者主義を基調とする現行刑訴法の趣旨に反することになろう。

（2） このように、裁判所が訴因変更命令を出すことは、当事者主義と厳しい緊張関係に立つ。また、訴因変更は被告人に不利な制度であり、そもそも強力な捜査および訴追権限を有する検察に、裁判所がさらに後見的に援助を行うことは、公平性に反する。したがって、訴因変更命令が発せられるのは、あくまで例外的な場合に限られることになろう。それでは、裁判所に、訴因変更命令を出すことが義務づけられる例外的な場合とは、どのような場合か。もし義務があるのにそれを怠ったとなれば、訴訟手続の法令違反（379条）となるため問題となる。ま

た、訴因変更命令とまではいかなくても、訴因変更を促す義務（勧告する義務）についてはどうか。

本判決に先立つ最決昭43・11・26は、殺人の訴因を重過失致死に変更すれば有罪が見込まれていた事例において、「裁判所は、原則として、自らすすんで検察官に対し、訴因変更手続を促しまたはこれを命ずべき義務はないのである（昭和……33年5月20日第3小法廷判決……参照）が、本件のように、起訴状に記載された殺人の訴因についてはその犯意に関する証明が充分でないため無罪とするほかなくても、審理の経過にかんがみ、これを重過失致死の訴因に変更すれば有罪であることが証拠上明らかであり、しかも、その罪が重過失によって人命を奪うという相当重大なものであるような場合には、例外的に、検察官に対し、訴因変更手続を促しまたはこれを命ずべき義務があるものと解するのが相当である」と判示し、当事者主義の観点から、原則として裁判所はそのような義務を負わないものの、例外的に、①証拠の明白性および②犯罪の重大性が認められる場合には、裁判所は、訴因変更を促したり命じたりする義務があるとした。ここでは、訴因変更命令義務等に関し、不当な無罪判決を回避するために、裁判所が例外的に主体性を発揮する、との判例の発想が見い出せる。

本判決も上記43年決定を前提としたうえで、裁判所が訴因変更命令を出す義務を負うか否かを検討する。本件では、①証拠の明白性（もっとも本判決は「共謀共同正犯としての罪責を問いうる余地のある」と述べるにとどまる）および②犯罪の重大性（警察官1名に対する傷害致死罪および多数人に対する傷害罪）だけではなく、③8年半に及ぶ審理全過程における検察官の一貫した訴追意思（現場共謀）、④審理の最終段階における求釈明に対しても、検察官の当該主張を変更しない旨の明確かつ断定的な釈明、⑤このような検察官の訴追意思を前提とした被告人らの防禦活動、⑥被告人らに共謀共同正犯としての罪責を問う場合に、（公訴提起されていない）他の者との処分上の著しい不均衡が生ずること、⑦求釈明によって事実上訴因変更を促したことなどの事情を総合的に勘案する。すなわち、本判決は、訴因変更命令義務の存否の判断にあたり、上記43年決定が示した①証拠の明白性および②犯罪の重大性は唯一の基準ではなく、場合によって、③ないし⑦のような事情をも考慮に入れる旨を明らかにした意義がある。このように、本判決は、①および②以外の要素

をも重視したことから、上記43年決定の発想（不当な無罪判決の回避）から乖離する判例の傾向をみることも可能であろう。特に、本件においては、検察官の主張が、終始、明白かつ強固なものであったため（③④）、当事者主義の観点から、あえて裁判所に訴因変更命令義務を課すのは妥当ではないこと、また、被告人側は、この検察官の主張を前提として防禦活動を行っており、8年半にわたる防禦活動が奏功するに至った結審間近な段階で、裁判所に訴因変更命令義務を課してまで有罪判決を出すことは、被告人の法的地位を著しく不安定なものにすること（⑤）が重視されたと考えられる。そして、判示の事情があるときは、裁判所は、審理の最終段階における求釈明により、事実上訴因変更を促した（⑦）と評価して訴訟法上の義務は尽くされており、さらに進んで、検察官に訴因変更を命じ又はこれを積極的に促す義務までは有しない、とする。

（3）　なお、本判決は、公判前整理手続が導入される前の事案である。公判前整理手続を経た裁判員裁判事件における訴因変更に関する裁判所の訴訟法上の義務について、最高裁が初めて判断を示したのは、最判平成30・3・19である。

同決定は、「(1)検察官は、……保護責任者遺棄致死罪として本件を起訴し、第一審裁判所は、本件を公判前整理手続に付した。(2)……第2回公判前整理手続期日において、……検察官は、……『本件について、重過失致死として処罰を求める予定はない。』と釈明した。(3)検察官は、……第7回公判前整理手続期日において、『本件について、従前重過失致死として処罰を求める予定はないとしていたが、公判審理の進行を踏まえ、場合によっては予備的訴因として過失致死、重過失致死の追加を検討する可能性があり、その旨は弁護人にも既に伝えている。なお、裁判所に対して必要があれば勧告するよう求めるものではない。』と釈明し、第一審裁判所は、……第8回公判前整理手続期日において、公判前整理手続を終結させた。(4)裁判員の参加する合議体により、……審理が行われ、……第4回公判期日において証拠調べが終了した後、第一審裁判所の裁判長は、検察官に対し、『念のため確認しますが、特に訴因について何か手当をする予定はないということでよろしいんですか。』と尋ね、検察官は、『今のところございません。』と答えた。(5)……第5回公判期日において論告、弁論、最終陳述が行われ、……第一審裁判所は、無罪の判決を言い渡した。……以

上のような訴訟経緯、本件事案の性質・内容等の記録上明らかな諸般の事情に照らしてみると、第一審裁判所としては、検察官に対して、上記のような求釈明によって事実上訴因変更を促したことによりその訴訟法上の義務を尽くしたものというべきであり、更に進んで、検察官に対し、訴因変更を命じ又はこれを積極的に促すなどの措置に出るまでの義務を有するものではないと解するのが相当である」とする。

同判決は、裁判所が、公判前整理手続に加え公判においても、求釈明により検察官に訴因を追加するか否かを検討する機会を与えており、また、検察官がこれに応じることが容易であったにもかかわらず、一貫してそれをしなかったという「訴訟経緯、本件事案の性質・内容」に鑑みると、裁判所は訴訟法上の義務を尽くしたと評価でき、さらに進んで訴因変更命令や勧告の義務を負わないとした事例判断である。したがって、同判決は、裁判所が検察官に対してどの段階でどの程度の求釈明をすれば訴訟法上の義務を尽くしたことになるのかという一般的規範を示したものではない。公判前整理手続が導入された趣旨および裁判員裁判によるものであることを考慮するならば、検察官には、予備的訴因変更の可能性がある場合には、同手続内で積極的に措置をしておくことが求められるのであり、それにも関わらず、検察官が特段の措置をしなかった事例において、裁判所がさらに訴因変更を勧告したり命じたりする義務を負う、とは考え難い。

なお、同判決では、①証拠の明白性および②犯罪の重大性についての明示的な判断はない（②は認められる余地があろう）。訴因変更命令義務等に関し、不当な無罪判決の回避から、検察官の訴因変更の意思の確認へと判例の発想の転換がなされつつあったところ、検察官の一貫した意思が明確に示されており、公判前整理手続および証拠調べ後の求釈明などの「諸般の事情」があれば、裁判所は、検察官の訴追意思を重視して、①および②を判断することなく、訴因変更命令義務等を否定できる場合があることを認めたと評価できる。

（黒川　亨子）

VII

46　公判前整理手続における証拠開示

- -

📖 偽 1 万円札行使事件

最 3 小決平成19[2007]年12月25日刑集61巻 9 号895頁【LEX/DB28145050】

〈関連判例〉

最 2 小決昭和44[1969]年 4 月25日刑集23巻 4 号248頁【24004899】

最 3 小決平成20[2008]年 6 月25日刑集62巻 6 号1886頁【28145344】［採尿状況等記録メモ開示請求事件］

最 1 小決平成20[2008]年 9 月30日刑集62巻 8 号2753頁【28145432】［大学ノート開示請求事件］

1 事案の概要

被告人は、偽造通貨行使の罪で東京地裁に起訴された。その第 1 回公判期日において、被告人が偽造の認識を否認するなどしたため、同事件は期日間整理手続に付された。

同手続において、検察官は「犯行動機、犯行に至る経緯等」を立証趣旨として、被告人の供述書、警察官に対する供述の録取書各 1 通を証拠請求した。弁護人はこれを不同意としてその任意性を争い、公判期日における予定主張として、警察官による自白強要の威迫的な取調べや利益提示による自白の誘因等が存在したことを明示した（316条の17第 1 項）。

そのうえで、弁護人は、主張関連証拠として、316条の20第 1 項に基づき「被告人に係る警察官の取調ベメモ（手控え）・取調小票・調書案・備忘録等」の開示を請求した（さまざまなものを開示請求している理由は、「そのような名称の記録・メモは存在しない」という回答を防止することなどにある）。この開示請求に対し、検察官は開示請求に係る取調ベメモ等は本件証拠中には存在せず、さらに取調ベメモ等は一般に開示対象証拠に該当しないと回答した。

これに対し、弁護人は316条の26第 1 項に基づき、本件開示請求に係る証拠の開示命令を請求した。原々審の東京地裁は、検察官の請求を全面的に

採用し請求を棄却した（東京地決平19・10・22）。

同決定に対し、弁護人は即時抗告をした。原審である東京高裁は、本件における「取調べメモ（手控え）、備忘録等」は「検察官が保管すべき証拠」というべきであるから、検察官手持ち証拠に準じ証拠開示の対象となると解すべきとした。そのうえで、犯罪捜査規範により警察官に取調べの備忘録等の作成および保管が義務づけられること、本件においては、被告人の取調べに係る取調べメモ（手控え）や備忘録等が、検察官に容易に入手することができ、かつ、弁護人による入手が困難な証拠であって、弁護人の主張との関連性の程度やその証明力が高く、被告人の防御準備のために開示の必要性が認められる証拠に該当することは明らかであることなどを理由に、原々決定を変更し、検察官に対し「被告人の取調べに係るＡ警部補作成の取調べメモ（手控え）、備忘録等」の開示を命じた（東京高決平19・11・8）。

この原決定に対し、検察官は広島高決平18・8・25および名古屋高決平19・5・25（いずれも判例集未掲載）に反するとして、即時抗告をした。最高裁は、以下のような判断をして即時抗告を棄却した。

2 法の解釈と適用①
● 法の解釈 ●●

「公判前整理手続及び期日間整理手続における証拠開示制度は、争点整理と証拠調べを有効かつ効率的に行うためのものであり、このような証拠開示制度の趣旨にかんがみれば、刑訴法316条の26第１項の証拠開示命令の対象となる証拠は、必ずしも検察官が現に保管している証拠に限られず、当該事件の捜査の過程で作成され、又は入手した書面等であって、公務員が職務上現に保管し、かつ、検察官において入手が容易なものを含むと解するのが相当である。」

● 法の適用 ●●

「原決定は、主文において『被告人の取調べに係るＡ警部補作成の取調べメモ（手控え）、備忘録等』の開示を命じているが、これは取調官であるＡが、犯罪捜査規範13条の規定に基づき、被告人の取調べについてその供述内容や取調べの状況等を記録した備忘録であって、捜査機関において保管中のものの開示を命じたものと解することができ、このように解すれば原決定を是認することができる。」

3 法の解釈と適用②
● 法の解釈 ●●

「公務員がその職務の過程で作成するメモについては、専ら自己が使用するために作成したもので、他に見せたり提出することを全く想定していないものがあることは所論のとおりであり、これを証拠開示命令の対象とするのが相当でないことも所論のとおりである。しかしながら、犯罪捜査規範13条は、『警察官は、捜査を行うに当り、当該事件の公判の審理に証人として出頭する場合を考慮し、および将来の捜査に資するため、その経過その他参考となるべき事項を明細に記録しておかなければならない。』と規定しており、警察官が被疑者の取調べを行った場合には、同条により備忘録を作成し、これを保管しておくべきものとしているのであるから、取調べ警察官が、同条に基づき作成した備忘録であって、取調べの経過その他参考となるべき事項が記録され、捜査機関において保管されている書面は、個人的メモの域を超え、捜査関係の公文書ということができる。これに該当する備忘録については、当該事件の公判審理において、当該取調べ状況に関する証拠調べが行われる場合には、証拠開示の対象となり得るものと解するのが相当である。」

● 法の適用 ●●

「原決定は、主文において『被告人の取調べに係るＡ警部補作成の取調べメモ（手控え）、備忘録等』の開示を命じているが、これは取調官であるＡが、犯罪捜査規範13条の規定に基づき、被告人の取調べについてその供述内容や取調べの状況等を記録した備忘録であって、捜査機関において保管中のものの開示を命じたものと解することができ、このように解すれば原決定を是認することができる。」

4 コメント①（2004年刑訴法改正前の証拠開示に関する状況）

平成16（2004）年の刑訴法改正によって、公判前整理手続（期日間整理手続も含む。以下、両者の手続をまとめて「公判前整理手続」とする）における証拠開示に関する明文規定が設けられた。同改正前には、当事者が請求を予定する証拠（299条）以外の証拠の開示に関する明文規定は存在しなかった。そのため、検察官が請求を予定しない証拠の開示の可否、そして開示するとしてその範囲や時期が激しい議論の対象となっていた。

まずは、平成16（2004）年の改正前の状況を確認

しておく。上記の問題について、最高裁は、当初、冒頭手続前の段階における裁判所による証拠開示命令は許されないとし（最決昭34・12・16）、さらに裁判所が証拠開示命令を発しない場合は、検察官には証拠開示義務はなく、弁護人も証拠開示請求権を有しないとしていた（最決昭35・2・9）。これらの判例を踏まえ、最決昭44・4・25は、「証拠調の段階に入った後」（冒頭手続後の段階であるため、上記判例と矛盾しない）に、裁判所の訴訟指揮権に基づく個別具体的な判断に基づく証拠開示命令による証拠開示がありうることを認めた（証拠開示を検察官の義務や被告人・弁護人の権利として構成していないため、上記判例と矛盾しない）。このように、判例は、明文の規定が存在しない空白部分について、裁判所の訴訟指揮権に基づくケース・バイ・ケースの証拠開示命令による解決方法を示した。判例の示した個別の基準について整理すると以下のようになる。

第1に、開示命令が可能な時期である。最決昭44・4・25は、「本件のように証拠調に入った後」に可能であるとした。起訴状朗読後から証拠調べ前においての開示命令がまったく認められないわけではないだろうが、最決昭44・4・25（上記判例とは別の事件に対する最高裁の判断）は、証人の反対尋問の準備を目的とする開示命令について、証人採用決定前の開示命令は許されず、そして証人採用決定後も主尋問前の開示命令は原則として許されないとする。

第2に、開示命令のためには、「弁護人から、具体的必要性を示して、一定の証拠を弁護人に閲覧させるよう命ぜられたい旨の申し出」が裁判所に対してなされる必要がある。この「具体的必要性」とは、証拠の重要性や開示にともなう弊害のおそれの有無などについて判断できる程度の具体性のある「必要性」が想定されている。また、「一定の証拠」とは、検察側の有する証拠の具体的な特定は困難であるから、証拠の重要性や開示にともなう弊害のおそれが判断可能な程度に明確化されていれば足りる（「Aの検察官面前調書」という程度で足り、作成日時や通数などを特定する必要はない）。

第3に、開示命令を発するかどうかの判断基準である。最決昭44・4・25は、「事案の性質、審理の状況、閲覧の時期、閲覧を求める証拠の種類および内容、閲覧の時期、程度および内容、その他諸般の事情を勘案し、その閲覧が被告人の防御のために特に重要であり、かつこれにより罪証隠滅、証人威迫等

の弊害を招来するおそれがなく、相当と認めるとき」とする。①「事案の性質」としては、証拠開示の必要性が大きい事件かどうか、証拠隠滅などの弊害のおそれが大きい事件かなどが検討される。②「審理の状況」としては、激しく争われている事件か、関係者間における敵意が強いか、訴訟の進捗状況はどうかなどが検討される。③「閲覧を求める証拠の種類および内容」としては、書証か物証か、書証の場合は供述書か鑑定書か公文書か（それぞれ証拠隠滅などの弊害のおそれが異なる）、その内容の重要性が検討される。④「閲覧の時期」としては、主尋問終了後や反対尋問終了後などの区切りが検討される。⑤閲覧の「程度」としては、「調書通数のすべて」、「調書のうち一通」、「調書の一部」などが考えられる。また、閲覧の「方法」としては、閲覧場所、謄写写真・DVDでの閲覧拒否などが考えられる。以上に加えて、⑥「その他諸般の事情」としては、裁判所の心証形成の程度や閲覧者に対する信頼などの事情が考慮される。

以上の諸事情を勘案したうえで、「その閲覧が被告人のために特に重要」（防御によって単に必要では足りずさらに高度のものが要求されているが、必要不可欠であるということまでは求められていない）、「かつこれにより罪証隠滅、証人威迫等の弊害を招来するおそれがなく」（捜査の秘密、国家の秘密、関係者の名誉なども考慮されうる）、「相当」と認めることができるかが判断される。これらの重要性要件と弊害のおそれがないという要素のうち、いずれかがみたされない場合は、開示の相当性は否定される。また、両者の要素がみたされる場合でも、相互のバランスが考量される（重要性が高く評価された場合、弊害のおそれが一定程度高くとも相当性が肯定されうるし、弊害のおそれが低い場合は、重要性が低くとも相当性が肯定されうる）。開示相当と判断され開示命令がなされた場合、検察官は309条1項により異議申立が可能である。

5 コメント②（公判前整理手続における証拠開示の範囲）

（1）以上のように、最決昭44・4・25により裁判所の訴訟指揮権に基づく柔軟かつ弾力的な証拠開示問題への対応が可能となった。他方で、このような解決方法については、開示命令の基準が不明確、不安定、そして不統一であるとの指摘がなされていた。

このような状況のなか、平成16（2004）年の刑訴

法改正により、争点および証拠の整理を目的とする公判前整理手続における証拠開示制度（316条の14・316条の15・316条の20など）が新設された。もっとも、同制度により、証拠開示制度について指摘される問題点がすべて解決されたわけではない。実務においては、316条の15であげられる類型証拠にどのような証拠が該当するか、さらに、316条の20にいう主張関連証拠の前提とされる被告人側の主張はどの程度具体的なものでなければならないかが争われてきた（後者については、〔本書49〕も参照）。

本決定は、このような問題のうち、これまで十分意識されてこなかった証拠開示の対象範囲に関する問題を扱うものである。具体的には、本決定は、316条の26第1項にいう裁判所による証拠開示命令の対象範囲が検察官保管証拠に限定されるか否かに関するものである。

検察官が、316条の14（検察官請求予定証拠の開示）に加え、316条の15第1項（類型証拠の開示）と316条の20第1項（主張関連証拠の開示）により「開示すべき証拠」を開示していないと裁判所が認めるとき、裁判所は当該証拠の開示を命令することができる（316条の26第1項）。本決定は、直接には、この証拠開示命令の対象として、検察官が保管していない証拠も含まれるかという問題に関するものである。もっとも、316条の26第1項は「開示すべき証拠」の範囲に関するものであるから、証拠開示命令の対象は結局、公判前整理手続における証拠開示の範囲とも直結している。

（2）本決定がなされる前、多くの高裁レベルの裁判例は、公判前整理手続における証拠開示命令は「検察官に現に保管している証拠」に限定されるとしていた（本決定がその変更を明言した広島高決平18・8・25、名古屋高決平19・5・25など）。

これらの裁判例は、被告人側からの証拠開示命令について決定するために必要な場合に、裁判所が検察官に対し証拠標目を掲載した一覧表の提示を命ずることができるとする316条の27第2項が、その一覧表に記載を命ずることができる証拠について、検察官が「保管する証拠」としていることを根拠としていた。

（3）本決定は、このような論理を採用せず、証拠開示命令の対象となる証拠は検察官が現に保管している証拠に限られないと明言した。本決定は「争点整理と証拠調を有効かつ効率的に行う」という証拠開示制度の趣旨を根拠としているが、その論理は明

確にはされていない。本決定の論理を具体化するならば、訴追側へ情報が偏在している状況を証拠開示によって修正することが争点整理と証拠調べを効率的に行うことにつながるところ、訴追側への情報偏在の修正という観点からは、検察官が現に保管している証拠に限らず被告人側に再分配する必要があると考えたということになろう。また、条文との関係でも、316条の27第2項にいう証拠の標目一覧表の範囲と開示可能な範囲とを一致させるべき理由もないと考えたのであろう。

（4）もっとも、本決定が、検察官に現に保管して証拠を「すべて」開示命令の対象とすべきとしているわけではない点に注意が必要である。本決定は、①「当該事件の捜査の過程で作成され、又は入手した書面等」で、②「公務員が職務上現に保管し」、かつ、③「検察官において入手が容易なもの」という限定をしている。このような限定は、検察官が現に保管していないものであっても、①②の観点から「公的性質を有するもの」と認められ、③の観点から検察官に過度の負担をかけない場合は、開示対象とすべきという論理によりものといえる。とくに①②は公文書等の管理に関する法律2条4項などの「行政文書」の定義と似ており、これを満たす「行政文書」や「公文書」は開示（再分配）すべきと考えた可能性がある。

①については、「当該事件」の意味が問題となる。訴追されている事件の捜査過程で作成・入手した書面等に限られると理解することも可能であろう。もっとも、訴追されている事件とは別事件でも、情報偏在の修正に資する書面等が作成・入手されることも十分ありうる。上記のような本決定の根拠（訴追側への情報偏在の修正）を踏まえれば、「当該事件」とは、訴追されている事件および被告人と関連する事件と理解することも十分可能である（たとえば、同じ被告人に関する他の事件、審理が分離されている共犯者に関する事件など）。

②については、「公務員」とのフレーズが用いられている点が重要である。司法警察職員や検察官・検察事務官以外の「公務員」が、職務上現に保管しているもの（捜査機関が保管し、その後、公務員に返還している書面など）も、開示命令の対象となりうるのである。

そして、③については、本決定の事案や法の適用を踏まえれば、「入手に特別な困難が伴わない限り」の意味と解することができる。司法警察職員は、検

察官の指示または指揮に従う義務があり（193条4項）、検察官は司法警察職員に書面等の持参を支持することができる。警察官が書面等を保管している場合は、原則として③はみたされることになろう。

6 コメント③（取調べメモ・捜査メモの開示）

（1）刑訴法は、取調べが行われた際に作成される書面として、供述調書・供述録取書、そして取り調べ状況報告書を明文で予定している。これらの書面は、開示対象となることが明文で規定されている（316条の15第1項7号・8号など）。

本件で問題となっている取調べメモ（警察官などが、被疑者や参考人の取調べにおける問答内容をメモしたもの。これをもとに供述調書などが作成されることもある）の開示については、明文規定は存在しない。それゆえ、この取調べメモが公判前整理手続における証拠開示の対象となりうるかが実務で争われていた。

複数の高裁レベルの裁判例は、取調べメモが開示命令の対象にならないとしていた（本決定がその変更を明言した広島高決平18・8・25、名古屋高決平19・5・25）。その理由として、取調べメモは、取調官である警察官が作成した単なる個人的メモにすぎず、検察官に事件を送致または送致する際に添付すべき関係書類および証拠物（犯罪捜査規範195条）に含まれないことがあげられていた。

（2）本決定は、このような論理をかなりの部分退けている。本決定は、「取調べの経過その他参考になるべき事項が記録され、捜査機関において保管されている書面は、個人的メモの域を超え、捜査関係の公文書ということができる」とし、開示命令の対象となるとした。このように、本決定は、取調べメモが（開示対象とならない）個人的メモとなる場合があることを認めつつも、開示命令の対象たる「捜査関係の公文書」となることも認めたのである。

それでは、取調べを担当した警察官がメモを作成した場合（このメモは1枚の紙に書かれていることもあれば、ノートの一部に記載されていることもある）、このメモが、開示対象となる「捜査関係の公文書」となるのか、開示対象ではない「個人的メモ」となるのか、どのように判断されるのだろうか。とくに、当該警察官が多くのメモを作成している場合、その判断をすることは非常に重要となる。

第1に、この判断の主体から確認しよう。警察官が作成したメモ自体の存在は明らかであるものの、

検察官が「これらのメモはすべて個人的メモであるから、開示しない」と開示拒否した場合など、裁判所はこの回答に従うべきなのだろうか。この問題について、最決平20・6・25［採尿状況等記録メモ開示請求事件］は、「警察官が捜査の過程で作成し保管するメモが証拠開示命令の対象となるものであるか否かの判断は、裁判所が行うべきものであるから、裁判所は、その判断をするために必要があると認めるときは、検察官に対し、同メモの提示を命ずることができるというべき」と明示している。

第2に、警察官作成のメモが開示対象たる「捜査関係の公文書」にあたるか否かの判断の基準について確認しよう。まず、最決平20・6・25が明示しているように、開示対象となりうるメモは取調べメモに限らず、捜査関係のメモすべてである。次に、本決定は、「警察官が被疑者の取調べを行った場合には、同条により備忘録を作成し、これを保管しておくべきものとしているのであるから、取調警察官が、同条に基づき作成した備忘録であって、取調べの経過その他参考となるべき事項が記録され、捜査機関において保管されている書面は、個人的メモの域を超え、捜査関係の公文書ということができる」とする。この「同条」とは、犯罪捜査規範13条「警察官は、捜査を行うに当り、当該事件の公判の審理に証人として出頭する場合を考慮し、および将来の捜査に資するため、その経過その他参考となるべき事項を明細に記録しておかなければならない」である。同様の論理は、最決平20・6・25でも採用されている。

もっとも、その後の最決平20・9・30［大学ノート開示請求事件］は、犯罪捜査規範13条をあげることなく、「本件メモは、B警察官が、警察官としての職務を執行するに際して、その職務の執行のために作成したものであり、その意味で公的な性質を有するものであって、職務上保管しているものというべきである。したがって、本件メモは、本件犯行の捜査の過程で作成され、公務員が職務上現に保管し、かつ、検察官において入手が容易なものに該当する」とする。

判例の論理において、「捜査関係の公文書」と犯罪捜査規範13条とはどのような関係にあるとされているのだろうか。最決平20・9・30の宮川補足意見は、犯罪捜査規範13条に基づき作成した備忘録に作成されたものがあたるか否かを検討し、その該当性判断をしていることについて、「しかしながら、本

件メモが、広く、『本件犯行の捜査の過程で作成され、公務員が職務上現に保管し、かつ、検察官において入手が容易なものに該当する』か否かを問題とすることが適切である」としている。この補足意見からは、その具体的論理は不明確であるものの、犯罪捜査規範13条にこだわることなく、「捜査関係の公文書」いえるか否かを判断基準としていることが示唆されている。上述のように、犯罪捜査規範13条に該当する書面に限らず、「捜査関係の公文書」たるメモとなりうる場合があることからすれば、最決平20・9・30や宮川補足意見の論理は妥当というべきである。このように、警察官や検察官などが作成したメモが開示対象となりうるかは、「本件犯行の捜査の過程で作成され、公務員が職務上現に保管し、かつ、検察官において入手が容易なものに該当する」ものであれば足り、(その判断の根拠としても)犯罪捜査規範13条をあげる必要はない。

「本件犯行の捜査の過程で作成され、公務員が職務上現に保管し、かつ、検察官において入手が容易なものに該当する」か否かの判断については、とくに「本件犯行の捜査の過程で作成され」たか否かの判断が重要となろう。この判断について、最決平20・9・30は、「警察官としての職務を執行するに際して、その職務の執行のために作成したもの」を重視しているといえる。この判断は、本件メモを作成した経緯やその目的が重要であり、ノートの購入経緯や保管状況は重要でないことを示すものである。たとえば、警察官自身が購入したノートであっても、捜査により得られた事実が記載されたものであれば、上記の基準に該当することは明らかであろう。他方で、捜査中に作成されたメモであっても、自身の感想や日常の日記を書いたにすぎないもの(今日の捜査は忙しかったとか、今日ご飯を食べた定食屋はおいしかったなど)は、個人的メモにとどまることになる。

第3に、「捜査関係の公文書」であるメモであっても、直ちに開示対象となるわけではない。これに加えて、「当該事件の公判審理において、当該取調べ状況に関する証拠調べが行われる場合には、開示対象となり得る」ことに注意が必要である。

(3) 最後に、警察官や検察官などが作成したメモの開示対象該当性に関する判断プロセスをまとめよう。

第1に、警察官や検察官が作成したメモ(取調べメモに限定されない)はすべて開示対象となるわけではない。当該メモが開示対象となるか否かの判断内容は、「本件犯行の捜査の過程で作成され、公務員が職務上現に保管し、かつ、検察官において入手が容易なものに該当する」か否かである。このうち、とくに「本件犯行の捜査の過程で作成され」たか否かについては、「警察官としての職務を執行するに際して、その職務の執行のために作成したもの」といえるか否かが判断される。上記の基準をみたす場合、当該メモは「捜査関係の公文書」と評価される(本件捜査により得られた事実が記載されたメモは原則としてこれにあたることになろう)。

なお、検察官が「開示対象になり得るメモは存在しない」などの回答をした場合、裁判所は、必要な場合には、316条の27第1項に基づき当該メモの提出命令を出すなどして、当該メモが開示対象となりうるか否かを自身で判断することができる。

第2に、「捜査関係の公文書」と評価されたメモは、当該事件の公判審理において、当該取調べ状況に関する証拠調べが行われる場合には、開示対象となりうることが認められる。

(斎藤 司)

---

 47 公判前整理手続を経た後の訴因変更

📖 世田谷進路変更事件
　東京高判平成20[2008]年11月18日判タ1301号307頁【LEX/DB25440749】
　　〈関連判例〉
　　　最2小判昭和30[1955]年12月26日刑集9巻14号3011頁　【24002479】
　　　最1小判昭和42[1967]年5月25日刑集21巻4号705頁　【24004670】[千葉石垣削取事件]
　　　福岡高那覇支判昭和51[1976]年4月5日判タ345号321頁　【27920853】[沖縄復帰要求デモ事件]〔本書44〕

大阪地判平成10[1998]年4月16日判タ992号283頁
東京高判平成21[2009]年8月6日判タ1342号64頁

【28045049】[島根殺人・死体遺棄事件]
【25470485】

1 事実の概要

被告人は交通死亡事故を起こして逃走したとして、業務上過失致死罪および道路交通法違反（ひき逃げ）の嫌疑で起訴されたが、平成19年1月30日に起訴された本件公訴事実中、業務上過失致死に関する事実（訴因変更前のもの）の要旨は、「被告人は、……進路前方を同方向に進行中の普通乗用自動車を右側から追い越した後、左方に進路変更するに当たり、前方左右を注視し、進路の安全を確認しながら左方に進路変更すべき業務上の注意義務があるのにこれを怠り、前方左右を注視せず、進路の安全確認不十分のまま漫然時速約60キロメートルで左方に進路変更した過失により、折から同車の前方を同方向に進行中のA（当時62年）運転の原動機付自転車右側部に自車左側部を衝突させ」、Aを死亡させた、というものである（以下、Aを「被害者」といい、その死亡原因となった衝突事故を「本件交通事故」という）。

本件（前記の業務上過失致死および道路交通法違反）は、平成19年2月22日、公判前整理手続に付され、同年3月15日から同年10月29日までの間、9回にわたる公判前整理手続が実施された結果、本件の争点が「被告人が、本件交通事故を引き起こして逃走した犯人であるかどうか」であることが確認されるとともに、公判審理については、第1回ないし第3回公判期日に検察官請求証人7名の取調べ等の検察官立証が、第4回公判期日に弁護人請求証人2名の取調べ等の弁護側立証が、第5回公判期日に被告人質問が、第6回公判期日に論告弁論が、それぞれ行われる予定となった。

なお、争点が前記のとおり整理される過程において弁護人が作成した主張予定書面には、「被害者が自損事故により自ら転倒して死亡したか、仮に追い越しを図ろうとした自動車と衝突したため転倒したとしても、被告人以外の第三者の運転する自動車と接触したため転倒したものであり、本件交通事故は被告人によるものではない」旨が記載されていた。

平成19年11月19日の第1回公判期日において、被告人は、被告事件に対する陳述として、本件交通事故を起こしたのは自分ではない旨述べ、弁護人は、公訴事実については被告人と同様であり無罪を主張する旨述べたが、本件交通事故を起こした運転者の過失の有無に関しては何らの主張もしなかった。そして、同期日から第3回公判期日までの間に、予定された検察官請求証人7名の取調べ等がされ、平成20年1月24日の第4回公判期日において、予定されていた弁護人請求証人の取調べがされたが、第一審裁判所は、同期日において、採否を留保していた弁護人請求証人1名の採用を決定し、次回期日に取り調べることとするとともに、当事者に対し「これまでの証拠調べの結果を踏まえた上で、本件交通事故の犯人に過失が認められるかどうかという点についても意識して立証活動をしてほしい」旨を促した。

その後、検察官は、第5回公判期日前の平成20年2月4日、前記の公訴事実の過失内容について、「被告人は、……B運転車両を右側から追い越して左方に進路変更するに当たり、前方左右を注視し、進路の安全を確認するはもとより、折から同車前方を同方向に進行していたA（当時62年）運転の原動機付自転車の動静を十分注視し、同原動機付自転車との間に安全な側方間隔を保持して同原動機付自転車との安全を確認した上で左方に進路変更すべき業務上の注意義務があるのにこれを怠り、前方左右及び同原動機付自転車の動静を注視せず、進路の安全を確認することもなく、同原動機付自転車との間に安全な側方間隔を保持しないまま漫然時速約60キロメートルで左方に進路変更した過失により、同原動機付自転車右側部に自車左側部を衝突させ」た、というものに変更する旨の訴因変更請求をした。

その後、第6回公判期日までの間に、検察官および弁護人からそれぞれ、訴因変更請求の適否とこれが許可された場合に追加的に必要となる証拠調べに関する意見書が提出された後、平成20年2月29日に打合せが行われた。第一審裁判所は、打合せの席で、訴因変更は許さざるを得ないが、被告人側の防御を尽くさせる必要があるとして、検察官および弁護人に対し同年3月6日までに過失の点の立証を検討するように促し、同日、再度の打合せを実施した後、同年3月10日、第6回公判期日を開いた。

第一審裁判所は、同期日において、前記の訴因変更請求の許可決定を行った。被告人および弁護人は、変更後の訴因に対し、従前と同様、本件交通事故を起こしたのは被告人でない旨の意見を述べたものの、その際も、過失の内容については特段の主張

をしなかった。その後、第7回および第8回公判期日において、訴因変更にともなう追加的証拠調べが行われたが、検察官立証としては、公判前整理手続においていったん撤回された実況見分調書2通（いずれも検察官請求証人として取調べ済みの目撃者を立会人として実施された事故現場を見分したもの）の取調べおよびその真正立証のための作成者の証人尋問が、弁護側立証としては、本件交通事故ないしその前後の状況の目撃者2名（うち1名は、第3回公判期日において検察官請求証人として取調べがされた者）の証人尋問が、それぞれ実施された。

第9回公判期日において、論告、弁論が行われたが、その際、弁護人は、本件交通事故を起こしたのは被告人ではないとの従前の主張に加え、本件交通事故を起こした自動車の運転者には、訴因変更後の公訴事実記載の各注意義務違反がない旨を具体的に主張した。

第一審裁判所（東京地判平20・6・18）は被告人に有罪判決を下したため、被告人側は、公判前整理手続の経過および公判の審理状況等に照らし、被告人質問直前に検察官がした訴因変更請求は権利濫用にあたり許されないのにこれを許可した第一審の訴訟手続の法令違反などを主張して、控訴した。東京高裁は、訴訟手続の法令違反は認めなかったが、事実誤認および法令適用の違反を認めて原判決を破棄し、業務上過失致死の点について、被告人に無罪を言渡した。

2 法の解釈

「公判前整理手続は、当事者双方が公判においてする予定の主張を明らかにし、その証明に用いる証拠の取調べを請求し、証拠を開示し、必要に応じて主張を追加、変更するなどして、事件の争点を明らかにし、証拠を整理することによって、充実した公判の審理を継続的、計画的かつ迅速に行うことができるようにするための制度である。このような公判前整理手続の制度趣旨に照らすと、公判前整理手続を経た後の公判においては、充実した争点整理や審理計画の策定がされた趣旨を没却するような訴因変更請求は許されないものと解される」。

3 法の適用

「これを本件についてみると、公判前整理手続において確認された争点は、『被告人が、本件交通事故を引き起こして逃走した犯人であるかどうか』と

いう点であり、本件交通事故を起こした犯人ないし被告人に業務上の注意義務違反があったかどうかという点については、弁護人において何ら具体的な主張をしていなかった。なお、弁護人は、公判前整理手続の過程において、被害者が自損事故により自ら転倒して死亡した旨を主張予定書面に記載しているものの、被害者運転の原動機付自転車（以下「被害者車両」という。）と本件交通事故を起こした自動車（以下「犯行車両」という。）が接触するという本件交通事故が発生していることを前提に、犯行車両の運転者に業務上の注意義務違反がなかった旨を具体的に主張するものではない。公訴事実の内容である過失を基礎付ける具体的事実、結果を予見して回避する義務の存在、当該義務に違反した具体的事実等に対して、弁護人において具体的な反論をしない限り、争点化されないのであって、実際にも争点とはなっていない。公判前整理手続における応訴態度からみる限り、本件交通事故が発生していることが認定されるのであれば、犯行車両の運転者に公訴事実記載の過失が認められるであろうということを暗黙のうちに前提にしていたと解さざるを得ない。検察官が訴因変更請求後に新たに請求した実況見分調書2通は、公判前整理手続において、当初請求したものの、追って撤回した証拠であって、業務上の注意義務違反の有無が争点とならなかったために、そのような整理がされたものと考えられる。

ところが、公判において、本件交通事故の目撃者等の証拠調べをしてみると、本件交通事故の態様が、訴因変更前の公訴事実が前提としていたものとは異なることが明らかとなったため、検察官は、原審の指摘を受け、前記のとおり、訴因変更請求をした。

そして、その段階でその訴因変更請求を許可したとしても、証拠関係は、大半が既にされた証拠調べの結果に基づくものであって、訴因変更に伴って追加的に必要とされる証拠調べは、検察官立証については前記のとおり極めて限られており、被告人の防御権を考慮して認められた弁護側立証を含めても、1期日で終了し得る程度であった」。

「以上によれば、本件は、公判前整理手続では争点とされていなかった事項に関し、公判で証人尋問等を行った結果明らかとなった事実関係に基づいて、訴因を変更する必要が生じたものであり、仮に検察官の訴因変更請求を許可したとしても、必要となる追加的証拠調べはかなり限定されていて、審理

計画を大幅に変更しなければならなくなるようなものではなかったということができる。

　そうすると、本件の訴因変更請求は、公判前整理手続における充実した争点整理や審理計画の策定という趣旨を没却するようなものとはいえないし、権利濫用にも当たらないというべきである。検察官の本件の訴因変更請求を許可した原審には、判決に影響を及ぼすことが明らかな訴訟手続の法令違反は認められない」。

4 コメント

　(1)　公判前整理手続においては、「充実した公判の審理を継続的、計画的かつ迅速に行うことができるよう」(316条の3)十分な準備が行われる。そして、316条の32第1項は、「やむを得ない事由によって公判前整理手続又は期日間整理手続において請求することができなかったものを除き、当該公判前整理手続又は期日間整理手続が終わった後には、証拠調べ請求することができない」とするが、公判前整理手続の終了後に新たな証拠調べをともなわない訴因変更が許されるかについては明文の規定は存在しない。

　本判決は、「公判前整理手続の制度趣旨に照らすと、公判前整理手続を経た後の公判においては、充実した争点整理や審理計画の策定がされた趣旨を没却するような訴因変更請求は許されないものと解される」として、訴因変更請求が許されない場合があることを明確に認めている。

　福岡高那覇支判昭51・4・5〔沖縄復帰要求デモ事件〕〔本書44〕は、訴因変更請求について「一般に、右請求は、検察官の責任と権限においてなされるべく、裁判所の介入すべきことではないとされ、ここに刑事訴訟の当事者主義的構造のあらわれがみられると解されている」としつつ、「しかしながら、およそ例外を全く許さない原則はないのであつて、同条〔引用者注──312条〕4項に、『裁判所は訴因又は罰条の追加又は変更により被告人の防禦に実質的な不利益を生ずる虞があると認めるときは、被告人又は弁護人の請求により、決定で被告人に充分な防禦の準備をさせるため必要な期間公判手続を停止しなければならない。』と定めていることにかんがみると、右検察官の権限といえども、被告人の防禦に実質的な不利益を生ぜしめないこととの適正な釣合いの上に成り立っていることが明らかであつて、もし、被告人の右不利益を生ずるおそれが著し

く、延いて当事者主義の基本原理であり、かつ、裁判の生命ともいうべき公平を損うおそれが顕著な場合には、裁判所は、公判手続の停止措置にとどまらず、検察官の請求そのものを許さないことが、例外として認められると解するのが相当である。しかして、ここにいう被告人の防禦に実質的な不利益のなかには、憲法上の要請でもある迅速な裁判をうけ得ないことからくる被告人の不安定な地位の継続による精神的物質的な消耗をも考慮に入れるべきである」とする。そのうえで、あてはめとして、「不意打ちであるのみならず、誠実な訴訟上の権利の行使(刑訴規則1条2項)とは言い難いうえに、右事実をあらたに争点とするにおいては、たとえば、読売新聞掲載の写真の撮影者等の証人喚問、フィルムの提出命令等の事態が十分予想され、被告人としても、これらに対するあらたな防禦活動が必然的に要請され、裁判所もまた十分にその機会を与えなければならないから、訴訟はなお相当期間継続するものと考えられ、迅速裁判の趣旨(刑訴規則1条1項)に反して被告人をながく不安定な地位に置くことによつて、被告人の防禦に実質的な著しい不利益を生ぜしめ、延いて公平な裁判の保障を損うおそれが顕著であるといわなければならない」とする。

　このように従来の裁判例は、312条4項を根拠として「被告人の防禦に実質的な不利益」をもたらす場合や公平を損なうおそれが顕著な場合には、公訴事実の同一性の範囲内に収まる訴因変更であっても、検察官の訴因変更請求を許すべきでない場合があることを認めてきた(さらに、大阪地判平10・4・16〔島根殺人・死体遺棄事件〕)。

　本判決の論理は、この従来の裁判例とどのような関係に立つものなのだろうか。この点も意識しながら、以下検討しよう。

　(2)　本判決は、「当事者双方が公判においてする予定の主張を明らかにし、その証明に用いる証拠の取調べを請求し、証拠を開示し、必要に応じて主張を追加、変更するなどして、事件の争点を明らかにし、証拠を整理することによって、充実した公判の審理を継続的、計画的かつ迅速に行うことができるようにする」という「公判前整理手続の制度趣旨に照らすと、公判前整理手続を経た後の公判においては、充実した争点整理や審理計画の策定がされた趣旨を没却するような訴因変更請求は許されないものと解される」とする。

　このように本判決は、「充実した争点整理や審理

計画の策定がされた趣旨を没却するような訴因変更請求は許されない」とするが、法の適用部分では、「本件の訴因変更請求は、公判前整理手続における充実した争点整理や審理計画の策定という趣旨を没却するようなものとはいえないし、権利濫用にも当たらないというべきである」ともする。

このような論理は、訴訟関係人は、「充実した公判の審理を継続的、計画的かつ迅速に行うことができるよう、公判前整理手続において、相互に協力するとともに、その実施に関し、裁判所に進んで協力しなければならない」(316条の3第2項)ことや「訴訟上の権利は、誠実にこれを行使し、濫用してはならない」(刑訴規1条2項)を踏まえ、「権利濫用的」に、「充実した争点整理や審理計画の策定がされた趣旨を没却するような訴因変更請求」については、明文の根拠規定がなくとも、認めるべきではないとするものと理解できよう。

具体的な判断要素について検討する。本判決の「法の適用」を踏まえれば、本判決は、①公判前整理手続においてどの程度詰めた争点および証拠の整理がなされていたか(検察官において訴因変更請求を検討する契機がどの程度存在したか)、②訴因変更に伴う新たな証拠調べにともなう負担の程度、③(裁判員裁判の場合、計画的な審理の実現の必要性がより高くなるため)裁判員が関与する事件か否か、④訴因変更請求がなされた時期などを総合考慮しているといえよう。①は権利濫用といえるか否かの判断、②③は「充実した争点整理や審理計画の策定がされた趣旨を没却するような訴因変更請求」といえるか否かの判断、④は両者にかかわる判断といえよう。また、②との関係では、本判決は、1期日の追加程度では、充実した争点整理や審理計画の策定がされた趣旨を没却するような訴因変更ではないと評価しているといえる。

本判決は、審理計画の変更が小幅にとどまっている点を、本事案で訴因変更請求を認めた第一審の判断を是認する理由としてかなり重視しているようにみえる。このことからは、本判決が、充実した争点整理や審理計画の策定という公判前整理手続の「政策目的」を強く意識して、訴因変更請求の可否を判断しようという意図を読み取ることも可能である。そうすると、本判決は、被告人の防御上の不利益とは区別された政策目的の貫徹という別個の理由に基づく訴因変更請求の制限を認めたものといえよう。

現に、本判決は、福岡高那覇支判昭51・4・5とは異なり、312条4項を根拠とした判断を示していない。このことからすれば、本判決の特徴は、公判前整理手続を経た事件における訴因変更請求について、防御上の不利益という観点から検討するという従来の裁判例の論理に加えて、公判前整理手続の趣旨などを踏まえて許すべきでない場合もあること(防御上の不利益という観点から問題がなくとも、公判前整理手続の趣旨から訴因変更が制限されうる)を示した点にあるといえる。

(3) このように本判決の論理を整理した場合、問題となるのが、本判決の論理における被告人側の防御上の不利益の位置づけである。本判決は、「その訴因変更請求を許可したとしても、証拠関係は、大半が既にされた証拠調べの結果に基づくものであって、訴因変更に伴って追加的に必要とされる証拠調べは、検察官立証については前記のとおり極めて限られており、被告人の防御権を考慮して認められた弁護側立証を含めても、1期日で終了し得る程度であった」とする。この判断は、上記「②訴因変更に伴う新たな証拠調べに伴う負担の程度」との関係で弁護側立証の負担を考慮した部分と評価できる。

もっとも、このような評価による場合、「被告人の防御権を考慮して認められた」との判示部分が必要だったのかという疑問が生じる。この疑問を重視すれば、本判決は、充実した争点整理や審理計画の策定という公判前整理手続の「政策目的」と被告人の防御の不利益を同様のものとして理解しており、審理計画の変更が小さいことと被告人の防御の不利益が小さいこととが同値であると判断していると評価することも可能かもしれない。

このように本判決が判断しているのであれば、もともと、防御権という被告人の適正手続上の権利の保障と、円滑な審理計画の遂行という訴訟経済目的とは本来的に異なる原理に基づいているとの批判が可能となろう。実際、両者の目指す方向は相反することも稀ではない。そうすると、審理計画の大幅な変更がない限り被告人の防御上の不利益は認められないという形で、審理計画の変更と被告人の防御の不利益という観点を安易に連動させるべきではなく、それぞれの根拠は別個独立に判断されなければならないということになる。このように考えると、審理計画の大幅な変更がなく、公判前整理手続の目的を阻害しないことが確認された場合であっても、被告人の防御上、不利益を生じないことも確認された場合に限って、訴因変更請求が認められるべきと

考えることも十分可能であろう。

（4）後者の論理を踏まえて、さらに検討する。検察官の見込みの甘さや立証上の都合で、公判前整理手続において策定した審理計画が大きく変更され、審理が長期化しそうな場合に、そのような大幅な審理計画の変更をともなう訴因変更請求は許さないという政策判断が、訴訟の長期化を阻止する結果、被告人の利害とも一致する場合はありうる。そして、この点をみれば、本判決の論理は、被告人の防御の不利益を根拠として訴因変更請求に限界を設けてきた従来の裁判例の論理とも抵触しない。

他方で、本判決のように、審理計画に大きな変更が生じなければ被告人の防御権に対する重大な侵害も生じないと結論づけることには疑問の余地がある。なぜなら、公判前整理手続の仕組みを考慮すると、公判前整理手続を経た事案においては、公判段階での訴因変更に伴う審理の長期化が最小限度に抑えられる場合であっても、なお被告人の負担は軽くないといえるからである。公判前整理手続においては、316条の5第2号により、公判前整理手続における訴因変更がありうることが予定されている。また、公判前整理手続では、被告人側の予定主張の明示もなされるから（316条の17）、検察官が公判前整

理手続のなかで当初の自らの主張を被告人側の主張に応じて変更していくことは現実にも可能である。

さらに、訴因変更は、検察官の主張の重要部分を変更するから新たな証拠調べ請求をともなう場合も少なくないが、316条の32が新たな証拠調べ請求を制限しているため、公判前整理手続で被告人側の主張明示（316条の17）を受けても検察官が当初の主張を変更しなかったのであれば、被告人としては、検察官が当初の訴因で公判を進めるとの最終決断をしたと考えるのが自然であり、その結果、被告人は検察官の当初の訴因に対して防御活動の全力を注ぐことになる。にもかかわらず、公判段階で、訴因（検察官の主張）の変更を認めると、当初の訴因を弾劾すればよいと防御してきた被告人の正当な期待が裏切られることになり、被告人の手続的・物質的・精神的消耗は甚だしいものとなる。

このように考えるならば、公判前整理手続を経た事案においては、公判段階で検察官が訴因変更することは、原則として許されないというべきであろう。例外的に許されるのは、変更しても新たな防御の負担が発生しない場合に限られることになろう。

（斎藤　司）

 # **48 公判前整理手続における主張明示義務の範囲**

📖 福井強盗致傷事件

名古屋高金沢支判平成20［2008］年6月5日判タ1275号342頁【LEX/DB28145416】

〈関連判例〉

広島高岡山支判平成20［2008］年4月16日高等裁判所刑事裁判速報集（平20）号193頁【25365751】［岡山強姦致傷事件］
東京高判平成20［2008］年11月18日判タ1301号307頁　　　　　　　　【25440749】［世田谷進路変更事件］〔本書47事件〕
最2小決平成27［2015］年5月25日刑集69巻4号636頁　　　　　　　　【25447271】［和歌山当たり屋事件］〔本書49事件〕

1 事案の概要

原審裁判所は、A、B、C、D、Eの5名が共謀のうえ、被害者方において現金や貴金属類などを強取し、被害者に加療約1週間を要する傷害を負わせたという本件強盗致傷事件について、被告人に対し、Yと共謀のうえ、その幇助に及んだとして、有罪判決を言い渡した（福井地判平19・11・13）。

公判前整理手続を経た本件原審公判審理において、弁護人は、YとBに対する証人尋問終了後に同

人らの証言と矛盾する同人らの捜査段階における各供述調書などを328条の弾劾証拠として請求していた。原審裁判所は、以下の①②を理由に、この請求を却下した。①「弁護人は、公判前整理手続において類型証拠の開示請求により得たY及びBの各捜査段階の供述調書に基づいて、証人尋問で十分尋問しており（供述内容の変遷について、検察官も特段争っていない）、この証拠をさらに弾劾証拠として取り調べる必要性はもはやないことは明らかである」、

②「本件においては弁護人らがY及びBの各証言を弾劾する機会は十分にあったというべきであり、このような場合に、当然のごとく証人尋問終了後に証人の捜査段階での供述調書を弾劾証拠として請求してこれを取り調べることは、充実した公判審理を継続的、計画的かつ迅速に行うという公判前整理手続が設けられた趣旨（刑事訴訟法316条の2第1項）に反するものというべきであり、刑事訴訟法316条の32第1項の『やむを得ない事由』があるということはできない」。

これに対し、被告人と弁護人は、原審裁判所が上記弾劾証拠請求を却下し、また、316条の32第2項に基づく職権証拠調べも行わなかったことには、316条の32第1項にいう「やむを得ない事由」および同条2項の解釈を誤った訴訟手続の法令違反があり、これが判決に影響を及ぼすことは明らかであること、原審判決には事実誤認があることなどを理由として控訴した。名古屋高裁金沢支部は、以下のような判断をして控訴を棄却した。

2 法の解釈

「2……上記②の判断の当否について検討すると、……同法328条による弾劾証拠は、条文上『公判準備又は公判期日における被告人、証人その他の者の供述の証明力を争うため』のものとされているから、証人尋問が終了しておらず、弾劾の対象となる公判供述が存在しない段階においては、同条の要件該当性を判断することはできないのであって、証人尋問終了以前の取調請求を当事者に要求することは相当ではない。

そうすると、同条による弾劾証拠の取調請求については、同法316条の32第1項の『やむを得ない事由』があるものと解すべきであって、原審裁判所がその証拠決定において、『やむを得ない事由があるということはできない』としたことは、法律の解釈を誤ったものというべきである。

3　次に上記①の判断の当否について検討する。同法328条は、公判準備又は公判期日における被告人、証人その他の者の供述が、別の機会にしたその者の供述と矛盾する場合に、矛盾する供述をしたこと自体の立証を許すことにより、公判準備又は公判期日におけるその者の供述の信用性の減殺を図ることを許容する趣旨のものである（最高裁平成18年11月7日第3小法廷判決……参照）から、同条による弾劾証拠請求を採用するに当たっては、別の機会に

した供述が公判準備又は公判期日の供述と矛盾するものであるとの要件が認定されることが必要である。

そして、公判前整理手続を実施した事件における弾劾証拠の採否に当たっては、同法316条の2第1項に規定する『充実した公判の審理を継続的、計画的かつ迅速に行う』ことの要請から、証拠としての『必要性』についても厳格な吟味を要するものといえる。

4　そこで、同法328条の証拠請求の採否に関する判断要素について検討すると、(1)その供述者の立場（被害者、共犯者、第三者等、被告人）、(2)その弾劾の対象となる供述者のした供述の重要性（犯罪事実の存否の認定に不可欠か否か）、(3)弾劾の対象が供述者の供述全体の信用性にかかわるものか、供述中の特定の事項の信用性にかかわるものか、(4)公判準備又は公判期日における供述と、別の機会にした供述の矛盾の程度（明白に異なるか、意味合いの違いにとどまるか）、(5)別の機会にした供述が複数あって、それらの相互の間にも矛盾がある場合などにおいては、その供述のなされた時期、変遷経緯、(6)その公判期日等において、供述者の別の機会にした供述とのくい違いに関し、十分な尋問がなされているか否か、(7)供述者が、別の機会にした供述とのくい違いについて、十分な説明をしたか否か、等の諸点について、考慮することになる。

5　弁護人や検察官が、供述者に対して、自己矛盾の供述について十分な尋問をしていない場合に、同法328条の弾劾証拠請求を許容することは、いたずらに、供述者の供述の信用性の判断を難解にすることにもなりかねないから、原則的には、公判期日等における反対尋問や補充尋問が十分になされることなく請求された場合には、それを許容すべきでないと考えるが、一方、弁護人としては、供述者に事前尋問をするために当該弁護人の事務所等に呼び出す権限が与えられているわけではないから、事前の準備にも一定の限度があり、公判期日等の審理の際に十分な反対尋問等ができないことも考慮すべきであって、公判期日等における反対尋問等がなされていないことのみで、弾劾証拠をすべて排斥するのは相当とはいい難い。

……さらに、公判期日等において、捜査段階の供述調書に基づき公判供述の信用性に関して尋問がされた場合においても、その供述調書の取調べが全く不要になるとはいい難い。刑事訴訟規則199条の3

第4項が、『誘導尋問をするについては、書面の朗読その他証人の供述に不当な影響を及ぼすおそれのある方法を避けるように注意しなければならない』としているので、尋問の当初は、その供述調書の要点を供述者に述べて尋問するであろうところ、供述調書自体を同法328条によって採用されないとなれば、供述調書の内容を詳細に読み聞かせた上での尋問を行わなければならないことになり、かえって迅速な審理を妨げることにもなりかねない。また、証人尋問等において供述者の自己矛盾の供述が明らかとなった場合と、その点について具体的な供述が記載されている供述調書自体を取り調べる場合とでは、供述者の供述の信用性の判断に及ぼす影響が異なる場合もあると考えられることからすると、証人尋問等で十分な反対尋問がなされているからといって、必ずしも弾劾証拠の取調べの必要性がなくなるものではない。」

3 法の適用

Yの捜査段階における「供述部分は、本件の事実認定に関して重要な事項に当たる上、その矛盾も明らかであって、弁護人が、これを同法328条の証拠として請求する以上、供述調書の当該部分については、これを証拠採用した上、最終的な評議において、慎重に供述の信用性を判断する際に用いるべきものといえる」。「Aと被告人との交際関係に関する事項について、明らかに矛盾する供述をしているのであるから、この点についても、証拠採用をすべきといえる」。

Bの捜査段階における供述についても、「自己矛盾の供述として証拠採用の上、公判供述の信用性を検討すべきであるといえる」。

「結局、原審裁判所の同法328条の証拠決定は、以上のような重要事項に関する明らかな自己矛盾供述をも採用しなかった点において、その裁量権を逸脱した違法があるといわざるを得ない」。

「当裁判所が採用したY、Bの自己矛盾の供述を含めて検討しても、後記の事実誤認の主張に対する判断において示すとおり、原判決に事実誤認は認められないから、結局、原審裁判所の上記違法は、判決に影響を及ぼすものとはいえず、論旨は理由がない」。

4 コメント① (316条の32第1項の証拠調べ請求制限は328条に及ぶか)

(1) 公判前整理手続においては、「充実した公判の審理を継続的、計画的かつ迅速に行うことができるよう」(316条の3)十分な準備が行われる。この公判前整理手続の目的を踏まえ、同手続を経た後の公判において、当事者が(公判前整理手続では明示していなかった)新たな主張をすることや主張の変更をすることは許されるのかが問題となる。

316条の32第1項は、「やむを得ない事由によって公判前整理手続又は期日間整理手続において請求することができなかったものを除き、当該公判前整理手続又は期日間整理手続が終わった後には、証拠調べ請求することができない」とする。さらに、この「やむを得ない事由」がないと判断された場合においても、裁判所による職権の証拠調べが認められている(同条2項)。本条で禁止されているのは、「新たな」証拠調べであることをしっかり確認しておく必要がある。証拠調べをともなわない新たな主張など(被告人による新たな主張、検察官による訴因変更請求など)は明文で禁止されていないからである(もっとも、後述の(4)の裁判例のようにこれを問題視するものもある)。

この「やむを得ない事由」が認められるケースとしては、(a)証拠は存在していたが、物理的に出せなかった場合、(b)証拠は存在していたが、これを知らなかった場合、(c)公判前整理手続などにおいて、相手方の主張や証拠関係などから証拠調べ請求をする必要がないと考えて、そのように判断することが合理的であったと考える場合で、そういう主張はしなくても、争点になっていなかったので証拠を出さなかったという場合で、期日を進めていくところで主張が変わってきたような場合があげられている。

本判決は、上記以外のケースに関して、「やむを得ない事由」該当性判断について判断したものである。その内容は裁判員制度も含めた公判前整理手続を経た手続の今後の運用との関係でも重要である。

(2) 本件では、公判前整理手続を経た公判審理で、328条にいう弾劾証拠を証拠調べ請求することが、316条の32第1項にいう「やむを得ない事由」に該当するかどうかが争われている。

この問題について、原審判決は、上記の理由②のように、「Y及びBの各証言を弾劾する機会は十分にあったというべきであること」、「充実した公判審理を継続的、計画的かつ迅速に行うという公判前整

理手続が設けられた趣旨」（316条の２第１項）を根拠として、「やむを得ない事由」には該当しないとした。原審判決は、弾劾証拠であるかどうかにかかわらず、「証拠調べ請求をできなかったことについて請求者の帰すべき事由があるかどうか」を判断基準としている。

これに対し、本判決は、「弾劾証拠の取調請求については、同法316条の32第１項の『やむを得ない事由』があるものと解すべき」とした。その根拠としては、328条の文言からすれば、「証人尋問が終了しておらず、弾劾の対象となる公判供述が存在しない段階においては、同条の要件該当性を判断することはできないのであって、証人尋問終了以前の取調請求を当事者に要求することは相当ではない」ことがあげられている。

本判決は、自己矛盾供述による弾劾は、その対象となる公判での証人等による証言などを聞かなければ、そもそも「やむを得ない事由」の判断もできないことを理由として、328条には類型的に「やむを得ない事由」が認められることを明示したものといえる。このような判断の前提には、328条により許容される弾劾証拠には特に限定がないわけではなく、「公判準備又は公判期日における被告人、証人その他の者の供述が、別の機会にしたその者の供述と矛盾する場合に、矛盾する供述をしたこと自体の立証を許すことにより、公判準備又は公判期日におけるその者の供述の信用性の減殺を図ることを許容する趣旨」とした最決平18・11・7〔東住吉事件〕〔本書71〕の論理が存在する。このような限定が存在するからこそ、本判決の論理が示されたといえる（このような限定がなければ、弾劾証拠には様々なものが含まれうることになり、本判決のような類型的な判断は困難であっただろう）。その結果、本件原審判決の論理は明確に退けられたといえる。

5 コメント②（公判前整理手続を経たのちの弾劾証拠の採否判断）

以上のように、本判決は、316条の32第１項の証拠調べ請求制限の対象に328条による弾劾証拠は含まれないことを明らかにしている。もっとも、これで、328条による弾劾証拠が常に採用されることになったわけではない。本判決も明示しているように、328条の要件をみたす必要があることに加え、「証拠調べの必要性」が認められる必要もあるからである（もっとも、後者の判断を重視することについ

ては学説から異論もある）。本判決には、弾劾証拠としての証拠採否判断の内容を詳細に示したという特徴があるといえる。

本判決は、弾劾証拠としての証拠採否判断の根拠として、最判平18・11・7を踏まえた328条の要件と「充実した公判の審理を継続的、計画的かつ迅速に行う」ことの要請（316条の２第１項）を踏まえた証拠調べの必要性判断をあげている。

まず、本判決の弾劾証拠としての要件該当性判断を確認しよう。本判決は、328条の証拠請求の採否に関する判断要素について、「(1)その供述者の立場（被害者、共犯者、第三者等、被告人）、(2)その弾劾の対象となる供述者のした供述の重要性（犯罪事実の存否の認定に不可欠か否か）、(3)弾劾の対象が供述者の供述全体の信用性にかかわるものか、供述中の特定の事項の信用性にかかわるものか、(4)公判準備又は公判期日における供述と、別の機会にした供述の矛盾の程度（明白に異なるか、意味合いの違いにとどまるか）、(5)別の機会にした供述が複数あって、それらの相互の間にも矛盾がある場合などにおいては、その供述のなされた時期、変遷経緯、(6)その公判期日等において、供述者の別の機会にした供述とのくい違いに関し、十分な尋問がなされているか否か、(7)供述者が、別の機会にした供述とのくい違いについて、十分な説明をしたか否か、等の諸点について、考慮することになる」とする。

次に、本判決は、公判前整理手続を経た弾劾証拠の証拠調べの必要性判断について、「弁護人や検察官が、供述者に対して、自己矛盾の供述について十分な尋問をしていない場合に、同法328条の弾劾証拠請求を許容することは、いたずらに、供述者の供述の信用性の判断を難解にすることにもなりかねないから、原則的には、公判期日等における反対尋問や補充尋問が十分になされることなく請求された場合には、それを許容すべきでないと考える」としつつ、「弁護人としては、供述者に事前尋問をするために当該弁護人の事務所等に呼び出す権限が与えられているわけではないから、事前の準備にも一定の限度があり、公判期日等の審理の際に十分な反対尋問等ができないことも考慮すべきであって、公判期日等における反対尋問等がなされていないことのみで、弾劾証拠をすべて排斥するのは相当とはいい難い。」とする。さらに、「公判期日等において、捜査段階の供述調書に基づき公判供述の信用性に関して尋問がされた場合においても、その供述調書の取調

べが全く不要になるとはいい難い。刑事訴訟規則
199条の3第4項が、『誘導尋問をするについては、
書面の朗読その他証人の供述に不当な影響を及ぼす
おそれのある方法を避けるように注意しなければな
らない』としているので、尋問の当初は、その供述
調書の要点を供述者に述べて尋問するであろうとこ
ろ、供述調書自体を同法328条によって採用されな
いとなれば、供述調書の内容を詳細に読み聞かせた
上での尋問を行わなければならないことになり、か
えって迅速な審理を妨げることにもなりかねない。
また、証人尋問等において供述者の自己矛盾の供述
が明らかとなった場合と、その点について具体的な
供述が記載されている供述調書自体を取り調べる場
合とでは、供述者の供述の信用性の判断に及ぼす影
響が異なる場合もあると考えられることからする
と、証人尋問等で十分な反対尋問がなされているか
らといって、必ずしも弾劾証拠の取調べの必要性が
なくなるものではない」とする。

　上記の判断の重要な部分は、公判における証人尋
問において自己矛盾供述について十分な尋問をして
いないことが、弾劾証拠としての証拠採否判断にど
のように影響するかについての判断である。原判決
は、理由①のように、証人尋問においてなんらかの
尋問などをしているから必要性なしとして証拠調べ
請求を却下している。それ以前の実務についても同
様の傾向が指摘されていた。これに対し、本判決
は、捜査段階の供述調書に基づいて公判供述の信用
性ついて尋問する行うことには迅速な審理や供述の
信用性判断への影響という点で限界があることを理
由に、「反対尋問等で十分な反対尋問がなされてい
るからといって、必ずしも弾劾証拠の必要性がなく

なるものではない」とする。

　このように本判決は、328条の要件該当性判断に
おいて、「(6)その公判期日等において、供述者の別
の機会にした供述とのくい違いに関し、十分な尋問
がなされているか否か」としつつ、証拠調べの必要
性判断から、この点をそれほど重視しないことを明
らかにしたものといえる。現に、本判決は、「法の
適用」部分で、本判決の事実認定に関して重要な事
項にあたるという(2)の判断と供述の矛盾が明らか
であるという(4)の判断を重視して、弾劾証拠として採
用すべきとの判断を示している。

　さらに、「弁護人としては、供述者に事前尋問を
するために当該弁護人の事務所等に呼び出す権限が
与えられているわけではないから、事前の準備にも
一定の限度があり、公判期日等の審理の際に十分な
反対尋問等ができないことも考慮すべき」として、
被告人側については、証拠調べの必要性をより緩や
かに判断する論理を示している。

　本判決のこのような判断は、「充実した公判の審
理を継続的、計画的かつ迅速に行う」という公判前
整理手続の趣旨から「証拠の厳選」を考慮しつつ、
反対尋問だけでは弾劾が十分できない場合があるこ
と（調書の内容の前後の文脈をみないとその意味を十
分に理解できない場合、証人の答えが「そのような供
述もしたかもしれない」というように曖昧な場合な
ど）にも配慮したものといえる。

　本判決は、公判前整理手続の趣旨を踏まえて、
「証拠の厳選」について配慮しつつ、防御の利益を
考慮し、弾劾証拠の「証拠調べの必要性」に関する
基準を示したものといえる。

（斎藤　司）

---

 49 公判前整理手続を経た事件と被告人質問の制限

📖 **和歌山当たり屋事件**
　　最2小決平成27[2015]年5月25日刑集69巻4号636頁【LEX/DB25447271】
　　〈関連判例〉
　　　広島高岡山支判平成20[2008]年4月16日高等裁判所刑事裁判速報集（平成20）号193頁【25365751】［岡山強姦致
　　傷事件］

---

1 事実の概要

　被告人Xは、「平成24年4月25日午後5時50分

頃、和歌山市内の路上において、真実は被害者が運
転する普通乗用自動車に故意に被告人の身体を接触

させたのに、被害者の過失により同車に接触されて右腕を負傷したように装い、その頃、同市内の駐車場において、同人に対し、治療費名目で金員を要求し、よって、同日午後５時55分頃、同人から現金5000円の交付を受けた」旨の詐欺の公訴事実（以下、「本件公訴事実」）のほか、同種詐欺２件につき公訴を提起され、いずれについても公判前整理手続に付されていた。

　その公判前整理手続において、本件公訴事実について、弁護人は、公判期日でする予定の主張として、犯人性を否認し、「被告人は、平成23年８月頃、和歌山県内へ行ったが、それ以来、平成24年７月18日まで同県内には来ていない」、「被告人は、本件公訴事実記載の日時において、犯行場所にはおらず、大阪市西成区内の自宅ないしその付近に存在した」旨のアリバイの主張を明示したが、それ以上に具体的な主張は明示せず、第一審裁判所がその点につき釈明を求めることもなかった。以上のことを受け、第一審裁判所は、本件公訴事実に係る争点の整理結果を「争点は、被告人が本件詐欺行為を行った犯人であるか否かである」と確認した。

　公判手続では、本件公訴事実について、冒頭手続および弁護人の冒頭陳述で、被告人および弁護人は、いずれも前記予定主張と同趣旨の陳述をするにとどまっていたところ、被告人質問において、被告人が、「その日時には、自宅でテレビを見ていた。知人夫婦と会う約束があったことから、午後４時30分頃、西成の同知人方に行った」との供述をし、弁護人がさらに詳しい供述を求め、被告人もこれに応じた供述を行おうとした（以下、「本件質問等」）。これに対し、検察官が「公判前整理手続における主張以外のことであって、本件の立証事項とは関連性がない」旨を述べて異議を申し立て、第一審裁判所は、異議を容れ、本件質問等を制限した。

　被告人側は、上記の質問等の制限したことには判決に影響を及ぼすことが明らかな訴訟手続の法令違反があり、原々判決の認定に事実誤認があるなどとして控訴した。これについて、原判決は、「295条１項は、訴訟関係人の陳述等や被告人に供述を求める行為につき、それらが相当でないときには、訴訟関係人の本質的な権利を害しない限り制限することができる旨規定しているから、原審裁判所が上記制限をしたことについて、同項に反するか否かを検討する余地があるが、公判前整理手続の終了後、当事者の主張が自由かつ無制限に変更され得ることになる

と、同手続が設けられた趣旨が没却されるから、その趣旨を没却するような主張変更をもたらす陳述等は、同法295条１項により制限され得ると解される」とした。そのうえで、本件質問等について、①「そのアリバイ主張の信用性や裏付けの有無が争点になることが明らかであり、その裏付けの有無や検察官による反対立証の有無を確定しなければ、適切な審理計画は立てられず、公判前整理手続が設けられた趣旨が没却されるから、原審弁護人や被告人としては、本来、その内容を公判前整理手続において明示すべきであった」、また、②第１回公判期日後に当該アリバイの内容を思い出したのだとしても、当該アリバイについて具体的主張・供述をすることになった時点で、裁判所および検察官に対しその旨と当該アリバイ内容と公判前整理手続でこれを明らかにすることができなかった事情を明確にし、さらに当該アリバイ主張に被告人質問以外の裏付け証拠があるのか並びにその証拠を請求する意思およびその証拠請求を公判前整理手続においてできなかった理由も明らかにすべきとし、本件では「このような無制限に許されれば公判前整理手続を設けた趣旨が没却されることは明らか」などとし、控訴を棄却した。

　これに対し、被告人側は上告したところ、最高裁は次のように判断しこれを棄却した。

［2］法の解釈

　「公判前整理手続は、充実した公判の審理を継続的、計画的かつ迅速に行うため、事件の争点及び証拠を整理する手続であり、訴訟関係人は、その実施に関して協力する義務を負う上、被告人又は弁護人は、刑訴法316条の17第１項所定の主張明示義務を負うのであるから、公判期日においてすることを予定している主張があるにもかかわらず、これを明示しないということは許されない。こうしてみると、公判前整理手続終了後の新たな主張を制限する規定はなく、公判期日で新たな主張に沿った被告人の供述を当然に制限できるとは解し得ないものの、公判前整理手続における被告人又は弁護人の予定主張の明示状況（裁判所の求釈明に対する釈明の状況を含む。）、新たな主張がされるに至った経緯、新たな主張の内容等の諸般の事情を総合的に考慮し、前記主張明示義務に違反したものと認められ、かつ、公判前整理手続で明示されなかった主張に関して被告人の供述を求める行為（質問）やこれに応じた被告人

の供述を許すことが、公判前整理手続を行った意味を失わせるものと認められる場合（例えば、公判前整理手続において、裁判所の求釈明にもかかわらず、『アリバイの主張をする予定である。具体的内容は被告人質問において明らかにする。』という限度でしか主張を明示しなかったような場合）には、新たな主張に係る事項の重要性等も踏まえた上で、公判期日でその具体的内容に関する質問や被告人の供述が、刑訴法295条1項により制限されることがあり得るというべきである。」

③ 法の適用

「本件質問等は、被告人が公判前整理手続において明示していた『本件公訴事実記載の日時において、大阪市西成区内の自宅ないしその付近にいた。』旨のアリバイの主張に関し、具体的な供述を求め、これに対する被告人の供述がされようとしたものにすぎないところ、本件質問等が刑訴法295条1項所定の『事件に関係のない事項にわたる』ものでないことは明らかである。また、前記……のような公判前整理手続の経過及び結果、並びに、被告人が公判期日で供述しようとした内容に照らすと、前記主張明示義務に違反したものとも、本件質問等を許すことが公判前整理手続を行った意味を失わせるものとも認められず、本件質問等を同条項により制限することはできない。そうすると、検察官の異議申立てを容れて本件質問等を制限した第1審裁判所の措置は是認できず、原判決が同措置は同条項に反するとまではいえない旨判示した点は、同条項の解釈適用を誤ったものといわざるを得ない。」

もっとも、原判決は、本件質問等を制限した措置が違法であったとしても、被告人が、最終陳述において、前記アリバイの主張の具体的な内容を陳述しており、この陳述は制限されなかったことなどを指摘し、前記法令解釈の誤りは判決に影響を及ぼすものではない旨判示しており、その結論は相当であるから、原判決に、判決に影響を及ぼすべき違法があるとはいえない。」

④ コメント

(1) 公判前整理手続は、事件の争点および証拠を整理して、「充実した公判の審理を継続的、計画的かつ迅速に行う」ことを目的とする（316条の2）。そして、訴訟関係人は、「充実した公判の審理を継続的、計画的かつ迅速に行うことができるよう、公判前整理手続において、相互に協力するとともに、その実施に関し、裁判所に進んで協力しなければならない」とされる（316条の3第2項）。

このような公判前整理手続の目的設定との関係で、刑訴法は被告人側に公判期日において予定する証明予定事実や主張があるときはこれを明示する義務（主張明示義務）とこれを証明するために用いる証拠の取調べを請求する義務（証拠調べ請求義務）を課している（316条の17）。さらに、「やむを得ない事由によって公判前整理手続又は期日間整理手続において請求することができなかったものを除き、当該公判前整理手続又は期日間整理手続が終わった後には、証拠調べを請求することができない」との公判前整理手続終了後の証拠調べ請求の制限規定も設けられている（316条の32第1項）。もっとも、同規定により証拠調べ請求が制限される場合であっても、裁判所が必要と認める場合には、職権での証拠調べは可能である（同条2項）。

同規定により、被告人側による新たな証拠調べが制限されることはありうる（この問題については〔本書48〕）。これに対し、新たな証拠調べをともなわない新たな主張、特に被告人側の新たな主張を制限することができるのかについては、明文の規定が存在しないため問題とされてきた。

(2) 本決定以前の裁判例は、広島高岡山支判平20・4・16〔岡山強姦致傷事件〕は、「刑事訴訟法が徹底した争点及び証拠の整理を通じて充実した公判審理を継続的、計画的かつ迅速に行うために公判前整理手続の規定を設け、当事者に主張明示義務及び証拠調べ請求義務を課し、さらには、同手続終了後の新たな証拠調べ請求を制限していることに照らせば、当事者は、同手続終了後、合理的な理由なく主張を追加・変更することを差し控えるべき義務を本来的に負っていることは明らかである。してみると、弁護人が、同手続終了後に合理的な理由なく追加・変更した主張に関して被告人に供述を求めることは、公判前整理手続の規定を設けて上記のような充実した公判審理を実現しようとした法の趣旨を没却するものであって相当でないから、刑事訴訟法295条1項により、裁判長は、訴訟関係人の本質的な権利を害しない限り、このような被告人質問を制限し得るものと解すべきである」としていた。この判断は、公判前整理手続の目的、当事者の主張明示義務・証拠調べ義務、そして証拠調べ請求制限を根拠に、当事者の「同手続終了後、合理的な理由なく

VII

主張を追加・変更することを差し控えるべき義務」を導いたものといえる。もっとも、その「合理的理由」の内容は明確ではなく、被告人質問が制限可能な場合も明確ではなかった。

これに対し、本決定の原判決である大阪高判平25・9・12は、「公判前整理手続の終了後、当事者の主張が自由かつ無制限に変更され得ることになると、同手続が設けられた趣旨が没却されるから、その趣旨を没却するような主張変更をもたらす陳述等は、同法295条1項により制限され得ると解される」とした。そして、そのあてはめとして、本件質問等により「そのアリバイ主張の信用性や裏付けの有無が争点になることが明らかであり、その裏付けの有無や検察官による反対立証の有無を確定しなければ、適切な審理計画は立てられず、公判前整理手続が設けられた趣旨が没却されから、原審弁護人や被告人としては、本来、その内容を公判前整理手続において明示すべきであった」とした。同判決は、第1回公判期日以降における新主張が許容されるか否かについて、検察官の具体的な反証が必要となるような審理計画の変更が必要となるかを基準としていたと理解できる。この論理を踏まえて、本件原判決は、第1回公判期日後に当該アリバイの内容を思い出した場合などの公判前整理手続において予定主張を明示できなかった場合について、その主張の内容や関係する事情、主張を明示できなかった理由を釈明・明示し、裏づけ証拠についても意思表示すべきことを被告人側に求めていると考えられる。このような本件原判決の論理は、従来の裁判例に比べて、新たな主張が制限される場合を、公判前整理手続の趣旨としての審理計画の策定という観点から具体化したものといえるだろう。

(3) 以上のような状況のもと、本決定は、「検察官の異議申立てを容れて本件質問等を制限した第1審裁判所の措置は是認できず、原判決が同措置は同条項に反するとまではいえない旨判示した点は、同条項の解釈適用を誤ったものといわざるを得ない」とした。この本決定はどのような論理を採用したのであろうか。

結論からいえば、本決定は、①新たな主張を制限し得ることは当然にできるわけではないとしたうえで、②主張明示義務に反したものと認められ、かつ、新たな主張等を許すことが公判前整理手続を行った意味を失わせるものと認められる場合には、③「新たな主張に係る事項の重要性等も踏まえた上で」、④「公判期日でその具体的内容に関する質問や被告人の供述が、刑訴法295条1項により制限されることがあり得る」としていると評価できる。

(4) まず、本決定は、「公判前整理手続は、充実した公判の審理を継続的、計画的かつ迅速に行うため、事件の争点及び証拠を整理する手続であり、訴訟関係人は、その実施に関して協力する義務を負う上、被告人又は弁護人は、刑訴法316条の17第1項所定の主張明示義務を負うのであるから、公判期日においてすることを予定している主張があるにもかかわらず、これを明示しないということは許されない」とし、「こうしてみると、公判前整理手続終了後の新たな主張を制限する規定はなく、公判期日で新たな主張に沿った被告人の供述を当然に制限できるとは解し得ない」とする。このように、本決定は、公判前整理手続の目的（316条の2）、公判前整理手続実施への訴訟関係人の協力義務（316条の3第2項）に加え、被告人側の主張明示義務（316条の17第1項）を踏まえつつ、新たな主張を制限する明文の規定を制限する規定は存在しないことを理由として、これらの規定から被告人の新たな主張を「当然に制限できるとは解し得ない」とする。

公判前整理手続の立法段階では、公判前整理手続で明示されなかった主張を後の公判で行うことは原則として認められないとする規定の導入も提案されたものの、強い反対もあり導入されなかった。公判整理手続の運用開始後は、上記の裁判例で示唆されるように、新たな主張（主張の変更や追加も含む）を認めないとする見解も主張されていた。これと比較すると、本決定は、明文の規定の不存在などを理由に、新たな主張の制限は当然にできるわけではないことを確認するものといえる（本決定の大貫芳信判事の補足意見も参照）。

(5) 以上の前提のもと、本決定は、新たな主張の制限が許容される場合として、(a)主張明示義務に反したものと認められ、かつ、(b)新たな主張等を許すことが公判前整理手続を行った意味を失わせるものと認められる場合としている。これら(a)(b)がいずれも肯定されなければ、新たな主張の制限は許容されないのである。

このような場合に、被告人質問や新たな主張を制限する根拠について、本決定は明示していないが、公判前整理手続の意義や訴訟関係人の協力義務、主張明示義務を想定していると評価できよう。大貫芳信補足意見は、「公判前整理手続の核心は、当事者

に対し公判における主張・立証を予定している限り、それらを手の内に留めないことを求めることにあり、このことをなくしては公判前整理手続の存在理由はないといっても過言ではなく、主張明示義務は、主張についてこの核心を支えるものである。また、被告人は、弁解する権利を有するが、訴訟上の権利は誠実にこれを行使し、濫用してはならない（刑訴1条2項）のであり、主張明示義務に意図的に反する権利行使はその濫用として許されない」として、(a)(b)が認められる事例について、「公判前整理手続の核心を害し、弁解権の濫用と認められる事例」とし、「刑訴法295条1項の『その他相当でない』ものとして制限されることがあり得ると解すべき」としており、上記の理解を示唆しているといえる。もっとも、明文の根拠規定を欠くにもかかわらず、被告人質問や新たな主張を制限することを許容してよいのかなど、疑問も残る。

まず、(a)は、従来の裁判例と比較としても特徴があるといえる。なぜなら、従来の裁判例は、新主張の内容のみに重点を置いており、公判前整理手続における主張については重視していなかったように思われるからである。316条の17第1項により義務づけられる主張の具体性には争いがあるところ、近年では、検察官による検討や対応を可能とし、審理計画の策定を可能とする程度のものであれば足りるとする見解が有力である。本決定は、「前記……のような公判前整理手続の経過及び結果、並びに、被告人が公判期日で供述しようとした内容に照らすと、前記主張明示義務に違反したものと」評価できないとする。他方で、本決定は、主張明示義務違反の主張例として、「アリバイの主張をする予定である。具体的内容は被告人質問において明らかにする。」という限度でしか主張を明示しなかったような場合を挙げている。これらの主張の間には、具体的事実が明示されているか、その結果、検察官の対応や検討、そして審理計画の策定を可能とするか否かという違いがあるといえよう。

次に、(b)については、新たな主張によって公判整理手続において策定された審理計画に大幅な変更が必要となる場合と解されることになろう。たとえば、小貫芳信補足意見は、「検察官は、公判における供述が公判前整理手続において予定されていな

かった証人尋問等を要することから、公判前整理手続における主張とは別個の新たな主張と考えた可能性もあるが、公判における被告人の供述は公判前整理手続の主張をより具体化したにすぎず、主張の変更ないし新たな主張とまではいえないとの評価も十分あり得たところであり、仮に証拠調べ請求の問題が生じればこれには別途の対応をすべきことになろう。このように考えると、検察官としては、被告人の供述の信用性を吟味し、真偽確認に必要な反対質問をするのが相当であったと思われる」としている。このように本決定は、本件の被告人の供述を公判前整理手続の主張をより具体化したものにすぎないという「評価も十分あり得た」ことを理由に、審理計画の大幅な変更は必要なかったと考えたものといえる。あまりに具体的な審理計画を策定することは、公判前整理手続における証拠や主張に裁判所が過度に踏み込んで「整理」することにつながり、公判中心主義や当事者主義に反することになりかねない。検察官が新たな対応や審理計画の変更を必要と考えた可能性があるのみで、新主張を制限することには問題が生じると本決定は考えたのかもしれない。

このように本決定は、(a)主張明示義務に反するほど抽象的な主張明示を行ったにもかかわらず、公判審理において検察官の対応や具体的な審理計画に大幅な変更を迫ることが明らかな場合に限り、295条1項に基づき新たな主張の制限を認めたものといえる。そして、本件では、そのいずれにも該当しないとされているのである。

(6)　なお、本決定は、上記(a)(b)に該当すれば、新たな主張の制限を可能なものとはしていない点には注意が必要である。本決定は、「新たな主張に係る事項の重要性も踏まえた上で」、その制限もありうるとしているからである。主張明示義務に反する抽象的な主張明示であったにもかかわらず、大幅な審理計画の変更を明らかにともなう場合であっても、その新たな主張が被告人の防御権保障や正確な事実の認定の観点から重要性が認められる場合、裁判所はその新たな主張を制限すべきでないと考えたのであろう。

（斎藤　司）

50 保釈要件の解釈

📖 LED 照明詐欺事件

最1小決平成26[2014]年11月18日刑集68巻9号1020頁【LEX/DB25446776】

〈関連判例〉

最2小決平成22[2010]年7月2日集刑301号1頁	【25463974】	
最1小判平成24[2012]年2月13日刑集66巻4号482頁	【25444236】	〔チョコレート缶事件〕〔本書96〕
最1小決平成26[2014]年11月17日裁時1616号17頁	【25446777】	〔京都地下鉄烏丸線痴漢事件〕〔本書24〕
最3小決平成27[2015]年4月15日集刑316号143頁	【25447210】	〔福井準強制わいせつ事件〕

1 事実の概要

被告人は、詐欺罪で起訴された。その要旨は、LED照明の販売会社A社等の代表者らと共謀のうえ、かねてからA社と売買基本契約を締結していたV社から金銭をだまし取ろうと考え、V社からA社に対しLED照明の仕入れ注文をさせ、その購入代金の先払い金として合計2億3000万円余りをA社名義の銀行口座に振込入金させたというものであった。被告人は、実際に商品が納品される通常取引と認識し、被告人自身が述べたとされる欺罔文言を述べてもいないとして、共犯者らとの共謀も、欺罔行為も否認した。被告人と共犯者らの主張も対立していた。

第一審裁判所である東京地裁（原々決定。東京地決平26・10・27）は、被害会社V社の担当者H（最重要証人。検察官の主張によれば、被告人が欺罔文言を述べた相手とされる者）への主尋問が終了した段階（第10回公判期日の終了段階）で、共犯者その他事件関係者への接触を禁止する条件を付したうえで、被告人の保釈を許可した（90条）。意見書（検察官による抗告申立てを受け、423条2項後段に基づいて第一審裁判所が原裁判所に送付したもの。刑集68巻9号1047頁参照）によれば、第一審裁判所は、被告人が関係者に働きかけて罪証を隠滅する可能性を認めたが、被告人と共犯者らの主張の対立や被告人の関係者に対する影響力に照らし、「実効性のある罪証隠滅行為に及ぶ現実的可能性は高いとはいえない」と判断した。さらに、被告人が仮に有罪となっても刑の重さには限度があること、被告人に対する勾留が既に相当期間に及んでいることを考慮し、身体拘束を継続するのは不相当であるとした。これに対して、検察官が抗告した。

原裁判所である東京高裁（原決定。東京高決平26・10・29）は、「被告人は、共謀も欺罔行為も争っているのであるから、共犯者らと通謀し、あるいは関係者らに働き掛けるなどして、罪証隠滅に出る可能性は決して低いものではない。そうすると、罪証隠滅のおそれは相当に強度というほかなく、被告人には刑訴法89条4号に該当する事由があると認められる。また、罪証隠滅のおそれが相当に強度であることに鑑みれば、多数の証人予定者が残存する中にあって、未だ被害者1名の尋問さえも終了していない現段階において、被告人を保釈することは、原審の裁量の幅を相当大きく認めるとしても、その範囲を超えたものというほかない」として、原々決定を取り消し、保釈請求を却下した。これに対し、被告人側が最高裁に特別抗告した。

2 法の解釈

「抗告審は、原決定の当否を事後的に審査するものであり、被告人を保釈するかどうかの判断が現に審理を担当している裁判所の裁量に委ねられていること（刑訴法90条）に鑑みれば、抗告審としては、受訴裁判所の判断が委ねられた裁量の範囲を逸脱していないかどうか、すなわち、不合理でないかどうかを審査すべきであり、受訴裁判所の判断を覆す場合には、その判断が不合理であることを具体的に示す必要があるというべきである」。

3 法の適用

「原決定は、これまでの公判審理の経過及び罪証隠滅のおそれの程度を勘案してなされたとみられる原々審の判断が不合理であることを具体的に示していない。本件の審理経過等に鑑みると、……条件を付した上で被告人の保釈を許可した原々審の判断が不合理であるとはいえ」ないとして、原々決定を取

り消して保釈請求を却下した原決定には、90条、426条の解釈適用を誤った違法があり、これが決定に影響を及ぼし、原決定を取り消さなければ著しく正義に反するとして、原々決定に対する抗告を棄却した。

4 コメント

(1) 被告人の勾留に関する処分は、第1回公判期日までは、原則、事件の審判に関与しない裁判官が担当し、その裁判に対する不服申立方法としては、準抗告が認められている（429条1項2号・280条1項参照）。第1回公判期日後は、事件の審理を担当する受訴裁判所が担当し、その裁判に対する不服申立方法としては、抗告が認められている（420条2項）。本決定は、後者であり、第10回公判期日の終了段階で受訴裁判所が認めた裁量保釈に対する抗告について判示したものである。

被疑者及び被告人は、無罪を推定される者としての自由を本来有しており、その身体を拘束することは例外でなければならない（自由権規約9条3項）。そこで、法は、起訴後勾留された被告人が保釈を請求したとき、一定の除外事由に当たる場合を除き、原則、保釈を許さなければならないと定める（必要的保釈：89条）。

さらに、この除外事由に当たる場合であっても、裁判所が「適当と認めるとき」はその裁量によって保釈を許すことができる（裁量保釈：90条）。この「適当と認めるとき」に当たるかどうか、という保釈の許否の判断は、第1回公判期日後の場合、基本的に、現に審理を担当している受訴裁判所の自由な裁量に委ねられている。自由な裁量といっても、合理性は要求される。平成28年改正により、裁量保釈（90条）の許否は、「保釈された場合に被告人が逃亡し又は罪証を隠滅するおそれの程度のほか、身体の拘束の継続により被告人が受ける健康上、経済上、社会生活上又は防御の準備上の不利益の程度その他の事情」を衡量して判断されることが明記された。

本決定の事案では、第10回公判期日終了後に、受訴裁判所が、職権で被告人の保釈を認めたのに対して、検察官が不服を申し立てた。これを受けた抗告審裁判所は、受訴裁判所の「保釈を許可する」という判断の当否を審査しなければならないが、その審査方法について具体的に定めた明文規定はない。そこで、受訴裁判所による裁量保釈の判断について抗告審裁判所が審査する場合、特に受訴裁判所による

原決定を覆す場合、どのような方法をとるべきかが問題となる。

(2) この点に関し、抗告審裁判所は、「受訴裁判所の判断が不当であるか・委ねられた裁量の範囲を逸脱したか」という観点で審査すべきとされてきた（最決昭29・7・7参照）。「抗告審裁判所自身が受訴裁判所の立場であったら保釈を許可しただろうか」という観点で自ら保釈の許否を判断し、受訴裁判所の判断と置き換えるという審査方法ではない。

そのような中で、本決定は、「抗告審としては、受訴裁判所の判断が、委ねられた裁量の範囲を逸脱していないかどうか、すなわち、不合理でないかどうかを審査すべきであり、受訴裁判所の判断を覆す場合には、その判断が不合理であることを具体的に示す必要がある」と判示した。

最高裁が、本決定において、受訴裁判所の判断を尊重した理由については、被告人の身体拘束を続ける必要があるかどうかは、被告事件を審理している受訴裁判所が最も直接的な判断材料を持っているためである、と指摘されている。

(3) この判断枠組みは、最判平24・2・13〔チョコレート缶事件〕〔本書96〕と類似している。同判決は、控訴審における事実誤認の審査について、「控訴審は、第1審と同じ立場で事件そのものを審理するのではなく、当事者の訴訟活動を基礎として形成された第1審判決を対象とし、これに事後的な審査を加えるべきものである。……控訴審における事実誤認の審査は、第1審判決が行った証拠の信用性評価や証拠の総合判断が論理則、経験則に照らして不合理といえるかという観点から行うべき」であるとし、この要求を満たさないまま第一審判決を破棄した原判決には382条の解釈適用の誤りがあると述べた。

これに対し本決定は、「抗告審は、原決定の当否を事後的に審査するものであり、被告人を保釈するかどうかの判断が現に審理を担当している裁判所の裁量に委ねられていること（刑訴法90条）に鑑みれば、抗告審としては、受訴裁判所の判断が、委ねられた裁量の範囲を逸脱していないかどうか、すなわち、不合理でないかどうかを審査すべきであり、受訴裁判所の判断を覆す場合には、その判断が不合理であることを具体的に示す必要がある」と判示し、原決定は426条の解釈適用を誤ったと述べている。

両者を比較すると、確かに、第一審の事実認定を審査する控訴審と受訴裁判所の裁量保釈の判断を審

VIII

査する抗告審とは、場面が異なる。しかし、両者は、事後的な審査を行う点や、事実認定または裁量保釈について、原審に広範な裁量または強い役割がある点で共通している。本決定や後述平成27年決定で問題となった場面でいえば、裁量保釈を判断する受訴裁判所のもつ裁量権を基本的に尊重しつつ、それに不合理性がないかどうかを審査することを意味する。

（4）次に問題となるのは、受訴裁判所のいかなる判断が不合理であるといえるのか、そして、抗告審裁判所がどのような内容を説示すれば、受訴裁判所の判断が不合理であることを具体的に示したことになるのか、という点である。これらの点について、本決定は、具体的な基準までは明示していない。なぜなら、保釈の判断事情は多岐にわたり、その基準を一律に示すことは難しいからである。したがって、具体的な審査方法の検討は、事案の集積による。

最決平27・4・15は、本決定を直接引用していないものの、本決定が示した論理を前提としたうえで、抗告審裁判所が受訴裁判所の判断が不合理であることを具体的に示していない、と判断した事例として意義がある。

同決定によれば、被告人が、予備校内に設置された整骨院において、当時予備校生だった被害者に対して、準強制わいせつをしたという公訴事実について、被告人は、第1回公判期日で公訴事実を否認した。第2回公判期日において、被害者の証人尋問が行われ、公訴事実に沿う証言がなされた。弁護人はその後の予定として、被告人質問のほか、被害者証言を弾劾する趣旨で本件予備校の元生徒1名の証人尋問を請求する方針を示した。第2回公判期日後、裁判所は保証金額を300万円と定め、被害者、証人申請を予定している元生徒、予備校関係者らとの接触を禁止する条件を付して、90条により被告人の保釈を許可した。

これに対して検察官が抗告した。抗告審は、弁護人が請求を予定している元生徒の証人尋問が未了であり、元予備校理事長である被告人が元生徒らに働き掛けるなどして罪証を隠滅することは容易であり、その実効性も高いため、罪証を隠滅する具体的危険性が高いと認め、被告人には89条4号に該当する事由があるとした。そして、保釈を許可した原々決定は「裁量の範囲を逸脱した」として、これを取り消して保釈請求を却下した。これに対して、被告

人側が特別抗告を申し立てた。

同決定は、「原々審は、既に検察官立証の中核となる被害者の証人尋問が終了していることに加え、受訴裁判所として、当該証人尋問を含む審理を現に担当した結果を踏まえて、被告人による罪証隠滅行為の可能性、実効性の程度を具体的に考慮した上で、現時点では、上記元生徒らとの通謀の点も含め、被告人による罪証隠滅のおそれはそれほど高度のものとはいえないと判断したものである。それに加えて、被告人を保釈する必要性や、被告人に前科がないこと、逃亡のおそれが高いとはいえないことなども勘案し、上記の条件を付した上で裁量保釈を許可した原々審の判断は不合理なものとはいえず、原決定は、原々審の判断が不合理であることを具体的に示していない。そうすると、原々決定を裁量の範囲を超えたものとして取り消し、保釈請求を却下した原決定には、刑訴法90条、426条の解釈適用を誤った違法があ」るとした。

同決定で問題となった裁量保釈の許否は、90条に明記された事情を衡量して判断されるところ、公判での審理状況も重要な要素である。この公判での審理状況について、同決定も、「既に検察官立証の中核となる被害者の証人尋問が終了していることに加え、受訴裁判所として、当該証人尋問を含む審理を現に担当した結果を踏まえて、被告人による罪証隠滅行為の可能性、実効性の程度を具体的に考慮した上で、現時点では、上記元生徒らとの通謀の点も含め、被告人による罪証隠滅のおそれはそれほど高度のものとはいえないと判断した」原々審の判断は不合理ではないと述べている。これは、罪証隠滅の可能性は、一般的に手続の進行に伴って低下するところ、そもそも保釈請求がなされる公訴提起後の時点では、検察官は当該公訴事実に関する証拠収集をかなりの程度終えているはずであり、公判が始まり証拠調べが進行すれば取調べ済みの証拠の隠滅は困難である等の事情によってさらに低下するからである。同決定から、被告人が公訴事実を否認している場合であっても、検察側の主要な証人に対する尋問が終わった段階であれば、罪証隠滅の可能性は、一般に低下するといえよう。

（5）本決定の射程について、検討する。

第1に、本決定は、受訴裁判所が保釈を認め、抗告審裁判所がこれを取り消した事案であった。これと逆に、受訴裁判所が保釈請求を却下した場合にも、その射程が及ぶのだろうか。

本決定は、抗告審が具体的事実を示していなかったこと自体が不合理とし、その反射的効果として、保釈を認めたといえるものの、本決定から、逆の場合について明確に読み取ることはできない。

この点について、本決定が、受訴裁判所の裁量を尊重する考え方の下、保釈許可の場合と保釈請求却下の場合とを区別していないことに着目すると、その射程は、受訴裁判所が保釈請求を却下した場合にも及ぶと解する見解もある。

第2に、本決定は、いずれも第1回公判期日後の事案であったが、第1回公判期日前の裁判官による保釈にも、その射程は及ぶのだろうか。

抗告や準抗告が扱う問題は多様であるし、本件のような勾留や保釈に関する決定は、裁判官や裁判所による裁量的判断によるものが多い。特に、保釈の判断については、最終的な有罪・無罪の判断の見通し、有罪である場合の量刑判断の見通しをも踏まえたものになると考えられるところ、現に審理を担当し、証拠調べ等を通じて心証を形成している受訴裁判所の裁量の範囲と、具体的な審理が全く始まっていない段階で、予断排除の要請から受訴裁判所に代わって判断するにすぎない裁判官の裁量の範囲には、違いがあることも指摘されている。このように考えると、その射程は、受訴裁判所による裁量保釈に対する抗告審で原決定を審査する場合にのみ及ぶと解される。

(6) ところで、本決定は、被告人の身体拘束を慎重に判断し、保釈の可能性を広げるという最高裁の姿勢を示している点にも意義がある。

保釈について、本決定以前に罪証隠滅の可能性を具体的に判断したものとして、最決平22・7・2がある。傷害（①事件）、傷害・窃盗（②事件）、強盗致傷（③事件）被告事件につき、被告人側が②および③事件で犯人性を争っていた。弁護人は、公判前整理手続が実質的に終了している段階で、保釈請求を申し立てたが、裁判官は保釈請求を却下した。これに対して弁護人が準抗告を申し立てたところ、準抗告審は、以下のように述べて被告人の保釈を許可した。

まず必要的保釈（89条）の許否を検討し、①事件について、被告人側が公訴事実を争っておらず、犯行状況の録画があり罪証隠滅の可能性がないと判断した。②事件について、「被告人が実効的な罪証隠滅行為をなし得るとは考えにくい」が、被害者に事実と異なる供述をするよう働きかける可能性が残

り、罪証隠滅の可能性があり、89条4号に該当するとした。③事件について、被告人は犯人性を否認しているものの、「検察官の立証は、既に保全されている物、これらに関する科学的知見及び捜査官の供述並びに被害者の目撃供述が中心となること、被害者の供述する犯人の特徴は概括的なものにとどまり、被告人が被害者に対して事実と異なる供述をするよう働き掛けるとは考え難く、このことは公判前整理手続がまもなく終了する現時点において、より働き掛けが考え難い状況となっていること等に照らすと、現時点では、被告人が実効的な罪証隠滅行為をなし得るとは考えにくく、具体的な罪証隠滅のおそれがあるとは認められない」として89条4号に該当しないとした。

(7) なお、同決定につき、必要的保釈の除外事由に当たる場合に、なお裁量保釈を認めるかを検討することになるが、実務上、裁量保釈には釈放を相当とする「特別な事情」が必要であるとされている。その際、どのような事情を重視すべきかが問題となるところ、この準抗告審は、以下のように公判前整理手続・裁判員制度との関係に言及し、裁量保釈を認めた。まず、①および③事件は罪証隠滅の具体的な可能性が認められないとした。②事件は「被害者との関係で罪証隠滅のおそれは認められるが、その程度が強いとまでは認められない」とし、保釈期間中に手厚い監督が見込まれること、被告人の身体拘束が11か月という長期に及んでいること、連日開廷に対応した効果的な弁護活動を行うためには、被告人と弁護人が即時かつ緊密に打ち合わせを行う必要があること、被告人の粗暴性は平成20年秋頃を転機として改善された様子があること、被告人が具体的に証人等を威迫する可能性があるとは認められないことを挙げて、裁量保釈を認めるのが相当であると判断した。

これに対して、検察官が保釈許可の取消しを求めて特別抗告を申し立てたが、同決定は、特別抗告を棄却し、被告人の保釈を認めた。同決定によれば、公判前整理手続終了後の証拠調べ請求が制限されるため（316条の32）罪証隠滅の可能性が相対的に減少することおよび、裁判員裁判の連日開廷のための防御準備の必要があることという事情があれば、弁護人側が示すよう要求される「裁量保釈を認めるべき特別な事情」が認められやすくなり、類型的に保釈の必要性は高まるといえよう。

(8) 本決定は、その前日に最高裁が勾留の要件に

ついて、具体的事情によって裏付けられ現実に即したものであるといえるくらい高度の可能性という意味で「罪証隠滅の現実的可能性」を要し、少なくとも、一般的・抽象的な可能性や「おそれ」では足りないという判断を示した最決平26・11・17［京都地下鉄烏丸線痴漢事件］〔本書24〕と併せて読む必要がある。権利保釈（90条）と勾留とでは場面は異なるが、両判断は、時期を同じくして最高裁が安易な身体拘束に対して警鐘を鳴らしたものである。裁量保釈の考慮要素である「罪証を隠滅するおそれの程度」（90条）の判断においても、一般的・抽象的な可能性ではなく、具体的事情によって裏付けられ現実に即したものであるかを判断する運用につながりうると思われる。

　また、従来、否認事件では、第1回公判期日前の保釈がほとんど認められず、被告人の身体拘束状態を自白獲得手段として利用しているという指摘があったところ、被告人が共謀の事実や欺くための発言をしたことを否認していた本決定の事案でも、被告人が公訴事実を否認していた平成27年決定の事案でも、保釈が認められている。両決定から、被告人が公訴事実を否認している場合であっても、検察側の主要な証人に対する尋問または主尋問が終わった

段階であれば、基本的に保釈を許すべきであることが導かれうる。公訴事実を否認又は黙秘している被告人の態様それ自体は、直ちに罪証隠滅の可能性を高めるわけではなく、これらの事情とは別に罪証隠滅の客観的可能性が十分認められるとする事情が求められよう。

　この点について、本決定の考え方を適用した平成27年決定は、保釈された被告人が罪証を隠滅する可能性があることを理由に、保釈を許可した受訴裁判所の決定を取り消した。同決定は、被告人による罪証隠滅が容易かつ実効的であることを示す事情として、弁護人が予備校の元生徒を証人請求し、尋問を具体的に予定していること、請求予定の証人と被告人は予備校の元生徒と理事長という関係にあることを挙げた。この叙述は、共犯者との通謀や関係者への働き掛けの可能性を一般的に示すとどまった本決定の事案と比べると、詳しい。最高裁は、平成27年決定において、この程度では、「原決定は、原々審の判断が不合理であることを具体的に示していない」と判断した。このことは、被告人（被疑者）の身体拘束について慎重に検討すべきとの最高裁の厳格な姿勢を示しているとされる。

（松倉　治代）

51　保釈と余罪

∴∴∴∴∴∴∴∴∴∴∴∴∴∴∴∴∴∴∴∴∴∴∴∴∴∴∴∴∴∴∴∴∴∴∴

📖 大分保釈許可取消事件
　　最3小決昭和44［1969］年7月14日刑集23巻8号1057頁【LEX/DB24004928】
　　〈関連判例〉
　　　最大判昭和41［1966］年7月13日刑集20巻6号609頁　　【27760801】
　　　高松高決昭和41［1966］年10月20日下刑集8巻10号1346頁【27930426】

1　事実の概要

　被告人は、暴力行為等処罰に関する法律1条違反の罪（多衆の威力を示してする脅迫）により逮捕・勾留のうえ起訴された後、2件の恐喝罪（勾留状なし）によって追起訴され、同一裁判官のもとで審理中であった。
　第一審（大分地裁・決定年月日不明）は弁護人の請求により、被告人の保釈を許可した。これに対して、検察官から抗告の申し立てがあった。
　抗告審（福岡高決昭44・6・4）は、本件勾留理由

である暴力行為は刑訴法89条3号（「常習として長期3年以上の懲役にあたる罪を犯したものであるとき」）に該当し、「審理の経過、事案の内容、被告人の経歴、行状、犯行の手口、態様等諸般の事情を斟酌する意味において、仮りに甲事実のみについて勾留がなされ、乙・丙事実については勾留がなされていない場合であっても、乙・丙事実について全くこれを度外視して単純に甲事実について保釈を適当であると裁量することは軽率の譏りを免れないであろう」と述べ、同法90条による裁量保釈も適当とは認めら

れないと判断して保釈許可決定を取り消し、保釈請求を却下した。

これに対して、弁護人は「勾留は勾留事実につき公判の審理及び刑の執行を確保するため必要ある場合に限り許されるものであり、保釈はそれを緩和する制度であるから、保釈当否の判断は、その性質上勾留事実のみを基準として行われるべきであり、その際勾留されていない追起訴事実の審理刑の執行確保まで併せ考慮することは許されないと解すべきである」として、特別抗告を申し立てたが、最高裁は棄却した。

2 法の解釈

「被告人が甲、乙、丙の三個の公訴事実について起訴され、そのうち甲事実のみについて勾留状が発せられている場合において、裁判所は、甲事実が刑訴法89条3号に該当し、従って、権利保釈は認められないとしたうえ、なお、同法90条により保釈が適当であるかを審査するにあたっては、甲事実の事案の内容や性質、あるいは被告人の経歴、行状、性格等の事情をも考察することが必要であり、そのための一資料として、勾留状の発せられていない乙・丙事実をも考慮することを禁ずべき理由はない。原決定も、この趣旨を判示したものと認められる。所論引用の高松高等裁判所昭和41年10月20日決定（下級裁判所刑事裁判例集8巻10号1346頁）は、勾留状の発せられている起訴事実について裁量保釈が適当と認められる場合には、勾留状の発せられていない追起訴事実の審理のために被告人の身体拘束の継続が必要であることを理由として保釈を拒否すべきではない旨を判示したものであ（る）」。

3 法の適用

抗告理由にあたらない（特別抗告棄却）。

4 コメント

本件は、裁判所が、「適当と認めるとき」に認めることができるとされる、裁量保釈にかかる（保釈の判断方法については、〔本書50〕を参照）。

被告人がA事実について勾留・起訴され、その後B事実についても追起訴されたという場合に、裁量保釈の審査に際して勾留がなされていないB事実について考慮できるかということが本件で争われた問題である。

保釈の相当性は、勾留状が発付されている事件に

ついて判断されるべきである。保釈は勾留に関する処分であるため、それが認められるか否かは勾留理由となっている事件ごとに判断されなければならないからである（事件単位原則）。

A事件について起訴され勾留中の被告人の保釈許否の決定に際して、勾留状の発付されていない余罪たるB事件が裁量保釈事件に該当しないとして保釈請求を却下することは、実質的にはB事件について勾留が行われているのと同じ結果となるため認められない（高松高決昭41・10・20）。したがって、A事実については保釈の理由があるが、B事実についても勾留理由が認められ、かつ仮にB事実について勾留をした場合には保釈の理由がないというようなとき、実務ではあらためてB事実について勾留状を発したうえで、B事件については保釈の要件を満たさないとして保釈請求を却下すべきであるとされる。

このような場合とは異なり、本件ではA事件についての裁量保釈理由の判断をする際に、B事件をその判断の一要素とすることができるか、という点が問題になった。本件では、B事件を判断の一要素としたとしても、それは、被告人の余罪を被告人の経歴、行状や性格の現れのひとつとして考慮するのみであり、勾留状が発付されている訴因とは別の訴因に基づいて保釈の相当性を判断する場合とは異なる、とされた。

ただし、ある事件の保釈審査に関する一資料として余罪を考慮することと、その余罪自体の審理の確保を目的として保釈を許可しないということとは、実際には区別が困難であるとの懸念も示されている。

裁量保釈許可の決定に際して、裁判所は法90条の考慮事情を衡量して保釈を「適当と認める」か否かの判断を行い、保釈の許否を決定する。この判断は、裁判所の自由裁量を認める趣旨ではなく、考慮事情をふまえた具体的合理性のあるものでなければならないことは当然である（なお、本件当時の法90条には裁量保釈の考慮事情に関する文言が存在しなかった）。

余罪が存在したとしても、それは裁判所による認定を経ていない犯罪事実にすぎない。となれば、単に「余罪が存在する」という事実のみを被告人の行状等の徴候として見るべきではなく、余罪が存在することの他に被告人の経歴、行状、性質等を具体的に示す資料があることは、当然の前提となろう。

なお、最高裁は、量刑の際に起訴されていない事実をいわゆる余罪として認定し、実質上余罪を処罰する趣旨で量刑の資料とすることは許されないが、被告人の性格、経歴および犯罪の動機、目的、方法等の情状を推知するための資料としてこれを考慮すること（「量刑のための一情状としてこれを考慮すること」）は問題ないと判示している（最判昭41・7・13）。本決定の枠組みは、これに類似する。

ただし、量刑の場合には、判決理由において余罪がどのような資料として使われたかが明らかにされ

るのに対して、本件のような保釈の許否の判断においては、余罪がいかなる資料として考慮されたかということは明らかにされない。保釈決定の手続を対審化するなどしてその決定過程が透明化され、さらに保釈が認められない場合の理由が明確に示されない限り、他の事件の審理の確保を目的とした保釈請求却下を防ぐこと、すなわち勾留の流用を完全に防ぐことは実際には困難なのではなかろうか。

（笹倉 香奈）

---

52 弁護人の義務

∙∙

📖 栃木最終弁論事件
　　最3小決平成17［2005］年11月29日刑集59巻9号1847頁【LEX/DB28115019】
　　〈関連判例〉
　　東京高判平成23［2011］年4月12日判タ1399号375頁【25500629】

1 事実の概要

被告人は、①営利目的で、帰宅途中の被害者を車両内に無理矢理押し込み、群馬県内の山中まで連行し（営利略取・逮捕・監禁）、②殺意をもって、ロープで被害者の頸部を絞め付け、拳銃で弾丸1発を発射してその身体に命中させて同人を殺害し（殺人）、③その死体を断崖から投棄して遺棄した（死体遺棄）との公訴事実により起訴された。

第一審の宇都宮地裁において、第1回公判期日から第5回公判期日までの間、被告人は上記公訴事実②について、確かにロープを引っ張ったが殺意はなく、共犯者らと殺害について共謀もしていなかった旨の主張・供述をしていた。しかし、論告・弁論が予定されていた第6回公判期日の冒頭で、犯行場所に関する訴因変更手続がなされた際に従前の供述を翻し、公訴事実①の犯行態様の一部を否認するとともに、②③については全面的に否認する旨主張した。

弁護人の申し出により、第7回公判期日には被告人質問が行われた。

第8回公判期日に論告・弁論が行われたが、最終弁論の中で、弁護人は大要、「被告人は捜査段階から第5回公判期日までロープを引っ張り死体を遺棄したことについては認めており、その供述の任意性

には問題がないし、供述内容も十分信用できる。第6回以降の殺人・死体遺棄を全面否認する被告人の供述には明らかに無理がある。弁護人としては一般的には被告人に同調して全面否認の弁護をすべきであるが、公判の最終段階で初めて否認した本件の場合、被告人に同調してそれまでの弁護方針を撤回することは弁護人の任務放棄である」と述べた。弁護人は被告人の殺意の有無についてはこれを肯定し、「被告人は、捜査段階ですべてありのままに供述したことを強調しており、被害者殺害時の供述は生々しいものである。以上の被告人が認め、供述しているようなロープを力一杯引っ張った事実について、弁護人が法的評価、裁判所の認定として被告人に殺意なしとは到底言えない。被告人は、自ら明確な殺意は終始もたなかったことを、心情として『殺意なし』と強調しているものである。弁護人は、裁判所の評価として法的に殺意ありと認定されることを強く否定するとまで思っていないから、殺意について否定する被告人とこれを認める弁護人との間には、実質的には差異がない」とした。

被告人は最終弁論に引き続いて行われた最終陳述において、殺人・死体遺棄の公訴事実を否認する点については明確に述べず、「自分でやっちゃったことですから、一生重荷を背負って墓の中までもって

いかないといけない、誠に悪いことをした」などと陳述し、弁護人の最終弁論に対する不服は述べなかった。

第一審判決は、最終弁論の内容には、被告人の第6回公判期日以降の供述に関して裁判所に慎重な検討を求めるとする部分があり、これが第一次的な主張であると解されるとし、また、第7回公判期日の被告人質問で弁護人が被告人の言い分を引き出す質問を粘り強く行っていることなどからして、弁護人の一連の訴訟活動、審理経過、被告人の第6回公判期日以降の供述に信用性がないことなどを総合考慮すれば、本件訴訟手続において、被告人の防御権・弁護人選任権が侵害されたとまで評価できる事情はないと判示して、被告人に有罪（懲役17年）を言い渡した。

被告人は控訴審では本件の最終弁論に関する主張を行わなかった。しかし、上告趣意で、本件最終弁論は、第6回公判期日以降の被告人の供述を前提としないで有罪主張をするものであるのに、裁判所は弁護人にさらに弁論を尽くさせるなどせず、この主張を放置して結審しているから、第一審の訴訟手続は被告人の防御権ないし弁護人選任権を侵害する違法なものであると主張した。

最高裁は上告を棄却した。

2 法の解釈

事例判断であり、一般的な解釈は行われていない。

3 法の適用

「なるほど、殺人、死体遺棄の公訴事実について全面的に否認する被告人の第6回公判期日以降の主張、供述と本件最終弁論の基調となる主張には大きな隔たりがみられる。しかし、弁護人は、被告人が捜査段階から被害者の頸部に巻かれたロープの一端を引っ張った旨を具体的、詳細に述べ、第一審公判の終盤に至るまでその供述を維持していたことなどの証拠関係、審理経過を踏まえた上で、その中で被告人に最大限有利な認定がなされることを企図した主張をしたものとみることができる。また、弁護人は、被告人が供述を翻した後の第7回公判期日の供述も信用性の高い部分を含むものであって、十分検討してもらいたい旨を述べたり、被害者の死体が発見されていないという本件の証拠関係に由来する事実認定上の問題点を指摘するなどもしている。な

お、被告人本人も、最終意見陳述の段階では、殺人、死体遺棄の公訴事実を否認する点について明確に述べないという態度を取っている上、本件最終弁論に対する不服を述べていない。

以上によれば、第一審の訴訟手続に法令違反があるとは認められない」。

4 コメント

（1）本件では、弁護人が最終弁論の段階で、被告人とは相反する主張を行った。最終弁論は一般には弁護人の固有権であり、被告人の意見には拘束されないといわれる（293条2項）。そうであるとしても、被告人の以前の供述の信用性がより高いとの弁護人自身の評価を前提として、被告人の主張とは相容れない最終弁論を行うことが許されるのであろうか（なお、被告人は第6回公判期日以前から殺意を否認していた。しかし、弁護人は自らの「法的評価」をふまえ、被告人には殺意があったことを前提とする最終弁論を行っている）。

弁護人には被告人に対する「誠実義務」がある。誠実義務とは、被告人の利益に反するような訴訟活動を弁護人は行ってはならないという義務である。日弁連の「弁護士職務基本規程」も、「弁護士は……誠実かつ公正に職務を行うものとする」（5条）、「弁護士は、被疑者及び被告人の……権利及び利益を擁護するため、最善の弁護活動に努める」（46条）と定める。

これに対して、一般的に弁護人には「真実義務」があるともされる。つまり、弁護人は法曹の一翼を担う者として裁判所の真実発見に協力すべき義務がある、とされるのである。

誠実義務と真実義務はしばしば対置的に論じられる。たとえば弁護人が被告人から真犯人である旨を個人的に告白されたとき、裁判所において被告人が無罪であるとの主張をしてもいいのかという問題が現れた場合には、ふたつの義務の葛藤が生じる。

もっとも、本件では、ふたつの義務の葛藤は生じていない。なぜならば上記のような場合とは異なり、本件では、弁護人が従前の証拠関係や審理経過を踏まえたうえで「最善の弁護」を採用したといえるのか、それが被告人との関係で誠実義務に違反しないかということが問題になっているからである。

（2）本件で、最高裁は具体的事案に関する判断に徹しており、いかなる場合に最終弁論が違法となるかに関する一般的な規範を定立しているわけではな

VIII

い。

ただ、本決定は、①証拠関係と審理経過を踏まえたうえで「被告人に最大限有利な認定がなされることを企図した主張」が行われているという点、②弁護人は被告人が否認に転じた後の供述についても、信用性が高い部分があること、本件の証拠関係に由来する事実認定上の問題があることも指摘しているという点、③被告人本人も最終弁論への不服を述べていないという点を指摘する。したがって、これらの事実が異なる事案では別の判断が行われることも示唆された。

なお、本決定に付されている上田豊三裁判官の補足意見は、より一般的に次のように述べる。

「刑事訴訟法が規定する弁護人の個々の訴訟行為の内容や、そこから導かれる訴訟上の役割、立場等からすれば、弁護人は、被告人の利益のために訴訟活動を行うべき誠実義務を負うと解される。したがって、弁護人が、最終弁論において、被告人が無罪を主張するのに対して有罪の主張をしたり、被告人の主張に比してその刑事責任を重くする方向の主張をした場合には、前記義務に違反し、被告人の防御権ないし実質的な意味での弁護人選任権を侵害するものとして、それ自体が違法とされ、あるいは、それ自体は違法とされなくともそのような主張を放置して結審した裁判所の訴訟手続が違法とされることがあり得ることは否定し難いと思われる。

しかし、弁護人は、他方で、法律専門家（31条1項）ないし裁判所の許可を受けた者（同条2項）として、真実発見を使命とする刑事裁判制度の一翼を担う立場をも有しているものである。また、何をもって被告人の利益とみなすかについては微妙な点もあり、この点についての判断は、第一次的に弁護人にゆだねられると解するのが相当である。さらに、最終弁論は、弁護人の意見表明の手続であって、その主張が、実体判断において裁判所を拘束する性質を有するものではない。

このような点を考慮すると、前記のような違法があるとされるのは、当該主張が、専ら被告人を糾弾する目的でされたとみられるなど、当事者主義の訴訟構造の下において検察官と対峙し被告人を防御すべき弁護人の基本的立場と相いれないような場合に限られると解するのが相当である。

本件最終弁論は、証拠関係、審理経過、弁論内容の全体等からみて、被告人の利益を実質的に図る意図があるものと認められ、弁護人の前記基本的立場

と相いれないようなものではなく、前記のような違法がないことは明らかというべきである」。

すなわち、一般的に「当事者主義の訴訟構造の下において検察官と対峙し被告人を防御すべき弁護人の基本的立場と相いれないような場合」には、被告人の主張と異なる弁護人の最終弁論は違法になるとされている。もっとも、その具体的な場面については、「当該主張が、専ら被告人を糾弾する目的でされたとみられる」場合が例として挙げられている。

（3）本件の事案では、被告人が否認に転じた段階で、弁護人が被告人と十分な意思疎通を行い、専門家としての助言を行ったのかなど、疑問も残る。しかし他方で、弁護人が事件についての専門家としての判断をしたうえで「最善の弁護」をしたと見られる余地もある。

これに対して、その後問題となった事案に、東京高判平23・4・12がある。

この事例では、原審弁護人が証人に対する反対尋問で被告人の希望する事項を尋問しないなど、被告人と原審弁護人の間で防御方針について意思の統一がされていなかったところ、原審弁護人の最終弁論が被告人に著しく不利益な内容の違法・不当なものであったのに、原裁判所は、その違法を是正することなく結審したから、そのような措置は被告人の防御権ないし弁護人選任権を著しく侵害したと被告人が主張した。

東京高裁は、「原審弁護人は、その最終弁論に現れているように、被告人の有罪を確信するとともに、被告人の弁解は不合理・不自然であると断じ、差戻し前控訴審判決による『破棄・差戻し』は無意味であると批判する姿勢を堅持している。原審の証人尋問において、原審弁護人が、当初こそ被告人の意向を酌んだ反対尋問を行っていたものの、その後は、被告人の意向に沿った反対尋問を行わず、さらには、被告人質問において、被告人から回答を拒絶されるに至ったのは、上記のような姿勢に由来するものと看取することができる。殊に、原審弁護人は、差戻し前控訴審判決により原審で行うべきであるとされていた、被告人の現行犯逮捕手続及びそれに引き続いて行われた被告人から口腔内細胞を採取した手続の適法性に関し十分な証拠調べを行うことについて、全く意義を見出さなかったため、被告人の主張に即した弁護活動を行う意欲を欠いていたとみざるを得ない。

そうすると、原審弁護人は、被告人の利益のため

に訴訟活動を行うべき誠実義務に違反し、被告人の防御権及び実質的な意味での弁護人選任権を侵害しているというほかなく、それを放置して結審した原審の訴訟手続には法令違反がある（最決平17・11・29刑集59巻9号1847頁参照）。原裁判所は、少なくとも、原審弁護人の違法な訴訟活動が明らかになった最終弁論の時点で、国選弁護人である原審弁護人を交替させるなどして、不適切に行われた証人に対する反対尋問の部分及び被告人質問並びに最終弁論をそれぞれ補完する必要があったというべきである。原裁判所は、上記の違法がある状態をそのままにして、有罪の判断をすることは許されなかったのであるから、原審の訴訟手続の法令違反が判決に影響を及ぼすことは明らかである」と述べて、原判決を破棄し、自判した。

東京高裁の判決は、本決定の補足意見を引きつつ、「被告人の利益のために訴訟活動を行うべき誠実義務に違反し、被告人の防御権及び実質的な意味での弁護人選任権を侵害している」か否かを基準とした上で、初めて誠実義務違反があったとして、弁護人が被告人の防御権を侵害したと認定した。

事例の集積により、どのような場合に弁護人の誠実義務違反があるのか、具体的に明らかになることが期待される。

（笹倉 香奈）

53 共同被告人の証人適格

📖 たばこ専売法違反共謀事件

最2小判昭和35［1960］年9月9日刑集14巻11号1477頁【LEX/DB27681070】

〈関連判例〉

大阪高判昭和27［1952］年7月18日高刑集5巻7号1170頁【27914511】

最1小決昭和29［1954］年6月3日刑集8巻6号802頁　【27760469】

最1小決昭和31［1956］年12月13日刑集10巻12号1629頁【24002717】

最大判昭和32［1957］年2月20日刑集11巻2号802頁　【27610894】

1 事実の概要

X、Y、およびZは、同一のたばこ専売法違反の事実につき互いに共謀したものとして同一起訴状により起訴され、審理は併合して行われた。第一審裁判所は第3回公判期日において、被告人らを相互に証人として尋問するため、Xの事件をYおよびZの事件から分離して審理する旨決定し、第4回公判期日においてYおよびZの事件についてXが証人として尋問された後、同日再びXの事件を併合した。次いでYおよびZの事件についても、それぞれを同様に分離して、同人以外の事件の証人としてそれぞれを尋問した後、これを併合して審理する旨の決定がなされた。さらに、第5回公判期日においては、被告人らの証人尋問調書をそれぞれの被告人らに対する起訴事実を立証するため、刑事訴訟法322条の証拠として職権で取り調べた。同期日において、裁判官は、被告人質問の冒頭で被告人らに対しそれぞれ証人として述べたことに誤りはないかどうかを問い、被告人らは誤りのない旨供述した。

第一審裁判所は、X、Yの証人尋問調書及び公判廷における供述等により、X、Yに有罪を言い渡した（宇都宮地判昭31・11・9。なお、Zについては犯罪の証明が十分ではないとし、無罪判決を言い渡した）。

X、Yは、第一審裁判所の措置は、被告人自身を自己の刑事事件の証人として尋問したのと異ならず、そのような措置は被告人の黙秘権の侵害ないしは黙秘権の放棄を認める結果となり、また証人としての証言拒否権と被告人としての黙秘権とは本質的に異なるものであるから、証人としての証言をその証人に対するまったく同一な内容の公訴事実の立証に用いることは実質的に被告人に供述を強制する結果となり、また証人への反対尋問権を奪う点において憲法37条2項、38条1項に反すると主張し、控訴した。

控訴審は「共同被告人でも事件が分離された後他の被告人の証人として証言することは差し支えなく、また他の事件の証人としての証言が自己の犯罪に対して証拠となることはいうまでもない」とし

て、第一審裁判所の措置は正当であるとした。また、「証人としての証言拒否権も被告人としての黙秘権もひとしく憲法第38条第1項の規定に由来するものであって、両者は所論のごとく本質的に異なるものではな」く、「共同被告人の一人を他の共同被告人の事件より分離して証人として尋問することは、もとよりその証人自身の被告人としての黙秘権を侵害し若しくはこれを放棄せしめたことにならないのであり、また、その証人としての証言を当該被告人の公訴事実の立証に用いたからといって実質的に被告人に供述を強制する結果となるものではない。……なおまた、所論証人に対する反対尋問権に関する憲法第37条第2項の規定は、自己の刑事事件について尋問せられた証人に対し当該被告人に認められた権利であって、所論のごとき場合に関するものではない」として、控訴を棄却した（東京高判昭32・7・30）。

弁護人は、「苟くも現に被告人として自己の事件につき黙否権を有する以上は、同一事実につき、被告人としての危険よりも軽微な危険を予想して設けられた証言拒絶権のあることを理由として他の被告人に対する証人として尋問し、右証言を記載した書面を被告人自身の事件についての証拠として採用することは明らかに憲法38条第1項の解釈を誤つたものである」として上告したが、最高裁判所は上告を棄却した。

2 法の解釈

憲法38条1項が、「何人も自己が刑事上の責任を問われる虞れのある事項について供述を強要されないことを保障したものであることは昭和……32年2月20日大法廷判決……に示されているとおりであるところ、共同被告人を分離して証人として尋問しても、同証人は自己に不利益な供述を拒むことができ、これを強要されるものでないこと（昭和……29年6月2日第1小法廷決定……参照）および共同被告人でも事件が分離された後、他の共同被告人の証人として証言することは差支えなく、また他の事件の証人としての証言が自己の犯罪に対しても証拠となること（昭和……31年12月13日第1小法廷決定……参照）もまた当裁判所の判例とするところである」。

3 法の適用

違憲の主張は採用できないとして、上告を棄却した。

4 コメント

(1) ある被告人の事件が他の被告人の事件と併合して審理される場合、それらの被告人のことを「共同被告人」という。「共犯者」というのは実体法上の概念であり、共犯者が「共同被告人」となっている場合となっていない場合とがあることには注意が必要である。

共同被告人ではない者を含め、共犯者の「自白」を補強証拠なくして被告人に対する証拠として使用することができるか否かという、本項とは別の論点については、〔本書87〕を参照。

(2) 本件で確認されたのは以下の3点である。①共犯者たる共同被告人を分離して証人として尋問することは許される（手続を分離すれば、共同被告人には証人適格が存在する）、②このような尋問方法は不利益な供述を強制するものではない、③当該証言は、被告人の自己に対する事件において証拠として用いることができる。

(3) 最高裁は従来の判例を掲げ、第一審裁判所の措置に問題はなかったとする。たしかに、①の点については引用されている最決昭31・12・13が、②の点については、同様に引用されている最決昭29・6・3が、③の点については上記・昭和31年決定が同様の判示をすでに行っており、その意味では、本判決は従来の判例の流れに位置づけられ、最高裁の立場を再確認したものといえる。

(4) 被告人は包括的黙秘権を持つので、自己の事件で強制的に供述をさせることはできない。また、「凡そ被告人は訴訟の当事者として供述の義務なくいわゆる黙否権を有するに反し、証人は当該事件の第三者たることをその資格要件とし宣誓をなした上真実を証言する義務を有するものであるから」、被告人が黙秘権を放棄した場合であっても、被告人に宣誓させ、自らの事件において証人として証言させることはできない（大阪高判昭27・7・18）。

(5) それでは、弁論を分離した場合には、共同被告人に証人適格が認められるか。

物証を挙げることが困難であり、しかも被告人が否認をしているような事件においては、このように共同被告人について弁論を分離して共同被告人を証人として尋問し、その供述内容を証拠とするということが実務上はしばしば行われる。

たとえば、X、Yが共同被告人である場合、Yの弁論を分離して、YをXの事件の証人として尋問し、「Xと共に犯行をした」旨のYの証人尋問調書

をY自身の事件において証拠として用いるという、本件でとられたような方法である。

　Y自身の事件において、Yが被告人として自白を行ったとしても、自白に関する補強法則（憲法38条3項、刑訴法319条2項3項）の適用があるためYの当該自白のみに基づいて有罪判決を言い渡すことはできない。しかし、上述のような方法をとれば、YのXの公判における証人尋問調書をY自身の事件において、Yの自白に対する補強証拠として用いることができる。そこでこのような方法が採用される。

　このとき、YはXの事件については被告人としての地位を失うので、包括的黙秘権の保障を受けず（憲法38条1項は自己負罪拒否特権に関する規定であり、包括的黙秘権を保障したものではないというのが判例の立場であるため、被告人としての地位を喪失したYは、無制約に行使できる包括的黙秘権〔311条〕を行使することができない）、証言を拒絶できる事項は限定されるし（146条ないし149条）、証言を拒絶する場合は拒絶の理由を述べなければならない（刑訴規122条）が、もちろん証言を拒絶することは自らの有罪を自認するに等しくなる。また、証言に先だって宣誓をすることが義務づけられており、偽証罪の制裁のもとに証言を強制されることとなる。さらに、Xによる反対尋問にも答えなければならないし、弁護人の援助を受けることもできない。このようにYは困難な立場におかれることになる。

　この点に着目して、第一審裁判所がとった措置はYの黙秘権を侵害するものではないか、というのが上告審における弁護人の主張であった。本判決はこの主張をしりぞけた。しかし、共同被告人としての地位を有する者が立たされるこのように困難な立場について、本判決は実質的には何らの応答もしていない。

　(6)　上記のような危険性にかんがみて、共同被告人については弁論を分離した場合であっても、本人の申し出がない限り強制的に証人として喚問することはできないという考え方や、このような「仮の分離」の場合は実質的には被告人として包括的な黙秘権を認めるべきである等の見解が、なお有力に主張されていることをわすれてはならない。

　なお、本件では、分離後の共同被告人の証人尋問調書以外にも補強証拠があったことには注意が必要である。このような場合に限って、本件のような措置をとったとしても問題はなかったということも本判決は含意するのではなかろうか。

（笹倉　香奈）

54　迅速な裁判

〔📖 高田事件

　最大判昭和47[1972]年12月20日刑集26巻10号631頁【LEX/DB27760987】
　〈関連判例〉

最大判昭和23[1948]年12月22日刑集2巻14号1853頁	【27760089】	
最2小判昭和24[1949]年3月12日刑集3巻3号293頁	【27760105】	
最大判昭和24[1949]年11月30日刑集3巻11号1857頁	【27760160】	
最2小判昭和25[1950]年7月7日刑集4巻7号1226頁	【24001020】	
東京地八王子支判昭和37[1962]年5月16日下刑集4巻5・6号444頁	【27915144】	［八王子職安事件］
最2小判昭和48[1973]年7月20日刑集27巻7号1322頁	【21043350】	［大同製鋼事件］
最2小判昭和49[1974]年5月31日判時745号104頁	【27761033】	［近畿電工事件］
最1小判昭和50[1975]年8月6日刑集29巻7号393頁	【27761054】	［姫路市水道損壊事件］
最2小決昭和53[1978]年9月4日刑集32巻6号1652頁	【27761085】	［大須事件］
最1小判昭和55[1980]年2月7日刑集34巻2号15頁	【27761116】	［峯山事件］
最3小決昭和55[1980]年7月4日集刑218号117頁	【27817583】	［羽田空港ビル内デモ事件］
最2小判昭和58[1983]年5月27日刑集37巻4号474頁	【27761185】	［川崎飲食店主殺害事件］

□1□ 事実の概要

　高田事件とは、名古屋地方裁判所・刑事第3部に係属していた一連の公安事件（昭和27年5月から6月にかけて発生した、高田派出所事件、大杉事件、米軍宿舎事件、民団事件と呼ばれる、5つの訴因に係る事件）を総称するものである。被告人は当初31名で

あり、うち20名が同時期に発生し、同地裁刑事第1部に係属された大須事件についても起訴され、うち5名は、同じく同時期に発生し同地裁刑事第2部に係属した中村県税事件等の被告人となっていた。

名古屋地裁刑事第3部は、被告人Ⅹほか25名については、昭和28年6月18日の第23回公判期日、Yほか3名については、昭和29年3月4日の第4回公判期日までは審理をしたが、その後昭和44年6月10日に同刑事第3部により新たに公判手続が更新され、事件が引き継がれるまで、15年余りの間、全く公判審理を開かなかった。

そこで、第一審（名古屋地判昭44・9・18）は、①時間の経過により可罰性が著しく減少していること、②真実究明のための証拠の散逸及び被告人の反対尋問権に対する不当な侵害等の効果が生じていること、③訴訟遅延は被告人の責によるものではなく、やむを得ない事由によるものでもないことを認めたうえで、「迅速な裁判を保障した右憲法第37条第1の規定が、単なるプログラム規定に留まらず、刑事被告人……の具体的権利を保障した強行規定と解するところ、右権利の侵害の有無について判断するにあたっては、その対象となる当該事件の性格、難易、遅延の程度、証拠の性質や量、証拠調の実施の点についての難易、事件の処理にあたる裁判所その他の訴訟関係人の人的物的体勢、遅延の主たる原因とその態様、即ち公判審理がどのようなやり方でどの程度まで進められているか等諸般の事情を綜合勘案したうえ、事案の真相究明の要請、被告人の人権保障の必要性など刑事訴訟法第1条に規定している目的や利益を十分に比較衡量して判断すべきであるが、右基準に照すときは、本件はまさに右憲法によって保障された被告人の迅速な裁判を受ける権利を著しく侵害するに至ったものといわざるを得ない」とし、公訴時効が完成した場合に準じて、刑訴法337条4号により被告人らをいずれも免訴するのが相当であるとした。

控訴審判決（名古屋高判昭45・7・16）は第一審判決を破棄し、本件を名古屋地方裁判所に差し戻した。控訴審判決は、当初弁護人側から本件の審理を中断してほしい旨の要請があり、その後訴訟関係人から審理促進の申出がなかったとしても、第一審裁判所が15年余の間まったく本件の審理を行わないで放置し、裁判を著しく遅延させる事態を招いたのは、まさにこの憲法によって保障された本件被告人らの迅速な裁判を受ける権利を侵害したものといわ

ざるを得ないとしつつ、現行刑訴法には訴訟の遅延から被告人を救済する規定はなく、法解釈によってその救済をする余地はないとして刑訴法337条4号によって被告人らを免訴できるとした第一審判決には誤りがあるとした。

被告人が上告した。大法廷は原判決を破棄し、検察官の本件各控訴を棄却した。

2 法の解釈

「憲法37条1の保障する迅速な裁判をうける権利は、憲法の保障する基本的な人権の1つであり、右条項は、単に迅速な裁判を一般的に保障するために必要な立法上および司法行政上の措置をとるべきことを要請するにとどまらず、さらに個々の刑事事件について、現実に右の保障に明らかに反し、審理の著しい遅延の結果、迅速な裁判をうける被告人の権利が害せられたと認められる異常な事態が生じた場合には、これに対処すべき具体的規定がなくても、もはや当該被告人に対する手続の続行を許さず、その審理を打ち切るという非常救済手段がとられるべきことをも認めている趣旨の規定であると解する。

刑事事件について審理が著しく遅延するときは、被告人としては長期間罪責の有無未定のまま放置されることにより、ひとり有形無形の社会的不利益を受けるばかりでなく、当該手続においても、被告人または証人の記憶の減退・喪失、関係人の死亡、証拠物の滅失などをきたし、ために被告人の防禦権の行使に種々の障害を生ずることをまぬがれず、ひいては、刑事司法の理念である、事案の真相を明らかにし、罪なき者を罰せず罪ある者を逸せず、刑罰法令を適正かつ迅速に適用実現するという目的を達することができないことともなるのである。上記憲法の迅速な裁判の保障条項は、かかる弊害発生の防止をその趣旨とするものにほかならない」。

「審理の著しい遅延の結果、迅速な裁判の保障条項によって憲法がまもろうとしている被告人の諸権利が著しく害されていると認められる異常な事態が生ずるに至った場合には、さらに審理を進めても真実の発見ははなはだしく困難で、もはや公正な裁判を期待することはできず、いたずらに被告人らの個人的および社会的不利益を増大させる結果となるばかりであって、これ以上実体的審理を進めることは適当でないから、その手続をこの段階において打ち切るという非常の救済手段を用いることが憲法上要請されるものと解すべきである」。

「そもそも、具体的刑事事件における審理の遅延が右の保障条項に反する事態に至っているか否かは、遅延の期間のみによって一律に判断されるべきではなく、遅延の原因と理由などを勘案して、それ遅延がやむをえないものと認められないかどうか、これにより右の保障条項がまもろうとしている諸利益がどの程度実際に害せられているかなど諸般の情況を総合的に判断して決せられなければならないのであつて、たとえば、事件の複雑なために、結果として審理に長年月を要した場合などはこれに該当しないこともちろんであり、さらに被告人の逃亡、出廷拒否または審理引延しなど遅延の主たる原因が被告人側にあった場合には、被告人が迅速な裁判をうける権利を自ら放棄したものと認めるべきであつて、たとえその審理に長年月を要したとしても、迅速な裁判をうける被告人の権利が侵害されたということはできない」。

3 法の適用

「原判決の判断は、……憲法37条1項の迅速な裁判の保障条項の解釈を誤ったものといわなければならない」。

「被告人らが迅速な裁判をうける権利を自ら放棄したとは認めがたいこと、および迅速な裁判の保障条項によってまもられるべき被告人の諸利益が実質的に侵害されたと認められることは、前述したとおりであるから、本件は、昭和44年第一審裁判所が公判手続を更新した段階においてすでに、憲法37条1項の迅速な裁判の保障条項に明らかに違反した異常な事態に立ち至っていたものと断ぜざるを得ない。したがって、本件は、冒頭説示の趣旨に照らしても、被告人らに対して審理を打ち切るという非常救済手段を用いることが是認されるべき場合にあたるものといわなければならない。

刑事事件が裁判所に係属している間に迅速な裁判の保障条項に反する事態が生じた場合において、その審理を打ち切る方法については現行法上よるべき具体的な明文の規定はないのであるが、前記のような審理経過をたどった本件においては、これ以上実体的審理を進めることは適当でないから、判決で免訴の言渡をするのが相当である」。

4 コメント

(1) 本判決の意義は、第1に、憲法37条1項で保障されている迅速な裁判を受ける権利が単なるプロ

グラム規定ではなく、具体的な権利を保障した規定であるということを認めた点にある。そして、第2に、裁判の遅延が迅速な裁判の保障条項に違反した異常な事態に立ち至っているような場合には、審理を打ち切るという非常救済手段を用いるべきであり、本件の場合には免訴が言い渡されるべきであるとした点である。

(2) 従来、最高裁判所は、迅速な裁判を受ける権利が侵害されたとしても手続は打ち切られないという立場を採用していた。たとえば最大判昭23・12・22は、第一審の判決言い渡し後、控訴審の第1回公判期日までに約5か月を要したという窃盗事件において「裁判に迅速を欠いた違法があるからといって、第二審判決を破棄すべきものとすれば、差戻す外はない。しかし、そうしたならば、裁判の進行は更に一層阻害されて、憲法の保障はいよいよ裏切られる矛盾を生ずるであろう。それ故裁判が迅速を欠き憲法第37条第1項に違反したとしても、それは判決に影響を及ぼさないことが明らかであるから、上告の理由とすることができないものと解さなければならない」と判示した。

その後、最判昭24・3・12、最大判昭24・11・30、最判昭25・7・7等も、上記昭和23年判決を引き、たとえ審判が遅れ憲法37条1項に違反する状況が生じたとしても、それは判決に影響を及ぼすことがないから上告理由にならないとしてきた。

このような一連の判例は、迅速な裁判の保障条項には実効性がなく、実効性のあるものにするためには立法が必要となるような単なるプログラム規定にすぎないとの最高裁の立場を示唆するものであった。

このような状況のなか、本判決が出された。本判決は、迅速な裁判の保障条項に実効性を認め「具体的な規定はない」にもかかわらず、手続の打ち切りを認めた。本判決は、それまでの判例を変更するとは明言しないものの実質的な判例の変更がなされたとも考えうる。

(3) 本判決は、迅速な裁判の保障条項の違反があり、手続が打ち切られる事態に至っているか否かを判断するには「『迅速な裁判』とは、具体的な事件ごとに諸々の条件との関連において決定されるべき相対的な観念である」ということを前提に、個別事件ごとの判断がなされるべきであるとし、「遅延期間」、「遅延原因」、「遅延理由」にかんがみ、諸般の状況を総合的に判断するという判断方法を採用し

VIII

た。

本判決は、被告人が訴訟を遅延させる行為を行うということは許されないが、少なくとも検察官の立証段階で審理が中断されたような場合において、被告人側が積極的に迅速な裁判を要求する行動に出ていたこと（たとえば、期日指定の申立をするなど）は、救済を受けるうえで必要とはされていない（被告人側に何らかのアクションを求めるという考え方を、「要求法理」という）。

なお、被告人側の反証段階で審理が中断されたような場合については、本判決では何ら判示は行われていない。

(4) 手続の打ち切りの方法については、従来、免訴によるべきか、公訴棄却によるべきかが争われていた（338条4項を準用し、公訴棄却によるべきであるとしたものとして、東京地八王子支判昭37・5・16［八王子職安事件］がある）。本件の第一審判決は、337条4号の準用により免訴を言い渡した。

本判決は、第一審判決が「結論において正当である」とはしているものの、「前記のような審理経過をたどつた本件においては、これ以上実体的審理を進めることは適当でないから、判決で免訴の言渡をするのが相当」であると判示するにとどまり、337条4号の準用が正当であると積極的には言及していない。本判決がいかなる条項に基づいて免訴を行ったかについては明らかでなく、超法規的に手続の打ち切りが認められる免訴の1類型と考えられよう。なお、迅速な裁判条項違反の場合に「免訴」という手段が常に採られるべきであるとはされておらず、公訴棄却が採られる余地も残されている。

(5) ただし、迅速な裁判の保障条項に基づいて手続の打ち切りを認めたという点で画期的であると評価されている本判決以降、最高裁において裁判の遅延を原因として手続きの打ち切りが認められた事例はない（最判昭48・7・20［大同製鋼事件］、最判昭49・5・31［近畿電工事件］、最判昭50・8・6［姫路市水道損壊事件］、最決昭53・9・4［大須事件］、最判昭55・2・7［峯山事件］、最決昭55・7・4［羽田空港ビル内デモ事件］、最判昭58・5・27［川崎飲食店主殺害事件］など。このうち、姫路市水道損壊事件および峯山事件には、団藤裁判官らの反対意見が付されている）。下級審裁判例においても、具体的事件の解決として手続が打ち切られた例は存在しない。

これら一連の判例は、上述の要求法理との関係でとくに問題がある。たとえば大同製鋼事件判決は、検察官立証の後の被告人の反証段階で、近畿製鋼事件判決および姫路市水道損壊事件判決では被告人の申し立てによる控訴審の段階において、被告人側は審理の促進を要求しなければならないと言及する。つまり、これらの手続の段階では要求法理の適用が採用されたとも読める。

また、峯山事件判決では、検察官立証段階においても、被告人側から訴訟促進が行われた形跡がないことが判断要素となっている。この点については、同じ手続段階において、「要求法理は必要ない」とした高田事件判決の判示内容と矛盾しないか、疑問である。実際、峯山事件判決には、この点について高田事件判決との相違があるので問題である旨を指摘する、団藤裁判官の反対意見が付されている。

(6) 平成15年7月には「裁判の迅速化に関する法律」（平成15年7月16日法律第107号）が成立し、公布された。同法は、裁判迅速化のための責務を、国、政府、日本弁護士連合会、裁判所、および当事者に課している（同法3条ないし7条）。

間歇的な期日開廷により迅速な裁判の実現が妨げられてきたことにかんがみれば、継続（集中）して審理を行うことが一般論としては要求されよう（281条の6第1項、同2項。平成16年改正）。とくに裁判員制度の開始により、そのような必要性は高まった。継続審理の実現のため、平成17年11月から公判前整理手続が施行され、証拠開示などの手続が規定されている（316条の2以下）。

ただし、留意する必要があるのは、憲法はあくまで被告人の権利として「迅速な裁判」を保障しているということである。被告人の納得を得られない「拙速裁判」となりうるような訴訟の促進は許されない。被告人の防御を犠牲にさせてまで、迅速化への協力と義務を負わせるような期日設定の方式は、問題となろう。

なお、検察官上訴についても、被告人の迅速な裁判を受ける権利という観点から再検討が必要であるとの議論も存在する。

（笹倉 香奈）

55 証人の保護と裁判公開・証人審問権

📖 愛知筋違い意趣返し強姦事件

最1小判平成17[2005]年4月14日刑集59巻3号259頁【LEX/DB28105150】

〈関連判例〉

最大判昭和25[1950]年3月15日刑集4巻3号355頁	【27760172】	
最大判昭和25[1950]年3月15日刑集4巻3号371頁	【27760174】	
最大判昭和30[1955]年4月6日刑集9巻4号663頁	【27760516】	[平沢事件]
最大判昭和31[1956]年12月26日刑集10巻12号1746頁	【27660503】	
最大決昭和33[1958]年2月17日刑集12巻2号253頁	【27760603】	[北海タイムス事件]
最大判平成元[1989]年3月8日民集43巻2号89頁	【27803181】	[レペタ訴訟]

1 事実の概要

被告人が、かつて自分と交際していた女性と駆け落ちした知人Bへの意趣返しをしようとして、刑務所を満期出所後、Bの留守中にその家を訪れた際、Bの妻のAに対して、口を両手でふさぎ頸部を押さえつける等の暴行を加えて全治7日間を要する傷害を負わせ、さらに数時間後、Aと会話中に同女に覆い被さり身動きできなくしたうえで、反抗を抑圧して強いて姦淫したという、傷害および強姦被告事件である。

被告人は、傷害の事実について否認し、強姦の事実については和姦であると主張した。直接の目撃者もいないことから、被告人の供述とAの供述とのいずれを信用できるかが第一審の争点となった。

第5回公判の被害者Aの証人尋問の際には、ビデオリンク方式（刑訴法157条の4（現157条の6）第1項）に加えて、証人が映るテレビモニターと被告人（刑訴法157条の3（現157条の5）第1項）、同じく証人が映るモニターと傍聴人（刑訴法157条の3（現157条の5）第2項）との間に遮へい措置が併用された。

第一審裁判所（名古屋地一宮支判平16・2・25）は、被告人の供述は趣旨不明・不合理で首尾一貫しておらず、これに対してAの供述は、犯行後にAと会ったBらの供述とも整合的であり、客観的な状況証拠とも一致して高い信用性が認められるから、傷害および強姦の事実については認められるとし、被告人に有罪判決（懲役4年10月、未決勾留日数450日を算入）を言い渡した（求刑は5年）。

被告人は、証人尋問の際のビデオリンクおよび遮へい措置が、刑訴法377条3号の「審判の公開に関

する規定に違反したこと」に該当するとともに、被告人の反対尋問権を侵害する違法なものであるから、これによって得られた供述には証拠能力がなく、そのような証拠から罪となるべき事実を認定した第一審判決には判決に影響を及ぼすことが明らかな訴訟手続の法令違反がある、などとして控訴した。

控訴審判決（名古屋高判平16・6・29）は、本件事案および被告人が捜査段階から事実を争っていることにかんがみると、証人には被害時の具体的状況はもとより、被害を受けるに至った経緯、事情等について詳細な供述が求められると予測されたこと、証人が本件の被害者であり、被告人からの報復をおそれていることなどを合わせ考えると、証人にとっては、被告人の面前で供述することや、被告人や傍聴人から見られた状態で供述することは、心理的圧迫を受け、精神の平穏を著しく害される虞があるといえ、ビデオリンク方式に加え、証人像が映し出されたモニターと被告人、同モニターと傍聴人との間に遮へい措置を施す方法での証人尋問を行った原審の措置は正当であり、審判の公開規定に反する余地はないし、本件証人尋問には被告人の弁護人も立ち会っていたことも合わせると、被告人の証人尋問権を侵害するような事情はないと判断し、控訴を棄却した。

被告人は、①証人と傍聴人との間の遮へい措置、あるいはビデオリンク方式、さらにはビデオリンク方式によったうえで傍聴人と証人との間で遮へい措置が採られることを認めた刑訴法の規定は、公開原則に関する憲法の規定（37条1項、82条1項）に違反し、②証人尋問の際、被告人と証人との間に遮へ

い措置を採り、あるいはビデオリンク方式により、さらには、ビデオリンク方式によったうえで被告人から証人の状態を認識できなくする遮へい措置を認めた刑訴法の規定は、被告人の証人審問権（37条2項前段）を侵害するなどと主張して上告したが、最高裁判所は上告を棄却した。

2 法の解釈と適用①

● 法の解釈 ●●

「証人尋問が公判期日において行われる場合、傍聴人と証人との間で遮へい措置が採られ、あるいはビデオリンク方式によることとされ、さらには、ビデオリンク方式によった上で傍聴人と証人との間で遮へい措置が採られても、審理が公開されていることに変わりはない」。

● 法の適用 ●●

刑訴法157条の3（現157条の5）、157条の4（現157条の6）は、憲法82条1項、37条1項に違反しない。

3 法の解釈と適用②

● 法の解釈 ●●

「証人尋問の際、被告人から証人の状態を認識できなくする遮へい措置が採られた場合、被告人は、証人の姿を見ることはできないけれども、供述を聞くことはでき、自ら尋問することもでき、さらに、この措置は、弁護人が出頭している場合に限り採ることができるのであって、弁護人による証人の供述態度等の観察は妨げられないのであるから、前記のとおりの制度の趣旨にかんがみ、被告人の証人審問権は侵害されていないというべきである。ビデオリンク方式によることとされた場合には、被告人は、映像と音声の送受信を通じてであれ、証人の姿を見ながら供述を聞き、自ら尋問することができるのであるから、被告人の証人審問権は侵害されていないというべきである。さらには、ビデオリンク方式によった上で被告人から証人の状態を認識できなくする遮へい措置が採られても、映像と音声の送受信を通じてであれ、被告人は、証人の供述を聞くことはでき、自ら尋問することもでき、弁護人による証人の供述態度等の観察は妨げられないのであるから、やはり被告人の証人審問権は侵害されていないというべきことは同様である」。

● 法の適用 ●●

刑訴法157条の3（現157条の5）、157条の4（現157条の6）は、憲法37条2項前段に違反するものではない。

4 コメント

（1）本件当時の157条の3（証人尋問の際の遮蔽措置）および157条の4（ビデオリンク方式による証人尋問）は、2016年の刑訴法改正により現在はそれぞれ157条の5および157条の6に条数が繰り下げられた。これらの条文はもともと、法務大臣の諮問を受けて、法制審議会が2000年2月に答申した「刑事手続における犯罪被害者保護のための法整備に関する要項骨子」を踏まえて立案・成立した、「刑事訴訟法及び検察審査会法の一部を改正する法律」（平成12年法律第74号）によって挿入された規定である。

本判決は、両規定の合憲性について判断した初めての判決である。具体的な事例についての判断ではなく、規定自体の合憲性が問われた。

（2）憲法37条1項、82条1項（裁判の公開原則）違反について。

本判決は、傍聴人と証人との間における遮へい措置、ビデオリンク措置および、ビデオリンクと遮へいとの併用措置は公開原則に違反しないとするが（証人と被告人との間の遮へい措置については、公開原則との関係では問題とならない）、その理由については、これらの措置がとられたとしても「審理が公開されていることに変わりはない」から、と言及するにとどまる。

裁判の公開原則の趣旨について、最判昭33・2・17は、「憲法が裁判の対審及び判決を公開法廷で行うことを規定しているのは、手続を一般に公開してその審判が公正に行われることを保障する趣旨にほかならない」とする。

つまり、「法廷」に傍聴人が入廷して、審理が公正に行われているということが確保されれば、公開の要請は満たされることとなり、裁判所はことさらに手続の進め方の細部までを傍聴人に見せやすくしたり、心証形成の過程をすべて見ることができるように配慮したりする必要はないという考え方が、従来の判例の背景に存在した。

たとえば、本判決が引用する最判昭31・12・26は、検察官請求証拠のみを弁護側の同意を受けて取り調べ、そのまま結審したという事案に関する判断である。弁護人は、「第一審並びに原審の審理は全く書面のみによって行われている。たとえば只一人の証人も公判廷で尋問することなく、多数の供述調書の

みを以つて証拠調べを終了しているのである。……
これらの供述調書は法廷で朗読、要旨の告知が実際
には何らなされなかったことが容易に推定できる」
として公開原則違反を争ったが、最高裁は、「第一
審裁判所は、被告人、弁護人の出頭した公開の公判
廷で審理を行い、被告人は犯罪事実をすべて自認
し、弁護人同意の下に第一審判決挙示の証拠書類に
ついて適法に証拠調を終ったうえ、弁論を終結して
有罪の判決を宣告したものであり、原審もまた公開
した公判廷において出頭した弁護人の控訴趣意書に
基く弁論並びにこれに対する検察官の意見をきいた
上結審して、控訴を理由ないものとして棄却する旨
の判決を宣告したことが明らかである。されば本件
の審判は、公開の法廷で行われたこと論をまたない
のであるから、憲法82条に違反するところはない」
とした。

このように、判例は、傍聴人が法廷で行われてい
る手続のすべてを見聞きできなかったとしても、直
ちに公開原則違反にはならないとの考え方を採用し
ていた。すなわち、手続の主要な部分が公開されて
いれば裁判公開の要請は満たされるし、傍聴人が、
個々の証拠の詳細（たとえば、証人の姿や書証の内
容）を見られなかったとしても、手続そのものが公
開されていれば問題はない、という立場である。

以上のような前提から、遮へい措置、ビデオリン
ク、その併用による証人尋問は、憲法が保障する公
開の原則に反しないとされたのであろう。

ただし、単に形式的に審理を公開していれば公開
原則が満たされるかという点については、疑問の余
地があり得る。審理の公正さを実質的に担保するた
めには、本来は、手続の外観が公開されているだけ
ではなく、証拠の顕出の過程や、証拠の内容自体が
公正であるということの保障も必要であろう。とな
れば、審理における事実認定者の心証形成過程につ
いて、その全貌をできる限り明らかにすることが公
開原則の趣旨からは要請されるという議論もありう
る。

なお、従来の公開原則に関する最高裁判例は、憲
法82条違反が問われた事案のみであった。公開原則
に関連して本判決に新しい点があるとすれば、一般
的な裁判の公開について規定する憲法82条1項の問
題と、被告人の権利としての公開を規定する憲法37
条1項の問題について切り離さず、本件の問題につ
いては、2つの条項において保障される審理の公開
の範囲に差をつけていない点であろう。

(3) 憲法37条2項（証人審問権）違反について。

本判例では、被告人から証人を見る、あるいは証
人から被告人を見ることができなくなる遮へい措
置、ビデオリンク措置、および遮へい措置とビデオ
リンクとの併用を認めた刑訴法の規定について、憲
法37条2項の被告人の証人審問権を侵害するものと
はいえない、とされた。

従来の判例では、被告人が直接証人と対面してそ
の供述態度を観察しなくても、弁護人が証人尋問に
立ち会っていれば、実質的に憲法37条2項には反し
ないという立場が採用されてきた。

たとえば、最判昭25・3・15刑集4巻3号355頁は
強姦致傷窃盗被告事件につき、裁判所が証人尋問中
に被告人を退廷させたという事案において、「第一
審公判においては、裁判所は証人訊問中被告人を退
廷させたけれども、訊問終了後被告人に証言の要旨
を告げて、証人訊問を促がしたのであり（それにも
拘らず、被告人自ら訊問しなかったのである）、且つ
弁護人は終始訊問に立会い、自ら補充訊問もしたの
であるから、これを以て、憲法37条第2項に反し
て、被告人が証人に対して審問する機会を充分に与
えなかったものということはできない」とする。

最判昭25・3・15刑集4巻3号371頁も、裁判所が
証人を裁判所外で尋問する際に、被告人が刑務所に
拘禁されており、当該証人尋問に立ち会わせること
ができなかったという事案について、「『証人に対し
て審問する機会を充分に与へ』るという規定の解釈
にもおのずから合理的な制限が伴うのであって、裁
判所が証人を裁判所外で尋問する場合に被告人が監
獄に拘禁されているときのごときは、特別の事由な
きかぎり、被告人弁護の任にある弁護人に尋問の日
時場所等を通知して立会の機会を与え、被告人の証
人審問権を実質的に害しない措置を講ずるにおいて
は、必ずしも常に被告人自身を証人尋問に立会わせ
なくても前記憲法の規定に違反するものではないと
解すべきである」とする（最判昭30・4・6も同旨）。

本判例は、このような従来の判例の立場を基本的
に踏襲している。遮へいおよびビデオリンク措置に
よっても、被告人が証人の供述を聞くことはできる
こと、自ら尋問をすることもできること、また弁護
人が証人と直接対面することができることにより、
規定の合憲性が認められている。

上記の判例は、被告人がそもそも法廷内に不在の
まま行われた証人尋問に問題がなかったという判断
内容であった。これに対して、本件では、遮へい措

置について考えてみると被告人と証人とは同じ法廷内におり、声を聴くことはできるという状況にある。また、ビデオリンクについて考えてみると、同じ空間に証人はおらず、画面を通してその姿を見るにとどまるものの、少なくとも画面を通して証人の姿を見、声を聞くことはできる。

ここでも、被告人がまったく証人の様子を見ることができなかった従来の事案よりも、被告人の利益を侵害する程度は低いと考えられたのであろう。遮へいとビデオリンクの併用についても、従来の判断と同じ流れの判示内容であると考えられ、新しいことは述べられていない。

ただし、細かくみれば、本判決では、被告人と証人との間の遮へい措置については、「制度の趣旨にかんがみ、被告人の証人審問権は侵害されていない」という前提がおかれている（ビデオリンクについては、制度趣旨に関する言及はない）。遮へい措置の「制度趣旨」とは、「証人が被告人から見られて

いることによって圧迫を受け精神の平穏が著しく害される場合があることから、その負担を軽減するため」である。

あくまで「制度趣旨」に従って行われるならば、遮へい措置は違法にはならない、という限定づけがなされているとすれば、証人審問権が具体的事案において侵害されているか否かを判断する際の、一定の指針を示すものとはなるであろう。

（4）なお、本件では、刑訴法の規定そのものの違憲が争われた。しかし、今後は、遮へい措置、ビデオリンク、およびその併用が行われる場合、実際の運用にあたって、裁判所の具体的な措置が妥当といえるか否かが問題となろう。被告人自身による直接の尋問が妨げられるよう場合、弁護人が十分に証人の供述態度を観察できないような場合など、制度の運用上、裁判所の個別的な訴訟指揮による措置が違憲とされる可能性は残されている。

（笹倉 香奈）

56 被告人の訴訟能力

📖 岡山聴覚障害者窃盗事件

最3小決平成7[1995]年2月28日刑集49巻2号481頁【LEX/DB24006411】

〈関連判例〉

最1小判平成10[1998]年3月12日刑集52巻2号17頁 【28035196】［京都聴覚障害者窃盗事件］

最1小判平成28[2016]年12月19日刑集70巻8号865頁【25448338】

1 事実の概要

本件の公訴事実は、窃盗被告事件（車上荒らし及び事務所荒らしなど11件）である。被告人は聴覚及び言語の障害者であり、しかも学校教育・手話教育を十分に受けていなかったため文字を読めず、手話も会得していなかった。

審理を進めるにあたり、被告人には通訳人として手話通訳者がついていたが、筆談や手話によって意思疎通を図ることは困難であった。そこで、通訳人の身振り手振りの動作によって意思疎通を図ることが試みられた。しかし、通訳人の通訳を介しても黙秘権を告知することは不可能であり、また法廷で行われている各訴訟行為の内容を正確に伝達することも困難で、被告人自身、現在置かれている立場を理解しているかどうかも疑問であるという状態であっ

た。

第一審（岡山地判昭62・11・12）は、通訳人による通訳について規定した刑訴法175条の趣旨は「通訳により裁判手続に関与する者の間の意思疎通を図ることによって裁判の実質的審理を担保し、と同時に、訴訟関係者に攻撃防禦を十分に尽させることによって裁判の公正を確保するところにある。……これを国語に通じていない被告人の場合についていえば、原則として、その手続で行われたすべての事項について理解し得る言語に通訳する必要がある。というのは、被告人については、当然のこととして、その手続で行われるすべての事項について利害関係を有するからである」。しかし、本件での通訳の実態は、このような本来の通訳の役割を果たしているとは評価できず、通訳の有効性が極度に制約されて

いる。このような極限的事例においては、被告人に対する訴追の維持ないし追行は、相当性の点で救いがたい影響を受けており、本件公訴については訴追の利益がない。よって、338条4号の公訴提起の手続が不適法であった場合に準じて公訴棄却をすることが相当である、と判断した。

控訴審（広島高岡山支判平3・9・13）は、「被告人は、社会内で他人の介護を受けなくても生活することができ、善悪の事理弁識能力はあると認められるから、責任能力はあると考えられる。しかし、裁判手続の中で、訴訟行為をなすにあたり、その行為の意義を理解し、自己の権利を守る能力すなわち訴訟能力があると認めるには、極めて疑問が大きい」としつつ、原審が本件公訴を棄却したことについて、「刑事訴訟法338条4号……が適用されるのは、『公訴提起の手続がその規定に違反したため無効であるとき』なのであって、起訴状の瑕疵、親告罪における告訴の不存在など公訴提起の手続に瑕疵がある場合に限定されると解されるから、本件のように公訴提起の手続に何らの瑕疵がない場合にまで適用すべきものではなく、第一審判決の認定するような事由で訴訟能力を欠く被告人については、手続の公正を確保するため、刑事訴訟法314条1項を準用して公判手続を停止すべきである」として第一審判決を破棄した。

公判手続を停止すべきかどうかについては、原裁判所において、「医師又はこれに代わる心理学などの専門家の意見を聴くなどして（刑事訴訟法314条4項参照）、更に審理を尽くすのが相当である」として、本件を岡山地裁に差し戻した。

被告人は上告した。弁護人は上告趣意で、迅速な裁判を受ける権利、平等条項違反などを援用したが、上告は棄却された。最高裁は、上告趣意は適法な上告理由にあたらないとしたうえで職権判断を示した。

2 法の解釈

「刑訴法314条1項にいう『心神喪失の状態』とは、訴訟能力、すなわち、被告人としての重要な利害を弁別し、それに従って相当な防御をすることのできる能力を欠く状態をいうと解するのが相当である」。

3 法の適用

「被告人は、耳も聞こえず、言葉も話せず、手話

も会得しておらず、文字もほとんど分からないため、通訳人の通訳を介しても、被告人に対して黙秘権を告知することは不可能であり、また、法廷で行われている各訴訟行為の内容を正確に伝達することも困難で、被告人自身、現在置かれている立場を理解しているかどうかも疑問であるというのである。右事実関係によれば、被告人に訴訟能力があることには疑いがあるといわなければならない。そして、このような場合には、裁判所としては、同条4項により医師の意見を聴き、必要に応じ、更にろう（聾）教育の専門家の意見を聴くなどして、被告人の訴訟能力の有無について審理を尽くし、訴訟能力がないと認めるときは、原則として同条1項本文により、公判手続を停止すべきものと解するのが相当であり、原判断は、結局において、正当である」。

4 コメント

(1) 本決定は、314条1項の「心神喪失」を、「訴訟能力を欠く状態をいう」と定義づけた（これより前の最決昭29・7・30は、「一定の訴訟行為をなすに当り、その行為の意義を理解し、自己の権利を守る能力を指す」と定義づけていた）。

314条1項の趣旨は、一般に、被告人の防御権を尊重し、手続の公正を担保することにあるとされる。具体的な防御の機会がないような手続によって被告人に制裁を科すことは、公正ではない。従って、刑訴法における「心神喪失」は、手続において被告人が防御をする能力を欠く場合には一般的に認められるはずである。

刑法において、責任能力について問題となる「心神喪失」（刑39条1項）の概念は、精神の障害にもとづいて是非善悪の弁別ができず、またはできたとしてもそれに従って行動することができない状態をいい、犯行時においてそれが存在したか否かが問題となる。

これに対して刑訴法上は、精神の障害に基づく場合のみならず、防御活動を行う能力がない場合には、原因を問わずすべて「心神喪失」に含まれるべきであるとされ、それは訴訟行為時に存在するかが問題となる。すなわち、精神障害がなく、刑法上の責任能力があるとされる者であっても刑訴法上は心神喪失とされ、訴訟能力を欠くとされる場合もある。

(2) 本決定は、刑訴法上にいう「心神喪失」とは「訴訟能力」を欠く状態であるとした上で、訴訟能

力を「被告人としての重要な利害を弁別し、それに従って相当な防御をすることができる能力」であるとした。

「訴訟能力」は、一般に防御能力（314条1項）と、個別具体的な訴訟能力とに分けられる。つまり、「被告人」として一般的に訴訟能力があるか否かという問題と、個々の訴訟行為について個別的な訴訟能力があるか否かという問題とがあるということである。後者の問題について、死刑判決の言い渡しを受けた被告人が、その判決には不服があるのにもかかわらず控訴を取り下げたという事案で、控訴を取り下げる能力を否定した判例（最決平7・6・28）がある。

（3）本件では、被告人に訴訟能力が欠ける疑いがあると考えられる具体的な事情として、被告人の障害の内容、理解力・コミュニケーション能力が欠けているとされる事情、および通訳人を通してもその理解力を補うことができない事情、被告人が自分のおかれている立場を理解しているか否かなど、被告人の当該手続における防御活動にかかわる内容があげられている。

事案の複雑性、被告人が社会内で一人で生活できたこと、前科等、当該訴訟手続に直接かかわらない事情については、言及されなかった（控訴審においては、これら訴訟手続外の事情が、被告人の責任能力を判定するための事情として、認定されていた。なお、後述の最判平10・3・12［京都聴覚障害者窃盗事件］を参照）。

（4）裁判所は、被告人の訴訟能力に疑いがある場合には、その点について審理を尽くす必要がある。本決定も、訴訟能力判断にあたって「医師の意見を聴き、必要に応じ、更にろう（聾）教育の専門家の意見を聴く」べきであると判示する。

314条4項は、被告人が同条1項にいう心神喪失の状態にあって公判手続を停止する場合は、医師の意見を必要的に聞かねばならないと規定する。本件控訴審では「医師又はこれに代わる心理学などの専門家の意見を聴くなどして（刑事訴訟法314条4項参照）、更に審理を尽くすのが相当である」として、医師による意見は選択的に聞けばよいと判示していた。しかし、本決定は、このような趣旨で医師の意見聴取を必要的なものであるとしたのであろう。

ただし、本件のような場合、医師よりもろう教育の専門家等の、より専門性の高い意見の聴取が重要になると考えられるため、審理を尽くすためには医師の意見に加えて、これら専門家の意見聴取をするべきであろう。

（5）訴訟能力を欠く場合、本決定は原則として公判手続を停止すべきであるとする。この点については「裁判所は、訴訟の主宰者として、被告人の訴訟能力の回復状況について、定期的に検察官に報告を求めるなどして、これを把握しておくべきである。そして、その後も訴訟能力が回復されないとき、裁判所としては、検察官の控訴取消がない限りは公判手続を停止した状態を続けなければならないものではなく、被告人の状態等によっては、手続を最終的に打ち切ることができるものと考えられる。ただ、訴訟能力の回復可能性の判断は、時間をかけた経過観察が必要であるから、手続の最終的打ち切りについては、事柄の性質上もとくに慎重を期すべきである」として、一定の場合には裁判所による手続打ち切りを肯定する千種秀夫裁判官の補足意見がある。

法廷意見も、公判手続停止という手段が「原則として」とられるべきであると判示しているので、その他の手段（たとえば338条4号による公訴棄却など）が一切認められないという趣旨ではない。その後、最判平28・12・19は、精神疾患に罹患し心神喪失の状態にあり、17年にわたって公判手続を停止したという事案で、訴訟能力が回復する見込みがなく公判手続の再開の可能性がないと判断される場合に338条4号に準じて判決で公訴棄却できると判断した。

（6）残された問題は、具体的にどのような場合に、被告人が訴訟能力を欠くといえるかという点である。

本決定は、被告人に訴訟能力があることについては疑問があるとした控訴審の判断を是認したものであり、いかなる事情によって訴訟能力の判断をするべきかという問題については差戻審にゆだねた。

その後、最高裁が、訴訟能力を判断するための基準につき具体的な判示をしたものとして、最判平10・3・12［京都聴覚障害者窃盗事件］がある。

最高裁は同事件において、聴覚障害者である被告人について、精神的能力・意思疎通能力の程度・状況、社会的適応能力、同種前科、刑事手続に対する理解の程度、手続の各段階における被告人の防御活動の内容、事案の複雑性、弁護人および通訳人からの適切な援助の有無などを考慮し、被告人には訴訟能力が著しく制限されてはいるが、これを欠いているものではないとした。すなわち、刑事手続内における理解・伝達能力のみならず、社会内における被

告人の適応能力や同種前科等、訴訟手続外の事情を
も勘案して訴訟能力の有無が判断された。

　（7）　なお、本決定では、意思疎通の手段が著しく
制約された被告人について、訴訟能力に疑いがある
との控訴審の判断が支持された。通訳の有効性がな
かったということに焦点をあて、訴追の利益が欠け
ているとして、公訴提起自体が不適法である場合に
準じて公訴棄却をすべきとした第一審判決とは異な
り、被告人側の能力の問題に焦点をあてた判断であ
る。

　第一審判決の背景には、通訳が有効でなければ公
判における告知と聴聞は不可能となり、憲法31条の
要求する適正な手続が実現できなくなるため、手続
の打ち切りが必要となるという考え方が存在したの
であろう。

　被告人の訴訟能力の欠缺が手続の途中で判明し、
その時点で公判手続を停止するという事態が生じた
ときには、少なくとも公判停止の時点までの手続を
有効と考えることには重大な問題がある（第一審の

ように適正手続違反の問題としてとらえれば、当然そ
れまでの手続はすべて無効になるから、このような問
題は生じない）。

　もし、起訴時から被告人の訴訟能力に疑いがある
ならば、裁判所はその旨の判断を先に行うべきであ
る。手続をそのまま継続し、訴訟能力に関する判断
を先送りにするということは許されない。そもそも
訴訟能力は手続を進行するための大前提であり、そ
の点についての判断を後回しにして審理を進めるべ
きではないからである。

　最後に、審理の結果、事後的に見て適正な手続が
実現され、被告人に結果として権利侵害が生じな
かったからといって、訴訟能力をあとづけで肯定す
ることがあってはならない。通訳人や弁護人により
適切な援助がなされたこと、裁判所が公権的な役割
を果たしたことなどによって、防御主体としての被
告人自身の防御能力が向上するわけではないからで
ある。

（笹倉　香奈）

 57 　証人尋問における被害再現写真の利用　　　　VIII

📖 川口強制わいせつ事件
　最1小決平成23[2011]年9月14日刑集65巻6号949頁【LEX/DB25443756】
　〈関連判例〉
　　最2小決平成17[2005]年9月27日刑集59巻7号753頁【28105382】［犯行被害再現実況見分調書事件］〔本書67〕
　　最3小決平成25[2013]年2月26日刑集67巻2号143頁【25445346】

1 事実の概要

　被告人は、Aに対する電車内での強制わいせつの
かどで起訴された。被告人は否認し、Aによる、痴
漢をしている途中の被告人の右腕をつかんだという
証言の信用性を争った。

　検察官は、第一審の期日間整理手続において、立
証趣旨を「被害の再現状況等」とする捜査報告書、
実況見分調書の証拠調べを請求したが、弁護人は不
同意とした。その後検察官は、立証趣旨を「被害者
立会による犯行再現時の写真について」とする捜査
報告書2通（上の書面の写真部分をまとめたもの）の
証拠調べを請求したが、これについても弁護人は同
意せず、また、写真を証拠物として証拠請求すると
いう検察官の意向についても弁護人は反対した。

　そこで検察官は、Aの証人尋問を実施し、痴漢被
害の具体的状況、痴漢犯人を捕まえた際の具体的状
況、犯人と被告人の同一性等について尋問を行い、
動作を交えた証言を得た後に、被害状況等を明確に
するために必要であるとして、当該被害再現写真を
示して尋問することの許可を求めた。弁護人は、写
真によってどの部分が明確になるかということがわ
かるように尋問することを求めたが、写真を示すこ
と自体には反対せず、裁判所もこれを許可した。検
察官は、写真を示しながら、個々の場面ごとにそれ
らの写真がAの証言した被害状況等を再現したもの
であるかを問い、その結果Aは、被害の状況等につ
いて具体的に述べた各供述内容は、再現写真のとお
りである旨の供述をした。

第一審裁判所は、当事者の同意を明示的に確認することのないまま、尋問に用いられた写真の写しを証人尋問調書の末尾に添付した。そして、主として被害者の証言に基づいて、被告人の電車内での強制わいせつ行為を認定した（さいたま地判平20・9・29）。

被告人はこれに対して控訴し、棄却された（東京高判平21・6・2）後、検察官が示した被害再現写真は伝聞法則の例外の要件を具備せず、証拠として採用することができない証拠であって、このような写真を尋問に用いて記録の一部とすることは、伝聞法則を潜脱する違法なものであるとして上告した。最高裁は以下のように述べて、上告を棄却した。

2 法の解釈と適用

「本件において、検察官は、証人（被害者）から被害状況等に関する具体的な供述が十分にされた後に、その供述を明確化するために証人が過去に被害状況等を再現した被害再現写真を示そうとしており、示す予定の被害再現写真の内容は既にされた供述と同趣旨のものであったと認められ、これらの事情によれば、被害再現写真を示すことは供述内容を視覚的に明確化するためであって、証人に不当な影響を与えるものであったとはいえないから、第一審裁判所が、規則199条の12を根拠に被害再現写真を示して尋問することを許可したことに違法はない。

また、本件証人は、供述の明確化のために被害再現写真を示されたところ、被害状況等に関し具体的に証言した内容がその被害再現写真のとおりである旨供述しており、その証言経過や証言内容によれば、証人に示した被害再現写真を参照することは、証人の証言内容を的確に把握するために資するところが大きいというべきであるから、第一審裁判所が、証言の経過、内容を明らかにするため、証人に示した写真を規則49条に基づいて証人尋問調書に添付したことは適切な措置であったというべきである。この措置は、訴訟記録に添付された被害再現写真を独立した証拠として扱う趣旨のものではないから、この措置を決するに当たり、当事者の同意が必要であるとはいえない。

そして、本件において証人に示した被害再現写真は、独立した証拠として採用されたものではないから、証言内容を離れて写真自体から事実認定を行うことはできないが、本件証人は証人尋問中に示された被害再現写真の内容を実質的に引用しながら上記

のとおり証言しているのであって、引用された限度において被害再現写真の内容は証言の一部となっていると認められるから、そのような証言全体を事実認定の用に供することができるというべきである。このことは、被害再現写真を独立した供述証拠として取り扱うものではないから、伝聞証拠に関する刑訴法の規定を潜脱するものではない」。

3 コメント

（1）自分の受けた被害等について、言葉の代わりに動作によって説明するところを記録した写真は、いわゆる「供述写真」であり、独立の証拠として用いるためには、供述録取書と同様の証拠能力要件が充たされなければならない（ただし、記録過程が機械的である点で、録取の正確性が担保されるため、供述者本人の署名押印の要件は問題とならないと解されている）。そして、そのような写真を添付した実況見分調書等が作成され、検察官がそれを被害再現「状況」を立証趣旨として提出した場合も、実質においては、そこで再現されたとおりの「犯罪事実の存在」が要証事実になると解されることから、実況見分調書に証拠能力が付与されるためには、弁護側から326条1項における同意を得られないのであれば、321条3項の要件に加えて、その写真部分について、321条1項3号の要件が充たされなければならない（最決平17・9・27〔本書67〕）。本決定も、被害再現写真を独立の証拠として用いるためには、これらの要件が充足されなければならないことを当然の前提としているものと解される。

（2）実務上、本件のように、独立した証拠として実況見分調書等を用いることに同意が得られなかった場合に、検察官が写真の部分のみを残した抄本を用意し、証人尋問の際に、規則199条の12に基づいてこれを証人に示して尋問を行い、尋問の終了後に裁判所がこれを証人尋問調書等に添付する扱いが一般的であるといわれている。

規則199条の12は、「証人の供述を明確にするために必要があるとき」、裁判所の許可を受けて、証人尋問の際に図面、写真等を「利用して尋問」することを認める。位置関係や方向など、言葉だけでは表現しにくい事柄について証言を求めようとするとき、図面や一覧表等を用いるのが効果的であり、証人にとっても供述しやすいからである。

「利用して尋問」することの中には、問いおよび答えが口頭でなされる通常の尋問以外の形式がすべ

て含まれ、犯行目撃時の位置関係等につき証人に図を描かせて番号や記号を記入させる等の方法の他、証人が動作を再現することや大きさや距離等につき身振りで示すことも許される。

もっとも、図面や写真を利用して尋問したからといって、当該図面、写真等が当然に証拠となるわけではない。むしろ、書面等を利用して尋問した場合でも、証拠となるのはあくまで証人の供述であり、示された書面等ではない。だからこそ、ここで利用できる書面には特別な制限はなく、必ずしも証拠調べを経たものでなくてもよいことになっている。

とはいえ、条文上の制限がないからといって、証人に対して不当な影響を与えるおそれのあるものまでが無条件に利用されて良いわけではない。

たとえば規則199条の11のもとで、証人の記憶喚起のために書面や物を示すときにも、誤った記憶を作り出す可能性のあるものを示すことや、誘導・誤導となるような示し方をすることは許されない。その点で、供述録取書は、取調官の主観が強く反映されていることが多いにもかかわらず、そこでの供述に訴追側に有利な記載があることを盾にして誘導・誤導するおそれがあり、また、供述調書の存在自体が証人に対して圧力を与えるおそれがあるため、明文で利用を禁じられている。規則199条の12にはそのような明文はないものの、書面等を利用するにあたって裁判官の許可を経ることとなっているのは、事実認定を歪めるおそれがあるものをチェックするためだと考えられている。

被害再現写真等の「供述写真」についても、何を記録して何を記録しないかについて記録者である捜査官の主観的な意図が入りこむ余地が大いにあり、作成過程での誤りの危険もある点で供述調書と同様である一方で、あたかも客観的であるかのように示されるため事実認定にも影響を及ぼす可能性があることから、記憶喚起のために用いられてはならないことはもちろん、不当な暗示を与えて答えを誘導してしまうような利用の仕方をすることは許されないとの見方も強い。

本決定が、写真を示したことにつき、「すでに証人から被害状況等に関する具体的な供述がなされた後」であり、「写真の内容が既にされた供述と同趣旨のものであった」ことから、「供述内容を視覚的に明確化するため」にすぎず、「証人に不当な影響を与えるものであったとはいえない」と述べているのも、そのような懸念に配慮したものであろう（な

お、この点については、一般には公判前の証人テストの段階で書面を用いた記憶喚起が行われており、本件でも公判前に4回もの被害再現が実施されていたことから、いくら公判では供述の後に写真を示したとしても、すでに影響は生じているとの現実的な問題も指摘されている）。

（3）　もっとも、本件において、被害再現写真が供述内容の明確化のために本当に必要といえるかについては疑問の余地があり得た。というのも、本件では、証人が動作による再現をまじえた証言をすでに行っていたからである。証人が動作をまじえた証言をする場合、尋問者や裁判所が言葉で表現し直す質問をして記録するだけでなく、公判でのその再現の様子を撮影して公判調書に添付する等の方法で視覚化することが可能であり、最近では、デジタルカメラの普及により、その場で両当事者が確認しながら記録することがますます容易になっているともいわれる。他方、動作による再現には証人の記憶にない部分まで再現してしまう危険性もあることが指摘されているが、その危険性は捜査段階での再現写真の場合も異ならない。むしろ、写真には、情報量が大きいために、証人の意図しない情報が意図しない形で伝わり、誤りが含まれている場合でさえ、事実と異なるイメージを事実認定者に対して強く植え付けてしまう可能性もあること等から、どの部分が記憶に基づく再現であり、どの部分がそうでないのかを両当事者が個別の質問によって同時的に確認していく必要性が著しく高いとも指摘されている。被害者が公判では委縮して正確な再現ができない場合があるとの見方もあるが、もともと規則199条の12が、公判中心主義の実現という観点から、公判での証人尋問を充実したものにするための工夫を訴訟当事者に促すことを目的としていることにもかんがみれば、できる限り公判廷での再現を優先すべきであり、捜査段階での再現写真を用いるのは、特殊な現場での再現でなければ意味がない等の事情がある場合に限られるべきであろう。

（4）　証人に対して示した書面等を独立した証拠として用いる場合は、証人尋問終了後に別途証拠調べを請求すべきであるが、たとえそれ自体としては証拠としての価値をもたない場合でも、上訴審の判断との関係で、証言内容を正確に記録しておくために、視覚的補助として用いた展示物も記録に残しておく必要がある。規則49条が、調書に、書面、写真、その他裁判所が認めるものを添付して、調書の

一部とすることができる旨を定めているのもその趣旨であるので、添付の要否は、供述内容を明らかにするための必要性の有無によって決まり、添付自体について必ずしも当事者の承諾は必要ないものと解されている。しかしこれは、本決定も認めるとおり、添付された展示物自体を「独立した証拠として扱う趣旨」ではなく、「証言の経過、内容を明らかにするため」の添付であるからにすぎない。もっとも、本件高裁では、「本件被害再現写真は、供述を明確にするにとどまらず、犯行当時の状況に関して、独自の証明力を持つものであり、独立した証拠として扱うかどうかを明確にすることなく、これを漫然と調書に添付することは、当該写真の証拠としての位置づけに疑義を招くおそれがあって相当ではない」ことが指摘されており、実務上も、証拠化をめぐって後に紛議が生じることを避けるために、当事者に異議がないことを確認するのが一般的とされていることには注意を要する。

　(5)　上記の趣旨からすると、公判調書に添付されたからといって、証拠調べを経たことにはならないのは当然である。証拠となるのはあくまで証言であり、利用された展示物等は、証言の中で引用された限度においてその内容が供述の一部となるにすぎない。かつての下級審の中には、国税査察官の調査書につき、当事者の同意のもとで調書の末尾に添付されたことをもって証言と一体化したものとして、そこから心証をとることを認めた事例もあるが（大阪高判昭59・12・21判タ546号194頁）、最高裁は、公判調書中の被告人供述調書に添付されただけで証拠として取り調べられていない電子メールの扱いにつき、「公判調書への書面の添付は、証拠の取調べとして行われるものではなく、これと同視することはできない」として、「公判調書に添付されたのみで証拠として取調べられていない書面は、それを証人又は被告人に対して示して尋問又は質問をした手続が適法か否か、示された書面につき証人又は被告人がそ

の同一性や真正な成立を確認したか否か、添付につき当事者から異議があったか否かにかかわらず、添付されたことをもって独立の証拠となり、あるいは当然に証言又は供述の一部となるものではない」ことを明確に示した（最3小決平25・2・26）。したがって、本決定も認めるとおり、証言内容から離れて、添付された写真そのものから事実認定をすることはできない。本決定は、写真の内容を実質的に引用しながら供述した部分については、引用された写真の内容も含む証言全体から事実認定ができるとしているが、あくまでそれは、証言内容を理解するために証言が引用する限度で写真を参照し、証言内容から認定をすることを許容したものにすぎない。もちろん、写真等の含む情報すべてを言葉で表現するのは不可能であるため、写真等の含む情報の正確性等につき確認した上で「供述の一部」として用いること自体は認めざるを得ないものの、自分の証言しようとした被害等の内容が「写真のとおり」であることを問うような質問は、実質的には写真に基づく心証形成を促すこととなるので許されないことが指摘されている。また、証人の意図しない情報が含まれるとか伝えたい情報が脱落する等の、写真にまつわる危険性にもかんがみて、添付された写真のどの部分が引用されてどの部分がそうでないのかは明確にされるべきであるし（たとえば、該当箇所以外のところにはマスキングを施すべき等の指摘もある）、その区別が現実には容易ではないことからすれば、調書に添付して記録に残すこと自体についても、少なくとも当事者に意見を述べる機会を与え、慎重に検討すべきであろう。裁判員の理解を促進するためにも、できる限り裁判員の興味をひきやすく、印象に残りやすいツールを用いて尋問を工夫することが求められているとはいえ、証拠能力を欠く資料が、視覚的補助という名目で顕出され、事実上取り調べられることは避けられなければならないだろう。

（伊藤　睦）

58　即決裁判手続の合憲性

業務上横領即決裁判事件

最3小判平成21［2009］年7月14日刑集63巻6号623頁【LEX/DB25440945】

〈関連判例〉
最大判昭和23[1948]年 3 月10日刑集 2 巻 3 号175頁【27760010】［応急措置法違憲訴訟事件］

1 **事実の概要**

控訴審（東京高判平20・7・10）の認定によれば、本件の事案は下記の通りである。被告人が職場のパソコンを横領したとして業務上横領罪により起訴されたところ、第一審（千葉地木更津支判平20・3・12）において、被告人および弁護人は、即決裁判手続によることに同意したうえ、第 1 回公判期日に、被告人は公訴事実を認め、有罪である旨陳述し、弁護人も被告人と同様であるとの意見を述べていた。これを受けて、第一審裁判所は、即決裁判手続によって審判する旨決定し、証拠調べを行ったが、取り調べられた証拠中には、業務上横領の故意の存在を疑わせるものはなかった。また、被告人および原審弁護人は、被告人質問、最終弁論、最終陳述を通じて、業務上横領の故意を争っていなかった。第一審は、即決裁判手続により第 1 回公判期日に被告人を有罪として、懲役 2 年、執行猶予 3 年に処する判決を言い渡した。これに対して、被告人は、無罪であることなどを主張して控訴した。

控訴審は、事実誤認の主張について、即決裁判手続による判決に対する控訴の趣意としては403条の 2 第 1 項により不適法であるとし、その他の理由も認められないとして、控訴を棄却した。そこで、被告人は、事実誤認を理由とする控訴の制限は、事実誤認の点について裁判を受ける権利を侵害するものであって、憲法32条に違反するなどと主張して、上告した。最高裁は、以下のような判断を示し、上告を棄却した。

2 **法の解釈と適用①**

● **法の解釈** ●●

上告趣意は、即決裁判手続が裁判を受ける権利を侵害すると主張するが、「審級制度については、憲法81条に規定するところを除いては、憲法はこれを法律の定めるところにゆだねており、事件の類型によって一般の事件と異なる上訴制限を定めても、それが合理的な理由に基づくものであれば憲法32条に違反するものではないとするのが当裁判所の判例とするところである……。

そこで即決裁判手続について見るに、同手続は、争いがなく明白かつ軽微であると認められた事件について、簡略な手続によって証拠調べを行い、原則

として即日判決を言い渡すものとするなど、簡易かつ迅速に公判の審理及び裁判を行うことにより、手続の合理化、効率化を図るものである。そして、同手続による判決に対し、犯罪事実の誤認を理由とする上訴ができるものとすると、そのような上訴に備えて、必要以上に証拠調べが行われることになりかねず、同手続の趣旨が損なわれるおそれがある。他方、即決裁判手続により審判するためには、被告人の訴因についての有罪の陳述（刑訴法350条の 8 ――引用者注・現行法350条の22）と、同手続によることについての被告人及び弁護人の同意とが必要であり（同法350条の 2 第 2 項、4 項、350条の 6 、350条の 8 第 1 号、2 号――引用者注・現行法350条の16第 2 項、第 4 項、350条の20、350条の22第 1 号、2 号）、この陳述及び同意は、判決の言渡しまではいつでも撤回することができる（同法350条の11第 1 項 1 号、2 号――引用者注・現行法350条の25第 1 項 1 号、2 号）。したがって、即決裁判手続によることは、被告人の自由意思による選択に基づくものであるということができる。また、被告人は、手続の過程を通して、即決裁判手続に同意するか否かにつき弁護人の助言を得る機会が保障されている（同法350条の 3 、350条の 4 、350条の 9 ――引用者注・現行法350条の17、350条の18、350条の23）。加えて、即決裁判手続による判決では、懲役又は禁錮の実刑を科すことができないものとされている（同法350条の14――引用者注・現行法350条の29）。

刑訴法403条の 2 第 2 項は、上記のような即決裁判手続の制度を実効あらしめるため、被告人に対する手続保障と科刑の制限を前提に、同手続による判決において示された罪となるべき事実の誤認を理由とする控訴の申立てを制限しているものと解されるから、同規定については、相応の合理的な理由があるというべきである」。

● **法の適用** ●●

「刑訴法403条の 2 第 1 項が、憲法32条に違反するものでないことは、当裁判所の前記各大法廷判例の趣旨に徴して明らかであって、所論は理由がない（なお、所論にかんがみ記録を調べても、本件の即決裁判手続について被告人の裁判を受ける権利にかかわるような法令違反は認められない）」。

3 法の解釈と適用②

● 法の解釈 ●●

「即決裁判手続は、刑の執行猶予の言渡しが必要的であるために安易な虚偽の自白を誘発しやすいから、憲法38条2項に違反する」と被告人側は主張するが、「前記のような被告人に対する手続保障の内容に照らすと、即決裁判手続の制度自体が所論のような自白を誘発するものとはいえないから、憲法38条2項違反をいう所論は前提を欠く」。

● 法の適用 ●●

本件への適用については、判断を示していない。

4 コメント

(1) 即決裁判手続（350条の16～350条の29）は、争いのない軽微事件の簡易・迅速な処理によって手続の合理化・効率化を図るという趣旨から、平成16（2004）年刑訴法改正により導入され、平成18（2006）年10月2日から実施されている。同制度は、公訴提起と同時に検察官の申立てのあった一定の刑事事件について、被疑者の同意を得たうえで、速やかに即決裁判手続に付するか否かを決める公判期日を開き、そこで被告人の有罪である旨の陳述がなされた場合には、原則として即決裁判手続によって審判する旨の決定をし、簡略化された証拠調べ手続を経て、できる限り即日の判決の言渡しをするというものである。同制度創設の背景には、争いのある事件や重大事件、裁判員裁判対象事件に捜査・公判に対して人的体制と労力を重点配分しようとの狙いもあった。また、被告人としても、手続負担が軽くすみ、手続からの早期解放が得られるとされている（その後、即決裁判手続は、平成28（2016）年刑訴法改正により一部改正され、平成28（2016）年12月1日から実施されている）。

他方、本判決において争点とされたように、即決裁判手続については、上訴権が制限されている。すなわち、第一審判決に対しては、事実誤認を理由とする控訴が許されず（403条の2第1項）、控訴裁判所は事実誤認を理由に原判決を破棄することはできず（同条2項）、上告審も事実誤認を理由とする破棄を認められていない（413条の2）。

なお、令和元（2019）年、地裁終局処理人員の0.18％にあたる90人、公判手続による簡裁終局処理人員の0.24％にあたる11人が、即決裁判手続に付されている（その後同意を撤回した場合など含まない）。この適用件数は、当初の期待に比べ、かなり少ないといわれており、しかも、年を追うごとにその適用率は顕著に低下している（たとえば、平成20〔2008〕年の地裁における適用率は7.2％、簡裁における適用率は4.0％、平成23〔2011〕年の地裁における適用率は3.2％、簡裁における適用率は2.4％、平成28〔2016〕年の地裁における適用率は0.68％、簡裁における適用率は0.29％である）。上記平成28（2016）年改正は、このような低調な運用の原因の1つが、即決裁判により処理することが適当と判断する場合でも、公判で否認される場合のことを考え、念のために捜査を尽くし取調べをして供述調書を作成することにならざるを得ないこと（公判で否認された場合を想定して、結局、正式公判請求事件と同様の制度の捜査をせざるを得ず、即決裁判を申し立てるインセンティブが検察官に働かないこと）にあるとし、公判において被告人が否認に転じた場合には、検察官の公訴取消による公訴棄却決定の確定後、再捜査を可能とするものである（350条の26。340条も参照）。もっとも、現時点で、この改正の効果は統計上確認できない。

(2) 本判決は、「審級制度については、憲法81条に規定するところを除いては、憲法はこれを法律の定めるところにゆだねており、事件の類型によって一般の事件と異なる上訴制限を定めても、それが合理的な理由に基づくものであれば憲法32条に違反するものではないとするのが当裁判所の判例とするところである」とする。

本判決も引用する最大判昭23・3・10〔応急措置法違憲訴訟事件〕は、刑事訴訟法応急措置法13条2項について、412条ないし414条の不適用を定めたのは「審級制度の問題として実体上の事実審査は第二審を以て打切り上告審においてはこれをしないことにする趣旨に出たものである」って、憲法81条の場合を除き、「審級制度は立法を以て適宜に之れを定むべきものである」として、憲法に反しないとする。また、最大判昭29・10・13も簡易裁判所を第一審とする民事事件の上告審を高等裁判所とする当時の民訴法393条や裁判所法16条3項について「下級裁判所が同時に上告審の一部を掌ることと定めるか否かは審級制度に関する立法の問題」とし、憲法に反しないとしている。もっとも、これらの判例法理も、審級制度のあり方は完全な立法裁量に委ねられるとしているわけではなく、同じく本判決が参照する最判昭59・2・24や最決平2・10・17が判示するように、裁判権及び審級制度に関する定めについて、「立法機関

の恣意を許すとする趣旨ではなく、それなりに合理的な理由の必要とされることを前提としているもの」としている。本判決の上記判示は、この判例法理の論理を整理し明確にしたものといえる。さらに、本判決は、憲法32条との関係で「合理的な理由」に基づく上訴制限といえるかを検討する点でも特徴を有する。

　以上の論理のもと、本判決は「事件の類型によって一般の事件と異なる上訴制限を定めても、それが合理的な理由に基づくものであれば憲法32条に違反するものではない」としたうえで、即決裁判手続における上訴制限について、その「合理性」を検討している。具体的には、①争いのない軽微事件の簡易・迅速な処理による手続の合理化・効率化という即決裁判手続の制度趣旨を実効的なものにするという目的のために、②即決裁判手続によることは被告人の自由意思による選択に基づくものであること、③即決裁判手続に同意をするか否か弁護人の助言を得る機会が保障されていること、そして、④科刑の制限があることを前提として、事実誤認による控訴を制限しているものとして、「相応の合理的な理由がある」とする。本判決によれば、②③といった手続保障と④の科刑制限が、事実誤認による控訴制限を憲法32条との関係で合憲とする（合理性を支える）不可欠な前提とされているのである。

　合理的な立法裁量という一般的基準を適用していることからも示唆されるように、本判決は、審級制度のあり方としての上訴制限の問題として、本件を検討している。もっとも、本件は、先例として参照した諸判例が扱った問題とは異なる側面を有する。それは、即決裁判手続による有罪判決に対して、事実誤認を理由とする控訴を一切許さず、全面排除することが、上訴制度として合理性を有するのかということである。なぜなら、正確な事実認定こそが公正な裁判の核心であって、このことは簡易・迅速な手続が要求される場合においても、否定され得ないからである。そうすると、事実誤認を理由とする上訴権に対する制限は、公正な裁判の保障（憲法32条）の根幹にかかわるもの（公正な手続を求める権利や上訴権など）に対する制限として、単なる合理性の基準を超えた、より厳格な基準による合憲性審査（憲法32条の権利の制限を正当化する理由が存在するか否かの検討）を要するものであるということも可能であろう。

　また、本判決の示した合理的な立法裁量という基準に依拠するとしても、軽微事件の簡易・迅速な処理という目的達成のために、事実誤認による控訴を全面排除するという手段を採用する合理性が果たして認められるのかについても、さらに検討が必要であろう。上述のように、本判決は、このような合理性が認められるための前提として、科刑制限や手続保障をあげている。

　もっとも、即決裁判手続において用意された手続保障は、通常公判手続の場合に比べ、格段に手厚い保障だとまではいえない。確かに、起訴時の検察官申立時以降は、国選弁護人が確保されるものの（350条の17）、捜査段階では、常に国選弁護人が確保されるわけではないなど（37条の2は、捜査段階の国選弁護制度を広く保障しているが、勾留状発付以降の段階などに限られる）、弁護人の援助を実際には受けられない場合も想定可能である。しかも、できる限り起訴から14日以内の日に公判期日が定められ（350条の21、刑訴規222条の18）、できる限り即日判決の言渡をすべきとされている（350条の28）。これらのことは、上記の手続保障が実際上有効に機能するための障害といえる。科刑が制限されるとはいえ、有罪判決それ自体としての法的効果は変わらないことも考慮すると、事実誤認による控訴の全面排除の合理性を支えるに足りる手続保障が現行法上予定されているのか、疑問も残る。

　少なくとも、本件においては、上記の手続保障が実際上有効に機能しなかったことを理由に適用違憲の判断を示すことが可能であったように思われる。現に、本件上告趣旨は、制度自体の違憲性とともに、Xと第一審弁護人から十分に説明を受けず、同弁護人もXに対する説明のないまま、即決裁判手続について同意することになってしまった本件について、適用違憲とすればよいと主張している。これに対し、本判決は、括弧書きで「なお、所論にかんがみ記録を調べても、本件の即決裁判手続について被告人の裁判を受ける権利にかかわるような法令違反は認められない」とするのみである。また、田原補足意見も、本件では「被告人が即決裁判手続の制度について十分な理解をしていなかったことを示すものであって、一審弁護人と被告人間の意思疎通が十分でなかったことを窺わせる」としつつ、「刑事訴訟法は、弁護人が被疑者（被告人）に対して、弁護活動の一環として、即決裁判手続の意義及びその内容について、適切な助言がなされていることを前提として制度を組み立てているのであり、弁護人の弁

護活動の如何についてまで、公判手続で立ち入ることは、法が想定していないところ」とする。上述のように、本判決は、即決裁判手続に伴う手続保障を、事実誤認による控訴の全面排除の合理性を支える重要な前提としている。その前提が十分に機能していたかの検討、具体的には弁護人による活動だけでなく、検察官による必要な事項の説明（350条の16）なども適切であったかの検討がなされるべきであったと考える。

さらに、量刑不当を理由とする控訴の制限はなされていないが、実務上、量刑を基礎づける事実に関する誤認を、事実誤認の主張として扱うのか、量刑不当の主張として扱うのかについては、明確に判別できない場合もあるとの指摘もある。この指摘からすれば、事実誤認による控訴の全面排除が、量刑の基礎事実を争う可能性を狭め、実質的には量刑不当による控訴の制限にもつながる可能性は否定できないであろう。そうすると、軽微事件の簡易・迅速な処理という目的達成のために不必要な制限が生じる可能性が存在すると指摘することも可能である。

（3）即決裁判手続が憲法38条2項に反するという主張について、本判決は、「前記のような被告人に対する手続保障の内容に照らすと、即決裁判手続の制度自体が」、虚偽自白が誘発される危険はないとする。その具体的論理は明らかにされていないが、①捜査段階の被疑者取調べにおいて、即決裁判手続によるか否かが確定しているわけでなく、即決裁判手続の存在自体が、被疑者に執行猶予付判決などの利益を示し、それによって虚偽自白を引き出すという取調べを予定しているわけでない、②公判段階に

おける自白についても、裁判所の公開法廷での手続であることに加え、すでに捜査段階における任意自白が存在し、関係証拠から事実が明白な事件であると想定されること、即決裁判手続については弁護人の助言を受ける機会が一貫して保障され（350条の17）、特に公判期日における弁護人が必要的とされていること（350条の23）などの手続保障がなされている、といった根拠から、上記結論を示したものと理解される。

もっとも、略式命令手続をめぐっては、被告人にとって科刑の制限が強いインセンティブとなり、迅速な有罪確保を求める検察官との間で、略式命令手続についての同意との「取引」の結果、「虚偽同意」がなされうる可能性が指摘されてきたところである。正確な事実認定こそが公正な裁判の核心であることからすれば、「虚偽同意」を防止するための十分な手続保障が用意されなければならない。それが、憲法38条2項の趣旨に適うとする理由であろう。事実誤認による控訴の制限との関係で検討したように、現行の即決裁判手続については事実誤認を防ぐための手続が十分保障されているか、疑問の余地が存在したところである。現行法の手続保障で十分なのか、弁護権の保障をより強化する必要はないか、裁判所や検察側として特に遵守すべき手続保障はないのか、即決裁判手続においても大きく変わることはないとされる捜査・取調べの影響はどうかなど、「虚偽同意」防止のための手続保障については、実態に即した検討を深める必要がある。

（斎藤　司）

59 裁判員裁判の合憲性

📖 千葉ダイヤモンド事件
　　最大判平成23[2011]年11月16日刑集65巻8号1285頁【LEX/DB25443961】
　　〈関連判例〉
　　　最2小判平成24[2012]年1月13日刑集66巻1号1頁　【25444099】
　　　最3小判平成27[2015]年3月10日刑集69巻2号219頁【25447124】

1 事実の概要

外国籍を有し日本に在住する被告人は、氏名不詳者らと共謀して、営利目的で覚せい剤を含む違法薬

物を輸入しようと企て、2009年（平成21年）5月31日に、二重底に加工されたソフトスーツケースの底の部分に覚せい剤約2kgを隠匿して機内預託手荷物

として航空機に搭載させ、成田国際空港に持ち込んだところを税関職員に発見された。被告人側は、報酬を得る目的で隠匿物が収納された本件スーツケースを日本に持ち込んだことは争わないものの、上記隠匿物はダイヤモンドであると信じており、違法薬物が隠匿されていたとは知らなかったから、被告人は無罪であると主張した。

第一審（千葉地判平22・1・18）は、裁判官及び裁判員による評議の結果、被告人はスーツケース内に違法薬物が隠匿されている事実を知っていたと認定し、懲役9年・罰金400万円を言い渡した。

被告人は控訴し、事実誤認と量刑不当を主張するとともに、裁判員制度が憲法に違反すると主張した。しかし、控訴審（東京高判平22・6・12）はいずれについてもしりぞけて、控訴を棄却した。

控訴審は、裁判員制度が憲法に違反するとの主張については、①裁判員は憲法80条1項が規定する方法によって任命された裁判官にあたらないものの、憲法80条1項はあくまでも下級裁判所の裁判官についてその任命方法を定めたものに過ぎないから、裁判員が刑事裁判に関与したとしても憲法違反にはならない、②裁判員の参加する合議体は地方裁判所において一定の重罪事件を処理するために構成されるものであるから、憲法76条2項にいう特別裁判所にあたらない、とした。

そこで被告人は裁判員法が憲法に違反すると主張して上告した。最高裁は、以下のように判断して上告を棄却した。

---

2 法の解釈と適用①

● 法の解釈 ●●

（1）　国民の司法参加が一般に憲法上禁じられているか否か。

「憲法上、刑事裁判に国民の司法参加が許容されているか否かという刑事司法の基本に関わる問題は、憲法が採用する統治の基本原理や刑事裁判の諸原則、憲法制定当時の歴史的状況を含めた憲法制定の経緯及び憲法の関連規定の文理を総合的に検討して判断されるべき事柄である」。

「刑事裁判を行うにあたっては、これらの諸原則〔引用者注：適正手続の保障、裁判を受ける権利、弁護人依頼権、自己負罪拒否の特権、強制による自白の排除、刑罰不遡及の原則、一事不再理など、適正な刑事裁判を実現するための諸原則〕が厳格に遵守されなければならず、それには高度の法的専門性が要求

される。憲法は、裁判官の職権行使の独立と身分保障について周到な規定を設けている。こうした点を相当考慮すると、憲法は、刑事裁判の基本的な担い手として裁判官を想定していると考えられる」。

「他方……国民の司法参加と適正な刑事裁判を実現するための諸原則とは、十分調和させることが可能であり、憲法上国民の司法参加がおよそ禁じられていると解すべき理由はなく、国民の司法参加に係る制度の合憲性は、具体的に設けられた制度が、適正な刑事裁判を実現するための諸原則に抵触するか否かによって決せられるべきものである。換言すれば、憲法は、一般的には国民の司法参加を許容しており、これを採用する場合には、上記の諸原則が確保されている限り、陪審制とするか参審制とするかを含め、その内容を立法政策に委ねていると解されるのである」。

（2）　裁判員法による裁判員制度の具体的な内容について、憲法に違反する点があるか否か。

「憲法は、最高裁判所と異なり、下級裁判所については、国民の司法参加を禁じているとは解されない。したがって、裁判官と国民とで構成する裁判体が、それゆえ直ちに憲法上の『裁判所』にあたらないということはできない。

問題は、裁判員制度の下で裁判官と国民とにより構成される裁判体が、刑事裁判に関する様々な憲法上の要請に適合した『裁判所』といい得るものであるか否かにある」。

● 法の適用 ●●

「裁判員裁判対象事件を取り扱う裁判体は、身分保障の下、独立して職権を行使することが保障された裁判官と、公平性、中立性を確保できるよう配慮された手続の下に選任された裁判員とによって構成されるものとされている。また、裁判員の権限は、裁判官と共に公判廷で審理に臨み、評議において事実認定、法令の適用及び有罪の場合の刑の量定について意見を述べ、評決を行うことにある。これら裁判員の関与する判断は、いずれも司法作用の内容をなすものであるが、必ずしもあらかじめ法律的な知識、経験を有することが不可欠な事項であるとはいえない。さらに、裁判長は、裁判員がその職責を十分に果たすことができるように配慮しなければならないとされていることも考慮すると、上記のような権限を付与された裁判員が、様々な視点や感覚を反映させつつ、裁判官との協議を通じて良識ある結論に達することは、十分期待することができる。他

方、憲法が定める刑事裁判の諸原則の保障は、裁判官の判断に委ねられている。

　このような裁判員制度の仕組みを考慮すれば、公平な『裁判所』における法と証拠に基づく適正な裁判が行われること（憲法31条、32条、37条1項）は制度的に十分保障されている上、裁判官は刑事裁判の基本的な担い手とされているものと認められ、憲法が定める刑事裁判の諸原則を確保する上での支障はないということができる。

　したがって、憲法31条、32条、37条1項、76条1項、80条1項違反をいう所論は理由がない。」

③ 法の解釈と適用②
● 法の解釈 ●●
　「憲法76条3項によれば、裁判官は憲法及び法律に拘束される。……憲法が一般的に国民の司法参加を許容しており、裁判員法が憲法に適合するようにこれを法制化したものである以上、裁判員法が規定する評決制度の下で、裁判官が時に自らの意見と異なる結論に従わざるを得ない場合があるとしても、それは憲法に適合する法律に拘束される結果であるから、同項違反との評価を受ける余地はない。……裁判員制度の下においても、法令の解釈に係る判断や訴訟手続に関する判断を裁判官の権限にするなど、裁判官を裁判の基本的な担い手として、法に基づく公正中立な裁判の実現が図られており、こうした点からも、裁判員制度は、同項の趣旨に反するものではない。

　……憲法が国民の司法参加を許容している以上、裁判体の構成員である裁判官の多数意見が常に裁判の結論でなければならないとは解されない。先に述べたとおり、評決の対象が限定されている上、評議に当たって裁判長が十分な説明を行う旨が定められ、評決については、単なる多数決でなく、多数意見の中に少なくとも1人の裁判官が加わっていることが必要とされていることなどを考えると、被告人の権利保護という観点からの配慮もされているところであり、裁判官のみによる裁判の場合と結論を異にするおそれがあることをもって、憲法上許容されない構成であるとはいえない」。

● 法の適用 ●●
　「憲法76条3項違反をいう所論は理由がない」。

④ 法の解釈と適用③
● 法の解釈 ●●
　「裁判員制度による裁判体は、地方裁判所に属するものであり、その第一審判決に対しては、高等裁判所への控訴及び最高裁判所への上告が認められており、裁判官と裁判員によって構成された裁判体は特別裁判所に当たらない」。

● 法の適用 ●●
　憲法76条2項違反はないとした。

⑤ 法の解釈と適用④
● 法の解釈 ●●
　「裁判員法1条は、制度導入の趣旨について、国民の中から選任された裁判員が裁判官と共に刑事訴訟手続に関与することが司法に対する国民の理解の増進とその信頼の向上に資することを挙げており、これは、この制度が国民主権の理念に沿って司法の国民的基盤の強化を図るものであることを示していると解される。このように、裁判員の職務等は、司法権の行使に対する国民の参加という点で参政権と同様の権限を国民に付与するものであり、これを『苦役』ということは必ずしも適切ではない。また、裁判員法16条は、国民の負担を過重にしないという観点から、裁判員となることを辞退できる者を類型的に規定し、さらに同条8号及び同号に基づく政令においては、個々人の事情を踏まえて、裁判員の職務等を行うことにより自己又は第三者に身体上、精神上又は経済上の重大な不利益が生ずると認めるに足りる相当な理由がある場合には辞退を認めるなど、辞退に関し柔軟な制度を設けている。加えて、出頭した裁判員又は裁判員候補者に対する旅費、日当等の支給により負担を軽減するための経済的措置が講じられている（11条、29条2項）」。

● 法の適用 ●●
　「裁判員の職務等は、憲法18条後段が禁ずる『苦役』に当たらないことは明らかであり、また、裁判員又は裁判員候補者のその他の基本的人権を侵害するところも見当たらないというべきである」。

⑥ コメント
　(1)　市民の司法参加制度が憲法上許容されるかは、第二次世界大戦以降、長く争われてきた論点であった。2009年5月21日からスタートした裁判員制度についても、立法段階から、合憲性については意見の対立がみられた。

本件で最高裁判所が大法廷にて全員一致で合憲判断を行ったことにより、この問題については判例上、一応の決着がなされた。この意味で本判決は重要な意義を有する。

本判決の第1の特色は、裁判員制度の合憲性を判断する際に、「憲法が採用する統治の基本原理」、「刑事裁判の諸原則」、「憲法制定当時の歴史的状況を含めた憲法制定の経緯」、「憲法の関連規定の文理」を総合的に検討している点にある。

このような視点から、本判決は歴史的・国際的な観点も持ち出して、欧米諸国における市民参加のあり方や、日本国憲法の制定過程についても分析を行っている。このような歴史的・国際的な観点を用いた分析手法は欧米の裁判所ではよく採用されるが、日本では珍しい（この点については該当箇所を引用することができなかったので、各自で判決の全文に当たって頂きたい）。

本判決の第2の特色は、裁判員制度が「国民主権の理念」に沿うものであり、「司法の国民的基盤の強化を図るもの」であるという意義を再確認するとともに、裁判員の職務等を単なる「義務」ととらえるのではなく、国民に「参政権と同様の権限」を付与するものであるととらえているところにある（法の解釈と適用④）。

本判決は、このような立場に立って、司法への市民参加そのものが憲法に違反するとはいえず、「具体的に設けられた制度が、適正な刑事裁判を実現するための諸原則に抵触するか否か」の判断が必要であるとして、適正手続の保障、裁判を受ける権利、弁護人依頼権、自己負罪拒否の特権、強制による自白の排除、刑罰不遡及の原則、一事不再理など、適正な刑事裁判を実現するための諸原則から、現に運用されている裁判員制度について分析する。

（2）　したがって、問題は「適正な刑事裁判を実現するための諸原則」が裁判員制度の運用において確保されているといえるか否かにうつることになる。

最高裁は、本判決の中で、裁判員制度が「優れた制度として社会に定着するためには、その運営に関与する全ての者による不断の努力が求められるものといえよう。……裁判員制度は、司法の国民的基盤の強化を目的とするものであるが、それは、国民の視点や感覚と法曹の専門性とが常に交流することによって、相互の理解を深め、それぞれの長所が生かされるような刑事裁判の実現を目指すものということができる。その目的を十全に達成するには相当の

期間を必要とすることはいうまでもないが、その過程もまた、国民に根ざした司法を実現する上で、大きな意義を有するものと思われる。このような長期的な視点に立った努力の積み重ねによって、我が国の実情に最も適した国民の司法参加の制度を実現していくことができるものと考えられる」との視点を明らかにする。

適正な刑事裁判を実現するための諸原則が確保されているか否かの判断を実質的に行うためには、裁判員制度の運用について、長期的な視点にたって十分な検証ができる状況が必要である。

たとえば、本判決は、裁判員裁判対象事件を取り扱う裁判体は、裁判官と「公平性、中立性を確保できるよう配慮された手続の下に選任された裁判員」によって構成されるとする（法の解釈と適用①）。そうであるとすれば、予断や偏見を持った裁判員が選任されることがないのか、選任手続は公平に行われているかの検証が必要である。しかしながら、選任手続やその方法の実態は必ずしも明らかであるとはいえない。

また、裁判員の権限は、審理に臨み、「評議において事実認定、法令の適用及び有罪の場合の刑の量定について意見を述べ、評決を行うことにある」し、「裁判長は、裁判員がその職責を十分に果たすことができるように配慮しなければならない」（法の解釈と適用①）。したがって、核心である評議がどのように行われているかについての検証は欠かせないし、刑事裁判の諸原則について、裁判官から裁判員に対してどのような説明・説示が行われているか（裁判員法39条）についても検証する必要がある。この点からすると、裁判員等の経験者に対する守秘義務について、罰則（裁判員法108条）を含めた制限が規定されていることが、今後ますます問題になる可能性がある。守秘義務については、範囲が不明確であるとの指摘が裁判員経験者からも行われているところである。また、裁判長の説示については、その適切さが確保されるよう、本来は公開された法廷において行われるべきなのではないかとの指摘もされているところである。

本判決は、裁判員の権限を公判廷で審理に臨み、評議で意見を述べ、評決を行うことにあると明言するが、他方で「憲法が定める刑事裁判の諸原則の保障は、裁判官の判断に委ねられている」し、裁判官が「刑事裁判の基本的な担い手」として想定されているという。そして、このようなことを前提とすれ

VIII

ば、裁判員制度は違憲とはいえないとする。このような判示について、裁判員に対して裁判官が優位に立つことを前提にしているとの解釈も見られる。しかし、このような解釈は正しくない。裁判員には、法律の専門家でなくてもできることが任されており、法の解釈など、法律家でなければできないことは裁判官に任されているのである（憲法76条3項）。つまり、裁判員制度とは、法律の専門家と、一般市民の役割分担を行ったものであるととらえるべきなのである。

本判決の判示内容は、裁判員の権限をさらに拡大するような方向性での立法を許さないという趣旨ではない。具体的にどのような制度にするかは、「立法政策」の問題である。

（3）　その後、最高裁は、裁判員による裁判を受けるか否かについて被告人に選択権を認めていない点が憲法32条、37条に違反すると主張された事件でも、本判決を引用して、裁判員制度では公平な裁判所における法と証拠に基づく適正な裁判が制度的に保障されているなど、適正な刑事裁判を実現するた

めの諸原則が確保されているから、「裁判員制度による審理裁判を受けるか否かについて被告人に選択権が認められていないからといって、同制度が憲法32条、37条に違反するものではない」と判断した（最判平24・1・13）。本判決からすれば、被告人に裁判員裁判についての選択権を認めるか否かも立法政策の問題である。したがって、平成24年判決は、いわば本判決から導かれる当然の結論を確認したものであるといえよう。

このほか、最判平27・3・10は裁判員裁判における区分審理制度（裁判員法71条以下）について、「区分事件審判及び併合事件審判の全体として公平な裁判所による法と証拠に基づく適正な裁判が行われることが制度的に保障されている」として、区分審理制度は憲法37条1項に違反しないと判断した。

（4）　なお、裁判員の負担の問題については「裁判員メンタルヘルスサポート制度」などが置かれているところではあるが、それで十分なのかについては異論もある。

（笹倉　香奈）

60　科学鑑定の証拠能力

足利幼女殺害事件

最2小決平成12[2000]年7月17日刑集54巻6号550頁【LEX/DB28055306】

〈関連判例〉

最2小決昭和41[1966]年2月21日判時450号60頁　　【27930379】

最1小決昭和62[1987]年3月3日刑集41巻2号60頁　【24006092】

福岡高判平成7[1995]年6月30日判時1543号181頁　【28015028】

宇都宮地判平成22[2010]年3月26日判時2084号157頁【25462920】

1　事実の概要

平成2年5月、栃木県足利市の渡良瀬川河川敷で、幼女A（当時4歳）の死体が発見された。付近の川底から発見されたAの着衣には、おそらく犯人のものと思われる、血液型B型の精液が付着していることが明らかになった。

警察は、性的異常者で幼女に興味があり、現場に土地勘のある血液型B型の男性を犯人像として、大がかりな捜査を行い、同年11月初旬、被告人が不審な生活をしているとの情報を入手した。警察はその後1年近くにもわたって、常時2名の捜査員をつけて被告人の行動確認を行い、途中の平成3年6月2

日には、被告人が集積所に廃棄したゴミ袋の中から、精液の付着したティッシュペーパーを採取し、Aの着衣とともに科警研に送付して、両者のDNA型鑑定と、両者の異同識別を依頼した。同年11月になってようやく、両者に付着した精液の血液型が一致し、DNA型が、123マーカーを用いたMCT118型法で同型（16-26型）であり、このような同一の血液型及びDNA型の出現頻度は1000人に1.2人であるとの鑑定結果が出されたので、警察は、平成3年12月1日、被告人を任意同行して取調を行った。被告人は当初は否認していたが、やがて犯行を自白したため逮捕され、わいせつ誘拐、殺人、死体遺棄

の罪で起訴された。

被告人は、公判の当初は自白したが、途中で一度否認に転じ、再び自白して結審した後で、公判外でまた否認したため、弁論が再開され、再開後は否認を貫いた。弁護人は、DNA 型鑑定について、信頼性が確立されていないこと、MCT118型の鑑定は科警研のみで行われていて他機関による批判的検討が困難であること等をあげて証拠能力を争い、DNA 型鑑定以外に自白の補強証拠がないので本件は無罪であると主張した。

第一審（宇都宮地判平5・7・7）は、DNA 型鑑定につき「同鑑定方法の歴史は浅く、その信頼性が社会一般により完全に承認されているとまでは未だ評価できない」ことを認めながらも、「DNA 鑑定に対する専門的知識と技術及び経験を持った者によって、適切な方法により鑑定が行われたのであれば、鑑定結果が裁判所に対して不当な偏見を与えるおそれはないといってよく、これに証拠能力を認めることができる」として本件 DNA 型鑑定の証拠能力を肯定し、「血液型だけでなく、325通りという著しい多型性を示す MCT118型が一致したという事実が1つの重要な間接事実となることは否定できない」として、被告人と犯行との結びつきを強く推認させる証拠としてこれを用い、被告人を有罪として、無期懲役の刑を宣告した。

これに対して、弁護側は、DNA 型鑑定自体は科学的原理が確かだといえるとしても、収集された鑑定資料に量的、質的な問題をともなう犯罪捜査において、本件で科警研が用いた、ヒトの染色体中の MCT118部位を PCR 法により増幅して行う DNA 型鑑定の方法は、未だ専門分野において一般的承認をえているということはできないこと、また、保存等の問題により追試や事後的検証が不可能な状態にされていること等から、本件 DNA 型鑑定は非科学的で信頼性に乏しく、証拠能力を否定されるべきである等と主張して控訴した。また弁護人は、本件で用いられた123マーカーには致命的な欠陥があること等をあげて、本件鑑定には信用性の面からも問題があり、DNA 型の出現頻度についても母体となるデータが増加するにつれて変化していること等から、その証明力を過大視すべきではないこと等も指摘した。

実際、123マーカーは使用を停止されている等の事実も存在していたが、控訴審は、いわゆる科学的証拠が「認知・分析の基礎原理に科学的根拠があ

り、かつ、その手段、方法が妥当で、定型的に信頼性のあるものでなければならない」ことを前提としながらも、「DNA 型判定の手法として、MCT118型法は、科学理論的、経験的な根拠を持っており、より優れたものが今後開発される余地はあるにしても、その手段、方法は、確立された、一定の信頼性のある、妥当なものと認められる」としてその科学性を是認し、そして「専門的知識と経験のある、熟達の技官によって行われた本件 DNA 型鑑定の結果を本件の証拠に用いることは許される」として、本件 DNA 型鑑定の証拠能力を認めた（東京高判平8・5・9）。弁護側は、再び本件 DNA 型鑑定の問題点を徹底的に指摘して上告したが、最高裁は棄却し、以下のような職権判断を示した。

なお、本件については、平成21年に、再鑑定の結果、被告人と犯人との DNA 型が一致しないことが明らかとなって再審が開始され（東京高決平21・6・23）、平成22年3月26日には無罪判決が下されている。

[2] 法の解釈と適用

「本件で証拠の1つとして採用されたいわゆる MCT118DNA 型鑑定は、その科学的原理が理論的正確性を有し、具体的な実施の方法も、その技術を習得した者により、科学的に信頼される方法で行われたと認められる。したがって、右鑑定の証拠価値については、その後の科学技術の発展により新たに解明された事項等も加味して慎重に検討されるべきであるが、なお、これを証拠として用いることが許されるとした原判断は相当である」。

[3] コメント

(1) 本決定は、DNA 型鑑定の証拠能力を認めた初めての最高裁決定である。

DNA 型鑑定は、ヒトの細胞内にある DNA の塩基配列を分析することにより、個人を識別するものである。もっとも、犯罪捜査に用いられてきた DNA 型鑑定は、30億もあるヒトの塩基配列をすべて読み解いて特定の個人を突き止めるものではなく、塩基配列の一部の特徴から、個々人をいくつかの「型」に分類するものにすぎない。

本件で用いられた MCT118型法の場合は、ヒトの第一染色体中、GAAGACCACCGGAAAG という16文字の塩基配列が繰り返し現れる部分の、繰り返し回数に個人差があることに着目し、その繰り返

し回数によって人を分類する。

　繰り返し回数を調べるためには、まず収集された資料からDNAを抽出したうえで、鑑定可能な量まで増幅させることが必要である。増幅は酵素の働きと温度の上げ下げによって行われるが、その際、特定のDNA配列に吸着するよう指定した人工的な短いDNA断片（プライマー）を利用して反応の始点と終点を決めることで目標の部位（本件の場合はMCT118）だけを大量に増幅することが可能になる。この部位を測定すれば、16塩基がいくつ含まれているか（繰り返し回数がいくつか）がわかるのだが、その測定のために、DNAを特定の物質の中で移動させたとき、分子量が大きいものほど移動が遅くなり、分子量が小さいものほど素早く移動するという原理を利用する。すなわち、電気を通すゲル状の物質の中を、電位差を利用して一定の時間移動させ、その移動距離を測ることにより、分子量を見極める。このとき、移動距離を測る物差しとして使用されるのが、あらかじめ移動距離（つまり分子量）の判明しているDNA（マーカー）である。マーカーと、鑑定の対象となるDNAとを同一条件のもとで移動させ、比較することにより、移動距離が判定されるのである（もっとも現在では、これとは別のキャピラリー電気泳動法という、より高性能なものが用いられている）。

　上記のようなDNA型鑑定には、微量な資料からでも鑑定可能であり、骨や体細胞、毛髪等の様々な資料を用いることもできること等の利点があり、技術の進歩にもめざましいものがあるといわれているが、過去の冤罪事件において、鑑定の誤りが誤判原因となってきたこと等にもかんがみると、その証拠能力を認めるにあたっては慎重な考察が必要となる。

　(2)　かつて、判例では、科学的証拠の証拠能力を検討する際、専門家の経験等を重視し、鑑定そのものの科学的原理は問題にしない傾向がみられていた。

　たとえば、いわゆる「伝統的筆跡鑑定」の科学性が問題とされた事例では、近代統計学という「科学」を用いて、伝統的筆跡鑑定の「非科学性」を「科学的に」証明する鑑定書が提出されたにもかかわらず、それは排除され、伝統的筆跡鑑定による結果を示した鑑定書の方が証拠採用された（最決昭41・2・21）。しかもその際、筆跡鑑定が「多分に鑑定人の経験と勘に頼る」ものにすぎないことを認め

ながらも、「これまでの経験の集積と、その経験によって裏付けられた判断は、鑑定人の単なる主観にすぎないものとはいえな」いとされた。

　また、犬の臭気選別（指導主が警察犬に、数個の物品の中から、特定の臭気と同じ臭気の物を選ばせる方法で、犯行現場の遺留品と被告人との結びつきを立証しようとするもの）についても、犬の嗅覚メカニズムが科学的に十分解明されていないこと、人の体臭も一定とは限らないこと、犬が指導主に迎合する可能性があること、原臭の保存が困難であること等、その方法に関して指摘されてきた疑問点につき、最高裁はまったく検討を行わなかった。そして、問題とされた臭気選別が、専門家としての「専門的な知識と経験を有する指導主」により、道具としての「臭気選別能力が優れ、選別時において体調等も良好でその能力がよく保持されている警察犬」を使用して実施されたものであり、「臭気の採取、保管の過程や臭気選別の方法に不適切な点がない」ことを理由として、その結果を用いることを認めた（最決昭62・3・3）。同様に、ポリグラフ検査の結果についても、「被検査者の供述の信用性の有無の判断資料に供することは慎重な考慮を有する」としながらも、「その作成された情況等を考慮したうえ」であれば証拠能力を付与しうるとされた（最決昭43・2・8。ただしこの事例では、証拠調べに弁護側が同意したことが判断の重点となっていた）。

　(3)　上記の判例に対し、学説では一般に、専門家の経験と勘に頼った非科学的所見が、科学という装いをもって提出されることの危険性にかんがみて、科学的証拠については、証拠能力を認める前に、「具体的な検査方法の適正さ」のみならず、「科学的原理の確かさ」が確認されなければならないことが指摘されてきた。すなわち、必要な資格を有した検査者が、正確な機器を用い、適切な手続により検査を実施したことという判例があげる基準に加えて、そもそもの推論の基礎にある科学的原理が確かなものであり、用いられた技術がその適切な応用であることが確認されなければならない。しかもその「科学的原理の確かさ」については、アメリカのフライ・テストにならい、その属する特定の分野において「一般的承認」を得たという基準を充たすことが必要であるといわれてきた。

　この主張に対しては、反論として、新たに開発され、精通した専門家が他に存在しない分野では、証拠の利用が困難になること、アメリカの陪審制度と

は異なり、日本では職業裁判官が事実認定を行うので、科学性に問題があると思われる証拠も証明力のレベルで慎重に判断すればよく、証拠能力の制限を厳格にする必要はない等の主張もあげられていた。

しかし、本件の控訴審は、「刑事裁判で証拠として許容されるためには、その認知・分析の基礎原理に科学的根拠があり、かつ、その手段、方法が妥当で、定型的に信頼性のあるものでなければならない」と述べ、最高裁も、「その科学的原理が理論的正確性を有」することをDNA型鑑定の証拠能力を認める理由とした。この部分からすれば、それまでの判例とは異なり、科学的原理がまず確認されるべきとの考え方は取り入れられたものとみることができる。

また、最高裁が、臭気選別等とは異なり、DNA型鑑定には一般的な科学的原理としての承認が得られているという認識から本件鑑定に科学的根拠を認めたのであれば、その時点での判断として必ずしも不合理とまではいい切れないかもしれない。

(4) しかし、一般的な原理として科学性が認められるとしても、用いられた技法が基礎にある原理を十分現実化するレベルにまで達しているかどうか、具体的な事案毎になお慎重な吟味は欠かせないことも指摘されている。現在の科学水準においては確かだとされていた技法が、後の技術革新により誤りであると判明する可能性も皆無とはいえない。

もちろん、科学技術の進展により過去の誤りが発見される可能性は常にあるので、発展途上の技術だからという理由ですべての科学的証拠の証拠能力を否定することは現実的ではない。しかし本件の場合には、当初用いられていたマーカーが、精度を欠くものとして使用を停止されて、精度の高い別のマーカーに置き換えられていたこと、16文字の塩基配列以外のサブタイプが存在すること等、最高裁決定の時点ですでに、事後の科学技術の進展によって発見された事実により、鑑定当時の手法が科学的原理の適切な応用であり得ることについて疑問が生じていた。本決定では、「その後の科学技術の進展により新に解明された事項等を加味」する必要性を認めながらも、証拠価値を検討する際の慎重さを求めるにとどまったが、科学的証拠の科学的根拠をその都度確認する必要があるという考えをとる以上は、本件で用いられた具体的手法としてのMCT118型法が、本当に科学的根拠ありといえるかどうか、適切なマーカーを用いた再鑑定により確認する等のこと

も含めて、慎重に検討されるべきだったのではないか。

(5) また具体的な検査方法の適正も、確認されなければならないのは当然である。とくに、犯罪捜査において用いられるDNA型鑑定は、親子鑑定等の場合とは異なり、犯罪現場から収集される微細・微量な資料をもとに抽出されることが多いため、汚染・劣化・混同のおそれを免れえないし、保管状態による変質のおそれもある。実際、当初は有罪の証拠として用いられていたDNA型鑑定が、混同された資料をもとにしたものであったことが判明して証拠能力を否定された事例もある（福岡高判平7・6・30）。また、DNA型鑑定が主として警察組織のもとで行われていることについても、公正さの面での疑問があげられてきている。少なくとも、鑑定資料の採取と保管の適正性、鑑定の経過と結果について吟味される必要があり、そのための記録も開示されるべきであろう。

(6) DNA型鑑定の証拠能力は、別の面でも問題とされうる。

とくに出現頻度については、いくら数字上は稀少であるとしても、被告人以外の者が該当する可能性は否定できず、DNA型鑑定だけで被告人が犯人であるとは断定できないにもかかわらず、偏見的効果が非常に高いことから、そもそも天文学的な数字をあげるべきではないとの批判がある。さらには、DNA型鑑定は、無罪証拠としては用いても良いが、有罪証拠として用いるべきではない、あるいは、他の証拠で被告人の犯人性が立証されている場合でなければ、DNA型鑑定を用いるべきではない、などの指摘もある。

また、客観的検証可能性が確保されない限り、証拠能力を否定すべきとの主張もある。本件では、鑑定資料が全量消費されて、追再試が不可能となったことにつき弁護側が疑問をあげていたが、控訴審は、「追試を阻むために作為したなどの特段の事情が認められない」場合には、追試が不可能であるからといって証拠能力が否定されるものではないとし、最高裁は、問題として取り上げることもしなかった。しかし学説においては、被告人に対する防御権保障の必要性と、科学技術の進展が著しいことにもかんがみて、再鑑定の可能性を担保することは極めて重要であり、積極的な資料保存の配慮が欠けた場合には証拠能力を否定すべきとの立場が有力である。

(伊藤　睦)

61 同種前科による事実認定

📖 うっぷん解消放火事件

最2小判平成24[2012]年9月7日刑集66巻9号907頁【LEX/DB25444822】

〈関連判例〉
最3小決昭和41[1966]年11月22日刑集20巻9号1035頁【24004614】
最3小判平成21[2009]年4月21日集刑296号391頁　　【25440632】
最1小決平成25[2013]年2月20日刑集67巻2号1頁　　【25445333】［色情盗事件］

1 事実の概要

被告人は、アパートの一室であるA方に侵入して現金1000円およびカップ麺1個を窃取し、室内にあった石油ストーブ内の灯油を同室内のカーペット上に撒布した上で火を放ち、A他1名が現に住居として使用している建物の一部（焼損面積約1.1㎡）を焼損したこと等について起訴された。

被告人は、住居侵入および窃盗については争わない旨述べたが、放火については犯人性を否定した。

被告人には本件の17年前に15件の窃盗と11件の現住建造物等放火等の前科があった。

検察官は、被告人の犯人性を立証するために、公判前整理手続において、被告人は窃盗に及んだが欲するような金品が得られなかったことに立腹して放火に及ぶという前刑放火と同様の動機に基づいて本件放火に及んだものであり、かつ、前刑放火と本件放火はいずれも特殊な手段方法でなされたものであると主張し、その事実を証明するための証拠として、前科の判決書謄本、前科の捜査段階で作成された被告人の供述調書謄本15通、本件の捜査段階で作成された前刑放火の動機に関する被告人の供述調書1通、本件放火の現場の状況およびその犯行の特殊性等に関する警察官証人1名の取調べを請求した。

第一審裁判所は、前刑判決書謄本を情状の立証に限定して採用したが、本件放火の事実を立証するための証拠としては、前科証拠をすべて「関連性なし」として却下し、警察官証人については「必要性なし」として却下した。そして、第一審判決は、被告人が本件放火の犯人であると認定するにはなお合理的な疑問が残るとして、住居侵入と窃盗等についてのみ有罪とした（東京地判平22・7・8）。

これに対して検察官が控訴した。原審である東京高裁は、本件前科証拠および上記警察官証人は、いずれも本件放火の事実を証明する証拠として関連性を有し、取調べの必要があったにもかかわらず、これらを却下した第一審裁判所の措置には判決に影響を及ぼすことが明らかな訴訟手続きの法令違反があるとして、第一審判決を破棄し、事件を差し戻した（東京高判平23・3・29）。これに対して被告人が上告したところ、最高裁は以下のように述べて原判決を破棄し、事件を高裁に差し戻した。

2 法の解釈

「前科も一つの事実であり、前科証拠は、一般的には犯罪事実について、様々な面で証拠としての価値（自然的関連性）を有している。反面、前科、特に同種前科については、被告人の犯罪性向といった実証的根拠の乏しい人格評価につながりやすく、そのために事実認定を誤らせるおそれがあり、また、これを回避し、同種前科の証明力を合理的な推論の範囲に限定するため、当事者が前科の内容に立ち入った攻撃防御を行う必要が生じるなど、その取調べに付随して争点が拡散するおそれもある。したがって、前科証拠は、単に証拠としての価値があるかどうか、言い換えれば自然的関連性があるかどうかのみによって証拠能力の有無が決せられるものではなく、前科証拠によって証明しようとする事実について、実証的根拠の乏しい人格評価によって誤った事実認定に至るおそれがないと認められるときに初めて証拠とすることが許されると解するべきである」。

「本件のように、前科証拠を被告人と犯人の同一性の証明に用いる場合についていうならば、前科に係る犯罪事実が顕著な特徴を有し、かつ、それが起訴に係る犯罪事実と相当程度類似することから、それ自体で両者の犯人が同一であることを合理的に推

認させるようなものであって、初めて証拠として採
用できるものというべきである」。

3 法の適用

「被告人は、本件放火に近接した時点に、その現
場で窃盗に及び、十分な金品を得るに至らなかった
という点において、前刑放火の際と類似した状況に
あり、また、放火の態様にも類似性はあるが、本件
前科証拠を本件放火の犯人が被告人であることの立
証に用いることは、帰するところ、前刑放火の事実
から被告人に対して放火を行う犯罪性向があるとい
う人格的評価を加え、これをもとに被告人が本件放
火に及んだという合理性に乏しい推論をすることに
等しく、このような立証は許されないものというほ
かはない」。

4 コメント

(1) 被告人の悪性格を犯罪事実の立証のための証
拠として用いることは、本来、許されない。反社会
的な性格であるから所与の機会にその性格に沿った
行動をとった、すなわち当該犯罪行為に関与したに
違いないとする推論は、不確実で証明力が低いにも
かかわらず、事実認定者に対して不当な偏見を抱か
せ、争点の混乱による訴訟経済上の不利益を生じさ
せる危険も大きいからである（判例の中には、犯罪
事実自体は他の証拠で立証されていることを一応の前
提として、被告人の異常性格から犯行の動機・原因を
認定することを是認したものもあるが〔最決昭57・5・
25判時1046号15頁［千葉大チフス事件］、不十分な犯
人性の立証を悪性格で補充するというのであれば問題
であるとの批判が強い）。

とりわけ、同種前科等の特定の行為により悪性格
を証明するとき、その危険性は一層大きくなる。す
なわち、前科や類似事実を証拠として用いる場合、
その前科や類似事実から、その種の犯罪を行いやす
いというその人の性癖・傾向・性格を推認し、その
ような性癖・傾向・性格からその人が当該犯罪事実
を遂行したと推認するという二重の推認過程を経る
ことになるが、そのいずれも不確実であるにもかか
わらず、あたかも強い推認力を持つかのように事実
認定者に不当な影響を与え、ひいては事実認定を誤
らせることにもつながる。ゆえに、前科や類似事実
を犯罪事実の証明のために用いることは禁じられ
る。

(2) しかし一般には、そのような悪性格の証明の

ためではなく、故意、犯罪についての知情、動機等
の犯罪の主観的要素を証明するため、あるいは犯行
の特殊な手口や方法等が犯人と被告人との同一性を
示す場合、公訴事実と密接不可分な関係が認められ
る場合等には、同種前科や類似事実による立証が許
されるものと解されている。

実際、下級審の判例においては、強姦の手口等が
前科におけるものと酷似していることを被告人の犯
人性を示す証拠の1つとした例（もっとも、この事
例においても、被害者の目撃証言やDNA型鑑定等、
他の有罪証拠が存在していた。水戸地下妻支判平4・
2・27）、被告人が犯人であることを認めた強姦等の
手口との類似性を、同時に起訴された、被告人が否
認している事実に関する犯人性を示す証拠の1つと
した例（広島地福山支判平18・8・2判タ1235号345
頁）、同一列車内で連続して発生した、犯行態様と
しても同一のスリ事件について、特定のグループに
よる一連の犯行の一部として同時に起訴された2つ
の犯罪事実のうちの1つをもう一方の事実における
犯人性の証明に用いた例（静岡地判昭40・4・22）
等、前科や類似事実等により犯罪事実そのものを立
証することも認められてきた。

最高裁では、犯罪の客観的要素については他の証
拠で立証されていることを前提とした上で、詐欺罪
の故意というような主観的要素につき、確定した同
種前科により認定することを認めた例（最3小決昭
41・11・22刑集20巻9号1035頁。もっとも、この事例に
ついては、あくまで、以前にも同様の行為により詐欺
罪での処罰を受けていることからして、自分の行為が
欺罔行為となってしまうこと、あるいは、被害者が誤
信するであろうことを被告人が認識していたはずだと
いう推認を許したものにすぎず、以前に詐欺を行った
者だから今度もはじめから相手方を騙すつもりだった
に違いないと推認することを認めるわけではないの
で、およそ主観的要素であれば類似事実による立証が
許されるとする趣旨のものではないことに注意すべき
との指摘がある）があるが、前科・類似事実等によ
り犯罪事実そのものの立証が可能か否かという問題
については直接論じられてこなかった。和歌山カ
レー毒物混入事件（最3小判平21・4・21）も、類似
事実による犯人性の立証を認めた原審（大阪高判平
17・6・28）判断を明示的に否定しなかった点で不明
確さは残るものの、判旨としては、そのような立証
を積極的に認めたものではなく、むしろ、被告人の
犯人性が類似事実以外の情況証拠によって合理的な

疑いを差し挟む余地のない程度に証明されたことを前提として、類似事実等による立証が問題となるところの「犯行動機の解明」の有無が結論を左右しないと判断したものにすぎなかった。それに対して、本判決は、最高裁として初めて、犯罪事実そのものの立証に前科証拠を用いるための許容性基準を示したものである。

(3) 最高裁は、可能性としては前科による立証があり得ることを認めたが、それが認められるのは「実証的根拠の乏しい人格評価によって誤った事実認定に至るおそれがないと認められるときに初めて」であるとした。この判断を示す上で、事実認定を誤らせるおそれや争点の拡散等、従来から指摘されてきたとおりの前科証拠の危険性を指摘していることからしても、少なくとも、前科から被告人の悪性格を推認し、悪性格から当該実行行為を認定するという、被告人の悪性格を媒介項とする用い方は許さない趣旨であることは明らかである。

問題は、どのような場合に「実証的根拠の乏しい人格評価」による誤りのおそれを生じさせることなく前科を証拠として用いることができるかであるが、最高裁は、「前科に係る犯罪事実が顕著な特徴」を有すること、かつ、それが「起訴に係る犯罪事実と相当程度類似」することから、「それ自体で両者の犯人が同一であることを合理的に推認させる」ものであることを要件として示した。

従来から学説においても、犯行態様等が犯人特有のものといえるほどに特殊であり、両犯罪の行為者が同じであるといえるほどに類似する場合には、悪性格を媒介項とすることなく、事実の類似性それ自体から直接に犯人性を推認できることから、前科による立証が例外的に許されると説明されてきた。顕著に特徴的な犯罪であれば、偶然の一致によって別人により行われるということが経験則上考えにくいからである。ゆえに、学説では、「顕著な特徴」とは被告人以外の者が同様の態様で犯罪事実を行うことは通常考えがたいといえるほど特異なものでなければならず、態様の類似性も、「酷似」といえるほどのものでなければならないと考えられている。

この点で、本件では、いわゆる「署名」に等しいほどの特殊性、等の言葉が用いられていないことから、それ自体で犯人が被告人であることを推認できるほどの特殊性は要求されていないことを強調する見解もある。しかしそうであるとしても、最高裁が、単に、前科と起訴事実とが顕著に類似するこ

と、ではなく、前科そのものに「顕著な特徴」があり、「それが」起訴事実と類似し、しかも、そのことが、「それ自体」で犯人の同一性を合理的に推認させる程度のものであることを要求したこと、実際の適用においても、放火に近接した時点でその現場で窃盗に及び、十分な金品を得るには至らなかったという点で、前科事実と類似した状況があり、放火の態様にも類似性があることは認めながらも、「窃盗の目的で侵入し、期待したほどの財物が窃取できなかったために放火に及ぶということが、犯行の動機として特に際立った特徴を有するものとはいえない」こと、「侵入した居室内に石油ストーブの灯油を撒いて火を放つという態様もさほど特殊のものとはいえない」ことから「顕著な特徴」があることを否定し、結果として、その類似点が犯人性を合理的に推認させる力を持たないと判断していることからすると、学説が述べてきたものと同様の、相当厳格な要件を付すことを念頭においていたものと解するべきであろう。

(4) 本件原審では、前科事実と当該起訴事実とは、侵入した居室内において灯油を撒布して放火するという手段・方法と、窃盗の成果に対する不満へのうっぷん晴らしのために放火するという、窃盗から放火の「犯行に至る契機」との2点において類似しており、被告人の行動傾向が「固着化」していることが、類似性をより特徴的なものにしていると述べていた。

しかし、窃盗の成果に対する不満を動機として放火するという、「犯行に至る経緯」の類似性は、窃盗と本件放火とが同一人物による犯行であることを前提として初めて成り立つものである。まさしく、窃盗の行為者たる被告人が本件放火についても犯人であるのかが不確かなのであり、その犯人性こそが立証命題とされているにもかかわらず、過去の行動から推認される被告人の行動傾向をもとにして、被告人が窃盗を行ったからには本件放火についても犯人であるに違いないとまず推定し、だから過去の行動と本件放火の間には類似性があるのだとして、その類似性に基づく犯人性の認定を行うことは明らかに不合理である。そしてもう1つの、手段方法の類似性については、行動傾向の固着化があるとしても、他人による犯行の可能性を排除できるほどの絞り込みの効果をもつような特殊性があるわけではなく、前科による立証のマイナス面を補うほどの証拠価値は認められない。

最高裁も、「人格的評価による合理性に乏しい推論」としてこのような立証を退けているが、論者の中には、最高裁がこの結論に至る上で、前科が服役期間を挟んで17年前のものであること、本件放火の前後の1月の間に31件の窃盗についての疑いがあり、窃盗の成果が十分でないとみられるものも多数含まれているにもかかわらず、放火に及んだものは他にないこと等をあげて、行動傾向が「固着化」しているとの原審の判断を否定しているところに着目して、本件よりも強固な犯罪傾向が認められ、たとえば特定の状況下においては、いわば自然反応的に一定の行為を行うほどに習慣化しているというほどのものとなっていれば、そうした状況下での推認はより確実性の高いものなるため、前科による立証も許される余地があることを示唆するものもある。しかしこれについては、犯罪傾向を媒介とする推認過程を経ていながら、それが不確かな推認ではないといえるほどの実証的な根拠がある場合というのが現在の科学水準では容易には想像しがたいことからすると、最高裁のこの判示部分は、原審が「固着化」した「行動傾向」というあいまいなものを安易に認定して犯罪事実の認定に用いたことに対する批判と解すべきである。

（5）　最高裁は、その後、前科以外の類似事実を被告人と犯人の同一性の証明に用いる場合も、本件と同様の基準が適用されることを示した（最1小決平25・2・20刑集67巻2号1頁）。この事件では、被告人は、住居侵入・窃盗・現住建造物等放火等の計20件の事実について起訴され、そのうち住居侵入・窃盗のみの10件と、放火をともなう10件のうちの2件についても事実を認めたが、2件については放火の犯

人性を否定し、残り6件については全面的に犯人性を否定した。原審である広島高岡山支判平23・9・14では、前科と被告人が自認した事実から、被告人には、住居侵入・窃盗の動機について色情盗という特殊な性癖があり、住居侵入・窃盗の手口および態様についても特徴があり、放火についても極めて特異な行動傾向を有すると認定し、そしてこれらの特徴が犯人性を争っている8件の事実と一致するとして、すべての事実について有罪と結論づけていた。これに対して最高裁は、上告自体は棄却したものの、職権判断として、類似事実と当該起訴事実とに「顕著な特徴」と「相当程度の類似性」が「ない限り」は、被告人が「犯罪事実と同種の犯罪を行う犯罪性向があるという」実証的根拠に乏しい人格評価に基づく推論をすることと等しいとしたうえで、「そもそもこのような犯罪性向を犯人が被告人であることの間接事実とすること」自体が許されないことを明示した。論者の中には、この「顕著な特徴」を判断するにあたっては、類似事実の場合、前科事実とは異なり、当該犯罪事実との時間的な隔たりがなく連続して行われたものである可能性のあることや、同じ地域で同じ時間帯に行われたものである等、犯行の手口・態様以外のところで「犯罪事実」の「特徴」が認められる場合があるため、手口・態様に限らず、そのような時間的・場所的な近接性等を総合的に判断する余地がある等のことを指摘するものもあるが、他の証拠関係が弱くて立証の必要があるからといって、求められる「顕著さ」や「類似性」の基準を下げることまで認めてよいわけでないことには注意が必要である。

（伊藤　睦）

62　伝聞の意義①

米子強姦致死事件
最2小判昭和30[1955]年12月9日刑集9巻13号2699頁【LEX/DB24002446】
〈関連判例〉
最1小判昭和38[1963]年10月17日刑集17巻10号1795頁【27660989】［白鳥事件］
東京高判昭和58[1983]年1月27日判時1097号146頁　【27915489】［東京飯場経営者恐喝事件］〔本書63〕

1　事実の概要
被告人は、被害者を姦淫しようとして頸部扼圧の

結果死亡させたとして、無期懲役の有罪判決を受けた。被告人は、第一審（鳥取地米子支判昭27・8・4）

が「かねてから被害者と情を通じたいとの野心を持っていた」ことを強姦の犯意を推認させる重要なポイントとしたことにつき、「野心を持っていた」ことを証明する証拠としては、伝聞証人Aによる「被害者が『あの人はすかんわ、いやらしいことばかりするんだ』といっていた」等の証言が唯一のものであり、この証言は伝聞証拠にあたるので、第一審およびそれを是認した原審（広島高松江支判昭29・7・26）には証拠能力を欠いた証拠により犯罪事実を認定した重大な違法があるとして上告を申し立てた。最高裁は、Aが事件前日まで被害者と情交関係をもっていて、本件犯罪の被疑者としても取調べを受けた者であることから、その供述の信用性には慎重な調査を期すべきであったのに、これを伝聞証拠ではないとして証拠能力を認めたのは、証拠法則を誤り、事実認定にも重大な疑義を生じさせるものであるとして、原判決および第一審判決を破棄し、差し戻しを命じた。

2 法の解釈

　本件において一般的な規範は示されていない。

3 法の適用

　「第一審判決は、被告人は『かねて被害者と情を通じたいとの野心を持っていた』ことを本件犯行の動機として掲げ、その証拠として伝聞証人の証言を対応させていることは明らかである。そして原判決は、同証言は『被害者が、同女に対する被告人の野心にもとづく異常な言動に対し、嫌悪の感情を有する旨告白した事実に関するものであり、これを目して伝聞証拠であるとするのは当たらない』と説示するけれども、同証言が右要証事実（犯行自体の間接事実たる動機の認定）との関係において伝聞証拠であることは明らかである。従って右供述に証拠能力を認めるためには324条2項、321条1項3号に則り、その必要性並びに信用性の情況保障について調査するを要する」。

4 コメント

　(1)　供述証拠は知覚・記憶、表現・叙述の過程を経て作成されるが、その各過程には誤りが入り込みやすいため、供述証拠を用いるためには、供述内容の真実性、すなわち、知覚・記憶の正確性、表現・叙述の適切さや真摯性が吟味されなければならない。

　供述者が公判廷で証言する場合には、供述者は被告人と直接対面したうえで、宣誓をして偽証罪の制裁による威嚇を受けながら証言し、証言と同時の厳しい反対尋問にさらされることになるため、供述に誤りがあるか否かを確認することが可能であり、事実認定者自身が証人の供述態度を観察して判断することもできるが、公判外供述にはそのような機会が存在しない。したがって、320条は、公判外供述を内容とする書面または供述を、公判外供述の内容の真実性を立証するために提出することを原則として禁止している。

　(2)　もっとも、すべての公判外供述がこのいわゆる伝聞法則の適用を受けるわけではなく、要証事実との関係で、供述内容の真偽が問題とならない場合には、公判外供述は非伝聞として証拠能力を付与されうる（最判昭38・10・17［白鳥事件］）。

　たとえば「Aは殺人犯だ」というXの公判外供述を、XがAの名誉を傷つけたことの証明に用いる場合には、もはやXによる供述の真偽や発言の真意は問題とはならないため、X自身の知覚・記憶、表現・叙述の過程を反対尋問により吟味する必要はなく、Xが本当にそのような発言をしたか否かが第三者の証言等により確認されれば良いことになる。

　また、「私は神である」等の発言を情況証拠の1つとして、供述者の精神異常を認定する場合にも、供述内容の真偽は問題とはならないため、一般には非伝聞として扱われる。

　(3)　ところが通説は、人の心の状態を示す供述を、供述者がその内容どおりの心理状態にあったことを証明するために用いる場合、つまり供述内容の真偽が問題となる場合にも、非伝聞であるとする。

　理由としては、外界の出来事について知覚したことを報告する通常の供述とは異なり、供述の時点での自己の内心を吐露する供述には知覚・記憶の過程が欠けていること、残る表現・叙述の正確性および真摯性の問題については供述時の外形的事情から推認することができるため、反対尋問の必要性は高くなく、一般的な関連性の問題として考慮すれば足りること等があげられる。

　下級審判例の中にも、「人の意思、計画を記載したメモ」につき、「知覚・記憶、表現・叙述を前提とする供述証拠とは異なり、知覚・記憶を欠落するのであるから、その作成が真摯になされたことが証明されれば、必ずしも原供述者を証人として尋問し、反対尋問によりその信用性をテストする必要は

ない」ことを理由として、その内容たる「意思、計画を立証するため」であれば非伝聞として扱いうるとするものがある（東京高判昭58・1・27〔本書63〕）。

（4）　本件の原審も、死亡した被害者の供述を、被告人に対する「嫌悪の情」という心の状態を示すものであるという理由で非伝聞として扱った。

最高裁は結論としてこれをくつがえしたが、心の状態を示す供述を非伝聞として扱う理論一般を否定したわけではない。というのは、最高裁が当該供述を伝聞証拠と位置づけたのは、あくまで、「犯行自体の間接事実たる動機の認定」という「要証事実との関係において」にすぎないからである。仮に本件が、強姦か和姦かを争点としていたのであれば、被害者の供述は、その時点での被害者の心の状態を示し、姦淫行為に同意していなかった事実を推認させるものとして、証拠能力を認められていた可能性も否定はできない。

しかし実際のところ、本件の場合、たとえ被害者が「あの人は好かん」という供述のとおり、被告人に対して嫌悪感を持っていたということが証明されたとしても、それ自体は被告人の犯行を立証することに何ら関連性を持たなかった。関連性を持ちうるのは、被害者に嫌悪感を与えた原因となる、被告人の精神状態（被告人が被害者に対して淫らな野心を持っていたこと）と、「いやらしいことばかりする」という被害者の供述どおりに被告人が異常な言動をしたことを認定し、そこから被告人の本件犯行動機を推定する場合だけである。被告人が「いやらしいことばかり」したのは、供述よりも以前のことであるので、被害者は、過去の出来事について、知覚・記憶の過程を経て表現・叙述していることになる。被害者の供述を聞いた第三者を尋問しても、被害者自身の知覚・記憶、表現・叙述の過程を吟味することは不可能であるため、当該供述は明らかに伝聞証拠だったのである。最高裁の本件判示は、たとえ心の状態を示す供述でも、要証事実との関係で伝聞の危険が残る場合には安易に非伝聞として扱ってはならないことを示したものということになろう。

（5）　そもそも学説のなかには、心の状態を示す供述を、供述者が供述どおりの心の状態であったことを示すために用いる場合にも、通常の伝聞証拠として扱うべきであるとの主張も根強い。その理由は、たとえ知覚・記憶の過程が問題とならないとしても、残る表現・叙述の過程のうち、とくに真摯性の問題は無視できない点にある。

供述者本人が証言する場合には、被告人の面前で供述させることにより、供述者に事態の重大性を認識させ、嘘やでまかせの証言を回避させる等、真摯性がある程度確保されることが期待されうるが、供述を聞いた第三者に尋問してもそのような効果はありえない。たしかに、供述時の客観的状況や、供述者の態度および表情等については、第三者から聞き知ることもできるかもしれないが、供述時の状況が供述者に与えた心理的影響や、供述の背景となる動機等まで確認することはできない。少なくとも、外形的な状況のみからの推測が、供述者本人に対する尋問を不要とするほど有効なものであるといえるかについては疑いが残る。

判例・通説を支持する立場からは、人の内心を知るためには当事者のその時点での供述を用いるのが最良の方法であるという意味で、心の状態を吐露した供述には証拠としての必要性が認められること、伝聞証拠とすると該当する伝聞例外規定がなく、供述を用いることが困難になること等の実際上の理由が、供述を非伝聞とするべき理由としてあげられる。

供述過程の一部に誤りの危険が残る供述を非伝聞証拠とする理由として、そのような実際上の必要性だけで十分といえるだろうか。被告人には、憲法37条2項において、自己にとって不利益な供述の原供述者に対して公判廷で直接対面して尋問する権利が保障されていることにもかんがみて、通説・判例が非伝聞説をとる根拠を改めて問うことが必要である。

（伊藤　睦）

IX

東京飯場経営者恐喝事件
東京高判昭和58[1983]年1月27日判時1097号146頁【LEX/DB27915489】
〈関連判例〉
最1小判昭和38[1963]年10月17日刑集17巻10号1795頁【27660989】［白鳥事件］
大阪高判昭和57[1982]年3月16日判時1046号146頁　　【27915425】

1 事実の概要

被告人は、山谷の日雇い労働者2名が手配師から金品を取り上げられたことを聞き知り、他の者と共謀のうえ、手配師2名および経営者に対して、飯場の食堂に監禁し、謝罪を要求して暴行・脅迫を加えた結果として、うち2名に傷害を負わせ、また、「慰謝料」として現金20万円を喝取したとして有罪判決を受けた。

原判決（東京地判昭56・12・14）が恐喝の事前共謀を認定する根拠としたもののなかに、「⑮確認点―しゃ罪といしゃ料」と記載されたメモが含まれていた。このメモは、「戦術会議および犯行準備に関する記載のあるメモの存在」との立証趣旨で検察官から証拠調べを請求され、弁護人も異議がない旨を述べたために取り調べられたものであった。

その後の審理において、このメモは、9月25日に行われたとされる戦術会議の結果を、会議の参加者であるAから、会議には参加していなかったBが、会議の2日後である27日夜に聞き知り、25日の会議についての確認点として書き留めたものであることが判明した。弁護人は、控訴審において、当該メモは再伝聞証拠であり、原供述者であるAが死亡等により供述不能になったとの証拠も、原供述の特信情況についての証拠も存在しないのであるから、証拠能力を否定されるべきであったと主張した。裁判所は、弁護側の主張をすべて排斥して控訴を棄却したが、その際、本件メモが、実際には「事前共謀を立証する」ものとして扱われたことを前提としながら、以下のように判断した。

2 法の解釈

「人の意思、計画を記載したメモについては、その意思、計画を立証するためには、伝聞禁止の法則の適用はないと解することが可能である。それは、知覚、記憶、表現、叙述を前提とする供述証拠と異なり、知覚、記憶を欠落するのであるから、その作成が真摯になされたことが証明されれば、必ずしも原供述者を証人として尋問し、反対尋問によりその信用性をテストする必要はないと解されるからである」。

「そしてこの点は個人の単独犯行についてはもとより、数人共謀の共犯事案についても、その共謀に関する犯行計画を記載したメモについては同様に考えることができる。……ただ、この場合においてはその犯行計画を記載したメモについては、それが最終的に共犯者全員の共謀の意思の合致するところとして確認されたものであることが前提とならなければならないのである」。

3 法の適用

「メモに記載された右の点が共犯者数名の共謀の意思の合致するところとして確認されたか否か、確認されたと認定することができないわけではない。したがって、確認されたものとすれば、メモに記載された右の点に証拠能力を認めるべきは当然であろう」。

「のみならず、確認されなかったとしても、メモに記載された右の点は、以下の理由によって、その証拠能力を取得する……。……会議において、Bが更に右メモに記載したものであるから、原供述をAとする再伝聞供述であると解しなければならない……（が）……、メモについては、……検察官の証拠調べ請求に対し、弁護人は異議がない旨の意見を述べており……原供述者に対する反対尋問権を放棄したものと解されてもけだしやむを得ないもの」である。

4 コメント

(1) 〔本書62〕で論じたとおり、人の心の状態をあらわす供述は、供述者の供述時点での精神状態を証明するために用いられる場合には非伝聞であるとするのが通説・判例である。

そして事例の中には、犯行前に共謀した内容等を書き留めた、いわゆる犯行計画メモを、「その時点における本件犯行に関する計画という形で有していた一定の意図を具体化した精神状態に関する供述」（大阪高判昭57・3・16）として扱う場合には、伝聞法則の適用例外にあたることを認めたものがある。本件も、基本的には同じ立場をとる。

(2) しかし、犯行計画メモが、供述者の精神状態をあらわすとしても、それを「知覚・記憶を欠落する」から非伝聞証拠であるといいうるかは疑問である。というのは、精神状態の供述が知覚・記憶の過程を欠落するといわれるのは、外界での出来事を知覚して記憶するものとは異なり、供述者の供述時の内心の状態を同時的かつ自然発生的に発露したものと考えられているからであるが、メモは、必ずしも同時的、自然発生的なものではなく、過去の知覚について熟考したうえで作成されることもありうるからである。

とくに本件の場合、問題となったメモは、会議参加者が会議と同時的に作成したものではなく、会議の終了後に、参加者から会議の様子を聞き知った第三者が作成したものである。メモは明らかに、過去の出来事についての会議参加報告者の知覚と記憶に依存し、さらにその報告についてのメモ作成者の知覚・記憶に依存している。したがって、本判決自体も認めるとおり、本来「再伝聞供述」であったといえる。

また仮に、犯行計画メモが知覚・記憶の過程を経ない供述にあたるとしても、真摯性を確認することは困難である。原供述を聞いた第三者が証言する場合には、供述時の客観的状況や供述者の表情等、供述の外観的事情につき確認し、供述の真意を推定することが一定程度可能であるが、書面の場合にはその手段がない。結局は、今まさに証拠能力が問題とされている書面自体から、作成過程に問題がないことを推定し、真摯性を認定するしかない。そのような方法が、供述者の尋問を不要とするほどに十分なものとはいい難いだろう。

(3) 判例のなかには、精神状態の供述としてではなく、供述自体の存在を要証事実とすることにより、公判外供述を非伝聞として扱うものがある。

たとえば、最高裁は、殺人事件に関与したとされる被告人が、襲撃の前に、「Sはもう殺してもいい奴だ」「共産党を名乗って堂々とSを襲撃しようか」等と発言したのを聞いたという伝聞証人（聞き手）の証言等について、被告人がそのような「発言をしたこと自体」が要証事実であると解されるものについては、非伝聞であるとしている（最判昭38・10・17〔白鳥事件〕）。その理由は、被告人が本当に犯行に関与したか否かが問題となる場合には、伝聞証人に尋ねても確認のしようがないが、発言の存在自体が要証事実である場合には、伝聞証人自身が発言を直接知覚しているので、伝聞証人に確認すれば十分だということである。

本件でも、検察官は、犯行計画メモの立証趣旨は「メモの存在」であるとした。

しかし、書面の形状や性質の特徴を証明することに余程の意味がある場合は別として、通常、書面の「存在」自体を示しても意味はないため、いくら要証事実が供述の「存在」とされても、真の立証目的は別の所にあると見るのが自然である。本件裁判所が、メモが実際には「本件犯行の事前共謀を立証するものとして」扱われたと見るべきとしているのもそのことを示している。記載された内容に相応する事実として共謀を認定するのであれば、供述内容の真偽が問題とならざるをえないため、いくら供述の「存在」が要証事実とされていても、供述者自身の尋問を経ない限り、供述は伝聞である。また、本件のように、メモの「存在」ではなく、メモ作成者の「意図」を示す供述として用いるのであれば、前述のとおり、供述の真摯性に問題が残るので、やはり本来は伝聞供述として扱われるべきものということになる。

本件では、結論として、弁護人が証拠調べに異議のない旨を述べていたことをもって、伝聞の問題が生じないと判断されたが、「存在」を要証事実とすることで非伝聞としての扱いを回避しながら、実際には伝聞として供述を用いることは、本来許されてはならないだろう。

(4) なお、共謀成立の過程でなされた被告人の発言は、被告人と他の共謀関与者との謀議行為そのものであるので、発言自体が犯罪事実の一部に等しく、その証明のために発言を聞いたものの証言等を用いる場合には非供述証拠として非伝聞であるとの主張もみられる。しかし、「あの人は殺人犯だ」と

いう発言を名誉毀損罪の証明に用いる場合とは異なり、共謀に関する発言の存在を共謀の事実の証明に用いる場合には、関連性を検討するためにも、発言がその後発生した事実と合致しているかなど、その内容を問題とせざるをえない。実際には内容が問題となるからといって非供述証拠的使用を妨げるのは不合理であるという主張も一部に見られるが、実際には供述証拠として用いられていることが明らかであるのに、非供述証拠的な利用だといえば理屈がたつというだけで伝聞法則のすり抜けを許すことは、適切ではない。

(5) 判例が非伝聞としてメモを用いようとする背景には、犯行計画メモが証拠としての高い価値を持つという前提があるのだろう。たしかに、詳細な犯行計画メモが存在し、その記載どおりの犯行が実際に行われた場合に、犯行に対する強い関心や意図を示す証拠として、メモが有用であることはありうる。しかし、意図を持つ者が必ず実行に移すとは限らない以上、メモは情況証拠の１つでしかなく、被告人の犯行への関与を立証するには別の証拠が必要とならざるをえない。

しかも、共謀に参加したうちの一部の者が作成したメモの場合、メモ作成者以外の共謀者の意図をメモが反映しているとは限らない。共謀者である限り、メモに現れた意図は共謀者全員に共通であるとする立場もあるが、共謀過程を逐語的・電磁的に記録したものでもない限り、メモは、他の参加者の供述についての知覚・記憶を含めて、作成者が共謀の内容として知覚したものを書き留めたものであり、明らかに伝聞証拠である。本判決がいうように、作成者以外の者に対して用いるためには、少なくとも「最終的に共犯者全員の共謀の意思の合致するところとして確認されたものであること」を前提とすべきは当然であるが、確認されたとしても、伝聞性が払拭されたとまでいうるかは疑問である。まして本件メモは、共謀が成立したとされる時点よりも後に、共謀参加者以外の者が作成したものであり、作成後に共謀者全員に確認をとったことも明らかではないことからすると、非伝聞証拠とするには無理があったのではなかろうか。

（伊藤　睦）

64 供述不能要件のあてはめ

〒 群馬死体遺棄事件
東京高判平成22[2010]年５月27日高刑集63巻１号８頁 【LEX/DB25442861】
〈関連判例〉
　最大判昭和24[1949]年５月18日刑集３巻６号789頁　【27760119】
　最大判昭和27[1952]年４月９日刑集６巻４号584頁　【27680279】
　最１小決昭和29[1954]年７月29日刑集８巻７号1217頁【24002048】
　最３小判平７[1995]年６月20日刑集49巻６号741頁　【27828360】

1 事実の概要

被告人は、共犯者Ａらと共謀して被害者を殺害したとして、殺人及び死体遺棄の事実で起訴された。

Ａは、第４回公判期日において、立証趣旨を「殺人及び死体遺棄の共謀の状況、犯行状況等」とする検察官請求証人として出廷したが、自らも本件の共犯者として別に起訴されていて刑事裁判が係属中であり、殺人については否認しているので、ここで証言をして自分の裁判で不利益に使われたくない等として証言を拒絶した。

そこで検察官は、同公判期日において検察官調書

を321条１項２号前段の書面として請求し、第６回公判期日において、その調書が採用された。

被告人は有罪判決を受けたが（東京地判平21・7・21）、その際、Ａの検察官調書も有罪認定に用いられていた。被告人側は、証言拒絶が321条１項２号にあたる場合があるにしても、その証言拒絶は一時的なものでは足りず、相当な期間内に翻意して証言する可能性が認められるときには同号の要件を満たしているとはいえないなどと主張して控訴した。

[2] 法の解釈

「321条2項2号前段に供述者が公判準備もしくは公判期日において供述することができないときとしてその事由を掲記しているのは、その供述者を裁判所において証人として尋問することを妨げるべき障害事由を示したもので、これと同様又はそれ以上の事由の存する場合において検察官調書に証拠能力を認めることを妨げるものではないから、証人が証言を拒絶した場合にも、同号前段によりその検察官調書を採用することができる（最大判昭27・4・9）。しかし、同号前段の供述不能の要件は、証人尋問が不可能又は困難なため例外的に伝聞証拠を用いる必要性を基礎付けるものであるから、一時的な供述不能では足りず、その状態が相当程度継続して存続しなければならないと解される。証人が証言を拒絶した場合についてみると、その証言拒絶の決意が固く、期日を改めたり、尋問場所や方法を配慮したりしても、翻意して証言する見通しが少ないときに、供述不能の要件を満たすといえる。もちろん、期日を改め、期間を置けば証言が得られる見込みがあるとしても、他方で迅速な裁判の要請も考慮する必要があり、事案の内容、証人の重要性、審理計画に与える影響、証言拒絶の理由及び態度等を総合考慮して、供述不能といえるかを判断するべきである。」

[3] 法の適用

Aは、自らの刑事裁判が係属中であり、弁護人と相談した結果、現時点では証言を拒絶したい、としているにすぎず、他方で、被害者の遺族の立場を考えると、自分としては証言したいという気持ちがあるとまで述べているのであって、自らの刑事裁判の審理が進み、弁護人の了解が得られれば、合理的な期間内に証言拒絶の理由は解消し、証言する見込みが高かったと認められる。現に、被告人の弁護人……によれば、原審第4回公判期日の終了後、被告人の弁護人が、Aの弁護人に対し、同年7月8日に予定されているA自身の被告人質問が終了した後は、被告人の公判において、Aを証言拒絶をさせずに、尋問に応じさせてほしい、と依頼したところ、Aの弁護人から、弁護団で協議するが、十分に検討に値する提案である、と前向きな返答があった、というのである（これに対して、検察官は何ら反論、反証をしていない。）。なお、原判決は、A自身の公判が終了した後に証言する意思がある旨を明確にしていないことを供述不能の理由の1つとしている。しかし、供述不能に関する立証責任は検察官にあるのであって、Aの証言意思、裏返せば証言拒絶意思が明確でないというならば、その点について立証を促すべきである。

原審は、本件を公判前整理手続に付し、あらかじめ争点及び証拠を整理した上、第8回公判前整理手続期日で審理予定を定め、平成21年4月22日から同年6月19日までの間に合計7回の公判期日を指定している。しかし、第6回公判前整理手続調書によると、検察官は、同期日において、Aの取調べ状況等に関する捜査報告書及びAとその弁護人との接見状況等に関する回答書を請求したのは、Aが全く証言しない可能性を考慮してのことである旨釈明している。原審においても、この時点でAの証言拒絶を想定し得たはずである。そうであれば、検察官に対して、Aの証言拒絶が見込まれる理由につき求釈明し、Aの審理予定を確認するなどした上、Aが証言を拒絶する可能性が低い時期を見極めて、柔軟に対応することができるような審理予定を定めるべきであったのに、原審はそのような措置を講じることなく、審理予定を定めている。

本件が殺人、死体遺棄という重大事案であること、被告人が犯行を全面的に否認していること、Aは共犯者とされる極めて重要な証人であることなどを考え併せると、このような公判前整理手続きの経過がありながら、Aが前記のような理由で一時的に証言を拒絶したからといって、直ちに前記の各検察官調書を321条1項2号前段により採用し、有罪認定の用に供した原審及び原判決には訴訟手続の法令違反がある。破棄差戻。

[4] コメント

(1) 伝聞法則は、公判外供述の使用を原則として禁じることにより、事実認定過程の正確性を担保しようとするものであるが、要証事実の認定のためにその証拠を求める特別な「必要性」があり、かつ反対尋問を経なくともそれに代わるだけの「信用性の情況的保障」がある場合には、公判外供述の使用を例外的に認めるルールである。

ところが321条1項2号前段（以下、2号前段）は、「供述者が死亡、精神若しくは身体の故障、所在不明若しくは国外にいる」ため公判で供述できないという「供述不能」（「必要性」を基礎づける要素）要件のみで公判外供述に証拠能力を付与し、「信用性の情況的保障」にあたるものを何も要求していな

IX

いため、伝聞例外規定としての妥当性が問われてきた。法が制定された当時であれば、検察官の準司法官的性格を根拠として、検察官の作成する調書には「信用性の情況的保障」があるのだ、という理解もあり得たかもしれないが、現在ではそのような考え方はとりえない。検察官は一方当事者であり、また、検察官による取調べにおいて作成される供述には、裁判官の面前で録取されるものとは異なり、供述録取過程で供述者が宣誓および反対尋問にさらされることもない等、手続的保障が欠けている。そのような公判外供述を安易に証拠として用いることは、憲法37条2項の証人審問権との関係でも望ましくない。

そのため学説は、条文の要件を厳格にし、また解釈で「信用性の情況的保障」の要件を補うなどして、少なくとも運用上、条文の適用を「例外」として適正といえる範囲にとどめようとしてきた。

(2) これに対して、判例はそのような考え方をとらない。その根底には、憲法37条2項の証人審問権は、あくまで公判に実際に召喚された証人に対する尋問の機会を十分に保障するものであり、召喚されなかった者の公判外供述を証拠として用いることを絶対的に禁じる趣旨のものではないという前提がある（最判昭24・5・18など）。その前提からすると、証人に対する尋問の機会を保障できない場合には、証人尋問なしに公判外供述を用いたとしても憲法上の問題はなく、2号前段はまさしくそのことを規定したものであるため、要件にあてはまる限り、特段に証人審問権を意識して公判外供述の使用を制限する必要はないことになるのである。

ゆえに最高裁は、321条1項2号前段の「供述者が死亡、精神若しくは身体の故障、所在不明若しくは国外にいる」の要件に該当する場合はもちろん、明文の要件には該当しない、証人の証言拒絶の場合にも同条項の適用を認めてきた。証人に対して、公判外供述（検察官面前調書）についての反対尋問の機会を与えることができないのは、証人が死亡した場合も証言拒絶の場合も同じである、というのがその理由である（最判昭27・4・9）。しかも最高裁は、証人の証言拒否が記憶喪失を理由とするものである場合もこれと同様の扱いとすることを認めた（最決昭29・7・29。ただし、この事案は321条1項3号に関するもの）。

(3) しかし、証人が死亡した場合や病気等で回復の見込みのない場合とは異なり、証人の意思による証言拒絶の場合には、その時点では証人尋問が不可能であっても、説得や尋問方法の工夫、期日の延期等により、その後証人が翻意して証言できる状態になることは十分ありうる。ゆえに、たとえ証言拒絶が供述不能に当たる場合があるとしても、一時的に供述不能状態になったからといってむやみに書面に頼ってよいわけではなく、証言を妨げている原因を除去し、証人尋問を実現させることの方がまず求められるべきである。

従来の下級審でも、裁判所と検察官が証人に対して再三の説得を試み、尋問期日を改めるなどの措置をとってもなお証人が宣誓及び証言を拒否した事案において、そのように「宣誓及び証言拒否の意思が強固なものであったこと」を、供述不能要件の充足を認める1つの理由として考慮に入れた事例がみられていた（東京高判昭63・11・10）。しかも現在では、被害者のみならず、公判廷で供述するときに圧迫等を受けるおそれのある証人については、証人尋問の際に、遮蔽措置をとることやビデオリンク方式をとることも法律上可能となっている。そのような手段を模索する前に、安易に供述不能要件を認定することは許されず、本当に2号前段の列挙する事由と同じかそれ以上に証言を妨げる「やむを得ない」事由がある場合（上記最判昭27・4・9）に該当するのか否かが慎重に検討されなければならない。

本件において、供述不能の要件につき、「例外的に」伝聞証拠を用いる「必要性を基礎づけるもの」であることから「一時的な供述不能」では足りず、証言拒絶の場合には、「その証言拒絶の決意が固く、期日を改めたり、尋問場所や方法を配慮したりしても、翻意して証言する見通しが少ないとき」にはじめて満たされるものとしているのは、上記のような学説・判例を踏まえたものといえよう。

(4) 本判決は、供述不能状態の解消の見込みをどの程度まで考えるべきかについて、迅速な裁判の要請も考慮し、「事案の内容、証人の重要性、審理計画に与える影響、証言拒絶の理由及び態度等の総合考慮」によるべきとしている。ここで「事案の内容」や「証人の重要性」が挙げられているのは、軽微な事案や自白事件の場合には安易な判断をしてよいという趣旨ではなく、重大事案で証人の重要性が高ければ高いほど、審理期間を延ばしても被告人に対して証人尋問手続を保障する必要性が高まるという趣旨とみられている。

(5) 証人が証言拒否を貫き、本当に供述が得られ

ない状態に陥ったとしても、2号書面を用いることについてはなお疑問がある。

従来から指摘されているとおり、証言拒否権を証人に対して法律上保障しておきながら、証人が権利を行使したことを理由として、権利を告知される前の検察官取調べにおける調書を用いることは、制度の趣旨に反する疑いがある。さらに、検察官が作為的に証人に証言を拒否させる可能性もありうる。あるいは、証人の方が、虚偽を暴かれることをおそれて反対尋問を意図的に免れようとするかもしれない。しかも、導入された捜査協力型協議・合意制度のもとでは、共犯者的な立場にある者が、自己の刑責を軽減したいがために協議・合意を行い、検察官の取調べでは被告人に不利となる、虚偽を含んだ供述を提供しておいて、公判では証言拒否をする事例が増加する可能性もある。

もともと2号書面については、前述のとおり、検察官が当事者的性格を持つこと、作成過程における手続的保障が欠けていることから、信用性の情況的保障の点が疑問とされているのに、さらに検察官が証言拒否を見越して書面を作成した可能性も否定できないときに、証人が証言しないからといって即座にそれに証拠能力を付与することは、適切とはいい難い。

この点、アメリカ連邦最高裁における近年の判例において、証人が証言拒絶権に基づく証言拒否をした場合に、捜査段階での「取調過程で」作成された供述を用いることは、被告人の手続的権利を奪うことになるため許されず、憲法との抵触なしに公判外の供述を用いるためには、過去に一度でも供述者に対する尋問手続の機会を被告人に対して保障しておくことが必要であるとされていることが参考になりうる。そこでは、事前にそのような措置がとられることなく、信用性の情況的保障に疑問がもたれる書面しか存在しない状況に陥った場合、その責任は、事前の措置をとらなかった検察官の側にあると考えられているのである。日本でも同様の事態に陥った場合には、証言拒否権が「その者の証言は得られない場合があってもやむを得ない」という考えを根底においていることにもかんがみて、その者の供述を立証に用いること、すなわち書面を用いること自体、断念すべきである。そのようにして信用性の情況的保障に欠ける書面の使用を禁じる解釈をとることは、真実発見の利益にもむしろ合致する。

最高裁も、国外退去強制によって供述不能となった者の供述調書については、「公正さ」の観点から証拠能力を否定すべき場合があることを認める（最判平7・6・20〔本書65〕）ことにより、国家機関である検察官や裁判所が、入国管理局とも調整してできる限り証人尋問の機会を確保するよう努めるべきことを示している。

本判決もまさしくそのような考え方のもと（検察官に対して行為義務を課したとまでいいうるかはともかく）、原審が適切な審理予定を立てていれば「合理的な期間内に」証言拒絶の理由が解消し、証人尋問を実現する見込みも高かったにもかかわらず、国家機関である裁判所や検察官がそのような措置を講じなかったことを問題視し、供述調書に証拠能力を付与すべきではないと判断したものであろう。

（伊藤　睦）

IX

退去強制と検察官面前調書

📖 タイ人女性管理売春事件

最3小判平成7［1995］年6月20日刑集49巻6号741頁【LEX/DB27828360】

〈関連判例〉
最1小判昭和36［1961］年3月9日刑集15巻3号500頁　【27760701】
大阪高判昭和60［1985］年3月19日判タ562号197頁　【27930741】
大阪高判昭和61［1986］年4月18日刑月18巻4号280頁　【27930825】
東京高判平成20［2008］年10月16日高刑集61巻4号1頁　【25440750】
東京地判平成26［2014］年3月18日判タ1401号373頁　【25503346】

[1] 事実の概要

被告人等は、タイ国籍の女性14名を、無断欠勤、遅刻を禁止し、出勤後は無断外出を禁じるなどして店に集合、待機させ、売春料金や分配額等を統一指示した上で、その管理のもとで不特定多数の男性を相手に対償を得て性交させた管理売春の事実について起訴された。女性たちは、退去強制手続により大阪入国管理局に収容され、タイ国に強制送還されたが、検察官はその前に女性たちを取調べて供述調書を作成し、公判廷において、各供述調書を321条1項2号前段該当書面として証拠調請求した。

第一審（大阪地判昭62・4・9）と控訴審（大阪高判平元・11・10）は、321条1項2号前段には、同条1項2号後段や同条1項3号のように「信用すべき特別の情況の存するとき」あるいは「特に信用すべき情況のもとにされたものであるとき」という制限が付されていないから、供述者が、「国外にいるため公判準備若しくは公判期日において供述できない」という要件を充たせば、直ちに証拠能力を取得すると解するべきであるとした。

そして、検察官が意図的に退去強制を早めて被告人の反対尋問権を制限しようとした場合なども、いわゆる証拠禁止の見地から証拠能力を否定すれば足り、供述が「信用できない状況でなされた疑い」のある場合を、2号前段の消極的要件とすべきではないとした。また、本件のように、証人たる外国人が公判時に国外にいることが容易に予測される場合にも、検察官が226条、227条による証人尋問を請求する義務を負うわけではなく、それを怠ったからといって供述調書の証拠能力を否定する理由は存在しないとして各供述調書の証拠能力を認めたため、被告人側が上告をした。最高裁は、2号前段が証人審問権に違反するとの主張を退けて上告を棄却したうえで、職権で以下のように判断した。

[2] 法の解釈

「右規定（2号前段）が320条の伝聞証拠禁止の例外を定めたものであり、憲法37条2項が被告人に証人審問権を保障している趣旨にもかんがみると、検察官面前調書が作成され証拠請求されるに至った事情や、供述者が国外にいることになった事由のいかんによっては、その検察官面前調書を常に右規定により証拠能力があるものとして事実認定の証拠とすることができるとすることには疑問の余地がある」。

「退去強制は、出入国の公正な管理という行政目的を達成するために、入国管理当局が出入国管理及び難民認定法に基づき一定の要件の下に外国人を強制的に国外に退去させる行政処分であるが、同じく国家機関である検察官において当該外国人がいずれ国外に退去させられ公判準備又は公判期日に供述することができなくなることを認識しながら殊更そのような事態を利用した場合はもちろん、裁判官又は裁判所が当該外国人について証人尋問の決定をしているにもかかわらず強制送還が行われた場合など、当該外国人の検察官面前調書を証拠請求することが手続的正義の観点から公正さを欠くと認められるときは、これを事実認定の証拠とすることが許容されないこともあり得るといわなければならない」。

[3] 法の適用

「検察官等において供述者らが強制送還され将来公判準備又は公判期日に供述することができなくなるような事態を殊更利用したとは認められず、また、本件では、前記13名のタイ国女性と同時期に収容されていた同国女性1名について、弁護人の証拠保全請求に基づき裁判官が証人尋問の決定をし、その尋問が行われているのであり、前記13名のタイ国女性のうち弁護人等から証拠保全請求があった1名については、右請求時に既に強制送還されており、他の12名の女性については、証拠保全の請求がないまま強制送還されたというのであるから、本件検察官面前調書を証拠請求することが手続的正義の観点から公正さを欠くとは認められないのであって、これを事実認定の証拠とすることが許容されないものとはいえない」。

[4] コメント

(1) 〔本書64〕で見たとおり、判例は、321条1項2号前段（以下、2号前段）が憲法37条2項の証人審問権の趣旨に反しないことを前提として、条文が列挙する以外の場合にも適用を認めてきた。

とくに、最高裁が、証人が喚問されながら証言を拒否した場合にも2号前段の適用を認めたこと（最判昭27・4・9）は、2号前段に列挙された事由に該当する場合にはなおさら、供述できないという事実さえあれば、その理由を問わず、供述不能要件の充足を認めるに十分であるとの理解を導いてきた。

実際、証人が公判廷に喚問されていたにもかかわらず、それを無視して渡米したために「国外にいる」ことになった事例において、裁判所は、最判昭

27・4・9等の場合が2号前段に含まれるならば、「(公判廷で)供述することができない事実があれば十分であり、その供述者が『国外にいる』ようになった事情の如何を問題にする余地はない」と述べ(東京高判昭35・7・21)、最高裁もその結論を是認していた(最判昭36・3・9)。

(2) しかし、訴追側が故意に供述者を国外に去らせて被告人の証人審問権を妨げたような場合にまで、書面に証拠能力を認めるという形で訴追側の利益に配慮することには疑問も生じうる。

下級審判例のなかにも、検察官が積極的に働きかけて証人を「国外にいる」情況に陥らせた場合には、供述不能要件の充足が否定されることを示唆するものが現れていた。たとえば、証人が国外への退去強制処分を受けたために供述不能状態に陥った事例において、裁判所は、一般論としてではあるが、証人が「国外にいる」に至った事由を一切問うことなくすべて供述不能の要件をみたすと解することはできず、検察官が「被告人の証人審問権を妨害する目的で、出入国管理当局に意見を申入れ、あるいは供述者に不服申立権の不行使を働きかけるなどして、故意に供述者の退去強制の時期を早めさせた場合」等には、供述不能要件が充たされたとはいえないことを明らかにした(大阪高判昭60・3・19)。

また別の事例では、2号前段が「証人審問権の保障の例外として設けられている趣旨にかんがみ」て、その適用においては「国外にいる」の要件を厳格に解し、証人が「国外にいる事情」、とくに、「捜査官がことさら被告人の証人審問権を妨害ないし侵害する目的で供述者を国外に行かせたかどうか」等を検討することが必要であり、証人が「国外にいる」ことがやむをえないと認められる場合にその適用を限定すべきことが示された(大阪高判昭61・4・18)。

これに対して、上記のような場合に、信用性の情況的保障の観点から、2号前段のもとでの書面の証拠能力を否定すべきことを明らかにした例もある。

その事例では、まず2号前段が信用性の情況的保障を証拠能力付与の積極的要件とはしていない一方で、「2号前段の要件さえ充たせば絶対的に証拠能力が認められるとすることはできず」、「その供述が信用できない情況のもとでなされた疑いがある場合には、証拠能力が否定される」、つまり、信用性の情況的保障が証拠能力付与の消極的要件となることが前提とされた。そして、検察官が、供述者を意図

的に出国させようとした場合や、早期に出国できるよう便宜を図る場合の他、他に供述可能なものがいるのに、あえて出国予定の者についてのみ供述調書を作成する場合のように、「故意に被告人の公判廷における反対尋問の機会を失わせようとしたことがうかがわれる」場合には、「その供述が信用できない情況のもとでなされた疑いがあるものと考えて良い」として、調書の証拠能力を否定すべきと結論づけられた(大阪地判昭60・5・27)。

(3) 上記の事例はいずれも、証人が国外にいることにつき検察官に責任がある場合に、2号前段の要件充足を認めず、その適用を厳格に規制すべきことを明らかにしたものであった。

しかし本件の原審は、2号前段の文言等を理由に、供述者が「国外にいる」ことになった事情や信用性の情況的保障の有無を2号前段の要件として検討することを否定し、検察官が故意に被告人の反対尋問権を侵害した場合には、2号前段とは別の、「いわゆる証拠禁止の見地から」調書の証拠能力を否定すれば十分であり、また供述が信用できない情況でなされた疑いがあることについては、供述の信用性判断において考慮するものとしていた。

これに対して本判決では、供述者が国外にいることになった場合でも、調書を証拠請求することが「手続的正義の観点から公正さを欠くと認められるとき」には、調書の証拠能力が否定される可能性があることを、最高裁としては初めて認めた。

(4) 最高裁のこの判示を、2号前段の問題とは別のものとして、憲法31条の適正手続保障や公正さの見地から調書の証拠能力を検討したものとみる立場もある。

たしかに、最高裁は、2号前段の解釈としてこの問題を扱うことを明言したわけではない。しかし最高裁は、一般論として、2号前段が「伝聞証拠禁止の例外を定めたもの」であり、「憲法37条2項が証人審問権を保障している趣旨にもかんがみると」、「調書が作成され証拠請求されるに至った事情」や、供述者が国外にいることになった事由のいかんによっては、調書を「常に右規定により証拠能力があるものとして事実認定の証拠とすることができるとすることには疑問の余地がある」と述べたうえで、本件のような場合には、証拠請求の「公正さ」が問題となることを示している。

従来の判例では、伝聞例外規定が充たされる以上は証人審問権の問題が生じないとされてきたことと

IX

も比較すると、本件において、最高裁は、証人審問権の「趣旨」が、2号前段の解釈においても、その適用を限定する方向に影響を及ぼすことを認めたうえで、2号前段の解釈問題として、被告人から証人尋問の機会を奪い、同規定のもとで調書を用いることが手続的正義の観点からみて不公正とはいえないことを、同規定の要件として考慮する趣旨を示したものともみることができる。

(5) もっとも、証拠請求が「手続的正義の観点から公正さを欠く場合」という基準は明確なものではない。

この点については、本判決が、検察官の悪意が認められる場合だけではなく、「裁判所が……証人尋問の決定をしているにもかかわらず、強制送還が行われた場合」をあげたことが注目される。

退去強制処分は、出入国の公正な管理を目的として行われる正当な行政上の処分であり、入国管理局という、訴追・捜査機関とは別の組織によって行われる処分であるので、同じ国家機関であるからといって、供述者が強制送還された責任をすべて検察官に負担させることには疑問もありうる。前述の下級審判例が「早期に出国できるよう便宜を図る」こと等、検察官自身の意図的な行為を、2号前段不適用の条件として求めてきたのもそのためである。

しかし本件では、供述者が国外退去させられる事態を認識しながら「殊更に利用した場合はもちろん」と、検察官の意図的な行為がある場合が含まれることを当然のものとしながらも、そのような意図的な行為がなく、検察官の関与しないところで強制送還が行われた場合にも、書面の証拠能力を否定する可能性があることを示したのである。このような考え方は、米国判例において、証拠開示や証人喚問請求権の侵害等が問題となる際に、検察官の意図ではなく、被告人の側からみた不利益、すなわち、重大な証拠を奪われたことが公正な審理を受ける権利ないし証人喚問請求権等を侵害したことになるかどうかが判断基準とされていることと相通じる。補足意見も、「犯罪の証明に必要な外国人」を退去強制することによって、「伝聞供述を採用し、被告人の証人審問権が行使される機会を失わせることになり」、それがすなわち「手続的正義に反する結果となりかねない」ことを問題としてあげている。したがって、本件において最高裁は、検察官の行為が意図的な、不正義なものかということだけではなく、証人尋問の機会が失われて手続的適正さを欠くこと

になること自体を問題としたとみることができよう。

本件の適用範囲を、証人尋問が可能な状況にありながら実施しないうちに強制送還されたような懈怠がある場合や、検察官の行為が意図的なもので、正義に反する程度も甚だしい場合に限定しようとする立場もある。下級審でも、「国家機関の側に手続的正義の観点から公正さを欠くところがあり、その程度が著しく、これらの規定をそのまま適用することが公平な裁判の理念に反することとなる場合」に適用範囲を限定するものがある（東京高判平20・10・16）。しかし、本判決はむしろ、退去強制処分と刑事司法運営とがいずれも適正なものであっても、その利益が衝突し、被告人の証人審問権行使の機会が失われる場合には、調書の証拠能力を否定するという形での調整が必要となることを明らかにしている。そうであれば、適用範囲は、本判決が具体的にあげた場合以外にも広がり、被告人が証人尋問の機会を失われたことにより、被告人にとって防御上の実質的な不利益が生じたときには、同様に手続的正義の観点から、調書の証拠能力を否定する可能性も残されていることになるのではなかろうか。

(6) しかも補足意見は、証人審問権の趣旨からみると、調書の証拠能力を否定するという調整では十分ではないので、本来は速やかな立法的解決が図られなければならないし、それがない以上は、「裁判所、検察官、弁護人ら訴訟関係者の努力と相互の協力により、でき得る限り退去強制される外国人に対する証人尋問の機会をつくるなど、公正の観念に基づく真相究明を尽く」さなければならないとしている。

学説でもかねてから、証人審問権の保障のなかに、公判外供述者の原供述者を喚問する、あるいは証人尋問手続を実現するための積極的努力をするよう検察官に対して義務付けることが含まれると主張されてきた。

下級審判例においても、検察官が退去強制処分につき認知したときに、期日を早めて証人尋問を実施しようとしたこと等、「できる限りの手段を講じた」ことが、2号前段適用の有無を検討する要素の1つとしてあげられている（東京高判平8・6・20）。覚せい剤の密輸入等に関する裁判員裁判対象事件でも、被告人の有罪を立証するための重要な証人であり、弁護側が証人尋問を要求することが明らかであった者につき、検察官が、その者が近日中に退去強制さ

れ、公判での尋問は不可能になること等を知りながら、裁判所にも弁護人にも何も知らせなかったこと等を重くみて、「弁護側に直接尋問する機会を与えることについて相応の尽力はおろか実施することも容易な最低限の配慮をしたことも認められない」ことから、手続の公正さを欠き、その程度も著しいと認めて、調書の証拠採用を「将来における証人審問権に配慮した刑事手続を確保するという観点からも到底許容することができない」とする例も出されており（東京地判平26・3・18。もっとも、この事案では、検察官が当該証人を不起訴にしたうえで入国管理局に引き渡していた等の事情もあった）、検察官が被告人に対して証人審問手続を保障するための配慮を何らしていなかった場合に2号前段の適用が否定されることは、本件およびその後の下級審判例において是認されているといえる。

（7）本件については、証拠保全としての証人尋問を重視し、証拠決定がなされた場合には速やかにそれを実施することを求めたものとする見方もある。そのような限定は、判示部分や補足意見から必然的に導かれるものとはいえないが、たしかに、2号書面のもつ問題性にかんがみれば、公判外供述として用いるにしても、せめて被告人側に対して立会権を保障し、事実上尋問の機会を与えた手続において録取されたものにすべきだという主張はありうるだろ

う。ただし、手続的保障の面では2号書面よりも優位するとはいえ、そのような手続でなされた供述も公判外供述であることに変わりはなく、その使用もあくまで次善の策にすぎないことは留意されるべきである。

なお、本件では、具体的事案についての判断において、被告人が証拠保全請求をしていなかったこと等をあげて、書面の証拠能力を肯定している。ここから、検察官には証拠保全請求をする義務はないことを読みとろうとする立場もある。

しかし、弁護人がその他の証人に対して証拠保全請求をして尋問が実施されたことも検討対象となっていることとも考え合わせれば、被告人側の証拠保全請求は、被告人の防御にとっての当該証人の重要性を検察官に知らしめ、当該証人に対しても「できる限りの手段を講じる」という広範囲な義務が課されていることを検察官自身に認知させる契機として求められているにすぎないともいえよう。公判前整理手続と証拠開示制度があるとはいえ、証人が重要か否かを弁護側が事前に知ることはいまだ困難でもあるし、本来検察官には、有罪立証に用いる証人を提出する義務が課されているのであるから、被告人側が請求しない限り尋問を実施しなくてよいとする方向でこれを理解すべきではないだろう。

（伊藤　睦）

IX

66 相反供述要件のあてはめ

📖 高松放火詐欺事件

最2小決昭和32［1957］年9月30日刑集11巻9号2403頁【LEX/DB24003049】

〈関連判例〉

最3小判昭和30［1955］年11月29日刑集9巻12号2524頁【27760539】

最2小決昭和58［1983］年6月30日刑集37巻5号592頁【24005883】

1 事実の概要

被告人は、他3名の共同被告人等と共謀のうえ、航行中に、灯油を染みこませた布団綿にマッチで点火し、その周囲に灯油を撒布するなどして自己の所有する船舶に燃え移らせて、その大半を焼失沈没させ、放火の事実を隠して過失により引火したという虚構の事実を申告し、もって保険金を騙取したとし

て訴追を受けた。被告人は、第一審公判廷において、共謀の事実を否定して、保険金を受領したのも失火による焼沈と信じていたからであると主張した。

これに対して、共同被告人のうちのひとりは、終始検察官による取調べにおいて作成された調書に記載された通りの事実を認めた。また別のひとりは、

事後に供述を翻して事実を否認したものの、第5回公判までは、調書に記載されたものと同様の事実を認めていた。しかし検察官は、共同被告人等の検察官面前調書を証拠調請求し、被告人が不同意の意見を表明したにもかかわらず、裁判所もこれを採用して有罪判決の根拠として用いた（高知地判昭27・8・7）。控訴審でも有罪判決が維持されたので（高松高判昭29・10・29）、被告人は上告し、共同被告人等の調書については、公判証言と実質的に異なった供述とはいえないため、刑訴法321条1項2号のもとで証拠能力がなく、これを看過したのは採証法則に違背するものであり、不法である等と主張した。しかし、最高裁は棄却して、以下のように述べた。

［2］法の解釈

本件では、一般的な法の解釈は示されていない。

［3］法の適用

「……その他相被告人の供述調書は、公判廷における夫々の供述と大綱においては一致しているが、供述調書の方が繊細であって、全く実質的に異ならないものとはいえないのであるから、同321条1項2号の要件をも充たしているということができるから、刑訴法上の違反も存在しない」。

［4］コメント

（1）伝聞例外を認めるためには、通常、必要性と信用性の情況的保障の2つの要件が充たされなければならないと考えられている。

321条1項2号後段（以下、2号後段）は、証人の公判証言が「前の供述と相反するか実質的に異なった」ことを、検察官の面前でなされた以前の供述の方に証拠能力を付与する要件の1つとしてあげている。これは、一種の必要性要件にあたる。すなわち、証人が公判廷において、以前に供述したことと異なることを述べ、書面に記載された内容を再現しない場合、その証人を用いて立証を予定した事実が事実認定者の面前に提示されず、有罪立証にとって必要かつ不可欠な証拠が失われることになるため、それを補う手段が必要とされるのである。

しかし、2号前段の供述不能の場合とは異なり、2号後段の場合には、証人が証言しているにもかかわらず、あえて証人の公判外供述を事実認定に用いることになるので、供述の必要性については厳格に考えられなければならない。条文上も、2号後段の

規定は、単に「異なった」ではなく、「実質的に異なった」としているので、学説においては一般に、このときの「相反性」（以後、「実質的不一致」も含むものとして使う）は、立証事項との関係で、異なる事実の認定へと導く程度のものでなければならないものとされてきた。

下級審判例においても、相反性が認められているのは、たとえば、同一事項について証人が証言していても、公判証言が断片的でそれだけでは被害状況が明確にならない場合（東京高判昭31・4・17）の他、正当防衛が争われている事案において、被害者とされる者が積極的に攻撃を加えたか、消極的に防御していたかの点で、公判前の供述との食い違いがある場合（福岡高判昭31・2・15）等、主として、事実認定における結果に違いを生じる場合である。

これに対して本決定は、単に供述の詳細さの点で違いがあるというだけで、相反性を認めた。

しかし、断片的な公判証言よりも書面の方が詳細であるのは珍しいことではないし、本決定のような解釈によれば、検察官は、詳細な書面を作成しておきさえすれば、証人尋問をいくら簡単に済ませても良いということにもなってしまい、公判中心主義にも反する（このような観点から、検察官が証人尋問を簡単に打ち切って調書で補充したことを違法とした例として、名古屋高判昭30・7・12など）。

実務においても、裁判員制度の導入以来、公判中心主義の徹底が目指され、2号後段書面についても、本件のような判断が一般化されるべきではないと指摘され、むしろ、表現が明らかに矛盾するか、あるいは前後の供述に照らして、事実認定や量刑判断に大きな影響を及ぼす程度に異なった結論を導く場合でなければ相反性を認めてはならないとの見方も示されている。

（2）実務上、相反性は、必ずしも主尋問に対する供述に限らず、反対尋問、再主尋問、再反対尋問等で引き出された供述を含めて判断して良いとされてきた（東京高判昭30・6・8）。

しかし、証人が主尋問の段階で、以前の供述と同様の証言を再現したのであれば、事実認定にとって必要かつ不可欠な情報は、以前の供述を用いるまでもなく、公判廷にすでに提出されている。しかも、証人尋問という、手続的にもっとも望ましい形で、公判廷での吟味を受ける。

むろん、反対尋問による吟味を受けた際に、証人が揺り動かされて供述の重要な部分に疑いが生じる

ことはあり得る。しかしそれは単に、以前の供述に
も含まれていた誤りが発覚しただけのことである。
人の供述には知覚・記憶・叙述の各過程で誤りが含
まれる可能性があることを前提として、供述証拠を
用いる前に、証人尋問によってその誤りをテストす
べきというのが伝聞法則の考え方である。反対尋問
がよく機能して誤りが発覚したからといって、あた
かもそれとは無関係なものであるかのように以前の
供述を提出することは、証人尋問手続の意義を無視
し、伝聞法則の趣旨を損なうものでしかない。むし
ろ、公判での尋問の結果から事実認定を行うことが
公判中心主義に適うのであるから、一旦、以前の供
述が公判廷で再現され、それによって事実認定を行
うことも可能な状態におかれたのであれば、すでに
以前の供述を用いる必要性はなく、相反性を欠くと
解するべきであろう。

　司法研修所も、『裁判員制度の下における大型否
認事件の審理の在り方』（法曹会、2008年）におい
て、証人の供述に関しては極力公判での供述で決着
をつけるよう検察官が努力すべきであり、「裁判員
の面前で証人が重要部分を供述した」以上、多少
ニュアンスの違いがあっても検察官はその限度の立
証で満足すべきであり、また裁判員は、検察官調書
を重ねて取り調べたとしても、捜査段階の供述を容
易には納得しないので、2号書面請求は、相反性を
欠くか、必要性を欠くと考えるべきとの見解を示し
ている。司法研修所のこの見解は、裁判員制度に限
定してのものであるが、職業裁判官だけが重ねて取
り調べられた捜査段階の供述に納得する理由はない
ため、裁判員制度以外の裁判でも同じことが原則と
されるべきだろう。

　(3)　2号後段が相反供述に証拠能力を認めるため
のもう1つの要件は、公判供述よりも前の供述を信
用すべき特別の情況が存在することである（以下、
相対的特信性）。公判供述と前の供述との比較であ
る点が、通常の伝聞例外要件、すなわち、供述がな
されたときの情況全体に特別の信用性の保障を求め
るものとは異なっている。

　相対的特信性は、本来、供述の客観的・外部的情
況から判断されないといけない。なぜなら、信用と
いう言葉が用いられていても、相対的特信性は、あ
くまで証明力の問題ではなく、証拠能力の要件だか
らである。しかし判例は、必ずしも外部的な事情に
よらなくても、その供述の内容自体によって判断す
ることができるという立場をとっている（最判昭

30・1・11）。実際、前の供述の方が理路整然として
いる（名古屋高判昭24・10・12）とか、「（公判での）証
言はどうしても納得しかねる……甚だ不合理な点が
認められる（のに対し、前の供述の方は）……不合
理とは認められない」（東京高判昭30・10・27）などの
ように、供述の内容そのものの比較により判断して
いると見られる例もある。たしかに、2号後段が、
前の供述と公判証言との比較を証拠能力付与の前提
としていることからすると、供述内容をまったく見
ないで判断するというのも現実的ではない。しか
し、一般に指摘されているとおり、供述内容を考慮
するのは、あくまで供述の外部的事情を推認する限
度にとどめるべきである。

　(4)　下級審では、相対的特信性を認める理由とし
て、事件と供述との時間的近接性があげられること
がある（札幌高判昭25・12・15等）。たしかに、事件に
近接した供述の方が、外部的圧力を受けて記憶や叙
述に歪みが生じる前に記録されるため、信用性の保
障があるという考え方は経験則に沿うようにもみえ
る。しかし、捜査機関による取調べで生み出される
供述が、本当に外部的圧力から自由といえるかにつ
いては、大いに疑問の余地がある。また、捜査段階
での供述の方が事件に近接してなされることは、通
常どの事件でもあてはまることであるため、「特別
な事情」とも思われない。

　また、「証人が調書の読み聞けを受け、異議を申
し立てることなく署名押印した」（東京高判平5・8・
20、東京高判平13・4・25も同様）ことや、「無理な取
調がなされた形跡がないこと」（東京高判平8・6・
25）などをあげる事例もある。任意性のない供述が
証拠能力を認められないのは当然であるとしても、
任意性があれば前の供述の方が信用性の情況的保障
を持ちうるという考え方が、供述者が自発的に供述
した場合でも知覚・記憶・叙述の過程に誤りが生じ
うることを前提とした伝聞法則の理念と整合性を保
ちうるか、疑問である。

　さらに、証人が被告人と暴力団内部で兄弟関係に
あること（東京高判昭40・4・12等）や被告人の母親
であること（千葉地判平3・3・29）等から、公判証
言は「被告人を庇うために、殊更曖昧にしている」
（大阪地堺支判昭46・3・18）等として、それとの対比
で、被告人に不利益な事柄を詳細に述べた前の供述
の方が信用性の情況的保障を持つと認定するものも
少なくない。

　たしかに、公判廷では真実を語り得ない事情が存

在するために公判証言が曖昧で回避的なものとなる場合もあり得るので、公判証言の信用性をおとしめるような事情がある場合に、それとの対比において前の供述に相対的特信性が認められる場合もないとはいえない。

しかし公判廷で回避的な態度に終始した理由が証人固有の事情である場合に、前の供述だけがその事情とは無関係であるとは必ずしもいい切れないし、たとえ証人固有の事情があるとしても、公判での供述を滞らせたのには別の理由が存在する可能性もありうる。

もともと、伝聞法則は、公判証言にこそ信用性の情況的保障があり、検察官の取調べにはその保障がないことを前提としている。なぜなら、検察官は被告人と対立する当事者の立場にあり、密室による取調べに被告人や弁護人の立会いは認められず、宣誓や反対尋問の機会も与えられていないからである。

供述調書が電磁的・同時的・逐語的ではないという現状をも前提にすれば、公判廷ではしどろもどろの供述しかできなかった証人が、検察官による密室での取調べにおいては、理路整然と供述していたという保障は存在しない。日常生活のなかで起きる犯罪においては、証人となる者が、純然たる第三者であるよりは、被告人ないし事件と何らかの関係を有していることも珍しくはないのであるから、およそ公判廷での証人の態度が信用できないすべての場合に、証人の態度を被告人への遠慮や恐れなどと安易に結びつけて、前の供述の方に相対的特信性を認定することは避けられるべきである。

そして、本来的に信用性の情況的保障を認められている公判証言よりも、前の供述の方が信用性の保障を持ちうるというためには、少なくとも、前の供述をした後に買収を受けた等、公判証言だけが虚偽であることを疑わせる事情の存在が、具体的に立証されなければならないだろう（現実の裁判では、取調べの方によほど調書の信用性を疑わせるような特別な事情がないかぎり、相対的特信性を認めているが〔たとえば大阪地決平22・5・26等〕、疑問である）。

（5）　2号後段が、「相対的」特信性のみで書面に証拠能力を認めていることに対しては、反対尋問に代わる信用性の情況的保障のない供述を証拠として用いる点、あるいは、反対尋問の「充分な」機会を保障することなく公判外供述を用いる点で、憲法37条2項の証人審問権に反するのではないかとの疑いもあげられうる。

この点につき、一般には、供述調書の内容についても公判廷で反対尋問する機会が与えられることを理由として、証人審問権の侵害はないと考えられており、判例も、供述者に対する尋問の機会を保障すれば、その供述調書を証拠として用いても憲法上の問題は生じないことを前提としてきている（最判昭30・11・29）。

たしかに、公判廷において、供述調書の内容についても十分に尋問ができるならば、尋問の機会を保障しなかったとはいえないため、憲法上の問題は生じにくいだろう。

しかし、証人がもはや公判廷では以前の（供述調書の）供述を維持せず、公判廷では別の証言をする場合、あるいは、以前の供述を思い出せない等と主張して、供述を再現しない場合に、以前の供述について十分な反対尋問をすることは、非常に困難であり得る。というのは、この場合被告人は、公判廷で、自分にとっては有利な方向となる証言をしている証人から、あえて不利な供述を引き出し、現在の有利な公判証言の方は信用性をおとしめないよう注意しながら、不利益な供述の方だけを弾劾しなければならないからである。そもそも被告人は、自分にとって有利な証言をしている証人に対して厳しい反対尋問をする動機を持たないかもしれない。ゆえに、反対尋問の機会があることを過大視して安易に調書に証拠能力を付与するのではなく、被告人側が反対尋問で高度な技術を駆使しなくとも、信用性の情況的保障が備わった証拠のみが用いられるように、特信性を求めていくべきであろう。

また、調書の内容が十分に再現されたとき、以前の供述についての十分な反対尋問は可能となるかもしれないが、その場合には、別途供述調書を提出する必要性が疑われるだろう。公判廷での証人尋問を軽視することにつながる運用は、避けられるべきである。

なお、事例のなかには、証人が公判廷で証言した後に公判廷外で証人を取り調べて作成した供述調書を、あらためて証人尋問を受けた後に、2号後段にあたる「前の供述」として採用することを認めたものがある（最決昭58・6・30）。しかし、主尋問で述べたことが反対尋問で崩された場合には、再主尋問等を実施して公判の中で決着を付けるべきである。公判証言を無にするために作成された供述調書を証拠として採用することは、証人審問権との関係で許されないし、また、明らかに公判証言を覆すために実

施された取調べが、公判証言より信用すべき特別な
情況的保障を備えるとは到底考えられないだろう。

（伊藤　睦）

 検証立会人の供述

📖 犯行被害再現実況見分調書事件

　最 2 小決平成17[2005]年 9 月27日刑集59巻 7 号753頁【LEX/DB28105382】

　〈関連判例〉
　　　最 1 小判昭和35[1960]年 9 月 8 日刑集14巻11号1437頁【27760687】
　　　最 2 小判昭和36[1961]年 5 月26日刑集15巻 5 号893頁　【27760708】
　　　最 2 小決昭和59[1984]年12月21日刑集38巻12号3071頁【24006007】
　　　最 1 小決平成27[2015]年 2 月 2 日判時2257号109頁　【25447175】

1 事実の概要

　被告人は、電車内で隣に座った女性の臀部を触る
などの痴漢行為を行ったとして現行犯逮捕された。
被告人は取調べにおいて、当初の否認を覆して自白
に転じたが、起訴後に再び自白を撤回して無罪を主
張した。第一審公判において、検察官は、立証趣旨
を「被害再現状況」とする実況見分調書と、立証趣
旨を「犯行再現状況」とする写真撮影報告書の証拠
調べを請求した。実況見分調書は、警察署の通路に
おいて、被害者が電車内で隣に座った犯人から痴漢
の被害を受けた状況を再現したものを写真撮影等で
記録したものであり、同調書には、被害者の説明に
沿って被害者と犯人役警察官が姿勢・動作をとると
ころを撮影した写真がそれぞれ説明文つきで添付さ
れていた。また写真撮影報告書は、警察署の取調室
において、被告人が犯行状況を再現するところを写
真撮影等で記録したものであり、同調書には被告人
の説明に沿って被告人と被害者役警察官とが姿勢・
動作をとるところを撮影した写真が説明文つきで添
付され、うち数枚の写真には、被告人の犯行状況に
ついての供述が録取されていた。弁護人はいずれの
証拠調べにも不同意の旨述べたが、弁護人の異議申
立にもかかわらず、両書証とも法321条 3 項のもと
で証拠採用されて取調べられ、有罪認定の証拠とさ
れ（大阪簡判平16・10・1 ）、控訴審（大阪高判平17・
3・2 ）もその判断を是認したので、被告人側が上
告した。最高裁は、他の証拠で犯罪事実が認定でき
ることから、結論としては上告を棄却したが、当該
証拠に証拠能力を付与したことについては以下のよ
うに違法性を認めた。

2 法の解釈

　「（犯行・被害再現における）実況見分調書や写真
捜査報告書等の証拠能力については、326条の同意
が得られない場合には、321条 3 項所定の要件を充
たす必要があることはもとより、再現者の供述の録
取部分および写真については、再現者が被告人以外
の者である場合には321条 1 項 2 号ないし 3 号所定
の、被告人である場合には322条 1 項所定の要件を
充たす必要があるというべきである。もっとも、写
真については、撮影、現像等の記録の過程が機械的
操作によってなされることから前記各要件のうち再
現者の署名押印は不要と解される」。

3 法の適用

　「本件両書証は、捜査官が、被害者や被疑者の供
述内容を明確にすることを主たる目的にして、これ
らの者に被害・犯行状況について再現させた結果を
記録したものと認められ、立証趣旨が『被害再現状
況』、『犯行再現状況』とされていても、実質におい
ては、再現されたとおりの犯罪事実の存在が要証事
実になるものと解される」。

　「本件両書証は、いずれも321条 3 項所定の要件は
充たしているものの、各再現者の供述録取部分につ
いては、いずれも再現者の署名押印を欠くため、そ
の余の要件を検討するまでもなく証拠能力を有しな
い。また、本件写真撮影報告書中の写真は、記録上
被告人が任意に犯行再現を行ったと認められるか
ら、証拠能力を有するが、本件実況見分調書中の写
真は、署名押印を除く321条 1 項 3 号所定の要件を
満たしていないから、証拠能力を有しない」。

IX

4 コメント

(1) 捜査機関が作成する実況見分調書は、321条3項にいう「検証」に含まれるというのが通説・判例である（最判昭35・9・8）。その理由は、検証と実況見分とは、強制処分か任意処分かの違いはあるものの、五官の作用によって物の存在および状態を認識する方法であるという点では性質上異なるところがないことである。しかし、検証は、裁判官の令状に基づく強制処分として行われることにより、観察・記録が意識的かつ正確に行われるが、任意処分である実況見分にはそのような保障がないため、両者を同一に扱うことについては疑問も残る。また弁護側の作成した実況見分調書には321条3項の準用は認められていない（最決平20・8・27）が、性質上の同一性を理由とするのであれば、私人が作成した実況見分調書にも同じように証拠能力が認められなくては整合性がとれないことも、一般に指摘されているとおりである。

(2) 判例では、実況見分に際した立会人の指示説明部分にも、実況見分の結果と一体のものとして、証拠能力を認める（最判昭36・5・26）。

しかしだからといって、実況見分調書に記載された供述自体がその内容を証明するための証拠として用いられてよいわけではない。指示説明部分（現場指示）は、見分すべき対象を特定した動機ないし見分の趣旨を示すものにすぎず、またその限りでしか証拠能力を認められない。最判昭36・5・26も、立会人の指示説明が「実況見分の手段の1つにすぎず」、指示説明を記載するのも、その指示説明に従って行われた「実況見分の結果を記載する」1つの手段に他ならないことを、通常の供述録取とは異なるものとして扱い、証拠能力を付与する理由としてあげている。したがって、そのような限度を超えて、事件に関する供述（現場供述）が記載された場合には、たまたま実況見分に際して、本来は供述録取書に記載される供述が同一の書面に記載されたにすぎない状態になるため、当該供述部分につき通常の伝聞例外の要件が充たされない限り、証拠能力は付与されえない。

(3) 本件では、供述部分の証拠能力につき判断するうえで、本件両書証が「捜査官が、被害者や被疑者の供述内容を明確にすることを主たる目的」とした再現結果を示したものであることが重視されている。

一般的にも、犯行再現は、供述の内容を動作で現すことによって視覚可能な状態にしたものにすぎず、その実質は供述そのものであることが指摘されている。そうであれば、記載された「供述」部分が指示説明として実況見分調書に含まれるかそれを越える現場供述かという問題ではなく、書面全体がそもそも実況見分調書として321条3項のもとで扱われてよいかが問われる余地もあったのではないだろうか。もともと検証調書や実況見分調書が伝聞例外として証拠能力を付与される理由は、物や場所の状態は可変的なものであるため、事件から間がない時期に記録しておく必要があること、検証の手続は、場所や物の状態を機械的・技術的な方法で客観的に認識するものであり、虚偽性の入り込む余地が少ないこと、そして書面による報告の方が、口頭での報告よりも正確でありうること等にある。犯行再現の場合には、記録の対象となるものが証言や自白と同視できるものであり、それゆえ誤りや虚偽の危険性を持つことが明らかなものであるから、たとえ機械的・技術的な方法で記録されていたとしても、そのまま検証調書として証拠能力を認めることが困難であるのは、取調べをビデオ録画したとしても本条の下で扱うことができないことと同様である。

本件が、両書証が作成された目的に言及し、「実質においては、再現されたとおりの犯罪事実の存在が要証事実になる」ことを問題としているのも、犯行再現自体の持つ上記の性質を最高裁自身が意識し、通常の供述録取書の場合と同様に、要証事実と書面との関係について検討すべきと考えたためであろう。しかしそうであればなおさら、本来は、供述記載部分のみならず、書面全体としての証拠能力の問題として扱うべきではなかったかという疑問は残る。

(4) 写真が添付されている場合、実況見分調書と一体化したものとして扱われ、その部分の証拠能力は、実況見分調書の証拠能力に従うものとされており、写真が被写体の存否・状態を要証事実とするものにすぎない場合は、非供述証拠として関連性が認められる限り、証拠能力を付与される（最決昭59・12・21）。

しかし、犯行・被害状況を再現した写真の場合には、供述の内容を動作で現したものを機械で記録したにすぎない点で供述録取書と同様の性質を持ち（いわゆる「供述写真」）、その内容の真実性が要証事実となるので、供述録取書の場合と同様の証拠能力要件が充たされる必要がある。ただしその場合も、

写真は、機械的に記録され、その過程に正確性が担保されるので、再現者の署名押印は不要であるというのが通説である。

本決定も、被害者による犯行再現に添付された写真については、321条1項3号所定の要件について検討し、被害者の供述不能等の要件がみたされないことから証拠能力を否定しており、また被告人の犯行再現に添付された写真については、322条1項の要件のうち署名押印を除いた要件であるところの不利益性と任意性が充足されたと判断して証拠能力を認めている。このことから、最高裁は、写真の証拠能力につき、通説的立場に立つことを明らかにしたものとみることができる（最決平27・2・2も、被害状況等の再現結果を記録した捜査状況報告書を、321条1項3号の要件について検討せずに321条3項の要件のみで採用した一審の手続を違法としている）。

もっとも、写真は機械的に記録されたものであるので正確性が担保されるという通説の考え方には疑問もありうる。学説においては従来から、写真も客観的事実の一部を撮影者が切りとって人の認識を報告したものであり、撮影の角度等による表現の歪みが入り込む危険がある点では供述調書と異なるところがないため、少なくとも撮影者に真正性を確認する機会を保障することが必要であることが指摘されてきている。とくに近年、デジタルカメラ等の普及により、撮影上の工夫や編集により誤った印象が生み出される可能性が一般にも想像しやすい状況にあることにもかんがみると、機材を用いたから非供述証拠であるという前提自体、見直される余地があったのではないだろうか。

（伊藤　睦）

68　再伝聞供述の証拠能力

📖 福原村放火未遂事件

最3小判昭和32[1957]年1月22日刑集11巻1号103頁【LEX/DB27760573】

1 事実の概要

被告人等9名は、米国駐留軍軍人の車に対する襲撃や、資産家に対する強盗殺人未遂等の複数の事件に関して起訴された。そのうち問題となったのは、被告人等がA方に火炎瓶を投入して放火することを謀議し、うち4名がA方居宅に赴いて火炎瓶を投げつけたが、直ちに発見されて消火されたため、居宅を焼燬するには至らなかったとする現住建造物等放火未遂の起訴事実についてである。

第一審（浦和地判昭28・7・18）は、複数の事実につき有罪と認定したが、上記の起訴事実については、被告人のひとりであるXが検察官に対してなした供述のうち、「（自分は実行に参加しなかったが、事件の翌朝）、Yから、Y、Z、W、VがA方へ火炎瓶を投げつけてきたという話を聞いた」という部分を、X自身に対してのみならず、Y、W、U（Uは事前共謀の参加者とされる者）に対する不利益証拠の1つとして用いていた。そこで被告人等は、控訴するにあたり、当該供述に関しては、検察官に対する伝聞事項の供述は、公判期日における供述中の

伝聞について324条の規定が存するのとは異なり、直接証拠能力を認めた規定がないから、供述調書中の、XがYから聞知した内容は証拠能力がなく、これを証拠として用いたことは違法であり、憲法37条2項にも違反すると主張した。

しかし原審（東京高判昭30・4・2）は、まず一般論として、「……321条各号規定の事由があるとき、その供述調書に証拠能力を認めたのは、公判準備又は公判期日における供述にかえて書類を証拠とすることを許したものに他ならないから、321条1項2号により証拠能力を認むべき供述調書中の伝聞に亘る供述は公判準備又は公判期日における供述と同等の証拠能力を有するものと解するのが相当である。換言すれば検察官供述調書中の伝聞でない供述は321条1項2号のみによって証拠能力が決められるに反し、伝聞の部分については同条の他324条が類推適用され、従って同条により更に322条又は321条1項3号が準用された証拠能力の有無を判断すべきであり、伝聞を内容とする供述はそうでない供述よりも証拠能力が一層厳重な制約を受けるわけである

が、検察官に対する供述調書中の伝聞に亘る供述なるが故に証拠能力が絶無とはいえない」と述べた。

そして具体的適用においては、まずXの供述調書が、Xが第一審公判において陳述を拒み、無罪主張をしたことから、X自身に対しては322条、Y、W、Uに対しては321条1項2号前段のもとで証拠能力を認められるものとした。その結果、供述調書中の当該供述に関しては、324条のもとで321条1項ないし322条の準用が問題となるところ、W、Uにとっては、被告人以外の者（X）の供述で被告人以外の者（Y）の供述を内容とするものにあたることから321条1項3号の要件が問題となり、そのうち「不可欠性」の要件が充たされていないために証拠能力を認め得ない一方で（もっとも、当該供述を除外しても事実認定が可能であるため、供述に証拠能力を付与した一審の判断は判決に影響を及ぼす誤りではないとされた）、Yに対しては、被告人以外の者（X）の供述で被告人（Y）の供述を内容とするものにあたることから322条の要件が問題となり、供述の不利益性と任意性が認めうるので、証拠能力が付与されうると判断された。

またその際、「すでに321条によって証拠能力があると認められた供述調書の一部たる伝聞事項のみについて、反対尋問をすることは、実質的に殆ど無意味であり、又被告人Yやその弁護人が反対尋問しようとさえすれば、被告人Xは原審公判廷に出頭していたのであるから、いつでも適当な時期に反対尋問する機会は十分あったわけで反対尋問権の確保を保障し得ないことを憂うる必要はない」とも判示して有罪判決を維持したため、被告人等は上告し、とくにYとの関係において、再びXの供述の証拠能力を否定すべきと主張した。

最高裁は、上告を棄却したうえで、当該供述の証拠能力に関しては以下のように述べた。

②法の解釈
本件において一般的な法の解釈は示されていない。

③法の適用
「原審が……説示する理由によって、321条1項2号及び324条により右供述調書中の所論の部分についての証拠能力を認めたことは正当である。そして、これが反対尋問を経ない被告人Xの供述の録取書であるからという理由で、憲法37条2項によって

証拠とすることが許されないものではないことは当裁判所の判例の趣旨に徴して明らかである」。

「又右伝聞の供述の原供述者に対する反対尋問権について考えるに、この場合反対尋問をなすべき地位にある者は被告人Yであり、反対尋問をされるべき地位にある原供述者もまた被告人Yであるから、結局被告人Yには憲法37条2項の規定による原供述者に対する反対尋問権はないわけである。従ってその権利の侵害ということもありえないことは明白である」。

④コメント
（1）本件において弁護人は、供述調書は伝聞証拠であることを前提として、調書中の再伝聞供述には証拠能力が認められないと主張した。しかしこれに対して裁判所は、伝聞例外として証拠能力を認められた供述調書は、もはや伝聞としての劣った性質を持たないという前提に立った。つまり、320条が文言で示すとおり、321条以下の例外要件を充たす供述は、「公判期日における供述に代えて」、すなわち、公判供述にまさしく成り代わって、「公判供述と同等の証拠能力を有する」ものとみるのである。

したがって、供述調書中に含まれる再伝聞供述については、通常の公判証言中に証人が伝聞事項に触れた場合と同じく、当該部分が伝聞例外規定の要件を充たせば良いことになる。このとき、供述調書は、公判証言と同等ということで、324条の類推適用を受けていることになるので、324条が示す伝聞例外の要件、すなわち、原供述が被告人から聞き知ったものである場合には322条の要件が、被告人以外の第三者のものである場合には321条1項3号の要件が充たされることにより、当該部分についても証拠能力が認められ得る。学説においても、通説は、ほぼ同様の立場をとる。

（2）この通説の立場をとる場合も、再伝聞供述の供述者が被告人以外の者である場合には、321条1項3号が「特信性」と「不可欠性」を厳格に要求しているため、供述に証拠能力が付与されるのは極めて限定的な場合にすぎないことになり、それほど問題は生じない。実際、本件でも、W、Uとの関係では、「不可欠性」の点から、当該供述の証拠能力は否定されている。

しかし、再伝聞供述の供述者が被告人である場合には、322条1項のもとで、実質的には任意性だけが判断要素となり、その際、取調べ以外の場でなさ

れた供述には任意性が肯定されやすいため、たとえ「被告人から聞いた」というのが嘘だったとしても、安易に調書に証拠能力が付与されてしまうことが懸念される。とくに、「被告人から聞いた」と申し立てているのが共犯者であり、その申し立てが取調べにおいてなされたものである場合には、危険性が増大する。なぜなら、共犯者には、被告人に対する責任転嫁や巻き込みの動機があり、その供述が虚偽である可能性も高いからである。しかも、共犯者が実際に犯罪に関与していた場合には、詳細かつ真実をおりまぜた巧みな嘘をつくことが可能であり、また、本当は被告人に責任を転嫁して自己の刑責を軽減しようとしている場合でも、一見すると、自己に不利益な事柄についても率直に述べているようにみえるため、虚偽の供述が誤って信用されてしまう危険性も高い。そのような危険な供述に対して尋問の機会を保障しないことは、事実認定の正確性の点からも疑問を生じさせる。

（3）また、そもそも322条１項を準用するのであれば、当該供述部分に、供述者である被告人の署名・押印がなければならないはずである。

一般に、供述録取書に署名・押印が求められる理由は、書面であるという意味での伝聞性に加えて、供述録取者を仲介するという意味で、二重の伝聞性を持つことにある。供述者が署名・押印することにより、供述録取者が供述を正確に記載したことを確認して初めて、供述者自身が書面を作成した場合と同様に、通常の（一重の）伝聞証拠として扱うことが可能になるのである。反対に、供述者自身によるそのような確認がない場合には、供述録取者が報告する通りの供述が存在したかどうかも不明である。

もちろん、取調べにおいてなされる供述とは異なり、友人等に対する供述の場合、供述者自身が録取内容を確認して署名をするということはあまり考えられない。しかし少なくとも、供述者である被告人自身が、そのような供述をしたことを確認するか、あるいは、供述録取者である私人が、被告人の供述を本当に正確に知覚し、記憶し、叙述をしたのかを、公判廷での反対尋問により吟味することが必要となる。

もっとも、通常、324条のもとで322条１項の適用が問題となる場合には、供述録取者である私人に対して、証人尋問のなかで、当該供述に関する知覚・記憶・叙述（供述の存在と、正確な記録であることの確認）についても尋問することが可能であるため、

上記の点は問題にならない。しかし本件のように、そもそもの供述が、Xの証言としてではなく、供述調書として提出されてしまうと、その尋問さえも不可能となる。ゆえに、書面として提出される再伝聞の場合には、なおさら要件を厳格に解し、被告人自身の確認がなければ当該供述部分には証拠能力が認められないと考えるべきではないだろうか。

（4）また本件では、再伝聞供述を用いることが被告人の証人審問権との関係でも問題とならないことを、再伝聞供述の原供述者が被告人Yであり、自分で自分に反対尋問することが不可能であるから反対尋問権は存在しえないという理由で是認している。

しかし、本件のような場合、Yが反対尋問で確認したいことは、「Yが犯行を実行した」というYの供述内容の正確性（本当にYが供述通りに犯行を実行したか）ではない。むしろ、XはYから話を聞いたと主張するが、本当にそうか、という、（Yの供述に関する）Xの知覚・記憶・叙述の正確性が確認されなければいけないのである。したがって、反対尋問の対象者は、Yではなく、Yから話を聞いたと主張しているXである。ゆえに、Xに対する反対尋問の機会を保障しないことが証人審問権を侵害しないかが、本来の問題である。

この点につき、本件の原審では、Xが公判廷に被告人として在廷しており、Y等が希望すれば尋問が可能であったことを、Xへの反対尋問の欠如が問題とならない理由としてあげている。しかし、Xは共同被告人であり、共同被告人にも黙秘権が認められる以上、Xに対する十分な反対尋問を確保することはもともと困難である。しかも、Xが公判において、Yに対して不利益となる以前の供述を維持しようとしていない場合には、Yにとって、Xを反対尋問する動機は存在しないし、不利益な以前の供述についての反対尋問を行うことはなおさら困難である。実際、本件において、Xは、捜査段階の供述は任意性を欠くとして、自分自身に対する不利益証拠としてさえそれが用いられるべきでないことを主張していた。そのような状況で、YがXに対して尋問を行うことを期待しえただろうか。判例は、そのような場合にも供述調書に証拠能力を認めることを問題視していないが（最判昭27・12・11等）、学説においては、Xを事実上（被告人質問の形で）、十分に反対尋問できた場合でなければ、Yに対する不利益供述としてXの調書を用いることを否定すべきとされてきたことに注意が向けられるべきである。

(5) 伝聞例外規定を満たす公判外供述は、たしかに公判証言に代えて証拠となりうるが、それは、公判証言よりも劣る代替的な証拠であっても、証拠抜きで済ませるよりはまだ良いというにすぎない。証拠能力が付与されたからといって、代替的証拠特有の問題性が急に失われるわけではなく、とくに、書面はその性質上、本当に公判証言と同等に伝聞の危険性を払拭されることはない。まして、書面のなか

に含まれる再伝聞供述については、供述者本人に確認する手段もない。たとえ供述者が被告人本人である場合でも、いったん証拠能力が付与されてからその信用性を争うことは実際には困難であり、実質的な吟味の機会を保障されないことになる。伝聞法則の趣旨にかんがみ、その利用は制限されるべきではないだろうか。

（伊藤　睦）

69　特信書面

📖 ロッキード事件児玉・小佐野ルート事件
東京地決昭和53[1978]年 6 月29日判時893号 3 頁【LEX/DB27920999】
〈関連判例〉
最 2 小決昭和24[1949]年 4 月25日集刑 9 号447頁　　　【25340242】
最 1 小決昭和61[1986]年 3 月 3 日刑集40巻 2 号175頁　【24006053】
最 1 小判昭和29[1954]年12月 2 日刑集 8 巻12号1923頁【27760490】

1　事実の概要

被告人は、所得税法違反、外国為替及び外国貿易管理法（当時）違反の罪で起訴された。公判では、検察官が請求した様々な書証の証拠能力が問題とされた。本決定は、採否が留保されていた 4 種類の書証についての判断を示したものである。

ここではそのうち、①銀行の支店次長Ａが業務上の個人的備忘録として作成した「営業店長日誌」②銀行支店長Ｂが個人的な心覚えのために記載していた「 3 年当用日記」についての判断を取り上げる。

検察官は、これらをいずれも証拠物として取調請求したが、裁判所はそれを否定し、これらが性質上、「証拠物中書面の意義が証拠となるもの」に属し、かつその立証趣旨に照らし、伝聞法則の適用を受けるものであるとしたうえで、321条ないし323条の例外規定に該当するか否かを検討した。

2　法の解釈

320条の「……例外的場合の最も基本的形態として321条 1 項 3 号所定の書面があり……その作成時の情況及び書面自体の性質に応じ、その証拠能力を認めるための要件が漸次緩和されている。323条各号所定の書面は、かかる伝聞証拠禁止の例外の重層

的構造の頂点に位するものとして、反対尋問を経ることなく無条件にその証拠能力が肯認されているのであって、かかる事情に鑑み、同条 3 号所定の『前 2 号に掲げるものの外特に信用すべき状況の下に作成された書面』とは、その作成時の情況及び書面自体の性質において前 2 号に掲げる書面と同程度の高度の信用性の情況的保障を有する書面を指称するものと解するべきである。」

3　法の適用

（1）　Ａの公判供述によれば、本件日誌は、「Ａの業務上の資料とする目的で作成していたものの一部であって、Ａが欠席した日の分等数日分程度の脱漏はあるものの、略々毎日、その日の業務の要点……を、当日終業後又は遅くともその翌朝に、主観を交えることなく個条書き式に記載したものであることが認められ、その作成目的、作成方法に照らし、誤りの入り込む余地が少なく、高度の信用性があるものと認められる。もっとも、Ａの供述によれば、同行における営業店長日誌なるものは、以前は同行の事務処理規程上支店長が作成し、支店長交替の際には必ず引継ぐべき備付帳簿の 1 つとされていたのであるが、業務簡素化のために廃止されたものであ

り、Aは、従前の営業店長日誌用の簿冊を利用し、支店次長としてのAの業務上の個人的な備忘録として記録し、他人の校閲を受けることもなく、転勤に際しては私物として持ち歩いていたものであることが窺われ、これらの事情からすると、本件営業店長日誌は、通常その記載内容が作成者以外の者の目に触れる機会が多く、それらの者の業務活動の基礎ともなるという関係で、その記載内容の正確性が客観的にも担保されている323条2号所定の業務過程文書に該当すると解するにはいささかの疑念の余地なしとしない。

しかし、個人的目的……で作成され公開性がないという一点を除けば、本件営業店長日誌は、前示作成目的及び作成方法に照らし、まさに右業務過程文書に比肩すべき高度の信用性の情況的保障を有するものと認められ、323条3号所定の「特に信用すべき状況の下に作成された書面」に該当すると解するのが相当であり、同号によってその証拠能力が認められる。」

(2)　Bの公判廷における供述によれば、「本件3年当用日記は、……Bが個人的な心覚えのため記載していたものであって、支店長としての業務上記載していたという性質のものでなく、自席の事務机に入れておいて毎日前日の体験を記載していたが、2、3日後に記載したこともあるというのであり、提示にかかる右日記の記載内容を披見しても、その記述には日本語、中国語、ロシア語が入り混じり、銀行における業務上の出来事も記載されている反面全く私生活に関する事項の記述や主観的な所感、意見等が随所に記載されているといった情況」であって、到底これを以て323条1号、2号所定の書面に準ずる性質の書面とは解することができない。

4 コメント

(1)　323条各号は、321条・322条に掲げる以外の書面を伝聞例外とする規定だが、321条・322条に該当しないからといってすべての書面にこの条文を適用してよいわけではない。むしろこの条文は、321条1項3号にいう特信性よりも高度に、しかも書面の性質上類型的に、「信用性の情況的保障」をそなえた書面に限定される。ゆえに、321条・322条の要件をみたさないものについて323条ではどうかと考えろということではなく、323条に該当する書面については321条・322条の適用を考える必要はないというのが法の趣旨である。

(2)　高度な「信用性の情況的保障」があるとされる理由は各号によって若干異なるが、1号の「公務員が作成する書面」は、条文に例示された戸籍謄本を思い浮かべると分かるように、所定の要件をみたした届出に基づいて、公務員が職務上誠実に、所定の手続に従って作成する書面であるので、通常は正確に記載されていることが期待できる。作成者である公務員個人に対する信頼ではなく、そのような職務に関する公共機関に対する信頼を理由としているので、公務員が職務とは別のところで作成したものや、個別の事案に関する調査結果の報告書などは本号には該当しない。それゆえ、捜査官の作成した捜査報告書も本号の対象とはならない（最2小決昭24・4・25）。

2号の商業帳簿等の場合は、業務遂行の基礎として継続的・機械的に記録されるものであるため作為が入り込む余地が少なく、また、誤りがあると業務の遂行に支障が生じるために正確に記載されていることが期待されるというのが「信用性の情況的保障」の認められる理由である。判例では、漁船の乗組員が他船からの操業位置についての定期通信を所定の用紙に機械的に記入した受信記録（最1小決昭61・3・3）が本号に該当するものとされている。また医師のカルテなどもこれにあたる。

作成過程が書面自体からは明らかではないこともあるので、本号に該当するかどうかを判断するために、作成者の証言なども考慮してよいとするのが判例の立場である（上記最1小決昭61・3・3）。しかし、個々の事情によって信用性を判断するようなものは本号の対象とはならず、契約書、領収証のように継続性がないものも、本号ではなく321条1項3号によって証拠能力が判断されることになる。

なお、「必要性」の要件については条文上何も触れられていないが、1号の書面も2号の書面も、その性質上、作成者がひとつひとつの記載内容について特別な記憶を持つとは想定しにくく、証人として尋問をしても記載された事柄以上のことを証言できないうえに、いちいち作成者を喚問することによる公務・業務への支障も大きい。そのため、本条に該当する書面については、その性質上、類型的に、証人尋問をするよりもむしろ書面を用いることが必要であるという意味での「必要性」の要件もみたされることになると解されている。

(3)　3号の「その外特に信用すべき情況の下に作成された書面」は、一見すると包括的な規定のよう

IX

にもみえる。実際、かつての判例の中にはかなり緩やかな運用をしていたものもある（たとえば最判昭29・12・2は、服役中の受刑者が妻との間でやりとりをした手紙を同号該当書面と認めた）。

しかし現在では、規定の位置づけからみて、同号は、1号2号そのものに該当するとはいえなくとも、1号2号に準じた高度な信用性の保障を備えた書面のことをいうものだととらえられている。本決定が、実質的に2号該当性の基準を念頭におきながら判断をしているようにみえるのはそのためである。

（4）　高度な信用性の保障を備えていることが書面自体から明らかでないといけないかどうかは議論のあるところだが、本決定は、2号該当性を判断する場合と同様に、3号該当性を判断する際にも作成者の証言等もふまえてよいものとした。ただし、そこで確認されるのは、あくまで、その書面が、1号2号に類するような、その種の書面であれば類型的に高度な信用性の保障を備えているといえるようなものかどうかである。事案の個別の具体的な事情に基づいて信用性の保障の存否が判断されるようなもの

は原則として本号の対象とはならない。すなわち、メモや日記という名前がついているが、作成経緯を確認したところ実際には商業帳簿として使用されている、ということであれば本号の対象となる可能性があるが、簿冊を流用して日々の個人的な出来事やそのときの気持ちを書き留めた日記の場合は、本当にそこに真実を記載したといえるような情況があるかどうかはその時々の個別の事情に基づいて判断するしかないので、本号ではなく321条1項3号のもとで証拠能力を検討すべきものとなる。

本決定が、まず日誌については、自分以外の者が業務の基礎として用いることを想定したものではないという点を除いて2号に類する情況で作成されたことを認定し、その書面の性質から高度な信用性の保障を備わったものとして証拠能力を付与する一方で、当用日記については、個人的な日記であるという書面の性質から、それ以上に個別の信用性を判断することなく323条3号の適用を否定しているのも上記の趣旨によるものである。

（伊藤　睦）

70　証拠とすることの同意

📖 大阪西成覚せい剤所持事件

　大阪高判平成8［1996］年11月27日判時1603号151頁【LEX/DB28025210】

　〈関連判例〉

　　最1小決昭和26［1951］年2月22日刑集5巻3号421頁　【24001229】

　　最2小決昭和26［1951］年5月25日刑集5巻6号1201頁　【24001307】

　　最2小判昭和27［1952］年12月19日刑集6巻11号1329頁　【24001614】

1　事実の概要

　被告人は、職務質問を受けた際に、覚せい剤が在中するポリ袋を足元に投機しようとしたところを警察官に現認され、覚せい剤所持で現行犯逮捕された。そしてその後、覚せい剤自己使用罪および覚せい剤所持罪の2つの公訴事実につき起訴された。

　被告人は、第一審の第1回公判期日において、「覚せい剤を使用した事実はない」、「覚せい剤を所持していたことは間違いないが、それが覚せい剤であるとの認識はなかった」と陳述し、弁護人は、被

告人の述べたところと同じであると述べたが、検察官が請求した証拠についてはすべて同意した。

　被告人は、覚せい剤所持の事実について、捜査段階から、「付近の公衆電話台の上にあった千円札数枚を拾い上着のポケットに入れていたが、本件覚せい剤はその二つ折れになっていた千円札に挟まっていたもので、警察官に職務質問を受けた際に始めて気付いた」と弁解していた。弁護人が同意した検察官請求証拠の中には、被告人のこの否認の趣旨に反して、覚せい剤の認識があった旨の立証に資するよ

うなものが含まれていた。

第一審は、検察官請求の全証拠を採用して取調べ、被告人質問を行ったうえで、これらの証拠に基づいて各公訴事実を認定し、被告人を有罪とした（大阪地判平8・6・24）。これに対して被告人は、事実誤認及び量刑不当を理由として控訴した。大阪高裁は以下のように述べて原判決を破棄した上で、あらためて有罪を言い渡した。

２ 法の解釈

被告人が公訴事実を否認している場合には、検察官請求証拠につき弁護人が関係証拠に同意しても、被告人の否認の陳述の趣旨を無意味に帰せしめるような内容の証拠については、弁護人の同意の意見のみにより被告人がこれら証拠に同意したことになるものではないと解される。

３ 法の適用

「本件の場合、被告人は、……覚せい剤所持の事実につき、覚せい剤であることの認識はなかった旨具体的に争っており、前記の弁解内容に照らし、被告人の否認の陳述の趣旨を無意味に帰せしめるような内容の証拠、すなわち、……覚せい剤所持の事実に関する証拠の中、被告人に覚せい剤であるとの認識があった旨の立証に資する司法巡査作成の現行犯人逮捕手続書……、被告人を現行犯逮捕した警察官であるＡ及びＢの各検察官調書……については、右弁護人の同意の意見によって被告人の同意があったとすることはできず、従って、被告人の意思に沿うものか否か確認することなく、直ちにこれら証拠を同意書証として取調べ事実認定の資料とした原判決には、326条1項の適用を誤った違法があるものと言うべきである。

……（なお、被告人は……覚せい剤自己使用の事実についても、前記のように否認しているが、具体的主張のないその否認態様等にかんがみ、弁護人が、同意した被告人の尿に関する鑑定書……を含む関係証拠は、右否認の陳述の趣旨を無意味に帰せしめるような内容の証拠ではないから、弁護人の同意の意見のみで、被告人の同意があったものとしたことに違法・不当はない。）」

４ コメント

（1） 実務上は、弁護人が在廷する場合、同意・不同意の確認は弁護人に対して行われるのが一般的で

ある。しかし326条が同意主体とするのは「検察官及び被告人」であり、弁護人の同意は、包括的代理権に基づいて、被告人が同意したのと同じ効果を持ちうるにすぎないので、被告人の明示ないし黙示の意思に反して効果を持つことはない。

もっとも、弁護人は、事前に被告人の意思を十分に確認したうえで弁護方針を決定するはずであるので、被告人が在廷していて、弁護人が同意したことについて何も反対の意思を表示しない場合には、通常は、被告人の黙示の追認があったとみなされる（最決昭26・2・22）。

（2） しかし、被告人が法的知識を持たないことにもかんがみると、被告人が反対意見を述べないからといって、安易に同意を認定するのは不当な場合もありうる。

最高裁も、被告人が全面的に事実を否認しているのに弁護人のみが事実を認め、その主張を完全に異にしている場合においては、弁護人が同意しただけでは被告人の同意を認定することはできず、裁判所は、弁護人とは別に、被告人自身に対して、証拠調べ請求に対する意見及び書類を証拠とすることについての同意の有無を確かめなければならないものとしている（最判昭27・12・19）。下級審のなかには、被告人が否認ではなく、黙秘していたにすぎない場合には、弁護人の同意だけでよいとする例もある（大阪高判平13・4・6）が、被告人の明示の意思表示がない事案こそ、弁護人の同意が被告人の真意に沿うものかどうか、被告人本人に確認する等の慎重さが求められるべきであろう。

（3） また、下級審では、被告人本人の同意を確認する必要のある証拠の範囲を、被告人の具体的な主張の内容と矛盾対立するものに限定するかのような立場がとられることが少なくない（例えば広島高判平13・8・1等）。本件においても、覚せい剤所持の事実に関する書面については、被告人の同意の有無を確認すべきであったとされる一方で、自己使用の事実に関係する鑑定書等については、「具体的主張のない否認態様等」にかんがみて、「被告人の否認の陳述の趣旨を無意味に帰せしめるような内容の証拠」ではないと判断されている。

被告人の黙示の承諾があったといえるか否かを判断するうえで、否認、弁解の内容と証拠との関係を考慮に入れること自体は否定できないとしても（このような趣旨で上記の文言が用いられている事例として広島高判平15・9・2等）、本来同意がないと許され

ない証拠調べを正当化するために、「同意がないと許されない証拠調べの範囲」を限定する趣旨だとすると疑問である。

なお、証拠調べ請求の段階では被告人の言い分が明確ではなく、弁護人の同意に基づいて書面が取り調べられたが、被告人質問をした後で、被告人の言い分と書面とが重要な部分で対立することが明らかになった場合に、その段階で、被告人に対して、弁護人の同意が真意に沿うものであるか否かを確認せず、書面を証拠排除しないまま事実認定に用いたことを違法とした事例（大阪高判平29・3・14）もある。

(4) 被告人が否認しているのに弁護人が同意することが、必ずしも否認の趣旨を無にするとは言えない場合もある。弁護人が法廷戦略として、書面を証拠とすることに同意しながら原供述者を証人尋問するという選択肢をとることもありうるからである。

同意は反対尋問権の放棄であるという考え方（最決昭26・5・25）からすると、同意しながら証人尋問を行うのは矛盾するようにもみえるが、実務上は是認されている。このような実務慣行を正当化するために、同意は反対尋問権の放棄ではなく、証拠に証拠能力を付与する意思表示にすぎないため、証明力を争うための証人尋問は許されるのだという説明がなされることもある。

たしかに、この実務慣行と、321条1項2号後段により、書面を不同意にして証人尋問を実施しても、被告人に有利な供述が引き出されたときには相反供述として書面が用いられてしまう現状を前提とすると、むしろ最初から同意して書面の証拠調べを先行させ、十分に内容を検討してから証人尋問を実施する方が適切な弁護方針であるという考えはありうる。

しかし、書証の利用を前提とするのは調書裁判の容認であり、理論的には妥当しえない。裁判員制度の導入とともに、書証ではなく証人尋問を中心とした裁判を原則とすることが求められていることからしても、証人尋問において書面と同内容の供述について十分吟味しておきながら、同じ内容の書面を321条1項2号後段のもとで用いようとする実務慣行こそが見直されなければならない。

もっとも、被告人には憲法37条2項の下で証人審問権が保障されており、そのもとでの証人尋問は事実認定者の面前で供述と同時になされるべきものであるため、供述時（書面作成時）に反対尋問がなされていなかったことについて問題とする権利を放棄したからといって、現に書面という形で提出された供述の証明力を事実認定者の面前で争う権利を放棄したことにはならないだろう。したがって、同意したからといって証人尋問がすべて許されないということにはならないはずである。

(5) なお、書面に証拠能力を付与する意思表示として同意を捉える上記の説明は、たとえば違法収集証拠のように、本来証拠能力が認められるべきではない証拠に証拠能力を付与する（最大判昭36・6・7）ことにもつながりかねない。しかし、違法収集証拠排除法則に関する判例が排除の根拠としてあげる令状主義侵害、適正手続侵害等の問題が、当事者が証拠としての使用に同意したからといって払拭されるものでないことは明らかであろう。

（伊藤　睦）

71　証明力を争う証拠

📖 東住吉事件

最3小判平成18［2006］年11月7日刑集60巻9号561頁【LEX/DB28115387】

〈関連判例〉

仙台高判昭和31［1956］年5月8日高刑裁判特報3巻10号524頁【27940101】

東京高判平成8［1996］年4月11日高刑集49巻1号174頁　　　【28025053】

1 事実の概要

被告人Xは、内妻Yと共謀のうえ、Yの長女であるAを被保険者とする死亡保険金を詐取する目的で、Aを入浴させている間に、風呂場に隣接する土間兼車庫に放火し、家屋を全焼させるとともに、Aを焼死させて殺害し、そのうえで、XらがAを殺害

した事実を秘して保険会社から保険金を詐取しようとしたが、逮捕されたためにその目的を遂げなかったものとして現住建造物等放火、殺人、詐欺未遂の有罪判決を受けた。

Ｘは、捜査段階では自白したものの、公判段階では当初から無実を訴えていた。実際、自白以外には情況証拠しか存在しない事件でもあったことから、弁護側は、えん罪事件であることを前提として徹底的に事実を争い、上告においても、事実認定の問題を中心とする様々な主張を展開した。しかし最高裁は、弁護側の主張にはほとんど応じず、上告趣意の中に含まれていた論点のうちのただ１つについてのみ、答えを示した。

本判決で答えを示された論点は、消防指令補Ｂ作成に係る「聞込み状況書（本件書証）」の証拠能力である。本件書証には、Ｂが近所の住人Ｃから火災発見時の状況について聞き取ったとされる内容が記載されていたが、聞き取りの相手に記載内容を読み聞かせて署名・押印を求める形式のものにはなっておらず、実際上もそのような手続はとられていなかった。

Ｃは第一審公判で、Ｘが消火器を借りに来たが、消火器を持たずに出て行き、その後何ら消火活動をしなかった旨の証言を行ったが、その内容は、本件書証に記載されたものとは異なるものであった。弁護側は、Ｃの証言後、本件書証を証拠請求し、検察官の不同意を受けて、328条による証拠採用を求めたが、裁判所は却下した（大阪地判平11・3・30）。

そして原審は、弁護側の控訴に対して、328条により許容される証拠は、現に証明力を争おうとする供述をした者の当該供述とは矛盾する供述またはこれを記載した書面に限られるところ、本件書証はＣではなくＢの供述書であるから、同条の許容する証拠には当たらないとして、第一審の判断を支持した（大阪高判平16・12・20）。

弁護側は、原審の判断は供述の証明力を争う証拠としてであれば328条によりすべての伝聞証拠が許容されるとした判例に相反するとして、法令違反を主張して上告した。

2 法の解釈

「328条は、公判準備又は公判期日における被告人、証人その他の者の供述が、別の機会にしたその者の供述と矛盾する場合に、矛盾する供述をしたこと自体の立証を許すことにより、公判準備又は公判

期日におけるその者の供述の信用性の減殺を図ることを許容する趣旨のものであり、別の機会に矛盾する供述をしたという事実の立証については、刑訴法が定める厳格な証明を要する趣旨であると解するのが相当である」。

「そうすると、328条により許容される証拠は、信用性を争う供述をした者のそれと矛盾する内容の供述が、同人の供述書、供述を録取した書面（刑訴法が定める要件を満たすものに限る。）、同人の供述を聞いたとする者の公判期日の供述又はこれらと同視し得る証拠の中に現れている部分に限られるというべきである」。

3 法の適用

「本件書証は、前記Ｃの供述を録取した書面であるが同人の署名押印がないから上記の供述を録取した書面に当たらず、これと同視し得る事情もないから、328条が許容する証拠には当たらないというべきであり、原判決の結論は正当として是認することができる」。上告棄却。

4 コメント

(1) 従来から、328条により証拠としうるのが証明力を争う対象となる公判供述をした者の自己矛盾供述に限られるのか（限定説）、それ以外の伝聞証拠でも良いのか（非限定説）については見解がわかれてきた。

本判決は、限定説をとることを明らかにした初の最高裁判例である。

(2) かつての下級審判例のなかには、いわゆる非限定説をとり、証明力を争うためであればすべて無制限に証拠とできるものとして、証人として喚問されていない者の供述調書（東京高判昭26・7・27）や321条等で証拠として採用することのできなかった警察捜査段階での供述調書（東京高判昭36・7・18）、ポリグラフ検査書（東京高判昭37・9・26）等の証拠能力を認めた例も存在した。

非限定説をとる理由としては、条文の文言に限定がないこと、犯罪事実の証明ではなく証拠の証明力を争うにすぎないので、証拠能力の制限をそれほど厳格に考える必要はないこと、自己矛盾であろうと他人の供述との矛盾であろうと、１つの事柄について矛盾する供述があれば、どちらか一方が間違っているという意味で証拠の証明力にゆらぎが生じることに違いはないので、自己矛盾に限定する必要はな

いこと、などがあげられる。

　(3)　しかし、公判証言を他人の供述で弾劾する場合、証明力を減殺する前に、当然、他人の供述が真実であることを前提とすることになる。したがって、証明力を争うといいながらも、事実上は他人の供述で要証事実の存否につき心証を形成することとなってしまう。しかも、非限定説の立場をとると、本来は許されない伝聞証拠であっても、公訴事実に添う趣旨のものである限り、すべて証拠調べをなしうることになるため、伝聞法則が骨抜きになるおそれがある。

　ゆえに現在では、非限定説をとるものはほとんどなく、限定説が通説である。

　限定説が自己矛盾供述に証拠能力を付与する理由は、自己矛盾供述による弾劾の場合には、供述内容の真偽が問題とならないため、伝聞法則の適用を受けないことにある。つまり、別の機会の供述の方が内容的に正しいために公判証言の証明力が減殺されるのではなく、同一人物が別のときには違うことを述べたという事実が、その人自身の信用性に疑いを抱かせるため、その供述の証明力も減殺されると考えるのである。この考え方によると、自己矛盾供述は、内容の真偽が問題ではないため非伝聞になるが、328条は、このような自己矛盾供述を弾劾証拠として使用できることを注意的に規定したものとされる。

　下級審でも、上記のとおりの非限定説に対する懸念をあげて参考人調書の証拠調べを拒否した例（仙台高判昭31・5・8）をはじめとして、限定説の立場をとるのが一般的である（東京高判平8・4・11等）。本判決が、「矛盾する供述をしたこと自体の立証を許すことにより」証明力を減殺する趣旨のものとして328条を解釈したのも、まさしく限定説の論拠を確認したものといえる。

　評釈のなかには、本判決が、純粋な補助事実に関しては、自己矛盾供述以外の伝聞証拠の使用を許す余地を残しているとみるものもある。この説の根拠は、純粋補助事実の証明が、主要事実や間接事実の証明とは異なり、犯罪事実の存否の認定に間接的な影響しか与えないため、もともと自由な証明で足りるというところにある。しかし、このような見解に対しては、一般に、補助事実とはいえ犯罪事実の認定に用いるものである以上、自由な証明ではなく厳格な証明によるべきとの批判がある。しかも、事実認定に間接的影響しか及ぼさないという点では、自

己矛盾供述の場合も同じである。なぜなら、自己矛盾供述は、供述された事実を直接証明する証拠としてではなく、その「存在」により、「間接的に」事実認定に影響を与える証拠として扱うものだからである。本件では、その自己矛盾供述の「存在」についても、「厳格な証明」を要求した。最高裁が厳格な証明を要求した趣旨は必ずしも明確ではないが、適正な事実認定のために必要なものと考えたのだとすれば、補助事実だけは自由な証明で十分とすることは、必ずしも本判決の趣旨とは合致しないだろう。

　なお、本判決のように限定説をとる場合にも、自己矛盾供述による弾劾を受けた後に、公判証言と一致する供述を回復証拠として提出することは許されると解するのが一般的である。その理由は、以前の一致供述は、事実を証明するものとしてではなく、相手方の弾劾を弾劾することにより、公判証言の証明力を回復するだけであり、その内容の真実性は問題とはならないので、自己矛盾による弾劾が許されるのと同様、伝聞法則の適用を受けないということにある。

　しかし、真実が繰り返されるのと同様、虚偽も繰り返されるのであるから、単に一致した供述があるというだけで自己矛盾により減殺された信用性を回復できるかということには疑問もありうる。少なくとも、たとえば、公判外供述後に買収されて供述を変えた等の具体的な弾劾を受けたが、その買収を受けたとされるより以前の時期にも同じ供述をしていたことが証明される場合等のように、公判証言と一致した供述を提出することが本当に回復としての意味を持ちうる場合に限定されるべきである。

　判例のなかには、公判証言後に証人を取り調べて供述を撤回させたものを回復証拠という名目で提出することを許すものもある（最判昭43・10・25）が、手続の公正さの面からも疑問である。

　(4)　本判決は、当該書面を、Cの目撃供述を録取した供述録取書とみたうえで、供述者の署名・押印が欠けていることを理由として、証拠能力を否定した。

　供述録取書に署名・押印が要求される理由は、一般に、二重の伝聞性の解消のためと説明される。すなわち、供述録取書は、書面であるという点での伝聞性に加えて、録取者を介することによる伝聞性を持つ。供述者自らが作成する供述書の場合には、供述者の意思が書面に正確に反映されたと推定される

が、供述録取書の場合には、録取者が記載したものが供述者の供述どおりであることを、供述者自身が確認する必要がある。供述者が署名・押印することでそれを確認すれば、記載の正確性は担保されるので、録取者を介する点での伝聞性が払拭され、供述書と同様に扱うことが可能になるが、署名・押印がない場合には、記載された供述内容の真実性はおろか、記載されたとおりの供述が存在したかどうかも不明確なままになる。

この点につき、本件のような場合に、Ｃの供述の存在を確認するためには必ずしもＣ自身の署名・押印は必要ではなく、供述録取者であるＢの署名・押印があればよいとする見解がある。この見解は、本件原審と同じく、本件書面を、Ｃの供述録取書としてではなく、「Ｃの供述を聞いた」という知覚に関するＢの供述書として扱うものである。

立証の対象となるのがＣの供述である以上、供述録取者Ｂが供述者となり得ないことは自明ともいえるが、仮にそのような扱いが可能だとしても、Ｂの供述書にＢが署名・押印をしたことは、Ｂ自身の供述内容の正確性を担保しない。というのは、いくら供述者自身が「自分の供述は正しい」と主張していても、その供述が嘘や誤りを含んでいないかについては、供述者に対して反対尋問をして、その供述内容につきテストしない限り、確認できないというのが伝聞法則の考え方だからである。本件の場合に、Ｂが自分の供述書に署名・押印をして、自分の供述（Ｃの供述についての報告）が正確であるといい張っても、本当にＢの供述どおりにＢがＣの供述を聞いたかどうか、つまりは「Ｃの自己矛盾供述が存在するかどうか」は、不確かなままである。したがって、Ｃの自己矛盾供述の存在を確認するためには、Ｂの署名・押印があっても意味はなく、少なくともＢを反対尋問する等の措置が必要となる

だろう（ただし、証人や被告人が調書への署名・押印を拒否した場合に、供述録取者である取調官への尋問を通して「供述の存在」を立証することは、許されてはならない）。

（5）　もっとも、本件において、供述者Ｃの署名・押印を求められた理由が、上記のような実質的判断ではなく、「刑訴法が定める要件」として、321条1項や322条1項において供述録取書に署名・押印が求められている点にあるとすれば、その判示には疑問もありうる。321条1項や322条1項は、供述内容の真実性を証明するための証拠として書面が用いられる場合に適用される規定であり、非伝聞証拠としての使用の場合には無関係ともいえるからである。

しかし、本来321条等のもとで許容しえない捜査書類を、328条を口実として提出するような実務を妨げるという趣旨からすると、321条等の形式的要件を充たさない証拠は328条のもとでも許容し得ないとするのが妥当であろう。

ただし他方で、あまりに四角四面な適用をすると、本件のように、被告人側の証拠提出が困難になるという問題も生じる。そこで考えるに、もともと署名・押印は、供述録取書に証拠能力を付与する絶対的な要件とされてきたわけではない。被告人側が提出した書面について、外部的状況から供述の存在が確認できる場合には、署名押印要件を緩和することは十分に考えられてよいはずである。また、学説のなかには、憲法上の証人審問権の保障のなかに、当該証人自身とは別の証拠方法を用いて証人およびその証言を吟味する権利が含まれるので、被告人側が提出を求める伝聞証拠については、証拠能力を認める方向に伝聞法則を緩めるべきであるとの指摘があることも参考とされるべきである。

（伊藤　睦）

72　余罪と量刑

・・

📖 リベンジポルノ事件
　　東京高判平成27[2015]年2月6日東京高等裁判所（刑事）判決時報66巻1～12号4頁【LEX/DB25505813】
　　〈関連判例〉
　　　　最大判昭和41[1966]年7月13日刑集20巻6号609頁　　　　【27760801】［足立郵便局事件］
　　　　最大判昭和42[1967]年7月5日刑集21巻6号748頁　　　　【27760824】［京橋郵便局事件］

東京高判昭和42[1967]年9月26日高刑集20巻5号601頁　【27760829】［村上パチンコ玉窃盗事件］
大阪高判昭和61[1986]年2月28日判タ599号75頁　【27921946】［奈良集団スリ事件］
大阪高判昭和62[1987]年4月1日判タ642号266頁　【27761237】［兵庫誘拐事件］
東京高判平成3[1991]年10月29日高刑集44巻3号212頁　【27815962】［空刷りカード詐欺事件］
名古屋高判平成10[1998]年1月28日高刑集51巻1号70頁　【28035435】［名古屋児童福祉法違反事件］
広島高判平成14[2002]年12月10日判時1826号160頁　【28085671】［広島売春・買収あっせん事件］

1 事実の概要

被告人は、元交際相手の被害者に対する恨みや怒りの感情を募らせ、被害者を殺害する目的で、被害者方に無施錠の窓から侵入したうえ、その敷地内等において、被害者に対し、殺意をもって、その右頸部および腹部等をペティナイフで多数回突き刺すなどし、これにより、被害者を右側頸部刺突による右総頸動脈損傷による失血により死亡させたという、住居侵入、殺人、銃砲刀剣類所持取締法違反の事実（以下、「本件殺人等」）で起訴された。これらの事実については、被告人および弁護人も争っていない。

また、被告人は本件殺人前の時期に、被害者の裸の画像等（被害者が交際中、被告人の求めに応じて送信するなどしていた写真や動画のデータ）をインターネット上の画像投稿サイトに投稿し、当初は被告人のみがこれらを閲覧できる状態に設定していたものの、本件殺人等の1週間前ころ、一般公開設定へ変更したうえ、前記サイトURLを被害者の友人らに送信し、さらに、本件殺人等当日に前記URLをインターネット上の交流サイトの掲示板にも投稿し、より不特定多数の者が閲覧できる状態にしていた（以下、上記のうち、前記URLを交流サイトに投稿した行為を「本件投稿行為」とする）。本件では、この本件投稿行為に関する立証および認定が問題となっていた。

本件第一審の公判前整理手続において、検察官は証明予定事実記載書に、被告人が被害者の裸体の画像データをインターネット上に公開した事実、本件殺人等の犯行後このデータを更に多数の者が閲覧できる状態にした事実を記載し、被告人がインターネット上に投稿した被害者のわいせつ画像の流出経緯等を立証趣旨とする捜査報告書（以下、「本件捜査報告書」）、本件殺人等の犯行前後に被害者の裸体の画像等をインターネット上に公開したこと等を立証趣旨とする被告人の検察官調書抄本（以下、「本件検察官調書」）、そして、被告人が投稿した被害者のわいせつ画像の拡散状況およびその削除が困難であること等を立証趣旨とする警察官の証人尋問を請求した。これに対し弁護人は、本件捜査報告書および

本件検察官調書について一部の取調べに同意し、前記証人については「しかるべく」との意見を述べた。第一審裁判所は、本件捜査報告書の同意部分および前記証人を取り調べる旨決定した。その後、争点の結果確認が行われ、争点は量刑事実とされた上で、検察官の主張として「犯行後に被害者の裸体の画像をインターネット上に公開するなど犯行後の行動が悪質であること」が挙示された。審理の予定についても確認が行われ、前記証人の尋問予定時間（休憩を除く）は合計55分間とされた。なお、関係記録によれば、公判前整理手続では、これらの点について主張・立証を行うことの当否、その範囲や程度等が議論された形跡は見当たらないとされる。

公判手続では、検察官は、冒頭陳述において、「被告人の犯行準備状況」として、殺害するだけでは飽き足らず、被害者が築き上げたすべてを壊し侮辱する目的で、被害者の裸の画像をインターネットに公開することを決意し、動画サイトのアカウントを作成して、被告人しかみられない設定で裸の画像を投稿した旨を指摘し、「犯行後の状況等」として、インターネット交流サイトの掲示板に、メッセージとともに前記動画サイトのURLを書き込み、被害者の裸の画像を掲示板閲覧者が誰でもみられる状態にした旨を指摘した。また、本件捜査報告書の同意部分を含む書証の取調べがされたほか、人証として前記証人が取り調べられた。同証人は、画像がアップロードされた場合の拡散状況や削除の困難性等を一般的に説明した後、本件について同証人が調査した被害者の画像のアップされていたサイト数やその推移、サイト上のカウント数から推定されるダウンロード数等を詳細に証言している。その後、被害者の父親が証言し、遺族の心情を述べる中で、本件投稿行為により被害者の両親が第三者から受けた嫌がらせなどの状況にも言及し、娘を殺害されたことに加え、生前および殺害後に画像を流布されたことから極刑を望むとの証言をしている。さらに、検察官調書の同意部分が取り調べられたのち、検察官は、論告において「犯罪行為に近い事情」のうち「犯行後の行動が極めて悪質」な事情として、

被告人が被害者の裸の画像等をインターネット上に公開し、被害者は死後も名誉を傷つけられ、侮辱され続けることになったとし、これは殺害行為に密接に関連しており重視すべき旨を指摘したほか、両親は被害者を殺されたこともさることながら、裸の画像等をインターネットに公開されたことや本件後に受けた嫌がらせなどの影響で、現在も心療内科に通院していることを指摘し、無期懲役の求刑意見を述べる際にも、特に被害者の裸の画像等を公開した事実をも指摘して、相当に重い刑罰を科すべきと主張した。

　以上の審理を踏まえ、第一審裁判所は被告人を懲役22年に処し、判決書の「量刑の理由」の項で、本件殺人等の犯行態様が執拗、残忍であり、高い計画性と犯意の強固さが認められることなどの犯情に関わる事情を摘示するとともに、以下のように判示している。

　「加えて、被告人は、本件犯行後、インターネット上の掲示板に画像の投稿先 URL を書き込んで、広く閲覧、ダウンロードできる状態にしており、その後被害者の裸の画像等は広く拡散し、インターネット上から完全に削除することが極めて困難な状況になっている。被告人が、被害者の生命を奪うのみでは飽き足らず、社会的存在としても手ひどく傷つけたことは極めて卑劣というほかなく、この点は、殺害行為に密接に関連し、被告人に対する非難を高める事情として考慮する必要がある。被告人は、画像の公開に当たり、被告人と被害者が交際していた事実を社会に知らしめたいという自己の存在証明の目的を持っていた旨述べるが、同供述を前提としても、画像の拡散行為の悪質性が減じるとはいえない。

　このような被告人の行為に対する責任は、上記の犯行態様、高い計画性、強固な犯意、犯行の経緯や動機の点に加え、特に被害者の裸の画像等の拡散により被害者の名誉をも傷つけたという悪質な事情を伴っている点で、男女関係のトラブルによる刃物を用いた被害者 1 名の殺人事件の類型の中では、量刑傾向の幅の上限付近に位置付けられる重いものといえる。もっとも、裸の画像等を拡散させて被害者の名誉を傷つけた被告人の行為は、それ自体が起訴されていたとしても名誉毀損罪を構成するにとどまるから、その法定刑も踏まえると、本件の悪質性が、刃物を用いた被害者 1 名の殺人事件全般の量刑傾向に照らし、有期懲役刑と質的に異なる無期懲役刑の

選択を基礎づけるものとまではいいがたい。本件については、判示第 1 の罪について有期懲役刑を選択し、併合罪の加重をした上限の刑を基本とするのが相当である。

　そして、被告人は、事実自体は認めているが、前述の成育歴の影響による共感性の欠如が背景にあることが否定できないとはいえ、反省を深めているとは認められず、被害者やその遺族に対する謝罪の言葉すら述べていない。当然のことながら、遺族の処罰感情は極めて厳しく、被告人に対して極刑を求めている。また、画像拡散を含む被告人の行為が社会の耳目を集めたことからすれば、量刑に当たっては一般予防の観点も考慮すべきといえる。一方、被告人が若年であり、前科前歴もなく、母親が帰りを待つ旨述べるとともに、犯行前から被告人の相談相手であった母親の知人が今後も被告人と手紙のやり取りを続ける旨述べているなどの、更生可能性に関わる事情もある。

　これらの情状事実を検討すると、前述の併合罪加重後の有期懲役刑の上限の刑から刑期を減じせしめるべきものとはいえず、本件については、有期懲役刑の上限の刑を科するのが相当である。」

　この第一審判決に対し、被告人は、起訴されていない名誉棄損罪を実質的に処罰しており、憲法 31 条違反の訴訟手続の法令違反があるとして、控訴した。

2 法の解釈

　「起訴されていない犯罪事実については、これをいわゆる余罪として認定し、実質上処罰する趣旨で量刑資料に考慮し、このために被告人を重く処罰することは許されないが、被告人の性格、経歴、犯罪の動機、目的、方法等の情状を推知するための資料として考慮することは許されるものである。すなわち、起訴された犯罪との関係でその違法性や責任非難を高める事情であればその犯情として考慮され、そうでなければ、再犯可能性等の一般情状として斟酌できるにとどまるのである（それ自体は余罪には当たらない行為についても同様である）。また、処罰の対象となっておらず、前述した限度で考慮できる事情については、その点に関する証拠調べも自ずと限定され、起訴された事実と同等の証拠調べをすることは許されないというべきである。」

3 法の適用

「原判決は、……本件投稿行為とその結果について、被告人に対する非難を高める事情として考慮する必要がある旨説示しているところ、確かに被告人も、捜査段階及び原審公判で、本件投稿為を行った理由について、被害者を殺すだけでは飽き足らず、恨みがますます募ったため、被害者がこれまで築いたすべてを壊してやろうと思った、被害者の尊厳を傷付けたいと思った旨供述しているのであって、本件投稿行為は、被害者に対する恨みの感情などという本件殺人等と同じ動機に基づくもので、その恨み、憎しみの深さ、動機の強固さや犯行の計画性の高さを示しており、その限りでは殺人の犯情として考慮でき、また、殺害行為後に計画どおり投稿したことは、自己顕示欲や身勝手な正当性の主張を示すもので、被告人の共感性の乏しさ、自己中心性を表したものとして、一般情状としても非難の程度を強めるものであるといえる。また、何ものにも代え難い家族を奪われたばかりか、その社会的評価まで貶められた遺族の被害感情を高めるものでもあるといえる。そうすると、本件投稿行為も、あくまでもこのような被告人の情状を推知するための資料の限度であれば、量刑に当たって考慮することが許されることは当然である。」

「しかしながら、本件は、いわゆるリベンジポルノに関する殺人事件として世間から注目を浴びていた事案で、本件投稿行為が量刑上過大に影響しかねないおそれがあることが明らかであったにもかかわらず、……原裁判所は、公判前整理手続における争点確認で、本件投稿行為に関する検察官の主張について、単に『犯行後に被害者の裸体の画像をインターネット上に公開するなど犯行後の行動が悪質であること』とのみ整理し、この犯行後の事情が、量刑の中心となる人の生命を奪う犯罪である殺人との関係においてどのような量刑要素をどの程度推知させるものかについて検討していないばかりか、この点に関する適切な証拠調べの範囲、方法等についても検討した形跡は見当たらない。」

「公判においても、やはりその点を明確にしないまま、検察官が冒頭陳述や論告で重い求刑を導く事情の一つとして主張するに任せている。その立証に関しても、……本件投稿行為の動機、目的、画像等のアップロードなどの具体的行為、その結果や影響など、起訴された犯罪と同様に、証拠書類及び証人による積極的かつ詳細な立証を許している。被害者の父親が娘の殺害に加え本件投稿行為によって受けた被害、影響について証言するのは当然許されることとしても、殺人に関する情状を推知するための資料とする趣旨で、本件投稿行為に関する証拠調べをするのであれば、その証言やアップロードに関する書証のみでも立証は足りるはずであるのに、原裁判所は、本件投稿行為の結果や影響を具体的に調査した警察官の証人を人証のトップに据え、その結果や影響の詳細を証言させるなどの立証を許しているのであって、このような立証は殺人の情状として許される立証の範囲を超えているといわざるを得ない。」

「さらに、原判決が『量刑の理由』の項で説示しているところも……、それによれば、原判決は要するに、犯行態様や動機等の一般的な犯情とは別に、名誉棄損罪に該当する本件投稿行為について、被告人の刑事責任を無期懲役刑にまで導くほどのものではないが、同一の事件類型（男女関係のトラブルによる刃物を用いた被害者1名の殺人事件）における量刑の幅の上限付近にまで導く事情として考慮した旨を説示するものと理解するほかない。そうすると、こうした審理の経過及び内容、量刑理由に関する判文を総合すれば、原判決には、前記の限度を超え、起訴されていない余罪である名誉棄損罪に該当する事実を認定し、これをも実質上処罰する趣旨で量刑判断を行った疑いがあるといわざるを得ない。」

「なお、原判決は、既にみたように、本件投稿行為により被害者の社会的存在を手ひどく傷付けた行為は、殺害行為に密接に関連する旨説示し、当審検察官も、本件投稿行為は殺害行為と密接に関連するものであって殺人の犯情に属する事情にほかならず、原判決は起訴されていない別罪を実質的に処罰する趣旨で量刑をしたものではない旨主張している。しかしながら、本件投稿行為が殺害行為と密接に関連しその犯情にも関連するということと、それを実質的に余罪として認定し処罰する趣旨で量刑をすることとはそもそも別個の事柄であって、たとえ前者が認められるとしても、当然に後者に該当しないということにはならないというべきである……。本件投稿行為は、それがどのように殺人の量刑要素に影響するのかという視点から考慮すべき事情であって、単に殺害行為と密接に関連するという理由のみで直ちに刑を加重できる事情であると捉えるべきではない。被告人は、被害者に対する恨みの感情から、本件殺人等の何日も前に被害者の裸の画像等をインターネット上に投稿するなどしておき、本件

殺人等の約1時間半後に、これらをより不特定多数の者が閲覧できる状態にしたというのであって、本件投稿行為は、殺人の実行行為とは、生命と名誉という被害法益も異なる全く別個の加害行為であり、これを異なる機会に行ったのであるから、本来的には殺人とは別個の評価の対象となる犯罪行為である（これが起訴されれば、殺人とは併合罪の関係になる）。単に時期的に近接しているとか、被害者への復讐という同じ目的で行われている点を捉えて、本件投稿行為を殺人罪の刑の加重要素として評価することは正当でない。」

「以上の次第で、原審の訴訟手続には判決に影響を及ぼすことが明らかな法令違反があり、原判決はこの点において破棄を免れないというべきである。」

[4] コメント

（1）本件では、余罪（起訴されていない犯罪事実。さらに、他の裁判所に起訴されているが有罪判決が確定していない犯罪事実も含む）である本件投稿行為（名誉棄損罪）について、裁判所が、量刑において、どの程度考慮することができるかが問題となっている（なお、前科や余罪による犯人性や主観的要件の立証については最判平24・9・7［うっぷん解消放火事件］〔本書61〕）。

この問題については、すでに最高裁判例の蓄積がある。まずは、この判例法理を確認し、次にこれを踏まえて、本判決の論理を確認・検討する。

（2）最大判昭41・7・13［足立郵便局事件］の判示は、下記の通りであった（同趣旨の判例として、最大判昭42・7・5［京橋郵便局事件］）。

①「刑事裁判において、起訴された犯罪事実のほかに、起訴されていない犯罪事実をいわゆる余罪として認定し、実質上これを処罰する趣旨で量刑の資料に考慮し、これがため被告人を重く処罰することは許されないものと解すべきである。けだし、右のいわゆる余罪は、公訴事実として起訴されていない犯罪事実であるにかかわらず、右の趣旨でこれを認定考慮することは、刑事訴訟法の基本原理である不告不理の原則に反し、憲法31条にいう、法律に定める手続によらずして刑罰を科することになるのみならず、刑訴法317条に定める証拠裁判主義に反し、かつ、自白と補強証拠に関する憲法38条3項、刑訴法319条2項、3項の制約を免れることとなるおそれがあり、さらにその余罪が後日起訴されないという保障は法律上ないのであるから、若しその余罪に

ついて起訴され有罪の判決を受けた場合は、既に量刑上責任を問われた事実について再び刑事上の責任を問われることになり、憲法39条にも反することになるからである。」

②「しかし、他面刑事裁判における量刑は、被告人の性格、経歴および犯罪の動機、目的、方法等すべての事情を考慮して、裁判所が法定刑の範囲内において、適当に決定すべきものであるから、その量刑のための一情状として、いわゆる余罪をも考慮することは、必ずしも禁ぜられるところではない（もとより、これを考慮する程度は、個々の事案ごとに合理的に検討して必要な限度にとどめるべきであり、従つてその点の証拠調にあたつても、みだりに必要な限度を越えることのないよう注意しなければならない。）。このように量刑の一情状として余罪を考慮するのは、犯罪事実として余罪を認定して、これを処罰しようとするものではないから、これについて公訴の提起を必要とするものではない。余罪を単に被告人の性格、経歴および犯罪の動機、目的、方法等の情状を推知するための資料として考慮することは、犯罪事実として認定し、これを処罰する趣旨で刑を重くするのとは異なるから、事実審裁判所としては、両者を混淆することのないよう慎重に留意すべきは当然である。」

このように判例は、余罪の量刑上の考慮として、①許されない類型と②許される類型があるとした。許されない類型の余罪の考慮は、「実質上これを処罰する趣旨で量刑の資料に考慮」する類型とされる（実質的処罰類型）。これに対し、許される類型の余罪の考慮は「量刑のための一情状として、余罪を単に被告人の性格、経歴および犯罪の動機、目的、方法等の情状を推知するための資料として考慮する」類型とされる（犯情推知類型）。

判例は、実質的処罰類型が許されない根拠として、(a)不告不理の原則違反や法律に定める手続によらない処罰である点（憲法31条）、(b)317条に定める証拠裁判主義に違反する点、(c)余罪が自白のみによって処罰されている点（憲法38条3項、刑訴法319条2項・3項にいう補強法則等への違反）、そして、(d)余罪が起訴され有罪の判決を受けた場合は、既に量刑上責任を問われた事実について再び刑事上の責任を問われる点（憲法39条）をあげている（①部分参照）。なお、実質的処罰類型の余罪の考慮が、(b)(c)(d)の根拠に「常に」問題となるわけではないことからすれば、(a)が実質的処罰類型の違法性の中核だ

X

ということになろう。

これに対し、犯情推知類型にあたる余罪の考慮は、「余罪を単に被告人の性格、経歴および犯罪の動機、目的、方法等の情状を推知するための資料として考慮することは、犯罪事実として認定」するもので、当該余罪を処罰する趣旨で刑を重くするのとは異なる（上記(a)～(d)に反しない）とされたり、余罪を量刑の考慮から外す理由はないとされている。

　(3)　問題は、裁判所が余罪も踏まえて量刑判断を行った場合、その量刑判断が、どちらの類型に該当しているかをどのように判断するかである。昭和41年判例が、「もとより、これを考慮する程度は、個々の事案ごとに合理的に検討して必要な限度にとどめるべきであり、従つてその点の証拠調にあたつても、みだりに必要な限度を越えることのないよう注意しなければならない」とか、「事実審裁判所としては、両者を混淆することのないよう慎重に留意すべきは当然である」とし、14名のうち6名の最高裁判事が実質的処罰類型にあたるとの意見を示していることからも窺えるように、その判断は容易なものではない。

　多くの判例および裁判例は、判決文において示された「量刑の理由」の記載を基に判断している。具体的にはどのような要素を基に判断されているかを確認する。

　まず、昭和41年判例のあてはめをみると、郵便局員による郵便物窃盗事件について、「余罪である窃盗の回数およびその窃取した金額を具体的に判示していないのみならず、犯罪の成立自体に関係のない窃取金員の使途について比較的詳細に判示しているなど、その他前後の判文とも併せ熟読するときは、右は本件起訴にかかる窃盗の動機、目的および被告人の性格等を推知する一情状として考慮したものであつて、余罪を犯罪事実として認定し、これを処罰する趣旨で重く量刑したものではないと解するのが相当」としている（もっとも、上述のように6名の最高裁判事は「既に量刑の資料となるべき諸般の情状を総合考察した後に、右余罪事実を判示したものであるし、『同様な犯行をかさね』と断定している原判文より見て、右余罪の判示は、本件公訴事実の外に余罪の事実を認定し、これによつて、特に重く量刑したものと認められる」とする）。

　これに対し、同種の事件について判示した昭和42年判例は、余罪に関する被告人の弁解は信用し難く、むしろ、「郵政監察官及び検察官に対し供述し

たところが真実に略々近いものである」とし、これを基に「被告人の犯行は、その期間、回数、被害数額等のいずれの点よりしても、この種の犯行としては他に余り例を見ない程度のものであつたことは否定できないことであり、事件の性質上量刑にあたつて、この事実を考慮に入れない訳にはいかない」と断定していることから、実質的処罰類型にあたると判断している。昭和41年判例との違いは、「量刑の理由」において、余罪の窃盗行為の期間や回数、そして被害数額などが具体的に認定されていることなどにあるといえる。

　(4)　「量刑の理由」の記載を判断材料として、余罪の具体的内容の認定がなされているか否かという検討は、その後の裁判例にも引き継がれている。もっとも、このような判断方法については、「判決の理由」の表現の違いだけで判断することの困難さ、「量刑の理由」は有罪判決の必要的な記載事項ではないこと（335条など）などの問題点が指摘されてきた。そのためか、その後の裁判例は、「量刑の理由」のみでは判断が十分に判断できないときには、余罪に関する検察官の主張、余罪に関する証拠を主に取調べているかどうか、下された刑の重さ、そして原判決が示した「証拠の標目」などを総合考慮したうえで判断する傾向にある。その具体的事例としては、下記の裁判例があげられる。

　実質的処罰類型にあたると判断された裁判例としては、東京高判昭42・9・26［村上パチンコ玉窃盗事件］、東京高判平3・10・29［空刷りカード詐欺事件］、名古屋高判平10・1・28［名古屋児童福祉法違反事件］、広島高判平14・12・10［広島売春・買収あっせん事件］がある。これに対し、犯情推知事件にあたると判断された裁判例としては、大阪高判昭61・2・28［奈良集団スリ事件］、大阪高判昭62・4・1［兵庫誘拐事件］があげられる。

　もっとも、依然として、「実質的処罰類型」と「犯情推知類型」の区分については、その困難さが指摘されていた。

　(5)　本判決も、「起訴されていない犯罪事実については、これをいわゆる余罪として認定し、実質上処罰する趣旨で量刑資料に考慮し、このために被告人を重く処罰することは許されないが、被告人の性格、経歴、犯罪の動機、目的、方法等の情状を推知するための資料として考慮することは許されるものである」として、犯情推知類型の余罪の考慮は許容されるとする。さらに、「審理の経過及び内容、量

刑理由に関する判文を総合すれば、原判決には、前記の限度を超え、起訴されていない余罪である名誉毀損罪に該当する事実を認定し、これをも実質上処罰する趣旨で量刑判断を行った疑いがあるといわざるを得ない」として、原判決の「量刑の理由」の記載、余罪に関する検察官の主張や証拠調べの具体的内容などを検討している点でも、判例や従来の裁判例の論理を引き継ぐものといえるだろう。

他方で、本判決には、犯情推知類型にあたるか否かの判断基準について、「起訴された犯罪との関係でその違法性や責任非難を高める事情であればその犯情として考慮され、そうでなければ、再犯可能性等の一般情状として斟酌できるにとどまるのである（それ自体は余罪には当たらない行為についても同様である）。また、処罰の対象となっておらず、前述した限度で考慮できる事情については、その点に関する証拠調べも自ずと限定され、起訴された事実と同等の証拠調べをすることは許されないというべきである」とするように、起訴されている犯罪の犯情あるいは再犯可能性等といった一般情状として考慮されているか否かという観点を示している点に特徴がある。また、本判決は、公判前整理手続を経た事件を対象とするものであるため、公判前整理手続の過程について検討している点にも特徴がある。

裁判員裁判において量刑判断にも国民が関与することなどを理由に、いわゆる量刑理論を踏まえた量刑判断の重要性が強調されている。具体的には、量刑判断の際には、いわゆる「行為責任の原則」を踏まえて、罪名や罪質により量刑の大枠を定めたうえ、その枠のなかで、犯行の動機や目的、計画性、犯行の態様、犯行の結果など（「犯行行為に関連する事情」、「犯情」）を考慮して量刑の幅をさらに絞ったうえで、被告人の年齢・性格・生活環境、反省態度、被害弁償や示談の成否、被害感情、被告人の前科など「その他の事情（一般情状）」を総合考慮して、最終的な量刑判断を行うとされている。本判決は、この量刑理論を踏まえた量刑判断という観点から、余罪の考慮の当否についてより具体化しようとしたものと評価できるだろう。また、昭和41年判例が、余罪「を考慮する程度は、個々の事案ごとに合理的に検討して必要な限度にとどめるべきであり、従つてその点の証拠調にあたつても、みだりに必要な限度を越えることのないよう注意しなければならない」としていた点を、上記の量刑理論を踏まえた量刑判断として具体化しようとしたものとも評価で

きるだろう。

（6）本判決は、あてはめにおいて、本件投稿行為について、「被害者に対する恨みの感情などという本件殺人等と同じ動機に基づくもので、その恨み、憎しみの深さ、動機の強固さや犯行の計画性の高さを示しており、その限りでは殺人の犯情として考慮でき、また、殺害行為後に計画どおり投稿したことは、自己顕示欲や身勝手な正当性の主張を示すもので、被告人の共感性の乏しさ、自己中心性を表したものとして、一般情状としても非難の程度を強めるものであるといえる。また、何ものにも代え難い家族を奪われたばかりか、その社会的評価まで貶められた遺族の被害感情を高めるものでもあるといえる。そうすると、本件投稿行為も、あくまでもこのような被告人の情状を推知するための資料の限度であれば、量刑に当たって考慮することが許されることは当然である」とする。このように本判決は、原判決における本件投稿行為を考慮することが、量刑理論の観点から犯情推知類型にあたりうる可能性を指摘している。

他方で、本判決は、以下の問題点も指摘している。①公判前整理手続における争点整理について、「いわゆるリベンジポルノに関する殺人事件として世間から注目を浴びていた事案で、本件投稿行為が量刑上過大に影響しかねないおそれがあることが明らかであったにもかかわらず、……量刑の中心となる人の生命を奪う犯罪である殺人との関係においてどのような量刑要素をどの程度推知させるものかについて検討していないばかりか、この点に関する適切な証拠調べの範囲、方法等についても検討した形跡は見当たらない」。②「公判においても、やはりその点を明確にしないまま、検察官が冒頭陳述や論告で重い求刑を導く事情の一つとして主張するに任せている。その立証に関しても、……本件投稿行為の動機、目的、画像等のアップロードなどの具体的行為、その結果や影響など、起訴された犯罪と同様に、証拠書類及び証人による積極的かつ詳細な立証を許している。……殺人に関する情状を推知するための資料とする趣旨で、本件投稿行為に関する証拠調べをするのであれば、その証言やアップロードに関する書証のみでも立証は足りるはずであるのに、原裁判所は、本件投稿行為の結果や影響を具体的に調査した警察官の証人を人証のトップに据え、その結果や影響の詳細を証言させるなどの立証を許しているのであって、このような立証は殺人の情状とし

て許される立証の範囲を超えているといわざるを得ない」。③原判決における「量刑の理由」についても「犯行態様や動機等の一般的な犯情とは別に、名誉棄損罪に該当する本件投稿行為について、被告人の刑事責任を無期懲役刑にまで導くほどのものではないが、同一の事件類型（男女関係のトラブルによる刃物を用いた被害者１名の殺人事件）における量刑の幅の上限付近にまで導く事情として考慮した旨を説示するものと理解するほかない」。

本判決は、原判決について、上記の量刑理論を踏まえつつ、①のように公判前整理手続における争点や証拠整理が不十分であったこと、②のように検察官による主張や立証の具体的範囲が広すぎることを問題視している。次に、③は、「量刑の理由」を検討したうえで、一般的な犯情とは別に本件投稿行為について、量刑を重くする事情として考慮することを問題視するものといえる。この点、本判決は、「本件投稿行為は、それがどのように殺人の量刑要素に影響するのかという視点から考慮すべき事情であって、単に殺害行為と密接に関連するという理由のみで直ちに刑を加重できる事情であると捉えるべきではない」、「本件投稿行為は、殺人の実行行為とは、生命と名誉という被害法益も異なる全く別個の加害行為であり、これを異なる機会に行ったのであるから、本来的には殺人とは別個の評価の対象となる犯罪行為である（これが起訴されれば、殺人とは併合罪の関係になる）。単に時期的に近接しているとか、被害者への復讐という同じ目的で行われている点を捉えて、本件投稿行為を殺人罪の刑の加重要素として評価することは正当でない」としている。

以上の理由から、本判決は、原判決について、「こうした審理の経過及び内容、量刑理由に関する判文を総合すれば、原判決には、前記の限度を超え、起訴されていない余罪である名誉棄損罪に該当する事実を認定し、これをも実質上処罰する趣旨で量刑判断を行った疑いがあるといわざるを得ない」とする。

（7）　以上のように、本判決は、昭和41年判例の論理を前提としながら、量刑理論も踏まえて、犯情推知類型に該当するか否かを具体的に判断しようとするものであり、重要な意味を有する。また、公判前整理手続を経た事件に関する判断方法を示した点でも特徴があるといえよう。

この判断方法を踏まえると、実質的処罰類型にあたる事例は、量刑理論からみた量刑判断に不必要な事情の考慮であるとも位置づけられることになる。また、本判決は、量刑判断の考慮の有無を、不十分な争点や証拠整理、過度に広い余罪に関する証拠調べの範囲といった手続過程から判断している。このような判断方法の背景には、公判前整理手続を経たため、上記量刑理論の観点以外に、充実した公判審理を継続的・計画的かつ迅速に行うため、争点や証拠の整理をすることが必要となり、また不当な争点や証拠の整理を行ったか否かという観点から検討が可能になったということも関係しているかもしれない。本判決が、原判決について、実質的処罰類型にあたると明言するのではなく、相対的控訴理由である訴訟手続の法令違反（380条）と評価したことは、争点や証拠整理、さらには証拠調べの範囲の不当性などの観点から判断した現れとも評価できよう。

この点については、昭和41年判例が、実質的処罰類型について、不告不理原則や憲法31条違反として絶対的控訴理由たる378条３号にあたることを想定していたこととの整合性も問題となるとの指摘も可能だろう。もっとも、上記の理解を踏まえれば、本判決は、余罪の量刑上の考慮について、不告不理原則や憲法31条違反として絶対的控訴理由に加え、争点や証拠整理、さらには証拠調べの範囲の不当性などの観点を踏まえた相対的控訴理由といったさまざまな違法類型（控訴理由）があり得ることを示したものと評価することが可能であろう。この理解を採用する場合、公判前整理手続を経なかった場合の事件の処理をどのようにすべきかが今後の問題となるだろう。

（斎藤　司）

違法収集証拠の証拠能力①

📖 大阪天王寺覚せい剤所持事件

最1小判昭和53[1978]年9月7日刑集32巻6号1672頁【LEX/DB27682171】

〈関連判例〉

最3小判昭和24[1949]年12月13日集刑15号349頁	【LEX/DB 不掲載】	
最3小判昭和53[1978]年6月20日刑集32巻4号670頁	【27682160】	[米子銀行強盗事件]〔本書7〕
最2小判昭和61[1986]年4月25日刑集40巻3号215頁	【27803900】	[奈良生駒覚せい剤使用事件]〔本書74〕
最2小決昭和63[1988]年9月16日刑集42巻7号1051頁	【27804932】	[浅草覚せい剤使用事件]
最3小決平成6[1994]年9月16日刑集48巻6号420頁	【27825712】	[会津若松採尿事件]〔本書8〕
最3小決平成7[1995]年5月30日刑集49巻5号703頁	【27827892】	[第一京浜職務質問事件]
最3小決平成21[2009]年9月28日刑集63巻7号868頁	【25441230】	[大阪宅配便エックス線検査事件]〔本書19〕

1 事実の概要

昭和49年10月30日午前0時35分ころ、パトカーで警ら中のP巡査、Q巡査長の両名は、ホテルオータニ付近路上に被告人運転の自動車が停車しており、運転席の右横に遊び人風の3、4人の男がいて被告人と話しているのを認めた。パトカーが後方から近付くと、被告人の車はすぐ発進右折してホテルオータニの駐車場に入りかけ、遊び人風の男達もこれについて右折して行った。Pらは、被告人の右不審な挙動に加え、同所は連込みホテルの密集地帯で、覚せい剤事犯や売春事犯の検挙例が多く、被告人に売春の客引きの疑いもあったので、職務質問することにし、パトカーを下車して被告人の車を駐車場入口付近で停止させ、窓ごしに運転免許証の提示を求めたところ、被告人は正木良太郎名義の免許証を提示した（免許証が偽造であることは後に警察署において判明）。

続いて、Pが車内を見ると、ヤクザの組の名前と紋の入ったふくさ様のものがあり、なかに賭博道具の札が10枚位入っているのが見えたので、他にも違法な物が入っているのではないかと思い、かつまた、被告人の落ち着きのない態度、青白い顔色などからして覚せい剤中毒者の疑いもあったので、職務質問を続行するため降車を求めると、被告人は素直に降車した。

降車した被告人に所持品の提示を求めると、被告人は、「見せる必要はない」と言って拒否し、前記遊び人風の男が近付いてきて、「お前らそんなことする権利あるんか」などと罵声を浴びせ、挑戦的態度に出てきたので、Pらは他のパトカーの応援を要請したが、応援が来るまでの2、3分の間、Pと応対していた被告人は何となく落ち着かない態度で所持品の提示を拒んでいた。

応援の警官4名くらいが来た後、Pの所持品提示要求に対して、被告人はぶつぶつ言いながらも右側内ポケットから「目薬とちり紙（覚せい剤でない白色粉末が在中）」を取り出してPに渡した。Pは、さらに他のポケットを触らせてもらうと言って、これに対して何も言わなかった被告人の上衣とズボンのポケットを外から触ったところ、上衣左側内ポケットに「刃物ではないが何か堅い物」が入っている感じでふくらんでいたので、その提示を要求した。

右提示要求に対し、被告人は黙ったままであったので、Pは、「いいかげんに出してくれ」と強く言ったが、それにも答えないので、「それなら出して見るぞ」と言ったところ、被告人は何かぶつぶつ言って不服らしい態度を示していたが、Pが被告人の上衣左側内ポケット内に手を入れて取り出してみると、それは「ちり紙の包、プラスチックケース入りの注射針一本」であり、「ちり紙の包」を被告人の面前で開披してみると、「ビニール袋入り覚せい剤ようの粉末」がはいっていた。さらに応援のR巡査が、被告人の上衣の内側の脇の下に挟んであった万年筆型ケース入り注射器を発見して取り出した。

そこで、Pは、被告人をパトカーに乗せ、その面前でマルキース試薬を用いて右「覚せい剤ようの粉末」を検査した結果、覚せい剤であることが判明したので、パトカーの中で被告人を覚せい剤不法所持の現行犯人として逮捕し、当該粉末を差し押えた。

X

この覚せい剤粉末が公判で証拠調べ請求された。第一審裁判所は、これは違法収集証拠であるとして証拠請求を却下し、他に被告人の自白を補強するに足る証拠はないとして無罪判決を出した（大阪地判昭50・10・3）。控訴審も、当該捜査が違法であること、当該粉末に証拠能力がないことを認め、検察官のした控訴を棄却した（大阪高判昭51・4・27）。そこで検察官が上告。破棄差戻。

2 法の解釈と適用①
● 法の解釈 ●●

「警職法2条1項に基づく職務質問に附随して行う所持品検査は、任意手段として許容されるものであるから、所持人の承諾を得てその限度でこれを行うのが原則であるが、職務質問ないし所持品検査の目的、性格及びその作用等にかんがみると、所持人の承諾のない限り所持品検査は一切許容されないと解するのは相当でなく、捜索に至らない程度の行為は、強制にわたらない限り、たとえ所持人の承諾がなくても、所持品検査の必要性、緊急性、これによつて侵害される個人の法益と保護されるべき公共の利益との権衡などを考慮し、具体的状況のもとで相当と認められる限度において許容される場合があると解すべきである」（最判53・6・20参照）。
● 法の適用 ●●

「Pが被告人に対し、被告人の上衣左側内ポケットの所持品の提示を要求した段階においては、被告人に覚せい剤の使用ないし所持の容疑がかなり濃厚に認められ、また、Pらの職務質問に妨害が入りかねない状況もあったから、右所持品を検査する必要性ないし緊急性はこれを肯認しうるところであるが、被告人の承諾がないのに、その上衣左側内ポケットに手を差入れて所持品を取り出したうえ検査したPの行為は、一般にプライバシイ侵害の程度の高い行為であり、かつ、その態様において捜索に類するものであるから、上記のような本件の具体的な状況のもとにおいては、相当な行為とは認めがたいところであって、職務質問に附随する所持品検査の許容限度を逸脱したものと解するのが相当である。してみると、右違法な所持品検査及びこれに続いて行われた試薬検査によってはじめて覚せい剤所持の事実が明らかになった結果、被告人を覚せい剤取締法違反被疑事実で現行犯逮捕する要件が整った本件事案においては、右逮捕に伴い行われた本件証拠物の差押手続は違法といわざるをえないものである」。

3 法の解釈と適用②
● 法の解釈 ●●

「違法に収集された証拠物の証拠能力については、憲法及び刑訴法になんらの規定もおかれていないので、この問題は、刑訴法の解釈に委ねられているものと解するのが相当であるところ、刑訴法は、『刑事事件につき、公共の福祉の維持と個人の基本的人権の保障とを全うしつつ、事案の真相を明らかにし、刑罰法令を適正且つ迅速に適用実現することを目的とする』（同法1条）ものであるから、違法に収集された証拠物の証拠能力に関しても、かかる見地からの検討を要するものと考えられる。ところで、刑罰法令を適正に適用実現し、公の秩序を維持することは、刑事訴訟の重要な任務であり、そのためには事案の真相をできる限り明らかにすることが必要であることはいうまでもないところ、証拠物は押収手続が違法であっても、物それ自体の性質・形状に変異をきたすことはなく、その存在・形状等に関する価値に変りのないことなど証拠物の証拠としての性格にかんがみると、その押収手続に違法があるとして直ちにその証拠能力を否定することは、事案の真相の究明に資するゆえんではなく、相当でないというべきである。しかし、他面において、事案の真相の究明も、個人の基本的人権の保障を全うしつつ、適正な手続のもとでされなければならないものであり、ことに憲法35条が、憲法33条の場合及び令状による場合を除き、住所の不可侵、捜索及び押収を受けることのない権利を保障し、これを受けて刑訴法が捜索及び押収等につき厳格な規定を設けていること、また、憲法31条が法の適正な手続を保障していること等にかんがみると、証拠物の押収等の手続に憲法35条及びこれを受けた刑訴法218条1項等の所期する令状主義の精神を没却するような重大な違法があり、これを証拠として許容することが、将来における違法な捜査の抑制の見地からして相当でないと認められる場合においては、その証拠能力は否定されるものと解すべきである」。
● 法の適用 ●●

「被告人の承諾なくその上衣左側内ポケットから本件証拠物を取り出したPの行為は、職務質問の要件が存在し、かつ、所持品検査の必要性と緊急性が認められる状況のもとで、必ずしも諾否の態度が明白でなかった被告人に対し、所持品検査として許容される限度をわずかに超えて行われたに過ぎないのであって、もとよりPにおいて令状主義に関する諸

規定を潜脱しようとの意図があったものではなく、また、他に右所持品検査に際し強制等のされた事跡も認められないので、本件証拠物の押収手続の違法は必ずしも重大であるとはいえないのであり、これを被告人の罪証に供することが、違法な捜査の抑制の見地に立ってみても相当でないと認めがたいから、本件証拠物の証拠能力はこれを肯定すべきである」。

[4] コメント

　(1)　本件所持品検査の違法性につき、最高裁は最判昭53・6・20［米子銀行強盗事件］〔本書7〕で示した規範を引用し、あてはめている。この判例の意義および本判決におけるあてはめの特徴については〔本書7〕参照。

　(2)　違法収集証拠の排除を認めるべきかにつき、かつて最高裁は「押収物は押収手続が違法であつても物其自体の性質、形状に変異を来す筈がないから其形状等に関する証拠たる価値に変わりはない」（最判昭24・12・13）と傍論で述べていたため、消極に解しているとみられていた。しかし本件では、判例違反を主張する検察官に対し、当該判例は「証拠物の押収手続に極めて重大な違法がある場合にまで証拠能力を認める趣旨のものであるとまでは解しがたい」と述べている。かくして、違法収集証拠が排除される場合があることを判例変更なくして明確に宣言したのが本判決である。

　(3)　もっとも、違法収集証拠排除法則が認められるべき条文上の根拠をどこに置いているかは明らかではない。判決文中にあげられた刑訴法1条、憲法35条（および刑訴法218条1項）、憲法31条を解釈してこれらの条文が直接違法収集証拠排除法則を求めていると結論しているわけではないことに注意する必要がある。刑訴法1条を解釈して導き出したのだと誤解されることも多いが、これは、刑訴法が真相の解明を追求するだけでなく適正手続をも追求していることを述べるために援用しただけにすぎないことに注意しなければならない。ただし、刑訴法の解釈問題だと述べていることから、憲法上の（被告人に認められた）権利として違法収集証拠排除法則を捉えているわけではないことは確かである。

　(4)　本判決のいう排除法則が認められるべき実質的根拠はどうか。学説上は、権利救済、司法の廉潔性、違法捜査抑止があげられることが多いが、本判決で明確に述べているのは、違法捜査抑止というポ

イントのみである。司法の廉潔性という根拠にはまったく触れていないし、違法捜査によって権利を侵害された者の救済という根拠も明示しているわけではない。たしかに適正手続の保障について述べてはいるが、最終的には「違法捜査抑止」という基準に収斂させていることにかんがみると、この言説は、当該捜査によって権利を侵害された者の救済というよりも、将来の事件における適正手続確保を念頭に置いたものである可能性が高い。適正手続を強調していることと、権利が侵害されているにもかかわらず他の諸要素と比較衡量して証拠排除しないことを認めていることとは矛盾しているようにみえるが、こう解すれば整合性がとれるだろう。

　(5)　排除の基準としてあげられているのは、「令状主義の精神を没却するような重大な違法があり、これを証拠として許容することが、将来における違法な捜査の抑制の見地からして相当でないと認められる場合」である。

　この要件における「重大な違法」、「違法捜査抑制」という2要素の関係が問題となる。重畳説や競合説等さまざまな解釈がなされているが、文理上一義的に確定できるものでもなく、また、これまで最高裁が判断したもののなかで2要素を分離させた（一方が認められなくとも他方が認められるので証拠排除、または、一方が認められるが他方は認められないので証拠能力肯定）ものはない。そこで、決め手となる鍵は今のところないといわざるをえない。

　(6)　この要件はそれ自体抽象的なので、その具体的意味は、さまざまな事件における最高裁のあてはめの仕方を分析し、その特徴を抽出して考えるしかない。証拠排除を認めなかった本判決で考慮されたファクターは、職務質問の要件が存在し、当該処分を行う必要性・緊急性があったこと、被処分者の態度が明白でなかったこと、法逸脱の程度が低いこと、令状主義潜脱の意図が警察官になかったこと、強制等がなされなかったことである。これらを一般化して、①当該処分を行う必要性の存在、②当該処分に対する被処分者の態度（反抗的な態度〔a〕も従順な態度〔b〕も共に重大違法性否定の方向に用いられる。つまり、反抗的な場合は「だからこのような処分に至ったのもやむを得なかった」、従順な場合は「だからこのような処分をしたとしても実害はなかった」といった判断に結びつく）、③法逸脱の程度の低さ、④警察官における法軽視の意識の不存在、⑤有形力行使等の有無または程度、の5つにカテゴライ

ずしてみると、その後の最高裁判決・決定のうち、違法排除を認めなかったものが重視した要素のほとんどは、これらのカテゴリーに含めることができる。以下、概観してみよう（詳しくは原文にあたって確かめてほしい）。

(7) 最判昭61・4・25［奈良生駒覚せい剤使用事件］〔本書74〕では、被告人宅への立ち入りに際し警察官は当初から無断で入る意図はなく承諾を求める行為に出ていること（④）、任意同行に際し有形力を行使していないこと（⑤）、被告人は異議を述べることなく同行に応じていること（②b）、警察署に留まることを強要するような言動はしていないこと（⑤）、採尿手続自体は、何らの強制も加えられることなく被告人の自由意思での応諾に基づいて行われていること（⑤・②b）を証拠能力肯定の根拠に挙げている。

(8) 最決昭63・9・16［浅草覚せい剤使用事件］では、職務質問の要件が存在し、所持品検索の必要性と緊急性が認められること（①）、被告人の行動・態度等からすると、現行犯逮捕または緊急逮捕することが許される状況にあったので、法の執行方法の選択ないし捜査の手順を誤ったものにすぎず、法規からの逸脱の程度が実質的に大きいとはいえないこと（②a・③）、有形力の行使には暴力的な点がなく、被告人の抵抗を排するためにやむをえずとられた措置であること（⑤・②a）、令状主義潜脱の意図がなかったこと（④）、採尿手続自体は何らの強制も加えられることなく被告人の自由な意思での応諾に基づいて行われていること（⑤・②b）を証拠能力肯定の根拠にあげている。

(9) 最決平6・9・16［会津若松採尿事件］〔本書8〕では、違法とされた職務質問につき必要性自体はあったこと（①）、職務質問の過程において警察官が行使した有形力がさほど強いものでなく必要最小限度の範囲にとどまるものであったこと（⑤）、任意捜査の面だけでなく、交通危険の防止という交通警察の面からも、被告人の運転を阻止する必要性が高かったこと（①）、被告人が自ら運転すること

に固執して、他の方法による任意同行をかたくなに拒否するという態度を取り続けたこと（②a）、これらを考慮すると、結果的に警察官による説得が長時間に及んだのもやむをえなかった面があるということができ、右のような状況からみて、警察官に当初から違法な留め置きをする意図があったものとは認められないこと（④）が証拠能力肯定の根拠としてあげられている。

(10) 最決平7・5・30［第一京浜職務質問事件］では、所持品検査の必要性、緊急性はあったこと（①）、被告人が明示的に異議をとなえるなどの言動を示していないこと（②b）、警察署への同行には任意に応じていること（②b）、採尿手続自体も何らの強制も加えられることなく被告人の自由な意思による応諾に基づいて行われていること（⑤・②b）があげられている。

(11) 最決平21・9・28〔本書19〕は、エックス線検査を行う実質的必要性があったこと（①）、宅配便業者の承諾を得た上で本件エックス線検査を実施し、その際、検査の対象を限定する配慮もしていたのであって、令状主義に関する諸規定を潜脱する意図があったとはいえないこと（④）等をあげている。

(12) 比較衡量において以上のような要素を重視することについては、証拠排除の幅を狭めるとの批判が強い。①必要性もないのに違法な処分をしかける警察官はほとんどいないこと、②被告人の態度が融通無碍に証拠能力肯定の方向で用いられること、④令状主義の精神に真っ向から挑戦をしかける警察官はほとんどおらず、たいていの違法捜査は職務熱心のあまり引き起こされること、⑤有形力行使ばかりが問題にされ、プライバシー侵害に対する考慮が充分でないようにみえること、等がその理由である。

なお、ここで触れなかった他の要素（証拠の重要性や令状審査を経由していること等）については〔本書75〕参照。

（中川 孝博）

違法収集証拠の証拠能力②

奈良生駒覚せい剤使用事件

最2小判昭和61[1986]年4月25日刑集40巻3号215頁【LEX/DB27803900】

〈関連判例〉

最1小判昭和53[1978]年9月7日刑集32巻6号1672頁【27682171】［大阪天王寺覚せい剤所持事件］〔本書73〕
最2小決昭和63[1988]年9月16日刑集42巻7号1051頁【27804932】［浅草覚せい剤使用事件］
最3小決平成6[1994]年9月16日刑集48巻6号420頁【27825712】［会津若松採尿事件］〔本書8〕
最3小決平成7[1995]年5月30日刑集49巻5号703頁【27827892】［第一京浜職務質問事件］
最3小決平成8[1996]年10月29日刑集50巻9号683頁【28011517】［和歌山覚せい剤使用事件］
最2小判平成15[2003]年2月14日刑集57巻2号121頁【28085189】［大津違法逮捕事件］〔本書75〕

1 事実の概要

奈良県生駒警察署防犯係の係長巡査部長P、巡査部長Q、巡査Rの3名は、複数の協力者から覚せい剤事犯の前科のある被告人が再び覚せい剤を使用しているとの情報を得たため、昭和59年4月11日午前9時30分ころ、いずれも私服で警察用自動車（ライトバン）を使って、生駒市内の被告人宅に赴き、門扉を開けて玄関先に行き、引戸を開けずに「Aさん、警察の者です」と呼びかけ、さらに引戸を半開きにして「生駒署の者ですが、一寸尋ねたいことがあるので、上ってもよろしいか」と声をかけ、それに対し被告人の明確な承諾があったとは認められないにもかかわらず、屋内に上がり、被告人のいた奥八畳の間に入った。右警察官3名は、ベッドで目を閉じて横になっていた被告人の枕許に立ち、P巡査部長が「Aさん」と声をかけて左肩を軽く叩くと、被告人が目を開けたので、Pは同行を求めたところ、金融屋の取立てだろうと認識したと窺える被告人は、「わしも大阪に行く用事があるから一緒に行こう」と言い、着替えを始めたので、警察官3名は、玄関先で待ち、出てきた被告人を停めていた前記自動車の運転席後方の後部座席に乗車させ、その隣席及び助手席にそれぞれQ、Pが乗車し、Rが運転して、午前9時40分ころ被告人宅を出発した。被告人は、車中で同行しているのは警察官達ではないかと考えたが、反抗することもなく、一行は、午前9時50分ころ生駒警察署に着いた。午前10時ころから右警察署2階防犯係室内の補導室において、Qは被告人から事情聴取を行ったが、被告人は、午前11時ころ本件覚せい剤使用の事実を認め、午前11時30分ころQの求めに応じて採尿してそれを提出し、腕の注射痕も見せた。被告人は、警察署に着いてから右採尿の前と後の少なくとも2回、Qに対し、持参の受験票を示すなどして、午後1時半までに大阪市鶴見区のタクシー近代化センターに行ってタクシー乗務員になるための地理試験を受けることになっている旨申し出たが、Qは、最初の申し出については返事をせず、尿提出後の申し出に対しては、「尿検の結果が出るまでおったらどうや」と言って応じなかった。午後2時30分ころ尿の鑑定結果について電話回答があったことから、逮捕状請求の手続がとられ、逮捕状の発付をえて、Qが午後5時2分被告人を逮捕した。

控訴審（大阪高判昭60・2・27）は、警察官3名による被告人宅への立ち入りは、被告人の明確な承諾をえたものとは認め難く、本件任意同行は、被告人の真に任意の承諾の下に行われたものでない疑いのある違法なものであり、受験予定である旨の申し出に応じることなく退去を阻んで、逮捕に至るまで被告人を警察署に留め置いたのは、任意の取調べの域を超える違法な身体拘束であるといわざるをえないので、そのような違法な一連の手続中に行われた本件尿の提出、押収手続（以下、採尿手続という）は、被告人の任意提出書や尿検査についての同意書があるからといって、適法となるものではなく、その尿についての鑑定書の証拠能力は否定されると判断し、他に被告人の自白を補強する証拠がないとして、無罪判決を出した。そこで検察官が上告。破棄差戻。

2 法の解釈

「本件においては、被告人宅への立ち入り、同所

X

からの任意同行及び警察署への留め置きの一連の手続と採尿手続は、被告人に対する覚せい剤事犯の捜査という同一目的に向けられたものであるうえ、採尿手続は右一連の手続によりもたらされた状態を直接利用してなされていることにかんがみると、右採尿手続の適法違法については、採尿手続前の右一連の手続における違法の有無、程度をも十分考慮してこれを判断するのが相当である。そして、そのような判断の結果、採尿手続が違法であると認められる場合でも、それをもって直ちに採取された尿の鑑定書の証拠能力が否定されると解すべきではなく、その違法の程度が令状主義の精神を没却するような重大なものであり、右鑑定書を証拠として許容することが、将来における違法な捜査の抑制の見地からして相当でないと認められるときに、右鑑定書の証拠能力が否定されるというべきである」(最判昭53・9・7〔大阪天王寺覚せい剤所持事件〕〔本書73〕参照)。

3 法の適用

「採尿手続前に行われた前記一連の手続には、被告人宅の寝室まで承諾なく立ち入っていること、被告人宅からの任意同行に際して明確な承諾を得ていないこと、被告人の退去の申し出に応ぜず警察署に留め置いたことなど、任意捜査の域を逸脱した違法な点が存することを考慮すると、これに引き続いて行われた本件採尿手続も違法性を帯びるものと評価せざるを得ない。しかし、被告人宅への立ち入りに際し警察官は当初から無断で入る意図はなく、玄関先で声をかけるなど被告人の承諾を求める行為に出ていること、任意同行に際して警察官により何ら有形力は行使されておらず、途中で警察官と気付いた後も被告人は異議を述べることなく同行に応じていること、警察官において被告人の受験の申し出に応答しなかったことはあるものの、それ以上に警察署に留まることを強要するような言動はしていないこと、さらに、採尿手続自体は、何らの強制も加えられることなく、被告人の自由な意思での応諾に基づき行われていることなどの事情が認められるのであって、これらの点に徴すると、本件採尿手続の帯有する違法の程度は、いまだ重大であるとはいえず、本件尿の鑑定書を被告人の罪証に供することが、違法捜査抑制の見地から相当でないとは認められないから、本件尿の鑑定書の証拠能力は否定されるべきではない」。

なお、島谷六郎の反対意見が付されている。本件採尿は、「それだけを切り離して評価すべきものではなく、被告人宅への立ち入り以降の一連の手続とともに全体として評価すべきものである」としたうえで、令状なしに被告人宅に立ち入ったことの重大違法性をとりわけ強調して、証拠排除するのが相当と述べている。

4 コメント

(1) 〔本書73〕でみたように、「令状主義の精神を没却するような重大な違法があり、これを証拠として採用することが、将来における違法捜査の抑制の見地からして相当でない」(最判昭53・9・7)と認められるときに違法収集証拠が排除されることになる。この基準をあてはめる際、先行処分に違法はあるが当該処分を単独でみればとくに違法な点がない場合に、「重大な違法」がないと判断してよいかという問題がある。

(2) 本判決は、同一目的・直接利用の関係にあるならば、採尿手続前の一連の手続における違法の有無、程度をも十分考慮して採尿手続の適法性を判断するのが相当と述べた。このようなアプローチを違法承継と呼んでいる。そして、同一目的性については「被告人に対する覚せい剤事犯の捜査という同一目的に向けられたものである」、直接利用性については「一連の手続によりもたらされた状態を直接利用してなされている」と述べているところからも窺えるように、かなり大つかみにあてはめがなされていることがわかる。

(3) この「同一目的・直接利用」基準はその後の最高裁事例に受け継がれた。最決昭63・9・16〔浅草覚せい剤使用事件〕は、意思に反する警察署への連行→所持品検査・覚せい剤等押収→現行犯逮捕→尿の任意提出、という流れをたどった事件につき、所持品検査は違法な連行を直接利用して行われたもの、採尿手続も一連の違法な手続きによりもたらされた状態を直接利用して行われたものと認め、いずれも違法性を帯びると判断した(同一目的であることは明白なのでとくに論じられていない)。最決平7・5・30〔第一京浜職務質問事件〕も「直接利用」という表現しか用いていないが、同様に「同一目的」が認められる事案であった。

また、必ずしも「同一目的・直接利用」という表現が明示されないとしても、実質的にそのような関係が肯認されたと考えられるケースもある。最決平

6・9・16［会津若松採尿事件］〔本書8〕は、「同一目的」という表現も「直接利用」という表現も用いていないが、先行手続から強制採尿に至るまでの手続は覚せい剤事犯の捜査という「同一目的」に向けられており、強制採尿は先行違法手続を「直接利用」していると認められる事案である。

　(4)　本判決は、違法判断の対象となる範囲を狭めなかったという点で高く評価される一方で、①先行手続の違法を判断→②違法が承継されるかを判断→③重大な違法か否かを判断、という方法にはムダが多いとの疑問も寄せられてもいる。先行手続に重大な違法がないのであれば後の手続が違法か否かを判断する必要はないし、先行手続に重大な違法がある場合には端的に当初の違法行為と因果関係がある証拠の証拠能力はどのような場合に否定されるのかを検討すれば十分というのである。

　しかし現在のところ、最高裁はこのような判断枠組みにこだわっている（〔本書75〕の「コメント」参照）。「重大な違法」があるか否かという最判昭53・9・7の判断基準一本でいきたいという考えがあるのかもしれない。また、後の手続も違法となると宣言することの実務上の効果を期待しているのかもしれない。

　(5)　適法な捜索後に被処分者に対し暴行を加えた事案において、「証拠物の発見を目的とし捜索に利用するために行われたものとは認められない」として差押物の証拠能力が肯定された例もある（最決平8・10・29［和歌山覚せい剤使用事件］）。もっとも、「同一目的・直接利用」の関係がないと常に違法承継されないというわけではない。この点については最判平15・2・14［大津違法逮捕事件］〔本書75〕参照。なお、本判決における「重大な違法」の有無等に関するあてはめ部分の意義については、〔本書73〕の「コメント」参照。

（中川　孝博）

75　違法収集証拠の証拠能力③

📖 大津違法逮捕事件

　最２小判平成15［2003］年２月14日刑集57巻２号121頁【LEX/DB28085189】

〈関連判例〉

　　最１小判昭和53［1978］年９月７日刑集32巻６号1672頁【27682171】［大阪天王寺覚せい剤所持事件］〔本書73〕
　　最３小判昭和58［1983］年７月12日刑集37巻６号791頁【27682449】［神戸クラブ従業員宅放火事件］〔本書83〕
　　最２小判昭和61［1986］年４月25日刑集40巻３号215頁【27803900】［奈良生駒覚せい剤使用事件］〔本書74〕
　　最２小決昭和63［1988］年９月16日刑集42巻７号1051頁【27804932】［浅草覚せい剤使用事件］
　　最３小決平成21［2009］年９月28日刑集63巻７号868頁【25441230】［大阪宅配便エックス線検査事件］〔本書19〕
　　大阪地決平成27［2015］年６月５日判時2288号138頁【25540308】
　　最大判平成29［2017］年３月15日刑集71巻３号13頁【25448527】［大阪連続窃盗GPS捜査事件］〔本書20〕

1　事実の概要

　被告人に対しては、かねて窃盗の被疑事実による逮捕状（以下「本件逮捕状」という）が発付されていたところ、平成10年５月１日朝、滋賀県大津警察署の警部補P外２名の警察官は、被告人の動向を視察し、その身柄を確保するため、本件逮捕状を携行しないで被告人方に赴いた。

　上記警察官３名は、被告人方前で被告人を発見して、任意同行に応ずるよう説得したところ、被告人は、警察官に逮捕状を見せるよう要求して任意同行に応じず、突然逃走して、隣家の敷地内に逃げ込んだ。

　被告人はその後、隣家の敷地を出て来たところを上記警察官３名に追いかけられてさらに逃走したが、同日午前８時25分ころ、被告人方付近の路上（以下「本件現場」という）で上記警察官３名に制圧され、逮捕された。その後被告人は警察車両で大津警察署に連行され、同日午前11時ころ同署に到着した後、間もなく警察官から本件逮捕状を呈示された。

　本件逮捕状には、同日午前８時25分ころ、本件現場において本件逮捕状を呈示して被告人を逮捕した

旨のP警察官作成名義の記載があり、さらに、同警察官は、同日付けでこれと同旨の記載のある捜査報告書を作成した。

被告人は、同日午後7時10分ころ、大津警察署内で任意の採尿に応じたが、その際、被告人に対し強制が加えられることはなかった。被告人の尿からは覚せい剤成分が検出された。

同月6日、被告人に対する覚せい剤取締法違反被疑事件について被告人方を捜索場所とする捜索差押許可状が発付され、すでに発付されていた被告人に対する窃盗被疑事件についての捜索差押許可状と併せて同日執行され、被告人方の捜索が行われた結果、被告人方からビニール袋入り覚せい剤1袋（以下「本件覚せい剤」という）が発見されて差し押さえられた。

被告人は覚せい剤使用、所持の訴因で起訴され、さらに窃盗の訴因で追起訴された。第一審の公判において本件逮捕状による逮捕手続の違法性が争われ、被告人側から、逮捕時に本件現場において逮捕状が呈示されなかった旨の主張がされたのに対し、前記3名の警察官は、証人として、本件逮捕状を本件現場で被告人に示すとともに被疑事実の要旨を読み聞かせた旨の虚偽証言をした。第一審判決は、覚せい剤使用および所持については尿の鑑定書等の証拠には証拠能力が認められないとし、無罪を言い渡した（大津地判平12・11・16）。検察官が控訴したが控訴棄却（大阪高判平13・9・14）。そこで検察官が上告した。破棄差戻。

2 法の解釈と適用①

● 法の解釈 ●●

最判昭53・9・7［大阪天王寺覚せい剤所持事件］〔本書73〕を参照するよう指示がある。

● 法の適用 ●●

「本件逮捕には、逮捕時に逮捕状の呈示がなく、逮捕状の緊急執行もされていない……という手続的な違法があるが、それにとどまらず、警察官は、その手続的な違法を糊塗するため、逮捕状へ虚偽事項を記入し、内容虚偽の捜査報告書を作成し、更には、公判廷において事実と反する証言をしているのであって、本件の経緯全体を通して表れたこのような警察官の態度を総合的に考慮すれば、本件逮捕手続の違法の程度は、令状主義の精神を潜脱し、没却するような重大なものであると評価されてもやむを得ないものといわざるを得ない。そして、このよう

な違法な逮捕に密接に関連する証拠を許容することは、将来における違法捜査抑制の見地からも相当でないと認められるから、その証拠能力を否定すべきである（最判昭53・9・7参照）。

……本件採尿は、本件逮捕の当日にされたものであり、その尿は、上記のとおり重大な違法があると評価される本件逮捕と密接な関連を有する証拠であるというべきである。また、その鑑定書も、同様な評価を与えられるべきものである。

したがって、原判決の判断は、上記鑑定書の証拠能力を否定した点に関する限り、相当である」。

3 法の解釈と適用②

● 法の解釈 ●●

明示されていないが、2 に同じ。

● 法の適用 ●●

「本件覚せい剤は、被告人の覚せい剤使用を被疑事実とし、被告人方を捜索すべき場所として発付された捜索差押許可状に基づいて行われた捜索により発見されて差し押さえられたものであるが、上記捜索差押許可状は上記……の鑑定書を疎明資料として発付されたものであるから、証拠能力のない証拠と関連性を有する証拠というべきである。

しかし、本件覚せい剤の差押えは、司法審査を経て発付された捜索差押許可状によってされたものであること、逮捕前に適法に発付されていた被告人に対する窃盗事件についての捜索差押許可状の執行と併せて行われたものであることなど、本件の諸事情にかんがみると、本件覚せい剤の差押えと上記……鑑定書との関連性は密接なものではないというべきである。したがって、本件覚せい剤及びこれに関する鑑定書については、その収集手続に重大な違法があるとまではいえず、その他、これらの証拠の重要性等諸般の事情を総合すると、その証拠能力を否定することはできない」。

4 コメント①

（1）最高裁が違法収集証拠排除を一部認めた初のケースである。そして、昭和53年判決が示した排除基準のあてはめにつき、従来にない新しいアプローチがいくつかみられる。

まず本件逮捕の違法が重大なものと判断した部分について。本件では逮捕状がすでに発付されており、逮捕状の緊急執行も可能な状況にあった。したがって、違法の程度は高くないと判断することも可

能であったように思われる（〔本書73〕の「コメント」で述べた「③法逸脱の程度の低さ」の要素。たとえば最決昭63・9・16〔浅草覚せい剤使用事件〕は、違法な連行につき、緊急逮捕もしくは現行犯逮捕の要件が備わっていた状況なので、それらをしなかったにすぎない、すなわち法執行方法の選択を誤ったにすぎないと述べていた）。

しかし本判決は、逮捕後における警察官の行動、すなわち逮捕状および捜査報告書への虚偽記載や公判での偽証をも考慮して、重大違法性を認めた（〔本書73〕のコメントで述べた「④警察官における法軽視の意識」の要素）。このように、当該違法捜査以後の事情も加味するという点が新しいアプローチである。

このアプローチについては、逮捕後の事情・態度によって違法が重大になるというのはおかしいから、逮捕後の事情・態度は本件逮捕手続そのものに重大な違法があったこと、つまり違法であることを認識しつつあえて違法逮捕を行ったことを認定するための情況証拠として用いられたと解する見解もある。しかし、文意からは、法無視の態度そのものを批判していることが明らかである。そこで、行為後の事情・態度であっても、それらは「重大な違法」か否かを検討する際に考慮に入れられるファクターとなると捉えておけばよいだろう。

（2）次に、「密接関連性」基準について。本件違法逮捕の被疑事実は窃盗であり、覚せい剤関連の捜査である採尿とは「同一目的」でつながってはいない（当初から覚せい剤関連の捜査目的で別件逮捕をしたのであれば「同一目的」といえるが、そのような事実は認定されていない）。したがって、最判昭61・4・25〔奈良生駒覚せい剤使用事件〕〔本書74〕が呈示した「同一目的・直接利用」の関係にはないとして違法承継を認めない可能性もあった。しかし本判決は、「違法な逮捕に密接に関連する証拠を許容することは、将来における違法捜査抑制の見地からも相当でない」との理由で証拠排除を認めたのである。ここでは採尿手続自体への違法承継については述べられていないが、〔3〕の箇所では、密接な関連性がないという理由で捜索差押えの重大違法性を否定しているため、それと整合性をつけようとするならば、違法承継があったと考えていると理解すべきだろう。なお、重大違法性と排除相当性の関係については〔本書73〕参照。

かくして、同一目的・直接利用の関係にない場合でも、当該事件における事情によっては先行手続の違法が後の手続に承継されることが明らかとなった。従来の「同一目的・直接利用」基準は、先行手続と後の手続との関連性が極めて強いことを示す例示的表現と解されることになろう。

⑤ コメント②

（1）〔3〕が扱った論点は、毒樹の果実の問題として学説上扱われるものである。最高裁では、最判昭58・7・12〔神戸クラブ従業員宅放火事件〕〔本書83〕の伊藤正巳補足意見がこの理論に触れていた。本判決は、司法審査を経たという希釈法理的要素、および窃盗被疑事実の捜索差押許可状とあわせて執行されたという不可避的発見の法理的要素を考慮し、重大な違法が認められる逮捕手続との密接関連性が認められた尿鑑定書と本件覚せい剤の差押えとの密接関連性を否定している。

このうち希釈法理的要素の部分については、司法審査という「藁」をかませさえすれば違法捜査が洗浄されるのかという疑問が生じるが、後に登場した最決平21・9・28〔本書19〕は、違法捜査の結果を疎明資料として発付された捜索差押許可状につき、違法捜査の結果「以外の証拠も資料として提供されたものとうかがえる」ことを、重大違法性を否定する根拠としており、当該疑問に一部応えている（もっとも、当該資料がなくとも捜索差押えを許可できたといえるのかといった点まで検討した過程は示されていない）。要するにケース・バイ・ケースなのである。本判決が扱った事例の場合、不可避的発見の法理的要素の存在が強く存在したことに注意が必要である。

なお、違法とされたGPS捜査「により得られた証拠以外に見るべき疎明資料があったとは考え難」いことを理由に、司法審査を経た捜索差押手続がなされたことを関連性希釈要素と認めなかった第一審（大阪地決平27・6・5参照）の判断を、最高裁は正当であったと判示している（最判平29・3・15〔本書20〕参照）。

（2）従来の考え方によれば、コメント①の論点は違法承継の問題であり、コメント②の論点は毒樹の果実の問題となる。しかし、その後に出た前述の平成21年決定をあわせて考慮すると別の見方もできる。すなわち、最高裁は違法承継の問題と毒樹の果実の問題を区別せず、すべて違法承継の問題として捉えているのではないかという見方である。

X

平成21年決定が扱った事例では、先行違法捜査であるエックス線検査があり、その結果を疎明資料として捜索差押許可状が発付されたという経緯をたどっている。学説上は毒樹の果実が問題となる事案である。しかし最高裁は、本判決とは異なり、エックス線検査それ自体に重大な違法があるかを独立して検討せず、検査後の様々なファクターとあわせて総合考慮し、違法捜査であるエックス線検査と捜索差押えされた覚せい剤等との間に関連性は認められるけれども、覚せい剤の「証拠収集過程に重大な違法があるとまではいえない」と判断しているのである。毒樹の果実の問題として捉えるならば、このような表現はとれないはずである（重大な違法が最初にあると認めるからこそ、その後の捜査の経緯にかんがみて、問題となる証拠物との間に密接関連性があるかが問題となるはずだから）。そして、前述のように本判決も　3　の結論は重大違法性がないというものなのである。

また平成21年決定は、違法承継を問題にした最判昭61・4・25〔本書74〕と同じ判断構造をとっている。昭和61年判決は、「先行手続は違法→後の手続に違法承継→しかし重大な違法はない」という判断構造だったが、今回は、「先行手続は違法→（後の手続も違法という表現はないが、後の手続が「重大な違法があるとまではいえない」という表現を用いていることから、違法と判断しているのだろう）→しかし重大な違法はない」という構造になっており、共通している。

以上から、本判決は、学説が呈示してきた枠組みとは異なる構成を最高裁がとること、つまり、毒樹の果実の問題も違法承継の問題として捉えることを宣言したものとみることが許されるだろう。そうだとすると、昭和61年判決と同様の批判、つまり、当初の手続に重大な違法がないのであればそれ以上検討する必要がないのに、そのような判断を留保して後の手続も違法かどうかを判断し、最後に重大な違法があるかを検討するのはムダであるという批判がなされるかもしれない（〔本書74〕参照）。平成21年決定においても、エックス線検査に重大な違法はないと宣言して検討を終了させることは可能であったように思われる。

しかしそれをしないのは、最判昭53・9・7〔本書73〕の「重大な違法……」基準で証拠排除に関する事例を統一的に扱いたいという思いがあるのかもしれない。また実質的にみて、その後の手続が違法になるかどうかという判断を行い、その結果を宣言すること自体に最高裁が重大な意義を認めているのかもしれない。平成21年決定においても、その後の手続が違法になるかという判断は意味を有している。前述のように、令状審査という薬をかませさえすれば捜査の違法を洗浄できると解する余地を残す表現を本判決がとっていたのに対し、平成21年決定では、エックス線検査の成果以外の資料も用いて令状審査が行われたことを指摘しており、捜査機関がイージーな理解をしないよう一定の配慮をみせているのである。

(3)　本判決で、証拠排除すべきか否かのあてはめの部分で初めて「証拠の重要性」という要素が証拠能力を認める方向の一要素として明示的に表示された。平成21年決定でも登場している。もっとも、本判決でも平成21年決定でも、この要素がなければ証拠排除されたであろうというケースではないため、この要素がいかなる役割を果たすのか、現在のところは不明である。

（中川 孝博）

76　違法収集証拠の証拠能力④

📖 札幌おとり捜査事件
　札幌地決平成28[2016]年3月3日判時2319号136頁【LEX/DB25542306】
　〈関連判例〉
　　最1小判昭和53[1978]年9月7日刑集32巻6号1672頁　【27682171】[大阪天王寺覚せい剤所持事件]〔本書73〕
　　最2小判昭和61[1986]年4月25日刑集40巻3号215頁　【27803900】[奈良生駒覚せい剤使用事件]〔本書74〕
　　最2小決昭和63[1988]年9月16日刑集42巻7号1051頁　【27804932】[浅草覚せい剤使用事件]

最3小決平成6[1994]年9月16日刑集48巻6号420頁【27825712】［会津若松採尿事件］
最3小決平成7[1995]年5月30日刑集49巻5号703頁【27827892】［第一京浜職務質問事件］
東京高判平成14[2002]年9月4日判時1808号144頁【28085197】［ロザール事件］〔本書82〕
最2小判平成15[2003]年2月14日刑集57巻2号121頁【28085189】［大津違法逮捕事件］〔本書75〕
最3小決平成21[2009]年9月28日刑集63巻7号868頁【25441230】［大阪宅配便エックス線検査事件］〔本書19〕
鹿児島地judge木支判平成29[2017]年3月24日判時2343号107頁【25448594】［鹿児島なりすまし捜査事件］
さいたま地判平成30[2018]年5月10日判時2400号103頁【25560354】［違法ビデオ撮影事件］

1 事実の概要

(1) あるけん銃加重所持事件において、元被告人が再審を請求した。新証拠などを検討した結果、札幌地方裁判所は、以下のようなおとり捜査が行われていたと認定した。

警察官Aは、日頃から、私人であるC、Dなどの捜査協力者に対し、「何でもいいからけん銃を持ってこさせろ。」と指示をしていた。

請求人は、事件当時、ロシアの船員として稼働していた者であるが、平成9[1997年]年8月頃に初めて来日した際、Dから「けん銃があれば欲しい中古車と交換してやる」と話しかけられるなどしていた。

その後請求人はロシアに帰国したが、同年11月11日頃に再び日本に向けて渡航することとなった。請求人は、たまたま父の遺品である本件けん銃等を所持していたことから、タダ同然のけん銃と中古車を交換できればラッキーだと考え、本件けん銃等を日本に持ち込むこととした。この情報を受けて、銃器対策課では同月13日に捜査会議が開かれ、Cらを使って、請求人が船外へ本件けん銃等を持ち出すように仕向け、請求人を現行犯逮捕するという方針が決定された。さらに、この捜査会議の前後に、捜査書類の作成などに当たり、Cの存在を隠すことが決められ、Aらにも伝えられた。

翌14日午前8時頃、CとDが請求人らを迎えに来た際、請求人は、Dから「Cにピストルが必要なので、本件けん銃と日産サファリを交換する。」旨の話を告げられた。その後、請求人は、同僚の船員1名と共に、Cの経営する中古車販売店に向かい、実際にCから、1万ドルの値札が付けられた日産サファリをみせられた。

Cと共に港に戻ると、請求人は、Cからけん銃を船から持って来るよう言われたため、船からこれを持ち出し、本件逮捕現場において、着衣から本件けん銃等を取出してCに手渡そうとしたところ、その場で待機していた警察官らによって取り囲まれ、現行犯逮捕された。

(2) 以上の認定事実に基づき札幌地裁は、Aらのおとり捜査を違法と判断し、数点の証拠を違法収集証拠排除すべきものと認めた。その結果、請求人の自白を補強すべき証拠がなく、無罪の言渡しをすべきであるから、刑事訴訟法435条6号にいう「無罪を言い渡すべき明らかな証拠を新たに発見したとき」に該当するとして、再審開始決定を出した。本決定を不服とした検察官が即時抗告したが、札幌高裁は、「435条6号所定の再審事由を肯認した判断を是認することができないものの、同条7号及び437条の各本文に該当する再審事由があると認められるので、結論において正当」として抗告を棄却した。検察官は特別抗告しなかったので本決定が確定し、再審が開始された。平成29[2017]年3月7日、札幌地裁は無罪判決を言い渡した。検察官は控訴しなかったので無罪判決が確定した。

2 法の解釈と適用①

● 法の解釈 ●●

まず、おとり捜査を違法だと判断した部分をとりあげる。本件は事例判断であり、一般的な法の解釈は示されていない。

● 法の適用 ●●

「一般に、おとり捜査は、密行性の高い犯罪を摘発するのに有用である一方、捜査機関又はその依頼を受けた捜査協力者が相手方に犯罪を実行するよう働きかけることにより、刑事実体法で保護しようとする法益を国家が自ら危険にさらすという側面も有しているため、常には許されるべきものではないといえる。とりわけ、本件おとり捜査は、既に見たとおり、典型的な犯意を誘発するタイプのものと位置づけられるので、その適否を慎重に見極める必要がある」。

「そこで、具体的に検討するに当たり、まずは捜査機関による誘引の強さがどの程度のものであったかという点について見ていくと、本件では、日本にけん銃を持ってくれば欲しい中古車と交換するといった働きかけがされている。販売業者の取り扱う

中古車にはそれなりの価値があると考えるのが通常であろうし、現に、請求人がけん銃を日本に持ち込んだ段階で、1万ドルもの値札の付いた日産サファリが交換品として提示されていることからすると、当初からある程度高価な中古車との交換が想定されていたものと認められる。一方で、請求人が持っていたけん銃は、単に父の形見として持っていただけのものであり、請求人にとっていわばタダ同然のものであったというのであるから、これと中古車との交換という働きかけは、請求人に対しては、それなりに誘引力の強いものであったと認められる」。

なお、請求人が「武器の密輸商であったなどとは全くもって認められないし、そのほか、請求人がロシアマフィアに関係するとか、銃器犯罪の犯罪性向を有していたなどといった事実を認めるだけの証拠は全く存在しない。請求人のように、これまで銃器犯罪に縁のない者であっても、新たに犯意を誘発されるだけの働きかけが行われたわけであり、そうした意味からいっても、誘引力の強さはそれなりのものであったことが窺われる」。

「更に進んで、捜査の必要性や誘引の具体的態様等に関わる事情について見ていくこととする」。「本件においては、ロシアからの銃器の密輸入が多数に上るなど、おとり捜査をしてでも密輸ルートを解明することが喫緊の課題であったというような事情は何ら窺われない上、こと請求人に関わる事情について見たところで、Dが働きかけをした時点では、請求人にはロシアマフィアや銃器犯罪への関与を示す事情などは全く存在せず、銃器犯罪の具体的嫌疑は何ら認められなかったものといえる」。「請求人のように元々銃器犯罪を行う意図のない者に対してまで犯意を誘発するような強い働きかけを行う必要性などは到底認められないし、かえって、こうした強い働きかけを行うことにより、けん銃という危険物を本邦内に招き入れ、国民の生命、身体を殊更危険にさらしたものといえる。

また、本件では、『何でもいいからけん銃を持ってこさせろ。』というAの指示を間接的な形で受けていたDが、まさに文字通りその指示内容に従って、おとり捜査の限界等につき全く顧慮することなどないまま、それこそなりふり構わずにけん銃の日本への持ち込みを積極的に誘引していた事実が証拠から如実に窺われる。……『何でもいいから』という言葉が示すように、捜査協力者に対してフリーハンドで誘引等を任せきりにし、中には国家が犯罪を

作出するような違法なものが混じっていたとしても、それはそれで構わない（「何でもいい」）という態度がありありと見て取れるのであるから、決して関与が希薄などとはいえない。警察が国民の生命、身体を殊更危険にさらしたという点は、こうした誘引の具体的態様にもよく反映されている」。

「以上の点のみからいっても、本件おとり捜査は、その必要性が認められず、かえって、具体的な嫌疑もない者に対して犯意を誘発するような働きかけを行うことで、犯罪を抑止すべき国家が自ら新たな銃器犯罪を作出し、国民の生命、身体の安全を脅かしたものであるといい得るところ、更に本件では、次に示すような事情も認められる。

すなわち、特筆すべきは、銃器対策課の捜査官らは、事件後、こぞって内容虚偽の捜査書類を作成した上、裁判でおとり捜査の違法性が争われるや、内部で口裏合わせをした上、CやDは捜査協力者ではなく、おとり捜査は行っていないなどと全く真実に反する証言をし、組織ぐるみで本件おとり捜査の存在を隠蔽している。こうした捜査官らの行為は、事案の真相を明らかにして、適正に刑罰法規を適用するという刑事裁判の目的を根底から覆し、請求人が公正な裁判を受ける権利を踏みにじるものである。これほど悪質な隠蔽工作を図ったのは、銃器対策課の捜査官自身、本件おとり捜査は到底許されないものであり、裁判でこれが明るみに出れば大変な事態になることを認識していたからであろう。……結局、重大な違法をはらんだおとり捜査が行われたからこそ、銃器対策課が組織ぐるみで隠蔽工作を行ったというのが事の真相というべきであり、こうした事情もまた、本件おとり捜査の違法性を裏付けているものと見ることが可能である」。

以上の諸事情を総合すれば、「本件おとり捜査は、およそ犯罪捜査の名に価するものではなく、重大な違法があるのは明らかである」。

③ 法の解釈と適用②
● 法の解釈 ●●●

次に、違法収集証拠を排除した部分を取り上げる。本件は事例判断であり、一般的な法の解釈は示されていない。

● 法の適用 ●●●

「結局、本件おとり捜査には、令状主義の精神を潜脱し、没却するのと同等ともいえるほど重大な違法があると認められるから、本件おとり捜査によっ

て得られた証拠は、将来の違法捜査抑止の観点からも、司法の廉潔性保持の観点からも、証拠能力を認めることは相当ではない。殊に、銃器対策課が請求人を逮捕する前から『Ｃを消す。』（引用者注：捜査書類の作成などにあたりＣの存在を隠すこと）などと本件おとり捜査の存在を組織ぐるみで隠蔽しようと画策していたことからすると、その違法性を認識しながら請求人を逮捕したものと認められ、そのような捜査によって得られた証拠を用いることは到底許されるべきことではない。本件おとり捜査が、請求人にけん銃を日本国内に持ち込ませ、これを現行犯逮捕するなどして検挙することを目的としたものであることからすると、少なくとも、現行犯逮捕によって得られた各証拠（本件けん銃、実包、弾頭及び空薬莢……、それらの鑑定書……並びに逮捕時の状況に関する捜査報告書等……）は証拠排除されるべきである」。

4 コメント

（1）　違法収集証拠排除法則の適用が問題になる場面において実務が用いてきた判断基準は、最判昭53・9・7〔大阪天王寺覚せい剤所持事件〕〔本書73〕が示した「証拠物の押収等の手続に憲法35条及びこれを受けた刑訴法218条１項等の所期する令状主義の精神を没却するような重大な違法があり、これを証拠として許容することが、将来における違法な捜査の抑制の見地からして相当でないと認められる」か否かというものである。この基準の中には「令状主義の精神を没却するような」というフレーズが含まれているが、実際、これまで最高裁が取り上げて証拠排除すべきか否かを具体的に検討した事案の中で、令状主義の規制がおよそかからないような類型の捜査が問題とされたことはない。すなわち、①前述の最判昭53・9・7および最決平７・5・30において直接的に違法とされたのは警察官職務執行法上の所持品検査だが、これらが実質的には捜索だと認定されたならば令状主義の規制を及ぼすべきものとなる。②最判昭61・4・25〔本書74〕において直接的に違法とされたのは被告人宅への立ち入り、同所からの任意同行、警察署への留め置きだが、これらが実質的には逮捕および逮捕のための被疑者捜索と認定されたならば同様である。③最決昭63・9・16において直接的に違法とされたのは警察官職務執行法に基づく任意同行だが、これが実質的には逮捕と認定されたならば同様である。④最決平６・9・16において直接

的に違法とされたのは職務質問における長時間の留め置きだが、これが実質的に逮捕だと認定されたならば同様である。⑤最判平15・2・14〔本書75〕において直接的に違法とされたのは逮捕手続だが、これはまさに令状主義の規制にかかる手続である。⑥最決平21・9・28〔本書19〕において直接的に違法とされたのは、宅配便の荷物にエックス線を照射させる処分だが、これが実質的に検証だと認定されたならば令状主義の規制を及ぼすべきものとなる（実際、最高裁は検証にあたると判示した）。

（2）　もっとも、違法捜査には様々な類型がある以上、令状主義の規制がかかり得る捜査により得た証拠のみを排除すべきとする合理的理由は見当たらない。そこで、最判昭53・9・7が示した「令状主義の精神を没却するような」というフレーズは例示にすぎないと解するのが一般的であり、実際、令状主義の規制がかからない捜査を違法だと判断した場合、それにより得られた物的証拠の証拠能力を排除する例は下級審においてみられるところである。本判決はその一例である。近年有力になってきた見解によるとおとり捜査は対象者の重要法益を侵害しない任意処分であり、かつ、令状主義によりおとり捜査を規制しようとする条文はない。そこで「令状主義の精神を没却するような」というフレーズを用いて違法の程度を判断することはできない。

（3）　以上の点を念頭に置いたうえで、本件あてはめの特徴をみていこう。まずは本件おとり捜査を違反と判断した部分である。

おとり捜査を犯意誘発型と機会提供型とに分け、前者を違法とし後者を適法とする見解が多数説であったが、近年はこの見解に立たない学説や裁判例も増えてきている。本決定も、本件おとり捜査を「典型的な犯意を誘発するタイプのもの」と評価し、従来の多数説に沿うような表現を用いながらも、それだけで違法と判断したわけではなく、近年有力になってきた諸見解に沿い、当該おとり捜査の必要性および相当性を具体的に判断している。

必要性については、種々の事情をあげ、当該おとり捜査を行う必要性が認められないと判断した。相当性については、「犯罪を抑止すべき国家から自ら新たな銃器犯罪を作出」し、「けん銃という危険物を本邦内に招き入れ」ることによって、「国民の生命、身体を殊更危険にさらした」、「国民の生命、身体の安全を脅かした」ことを強調している。なお、捜査機関による働きかけは誘因力の強いものであっ

たことが認定されているが、この事情は、「強い働きかけを行う必要性などは到底認められない」というように当該おとり捜査の必要性がないことを論じるために用いられたり、このような積極的な働きかけは捜査協力者の独断ではなく警察官の指示によるものであったことを経由させて「具体的な嫌疑もない者に対して範囲を誘発するような働きかけを行うことで、犯罪を抑止すべき国家が自ら新たな銃器犯罪を作出し、国民の生命、身体の安全を脅かしたものである」というように相当性がないことを論じるために用いられていたりしている。

(4) 本決定は、当該おとり捜査が違法か否かという問題と、当該おとり捜査に由来する証拠を排除するための要件を満たしているかという問題とをとくに区別せずに叙述し、「諸事情を総合すれば、本件おとり捜査は、およそ犯罪捜査の名に値するものではなく、重大な違法があるのは明らかである」と述べている。(3)で取り上げた部分は、当該おとり捜査が違法か否かという問題に関するあてはめとなる箇所であると同時に、その違法が重大であることを根拠づける事情ともなる。これらの事情に加え本決定は、銃器対策課の捜査官らが事件後に組織ぐるみで本件おとり捜査の存在を隠蔽しようと悪質な工作を図ったことを取り上げているが、これは当該おとり捜査が適法か違法かを判断するために取り上げられているのではなく、違法収集証拠を排除するための要件に該当しているか、すなわち重大な違法があるかというテーマにのみ関わる要素ととらえるべきだろう。組織ぐるみの隠蔽工作という事情は、「事案の真相を明らかにして、適正に刑罰法規を適用するという刑事裁判の目的を根底から覆し、請求人が公正な裁判を受ける権利を踏みにじるもの」と評価され、かつ、「違法性を認識しながら請求人を逮捕した」根拠として評価されている。前述の最判平15・2・14においても違法捜査後の捜査官の態度等を考慮していたが、それが重大な違法か否かを判断する直接的な根拠の1つとして用いているのか、それとも捜査時に違法であることを認識していたことを認定するための情況証拠として用いているのかについては争いがあった〔本書75参照〕。この点本決定においては、どちらの意味においても使用しているととらえられる。

(5) 本決定は事例判例であり、違法収集証拠を排除する判断基準として一般的に論拠をあげて規範を定立しているわけではないが、あてはめにおいては

「本件おとり捜査には、令状主義の精神を潜脱し、没却するのと同等ともいえるほど重大な違法があると認められる」と表現している。「令状主義の精神を没却するような重大な違法」という最高裁のフレーズの替わりとして、令状主義の精神を没却するのと同じ程度に重大な違法があると述べているわけである。これは、違法の程度がかなり重大でないと証拠排除すべきでないという趣旨で述べているわけではないだろう（最高裁のフレーズ自体も、極限的な場合に限っているわけではないと捉える見解が一般的である）。本件おとり捜査の違法の程度がかくも重大であることを強調しようとした結果、このようなフレージングが採られたのだと思われる。

なお本決定は、本件おとり捜査に対し重大な違法が認めるため、「本件おとり捜査によって得られた証拠は、将来の違法捜査抑止の観点からも、司法の廉潔性保持の観点からも、証拠能力を認めることは相当でない」と述べている。違法収集証拠を排除する要素である重大違法、違法捜査抑止、廉潔性保持の関係について問題になり得るところではあるが、これについても本決定は特定の見解に立ったうえで判断しているわけではなかろう。本件においてはどの観点からみても証拠を排除する以外にないことを強調しているにすぎないと思われる。

(6) 違法収集証拠を排除するか否かという観点から重大な違法か否かを判断する際に最高裁が重視してきたのは、①当該処分を行う必要性の存在、②当該処分に対する被処分者の態度、③法逸脱の程度の低さ、④警察官における法軽視の意識の不存在、⑤有形力行使等の有無または程度、そして最判平15・2・14が付加した⑥違法捜査後における警察官の事情・態度である。この分類に沿って本決定が本件おとり捜査を違法とした理由を整理してみると、当該おとり捜査を行う必要性は全くなく（①にあたる）、範囲を誘発する強い働きかけを行い、国民の生命、身体の安全を脅かしたため、法逸脱の程度は高く（③にあたる）、警察官における法軽視の意識は高く（④にあたる）、違法捜査後、組織的に隠蔽工作を図ったという悪質な態度がみられた（⑥にあたる）ということになろう。排除の方向に強く向けられた要素がこれほどまでに多数存在していたため、重大違法が認められたのは当然といえる。

(7) 令状主義の規制が問題にならないような事案において違法収集証拠を排除した裁判例を他に2つ紹介しておこう。第1に、おとり捜査に類似する

「なりすまし捜査」(捜査機関またはその依頼を受けた捜査協力者が、捜査対象者が自己等に対する犯罪を実行しやすい状況を秘密裡に作出した上で、同対象者がこれに対して犯罪の実行に出たところで現行犯逮捕等により検挙する捜査手法)の事案である。鹿児島地裁は、なりすまし捜査を行うべき必要性がほとんどなかったことを理由に本件なりすまし捜査を違法と判断し、(ア)なりすまし捜査を行うべき必要性がほとんどなく、適法手続からの逸脱の程度は大きい(最高裁が重視した要素の①にあたる)、(イ)本件捜査により国家が犯罪の発生を一定程度促進する結果となってしまっている(③にあたる)、(ウ)警察官らは、地道な捜査を厭い、手っ取り早く被告人を検挙しようと考えて安易に本件の違法捜査に出たものであり、捜査方法の選択につき重大な過失があった(④にあたる)、(エ)本件がそれほど重大な犯罪に関するものではない(この要素は最高裁が明示してきた要素にはない)、(オ)警察官らには、被告人の検挙においてなりすまし捜査を行った事実を捜査書類上明らかにせず、また公判廷においても同事実を否認する内容の証言をするなど、本件捜査の適法性に関する司法審査を潜脱しようとする意図が見られる(⑥にあたる)、といった事情を挙げ、「その違法は重大である」と判断し、かつ、今後も本件と同様の違法捜査が繰り返し行われることは大いにあり得るところであるから「本件捜査により獲得された証拠を許容することは、将来における違法捜査の抑制の見地からして相当でない」とも判断し、違法な本件捜査と直接かつ密接な関連性を有する証拠群を排除した(鹿児島地判平29・3・24)。

第2に、平成27年10月4日から平成28年5月19日まで、7か月以上の間、被告人方近隣の私人管理場所の中にビデオカメラを設置し、データを保存する外付けハードディスクの交換時を除き24時間連続で被告人方前の公道および被告人方の玄関(ドアが開いた際には内部の様子も映り込んでいた)の撮影を行っていた事案である。さいたま地裁は、(ア)平成28年の初め頃以降は本件撮影を継続する必要性が相当程度減少していたにもかかわらず漫然と撮影を続けていた点において不適切であった(①にあたる)、(イ)本件撮影による被告人や被告人の家族に対するプライバシー侵害の度合いはそれなりに高いものであった(③にあたる)、(ウ)警察官において、事件との関係性についてきちんと検討することなく、漫然と映像を保存し続け、プライバシー侵害

の度合いを下げるための十分な配慮がなされていない(④にあたる)といった点を指摘し、本件撮影は「任意捜査として相当と認められる範囲を逸脱した違法なもの」と判断した。つまり、重大な法益侵害はないので強制処分にはならないが、当該捜査を行う必要性の程度が著しく低いにも関わらずプライバシー侵害の程度はそれなりに高く、見合っていないため、捜査比例原則に違反したと述べているわけである。

そして本件撮影から直接取得された証拠や密接に関連する証拠群につき、(エ)「個人の容ぼう等を撮影する捜査手法に関しては、従前から複数の判例等が存在するところであり、撮影の必要性、緊急性、相当性について厳格に判断されるべきことが繰り返し判示されていて……警察官としてもその点については認識していたというのに、本件において警察官は、本件撮影の必要性等を適切に検討せず、漫然と撮影を続けていたことは明らかである。加えて、本件撮影は、逮捕の現場等の緊急の場面において警察官が咄嗟の判断を誤ったなどというようなものではなく、その経過に照らし、必要性、緊急性及び相当性を検討する機会が十分にあったにもかかわらず、必要性等を適切に検討することを長期間にわたって怠りつつ本件撮影を継続していたと認めるほかないのであって、そのような警察官らの態度は、判例や被撮影者のプライバシーを軽視し、遵法精神を大きく欠いたものであったといわざるを得ない」(④にあたる)という事情、および、(オ)本件撮影の目的に関する警察官の証言内容にも疑問が残るところ、仮に証人が「本件撮影の真の目的を隠しているということであれば、その証言態度からも本件各証拠を採用することは相当でないし、いずれにしても、既に述べてきたとおり本件撮影に問題があることは明らかであるにもかかわらず」、証人は「本件撮影について何ら問題はなかったと考えている旨や、埼玉県警においては現在でも同じような捜査が行われている旨を述べているのであって、警察官として本件撮影の問題点を当時のみならず現時点においても理解していないことは明らかである。そのような警察官の証言内容及び証言態度に照らせば、将来における違法捜査抑止の見地からも、証拠排除の必要性が高いと言うほかない」(⑥にあたるが、違法の重大性ではなく違法捜査抑止の観点から指摘されている)という事情を掲げ、「本件撮影の違法の程度は重大であったと評価できる上、将来における違法

捜査抑止の見地からしても、本件各証拠を採用することは相当でないから、当裁判所は、これらの証拠能力は認められないものと判断する」と判示した（さいたま地判平30・5・10）。捜査比例原則違反の事案であるから令状主義の規制を及ぼすべきものにはあたらないと考え、「令状主義の精神を没却する」というフレーズは用いなかったのであろう。

以上の2つの裁判はいずれも、「その違法は重大である」「違法の程度は重大であった」とだけ述べており、違法の重大性が極度に高度なものでなければならないと考えていないことが窺われる。また、本決定も含め3つの裁判におけるあてはめにおいて取り上げられた事情のうち、必要性が存在しない、または著しく低い（①にあたる）、警察官における法軽視の意識が顕著である（④にあたる）、違法捜

査後における警察官の事情・態度が悪い（⑥にあたる）という点が共通している。⑥が強調されるのは最判平15・2・14の影響だと思われるが、④や⑥を強調することによって、当該捜査における、令状主義の潜脱とは別種の違法の本質をアピールすることが容易になっているのは確かである。

(8) 違法収集証拠排除法則は供述証拠にも適用されることがある。その際、被疑者・被告人に対する取調を直接規制する令状はないので、「令状主義の精神を没却する」というフレーズが使用できない。自白調書を、自白法則ではなく違法収集証拠排除法則により自白調書等を排除した例として、東京高判平14・9・4〔本書82〕参照。

（中川 孝博）

77 国際捜査共助による供述調書の証拠能力

📖 福岡一家殺害事件

最1小判平成23［2011］年10月20日刑集65巻7号999頁【LEX/DB25443874】

〈関連判例〉

最大判平成7［1995］年2月22日刑集49巻2号1頁 【27826571】［ロッキード事件丸紅ルート］
最3小判平成7［1995］年6月20日刑集49巻6号741頁 【27828360】［タイ人女性管理売春事件］〔本書65〕
最2小決平成12［2000］年10月31日刑集54巻8号735頁 【28055338】
最1小決平成15［2003］年11月26日刑集57巻10号1057頁 【28095101】

1 事実の概要

中国から留学してきた被告人Xは、中国人のA、Bと共謀の上、福岡市内の民家に侵入し、一家4人を殺害して金品を強取するとともに、その死体を遺棄したとして、住居侵入、強盗殺人、死体遺棄の事件とその他5件について起訴された。

第一審公判では、共犯者とされるA、Bの供述を録取した書面等の証拠能力が問題となった。

A、Bは事件後、中国に帰国して中国公安当局に身体を拘束され、起訴されていた。問題となった書面等は、福岡県警が、警察庁、外務省を通じて中国の外務省に対して国際捜査共助を要請し、これを受けた中国公安当局がA、Bの取調べを行い、作成したものであった。このときの取調べは、日本の捜査官の立ち会いのもと、A、Bに対して供述拒否権を告知した上で、日本の捜査官が予め作成した質問事項に基づいて行われたが、日本の捜査官が直接A、

Bに対して質問することは一切許されず、あくまで中国公安当局が、基本的に中国の刑事訴訟法に従って、長期間身体拘束を受けていたA、Bを、片手錠で椅子の肘掛に固定した状態で行ったものであった。

弁護人は、①これらの供述調書がA、Bの供述の自由を侵害して得られたものであるため違法収集証拠にあたること、②中国の刑事訴訟法制度を前提として得られた調書は日本の刑訴法の精神に照らして証拠として許容すべきではないこと、また③本件調書には反対尋問に代わる信用性の情況的保障がなく、321条1項3号の要件を満たすことができないこと等をあげて調書の証拠能力を否定すべきと主張した。

しかし第一審の福岡地裁はこれらの主張をすべて排斥し、上記調書等を証拠として採用した上で、被告人に対して死刑判決を言い渡し（福岡地判平17・

5・19判時1903号3頁）、福岡高裁もこれを是認して被告人側控訴を棄却した（福岡高判平19・3・8）。そこで被告人側は、第一審が本件供述調書を採用したことについて、ロッキード事件丸紅ルート大法廷判決（最判平7・2・22）に違反し、任意性に関する判例、違法収集証拠に関する判例、321条1項3号の特信情況に関する判例等に違反する等として上告した。

[2] 法の解釈

　本件において一般的な規範は示されていない。

[3] 法の適用

　「（本件の）供述調書等は、国際捜査共助に基づいて作成されたものであり、（本件）の犯罪事実の証明に欠くことができないものといえるところ、日本の捜査機関から中国の捜査機関に対し両名の取調べの方法等に関する要請があり、取調べに際しては、両名に対し黙秘権が実質的に告知され、また、取調べの間、両名に対して肉体的、精神的強制が加えられた形跡はないなどの原判決及びその是認する第一審判決の認定する本件の具体的事実関係を前提とすれば、上記供述調書等を321条1項3号により採用した第一審の措置を是認した原判断に誤りはない」。上告棄却。

[4] コメント

　(1)　外国に対して捜査共助を要請することについて、国内法上の明文の規定はないが、一般には、197条1項の任意捜査の1つとして、また外国から捜査共助が要請された場合について定める国際捜査共助法による相互主義のもとで、捜査機関の権限として認められてきている。

　しかし、捜査共助により収集・作成された証拠が常に日本の刑事裁判において証拠能力を認められるわけではない。司法・捜査共助により外国の法令に基づいて収集・作成された証拠を事実認定に用いることができるか否かは、日本で収集・作成された証拠の場合と同じく、日本の法令に照らして判断される。最高裁も、いわゆる刑事免責を付与して得られた嘱託証人尋問調書の証拠能力を否定するにあたり、そのような証拠の証拠能力が「我が国の刑訴法等の関係法令にのっとって決せられるべきもの」であることを認めている（最判平7・2・22［ロッキード事件丸紅ルート］）。もともと国際的な司法・捜査共助は、各国における証拠収集の要件・手続等が異なることを当然の前提として成り立つ制度であるので、特段の事情がない限り、要請を受けた国においてその国の刑訴法等の規定に従って合法的に取得された証拠については証拠能力を認めるべきとの主張もあるが、いずれにしても、日本の憲法ないし刑訴法全体の精神や基本理念に抵触するようなことがあれば、当該証拠を事実認定に用いることは許されない。本判決もこれを前提として、捜査共助手続自体は適法としたうえで、日本の法令との関係で供述調書の証拠能力につき検討している。

　(2)　本件で問題となった供述調書は、中国の刑訴法に従い、中国の公安当局による取調べにおいて作成されたものである。中国刑訴法では、被疑者に対して、取調べにおける真実供述義務が課されており、黙秘権は保障されていない。ゆえに、制度の素直な比較からすれば、そのような供述の自由の保障されない手続で得られた供述の証拠能力を否定すべきことは、任意性の面からしても、供述獲得手段の違法性の面からしても当然となるはずである。

　第一審および原審では、弁護側が違法収集証拠排除法則の適用を申し立てたことに対し、排除法則は日本の捜査官の違法行為に対して適用されるものであり、「中国の捜査機関による証拠収集手続には適用されないことは明らか」として排斥した。しかし、仮に排除法則の趣旨を「将来の違法捜査抑止」のみとした場合でも、日本では憲法および刑事訴訟法上許されない違法な収集手続が行われることを知りながら、あえてそれを証拠獲得の手段としようとした日本の捜査官の行為自体、問題とされる余地はある。

　もっとも、共犯者に対する黙秘権侵害については、第三者たる被告人には主張適格がないとの問題も生じうる。しかし、証拠の収集・作成手続に日本の憲法あるいは刑訴法の基本理念に反すると評価されるものがある場合には、被告人に対する適正手続の保障や司法の無瑕性の保持という観点から、それに違反した証拠排除が必要となる場合があることも指摘されている。また、ロッキード事件丸紅ルート判決や、国外に退去強制された者の2号書面の証拠能力を否定する可能性を示した最3小判平7・6・20〔本書65〕を、必要とされる立法的手当を欠くことにより刑事手続の公正さに欠ける事態が生じた場合に、事実認定の証拠としての「許容性」を禁じる「不公正手続証拠排除法則」を採用したものだとみ

る立場にも照らすと、本件のように、事後の公判廷での反対尋問が不可能となることが明らかであるにもかかわらず、被告人の弁護人を立ち会わせるなどの代替的措置をとらないまま供述を採取し、そこでの手続的不備から生じる不利益を一方的に被告人に負わせることになる事案においては、手続の公正さという観点からの排除を検討する余地もあり得たはずである。

（3）第一審および原審は、本件における取調べの具体的状況を検討したうえで、中国刑訴法が制度としては被疑者に対して黙秘権を否定しているとしても、本件においては「供述の自由が侵害されたと見るべき事情」がなく、その証拠収集手続が「刑訴法の基本理念に実質的に反しているとはいえない」ことから、証拠の「許容性」を肯定した。この点について本判決では何も言及していないので、黙示的にこの「許容性」を肯定したとの見方もあるが、そもそも本件の証拠収集手続は、ロッキード事件丸紅ルート判決における刑事免責のような日本に当時存在していなかった制度ではなく、取調べという、日本にも共通する手続であり、その具体的態様も、日本の手続に引き直して考えたときに適法ないし証拠能力を肯定しうるものであったことから、「刑訴法の精神」等との関係での許容性を検討するまでもなく、証拠能力要件を問題とすれば足りると解したとの見方も示されている。本判決が、弁護人の主張に対して直接返答せず、ロッキード事件丸紅ルート判決とは事案を異にするとしたうえで、321条1項3号の要件のみを検討していることからして、後者の見方が妥当であろう。

実際、本件の取調べには、検察官を含む日本の捜査官の立ち会いのもと、日本の捜査官の要請により供述拒否権を告知したうえで、あらかじめ日本の捜査官が作成した質問事項に基づいて一問一答式で行われる等、可能な限り日本での取調べと同様のものとなるよう配慮されたところもある。制度が違うからといって絶対的に否定するのではなく、証拠収集の個別・具体的な状況や手法・内容等によって判断すること自体も不当とはいい難い。ただし問題は、そこで比較の対象とされている日本の取調べそのものが、黙秘権とは両立しえないとの批判を受け続けてきている態様のものであることである。実際、本件では、長期間の身体拘束のもとですでに尋問を受け続けてきたＡ，Ｂに対し、弁護人の立会もなく、片手錠で拘束した状態で取調べが行われた等の事情

があり、供述拒否権の告知によって心理的圧力が解消されたといえるかについては疑わしいところがあった。これらの事情から必ずしも自白の任意性を否定してこなかった日本の判例に照らすと、本件の取調べだけを殊更に問題視する理由はなかったのかもしれないが、本来は、取調べと自白の任意性についてのそのような緩やかな基準自体が改められるべきであろう。

（4）証拠の「許容性」等が問題とならないとしても、共犯者とされるＡ，Ｂの、外国の機関による取調べにおける供述を録取した書面に証拠能力を認めるためには、321条1項3号の要件が満たされなければならない。本件では、Ａ，Ｂが中国国内で有罪判決を受けて拘束されているため供述不能にあたり、また、犯行の具体的状況に関してＡ，Ｂの供述が不可欠な証拠であることも明らかであった。ゆえに重要となるのは、Ａ，Ｂの供述が「特に信用すべき情況のもとでなされた」といえるか否かである。

本判決では、この特信性を肯定する理由としてあげられているのは、日本の捜査機関から中国の捜査機関に対して取調べの方法等に関する要請があったことと、取調べに際して黙秘権が実質的に告知され、取調べの間、肉体的・精神的強制が加えられた形跡がないことなどだけである。また、本判決および原審が是認した第一審があげているのは、供述の自由の保障された状況のもとで任意に供述したと認められることの他、調書が一問一答の問答形式の体裁で作成され、供述者が内容を確認して署名・押印していること、日本の捜査官が取調べに立会い、その記載の正確性を確認していること、そして、供述者が犯行への関与を認めていたこと等である。

しかし、黙秘権の告知や供述の任意性が保障されていることは、日本の刑訴法上当然のことにすぎず、3号の特信性を充たす理由にはならない。というのも、3号の特信性は、2号後段のものが公判証言と比較しての相対的なもので足りるのとは異なり、絶対的なもの、すなわち、供述それ自体として、主として供述のなされた外部的事情から、反対尋問なしでもよいといえるだけの信用性の担保を備えていなければならないという厳格なものであるため、適用される例は極めて稀であり、日本の警察による取調べで作成された書面等ではこの要件を充たすことはできないと考えられてきた。ゆえに、黙秘権告知等により日本の取調べと同様の状況が確保できたというだけでは、特信性を認める理由にはなら

ない。

　同様に、供述者の署名・押印等についても、言い分がそのまま記載されたかどうかを供述者本人が確認することは、供述録取の際には当然に必要とされるのであり、せいぜいでも二重の伝聞性を解消するという意味しか持たない。

　「一問一答式」であることを調書の記載の正確性を強調する理由として挙げている点も、供述の同時的・逐語的・機械的な記録であれば多少は意味があるかもしれないが、実際には、一問一答式の形式をとったというだけで、取調べの日時等にも誤りがあることが判明しており、そもそもの記載の正確性を担保できているかどうかも不明であった。

　この点につき、第一審は、検察官を含む日本の捜査官が取調べに立ち会っていて、この記載の正確性を日本の捜査官が確認したこと等をあげている。評釈の中にも、日本の捜査官が予め用意した質問事項に沿って取調べが行われたことも含めて、日本の検察官により作成される2号書面と同等のものと解される余地があったことを、特信性を肯定しうる理由の1つとするものもある。しかし、321条1項が、誰の面前での、誰に対する供述であるかが信用性の情況的保障の面で影響しうることを前提として、各号の証拠能力要件に差を設けている趣旨からすると、いくら日本の捜査官が立ち会っているとはいえ、供述者からすると完全に中国当局による尋問を受けている状況での供述を2号書面と同様に扱うことは適切とはいえまい。また、たしかに、2号書面は3号書面に比して証拠能力を認める要件が緩やかであるが、一方当事者にすぎない検察官が作成した調書に安易に依存し、2号の適用範囲を拡張すること自体に強い批判がある（〔本書64、65、66〕のコメント等参照）ことも留意されるべきである。

　また、日本の捜査官の立会そのものが、供述の信用性を情況的に保障しうるかということにも疑問がある。これまで最高裁が、大韓民国の公開の法廷で

の供述を記載した公判調書（最1小決平15・11・26）や、米国在住の参考人に黙秘権を告知し、公証人の面前において、偽証罪の制裁の下で、記載された供述内容が真実であることを言明する旨を記載して署名した宣誓供述書（最2小決平12・10・31）等に証拠能力を認めているように、（後者については疑義がありうるが）一応は公平中立といえる立場の者の前で供述したことが、特信性をうかがわせる1つの要素となることはあり得るだろう。しかし、外国において直接取調べを行うことができず、取調べに立ち会うだけの者として位置づけられたからといって、捜査機関として出向いた者が突然に公平中立の性格をもつことにはならない。第一審では、立ち会っていた日本の捜査官が、被告人の言い分と食い違ったところにつき、中国の捜査官を通して質問し直して確認したことを、被告人の反対尋問にも配慮したものと評価しているが、取調べのなかでの一方当事者によるいわば証拠固めを、反対当事者による反対尋問におきかえて良いという理屈は通常成り立たないであろう。

　また、A，Bが犯行への関与を認めていたことを要素の1つとしてあげている点についても、黙秘権を告知された状態で任意に不利益な供述をしたということが、信用性を基礎づける1つの要素となりうることは一般に認められているが、本件のような共犯者の供述については、他人に責任を転嫁する、あるいは巻き込むことによりじつは利益を得ていながら、表面的には自己に不利益な供述をしているようにみえることの危険性も指摘されている。

　本判決では、第一審があげた上記のような要素には何も言及せず、絶対的特信性を肯定する積極的要素も何もあげていない。国際捜査共助の重要性や証拠としての必要性等に配慮しての結論であるかもしれないが、疑問である。

（伊藤　睦）

約束による自白

　📖 児島税務署収賄事件

　最2小判昭和41［1966］年7月1日刑集20巻6号537頁【LEX/DB27760800】

〈関連判例〉

最 3 小判昭和25[1950]年11月21日刑集 4 巻11号2359頁　【27760253】
福岡高判昭和29[1954]年 3 月10日高刑判決特報26号71頁　【27760447】
岡山地判昭和34[1959]年 5 月25日下刑集 1 巻 5 号1282頁　【25363095】
大阪地判昭和35[1960]年 6 月16日判時230号31頁　【27920714】
最 2 小判昭和38[1963]年 9 月13日刑集17巻 8 号1703頁　【27760744】［山梨衆議院議員選挙事件］
最大判昭和45[1970]年11月25日刑集24巻12号1670号　【27760926】［旧軍用拳銃不法所持事件］〔本書79〕
大阪高決昭和49[1974]年 9 月27日刑月 6 巻 9 号1002頁　【27940752】
最 1 小判昭和53[1978]年 9 月 7 日刑集32巻 6 号1672頁　【27682171】［大阪天王寺覚せい剤所持事件］〔本書73〕
京都地決昭和54[1979]年 7 月 9 日判タ406号142頁　【27921084】
最 3 小判昭和58[1983]年 7 月12日刑集37巻 6 号791頁　【27682449】［神戸クラブ従業員宅放火事件］〔本書83〕
浦和地判平成 4 [1992]年 3 月19日判タ801号264頁　【27921253】
福岡高判平成 5 [1993]年 3 月18日判時1489号159頁　【28019356】
広島地決平成 9 [1997]年 6 月16日判時1630号159頁　【28035213】
東京高判平成25[2013]年 7 月23日判時2201号141頁　【25502465】［不逮捕等約束事件］〔本書84〕

1 事実の概要

被告人に賄賂を贈ったKの弁護人であるOは、昭和36年 8 月28日、検察庁において本件の担当検察官であるM検事に面談した際、被告人のため陳弁したところ、同検事より、被告人が見えすいた虚構の弁解をやめて素直に金品収受の犯意を自供して改悛の情を示せば、検挙前に金品をそのまま返還しているとのことであるから起訴猶予処分も十分考えられる案件である旨の内意を打ち明けられるとともに、被告人に対し無益な否認をやめて卒直に真相を自供するよう勧告したらどうかという趣旨の示唆を受けた。

そこで、Oは、被告人の弁護人であるZをともなって警察署へ赴き、留置中の被告人に面接し、「検事は君が見えすいた嘘を言っていると思っているが、改悛の情を示せば起訴猶予にしてやると言っているから、真実貰ったものなら正直に述べたがよい。馬鹿なことを言って身体を損ねるより、早く言うて楽にした方がよかろう」と勧告したところ、被告人は、同弁護士の言を信じ起訴猶予になることを期待した結果、その後の取調べから順次金品を貰い受ける意図のあったことおよび金銭の使途等について自白をするに至った。

一審（岡山地判昭37・12・20）は上記自白の証拠能力を認め、控訴審（広島高判岡山支判昭40・7・8）も、「被告人としては、Oの言を信じ起訴猶予になることを期待した結果、自己に不利益な自白をなすに至ったものであろうことは……十分推測し得るところであるが、自白の動機が右のような原因によるものとしても、捜査官の取調べそれ自体に違法が認められない本件においては、前記各自供調書の任意性を否定することはできない」として自白の証拠能

力を認めた。

これをうけて弁護人は、控訴審判決の判断が、約束による自白の任意性を否定した福岡高判昭29・3・10に相反することなどを理由に上告した。

2 法の解釈と適用

「福岡高等裁判所の判決は、所論の点について、『検察官の不起訴処分に附する旨の約束に基く自白は任意になされたものでない疑のある自白と解すべきでこれを任意になされたものと解することは到底是認し得ない。従って、かかる自白を採って以て罪証に供することは採証則に違反するものといわなければならない。』と判示しているのであるから、原判決は、右福岡高等裁判所の判例と相反する判断をしたこととなり、刑訴法405条 3 号後段に規定する、最高裁判所の判例がない場合に控訴裁判所である高等裁判所の判例と相反する判断をしたことに当るものといわなければならない。そして、本件のように、被疑者が、起訴不起訴の決定権をもつ検察官の、自白をすれば起訴猶予にする旨のことばを信じ、起訴猶予になることを期待してした自白は、任意性に疑いがあるものとして、証拠能力を欠くものと解するのが相当である」。

3 コメント

(1) 憲法38条 2 項およびこれをうけた刑訴法319条 1 項は、強制、拷問、強迫による自白、不当に長く抑留・拘禁された自白など、任意にされたものでない疑いのある自白の証拠能力を否定しているが（自白法則。なお、憲法38条 2 項と刑訴法319条 1 項の関係については、最大判昭45・11・25［旧軍用拳銃不法所持事件］〔本書79〕参照）、その趣旨をめぐって

は、大きく分けて、虚偽排除説、人権擁護説、違法
排除説という3つの説が存在しており、どの説にた
つのかによって、自白の任意性の判断に違いが生じ
ることになる（なお、学説においては、自白法則の趣
旨について虚偽排除説と人権擁護説の両方を挙げる見
解［この見解は「任意性説」と呼ばれている］が少な
くない。また、自白法則には虚偽排除、人権擁護、違
法排除という3つの趣旨が競合的に含まれているとす
る見解もある）。

　約束による自白に関していえば、次のようになる。虚偽排除説によれば、約束によって虚偽自白を
誘発するおそれが生じた場合に、人権擁護説によれ
ば、約束によって被疑者の供述の自由の侵害が生じ
た場合に、それぞれ自白の任意性が否定されること
になる。これに対し、違法排除説によれば、当該約
束それ自体が違法と評価される場合には、それが被
疑者の心理にどのような影響を及ぼしたのかを考慮
するまでもなく、直ちに自白の任意性は否定される
ことになる。

　(2)　約束による自白に関する本判決以前の裁判例
においては、虚偽排除説にたつとみられるものが多
数を占めてきたと解されているが（たとえば、岡山
地判昭34・5・25等）、そのような中にあって、違法排
除説的な要素をみてとることのできるものも存在し
ていた。

　その1つが、本件弁護人が上告理由の中であげ、
本判決も引用している福岡高判昭29・3・10である。
この判決は、「検察官の不起訴処分に附する旨の約
束に基く自白は任意になされたものでない疑のある
自白と解すべきでこれを任意になされたものと解す
ることは到底是認し得ない」とするのみで、不起訴
の約束が実際に被疑者の心理にどのような影響を及
ぼしたのかを具体的に検討することなく自白の任意
性を否定している。すなわち、この判決において
は、不起訴の約束の存在と自白の証拠能力を否定す
る結論とが直結しており、不起訴の約束による自白
については類型的にその任意性を否定すべきとい
う、まさに違法排除説と軌を一にする発想をみてと
ることができる。

　また、大阪地判昭35・6・16は、「Yの検察官に対
する第3回供述調書は、Yの供述するごとく、取調
官であるM検事がYに対しこの供述調書は作成され
ても、これを法廷に提出せず、従って証拠としない
約束のもとに作成されたのではないかとの疑が極め
て濃厚であると認めざるをえない。しかして、検察

官が法廷に提出しない即ち証拠としない旨の約束に
基いてなされたと疑うに足りる相当な理由のある場
合の供述は、いわゆる任意にされたものでない疑の
ある供述と解すべきであるので、Yの右供述調書は
証拠能力がない」として、「証拠としない約束のも
とに作成されたのではないかとの疑」の存在から直
接に自白の任意性を否定する結論を導いている。

　(3)　このような中で登場した本判決は、約束によ
る自白に関する初めての判例であり、しかもその任
意性を明確に否定する判断を示した判例として、重
要な先例的価値を有するものである。もっとも、本
判決は、「本件のように、被疑者が、起訴不起訴の
決定権をもつ検察官の、自白をすれば起訴猶予にす
る旨のことばを信じ、起訴猶予になることを期待し
てした自白は、任意性に疑いがある」とするのみ
で、本件自白の任意性を否定すべき理由を具体的に
述べていない。そこで、本判決がどのような立場に
たって本件自白の任意性を否定したものなのかが問
題となる。

　この点、多くの論者は、本判決を虚偽排除説にた
つものと解してきた。たしかに、自白をすれば起訴
猶予にするという約束は、被疑者に対し、たとえ自
分が犯行に関与していなくても、とにかく自白しさ
えすれば刑罰のリスクなどから解放されるという期
待もたらすものであり、その意味で虚偽自白の強力
な誘引力を有していることは疑いないし、本判決の
「自白をすれば起訴猶予にする旨のことばを信じ、
起訴猶予になることを期待してした自白は、任意性
に疑いがある」（傍点筆者）という表現からは、本
判決が、本件約束が被疑者の心理に影響を及ぼし、
その結果、被告人が虚偽の疑いのある自白をするに
至ったことを問題視して本件自白の任意性を否定し
たものであることがうかがえる。これらの点に鑑み
ると、本判決が虚偽排除説にたつものと解されてき
たことには十分な理由が存在しているといえよう。
また、このような理解は、取調べ手法に問題があっ
たとしても、その一事をもって自白の任意性を否定
すべきではなく、その手法が被疑者の心理にどのよ
うな影響を及ぼしたのかを検討したうえで結論を出
すべきとしてきた判例の立場（判例は、一般的に、
虚偽排除説ないしは人権擁護説にたつものと解されて
きた。たとえば、最判昭25・11・21、最判昭38・9・13参
照）とも整合するものといえよう。

　もっとも、このように解した場合に問題となるの
が、本判決が、本件約束が本件自白に及ぼした影響

について具体的に検討することなく、事実上本件約束の存在一事をもって本件自白の任意性を否定する結論を導いている点である。この点については、違法排除説を打ち出したものであると解する見方もある。しかし、従来の判例の立場を踏まえると、このような見方にはなお検討の余地があろう。

結局のところ、本判決が違法排除説にも通じるような判断を示したのは、自白をすれば起訴猶予にするという約束のもつ虚偽自白誘発の危険性を重視したことによるものであろう。先述のように、自白をすれば起訴猶予にするという約束は、被疑者に対し、たとえ自分が犯行に関与していなくても、とにかく自白しさえすれば刑罰のリスクから解放されるという期待もたらすものであり、きわめて強い虚偽自白誘発の危険性を有するものである。したがって、そのような約束が用いられた後に得られた自白は、原則として、その影響を受けてなされたものであると解し、任意性を否定すべきであると考えたのであろう（なお、本判決は虚偽排除説と人権擁護説どちらからも説明可能な判例といえよう。約束のもつ虚偽自白誘発の危険性に着目すれば虚偽排除説にたつものと解することが可能であるし、他方、約束が被疑者の心理に影響を及ぼし虚偽の自白をせざるをえない状況に追い込んだという点に着目すれば、人権擁護説にたつものと解することも可能だからである）。

(4)　本判決以降、約束による自白に関する判例はいまだ現れていないが、裁判例は一定の蓄積をみている。そして、それをみると、罰金で済ませる（大阪地決昭49・9・27、京都地決昭54・7・9）、認めれば処分保留を取ってやる（広島地決平9・6・16）といった約束のように、一般的にみて虚偽自白の誘引力が強いと考えられる約束が用いられた場合には、本判決と同様に、事実上約束の存在一事をもって自白の任意性を否定する裁判例が主流的といってよい。

さらに注目すべきは、警察官が別事件（F事件）を送検しないこと等を約束して得た自白について、「人権擁護」や「虚偽排除」は問題にならず、むしろ本件は「いわゆる不起訴の約束に等しいものであって、F事件を起訴してもらいたくないという被告人の弱みにつけこんだもので、とうてい許容される捜査方法ではない」として、その任意性を否定した福岡高判平5・3・18や、警察官らが逮捕や家宅捜索をしない旨の約束をして覚せい剤のありかを供述させた事案について、「被告人から問題の被告人供

述を引き出したA警部補らの一連の発言は、利益誘導的であり、しかも、少なくとも結果的には虚偽の約束であって、発言をした際のA警部補らの取調べ自体、被告人の黙秘権を侵害する違法なものといわざるを得ず、問題の被告人供述が任意性を欠いていることは明らかである」とした東京高判平25・7・23[不逮捕等約束事件]〔本書84〕のように、違法排除説を前面に打ち出して約束による自白の任意性を否定する裁判例も存在していることである。

(5)　改めて考えてみると、事実上本件約束の存在一事をもって自白の任意性を否定した本判決の判断からは、本件約束のような虚偽自白を誘発するおそれの強い手法を用いて自白を得ることそれ自体に対して最高裁が否定的な立場にたっていることがみてとれる。このことは、最大判昭45・11・25において、偽計という虚偽自白を誘発するおそれの強い「尋問方法を厳に避けるべき」との判断が示されたことで、いっそう明確になったといえよう。

にもかかわらず、自白を得るために約束という手法がなおも用いられ続けるとするならば（すなわち、本判決や最大判昭45・11・25によって示された「規範」（「警告」といってもよいであろう）が、無視されるようなことが続くようであれば、それは、適正手続の実現という観点からも、違法捜査抑制の観点からも、きわめて憂慮すべき事態というべきであろう。そして、そのような事態を重くみた最高裁が、今後、約束による自白を、違法収集自白として端的にその証拠能力を否定する方向に舵を切ることも十分に考えられよう。

ただし、本判決を含めて判例は自白法則について違法排除説にたつことに消極的な姿勢を示してきていることに鑑みると、約束による自白が違法収集自白として排除されることがありうるとしても、それは、違法収集証拠排除法則（最判昭53・9・7[大阪天王寺覚せい剤所持事件]〔本書73〕参照）の適用によることになるものと解される（なお、違法収集証拠排除法則を自白にも適用しうることを示唆する判例としては、最判昭58・7・12[神戸クラブ従業員宅放火事件]〔本書83〕がある）。

(6)　ところで、約束と一口にいってもその態様にはさまざまなものがありうる。そこで、本件約束のように起訴猶予にするといった刑事処分の帰趨に関するものであればともかく、それ以外の約束、たとえば約束の内容が世俗的利益に関するもの（飲食物の提供など）にすぎない場合には、虚偽自白の誘発

力はそれほど強力ではなく、したがって自白の任意性が認められる余地も大きくなるのではないかとの見方も存在している。この点、先にみた福岡高判平5・3・18も、「取調べ中に煙草やコーヒーの提供を受けたことや餞別として多少の金品を受領したことなどの利益供与は、いわゆる世俗的利益であって、人権擁護の面は考慮する必要はないし、定型的に虚偽の自白がなされる状況にあったとみることもできない」としている。しかし、そのように形式的に理解することができるか、疑問である。なぜなら、被疑者、中でも身体拘束中の被疑者は、捜査官に比してきわめて弱い立場に置かれているうえ、日常生活全般についてもさまざまな制約によって不自由を強いられている。そのような被疑者にとっては、世俗的利益であっても（場合によっては、世俗的利益であるからこそ）虚偽自白に追い込まれる引き金ともなりうると考えられるからである（また、そのような取調べ自体、「被疑者の弱みにつけこ〔む〕」ものであり、被疑者の人間としての尊厳を大きく傷つけるものというべきであろう）。

そもそも、本判決が本件自白の任意性を否定したのは、本件約束が起訴猶予にするという約束だったからではなく、本件約束が虚偽自白を誘発するおそれの強いものだったからである。すなわち、どのような約束であれ、それが虚偽自白を誘発するおそれの強いものであれば、そのような方法を用いて得られた自白の任意性を否定すべきであるというのが本判決の趣旨なのである。とすれば、たとえ約束の内容が世俗的利益に関するものであったとしても、本

判決の趣旨を踏まえつつ、それが虚偽自白を誘発するようなものでないかについて、被疑者が置かれている実態に即した厳格な判断が求められることになろう。

なお、以上に述べてきたことを踏まえれば、約束の主体が誰であれ、当該約束が虚偽自白を誘発するおそれの強いものである場合には、自白の任意性は否定されることになろう。また、ここでの問題の焦点は虚偽自白を誘発するおそれの強い約束によって自白が引き出されたものといえるかどうかなのであるから、約束が実際に履行されたとしても、そのことは自白の任意性判断に影響を及ぼすことはないものと解される。

（7）最後に、近時の法改正との関係で、1点指摘しておきたい。2016年の刑訴法改正によって、協議・合意制度が導入された（350条の2以下）。この制度は、検察官による不起訴処分や軽い求刑という「対価」によって、被疑者・被告人から供述を得ようとするものであり、本件約束と同様の問題を生じさせかねない面があることは否めない。しかも、この制度は、上記のような「対価」によって他人の事件に関する供述を得ようとするものであるから、いわゆる「引っ張り込み」の危険も生じることになり、問題はより深刻である。制度の運用にあたっては（合意の具体的な手続については、350条の3以下参照）、本判決の判断内容についても十分に踏まえつつ、虚偽の供述による誤判を生むことがないよう慎重な対応が求められよう。

（関口 和徳）

---

79 偽計による自白

📖 旧軍用拳銃不法所持事件

最大判昭和45[1970]年11月25日刑集24巻12号1670号【LEX/DB27760926】

〈関連判例〉

広島高岡山支判昭和27[1952]年7月24日高刑判決特報20号147頁【27914518】
最2小判昭和41[1966]年7月1日刑集20巻6号537頁　　　【27760800】［児島税務署収賄事件］〔本書78〕
最2小判昭和41[1966]年12月9日刑集20巻10号1107頁　　【24004620】
大阪高判昭和44[1969]年5月20日刑月1巻5号462頁　　　【27916766】
東京地判昭和62[1987]年12月16日判時1275号35頁　　　【27807144】［お茶の水女子大寮侵入事件］
浦和地判平成元[1989]年10月3日判時1337号150頁　　　【27921156】
東京高判平成3[1991]年3月26日判時1382号131頁　　　【27921210】
浦和地判平成4[1992]年1月14日判タ778号117頁　　　　【27921239】
広島地判平成9[1997]年7月30日判時1628号147頁　　　【28035202】

1 事実の概要

当初、警察署での取調べにおいて、被告人の妻は、自分の一存で本件拳銃等を買い受け、かつ、自宅に隠匿所持していたものである旨を供述し、被告人も、本件拳銃は妻が勝手に買ったもので、自分はそんなものは返せといっておいた旨を述べ、両名とも被告人の犯行を否認していた。

その後、検察庁における取調べにおいて、検察官は、まず被告人に対し、実際はSがそのような供述をしていないのにもかかわらず、同人が本件犯行につき被告人と共謀したことを供述した旨を告げて被告人を説得したところ、被告人が共謀を認めるに至ったことから、被告人を妻と交替させ、妻に対し、被告人が共謀を認めている旨を告げて説得すると、同人も共謀を認めたので直ちにその調書を取り、さらに同人を被告人と交替させ、再度被告人に対し妻も共謀を認めているがまちがいないかと確認したうえ、その調書を取り、被告人が勾留されている警察署の警部補に対し、もう一度被告人を調べ直すよう指示し、同警部補が被告人を翌日取り調べた結果、被告人の司法警察員に対する供述調書が作成された（なお、本件で行われたような取調べ方法を、一般に「切り違え尋問」と呼んでいる）。

この供述調書（以下、「本件自白」という）について、第一審（京都地判昭41・8・12）はその証拠能力を認め、控訴審（大阪高判昭42・5・19）もまた、「偽計を用いた尋問方法は決して望ましいものではないにしても、単に偽計を用いたという理由のみでこれを違法視することはできない」（なお、その理由を、控訴審は次のように説明している。「頑強に否認する被疑者に対しては事案の真相を明らかにするためかかる尋問方法を用いることもやむをえない場合があり、偽計を用いて被疑者を錯誤に陥れたとしてもそれによって得られた自白は自白の動機に錯誤があるに止まり虚偽の自白を誘発する蓋然性は少〔な〕いからである」）、「〔偽計の〕他に虚偽の自白を誘発する虞のある事情は何ら認められない」などとしてその証拠能力を認めた。

これをうけて弁護人は、刑訴法319条1項にいう「任意にされたものでない疑のある自白」に当たる本件自白の証拠能力を認めた控訴審の判断は、憲法38条1項、2項の解釈を誤り、憲法31条にも違反するとして上告した。

2 法の解釈

「捜査手続といえども、憲法の保障下にある刑事手続の一環である以上刑訴法1条所定の精神に則り、公共の福祉の維持と個人の基本的人権の保障とを全うしつつ適正に行なわれるべきものであることにかんがみれば、捜査官が被疑者を取り調べるにあたり偽計を用いて被疑者を錯誤に陥れ自白を獲得するような尋問方法を厳に避けるべきであることはいうまでもないところであるが、もしも偽計によって被疑者が心理的強制を受け、その結果虚偽の自白が誘発されるおそれのある場合には、右の自白はその任意性に疑いがあるものとして、証拠能力を否定すべきであり、このような自白を証拠に採用することは、刑訴法319条1項の規定に違反し、ひいては憲法38条2項にも違反するものといわなければならない」。

3 法の適用

「これを本件についてみると、原判決が認定した前記事実のほかに、M検察官が、被告人の取調にあたり、『奥さんは自供している。誰がみても奥さんが独断で買わん。参考人の供述もある。こんな事で二人共処罰される事はない。男らしく云うたらどうか。』と説得した事実のあることも記録上うかがわれ、すでに妻が自己の単独犯行であると述べている本件被疑事実につき、同検察官は被告人に対し、前示のような偽計を用いたうえ、もし被告人が共謀の点を認めれば被告人のみが処罰され妻は処罰を免れることがあるかも知れない旨を暗示した疑いがある。要するに、本件においては前記のような偽計によって被疑者が心理的強制を受け、虚偽の自白が誘発されるおそれのある疑いが濃厚であり、もしそうであるとするならば、前記尋問によって得られた被告人の検察官に対する自白およびその影響下に作成された司法警察員に対する自白調書は、いずれも任意性に疑いがあるものといわなければならない」。

4 コメント

（1）本判決は、偽計による自白の任意性を初めて否定した判例として、高い先例的価値を有するものである。また、本判決は、任意性に疑いのある自白の証拠能力を認めることは、刑訴法319条1項にとどまらず、憲法38条2項にも違反することを明らかにしており、この点にも大きな意義が存在している（従前の学説においては、刑訴法319条1項と憲法38条

２項の関係について、両者を同内容と解する「同一説」と、刑訴法319条１項は憲法38条２項が列挙する自白に加えて「任意にされたものでない疑のある自白」の排除をも求めたものと解する「拡張説」とが対立してきたが、本判決は、前者を採用したということになる）。

（2）　約束による自白の任意性（〔本書78〕参照）と同様、偽計による自白の任意性についても、自白法則（憲法38条２項、刑訴法319条１項）の趣旨をどのようにとらえるのかによって、その判断が分かれることになる。虚偽排除説にたてば、偽計によって虚偽自白誘発のおそれが生じた場合に、人権擁護説にたてば、偽計によって被疑者の供述の自由が侵害された場合に、それぞれ自白の任意性が否定されることになる。これに対し、違法排除説にたてば、当該偽計が被疑者の心理に影響を及ぼしたかどうかに関係なく、当該偽計が違法と評価されるようなものであれば自白の任意性は否定されることになる。

この点、本判決以前の下級審判例は、虚偽排除説にたって偽計による自白の任意性を判断してきたという理解が一般的である（たとえば、広島高岡山支判昭27・7・24、大阪高判昭44・5・20等。なお、本件控訴審判決も虚偽排除説にたって本件自白の任意性を判断している）。

（3）　本判決は、「もしも偽計によって被疑者が心理的強制を受け、その結果虚偽の自白が誘発されるおそれのある場合には、右の自白はその任意性に疑いがある」としたうえで、「本件においては……偽計によって被疑者が心理的強制を受け、虚偽の自白が誘発されるおそれのある疑いが濃厚であ〔る〕」として、本件自白の任意性を否定している。このような本判決の判示にかんがみると、本判決は、基本的に虚偽排除説にたつものと解される。

ただ、このように解した場合、本判決が、本件偽計が本件被疑者の心理にどのような影響を及ぼしたのかについて具体的に検討しておらず、その判示をみる限り、実質的には本件偽計の存在一事をもって本件自白の任意性を否定する結論が導かれているように解される点（すなわち、自白の任意性の具体的な判断方法をみると、その内容はきわめて違法排除説的である点）が問題となるが、この点については、最判昭41・7・1〔児島税務署収賄事件〕に関するコメント（〔本書78〕の「３コメント」(3)）で述べたところと同様に考えれば説明がつくであろう。すなわち、本判決が違法排除説にも通じるような判断を示

したのは、偽計それ自体のもつ虚偽自白誘発の危険性の高さにかんがみ、偽計が用いられた後に得られた自白は、その影響を受けてなされたものであると解し、原則として任意性を否定すべきであると考えたのであろう（なお、本判決も、最高判41・7・1と同様に、虚偽排除説と人権擁護説のどちらからも説明可能な判例といえよう）。

そして、このような本判決の判断を踏まえると、そもそも偽計のように虚偽自白を誘発するおそれの高い手法を用いること自体許されないということになろう。本判決が、法の解釈の冒頭において、「捜査手続といえども、憲法の保障下にある刑事手続の一環である以上刑訴法１条所定の精神に則り、公共の福祉の維持と個人の基本的人権の保障とを全うしつつ適正に行なわれるべきものであることにかんがみれば、捜査官が被疑者を取り調べるにあたり偽計を用いて被疑者を錯誤に陥れ自白を獲得するような尋問方法を厳に避けるべきである」と説示したのは、まさにこのことを明示しようとしたものであると解される。また、この説示からは、偽計が用いられたことが確認された場合には、その後に得られた自白の任意性を認めることには慎重であるべきとの趣旨も、同時に読み取ることができるように思われる（なお、本判決は、検察官に対する自白だけでなく、反復自白にあたる司法警察員に対する自白についても、偽計の「影響下に作成された」ものであることを理由に、その任意性を否定している。なお、任意性が否定された自白の反復自白の問題については〔本書80〕の「５コメント②」参照）。

（4）　本判決以降、偽計による自白の証拠能力について判断した最高裁判例はいまだ現れていないが、下級審判例は一定の蓄積をみており、それをみると、本判決と同様に、偽計が被疑者の心理に及ぼした影響に言及しつつも、偽計という取調べ手法それ自体を問題視し、偽計が被疑者の心理に実際にどのような影響を及ぼしたのかについては必ずしも問うことなく、自白の任意性を否定したものが大勢を占めているといってよい。たとえば、東京地判昭62・12・16〔お茶の水女子大寮侵入事件〕では、警察官が被疑者に対して犯行現場から発見された靴に同人の分泌物が検出された旨の虚偽を告げて得た自白について、「〔警察官が〕被告人に対し前記のような強い心理的強制を与える性質の分泌物検出云々のあざとい虚言を述べて自白を引き出した点のみで既に許されざる偽計を用いたものとして、その影響下になさ

れた被告人の自白調書等はすべてその任意性を肯定できないと解すべき」として、また、浦和地判平元・10・3では、捜査官が、執行猶予に付せられる可能性が全く又はほとんど存在しない被疑者に対し、一方において厳しく追及して自白を迫りつつ、他方において右事情を知りつつ執行猶予に付せられることが確実である旨示唆することによって得た自白について、「被疑者の心理を巧妙に利用した偽計による自白というべきであって、他に特段の事情が認められない限り、原則としてその任意性に疑いをさしはさまざるを得ない」として、さらに、浦和地判平4・1・14では、警察官が被疑者から提出を受けた尿を他の覚せい剤被疑者の尿とすり替えた上これで予試験を行って自白を迫ることによって得た自白について、「明らかに許される筈のない偽計による取調べというべきであるから、本件における被告人の自白調書及び弁録は、かかる偽計を用いた取調べによって得られた自白を内容とするとの疑いを到底払拭し難い」として、それぞれ任意性が否定されている。

しかし、その一方で、偽計が実際に被疑者の心理に影響を及ぼしたかどうかを問い、その影響を否定して自白の任意性を認めた裁判例も存在している。たとえば、東京高判平3・3・26は、ポリグラフ検査結果が乏しいのに、「機械に反応が出るということはうそを言っているんだ」などと追及して得た自白について、「取調べは相当でない」としつつ、自白のきっかけは、「幼時からの恵まれない身の上や境遇に同情の言葉をかけられ泣き出したことにあった」などとして、その任意性を認めている。また、広島地判平9・7・30も、目撃者が存在しないのに、被疑者に目撃者の存在を示唆して得た自白について、「いささか妥当性を欠く取調べであったといえるが、これをもって直ちに強制、拷問あるいは脅迫もしくはこれに準ずるような違法ないし不当の疑いがあるとはいえ〔ず、〕……自白の任意性に疑いを差し挟ませるまでには至らない」としている。

たしかに、本判決は、偽計が用いられたという一事をもって、それ以降の自白の任意性をすべて否定する立場にたつものではない。このことは、先に(3)で述べたところに加え、本判決自身が、「本件においては前記のような偽計によって被疑者が心理的強制を受け、虚偽の自白が誘発されるおそれのある疑いが濃厚であり、もしそうであるとするならば、前記尋問によって得られた被告人の検察官に対する自白およびその影響下に作成された司法警察員に対する自白調書は、いずれも任意性に疑いがある」としていることからも明らかである。すなわち、自白の任意性が否定されるかどうかは、当該偽計の虚偽自白誘発のおそれの程度と、それが被疑者に及ぼした影響次第ということになる。ただ、これも先に(3)で述べたように、本判決は、偽計を用いることを「厳に避けるべき」としているが、それは偽計という取調べ方法それ自体が類型的に虚偽自白を誘発するおそれが強いためである。このような本判決の判断を踏まえれば、取調べにおいて偽計が用いられた事実が存在する場合において、それでもなおそこで得られた自白の任意性を認めうるというのであれば、少なくとも、当該自白に偽計の影響が及んでいないことが明らかにされなければならないであろう。具体的には、捜査官が偽計の影響を遮断するための積極的な是正措置をとったことなどが求められることになると解されるが（この点については、最判昭41・12・9等参照）、上記東京高判平3・3・26や広島地判平9・7・30は、このような点について検討を尽くしたものといえるのか、少なからず疑問が残るところである。とくに、広島地判平9・7・30は、「強制、拷問あるいは脅迫もしくはこれに準ずるような違法ないし不当の疑い」がないとして自白の任意性を肯定しているが、本判決が問題にしているのは、当該偽計が用いられたことによって「強制、拷問あるいは脅迫もしくはこれに準ずるような違法ないし不当の疑い」が生じたかどうかではなく、偽計によって虚偽自白を誘発するおそれが生じたかどうかなのであるから、いささか焦点がずれている感が否めない。

(5) なお、最判昭41・7・1に関するコメント（〔本書78〕の「3コメント」(5)）において、約束による自白については、違法収集証拠排除法則の適用によって証拠能力が否定される可能性があることを指摘したが、偽計による自白についても同様に考えることができるであろう。

（関口 和徳）

80 黙秘権不告知と自白の任意性

📖 いわき市覚せい剤譲受け幇助事件

浦和地判平成 3 [1991] 年 3 月 25 日判タ760号261頁【LEX/DB27921208】

〈関連判例〉

最 3 小判昭和25[1950]年11月21日刑集 4 巻11号2359頁	【27760253】	
最 2 小判昭和27[1952]年 3 月 7 日刑集 6 巻 3 号387頁	【27760344】	
最 3 小判昭和28[1953]年 4 月14日刑集 7 巻 4 号841頁	【27760390】	
最 2 小判昭和28[1953]年 5 月 1 日集刑80号49頁	【25344469】	
最 2 小判昭和32[1957]年 7 月19日刑集11巻 7 号1882頁	【24002989】	
最 2 小判昭和41[1966]年12月 9 日刑集20巻10号1107頁	【24004620】	
最 2 小判昭和58[1983]年 7 月12日刑集37巻 6 号791頁	【27682449】	[神戸クラブ従業員宅放火事件]〔本書83〕
最 2 小判平成15[2003]年 2 月14日刑集57巻 2 号121頁	【28085189】	[大津違法逮捕事件]〔本書75〕
大阪高判平成21[2009]年10月 8 日刑集65巻 9 号1635頁	【25451807】	[ウィニー事件]
東京高判平成22[2010]年11月 1 日判タ1367号251頁	【25480982】	

1 事実の概要

（1）　本判決における論点は、主に次の 2 点である。 1 つは、黙秘権告知を欠く取調べによって得られた自白に証拠能力を認めることができるかという点であり、もう 1 つは、警察官によって作成された自白調書の証拠能力（任意性）が否定される場合、それと並行して検察官によって作成された自白調書（反復自白）の証拠能力を認めることができるかという点である。

本判決は、後にみるように、まず、自白の任意性に関する基本的立場を示し、それに基づいて本件自白の任意性を否定した。そのうえで、右判断に対して予想される反論への応答という形で黙秘権告知を欠く取調べによって得られた自白の証拠能力に関する判断を、それに続けて反復自白の証拠能力に関する判断を、それぞれ示すという、いささか複雑な構成となっている。

以下、本件の事実関係、自白の任意性に関する基本的立場、自白の任意性に関する結論を、本判決の構成に沿いつつ確認することにしたい。

（2）　被告人は、平成元（1989）年 9 月 1 日、A と共謀の上、B から覚せい剤を譲り受けたという覚せい剤共同譲受けの事実で逮捕された。その後、警察官数名（H、G ら）が交代しながら、同日から同月20日まで、被告人の取調べが行われ、また、同月 8 日と20日には M 検事による取調べも行われ、員面調書 3 通（ 9 月 1 日付、 7 日付、19日付）および検面調書 2 通（ 9 月 8 日付、20日付）の計 5 通の事実関係に関する供述調書が作成された（なお、上記の供述調書のうち、B からの覚せい剤譲受けの事実を認めたものは、 9 月 1 日付の員面調書だけであり、その余は、譲受けの事実を否定する内容のものであった。しかしながら、右否認調書は、いずれも、一定の限度において不利益事実を承認する内容のものであり、被告人の公判廷における供述とは、趣旨を異にするものであった）。

警察署での取調べの態様について、被告人は、公判において、次のようなものであったと主張した。

①警察官の取調べ（弁解録取の手続を含む）においては、取調べ期間中、黙秘権を告げられたことは一度もなかった。②警察官からは、弁護人選任権も告げられておらず、H 警察官からは、 9 月 1 日に警察署で、「弁護士は必要ないな」、「いらないな」、「頼まないな」などと言われただけであった。③ 9 月 2 日の P 副検事の弁解録取および 9 月 8 日の M 検事の取調べにおいては、黙秘権及び弁護人選任権の告知を受けた。④接見禁止はついていなかったのに、しばらくは母に手紙も書かせてもらえず、「書かして下さい」と頼んでも、「今は忙しいから」と言われ、封筒や便せんをもらえなかった。⑤起訴される少し前に、ようやく母に電話することを許されため、母に「やっていないし、尿からも出ていない」と訴えると、G が受話器をとって、「お母さん、弁護士頼んでも今回は駄目ですよ」、「終るまでに100万以上かかるし、助からないですから」と言って、電話を切ってしまった。⑥逮捕当日、警察

X

署へ押送される車中および警察署において、警察官から、「否認するな」、「否認するんだったら面倒見ない」、「今回は検事が怒っているからよく謝れ」、「今回は、5月の件も起訴する」、「どうせこの件で否認しても、前の尿から出ているから、それで起訴するから」、「どっちみち、今度は2つを起訴されて重くなる」、「否認したら重くなる」、「どんなにしても実刑だ」などと言われた。⑦9月1日、逮捕の現場においても、Hの取調べの際も、譲受けの事実を否認したが、Hは、ほとんどこちらの事情を聞かないまま、しかも、私の述べたこととはちがう事実を記載し、読み聞けもしないで署名指印を求めた。自分は、Aが捕まればわかることと思い、撤回する力もなかったので、言われるまま署名指印した。⑧9月7日、Hの取調べの際、タバコを吸わせてもらっていたが、やってきたGに、吸っているタバコを取り上げられて消されてしまい、その際、プラスチック製の定規で頭をはたかれた。当日の調書についても、読み聞けはなかった。⑨9月8日、M検事は、頭から私が嘘をついていると決めつけ、何か言おうとしても、「いいから、いいから、そうむきにならないで」と言って弁解を聞かず、警察調書をめくりながら調書を作成した。調書は読み聞かせてもらったが、検事が弁解を全然受けつけてくれなかったので、警察と検事はつるんでいると思ってあきらめ、署名指印した。右調書にも、私が実際言っていないことがいくつも挿入されている。⑩Gは、調書は作成していないが、10日間位の間に3回位私を取り調べ、「認めれば1年位ですむ」、「どっちみち起訴されるから認めろ」、「検事さんも、認めれば1年位で済ましてくれると言っている」、「俺はお前のことを思って言っているんだ」、「母親が認めろと言っている」、「いわきに帰って来たら再逮捕があるから、こっち（上尾市）で全部終らせて、上尾署から刑務所に行かせてくれというようなことを母親が言っている」、「母親は、私（被告人）がいなくても、一家だんらん夕食をおいしく食べている」などと言って自白を迫った。⑪運動の時にも、タバコは吸わせてもらえず、便秘薬の箱にマジックで、「梅毒、アホ、馬鹿、うそつき、死ね」などと書かれ、仮歯が取れてしまったので、歯医者に連れていって欲しいと頼んでも、連れていってもらえなかった。⑫また、Gには、「お前が否認するんだったら、お母さんをこっちまで呼んで調書を取る」、「お前が認めるんだったら、お母さんも大変だから向うに行って調

書取るけど」、「認めないんだったら、近所、私の周りの人に、調べて歩く」、「親がかわいそうだろう」、「俺たちは、別に構わないんだから」などとも言われた。

これに対し、H、G両警察官およびM検事は、被告人の供述を否定し、取調べは適正に行われたもので、黙秘権・弁護人選任権の告知をしたのはもちろんであり、被告人の言うような不当な言動に及んだことはなく、各供述調書は、いずれも読み聞けの上被告人の署名指印を得たものである旨証言した。

弁護人は、被告人の警察官に対する供述調書は、黙秘権や弁護人選任権の告知がないまま、威嚇、暴行、脅迫、不当な差別待遇のもとに、捜査官の創作により読み聞けもされずに作成されたものであり、また、検察官に対する供述調書も、警察官による不当・違法な圧力の影響を遮断する努力を怠った状態のまま、被告人に対し終始冷淡な態度をとり続け、その反論を無視し、供述のニュアンスを変えて作成されたものであるとして、捜査段階で作成された供述調書5通は、いずれも任意性がないことが明らかである旨主張した。

(3) 本判決は、まず、次のように述べて、自白の任意性の判断のあり方に関する「基本的な立場」を示した。「被疑者の取調べは、取調室という密室内で行われるので、その状況を知るものは、原則として、当該被疑者と取調官及びその補助者以外にはいない。従って、かりに密室内で違法・不当な取調べが行われたとしても、もし捜査官側が、口を合わせてこれを否定する供述をする限り、被告人が自らの供述のみによって、違法・不当な取調べの存在を立証することは、容易なことではない。しかし、このように、被告人側を、ほとんど防禦の方法を与えないに等しい状況のもとに置きながら、その供述が捜査官の供述と抵触し他にこれを支えるべき証拠がないというだけの理由により、これを排斥するのは相当でない。このような事実認定の方法が許されることになると、密室内において行われた不正義（違法・不当な取調べ）を被告人側が自白のもとにさらすことができないまま、無実の被告人が不当に処罰されるという事態の発生を防止し得ないと思われるからである。近時、そのような問題意識に基づき、『捜査の可視化』が提唱され、少なくとも、被疑者の取調べ時間等については、留置人出入簿等の簿冊類により比較的容易に把握し得るようになったが、それ以上の可視化（例えば、取調べ状況のテープ録

音、弁護人の立会の許可等）の提案は、捜査官側に容易に受け容れられそうもない。そこで、現状においては、従前どおり、取調べ状況に関する被告人及び取調官の各供述を対比し、その信用性を比較的検討するほかないのであるが、もともと、自白の任意性については、これに疑いがないことについても、訴追側が立証責任を負担しているのに、捜査官において、取調べが適正に行われたことを客観的に明らかにすべき可視化の方策を講じていないことなどにかんがみ、右各供述の信用性の比較検討は、特に慎重、かつ、厳密に行う必要がある」。

次いで、被告人と捜査官の各供述を比較検討し、被告人の供述については、「甚だ具体的で一貫性があり、その内容もかなり特異であって、被告人が、体験もしないのにこれをねつ造して供述するのは、困難ではないかと考えられる上、取調べの経過の概略は、のちに取り調べられた留置人出入簿等客観的証拠によっても裏付けられており、その他の部分の中にも、一部関係者の供述に裏付けられているものがある」とする一方で、捜査官の供述については、「警察官が、被疑者の供述をろくに聴取もしないで勝手に調書を作成し、読み聞けもしないで署名押印を迫るとか、黙秘権や弁護人選任権の告知もしないで取調べを行うなどということは、わが国の警察官の一般的水準からみて、あり得ないことのように考えられないことはな〔い〕」が、警察官が、「捜査・公判の各過程において、……一見常識的には考えられないような重要な違法（採尿関係の書類の破棄・隠匿、鑑定嘱託の有無についての検察官への虚偽報告、事後新たに作成した採尿報告書への虚偽記載など）をあえて行っているかその疑いが強い」本件においては、「前記のようなわが国の捜査官の一般的水準を前提とした常識的な判断は、必ずしも妥当」せず、「従って、被告人の供述を否定するH・G証言が、一見常識に合致するように思われるということから、右各証言の信用性が高いと考えることはできない」とした。

そのうえで、本件警察官に対する供述調書については、「本件捜査に関する……特異な事実関係を前提とすると、被告人の供述に現れた捜査官の異常な自白しょうよう行為は、決してあり得ないものではな」く、「被告人に対する……〔警察官の〕取調べは、被告人の供述するような違法・不当な方法で行われた疑いがあるといわなければならず、その結果作成された員面は、いずれも、任意性に疑いがある

ものとして、証拠能力を否定されるべきである」と結論付けた。

本判決は、さらに続けて、「もっとも、右の結論に対しては、当裁判所の事実認定を前提としても、法律論として、なお異論を唱える向きがあるかもしれない。例えば、……黙秘権の告知の欠如については、黙秘権を告知しなかったからといって、直ちに自白の任意性を疑うべきではなく、特に、被告人が、既に刑事裁判の経験を2度も有し、被疑者に黙秘権があることを知悉していたとみられる本件では、右告知の欠如は、供述の任意性に影響せず、また、被告人に対し、9月2日には、検察官及び裁判官から黙秘権告知が適切に行われているのであるから、少なくとも、同日以降に作成された員面については、黙秘権不告知が供述の任意性に影響することはあり得ないとする反論が考えられ〔る〕」などとした上で、まず、黙秘権告知を欠く取調べによって得られた自白の証拠能力に関する判断を、続けて、反復自白の証拠能力に関する判断を、それぞれ以下のように示した。

[2] 法の解釈と適用①（黙秘権告知を欠く取調べによって得られた自白の証拠能力について）

● 法の解釈 ●●

「確かに、黙秘権の告知がなかったからといって、そのことから直ちに、その後の被疑者の供述の全ての任意性が否定されることにはならないが、被疑者の黙秘権は、憲法38条1項に由来する刑事訴訟法上の基本的、かつ、重要な権利であるから（同法198条2項）、これを無視するような取調べが許されないことも当然である。そして、刑訴法は、捜査官による被疑者の取調べの必要と被疑者の右権利の保障の調和を図るため（すなわち、取調べによる心理的圧迫から被疑者を解放するとともに、取調官に対しても、これによって、取調べが行きすぎにならないよう自省・自戒させるため）、黙秘権告知を取調官に義務づけたのであって、一般に、右告知が取調べの機会を異にする毎に必要であると解されているのは、そのためである。従って、本件におけるように、警察官による黙秘権告知が、取調べ期間中一度もされなかったと疑われる事案においては、右黙秘権不告知の事実は、取調べにあたる警察官に、被疑者の黙秘権を尊重しよとする基本的態度がなかったことを象徴するものとして、また、黙秘権告知を受けることによる被疑者の心理的圧迫の解放がなかったこと

を推認させる事情として、供述の任意性判断に重大な影響を及ぼすものといわなければなら〔ない〕」。

● 法の適用 ●●

「右のような観点からすれば、本件において、被告人が、検察官や裁判官からは黙秘権の告知を受けていることとか、これまでに刑事裁判を受けた経験があり黙秘権の存在を知っていたと認められることなどは、右の〔本件警察官に対する供述調書の任意性を否定する〕結論にさして重大な影響を与えないというべきである」。

3 法の解釈と適用②（反復自白の証拠能力について）

● 法の解釈 ●●

「一般に、被疑者の警察官に対する供述調書の任意性に疑いがあるときは、検察官において、被疑者に対する警察官の取調べの影響を遮断するための特段の措置を講じ、右影響が遮断されたと認められない限り、その後に作成された検察官に対する供述調書の任意性にも、原則として疑いをさしはさむべきである。なぜなら、一般の被疑者にとっては、警察官と検察官の区別及びその相互の関係を明確に理解することは難しく、むしろ両者は一体のものと考えるのが通常であり……、特に、被疑者が、検察官への送致の前後を通じ、起訴前の身柄拘束の全期間中、代用監獄である警察の留置場に身柄を拘束されている本件のような事案においては、単に取調べの主体が警察官から検察官に交代したというだけでは、警察官の取調べによって被疑者の心理に植えつけられた影響が払拭されるとは考えられず、右影響を排除するためには、検察官による特段の措置（例えば、被疑者の訴えを手がかりに調査を遂げて、警察官による違法・不当な言動を発見し、警察官に対し厳重な注意を与えるとともに、身柄を拘置所へ移監するなどした上で、被疑者に対し、今後は、そのような違法が行われ得ない旨告げてその旨確信させ、自由な気持で供述できるような環境を整備することなど）が必要であると考えられるからである」。

● 法の適用 ●●

「そこで、右の見解のもとに、本件におけるM検事の取調べの態度・方法について検討するのに、まず、同検事は、警察段階と異なり、被告人に対し、黙秘権及び弁護人選任権は、これを告知したと認められるが、右は、法律上要求される当然の義務を尽くしたというにすぎず、これだけでは、前記の意味

における特段の措置を講じたことにならないのは、当然のことである。そして、同検事は、その取調べを行った当時、警察官が前記のような違法・不当な言動に出ていることに気付いておらず、これを是正すべき措置を何ら講じていないのであるから、そのことだけから考えても、被告人の検察官に対する本件各供述調書の任意性を肯定することは困難であるといわなければならない」。

「のみならず、被告人の供述によると、同検事は、警察の調書をめくりながら取り調べ、被告人が事実がちがうと訴えても、『いいから、いいから、そうむきにならないで。』などといって、まともに取り合ってくれなかったとされている。もっとも、右の点につき、同検事は、これを否定するとともに、むしろ、警察の調書は予めメモを取り、これを頭に入れておいた上で、右調書を離れて、被告人に事実関係を順次確認しては、その都度調書にまとめていったものであり、『警察で何か不満とか、殴られたり蹴られたりとか、調べが強かったということはないか。』とも聞いている旨証言している。当裁判所は、かりに同検事が、右のような取調べ方法をとったとしても、結局のところ、警察の違法を探知・是正することができなかった以上、検察官調書の任意性に関する結論に変りはないと考えるものであるが、同検事の右証言は、……これを全面的に信用することはできず、少なくとも、同検事の取調べ方法が、被告人の弁解に謙虚に耳を傾け、警察での取調べにおいて違法・不当な手段が用いられていないかどうかを真剣に聞き出そうとする態度に欠けるものであったことは、これを否定すべくもないと考えられる」。

「以上の理由により、当裁判所は、被告人の検察官に対する各供述調書も、その任意性に疑いがあるものとして、証拠能力を否定されるべきであると解する」。

4 コメント①（法の解釈と適用①について）

（1）黙秘権告知（198条2項）を欠くなど、種々の不適正な取り扱いがなされた疑いの存在する本件自白について、本判決がその任意性を否定する結論に達したのは、本判決が、自白の任意性の判断のあり方に関して、1 (3)で紹介したような自白の任意性の判断のあり方に関する「基本的な立場」（以下、たんに「基本的な立場」とする）を採用したゆえである。本判決の「基本的な立場」は、密室性の高

い日本の取調べ実務を前提としつつも、そこで得られた供述の任意性判断を厳格化することによって、被疑者の黙秘権のより実効的な保障をめざしたものであり、その実践的価値はきわめて大きなものがあるといえる。

なお、近時、2016年の法改正によって取調べの録音・録画制度が導入されるなど（301条の2参照）、取調べをめぐる環境は一定の改善をみてはいる。しかし、録音・録画は全事件が対象ではないうえ、種々の例外も認められているなど、取調べの密室性の問題は根本的な改善をみるには至っていない。本判決の「基本的な立場」は、今日においてもなお高い参照価値を有するものと思われる。

（2）黙秘権告知を欠く取調べによって得られた自白の任意性について、従来の判例は、黙秘権告知を欠いたという一事をもって自白の任意性が否定されることはないという判断を一貫して維持してきた（最判昭25・11・21、最判昭28・4・14、最判昭28・5・1等参照）。このような判断を支えているのは、黙秘権告知を欠いたとしても直ちに黙秘権侵害にはあたらないという理解、すなわち、黙秘権の内容には黙秘権の告知を受けることは含まれていないという理解である。

これに対し、学説においては、黙秘権告知を欠いて得られた自白について、黙秘権侵害を理由に、あるいは、違法収集証拠にあたることを理由に、その任意性（証拠能力）を否定すべきとの見解も有力に主張されてきた。

（3）この点、本判決は、本判決自身明言しているように、「黙秘権の告知がなかったからといって、そのことから直ちに、その後の被疑者の供述の全ての任意性が否定されることにはならない」という立場、すなわち、従来の判例を前提とする立場にたっている。また、黙秘権告知を欠いたとしても任意性が肯定される余地が残されるということは、黙秘権告知を欠いたとしても直ちに黙秘権侵害は生じないということ、すなわち、黙秘権告知は黙秘権の保障内容には含まれないということであり、この点についても本判決は従来の判例を前提としたものと解することができよう。

しかし、本判決の注目すべき点は、黙秘権告知を欠くということがどのようなことを意味するのか、そして、そのことが被疑者の供述の自由にどのような影響を及ぼしうるのかを突き詰めることによって、従来の判例の立場との整合性を保ちつつ、黙秘権告知を欠く自白の証拠能力を弾力的に否定する方法論を示した点にある。そして、このような本判決の判断を支えているのが、まさに先にみた自白の任意性に関する本判決の「基本的な立場」なのである。

（4）ところで、黙秘権告知を欠いて得られた自白に関しては、その後、裁判例に大きな動きがみられる。大阪高判平21・10・8［ウィニー事件］および東京高判平22・11・1が、いずれも、立件を視野に入れた捜査対象となっていた人物を、被疑者ではなく参考人として、黙秘権を告知せずに取り調べて作成した不利益な事実の承認を含む警察官調書について、「捜査機関が、被告人に黙秘権を告げず、参考人として事情聴取し、しかも……〔犯行に関する事実について〕被告人に不利益な事実の承認を録取した書面を作成したものであるから、この警察官調書……は、黙秘権を実質的に侵害して作成した違法がある」として、その証拠能力を否定したのである（両判決とも、共通したフレーズを用いて、上記の判断を示している）。

先にみたように、黙秘権告知を欠いたとしても黙秘権侵害にはあたらず、自白の任意性も直ちに否定されることはないとする判例が確立している中で、本判決は、このような判例の立場を前提としつつも、黙秘権告知を欠くということの意味を突き詰めることで、弾力的に自白の任意性を否定する方法論を示したものであった。上記の2つの高裁判決は、こうした本判決が示した方法論に示唆を得つつ、黙秘権告知を欠くことの意味をさらに突き詰めることによって、黙秘権告知を欠くということは現実的にみれば実質的な黙秘権侵害にあたるという、従来の判例の立場それ自体を問い直す判断に到達したものとも考えられよう。

もし、このような理解が正しければ、本判決の方法論は、本判決自身がどこまで意図していたのかは定かではないものの、結果として、従来の判例の立場を問い直す契機をも生み出したということになろう。

5 コメント②（法の解釈と適用②について）

（1）本件では、警察官による取調べと並行して行われた検察官による取調べによって得られた自白（反復自白）の証拠能力も問題となっている。

本判決のように、虚偽排除説ないしは人権擁護説にたって警察官調書の任意性を否定した場合、検察

官に対する自白の証拠能力は（検察官自身が任意性に疑いを生じさせる取調べを行っていない限り）、検察官に対する自白それ自体に任意性が存在するかどうかによって判断されることになろう。ただし、この場合でも、警察での取調べで受けた心理的ダメージが検察官の取調べでも残存する可能性があるため、その点を十分に考慮することが必要となる（これに対し、もし違法排除説にたって［もしくは、違法収集証拠排除法則を適用して］警察官に対する自白の証拠能力を否定した場合には、検察官に対する自白の証拠能力は、警察官に対する自白との関連性を考慮して判断されることになろう。最判昭58・7・12［神戸クラブ従業員宅放火事件］〔本書83〕の伊藤正己補足意見、最判平15・2・14［大津違法逮捕事件］〔本書75〕等参照）。

　(2)　従来の判例では、警察官によって自白の任意性に疑いを生じさせる取調べが行われた場合、その影響を遮断するような特段の事情のない限り、検察官の取調べも警察官の違法な取調べ影響を受けていることが推定される（したがって、検察官調書の自白の任意性も否定される）という理解が一貫して示されてきたものの（たとえば、最判昭27・3・7、最

判昭32・7・19、最判昭41・12・9）、検察官が具体的にどのような措置を講じれば警察官による取調べの影響を遮断したことになるのかについては、なお判然としないところが残されていた。

　この点、本判決は、次のように判断している。「〔警察官による自白の任意性に疑いを生じさせる取調べの〕影響を排除するためには、検察官による特段の措置（例えば、被疑者の訴えを手がかりに調査を遂げて、警察官による違法・不当な言動を発見し、警察官に対し厳重な注意を与えるとともに、身柄を拘置所へ移監するなどした上で、被疑者に対し、今後は、そのような違法が行われ得ない旨告げてその旨確信させ、自由な気持で供述できるような環境を整備することなど）が必要である」。本判決の判断は、従来の判例の一連の流れの中に位置づけることができるものと解されるが、従来の判例の判断よりもさらに踏み込む形で、検察官がどのような措置を講じれば警察官による取調べの影響を遮断したことになるのかについて例を挙げながら具体的に示したものであり、その意義は大きなものがあるといえるであろう。

（関口　和徳）

81　接見制限と自白

📖 茨城県会議長選挙贈収賄事件
　最 2 小決平成元［1989］年 1 月23日判時1301号155頁【LEX/DB27809177】
　〈関連判例〉
　　最 2 小判昭和28［1953］年 7 月10日刑集 7 巻 7 号1474頁【24001788】
　　最 3 小決昭和41［1966］年 7 月26日刑集20巻 6 号728頁【24004597】［千葉大チフス菌事件］
　　最 1 小決昭和41［1966］年10月 6 日集刑161号21頁【25350434】
　　函館地決昭和43［1968］年11月20日判時563号95頁【27930612】
　　最 3 小決昭和44［1969］年12月23日集刑174号751頁【25350953】
　　最 1 小決昭和53［1978］年 9 月 7 日刑集32巻 6 号1672頁【27682171】［大阪天王寺覚せい剤所持事件］〔本書73〕
　　最 3 小判昭和58［1983］年 7 月12日刑集37巻 6 号791頁【27682449】［神戸クラブ従業員宅放火事件］〔本書83〕

⬜1 事実の概要

　被告人は、詐欺事件で起訴され、同事件で勾留中に、さらに恐喝事件でも逮捕・勾留され、詐欺被告事件の勾留と恐喝被疑事件の勾留が競合している状態にあった。

　検察官は、右恐喝事件で被告人を逮捕・勾留後の昭和41（1966）年11月28日、同事件について、いわ

ゆる「一般指定」を行い、11月30日に詐欺被告事件の弁護人Q・同Pに対し、12月1日に同R・同Kに対し、12月2日に同P・同Kに対し、12月5日に同Qに対し、それぞれ接見の日時、時間および場所を指定した「指定書」を交付し、右弁護人らは、右各日時被告人と接見した。

　このうち12月2日は、検察官によって逮捕・勾留

されていない余罪である本件贈収賄事件の取調べが
行われていた。その中で、被告人が「弁護士に会っ
てから話す」と自白をほのめかしたことから、検察
官は、同日午後3時か4時ころに接見を求めてきた
P弁護人に対し接見指定を行い、同弁護人は、午後
4時25分から4時45分まで被告人と接見を行った。
その直後、被告人は、本件贈収賄事件について自白
をするにいたった。他方、同日午後4時30分ころ、
K弁護人も被告人との接見を求めたが、検察官が取
調べ中であることを理由にそれを拒んだため接見す
ることができず、K弁護人が被告人と接見できたの
は、取調べ終了後の同日午後8時58分からの50分間
であった。

　上記の自白について、第一審（水戸地判昭54・3・
23）はその証拠能力を認め、控訴審（東京高判昭58・
6・28）も、「贈収賄被疑事実についてはいまだ逮
捕・勾留されていないのであるから、右恐喝につい
ての勾留中にこれと並行して贈収賄の取調べを行う
こと自体は許されるものの、その取調を理由として
接見を拒否することはできないものというべきであ
る」としつつも、「しかしながら、被告人BとK弁
護人らとの接見交通に関し、検察官のとった措置に
……瑕疵があったとしても、これがため常に被疑者
の供述の任意性を疑わしめその証拠能力を当然に失
わしめるものではなく、その任意性の有無はその供
述をした当時の情況に照らし判断すべき」としたう
えで、本件では当時4名の弁護人が相前後して接見
していること、自白がP弁護人との接見直後になさ
れたものであること、その他取調べ状況等を考慮
し、「贈収賄事件の取調を理由として接見を拒否し
た検察官の措置に瑕疵があっても、同被告人の検面
調書の任意性に疑いを挟む事情は認められない」と
して、一審の判断を是認した。

　これをうけて弁護人は、贈収賄事件に関する被告
人の自白を証拠とするのは憲法31条、34条、38条に
違反するとして上告した。

2　法の解釈

　事例判例であり、一般的な規範は示されていな
い。

3　法の適用

　「右自白はP弁護人が接見した直後になされたも
のであるうえ、同日以前には弁護人4名が相前後し
て同被告人と接見し、K弁護人も前日に接見してい

たのであるから、接見交通権の制限を含めて検討し
ても、右自白の任意性に疑いがないとした原判断は
相当と認められる」。

4　コメント

　(1)　弁護人との接見（憲法34条、刑訴法39条1項）
が制限される中で得られた自白の証拠能力について
も、自白法則（憲法38条2項、刑訴法319条1項）の
根拠をどのようにとらえるのかによって、その判断
に違いが生じることになる。虚偽排除説にたてば、
接見制限によって虚偽自白を誘発するおそれが生じ
た場合に、人権擁護説にたてば、接見制限によって
被疑者の供述の自由の侵害が生じた場合に、それぞ
れ自白の証拠能力が否定されることになる。これに
対し、違法排除説にたてば、接見制限が違法と評価
される場合には、それが被疑者の心理にどのような
影響を及ぼしたのかを考慮するまでもなく、そのよ
うな中で得られた自白の証拠能力は否定されること
になる。

　(2)　弁護人との接見が制限される中で得られた自
白の証拠能力に関する先例としては、まず、最判昭
28・7・10をあげることができる。この判決は、接見
時間が2分ないし3分に制限されたことなどを理由
に弁護人が自白の証拠能力を争った事案について、
次のように判示している。すなわち、「所論のよう
に〔接見時間が〕2分ないし3分と指定されたとす
れば当時かかる時間的制限を加える理由があったと
してもその指定が被疑者に権利として認められた防
御準備のためには余りにも短時間に過ぎかかる措置
の不当であることは一応これを認めることができ
る。しかし右不当な措置に対する救済の途は別に刑
訴430条431条に規定しており又所論のように右弁護
人の面接の際、警察官が立会っていた事実があった
としてもただそれ等不当な措置が採られたことから
直ちに同被告人の検事に対してなした自白まで任意
にされたものでない疑があるとは断定し得ないとこ
ろであってすべからく右任意性の有無はそれ等の事
由とはかかわりなくその自白をした当時の情況に照
らしてこれを判断すべきである」。

　また、最決昭41・10・6は、「仮に被告人とその弁
護人との接見交通に関し所論のような不当があった
としても、……これがため常に被疑者の供述の任意
性を疑わしめその証拠能力を当然に失わしめるもの
ということはできないのであって、その任意性の有
無は、その供述をした当時の情況に照らしてこれを

判断すべきものである」と判示している。

上にあげた２つの判例は、いずれもその判断内容から、接見制限が被疑者の心理にどのような影響を及ぼしたのかを考慮して、すなわち、虚偽排除説ないしは人権擁護説にたって自白の証拠能力を判断したものであることは明らかである。ただ、いずれの判例も、当該接見の制限が「不当」にとどまることを前提に自白の任意性を判断したものであり（いずれの判例も、接見制限が「違法」であるとはしていない）、「違法」な接見制限がなされる中で得られた自白を違法排除する可能性を否定したものではない。収集過程に違法が認められない以上、自白を違法排除する余地はそもそも存在しないのであるから、上にあげた２判例はいずれも、自白を違法排除する前提を欠くケースにおいて、自白の「任意性」を虚偽排除説ないしは人権擁護説にたって判断した、ということを超える意味を有するものではない。

なお、仮定論としてではあるが、接見制限が「不法」である場合の自白の証拠能力について判断した判例としては最判昭44・12・23があり、次のように判示している。すなわち、「仮に、所論のように、当時被疑者であった被告人と弁護人との間の接見交通に対し検察官による不法な制限があったとしても、本件においては、その制限があるとされた以前の段階において被告人が犯行を全面的に自白しており、しかも、第一審の公判において、被告人側は所論の自白調書をすべて証拠とすることに同意していることが記録上明らかであるから、所論違憲の主張は、結局判決に影響を及ぼさない訴訟法違反のあることを前提とするものであって、いずれも適法な上告理由にあたらない」。

この判例は、「不法」な接見制限がなされる中で得られた自白であっても、証拠能力を認めることができることを示したものである。ただ、「不法」という表現には「違法」という意味以外にもさまざまなニュアンスが含まれうるため、この判決が「不法」という表現を「違法」と同義に用いているのかについては定かではない。そのうえ、自白を証拠とすることに同意がなされているなどの事案の特殊性にも鑑みると、この判決を、「違法」な接見制限がなされる中で得られた自白を違法排除する可能性を否定した判例と位置付けることには無理がある。

以上にみた３つの判例以降、接見制限がなされる中で得られた自白の証拠能力について判断した判例は現れず、そのため、違法な接見制限がなされた場

合の自白の証拠能力に関する最高裁の立場は、未解明の問題として残されることとなった（なお、下級審レベルでは、違法な接見制限がなされる中で得られた自白を違法排除した函館地決昭43・11・20などが現れている）。もっとも、その後、最高裁においては、物証についてではあるが最判昭53・9・7［大阪天王寺覚せい剤所持事件］〔本書73〕によって違法収集証拠排除法則（以下、「排除法則」という）が採用され、さらには、排除法則を自白にも適用しうることを示唆する最判昭58・7・12［神戸クラブ従業員宅放火事件］〔本書83〕が現れていたことなどに鑑みると、違法に接見が制限される中で得られた自白について、その違法性を理由に証拠能力を否定する実務的環境は十分に整えられていたということはできよう（ただし、自白の収集過程に違法があったとしても、そのことによって直ちに自白の任意性を否定すべきでなく、自白をした際の被疑者の心理状態を検討して結論を出すべきというのが従来の判例の一貫した立場であることを踏まえると、違法な接見制限がなされる中で得られた自白が違法排除されることがあるとしても、それは排除法則の適用によることになろう）。

（3）このような状況の中で登場したのが本決定である。本決定は、「右自白はＰ弁護人が接見した直後になされたものであるうえ、同日以前には弁護人４名が相前後して同被告人と接見し、Ｋ弁護人も前日に接見していたのであるから、接見交通権の制限を含めて検討しても、右自白の任意性に疑いがないとした原判断は相当」という判断内容からして、本件自白の任意性を、接見制限が被疑者の心理に及ぼした影響の程度を考慮して、すなわち、虚偽排除説ないしは人権擁護説にたって判断したものといえよう。とくに本件では、自白の直前にＰ弁護人と20分にわたって接見が行われており、そのことが虚偽自白誘発のおそれや黙秘権侵害の可能性を否定し、任意性を肯定する判断に結びついたものと解される。

（4）ところで、逮捕・勾留されていない余罪捜査を理由とする接見制限は許されないというのが判例の立場であると解されているところ（最決昭41・7・26［千葉大チフス菌事件］参照）、本件では逮捕・勾留されていない余罪である本件贈収賄事件に関する取調べ中に接見制限がなされており、判例の立場を前提とすれば、このような本件接見制限は違法というほかないものであった。にもかかわらず、本決定には、そのことが自白の証拠能力に及ぼす影響につ

いて検討を加えた形跡がみられない。そればかりか、そもそも本決定は、本件接見制限が違法であるかどうかについてさえ言及していない。このことをどのように解すべきか、とくに、このことが自白への排除法則の適用を否定する趣旨を含むものと解すべきか否かが問題となる。

この点、多くの論者は、本決定は自白への排除法則の適用を否定する趣旨を含むものではないと解してきた。最判昭53・9・7によれば違法収集証拠を排除するには重大な違法が要求されるところ、本件接見制限は違法であるとしても、その制限の態様からして重大な違法までは認められないため、つまり、本件においては排除法則の適用によって自白を排除する余地が存在しないため、あえて本件接見制限の違法性の判断に踏み込まなかったのではないか、というのがその理由である。もっとも、このような理解によれば、本決定は、自白の収集過程に重大な違法がある場合に自白の証拠能力を否定するという立場については排斥してはいないものの、自白の収集過程に違法があれば（それが必ずしも重大な違法でなくても）自白の証拠能力を否定する立場については排斥したものということになる。

（5）しかし、本決定については、別の理解も可能であるように思われる。

たしかに、逮捕・勾留されていない余罪捜査を理由とする接見指定は許されないという判例の立場を前提とすれば、本件接見制限は違法というほかないであろう。しかし、たとえ本件接見制限が違法というほかないものであったとしても、本決定が本件接見制限が違法であるかどうかの判断に踏み込まずに、たんに「接見制限」とのみ表現している以上、本決定を本件接見制限が「違法」であることを前提に本件自白の証拠能力を判断したものと解するのは、妥当とはいい難いように思われる。では、なぜ本件接見制限は違法というほかないものなのに、本決定はその点に踏み込まなかったのであろうか。

その理由としては、本件接見制限と自白との間に因果関係が存在しないことから、あえて本件接見制限の違法性に関する判断に踏み込まなかったということが考えられよう。排除法則によって違法収集証拠が排除されるためには、違法と証拠との間に因果関係が存在することが必要である。つまり、もし本件接見制限と自白との間に因果関係が存在しなければ、本件自白に排除法則を適用することは不可能で

あり、自白法則について虚偽排除説ないし人権擁護説にたつ（違法排除説にたたない）以上、本件接見制限が違法であったかどうかについて独立して検討する意味は存在しないことになる。このことを踏まえて、本件接見制限をみると、本件においては、P弁護人との接見の直後に被告人が自白をしているという事情があることに加え、K弁護人が接見を求めたのと同時間帯に被告人はP弁護人と接見しており、しかも、原判決の認定によれば、P弁護人との接見それ自体も、12月2日の本件贈収賄事件での取調べ中に被告人が「弁護士に会ってから話す」と言ったことから、同日午後3時か4時ころに接見を求めてきたP弁護人に対して検察官が接見指定を行ったことをうけて、同日午後4時25分から午後4時45分までの間に行われたものであることからすると、本件接見制限と被告人の自白との間におよそ関連性を認めることはできず、また、検察官が被告人から自白を得るために本件接見制限を行ったといった事情も存在しないことからしても（むしろ検察官は、被告人が自白する前にP弁護人との接見の機会をもてるよう積極的に動いているとさえいえる）、本件接見制限と自白との間の因果関係を認めることはきわめて困難であったといえよう。そうである以上、本件自白を排除法則によって排除する余地は存在しないといわざるをえず、本決定が本件接見制限の違法性の判断に踏み込まなかったことも何ら不自然なことではないといえよう。

以上のように、本決定を、本件接見制限の違法が重大とはいえないためではなく、本件接見制限と自白との間に因果関係が存在しないために、本件接見制限の違法性の判断に踏み込まなかったものと理解するならば、本決定は、違法な接見制限中の自白について、自白法則とは別に排除法則を適用することで排除しうるかだけでなく、排除法則によって自白を排除する場合の排除の基準についてもまた、判断を留保したものということになる。すなわち、本決定は、自白の収集過程に重大な違法がある場合に自白の証拠能力を否定するという立場はもとより、自白の収集過程に違法があればそれが必ずしも重大な違法でなくても自白の証拠能力を否定する立場についても必ずしも排斥したものではないということになるのである。

（関口　和徳）

違法取調べと自白の証拠能力

📖 ロザール事件

東京高判平成14[2002]年 9 月 4 日判時1808号144頁【LEX/DB28085197】

〈関連判例〉

福岡高那覇支判昭和49[1974]年 5 月13日刑月 6 巻 5 号533頁	【27761031】	[コザ市ヘロイン所持事件]
最 1 小判昭和53[1978]年 9 月 7 日刑集32巻 6 号1672頁	【27682171】	[大阪天王寺覚せい剤所持事件]〔本書73〕
最 3 小判昭和58[1983]年 7 月12日刑集37巻 6 号791頁	【27682449】	[神戸クラブ従業員宅放火事件]〔本書83〕
札幌地判平成 6 [1994]年 3 月14日判タ868号296頁	【27826651】	
東京地決平成12[2000]年11月13日判タ1067号283頁	【28065245】	[千駄木強盗致傷事件]

1 事実の概要

(1) 本件は、夫および長女と別居して被害者と同棲していた被告人が、けんか口論の末、被害者方において、同人を刺殺したとして起訴された殺人被告事件である。

本件の捜査の経過は、次のようなものであった。犯行の翌日とされる11月10日午前 8 時30分、被告人が、被告人の長女の入院している病院に被害者の救助を求めたことをうけ、病院関係者らが被告人方に赴いたところ、ベッドで大量の血液が流出した状態で死亡している被害者を発見した。状況から周囲の者の犯行とみた警察は、同日午前 9 時50分頃、重要参考人として被告人を警察署に任意同行し、以降、同月17日まで被告人を重要参考人として取り調べたが、同日夕刻になって被告人の着衣から被害者と同じ血液型の血痕が検出されたことを示す鑑定結果が出たことから、翌18日からは被告人を被疑者として取り調べた。被告人は、翌19日午後、本件犯行を認める内容の上申書（以下、「本件上申書」という）を作成し、同日午後 9 時32分に通常逮捕された。

この間、警察は、被告人を、連日午前 9 時過ぎころないし10時過ぎころから午後 8 時30分ころないし11時過ぎころまで取り調べた。また、警察は、取調べ終了後、被告人を、最初の 2 日間は長女の入院している病院に、次の 2 日間は警察官官舎の女性用の空室に、その後の 5 日間は市内のビジネスホテルに、それぞれ宿泊させるとともに、長女の入院している病院では、病室の出入口付近に警察官が待機する、官舎の空室では仕切り戸の外された隣室に女性警察官が待機・同宿する、ビジネスホテルでは室外のエレベーター付近のロビーのような場所に女性警察官が待機するという形で、宿泊先における被告人

の動静を監視した。なお、この間の食事費用とビジネスホテルの宿泊費用はいずれも警察が負担しており、宿泊先と警察署との往復には警察車両が用いられた。

(2) 第一審（千葉地判平11・9・8）は、本件上申書の証拠能力について、まず、「自白法則の適用の有無」と題する検討を行い、「関係証拠によると、被告人は、後述の任意捜査並びに逮捕後の被告人に対する弁解録取及び勾留後の取調べの過程において、捜査官に対し、自由な意思に基づいて供述していることが認められる上、右過程において脅迫、暴行等いわゆる供述の任意性に疑いを生じさせるような事情が存在した形跡はうかがわれない」などとして、その任意性を認めた。

続いて、「違法収集証拠排除の一般原則の適用の有無」と題する検討に進み、その中で、以下のような判断を示して本件上申書の証拠能力を認め、被告人に対し有罪を言い渡した。

「自白自体に任意性が認められたとしても、先行する捜査手続に違法があった場合には、その違法がその後に収集された自白の証拠能力に影響を及ぼし、当該自白が証拠から排除されなければならない場合があると考えるのが相当である。弁護人の指摘するとおり、違法収集の証拠物に関して排除法則を肯定した最高裁判例はあるが、違法収集の自白に関して排除法則を適用した最高裁判例は、いまだない。しかしながら、違法に収集された証拠の証拠能力を否定することによって収集手続の重大な違法を抑制し、基本的人権の保障を全うしようとする排除法則の趣旨にかんがみると、その適用について、証拠物と自白とで異なる扱いをしなければならないいわれはない」。

「被告人は、任意同行に渋々応じて以降、客観的にみれば、捜査官らの意向に沿うように、長期間にわたり、右のような宿泊を伴う連日にわたる長時間の取調べに応じざるを得ない状況に置かれていたものであって、被告人に対する捜査官らの一連の右措置は、全体的に観察すれば、任意取調べの方法として社会通念上相当と認められる方法ないし態様及び限度を超えたものとみるほかはなく、違法な任意捜査であるといわざるを得ない」。

「取調手続の違法性が著しく、自白収集の手続に憲法や刑事訴訟法の所期する基本原則を没却するような重大な違法があり、右の取調手続の過程で収集した自白を証拠として許容することが将来における違法な捜査の抑制の見地からして相当でないと認められる場合には、仮に自白法則の観点からは任意性が認められたとしても、排除法則の適用により、当該自白の証拠能力は否定されるというべきである」が、「被告人に対する右任意取調べの違法の程度は、憲法や刑事訴訟法の所期する基本原則を没却するような重大な違法であったとまではいえない」。

(3) これをうけて弁護人が控訴したところ、本判決は、以下のような判断を示し、本件上申書の証拠能力を否定した(もっとも、自白以外の証拠によって公訴事実を認定できるとして、一審判決を破棄した上で、改めて被告人に対し有罪を言い渡した)。

[2] 法の解釈

「自白を内容とする供述調書についても、証拠物の場合と同様、違法収集証拠排除法則を採用できない理由はないから、手続の違法が重大であり、これを証拠として許容することが違法捜査抑制の見地から相当でない場合には、証拠能力を否定すべきであると考える。

また、本件においては、憲法38条2項、刑訴法319条1項にいう自白法則の適用の問題(任意性の判断)もあるが、本件のように手続過程の違法が問題とされる場合には、強制、拷問の有無等の取調方法自体における違法の有無、程度を個別具体的に判断(相当な困難を伴う)するのに先行して、違法収集証拠排除法則の適用の可否を検討し、違法の有無・程度、排除の是非を考える方が、判断基準として明確で妥当であると思われる」。

[3] 法の適用

「本件自白……は違法な捜査手続により獲得された証拠であるところ、本件がいかに殺人という重大事件であって被告人から詳細に事情聴取(取調べ)する必要性が高かったにしても、上記指摘の事情からすれば、事実上の身柄拘束にも近い9泊の宿泊を伴った連続10日間の取調べは明らかに行き過ぎであって、違法は重大であり、違法捜査抑制の見地からしても証拠能力を付与するのは相当ではない。本件証拠の証拠能力は否定されるべきであり、収集手続に違法を認めながら重大でないとして証拠能力を認めた原判決は、証拠能力の判断を誤ったものであるといわざるを得ない」。

[4] コメント

(1) 従来、自白の証拠能力は、自白法則(憲法38条2項、刑訴法319条1項)によって判断すべきものと解されてきた。そして、この自白法則の趣旨をめぐっては、大きく分けて、虚偽排除説、人権擁護説、違法排除説という3つの説が展開されてきた。

しかし、自白の証拠能力をめぐる議論は、最判昭53・9・7[大阪天王寺覚せい剤所持事件]〔本書73〕が物証について違法収集証拠排除法則(以下、「排除法則」という)の採用を宣言したことを契機に、大きく変化することとなった。排除法則の根拠である適正手続の実現や違法捜査の抑止といった点は自白にもそのままあてはまるものであり、それゆえ排除法則は自白にも適用することができる、という理解を前提に(なお、このような理解が当然のように生まれた背景には、違法な別件逮捕中に得られた自白の証拠能力の判断などを通じて、違法収集自白の証拠能力を否定する裁判例が積み重ねられてきたことがあろう)、自白法則の趣旨については、319条1項の文理に忠実に虚偽排除説ないしは人権擁護説にたちつつ(すなわち、同項は、任意性に疑いのある自白の排除を定めたものであると解しつつ)、違法に収集された自白については、排除法則を適用してその証拠能力を否定すべきとする「二元説」と呼ばれる見解が主張されるようになる(なお、二元説は、「競合説」などと呼ばれることもある)。二元説は、解釈論的にも無理がなく、実務にもなじみやすい見解として受け止められ、裁判実務家を中心に幅広く支持を集めていくことになる。

そして、こうした動きに対応するかのように、実際の裁判例においても、二元説的な考え方にたって自白の証拠能力を判断すべきとするものが登場するようになる(札幌地判平6・3・14、東京地決平12・11・

13［千駄木強盗致傷事件］等。なお、最判昭53・9・7
以前に二元説的な考え方にたって自白の証拠能力を判
断した先駆的な裁判例として、福岡高那覇支判昭49・
5・13［コザ市ヘロイン所持事件］がある）。

（2）　このような中で、「自白自体に任意性が認め
られたとしても、先行する捜査手続に違法があった
場合には、その違法がその後に収集された自白の証
拠能力に影響を及ぼし、当該自白が証拠から排除さ
れなければならない場合があると考えるのが相当で
ある」として、二元説を明確に打ち出したのが本件
の第一審判決である。そして、本判決は、「自白を
内容とする供述証拠についても、証拠物の場合と同
様、違法収集証拠排除法則を採用できない理由はな
いから、手続の違法が重大であり、これを証拠とす
ることが違法捜査抑制の見地から相当でない場合に
は、証拠能力を否定すべきであると考える」とし
て、上記のような第一審判決の判断を是認したもの
である。

　第一審判決もいうように、「違法収集の証拠物に
関して排除法則を肯定した最高裁判例はあるが、違
法収集の自白に関して排除法則を適用した最高裁判
例は、いまだない」が、「違法に収集された証拠の
証拠能力を否定することによって収集手続の重大な
違法を抑制し、基本的人権の保障を全うしようとす
る排除法則の趣旨にかんがみると、その適用につい
て、証拠物と自白とで異なる扱いをしなければなら
ないいわれはない」。否むしろ、すでに多くの論者
によって指摘されているように、証拠物よりも自白
のほうが人間の尊厳、人格、自由の問題とより密接
に関係しており、それだけに、違法な捜索・差押え
などよりも違法な取調べのほうがより深刻な問題を
はらんでいることに鑑みると、証拠物よりも自白の
ほうが、よりいっそう排除法則による証拠排除にな
じむとさえいえよう。

　本判決は、一審ともども、二元説を明確に打ち出
した裁判例として、大きな価値を有するものといえ
る。とりわけ、本判決は、排除法則の自白への適用
を正面から認める最高裁判例が存在しない中で（た
だし、排除法則の自白への適用を認める立場にたっ
ていることがうかがえる最判昭58・7・12［神戸クラブ従
業員宅放火事件］〔本書83〕が存在している）、それを
正面から認める判断を示すだけでなく、実際に排除
法則を適用して自白の証拠能力を否定した高裁判例
として、重要な先例的価値を有するものと考えられ
る。

（3）　本判決の価値はそれにとどまるものではな
い。本判決は、排除法則を自白に適用する場合に生
じる種々の理論的問題点についても、示唆的な判断
を示している。

　1つは、自白法則と排除法則の適用順序である。
この点、競合説にたつ論者の多くは、自白法則を先
に適用し、その後で必要に応じて排除法則を適用す
べきもの（すなわち、排除法則は、自白法則によって
自白の証拠能力を否定できない場合に、補充的に適用
すべきもの）と解してきており、本件第一審もこの
ような立場にたつものである。これに対し、本判決
は、「本件のように手続過程の違法が問題とされる
場合には、強制、拷問の有無等の取調方法自体にお
ける違法の有無、程度を個別具体的に判断（相当な
困難を伴う）するのに先行して、違法収集証拠排除
法則の適用の可否を検討し、違法の有無・程度、排
除の是非を考える方が、判断基準として明確で妥当
である」として、排除法則を先に適用すべき場合が
あることを明らかにしている。

　もう1つは、証拠排除の基準である。最判昭53・
9・7によれば、「令状主義の精神を没却するような
重大な違法があり」、「これを証拠として許容するこ
とが、将来における違法捜査抑制の見地からして相
当でない」場合に証拠が排除されることになる。そ
して、多くの論者は、自白に排除法則を適用する場
合も、最判昭53・9・7と同じ基準を採用すべきであ
ると解してきた（ただし、自白を得るための令状は存
在しないので、「令状主義の精神を没却するような重
大な違法」については、「憲法や刑訴法の基本原則を
没却するような重大な違法」などと読み替えられるこ
とになる）。もっとも、自白は物証と比べてそれを
得るために違法な手段が取られやすいことや、最判
昭53・9・7が上記の排除基準を採用したのは「証拠
物は押収手続が違法であっても、物それ自体の性
質・形状に変異をきたすことはなく、その存在・形
状等に関する価値に変りのないことなど証拠物の証
拠としての性格」を考慮してのことであることなど
を理由に、最判昭53・9・7の基準よりも緩やかな基
準で自白を排除することも可能なのではないかとい
う見方もある。この点、第一審判決は、その判示の
内容からして、最判昭53・9・7と同じ基準を採用し
たものであると解される。問題は本判決であるが、
本判決についても、最判昭53・9・7と同じ基準を採
用したものであるとの見方が有力である。しかし、
本判決は、「手続の違法が重大であり、これを証拠

とすることが違法捜査抑制の見地から相当でない場合」とし、第一審判決にみられた「自白収集の手続に憲法や刑事訴訟法の所期する基本原則を没却するような」という表現を取り除いていることに加え、違法な任意捜査（違法な強制捜査ではなく）によって得られた本件自白の違法の重大性を肯定し、実際に自白の証拠能力を否定する結論を導いていることに鑑みると、本判決は、第一審判決よりも自白排除の基準を緩和したものと解することもできるように思われる。

（4）　以上の2点に加えて、排除法則の自白への適用をめぐっては、排除法則の適用範囲、すなわち、排除法則の適用は手続過程が違法な場合に限定されるのか、それとも取調べ方法が違法な場合にも及ぶのかという点も問題となりうる。この点、本判決の判示にみられる「強制、拷問の有無等の取調方法自体における違法の有無、程度を個別具体的に判断（相当な困難を伴う）するのに先行して」という表現は、取調べ方法自体の違法が問題となる場合には排除法則の適用は及ばないという理解を示したものとも解しうるが、その一方で、本件のように手続過程の違法が問題となる場合には取調べの内容に踏み込む必要はないことを強調しようとしたものであると解することもできる。もし後者の理解が正しければ、本判決は、取調べ方法自体の違法が問題となる場合に排除法則を適用することを必ずしも排斥したものではないということになろう。

（関口　和徳）

反復自白の証拠能力

📖 神戸クラブ従業員宅放火事件

最3小判昭和58[1983]年7月12日刑集37巻6号791頁【LEX/DB27682449】

〈関連判例〉

金沢地七尾支判昭和44[1969]年6月3日刑月1巻6号657頁【27760872】［蛸島事件］
旭川地決昭和48[1973]年2月3日刑月5巻2号166頁　　　【27760992】
佐賀地唐津支判昭和51[1976]年3月22日判時813号14頁　【27920847】
津地四日市支決昭和53[1978]年3月10日判時895号43頁　【27920978】［四日市青果商殺し事件］
最2小判平成15[2003]年2月14日刑集57巻2号121頁【28085189】［大津違法逮捕事件］〔本書75〕
最3小決平成21[2009]年9月28日刑集63巻7号868頁【25441230】［大阪宅配便エックス線検査事件］〔本書19〕

1　事実の概要

昭和48（1973）年3月14日未明、クラブ従業員Hの居室を出火場所とする火災が発生した。出火原因を究明するための捜査を行う中で、警察は、Hが、交際中のMのほかに被告人とも交際しており、被告人に多額の遊興費を使わせているらしいとの情報を得た。

そこで、警察は、同月22日、被告人との関係についてHを取り調べたところ、①前年の深夜、Mを前記H方に案内したところを被告人に目撃され、その腹いせにMの自動車のタイヤをパンクさせられたことがあった、②前年末の深夜、Hが前記居室で就寝中、被告人が無断で室内まで入ってきたことがあった、③Aは被告人に3年間にわたり700万円くらいの遊興費を使わせており、出火当夜の3月13日にも、クラブの領収書を渡す約束で現金35万円を都合

させたが、その約束を破って、領収書を渡さず、Mとホテルで投宿した、④本件火災後の3月18日、被告人がHに対し、「35万円の領収書の受渡を約束した晩、約束を果さなかったので、あちこち探し廻り、そのとき男と腕を組んで姉のアパートに入ったところを見たが、腹が立って2人とも自動車でひき殺してやろうと思った」と話した、などの供述を得た。

Hの上記供述は、Mの供述とも合致したので、警察は、被告人に対し、怨恨による放火の嫌疑を抱くに至ったが、出火当時に現場で被告人を目撃した者などもなく、右嫌疑で逮捕状を請求するに足りる資料を収集できなかった。そこで、警察は、Hの上記供述中②の事実、すなわち、H方への無断立入の事実を住居侵入被疑事件として立件し、右事実で被告人を逮捕して本件放火の事実を取り調べる方針を固

め、同年4月27日に被告人に対する住居侵入被疑事実の逮捕状を得、同年5月1日午前8時30分、右逮捕状により被告人を逮捕した（この住居侵入での逮捕が、「別件逮捕」にあたる）。

被告人を逮捕した警察は、同日午前9時25分、同人を警察署に引致したうえで、約1時間にわたって住居侵入の事実につき取り調べて供述調書を作成した後、本件放火に関連する事項についてポリグラフ検査を実施し、次いで、同日午後3時ころから午後5時30分ころまでの間、Hとの関係、本件火災当日のアリバイの有無などに関する取調べを行い、さらに、夕食後の午後6時ころから午後10時30分ないし11時ころまでの間、本件放火事実に関する取調べを行い、その間に自白を得たことから、同日午後10時30分ないし11時ころから翌2日午前2時30分ころまでの間、上記自白を内容とする同年5月1日付供述調書を作成し、同月2日、右自白調書を疎明資料に、本件放火被疑事件の逮捕状を請求し、その発付を得た後、同日午後0時20分、住居侵入被疑事件で逮捕中の被告人をいったん釈放し、同日午後1時40分、前記放火被疑事件の逮捕状により警察署内において被告人を再度逮捕した（この放火での逮捕およびこれに引き続く勾留が、「本件逮捕・勾留」にあたる）。

その後、警察は、同月4日午前11時45分ころ、右放火被疑事件について被告人を神戸地方検察庁検察官に送致し、同日、同検察庁検察官から神戸地方裁判所裁判官に対し勾留請求がなされ、同裁判所裁判官は、即日、勾留質問を実施し、勾留状を発付して被告人を勾留した。なお、勾留質問においては、「被疑事件に対する陳述」として、「事実はそのとおり間違いありませんが、布団に火をつけて直ぐ外に出たので、燃え上がったことは知りませんでした」という被告人の供述を録取した勾留質問調書が作成された。

勾留期間の延長を経て、同月23日、被告人は勾留のまま本件放火の事実で起訴されたが、同月9日から起訴後の同月24日までの間に被告人の取調べが行われ、司法警察員が合計8通、検察官が合計2通の供述調書を作成したほか、同月6日には、消防職員による質問が行われ、質問調書が作成された。なお、質問調書作成時の状況は、次のようなものであった。消防職員Ｚが、警察署に赴き、午後12時40分から2時5分までの間、刑事課取調室において、同署に勾留されていた被告人に対し、本件放火の動

機、方法等を質問し、これに対する被告人の供述を、要約記載して質問調書を作成した。右質問にあたり、Ｚは、消防署員の制服を着用し、自己の身分及び調査の目的を明らかにした上で、Hとの関係、放火の動機、方法、当日の行動等につき質問をしたところ、これに対し被告人は、返答を拒むことなく、素直に放火の事実を供述した。その際、取調室のドアは開放されており、隣接する刑事課室内で執務中の警察官の姿が見える状況であったが、戒護の必要上質問開始当初若干の時間警察官が在室して被告人の動静を観察していただけで、以後はその必要はないものと認めて警察官も同席しておらず、取調室内には被告人と消防職員とが居るだけであり、質問中手錠は施されていなかった。なお、Ｚは、本件火災に出動し、また、同僚から聞くなどして、出火場所、火災の程度は知っていたが、警察官が作成した被告人の供述調書等の捜査書類は全く見ていなかった。

公判では、①住居侵入での逮捕中になされた警察官に対する自白（第1次自白）、②放火での逮捕・勾留中になされた警察官・検察官に対する自白、③放火での逮捕中になされた裁判官に対する自白（勾留質問調書）、④放火での勾留中になされた消防職員に対する自白（質問調書）（②③④が第2次自白にあたる）の証拠能力が争われた。

第一審（神戸地判昭和52・7・1）は、第1次自白について違法な別件逮捕中に得られた違法収集証拠としてその証拠能力を否定するとともに、第2次自白のうち捜査官に対する自白についても、違法収集証拠である第1次自白に基づいてなされた違法な逮捕・勾留中に得られたものであるとしてその証拠能力を否定したが、その一方で、勾留質問調書については、「捜査とは別個独立の手続において、裁判官に対してなされた被疑者の供述を裁判所書記官が録取した書面である」などとして、消防職員の質問調書についても、「〔消防職員は〕独自の行政目的のために被告人の質問調査を行ったものであり、同人を含む消防機関において、行政目的を離れてことさらに犯罪捜査に協力した形跡は窺えない」などとして、いずれも違法収集証拠にはあたらず証拠能力が認められるとして被告人に有罪を言い渡し、控訴審（大阪高判昭和55・3・25）も、一審の判断を是認した。

これをうけて弁護人は、上記勾留質問調書および消防職員の質問調書の証拠能力を認めることは、憲

法11条ないし13条、31条、33条、34条に違反するな
どとして上告した。

2 法の解釈

「勾留質問は、捜査官とは別個独立の機関である
裁判官によって行われ、しかも、右手続は、勾留の
理由及び必要の有無の審査に慎重を期する目的で、
被疑者に対し被疑事件を告げこれに対する自由な弁
解の機会を与え、もつて被疑者の権利保護に資する
ものであるから、違法な別件逮捕中における自白を
資料として本件について逮捕状が発付され、これに
よる逮捕中に本件についての勾留請求が行われるな
ど、勾留請求に先き立つ捜査手続に違法のある場合
でも、被疑者に対する勾留質問を違法とすべき理由
はなく、他に特段の事情のない限り、右質問に対す
る被疑者の陳述を録取した調書の証拠能力を否定す
べきものではない」。

「また、消防法32条1項による質問調査は、捜査
官とは別個独立の機関である消防署長等によって行
われ、しかも消防に関する資料収集という犯罪捜査
とは異なる目的で行われるものであるから、違法な
別件逮捕中における自白を資料として本件について
勾留状が発付され、これによる勾留中に被疑者に対
し右質問調査が行われた場合でも、その質問を違法
とすべき理由はなく、消防職員が捜査機関による捜
査の違法を知ってこれに協力するなど特段の事情の
ない限り、右質問に対する被疑者の供述を録取した
調書の証拠能力を否定すべきものではない」。

3 法の適用

「原判決認定の事情のもとで作成された裁判官の
勾留質問調書及び消防職員の質問調書の証拠能力を
肯定した原判決の判断は相当である」。

4 コメント

(1) 先行する取調べ（たとえば、警察官による取
調べ）において自白をした被疑者が、後行する取調
べ（たとえば、検察官による取調べ）においても同
じ内容の自白を繰り返した場合、この繰り返された
自白のことを反復自白という。

反復自白の証拠能力は、反復自白それ自体の収集
過程だけでなく、先行する自白の収集過程をも考慮
して判断する必要がある。つまり、反復自白の収集
過程そこだけをみれば問題はなくても、先行する取
調べによって得られた自白が、任意性に疑いがある

として、あるいは、違法収集証拠として証拠能力が
否定された場合には、その影響により反復自白の証
拠能力も否定される場合があるのである。本判決で
問題となっているのも、まさにこの点である。

(2) 本判決で証拠能力が争われたのは、違法な別
件逮捕中に得られた自白を資料として発付された逮
捕状による本件逮捕中の被疑者に対する勾留質問調
書（事実の概要で紹介した③の自白）、違法な別件逮
捕中に得られた自白を資料として発付された勾留状
による本件勾留中の被疑者に対する消防職員の質問
調書（事実の概要で紹介した④の自白）の2点であ
る（なお、事実の概要で紹介した①②の自白の証拠能
力については、本判決では争点となっていない）。

まず、違法な別件逮捕中に得られた自白を資料と
して発付された逮捕状による本件逮捕中の被疑者に
対する勾留質問調書について、従前の裁判例には、
その証拠能力を否定したものが少なからず存在して
いた。たとえば、金沢地七尾支判昭44・6・3は、
「裁判官に対する陳述調書は、勾留質問の際、裁判
官に対してなされた自白を記載したものであるが、
実質的に見て第1次逮捕による身柄拘束中になされ
たものと認むべきものであるから、その証拠能力を
別異に解すべき理由はないものと考える」というき
わめて明快な論理で、勾留質問調書の証拠能力を否
定している。また、旭川地決昭48・2・3も、本命事
件での逮捕・勾留は、もっぱら「収集過程に違法が
あるため司法審査の資料として用いることが許され
ない」違法な別件勾留中に作成された各供述調書を
疎明資料として認められたものであって違法な身体
拘束に当たり、「しかも、……〔本命事件での逮捕・
勾留中に作成された〕各供述調書等は、その間に
……〔別件〕勾留中に作成された前記各供述調書に
基づきこれを利用して、あるいはその影響下におい
てなされた陳述について作成されたものと認められ
る」として、本件逮捕・勾留中に作成された捜査官
に対する供述調書とともに本件勾留に際して作成さ
れた勾留質問調書についても、一括してすべてその
証拠能力を否定している（これらのほかに、勾留質
問調書の証拠能力を否定した裁判例としては、佐賀地
唐津支判昭51・3・23、津地四日市支決昭53・3・10があ
る）。

他方、違法な別件逮捕中に得られた自白を資料と
して発付された勾留状による本件勾留中の被疑者に
対する消防職員の質問調書の証拠能力については、
従前の判例・裁判例は見当たらず、また、学説の議

論もほとんどなく、未知の問題であった。もっとも、先にみた金沢地七尾支判昭44・6・3や旭川地決昭48・2・3などの論理を当てはめれば、捜査機関に対する自白と一括して証拠能力を否定する余地はありえたといえよう。

（3）この点、本判決は、本件勾留質問調書および消防職員の調査調書いずれについても、その証拠能力を認める判断を示している。もっとも、本判決自身述べているように、本判決は、勾留質問調書や消防職員の調査調書であれば、先行する捜査手続に違法があったとしても、無条件にその証拠能力を認める立場にたつものではない。本判決は、本件勾留質問調書および消防職員の質問調書の証拠能力を認めるにあたり、前者については「他に特段の事情のない限り」という限定句を、後者については「消防職員が捜査機関による捜査の違法を知ってこれに協力するなど特段の事情のない限り」という限定句をそれぞれ付しているからである（なお、ここから、本判決は間接的にではあるが、違法な手続によって得られた自白の証拠能力が、その収集手続の違法性を理由に否定される場合のありうること、つまりは自白を違法排除することを肯定したものと解することができるであろう）。

問題は、具体的にどのような場合が本判決のいう「特段の事情」にあたるのかであるが、勾留質問調書についてはこの点について何も言及がなく、消防職員の調査調書については「消防職員が捜査機関による捜査の違法を知ってこれに協力〔した場合〕」という例をあげているものの、このような場合以外にどのような場合が「特段の事情」に当たるのかは明らかではない。

この点について重要な手がかりを提供しているのが、伊藤正己補足意見である（なお、調査官解説においては、同補足意見は、法廷意見を「代弁したもの」であるとの説明がなされている）。同補足意見は、次のように述べている。「違法収集証拠（第1次的証拠）そのものではなく、これに基づいて発展した捜査段階において更に収集された第2次的証拠が、いわゆる『毒樹の実』として、いかなる限度で第1次的証拠と同様に排除されるかについては、それが単に収集された第1次的証拠となんらかの関連をもつ証拠であるということのみをもって一律に排除すべきではなく、第1次的証拠の収集方法の違法の程度、収集された第2次的証拠の重要さの程度、第1次的証拠と第2次的証拠との関連性の程度等を

考慮して総合的に判断すべきものである」。これによれば、「特段の事情」の有無は、「第1次的証拠の収集方法の違法の程度」、「収集された第2次的証拠の重要さの程度」、「第1次的証拠と第2次的証拠との関連性の程度」等を総合して判断すべきことになろう（この基準は、その後、最判平15・2・14［大津違法逮捕事件］〔本書75〕が第1次的証拠に派生して得られた第2次的証拠の証拠能力の判断基準として示した「密接な関連性」の基準とも通じるものがあるといえよう）。

（4）ところで、伊藤補足意見は、先に引用した部分に続けて、第2次的証拠が捜査機関によって収集されたものである場合の取扱いについても言及している。いわく、「本件現住建造物等放火罪を理由とする逮捕、勾留中における、捜査官に対してされた同罪に関する被告人の自白のように、第1次的証拠の収集者自身及びこれと一体とみられる捜査機関による第2次的収集証拠の場合には、特段の事情のない限り、第1次的証拠収集の違法は第2次的証拠収集の違法につながるというべきであり、第2次的証拠を第1次的証拠と同様、捜査官に有利な証拠として利用することを禁止するのは、将来における同種の違法捜査の抑止と司法の廉潔性の保持という目的に合致するものであって、刑事司法における実体的真実の発見の重要性を考慮にいれるとしても、なお妥当な措置であると思われる。したがって、第1審判決及び原判決が、その適法に認定した事実関係のもとにおいて、捜査官に対する被告人の各供述調書の証拠能力を否定したことは適切なものと考えられる」。

ここで注目すべきは、「第1次的証拠の収集者自身及びこれと一体とみられる捜査機関」によって得られた第2次的証拠については「特段の事情のない限り、第1次的証拠収集の違法は第2次的証拠収集の違法につながる」として、第2次的証拠が捜査機関によって得られたものである場合には、原則としてその証拠能力を否定すべきとしている点である。問題は、ここにいう「特段の事情」の射程であるが、これはごく限定的と解するのが素直な理解であろう。なぜなら、第2次的証拠を排除すべきかどうかは「第1次的証拠の収集方法の違法の程度、収集された第2次的証拠の重要さの程度、第1次的証拠と第2次的証拠との関連性の程度等を考慮して総合的に判断」して決せられることになるが、このことを踏まえてもなお、捜査機関によって得られた第2

次証拠の証拠能力を否定することは「妥当な措置である」というのが伊藤補足意見の趣旨だからである。

第2次的証拠が捜査機関によって収集されたものである場合の取扱いについて、判例の判断はいまだ示されていない。こうした中にあって、伊藤補足意見は、違法な別件逮捕・勾留中に得られた自白に派生して得られた自白の証拠能力を弾力的に否定する道を開くものであり、同補足意見が法廷意見を「代弁したもの」とされていることともあいまって、今日においてもなお高い参照価値を有しているものと思われる。

(関口 和徳)

84 自白から派生した証拠物の証拠能力

📖 不逮捕等約束事件

東京高判平成25[2013]年7月23日判時2201号141頁【LEX/DB25502465】

〈関連判例〉

最2小判昭和41[1966]年7月1日刑集20巻6号537頁　【27760800】　[児島税務署収賄事件]〔本書78〕
最大判昭和45[1970]年11月25日刑集24巻12号1670号　【27760926】　[旧軍用拳銃不法所持事件]〔本書79〕
大阪高判昭和52[1977]年6月28日刑月9巻5・6号334頁　【27920943】　[杉本町派出所爆破事件]
最1小判昭和53[1978]年9月7日刑集32巻6号1672頁　【27682171】　[大阪天王寺覚せい剤所持事件]〔本書73〕
最3小判昭和58[1983]年7月12日刑集37巻6号791頁　【27682449】　[神戸クラブ従業員宅放火事件]〔本書83〕
東京高判平成14[2002]年9月4日判時1808号144頁　【28085197】　[ロザール事件]〔本書82〕
最2小判平成15[2003]年2月14日刑集57巻2号121頁　【28085189】　[大津違法逮捕事件]〔本書75〕
最3小決平成21[2001]年9月28日刑集63巻7号868頁　【25441230】　[大阪宅配便エックス線検査事件]〔本書19〕
東京高判平成22[2010]年11月1日判タ1367号251頁　【25480982】

1 事実の概要

被告人は、平成24（2012）年7月15日、覚せい剤使用の被疑事実で通常逮捕され、M警察署所属のA警部補およびB巡査らが、同日被告人方（被告人の実家）を捜索差押令状に基づき捜索したが、覚せい剤は発見されなかった。A警部補とB巡査（以下、両者を併せて「A警部補ら」という）が、同月20日午前10時15分頃から1時間15分ないし1時間30分程度、S警察署で被告人の取調べを行ったところ、被告人は覚せい剤使用の事実を否認した。

その際、A警部補が、先日の捜索差押では覚せい剤を発見できなかったが、実際には覚せい剤は存在するのではないか、参考までに教えてくれないかなどと尋ねると、被告人は、そんなことを聞いてどうするのか、無理です、再逮捕するのだろうなどと答えた。さらに、A警部補らが、覚せい剤所持では逮捕も家宅捜索もしない、ここだけの話にするから教えてくれないかなどと説得するのに対し、被告人は、逮捕等しないのであれば、覚せい剤の保管場所を聞く必要はないではないかなどと応答した。このようなやり取りが何回か繰り返された挙げ句、被告人は、このままでは、被告人方に住む両親が警察から事情聴取を受けることになると考え、A警部補らの言を信じ、被告人の部屋のティッシュボックスの中に本件覚せい剤を隠してある旨供述した（本判決のいう「問題の被告人供述」とは、この供述のことをさす。また、以下、本稿で「本件自白」という場合も、この供述のことをさす）。

A警部補らが、一旦取調べを終え、同日午後2時10分頃、再度、取調べを始め、被告人方にある本件覚せい剤を差し押さえなければならなくなったと告げると、被告人は、話が違うと怒り出し、A警部補らを帰らせ、同日午後3時過ぎ頃、被疑者国選弁護人として接見に来た当審弁護人でもあるT弁護士に対し、A警部補らにだまされて本件覚せい剤の隠し場所を言わされた旨伝えた。

A警部補らは、問題の被告人供述を枢要な疎明資料として、同日中に捜索差押許可状の発付を受け、翌21日被告人方を捜索し、被告人の申出どおり、被告人の部屋のティッシュボックスの中から、本件覚せい剤を発見し、8月13日被告人を本件覚せい剤所持の容疑で再逮捕した。

これに対し、T弁護士は、7月21日と同月23日の2度にわたり、M署の警察官に対し、抗議と違法収集証拠である旨などを伝えた。また、同日東京地検所属の担当検察官に対して、違法捜査について十分に調べるよう申し入れるなどしたほか、8月20日には、M署署長や担当検察官に対し、本件覚せい剤所持について被告人を不起訴処分にするよう求めた申入書を送付した。

しかし、被告人は、覚せい剤使用の罪で起訴された後、結局、上記覚せい剤所持の罪でも起訴された。

第一審は、問題の被告人供述については、「A警部補らの取調べは、被告人の供述の自由を奪うもので、黙秘権を侵害する違法なものであるばかりか、A警部補らは、原審公判において、取調べの実態を隠蔽しようとする証言のとおり、自らの行為の違法性を認識しており、……任意性を欠く」とする一方で、本件覚せい剤については、「問題の被告人供述を1つの疎明資料として発付された捜索差押許可状に基づいて発見押収されたものであり、第1次的証拠である問題の被告人供述と密接な関連性を有することは否定できないが、問題の被告人供述がなされた取調べの時間は長くて1時間半程度であり、暴行や脅迫も用いられておらず、違法性の程度は高くない上、事案の重大性、証拠の必要不可欠性等一切の事情を併せて考えると、本件捜索差押手続に令状主義の趣旨を潜脱するような重大な違法があるとは認められず、将来における違法捜査抑止の観点から証拠排除することが相当ともいえないので、第2次的証拠である本件覚せい剤や鑑定書等の関連証拠には、証拠能力がある」との判断を示した。

これをうけて、弁護人は、本件自白およびそれに派生して得られた本件覚せい剤等いずれについてもその証拠能力を争って控訴した。

2 法の解釈
一般的な規範は示されていない。

3 法の適用①
「被告人から問題の被告人供述を引き出したA警部補らの一連の発言は、利益誘導的であり、しかも、少なくとも結果的には虚偽の約束であって、発言をした際のA警部補らの取調べ自体、被告人の黙秘権を侵害する違法なものといわざるを得ず、問題の被告人供述が任意性を欠いていることは明らかで

ある」。

4 法の適用②
「本件覚せい剤の捜索差押調書（甲5）によると、本件覚せい剤は、問題の被告人供述を枢要な疎明資料として発付された捜索差押許可状に基づき、いわば狙い撃ち的に差し押さえられている。さらに、原判決の覚せい剤所持の事実……に関する証拠の標目に掲げられた『捜索差押調書』（甲5）、『写真撮影報告書』（甲8）、『鑑定嘱託書謄本二通』（甲9、11）及び『鑑定書二通』（甲10、12）は、いずれも本件覚せい剤に関する捜索差押調書、写真撮影報告書、鑑定結果等の証拠であり、問題の被告人供述と密接不可分な関連性を有すると評価すべきである。しかも、弁護人が正当に指摘するとおり、虚偽約束による供述が問題となる本件においては、その供述を得られた取調べ時間の長さや暴行、脅迫の有無を検討要素とする意味はなく、捜査官が利益誘導的かつ虚偽の約束をしたこと自体、放置できない重大な違法である」。

「確かに、本件全証拠によっても、A警部補らが、当初から虚偽約束による自白を獲得しようと計画していたとまでは認められないが、少なくとも、被告人との本件覚せい剤のありかを巡るやり取りの最中には、自分たちの発言が利益誘導に当たり、結果的には虚偽になる可能性が高いことは、捜査官として十分認識できたはずである。現に、A警部補らは、『事件としては成り立たない。』（A警部補）あるいは『違法ということを重々承知しております…』（B巡査）と証言し、違法性の認識があったことを自認している」。

「そうすると、A警部補らの違法な取調べにより直接得られた、第1次的証拠である問題の被告人供述のみならず、それと密接不可分の関連性を有する、第2次的証拠である本件覚せい剤、鑑定嘱託書、鑑定書及び捜索差押調書をも違法収集証拠として排除しなければ、介〔令〕状主義の精神が没却され、将来における違法捜査抑制の見地からも相当ではないというべきである」。

5 コメント①
(1) 本件で証拠能力が争われたのは、捜査官が、被疑者に対して、自白をすれば「覚せい剤所持では逮捕も家宅捜索もしない」、「ここだけの話にする」などと説得して得た自白である。これは、いわゆる

約束による自白に当たるものである（もっとも、上記の約束は、いずれも虚偽の約束であったため、本件では偽計の問題も生じている）。

（2）約束による自白に関するリーディング・ケースが最判昭41・7・1［児島税務署収賄事件］〔本書78〕である。この判決は、検察官の起訴猶予にするとの約束によって得られた自白について、「被疑者が、起訴不起訴の決定権をもつ検察官の、自白をすれば起訴猶予にする旨のことばを信じ、起訴猶予になることを期待してした自白は、任意性に疑いがある」として、その証拠能力を否定したものである。

自白の任意性をめぐっては、虚偽排除説、人権擁護説、違法排除説という3つの説が存在している。これに対し、判例は、取調べ手法に問題があったとしてもその一事をもって自白の任意性を否定すべきではなく、その手法が被疑者の心理にどのような影響を及ぼしたのかを検討したうえで結論を出すべきである、との立場を一貫して維持してきた。すなわち、判例は、虚偽排除説ないしは人権擁護説にたち、違法排除説には消極的な立場を示してきたのである。この点、最判昭41・7・1も、それまでの判例と同様、基本的には、虚偽排除説ないしは人権擁護説にたつものとの理解が一般的である。もっとも、最判昭41・7・1は、起訴猶予にするとの約束が被疑者の心理に及ぼした影響を具体的に検討することなく、事実上そのような約束の存在一事をもって自白の任意性を否定する結論を導いており、その実体は極めて違法排除説的である。そこで、この点をどのように理解すべきかが問題となる。

思うに、最判昭41・7・1が違法排除説にも通じるような判断を示したのは、自白をすれば起訴猶予にするという約束のもつ虚偽自白誘発の危険性を重視したことによるものであろう。自白をすれば起訴猶予にするという約束は、被疑者に対し、たとえ自分が犯行に関与していなくても、とにかく自白しさえすれば刑罰のリスクから解放されるという期待もたらすものであり、きわめて強い虚偽自白誘発の危険性を有するものである。それゆえ、そのような約束が用いられた後に得られた自白は、特段の事情のない限り、その影響を受けてなされたものであると解し、任意性を否定すべきであると考えたのであろう（詳細は、〔本書78〕参照）。

なお、このような考え方は、自白をすれば起訴猶予にするという約束に限らず、虚偽自白を誘発する危険性の強い取調べ方法が用いられた場合一般に妥当するものといえよう。実際、その後判例は、偽計（いわゆる切り違え尋問）によって得られた自白について、同様の考え方に基づき、その任意性を否定する判断を示している（最大判昭和45・11・25［旧軍用拳銃不法所持事件］〔本書79〕参照）。

（3）この点、本判決は、「被告人から問題の被告人供述を引き出したA警部補らの一連の発言は、利益誘導的であり、しかも、少なくとも結果的には虚偽の約束であって、発言をした際のA警部補の取調べ自体、被告人の黙秘権を侵害する違法なものといわざるを得ず、問題の被告人供述が任意性を欠いていることは明らかである」として、本件自白の証拠能力を否定している。

ここにいうA警部補らの一連の発言とは、先にみたように、自白をすれば「覚せい剤所持では逮捕も家宅捜索もしない」、「ここだけの話にする」などというものである。このような発言は、それ自体、被疑者に対し、自白しさえすれば刑罰の危険だけでなく、逮捕や捜索といった手続的な負担からも免れることができるという期待をももたらすものであり、最判昭41・7・1で問題となった自白をすれば起訴猶予にするという約束と比べても、きわめて強度の虚偽自白誘発の危険性を有するものであることは明らかである。そして、A警部補らの一連の発言が被告人の心理に影響を及ぼしたことは明らかなのであるから、本件自白の任意性を否定した本判決の判断は、最判昭41・7・1の論理からすれば当然の判断ということができよう。

（4）もっとも、本件自白の任意性を否定した本判決の論理は、最判昭41・7・1のそれとは大きく異なっている。それは、本件取調べを「黙秘権を侵害する違法なもの」としたうえで、そのことを直接の根拠として、すなわち違法排除説を前面に打ち出して、本件自白の任意性を否定している点である（そして、この判断が、本件自白の派生的証拠である覚せい剤等の証拠排除へとつながっていくことになる。詳細は、コメント②参照）。

ただこの点に関しては、違法排除説に消極的な立場を示してきた判例との矛盾を問う向きもあろう。しかし、「黙秘権を侵害する違法なもの」という表現からも明らかなように、本判決が本件取調べを「違法」と判断したのは、A警部補らの取調べが被告人の「黙秘権を侵害する」ものだったからにほかならない。このように、本判決の「違法」判断の背後に「黙秘権を侵害する」ものとの評価が存在して

いることに着目すれば、本判決は人権擁護説にたつものと解することもでき、したがって、本判決は必ずしも従来の判例と矛盾するものではないということになろう（本判決においては、違法排除説と人権擁護説とが表裏一体の関係にあるのである。なお、同様の思考がみてとれる裁判例として、黙秘権告知を欠く取調べによって得られた自白を「黙秘権を実質的に侵害して作成した違法がある」として排除した東京高判平22・11・1などがある）。

　（5）　この点に関連してもう1つ問題となりうるのが、本判決がA警部補らの取調べを「黙秘権を侵害する」ものと判断している点である。約束を用いた取調べを「黙秘権を侵害する」ものと判断した判例は、下級審のものを含めてみあたらない。むしろ、一般的には、約束は自白の動機とはなりうるものの、供述の自由それ自体を制約するものではなく、したがって黙秘権侵害の問題は生じないものと解されてきた。本判決に対しても、このような立場からの批判が存在している。しかし、すでに一部の論者が指摘しているように、約束が供述の自由を制約するものではないと一概にいい切ることはできないであろう。本件に関していえば、先に述べたように、約束に応じて自白をしさえすれば、覚せい剤所持については事実上完全に免責される結果が期待できる状況が生まれていたのであり、最判昭41・7・1の判断を踏まえれば、このこと自体、被疑者の供述の自由に重大な影響を及ぼしうるものであることは、論をまたないところであろう。また、自白をすれば覚せい剤所持について「逮捕も家宅捜索もしない」、「ここだけの話にする」という約束は、裏を返せば、自白をしなければ、覚せい剤所持について逮捕や家宅捜索もありうるということ暗に示唆するものともいえる。このことは、被疑者にとって、事実上脅迫にも近い心理的効果をもたらしうるものと考えられ、このような状況の中で、被疑者が自白をしないという選択をすることはきわめて困難であったといわざるをえないであろう。

　そもそも、捜査官には被疑者の黙秘権を尊重する義務が存在しているのである（刑訴法198条2項。憲法38条1項も参照）。にもかかわらず、捜査官が、本件約束のように、被疑者の黙秘権の行使を妨げるような取調べを行うことは大きな矛盾であり、そのこと自体許されるものではないであろう。しかも、本件では、覚せい剤所持で逮捕されることを危惧して一旦は供述を拒否した被告人に対し、上記のような

約束を用いて（しかも、それは虚偽の約束であり、最大判昭45・11・25が「厳に避けるべき」とまで判示した「偽計を用いて被疑者を錯誤に陥れ自白を獲得するような尋問方法」にあたるものだったのである）執拗な働きかけがなされているのであるのであるから、いっそう問題は深刻である。

　本判決は、A警部補らの取調べを「黙秘権を侵害する」ものと解すべき理由を具体的に述べていないため、その真意はなお判然としないところがある。しかし、以上に述べたところを踏まえれば、本判決が本件取調べ「黙秘権を侵害する」ものと判断したことについては、十分な理由が存在するといってよいであろう。本判決は、最判昭41・7・1や最大判昭45・11・25を前提にさらに一歩踏み込んだ判断を示した裁判例として、重要な意義を有するものであると思われる。

6 コメント②

　（1）　本件では、本件自白（第1次的証拠）に派生して得られた覚せい剤等（第2次的証拠）の証拠能力も問題となっている。先にみたように、本件自白は、「黙秘権を侵害する違法」な取調べによって得られたものであるとしてその任意性が否定されたものである。したがって、本件で問題となっているのは、違法排除説によって任意性が否定された自白に派生する第2次的証拠の証拠能力ということになる。

　（2）　この問題を扱った先例としてたびたび参照されてきた裁判例に、大阪高判昭52・6・28［杉本町派出所爆破事件］がある。この判決は、「『不任意自白なかりせば派生的第二次証拠なかりし』という条件的関係がありさえすればその証拠は排除されるという考え方は広きにすぎるのであって、自白採取の違法が当該自白を証拠排除させるだけでなく、派生的第2次証拠をも証拠排除へ導くほど重大なものか否かが問われねばならない」としたうえで、任意性が否定される自白には、①拷問、脅迫等の人権侵害を伴う手段によって得られたもの、②約束、偽計、利益誘導等によって得られたもの、③適正手続に違反して得られたもの、の3種類があるところ、①に派生する証拠は人権侵害防止の観点からすべて排除すべきであるが、②③に派生する証拠については、それが重大な犯罪行為の解明に必要不可欠である場合には、「〔捜査官が〕当初から、計画的に右違法手段により採取した自白を犠牲にしてでも、その自白に

基づく派生的第2次証拠の獲得を狙いとして右違法な手段により自白採取行為に出たというような特段の事情がある場合」を除いて、その証拠能力を認めるべきであるとの判断を示したものである。

　もっとも、この判決の翌年、最判昭53・9・7によって、証拠物についてではあるが、排除法則が採用された。また、第2次的証拠の証拠能力の問題についても、その後、最判平15・2・14［大津違法逮捕事件］〔本書75〕において正面から取り上げられ、違法収集証拠として証拠能力が否定された第1次的証拠と「密接な関連性」を有する場合には、第2次的証拠についてもその証拠能力も否定すべきとの判断が示された（もっとも、ここでの問題の本質は、第1次的証拠と第2次的証拠との「密接な関連性」の有無というよりも、第1次的証拠の収集手続の違法と第2次的証拠との「密接な関連性」の有無であるとも解される。この点について、最決平21・9・28［大阪宅配便エックス線検査事件］〔本書19〕参照）。

　そして今日、排除法則は、証拠物に限らず自白にも適用しうるものと解されている（排除法則を自白にも適用しうることを示唆する判例としては最判昭和58・7・12［神戸クラブ従業員宅放火事件］〔本書83〕があり、実際に適用した裁判例としては東京高判平14・9・4［ロザール事件］〔本書82〕などがある）。このような理解を前提とすれば、違法収集証拠として証拠能力が否定された自白に派生する第2次的証拠の証拠能力も、証拠物の場合と同様に、最判平15・2・14によって示された基準によって、すなわち、自白と第2次的証拠との間に「密接な関連性」があるかどうかによって判断すべきことになろう。なお、この論理は、自白が排除法則によって排除された場合だけでなく、違法排除説によって任意性が否定された場合についても等しく妥当するものと解される。もともと違法排除説は自白法則を排除法則の一適用場面ととらえる見解として展開されたものであるし、また、適正手続の実現や将来における違法捜査の抑止といった自白排除の理論的根拠も、排除法則を適用する場合と違法排除説による場合といささかも異なるところはないからである。

　（3）　この点、本判決は、「本件覚せい剤の捜索差押調書（甲5）によると、本件覚せい剤は、問題の被告人供述を枢要な疎明資料として発付された捜索差押許可状に基づき、いわば狙い撃ち的に差し押さえられている。さらに、原判決の覚せい剤所持の事実……に関する証拠の標目に掲げられ〔ているの〕

……は、いずれも本件覚せい剤に関する捜索差押調書、写真撮影報告書、鑑定結果等の証拠であり、問題の被告人供述と密接不可分な関連性を有すると評価すべき」としたうえで、「A警部補らの違法な取調べにより直接得られた、第1次的証拠である問題の被告人供述のみならず、それと密接不可分の関連性を有する、第2次的証拠である本件覚せい剤、鑑定嘱託書、鑑定書及び捜索差押調書をも違法収集証拠として排除しなければ、介〔令〕状主義の精神が没却され、将来における違法捜査抑制の見地からも相当ではない」としているが、これはまさに最判平15・2・14によって示された基準に基づいて本件第2次的証拠の証拠能力を判断したものといってよいであろう。本判決は、違法排除説によって任意性が否定された自白に派生する第2次的証拠の証拠能力を、証拠物に派生する第2次的証拠と同じ基準で判断した高裁判例として、大きな価値を有するものといえよう。

　なお、本判決は、最判平15・2・14で用いられた「密接な関連性」という表現ではなく、「密接不可分の関連性」という表現を用いているが、これは、それだけ本件第1次的証拠と第2次的証拠とが強い関連性を有するものであり、第1次的証拠だけでなく第2次的証拠についてもその証拠能力を否定する必要性が高いことを示そうとしたものであると解される。

　（4）　本判決は、本件第1次的証拠と第2次的証拠との間の「密接不可分の関連性」を認めた上で、さらに次のような判断を示している。いわく、「しかも、弁護人が正当に指摘するとおり、虚偽約束による供述が問題となる本件においては、その供述を得られた取調べ時間の長さや暴行、脅迫の有無を検討要素とする意味はなく、捜査官が利益誘導的かつ虚偽の約束をしたこと自体、放置できない重大な違法である」。

　先にみたように、本判決は、本件自白を「黙秘権を侵害する違法な」取調べによって得られたものとしてその任意性を否定したものであるが、その判断の中では違法の程度については言及していない。しかし、判例によれば、違法収集証拠を排除するためには、その収集過程に重大な違法が存在することが必要となる。そこで、本判決は、上記の判示を通して、第2次的証拠の証拠能力を否定する前提となる第1次的証拠の収集手続の違法の程度、すなわち、本件取調べの違法の程度が判例の要求する水準をみ

たすものであることを確認・明示しようとしたものと解される。

　もっとも、この判断に対しては、「捜査官が利益誘導的かつ虚偽の約束をしたこと自体」がはたして「放置できない重大な違法」を構成するといえるか、という批判もありえよう。しかし、この点に関しては、偽計による自白の任意性を否定した最大判昭45・11・25を改めて想起すべきである。同判決は、「捜査手続といえども、憲法の保障下にある刑事手続の一環である以上刑訴法1条所定の精神に則り、公共の福祉の維持と個人の基本的人権の保障とを全うしつつ適正に行なわれるべきものであることにかんがみれば、捜査官が被疑者を取り調べるにあたり偽計を用いて被疑者を錯誤に陥れ自白を獲得するような尋問方法を厳に避けるべきである」として、取調べにおいて偽計を用いることそれ自体に対して否定的評価を下している。このような判例（しかも、大法廷の判例）が存在する以上、捜査官には、それを遵守する行動が求められるといえよう。にもかか

わらず、本件被告人の取調べを担当したA警部補らは、取調べにおいて「利益誘導的かつ虚偽の約束」を用いたのである。このことは、A警部補らが判例によって示された規範を無視して取調べを行ったということを意味している。そして、このような、およそ規範を守ろうとしない捜査官の態度は、適正手続の実現にとっても、違法捜査の抑止にとっても看過できないものであり、そのことは違法の程度をより強める方向に作用するものといえよう。実際、最判平15・2・14では、捜査官の法を無視する態度の存在が、違法の重大性が認められるうえで重要な役割を果たしているのである（詳細については、〔本書75〕参照）。

　「捜査官が利益誘導的かつ虚偽の約束をしたこと自体」を「放置できない重大な違法」とした本判決の判断は、判例の立場にてらしても無理なく首肯できるものといえるであろう。

（関口　和徳）

 85

取調べ記録媒体の実質証拠としての利用の可否

📖 千葉DVD証拠請求事件

　　東京高判平成28［2016］年8月10日判タ1429号132頁【LEX/DB25506536】

　　〈関連判例〉

　　　東京高判平成30［2018］年8月3日判時2389号3頁　【25561023】［今市事件控訴審判決］

　　　東京地決令和元［2020］年7月4日判時2430号150頁【25564030】

1　事実の概要

　被告人は、(1)Bと共謀して自動車を立て続けに2台窃取したという2つの窃盗事件、(2)AおよびBと共謀して自動車を窃取した際、立ちふさがったVに被害車両を衝突させるなどとして殺害したという事後強盗殺人事件、(3)単独で覚せい剤を使用したという事件、(4)単独当時の被告人方アパートの住人に傷害を負わせたという事件の計5事件で起訴された。このうち、(1)、(3)、(4)については起訴に係る罪の成立に争いがなかったが、被告人は(2)については「被害車両を運転していたのはAであり、被告人は現場に赴く際に使用した別の車両に乗車していたに過ぎない」として強盗殺人罪の成立を争った。

　被告人は本件強盗殺人事件の勾留中は黙秘を続け

ていたが、起訴の2か月余り後に自ら申し出て検察官の任意の取調べを受け、そこで検察官に対して「自分が本件車両を運転していたが殺意はなかった」旨供述し、自白調書が作成された（この様子が録音録画されていた）。しかしその後、本件車両を運転していたのはAであったとして、犯人性を争うに至った。

　第一審の争点は①被害者に衝突させた車両を運転していたのが被告人であるか否か、② ①が認められる場合、被告人に殺意が認められるかであった。

　本件において被告人が運転手であることを示す客観的証拠は存在しなかったが、本件現場にいたAとB、および本件の数日後に本件の状況について話をきいたというCの公判廷での供述があった。

　なお、検察官は被告人が本件自白をした取調べの録音録画記録媒体について、立証趣旨を「［取調べで］被告人が供述した内容そのものを実質証拠として、かつ、その供述態度をみてもらうことにより、その供述の信用性を判断してもらうため」に取調べ請求したが、地裁は請求を却下した。証拠決定の理由は、①任意取調べでの被告人の供述内容は、被告人の公判廷の供述から明らかになっている、②被告人が強盗殺人の犯人であるかについての検察官の立証の柱はA、B、Cの供述であり、それらの信用性がポイントであって自白の信用性は根本的な結論をもたらさない、③被告人が真実を話したか、虚偽を真実のように話したかを供述態度だけで判断するのは容易ではない、というものだった。

　千葉地方裁判所はA、B、Cの供述の信用性には疑問があると判断し、被告人が運転手であったことについて合理的な疑いが残るとして強盗殺人罪の成立を認めず、その他について被告人に懲役6年を言い渡した（千葉地判平成27年7月9日、検察官の求刑は無期懲役）。

　検察官は、被告人が本件自白をした取調べの録音録画記録媒体の取調べ請求を却下した原裁判所の判断には証拠の採否に関する裁量を逸脱した法令違反があり、かつ事実誤認があると主張して控訴した。

　東京高等裁判所は取調べ請求却下について訴訟手続の法令違反は認めなかった。ただし、本件車両を運転していたのは被告人であると認められるから原判決には判決に影響を及ぼすことが明らかな事実の誤認があり、破棄を免れないとして本件を千葉地裁に差し戻した（その後、被告人が上告したが最高裁は棄却、さらに異議申立も棄却された。差戻後の千葉地裁は被告人が本件車両を運転していたと認定し、被告人に無期懲役判決を言い渡した。千葉地判平31・2・26）。

②　法の解釈と適用①

● 法の解釈 ●●

　「内心が表情や言動に現れる態様や程度には個人差があり、初対面の人物の個性を直ちに識別することは通常困難であるから、公判廷における供述であっても、裁判所が、供述者の表情等から内心を判断することが容易であるとはいえない。そして、供述態度の評価に重きを置いた信用性の判断は、直感的で主観的なものとなる危険性があり、そのような判断は客観的な検証を困難とするものといえるか

ら、供述の信用性判断において、供述態度の評価が果たすべき役割は、他の信用性の判断指標に比べ、補充的な位置付けとなると考えられる。

　しかも、本件で問題となるのは捜査機関の管理下で行われた取調べにおける被告人の供述であるから、供述態度による信用性の判断は更に困難と考えられる。すなわち、公判廷における被告人質問は、法廷という公開の場で、裁判体の面前において、弁護人も同席する中で、交互質問という手順を踏んで行われるもので、証人尋問の場合と同様に、裁判体は、被告人の供述態度を単に受け身で見るものではなく、必要に応じ、随時、自ら問いを発して答えを得ることもできる。供述証拠について公判期日における供述によるのを原則とするのは、以上のような条件が公判廷における供述には備わっているからであると考えられるし、そのような環境で、裁判体の面前で行われる供述であるからこそ、供述内容に加え、供述態度が信用性の判断指標となっているものといえる。ところが、捜査機関の管理下において、弁護人の同席もない環境で行われる被疑者等の取調べでは、以上のような条件は備わっていないのであり、その際の供述態度を受動的に見ることにより、直観的で主観的な判断に陥る危険性は、公判供述の場合より大きなものがあると思われる。

　さらに、身柄を拘束された被疑者等が自己に不利益な供述をする場合、その動機としては様々なものが想定されるが、取調べ中の供述態度から識別することができる事情には限りがある。それにもかかわらず、取調べ中の供述態度を見ることが裁判体に強い印象を残すことも考えられ、その場合には、信用性の慎重な評価に不適切な影響を及ぼすこととなる可能性も否定できないと思われる。

　したがって、公判廷における被告人質問（あるいは証人尋問）の際に、供述内容とともに供述態度を見て信用性を判断するからといって、前提が根本的に異なる捜査機関の管理下での取調べについて、その際の供述態度を見て信用性を判断することの必要性、相当性が当然に導かれるものではないし、前提が基本的に異なる公判供述と取調べにおける供述について、供述態度を比較してそれぞれの信用性を判断すべきものともいえない。このことは、裁判員の参加する手続であると否とで異ならないというべきであり、所論は、本件証拠決定の合理性を何ら左右するものではない。」

　「核心部分に客観的な裏付けがない自白供述であ

れば、そのことを前提として信用性を検討すべきであり、客観的な裏付けがないことを、取調べ時の供述態度から受ける印象で補おうとすれば、信用性の判断を誤る危険性があるものと考えられる。また、直接主義とは、判断者である裁判体の面前で証人尋問や被告人質問を行うことをいうものであって、取調べの結果として作成される供述調書や、供述調書が作成された取調べの録音録画記録媒体は、直接主義の例外として、証拠とすることの許容性が問題となるものにすぎない。」

● 法の適用 ●●

「本件では、原裁判所に本件記録媒体を採用すべき法令上の義務は認められず、被告人質問により本件自白の存在及びその概要が立証されている中で、原裁判所が、さらに本件記録媒体により本件自白の内容を詳細に調べることや同記録媒体で再現される被告人の供述態度を見て供述の信用性を判断することの必要性、相当性は認め難い」。

3 法の解釈と適用②

● 法の解釈 ●●

「原審検察官が、取調べ状況の録音録画記録媒体を実質証拠として用いようとしたこと自体についても考慮すべき点がある」として、次のように判断した。

「刑訴法は、起訴前の勾留期間を10日間と定め、やむを得ない事由があると認める場合に、検察官の請求により、その期間を最大10日間延長することができるとしており、その間、被疑者に対する取調べが重ねられるのが我が国の捜査の特徴である。我が国では、そのような取調べの結果を要約した供述録取書が作成され、刑訴法322条1項の書面として裁判で活用されてきたもので、そのことによって、捜査段階における供述の要点を公判に顕出することを可能としてきたものといえる。ただし、近時の裁判実務では、捜査段階における供述内容も被告人質問で公判に顕出するのが標準的になってきていることは既に判示したとおりである。

また、さきに成立した刑事訴訟法等の一部を改正する法律（平成28年法律第54号。以下「改正法」という。）は、裁判員の参加する裁判の対象となる事件等について、捜査機関に被疑者の取調べ状況の録音録画記録媒体を作成することを義務付けているが、それは、前記のような被疑者の取調べの実務の中で、被疑者に対する強制や圧迫等が生ずる弊害を防

止するために導入されたものであることは、公知の事実であり、改正法の規定の構造からしても明らかである。すなわち、改正法では、刑訴法322条1項に基づき請求する書面の任意性に争いがあるときに、当該書面が作成された取調べの録音録画記録媒体の取調べを請求することが検察官に義務付けられている。

ところが、所論のように、改正法で定められた録音録画記録媒体の利用方法を超えて、供述内容とともに供述態度を見て信用性の判断ができるというような理由から、取調べ状況の録音録画記録媒体を実質証拠として一般的に用いた場合には、取調べ中の供述態度を見て信用性評価を行うことの困難性や危険性の問題を別としても、我が国の被疑者の取調べ制度やその運用の実情を前提とする限り、公判審理手続が、捜査機関の管理下において行われた長時間にわたる被疑者の取調べを、記録媒体の再生により視聴し、その適否を審査する手続と化すという懸念があり、そのような、直接主義の原則から大きく逸脱し、捜査から独立した手続とはいい難い審理の仕組みを、適正な公判審理手続ということには疑問がある。また、取調べ中の被疑者の供述態度を見て信用性を判断するために、証拠調べ手続において、記録媒体の視聴に多大な時間と労力を費やすとすれば、客観的な証拠その他の本来重視されるべき証拠の取調べと対比して、審理の在り方が、量的、質的にバランスを失したものとなる可能性も否定できず、改正法の背景にある社会的な要請、すなわち取調べや供述調書に過度に依存した捜査・公判から脱却すべきであるとの要請にもそぐわないように思われる。

したがって、被疑者の取調べ状況に関する録音録画記録媒体を実質証拠として用いることの許容性や仮にこれを許容するとした場合の条件等については、適正な公判審理手続の在り方を見据えながら、慎重に検討する必要があるものと考えられる。なお、本件記録媒体は、起訴後における被告人の取調べに係るものであるが、直接主義の原則、公判手続の捜査からの独立性、取調べに対する過度の依存の回避などの点において本質的に異なるものではないし、その取扱いが被疑者の取調べの録音録画記録媒体の取扱いにも波及し得ることに照らせば、被疑者の取調べに準じて考えるのが相当である。」

● 法の適用 ●●

「結局、原審検察官が、証明予定事実記載書及び

冒頭陳述で、争点である被告人の犯人性を共犯者及び関係者の供述により立証すると主張している本件事案において、上記共犯者等の証人尋問を経た後に、上記争点につき立証する趣旨で原審検察官から実質証拠として請求された被告人の自白を内容とする本件記録媒体について、これを原裁判所が採用すべき法令上の義務は認められず、その自白の概要が被告人質問により明らかになっていること、争点については共犯者等の供述の信用性が決め手であること、本件記録媒体で再生される被告人の供述態度を見て供述の信用性を判断するのが容易とはいえないことを指摘して、取調べの必要性がないとして請求を却下した本件証拠決定には合理性があり、取調べ状況の録音録画記録媒体を実質証拠として用いることには慎重な検討が必要であることに照らしても、本件証拠決定が、証拠の採否における裁判所の合理的な裁量を逸脱したものとは認められず、これに反する所論は採用することができない。

訴訟手続の法令違反をいう論旨は理由がない。」

4 コメント

（1）　2016年の刑事訴訟法等の改正により、一部の事件（裁判員裁判対象事件および検察官の独自捜査事件）において取調べの全過程の録音録画が義務付けられ、公判段階において被告人の供述調書（逮捕・勾留中の被疑者取調べまたは弁解の機会に際して作成されたもの）の任意性が争われた場合、検察官は任意性立証のために、取調べを録音録画した記録媒体の証拠調べを請求する義務を負うものとされた（301条の2第1項）。

そもそも、取調べの全過程を録音録画するといういわゆる「取調べの可視化」論に対しては、捜査機関から取調べの真実解明機能が損なわれ、自白等の供述獲得が困難になるなどという懸念が指摘されてきた。

しかし、裁判員制度の導入によって、公判段階において被告人が捜査段階の自白を翻した場合に、捜査段階の自白調書を検察官が証拠調べ請求したとき、その任意性をどのように判断するかという問題が生じた。従来の自白の任意性立証は、取調べ担当官の証言や刑訴規則198条の4に規定される書面などを中心に行われていた。このため、任意性に疑いがあるとの被告人の供述との水掛け論に終始することもあった。裁判員裁判においては、このような水掛け論によって公判が長期化することが懸念され

た。このことから、裁判所の側からも取調べ状況の録音録画記録媒体を任意性の効果的・効率的な立証方法として使用することが提案され、2000年の中頃以降には検察および警察でも被疑者取調べの一部の録音録画が試行されるようになっていた。

さらに、足利事件や志布志事件など、2000年代終わりに明らかになった冤罪事件や、大阪地検特捜部による証拠改ざん事件を契機として、取調べの適正化が改革課題となった。

こうして「取調べと調書への過度の依存からの脱却」を目的にすえた刑訴法等の改正がおこなわれたのである。これにより(1)前述のとおり2016年刑訴法改正で、一部の事件における取調べの全過程の録音録画が義務化され、自白調書の任意性が問題となったときに、その立証のために当該調書が作成された取調べの録音録画記録媒体が証拠調べ請求されることになるとともに（任意性を立証するための補助証拠としての証拠調べ請求）、(2)最高検の依命通知等によって知的・精神障がいのある被疑者等の事件、その他の身体拘束されている被疑者の事件で必要と考えられる事件、その供述が後の公判において立証の中核となることが見込まれる被害者・参考人など、取調べの録音録画が必要であると考えられる事件においても、2014年以降には録音録画が試行されてきた。

こうして、被疑者供述の任意性を効果的・効率的に立証する一方策として、被疑者取調べの録音録画が行われるようになった。このように自白の任意性を判断するための補助証拠として録音録画記録媒体を用いるときは、検察官が「録音・録画状況報告書」を作成して録画DVDを添付し、この証拠調べ請求が行われる。証拠決定がなされれば、録画DVDが法廷で上映され、任意性判断に用いられることになる。公判前整理手続においては、316条の15第1項7号に該当する類型証拠として開示される。なお、任意性立証の補助証拠として用いる場合には、記録されている取調べの外部的な状況から、強制や圧力等による取調べが行われていないかを判断することになる。このように用いられる場合には、録音録画された被疑者の供述内容の真実性は問題にならないから、録音録画記録媒体は非供述証拠である。したがって関連性が認められれば証拠能力を有することになる。

（2）　しかし、その後、捜査当局は録音録画の趣旨を拡大し、被疑者供述の信用性を立証するため、あ

るいは公訴事実そのものを直接立証するために録音
録画記録媒体を用いるという方向性を採用すること
になる（たとえば「取調べの録音・録画を行った場合
の供述証拠による立証の在り方等について」（最高検
判第22号・平成27年2月12日依命通知））。つまり、自
白調書の任意性を立証するための補助証拠として用
いるだけではなく、信用性を立証するための補助証
拠として、さらには犯罪事実や情状を当該録音録画
記録媒体によって直接立証するための実質証拠とし
て用いるというのであった。とくに録音録画記録媒
体そのものを実質証拠として用いることができるの
であれば、検察官としては供述調書の代わりに記録
媒体を証拠請求することができ、調書を作成する手
間を省くということにもなりかねない。しかし、録
音録画記録媒体には供述録取書の場合であれば必要
とされる供述者の署名押印という手続保障の代替と
なる措置もない。そもそも刑訴法は録音録画記録媒
体の実質証拠としての利用について規定しておら
ず、許されないのではないかというとの批判も行わ
れた。

（3）取調べの録音録画記録媒体を実質証拠として
用いることの可否についての議論が高まったのは、
いわゆる今市事件の第一審判決を受けてであった
（宇都宮地判平28・4・8）。

今市事件とは、2005年に栃木県内で行方不明に
なった小学生の女児が、翌日、茨城県内において遺
体で発見されたというものである。その8年後に被
告人が商標法違反で逮捕され、取調べにおいて本件
につき自白した。この取調べの録音録画DVD（合
計82時間）のうち編集された7時間13分が本件殺人
事件の公判廷で再生され、この自白の任意性・信用
性が肯定されるなどして被告人に無期懲役が言い渡
された。判決後の記者会見において裁判員は、この
DVDの映像によって被告人が犯人であることを認
定したとの趣旨の言及を行った。すなわち、本件で
は取調べDVDが事実上、実質証拠として機能した
ととらえられたのであった。

このようなDVD映像の危険性については、映像
のもつ特有のインパクトの問題に着目する研究も存
在する。映像は多くの情報を含むため、過剰な印象
づけをされた感情的な心証形成をしてしまう危険性
がある。逆に、被疑者が取調官から受ける影響を過
小評価してしまう可能性もある。また、長時間の取
調べの録音録画記録の視聴は、証拠調べの長期化を
もたらす可能性があり、公判中心主義にも逆行する

という指摘もなされた。

（4）このような状況の下、本判決が出された。

本判決は検察官が証拠調べ請求した録音録画記録
媒体を原裁判所が採用しなかったことについて、証
拠の採否（刑訴規190条1項）に関する合理的な裁量
の逸脱があったかを判断したうえで、原裁判所の判
断には裁量権の逸脱はなかったと結論づけた。した
がって、本件録音録画記録媒体の証拠能力に関して
は判断を行っていない（証拠能力の問題については
後述）。

証拠の採否については、いわゆる「証拠調べの必
要性基準」が用いられる。これは、要証事実の立証
との関係で、①当該証拠の実質的価値の程度（狭義
の必要性）と②当該証拠に関する審理を行うことに
よる弊害の程度（相当性）を衡量して証拠調べの必
要性を判断するという個別判断である。本判決は、
本件における録音録画記録媒体について、狭義の必
要性は低く、供述態度の評価に重きを置いた信用性
の判断が困難かつ危険であることなどから相当性も
欠くとして、証拠調べの必要性がないとした原審の
証拠決定には問題がなかったと結論付けた。

（5）本決定は、まず原審が①被告人の公判廷供述
から被告人の供述内容が明らかであり、②検察官の
立証の柱が共犯者らの供述であるとしたことについ
て、合理的であると判断した（これらの事情は、録
音録画記録媒体を証拠採用するための狭義の必要性に
関わる事情である）。そのうえで、取調べ録音録画記
録媒体を被告人の自白の信用性判断のための補助証
拠に使うことについて判断した。この点について、
本判決は慎重な立場を採用している［法の解釈およ
び適用①］。本判決は「供述態度の評価に重きを置
いた信用性の判断は、直感的で主観的なものとなる
危険性があり、そのような判断は客観的な検証を困
難とするものといえるから、供述の信用性判断にお
いて、供述態度の評価が果たすべき役割は、他の信
用性の判断指標に比べ、補充的な位置付けとなると
考えられる」と一般的に述べたうえで、さらに捜査
機関の管理下で行われた取調べにおける供述につい
て、供述態度による信用性判断がさらに困難である
こと、受動的に供述態度を見れば直観的で主観的な
判断に陥る危険性があること、そしてそれが信用性
の慎重な評価に不適切な影響を及ぼすことになる可
能性にも言及した。

また、核心部分に客観的な裏付けがない自白供述
については、取調べ時の供述態度から受ける印象で

補おうとすれば、信用性の判断を誤る危険性があることにも言及した。録音録画記録媒体を信用性判断の補助証拠として使う場合にも、次に述べる実質証拠として用いる場合と同様の危険性があることが指摘されている点は重要である。

(6) 本判決はさらに、原審検察官が取調べ状況の録音録画記録媒体を実質証拠として用いようとしたこと自体についても付言した〔法の解釈と適用②〕。

実質証拠としての利用について一般論として慎重な姿勢を示した本判決のこの部分は重要な意味を持つ。

本判決は「取調べ中の供述態度を見て信用性評価を行うことの困難性や危険性」だけでなく、公判手続が「捜査機関の管理下において行われた長時間にわたる被疑者の取調べを、記録媒体の再生により視聴し、その適否を審査する手続と化すという懸念」があり、直接主義の原則から大きく逸脱すること、取調べや供述調書に過度に依存した捜査・公判から脱却すべきであるという改正法の要請にもそぐわないことにも言及した。

そして、本件事案のもとでは、原裁判所が記録媒体を証拠採用すべき法令上の義務は認められないとした。

本判決は、録音録画記録媒体の実質証拠としての利用について、現在の取調べの実態を踏まえて慎重な態度を示したのである。

(7) 裁判所は、取調べの録音録画に関する議論において、捜査段階の取調べ録画媒体の実質証拠としての利用には慎重な立場をとってきていた。

本判決後も、東京高判平30・8・3（上記・今市事件の控訴審判決。本判決と裁判長は同じ）が取調べの録音録画記録媒体の問題に言及した。平成30年の事件では、原審において取調べの録音録画記録媒体が事実上は実質証拠として用いられたことが違法であると弁護人が主張した。裁判所は「［本件における］審理の在り方は、取調べの録音録画を実質証拠としないと整理した趣旨に整合するものではないし、適正な事実認定の手続ともいい難い」「多くの考慮すべき事柄があるにもかかわらず、疑問のある手続経過によって、本件各記録媒体を供述の信用性の補助証拠として採用し、再現された被告人の供述態度等から直接的に被告人の犯人性に関する事実認定を行った原判決には刑訴法317条の違反が認められ」ると判断した。

東京高裁は、その前提として「我が国における被

疑者取調べの制度及び運用の下で、虚偽の自白がされる場合があることは、これまでの経験が示すところであるが、それにもかかわらず、捜査段階の自白供述は、その証明力が実際以上に強いものと評価される危険性があるものである」「被疑者取調べの録音録画記録媒体を見て行う供述の信用性の評価は、前記のように供述が自発的なものかどうかという観点を出ない判断となる可能性があるし、それ以上の検討が行われるとしても、身柄を拘束された状態での被疑者取調べという特殊な環境下でされる自白供述について、これに過度に密着した形で、映像と音声をもって再現される取調べ中の被告人の様子を視聴することにより、真実を述べているように見えるかどうかなどという、判断者の主観により左右される、印象に基づく直観的な判断となる可能性が否定でき［ない］」とも言及した。

本判決と同様、東京高判平成30年も、取調べの録音録画記録媒体の実質証拠（ないし供述の信用性判断の補助証拠）としての採用につき慎重な立場に立っている。そして、いずれも当該録音録画記録媒体の証拠能力の問題には言及せず、必要性の判断を行うという枠組みをとっている。必要性が欠けるために証拠採用はすべきでないとの判断にとどめたもので、証拠能力の問題については言及されていない。

実質証拠として録音録画記録媒体を用いる場合には、322条1項の伝聞例外に当たり、証拠能力が認められると考える立場がある（この立場に立てば、本判決は322条1項の要件をみたせば録音録画記録媒体を実質証拠として利用できることを前提に、必要性についてのみ判断したものと解される）。録音録画記録媒体は、記録の過程が機械的操作によってなされることから録取の正確性の担保があり、被疑者の署名・押印も不要であると考えるのである。この考え方は、犯行・被害再現実況見分調書の写真に関する最決平17・9・27〔本書67参照〕で、実況見分調書に添付された写真は機械的に記録され、その過程に正確性が担保されるから再現者の署名押印が不要であると考えられたのと同じ論理に立つものであろう。

しかし、このような考え方に対しては強い批判がある。現行法上、録音録画記録媒体を証拠として採用するための規定は、301条の2（補助証拠としての録音録画記録媒体の利用）以外に存在しないという主張である。この立場の主張は、次のようなものである。証拠として取調べが請求される録音録画記録

媒体は編集が加えられたものであって、表現・叙述の過程が人為的に加工された供述証拠であるから、実質証拠として使用する場合には二重の伝聞証拠となる。322条は「被告人が作成した供述書」と「被告人の供述を録取した書面で被告人の署名若しくは押印のあるもの」にのみ証拠能力を認めている。しかし、記録媒体はそのいずれにもあたらない。伝聞例外規定を被告人の不利益に類推解釈することは許されず、かつ322条の2つの書面が例示列挙であるとも考えられない。そもそも二重の伝聞証拠であるから、322条の2つの書面とは同質ではなく、類推できない。したがって、録音録画記録媒体は現行法上の伝聞例外要件をみたすことはできない。

さらに、録音録画記録媒体には、被疑者の署名・押印がないが、この署名・押印は正確性の担保のみならず、証拠として裁判所に提出するか否かの選択権や、当該取調べで行われた供述を撤回する実効的な手段の付与という意味もあり、このような手続保障に代わる措置がなく、明文規定もないのであるから証拠能力を認めるべきではない、との主張もある。これらの考え方からすれば、録音録画記録媒体の実質証拠としての利用を認めるためには、その際のルールに関する立法を行うしかないことになる。

（8）　本判決は録音録画記録媒体を法301条の2が予定していた被告人供述の任意性立証のために使うことを超えて、供述の信用性の補助証拠や実質証拠として使うことに慎重な態度を示した。このような使い方をするときには、まさに録音録画記録媒体に記録された被告人の供述態度からの判断が行われることになる。それは困難かつ危険であり、直接主義の観点からも適正な公判審理手続の在り方からも慎重にならざるを得ない。

しかし、翻って考えてみれば、録音録画記録媒体を任意性判断の補助証拠として用いる場合においては、取調べ状況を客観的に立証することが必要である。となれば、このような場合には、取調べを行う捜査官側に着目した立証が必要であろう。任意性立証における録音録画記録媒体の再生方法についても、捜査官側にフォーカスして取調べ状況を立証するなど、客観的な方法を追究すべきである。

（9）　その後の裁判例として、東京地決令1・7・4がある。検察官が被告人の録音録画記録媒体を実質証拠として請求したという事案で、裁判所が322条の要件をみたせば証拠利用できるということを前提に、任意性を肯定したうえで証拠調べの必要性を検討した。当該取調べでは供述調書が作成されておらず、録音録画記録媒体に代わる証拠が存在しないとして狭義の必要性は肯定された。しかし、「本件録音・録画記録媒体には、本件取調べの全過程が録音・録画されており、犯行状況についての自白を超える供述内容を含んでいる。また、当該自白は、その信用性も争われる見込みであり、これを供述状況を録画した映像から認められる供述者である被告人の表情や態度などから判断することは、容易でないばかりか、直感的で主観的な判断に陥る危険性が高い。本件が裁判員裁判対象事件であることも踏まえると、本件記録媒体の録画映像部分を公判廷で取り調べることは相当ではない」として、記録媒体の危険性に鑑みて、録画部分は採用せず音声のみが証拠採用された。

（笹倉　香奈）

86　補強の範囲

〈　鳥栖無免許運転事件
　最1小判昭和42［1967］年12月21日刑集21巻10号1476頁【LEX/DB27760837】
　〈関連判例〉
　　最2小判昭和23［1948］年10月30日刑集2巻11号1427頁【27760069】［東山強盗致傷事件］
　　最2小判昭和24［1949］年4月30日刑集3巻5号691頁【27760117】［品川強盗致傷事件］
　　最大判昭和25［1950］年11月29日刑集4巻11号2402頁【27760255】［盗品ガソリン保管事件］
　　最2小決昭和26［1951］年1月26日刑集5巻1号101頁【27760266】［盗品運搬事件］
　　最3小決昭和29［1954］年5月4日刑集8巻5号627頁【24001974】［盗品鉄管有償あっせん事件］
　　最大判昭和30［1955］年6月22日刑集9巻8号1189頁【27610714】［三鷹事件］

最1小決昭和32[1957]年5月23日刑集11巻5号1531頁【27760582】［常盤炭坑窃盗事件］
最2小判昭和32[1957]年10月4日刑集11巻10号2456頁【24003054】［映画撮影所放火事件］
最大判昭和33[1958]年5月28日刑集12巻8号1718頁【27760617】［練馬事件］
東京高判昭和56[1981]年6月29日判時1020号136頁【27915382】［新潟覚せい剤所持・自己使用事件］

1 事実の概要

　本件の公訴事実は下記の通りである。運送会社にトラックの運送助手として勤めていた被告人は、運転免許がないにもかかわらず、運転手が不在中にトラックを運転した。その走行中、自転車に乗って進行中のAを追い越そうとしたところ、Aの右側直近を進行した過失によって、自車を自転車に接触させ転倒させたうえで礫過し、死亡させた。

　以上の公訴事実について、第一審裁判所は、被告人を、業務上過失致死と当時の道路交通法64条（「何人も、第84条第1項の規定による公安委員会の運転免許を受けないで〔第103条第12項の規定により運転免許の効力が停止されている場合を含む〕、自動車又は原動機付自転車を運転してはならない」）および同法118条1項1号（「法令の規定による運転の免許を受けなければ運転し、又は操縦することができないこととされている車両等を当該免許を受けないで〔法令の規定により当該免許の効力が停止されている場合を含む〕運転した者」を6月以下の懲役又は5万円以下の罰金に処する）のいわゆる無免許運転の罪により、禁錮7月に処した（佐賀地判昭41・11・16）。

　被告人は、無免許運転の罪について、被告人の自白のほかに補強証拠が存在しないのに有罪としたのは理由不備である旨を主張して、控訴した。これに対し、控訴審裁判所は、「被告人の自白に補強証拠を必要とするのは、自白にかかる犯罪事実そのもの、即ち犯罪の客観的側面について真実性を保障せんがためであり、無免許という消極的身分の如き主観的側面については、被告人の自白だけでこれを認定して差し支えないと解するが相当」として、控訴棄却した（福岡高判昭42・5・17）。

　これに対し、被告人は、運転免許を受けていなかったという事実について補強証拠は不必要であるとした原判決は、憲法38条3項の解釈を誤っているなどとして上告した。最高裁は、以下のように判断して、上告を棄却した。

2 法の解釈

　「無免許運転の罪においては、運転行為のみならず、運転免許を受けていなかったという事実についても、被告人の自白のほかに、補強証拠の存在する

ことを要するものといわなければならない」。

3 法の適用

　「……原判決が、……無免許の点について、被告人の自白のみで認定しても差し支えないとしたのは、刑訴法319条2項の解釈をあやまったものといわざるを得ない。ただ、本件においては、第一審判決が証拠として掲げた……供述調書に、……被告人と同じ職場の同僚として、被告人が運転免許を受けていなかった事実を知っていたと思われる趣旨の供述が記載されており、この供述は、被告人の公判廷における自白を補強するに足りるものと認められるから、原判決の前記違法も、結局、判決に影響を及ぼさないものというべきである」。

4 コメント

　(1)　憲法38条3項、刑訴法319条2項は、自白が被告人に不利益な唯一の証拠である場合には、被告人は有罪とされないとする（補強法則）。最大判昭33・5・28［練馬事件］は、この補強法則の趣旨について、「実体的真実でない架空な犯罪事実が時として被告人本人の自白のみによつて認定される危険と弊害とを防止するため」としている。

　以上の趣旨理解も踏まえ、判例は、自白以外の証拠（補強証拠）によって補強すべき範囲について、「自白を補強すべき証拠は、必ずしも自白にかかる犯罪組成事実の全部に亘って、もれなく、これを裏付けるものでなければならぬことはなく、自白にかかる事実の真実性を保障し得るものであれば足りる……」としてきた（最判昭23・10・30［東山強盗致傷事件］など）。このような判示から、判例は、補強の範囲について、自白の真実性が担保されていればよいとしていると一般的に理解されている。

　その後の複数の判例も、上記の判例の論理の一般的理解に沿った判示をしている。最判昭24・4・30［品川強盗致傷事件］は、強盗致傷罪における被害者の調書について、「右聴取書の記載は、被告人がVに暴行を加え因つて同人に傷害を与えたという事実を証するだけであつて、原判示の犯罪事実即ち強盗傷人罪の全部を証するものではない。しかし自白を補強すべき証拠は必ずしも自白にかかる犯罪構成事

XI

実の全部に亘つてもれなくこれを裏付けするものであることを要しないのであつて、自白にかかる事実の真実性を保障し得るものであれば足りるのである。而して本件において前示聴取書の記載は本件犯罪構成事実の一部を証するものであつても、被告人の自白にかかる事実の真実性を十分に保障し得るものであるから、原判決は被告人の自白のみによつて判示事実を認定したものということはできない」とする。また、公判廷における被告人の自白に対するものであるが、最決昭32・5・23［常盤炭坑窃盗事件］は、窃盗罪における被害者による被害顛末書（被害物件の保管場所、保管者、保管状況等を内容とするもの）について、「被告人の公判廷における自白を補強するに足りるものと認められる」とする。

以上の判示に加え、結論のみが示されるにとどまるが、盗品運搬罪における被害始末書（最決昭26・1・26［盗品運搬事件］）、盗品有償あつせん罪における盗難被害届（最決昭29・5・4［盗品鉄管有償あつせん事件］）について、被告人の自白に対する補強証拠として十分であるとしている。これらの判例は、運搬または有償あつせんの対象が「盗品」であったという自白の内容について、被害始末書または盗品被害届により証明されるだけで十分としている。

（2）最判昭23・10・30や最判昭24・4・30の判示をみれば、補強の範囲は、「自白に関係する事実の真実性」であれば足りる（自白内容の事実であれば、どのような事実でもその真実性を補強すれば足りる）と理解できそうである。もっとも、判例がこのような論理を採用しているかについてはさらに検討を要する。なぜなら、本判決は、「無免許運転の罪においては、運転行為のみならず、運転免許を受けていなかったという事実についても、被告人の自白のほかに、補強証拠の存在することを要するものといわなければならない」としているからである。上記のような一般的理解によれば、自白内容をなす事実であれば、どのような事実でもその真実性が補強されればよいところ、本判決は「運転行為ののみならず、運転免許を受けていなかったという事実についても」補強証拠が必要としているのである。

本判決が判例変更を明言していない以上、これらの判例は一貫した論理を採用するものと理解すべきである。では、判例法理をどのように理解すべきなのだろうか。最判昭23・10・30は、あてはめ部分において、「当該同人方に数人の犯人が押入つて、強盗の被害を受けた顛末が認められ、被告人の自白が架

空の事実に関するものでないことは、あきらかであるから、右供述は被告人の自白の補強証拠としては十分」としている。この部分は、「自白に関係する事実」にいう「事実」について、単なる事実ではなく、「犯罪組成事実」（罪体、犯罪事実）を意味するものと理解されていることを示唆するものである。最判昭24・4・30が「聴取書の記載は本件犯罪構成事実の一部を証するものであつても、被告人の自白にかかる事実の真実性を十分に保障し得るもの」としていることも、同様の示唆を与える。

最大判昭33・5・28は上述のように、補強法則の趣旨との関係で、「実体的真実でない架空な犯罪事実」が認定される危険性を重視する。このことからも、判例は、補強証拠による補強の範囲について、自白内容のうち、罪体部分であると考えていると理解できよう。たとえば、自白の内容のうち、罪体に関連しない事実（本件でいえば、運転手が本件運転前にコーヒーを飲んだという事実など）は、証拠が存在していたとしても、補強法則の要請を満たしていないということになろう。

（3）では、判例は、この補強を要する「罪体」を、どのような内容を有するものとして理解しているのであろうか。たとえば、この罪体は、「犯罪の客観的側面」と定義されることが多いが、判例は「犯罪事実」とか「犯罪組成事実」といった用語も用いている。犯罪事実と定義されることになると、犯罪の主観的要件も含まれる可能性もある。それゆえ、補強を要する「罪体」の内容を明確にすることは重要なのである。

犯罪事実の主観的要件として、すぐに思いつくのは、故意や目的であろう。しかし、これらの要素は、自白以外の証拠で常に証明できるわけではない。このような理由もあり、判例は、故意や目的については、補強証拠は不必要としている。たとえば、最大判昭25・11・29［盗品ガソリン保管事件］は、盗品等に関する罪において、犯人が、その対象物を盗品であると知っていたかどうかのような、犯罪の主観的要件に属するものに関する証明が自白のみの場合であっても問題ないとしている（その他、最判昭24・4・7、最判昭25・10・10、最判昭32・10・4［映画撮影所放火事件］など）。

もっとも、犯罪事実の主観的要件は、故意や目的に限られない。たとえば、「身分」（刑法134条の秘密漏示罪のように、犯罪の成立要件とされている一定の立場や職など）も存在する。とくに「形式犯」（行

為だけなく結果の発生も要求される「実質犯」とは異なり、法規定に反する行為があれば犯罪となるもの。たとえば、無免許運転や酒気帯び運転など）の場合に、この身分の有無が問題となることが多い。

（4）この問題について、本判決は、無免許運転の罪においては、運転行為のみならず、「運転免許を受けていなかったという事実についても」、補強証拠の存在が必要であるとした。本件原判決は、「無免許という消極的身分の如き主観的側面については、被告人の自白だけでこれを認定して差し支えないと解するが相当」としている。原判決は、身分という主観的要件については補強証拠を要しないとの見解を採用したといえる。この判断を批判していることを踏まえると、本判決は、身分という主観的要件についても補強証拠は必要であるとの判断を示していると理解することも不可能ではない。

もっとも、このような理解をとることはできない。無免許運転の罪は、①免許がない状態で、②自動車を運転したという事実が、犯罪の客観的要件になるといえるからである。①を主観的要件と理解する原判決の立場を踏まえると、単なる社会的事実たる②が無免許運転罪の客観的要件であるということになってしまう。つまり、自動車を運転したという事実そのものが罪体になるという矛盾が生じてしまうのである。そのため、①の事実が無免許運転罪の犯罪的性格を左右することを理由として、①の事実が無免許運転罪の罪体であると解すべきであろう。

このように考えると、本判決は、あくまで犯罪の罪体としての「無免許」について、補強証拠は必要であると判断したと理解できる。それゆえ、判例は、主観的要件であるか客観的要件であるかの区別に基づいて補強証拠の要否を判断しているのではなく、本件の無免許のような犯罪的性格を左右しうる事実について、補強証拠が必要であるとの見解を採用していると理解できる。

（5）最後に、違法性阻却事由や責任阻却事由といった犯罪阻却事由が、補強証拠を必要とする罪体に含まれるかどうかを検討する。たとえば、覚せい剤取締法は、法定の除外事由（特定の職業に就いていることなど）がない者の覚せい剤所持、譲渡、使用を禁止し（14条、17条、19条）、その処罰を定めている（41条の2、41条の3）。この法定の除外事由の存在も犯罪阻却事由である。このような犯罪阻却事由は、補強証拠を必要とする罪体に含まれるのであろうか。

東京高判昭56・6・29［新潟覚せい剤所持・自己使用事件］は、以下のような判断を示している。「法定の除外事由の不存在は、同法違反罪の積極的構成要件要素ではなく、覚せい剤を自己使用し、所持し又はこれを譲り渡すという事実があれば直ちに同法違反罪を構成し、法定の除外事由があることは、その犯罪の成立を阻却する事由であるにすぎないと解するのが相当である」から、「本件のように犯罪の成立阻却事由にすぎない事実の存否について補強証拠を必要とすると解することのできないことは明らかである」。

この点についても、上述の無免許運転罪と同様に考えてみよう。覚せい剤所持、譲渡、使用罪は、①法定の除外事由がないのにもかかわらず、②覚せい剤を所持、譲渡、使用したことを、犯罪の客観的側面とする。判例法理を踏まえれば、①も補強証拠を必要とする罪体に含まれると理解することも可能であろう。

しかし、無免許運転罪と決定的に異なるのは、ここでの②の行為が、単なる社会的行為ではなく、犯罪的性格を有する行為であるという点である。この裁判例は、この点を踏まえて、覚せい剤所持、譲渡、使用罪の犯罪的性格を左右するのは①ではない（つまり、①は補強証拠を必要とする罪体に含まれない（同法違反罪の積極的構成要件要素ではない））と判断したといえる。覚せい剤取締法に限定されるが、犯罪阻却事由についても、その罪の犯罪的性格を左右する部分でない限り、補強は必要ないことが、この裁判例によって示されたと理解することができよう。

（斎藤　司）

XI

87 共犯者の自白

📖 広島保険金騙取事件

最 1 小判昭和51[1976]年10月28日刑集30巻 9 号1859頁【LEX/DB27761065】

〈関連判例〉

最大判昭和24[1949]年 5 月18日刑集 3 巻 6 号734頁　　【27760118】［和歌山闇市殺人事件］

最大判昭和33[1958]年 5 月28日刑集12巻 8 号1718頁　【27760617】［練馬事件］

最 2 小判昭和43[1968]年10月25日刑集22巻11号961頁　【24004831】［八海事件］〔本書99〕

1 事実の概要

被告人Ｘは、共同被告人ＡおよびＢと共謀のうえ、交通事故による傷害を装って保険金を騙取しようと企て、Ｂが運転し、ＸおよびＡが同乗する自動車の後部を、共同被告人Ｃが運転する自動車の前部に、故意に衝突させ、それによりＸ、Ａ、Ｂが傷害を受けたとして保険金を請求し、保険金を騙取し、または騙取しようとしたとして起訴された。Ｃも、その幇助などについて起訴された。

被告人Ｘは、上記のような共謀をした事実はなく、偶然にＢが運転する自動車に同乗していたところに追突事故が発生したものであり、その保険金請求は正当なものであるとして無罪を主張していた。

これに対し、第一審は、共同被告人Ａ、Ｂ、Ｃによる自白は、細部における若干の食い違いはあるものの、①大筋において一致し目立った矛盾はなく内容も自然であること、②Ｘに罪を被せる目的で虚偽供述をする節はないこと、③そもそもＸが関与していたかどうかはＡ、Ｂ、Ｃの罪責にそれほど影響を与えるものではなく、この 3 名が一致して虚偽供述をする動機をみいだせないことを理由に、その信用性は高いとして、共謀の事実を認定してＸ、Ａ、Ｂ、Ｃ全員を有罪とした（広島地判昭50・8・6）。

これに対し、被告人が控訴したところ、控訴審は事実誤認の主張は認めなかったものの、量刑不当の主張を認め、被告人に執行猶予付きの判決を下した（広島高判51・3・29）。

この判断に対し、被告人は、共犯者の供述のみによって被告人を共謀の事実を認定しており、憲法38条 3 項、刑訴法319条 2 項に違反しているとして上告した。最高裁は、以下のように判断して、上告を棄却した。

2 法の解釈と適用①

● 法の解釈 ●●

最大判昭23・7・14, 最大判昭23・7・19、最大判昭33・5・28があげられている。

● 法の適用 ●●

「共犯者 3 名の自白によって本件の被告人を有罪と認定したことは、違憲ではない」。

3 法の解釈と適用②

● 法の解釈 ●●

「当裁判所大法廷判決（昭和23年……7月14日……、昭和23年……7月19日……、昭和33年 5 月28日……）の趣旨に徴すると、共犯者 2 名以上の自白によって被告人を有罪と認定しても憲法38条 3 項に違反しないことが明らかである……」（複数の補足意見がある）。

● 法の適用 ●●

「共犯者 3 名の自白によって本件の被告人を有罪と認定したことは、違憲ではない」。

4 コメント①（共犯者の供述は、憲法38条 3 項にいう「本人の自白」に含まれるか）

（1）共犯者の供述（自白）をめぐる問題は多岐にわたる（共同被告人の証人適格、その公判廷における供述の証拠能力、その供述調書の証拠能力など）。ここでは、最も重要な問題とされる共犯者の供述と補強法則の関係について検討する。なお、ここでいう「共犯者の供述」とは、「共犯者による、他の共犯者にとって不利益な供述」のことである。

共犯者の供述と補強法則の関係について、まず問題となるのが、共犯者の供述についても、憲法38条 3 項および刑訴法319条 2 項により補強証拠が必要となるかである。この点に関しては、憲法38条 3 項

および刑訴法319条2項が補強証拠を要求する「本人の自白」に、共犯者の供述が含まれるか否かが問題となる。

（2）この問題について、殺人・同未遂事件に関して、被告人の自白に加え、共犯者または共同被告人の原審公判廷外における供述、さらに若干の証拠（死因や創傷の部位に関する鑑定）によって有罪認定しており、補強法則に反しているとして上告を受けた事例について、最大判昭24・5・18［和歌山闇市殺人未遂事件］が判示している。同判決は、「共同審理を受けた共同被告人の供述は、それぞれ被告人の供述たる性質を有するものであって、それだけでは完全な独立の証拠能力を有しない。いわば半証拠能力（ハーフ・プルーフ）を有するに過ぎ」ず、「他の補強証拠を持ってはじめて完全な独立の証拠能力を有するに至る」と判示した。この判決は、共同審理を受けている共犯者の供述について補強証拠が必要であるとしている。

（3）これに対して、共犯者の供述には補強証拠を要しないとしたのが、最大判昭33・5・28［練馬事件］である。この事件は、被告人Xが、被告人Yをはじめとする共犯者Zらとについて順次共謀したうえ、Zらが、さらに他の数名とともに現場に赴き、P巡査に傷害を与え、同人を死亡するに至らしめたとした第一審有罪判決において、XとYとの共謀に関する証拠として、Yの検察官面前調書7通が挙示されていたというものである。

最大判昭33・5・28は、次のように判示した。補強法則は、318条で採用されている「自由心証主義に対する例外規定として厳格に解釈すべきであって、共犯者の自白をいわゆる『本人の自白』と同一視し又はこれに準ずるものとすることはできない。けだし共同審理を受けていない単なる共犯者は勿論、共同審理を受けている共犯者（共同被告人）であっても、被告人本人との関係においては、被告人以外の者であって、されば、かかる共犯者又は共同被告人の犯罪事実に関する供述は、憲法38条2項のごとき証拠能力を有しないものでない限り、自由心証に委かさるべき独立、完全な証拠能力を有するものといわざるを得ない」。

この判決の重要な内容は、①憲法38条3項の規定は自由心証主義（証明力）に関する規定であることを確認した点、②共同被告人の供述は、被告人以外の者の供述とみるべきであって、憲法38条3項にいう「本人の自白」には含まれないとした点、③共犯

者を証人として反対尋問することを必要的とはしていない点である。

このように判例は、共犯者の供述を、共同被告人であるか否かにかかわらず、被告人以外の者（第三者）による供述と同視すべきであり、それのみで被告人を有罪にできるとの見解を示した。このような判例の論理は、その後も維持されている（最判昭35・5・26、最判昭45・4・7、最判昭51・2・19）。本判決も、このような判例の立場を維持するものとするといえる。

しかし、これらの判例については、多くの少数意見や補足意見が付されていることに注意が必要である。たとえば、上記の最大判昭33・5・28における6名の裁判官による少数意見は、上記の最判昭24・5・18が示した補強証拠を必要とする立場を維持すべきとする。その根拠としては、自白偏重の防止という補強法則の趣旨、判例における多数意見に従うと自白をした共犯者は無罪、自白をしていない共犯者は有罪になるという不合理な結果になること、そしてこのような結果を利用する不当な捜査が防止できないこと、そして、上記のような共犯者の供述の危険性があげられている。

その後も、補強証拠を必要とする意見が示されている。そのなかでも、多く引用される団藤重光判事の反対意見は、自白偏重と誤判の防止という補強法則の趣旨からすると被告人本人と共犯者の供述を区別する理由はないこと、共犯者の供述の危険性を無視して補強証拠を不要とすることは憲法38条3項の趣旨を没却するものであること、上記のように自白をしていない者が有罪となってしまうという非常識な結果になってしまうこと、他の法規定をみると、刑訴法は可能な限り共犯者を合一のものとして扱おうとしていることなどを理由とあげている（最判昭51・2・19）。

本判決の団藤補足意見も、この立場を維持している（さらに、最判昭51・2・19および本判決における下田反対意見・補足意見、最判昭35・5・26における高木反対意見、最判昭45・4・7における田中反対意見など）。

（4）以上のような状況をみても、共犯者の供述を「本人の自白」とみるべきか否かは、最高裁判所内でも激しく議論されてきた問題であることがわかる。その対立の要因の1つとして、共犯者の供述が有する「危険性」を除去する方法に関する考え方の違いがあげられる。

XI

共犯者の供述は、「巻き込みの危険性」が高い証拠であるとされている。すなわち、1人の被告人が、自身の罪責を軽くするなどの目的で他人の巻き込むために、虚偽の自白を行う危険性があるとされているのである。補強証拠を必要とする見解は、この危険性を除去する方法として、共犯者の供述に対する他の証拠による補強を求めているのである。

これに対し、上述のように、判例は共犯者の供述の危険除去の方法として、証人尋問を必要であるとも解していない。そうすると、判例に対しては、共犯者の供述がもつ「巻き込みの危険」を考慮していないのではないかとの疑問が生じる。

この点、判例は、共犯者の供述の証明力（信用性）を慎重に吟味することによって、共犯者の供述の危険を除去しようとする立場をとっている。判例などを分析したうえで、裁判実務は共犯者の供述の信用性の判断する際に、以下の点に注意しているとの有力な指摘が示されている（注意則を用いた信用性判断）。(a)虚偽供述の動機（自己の責任の軽減、怨恨、真の共犯者の秘匿、捜査の過程で受ける不利益の回避）、(b)供述の内容からみた信用性（客観的証拠や事実との整合性、具体性、一貫性、合理性、自然さなど、秘密の暴露）、(c)被告人および他の共犯者の供述との対比からみた信用性、(d)共犯者の属性（組織の構成員など、虚言癖、精神障害）、(e)捜査・公判手続の状況からみた信用性（捜査官の思いこみによる追及や誘導の有無、被告人を共犯者として名指しした状況、公判での供述の変更の有無、反対尋問の状況）、である。判例などにおいても、この注意則をもとに、共犯者の供述の信用性が否定されることが少なくない（近年の判例としては、最判平21・9・25など）。

さらに、判例は、共犯者の供述の危険性を指摘したうえで、共犯者「の供述の内容が他の証拠によって認められる客観的事実と符合するか否かを具体的に検討することによって、さらに信用性を吟味しなければならない……。しかし、この場合に、符合するか否かを比較される客観的事実は、確実な証拠によって担保され、ほとんど動かすことのできない事実か、それに準ずる程度のものでなければ意味がない」として、被告人らとともに強盗殺人を実行したとする共犯者の供述について、「それが自己の行為に関する部分については、確実な物的証拠により裏付けられているのであるが、他の被告人らの行為に関する部分については、必ずしもかような物的証拠

は存在しないのである」としている（最判昭43・10・25。さらに最判平元・6・22参照）。

以上のように、判例も、共犯者の供述の危険性を考慮しながら、他の証拠との整合性も考慮した慎重な信用性判断によって、その危険を除去しようとしている。他の証拠との整合性を検討している点では、補強証拠を必要とする見解との実質的な違いはないという見方も可能であろう。

しかし、そのようにいい切れるかについては疑問がある。補強証拠の有無が問題となるのは、客観的証拠がほとんど存在しない場合である。そのような場合に、「補強証拠に当たる証拠が存在しないから、無罪とすべきである」との主張を可能とする点に、補強法則の1つの意義がある。これに対し、判例の論理では、判例がいうような信用性判断が可能となるのは、客観的証拠が一定程度存在している場合に限られ、「他の証拠が存在しないから、他の観点から共犯者の供述の信用性を検討せざるを得ない」ということになりかねない。判例の論理では、補強法則が対象とするすべてのケースをカバーできないのである。

これに加えて、共犯者の供述の危険を踏まえるならば、判例のように共犯者の供述を第三者の供述と同様に考えてよいとした点、他方で第三者の供述と同視しながら反対尋問は必要的でないとした点にも疑問が残る。

5 コメント②（共犯者の供述による相互の補強の可否）

(1) 2名以上の共犯者がそれぞれ自白しているが、他に有罪証拠が存在しない場合、被告人を有罪とすることは可能であろうか。

ここまで検討してきたように、判例は、共犯者の供述に補強証拠は不必要であるとの見解に立っている。その根拠の1つとしてあげられていたのが、共同被告人の供述であっても、被告人以外の者の供述（第三者の供述）とみるべきという点であった。

この理解を踏まえるならば、本件のように本人が否認しているが、共犯者らが供述している場合については、第三者の供述によって有罪とする場合と同様に考えられることになる。

本判決は、「共犯者2名以上の自白によって被告人を有罪と認定しても憲法38条3項に違反しないことが明らか」とするのみであるが、以上のような論理に基づく判断と理解される。

（2）　次に、被告人本人と共犯者とが自白している場合、相互に補強させ、有罪認定をすることは可能かについて検討しよう。上記の論理からすれば、判例の見解によると、共犯者の供述を相互に補強させることは当然許されることになろう。さらに、重要なのは、共犯者の供述に補強証拠は必要であるとした最大判昭24・5・18や団藤補足意見も、共犯者の供述は相互に補強証拠となりうるとしている点である。

最大判昭24・5・18は、その結論において、半証拠能力の証拠を半証拠能力の証拠により補強し、あわせて完全な独立の証拠能力を形成することも許されるという理由によって、共同被告人の供述を被告人の自白の補強証拠とすることを認めている。

さらに、本判決における団藤補足意見は、以下のような理由をあげている。共犯者の供述は、個別の主体による別個・独立のものであること、2人以上の者による供述が一致するときは、共犯者の供述の危険も薄らぐこと、本件のように、本人が否認して

いるが、2人以上の共犯者の供述が存在する場合に補強証拠を要求することは、憲法38条3項の解釈として困難であること、巻き込みの危険については、「事実認定にあたっての自由心証の問題として、また、極端なばあいには捜査官の違法な誘導等による自白という観点から証拠能力の問題として、解決されるべきこと」である。

（3）　このように、判例は、被告人が自白している場合についても、共犯者の供述と相互に補強させることによって、有罪認定が可能であるとしている。しかし、2人以上の者が一致した供述をしていることが、一般的・類型的に共犯者の供述の危険が低いことを意味するとはいえない。法解釈としても、憲法38条3項や刑訴法319条2項にいう「本人の自白」に共犯者も含まれると解するのであれば、それは複数人が供述している場合も同様であるから、それぞれの「自白」について独立した補強証拠が必要であると解すべきであろう。

（斎藤　司）

88 合理的疑いを差し挟む余地のない証明

TATP 殺人未遂事件

最1小決平成19［2007］年10月16日刑集61巻7号677頁【LEX/DB28135458】

〈関連判例〉

最1小判昭和23［1948］年8月5日刑集2巻9号1123頁【24000255】
最1小判昭和48［1973］年12月13日判時725号104頁【27940686】［長坂町放火事件］
最3小判平成21［2009］年4月14日刑集63巻4号331頁【25440613】［大学教授痴漢冤罪事件］
最2小判平成21［2009］年9月25日判タ1310号123頁【25451624】
最3小判平成22［2010］年4月27日刑集64巻3号233頁【25442111】［大阪平野区母子殺害放火事件］〔本書89〕
最2小判平成23［2011］年7月25日判時2132号134頁【25443595】
最1小決平成24［2012］年2月22日判タ1374号107頁【25444287】
最2小判平成29［2017］年3月10日裁時1671号10頁【25448514】

1 事実の概要

本件（殺人未遂等の訴因）では、被告人の自白や犯行を直接目撃した者の供述などの直接証拠がなく、情況証拠のみが公判に提出された。第一審（高松地判平17・10・4）は、これら情況証拠を総合評価して訴因通りの事実を認定した。控訴審（高松高判平19・1・30）も事実誤認はないと判断した。そこで被告人側は、憲法31条違反、判例（最判昭48・12・13）違反、事実誤認を主張して上告した。

最高裁はこれらの主張全てにつき適法な上告理由

にあたらないとした上、職権で「合理的な疑いを差し挟む余地のない程度の立証」の概念につき論じた。上告棄却。

2 法の解釈

「刑事裁判における有罪の認定に当たっては、合理的な疑いを差し挟む余地のない程度の立証が必要である。ここに合理的な疑いを差し挟む余地がないというのは、反対事実が存在する疑いを全く残さない場合をいうものではなく、抽象的な可能性として

は反対事実が存在するとの疑いをいれる余地があっても、健全な社会常識に照らして、その疑いに合理性がないと一般的に判断される場合には、有罪認定を可能とする趣旨である。そして、このことは、直接証拠によって事実認定をすべき場合と、情況証拠によって事実認定をすべき場合とで、何ら異なるところはないというべきである」。

③ 法の適用

上告人らは「原判決は、情況証拠による間接事実に基づき事実認定をする際、反対事実の存在の可能性を許さないほどの確実性がないにもかかわらず、被告人の犯人性を認定したなどという」が、「原判決が是認する第一審判決は、前記の各情況証拠を総合して、被告人が本件を行ったことにつき、合理的な疑いを差し挟む余地のない程度に証明されたと判断したものであり、同判断は正当であると認められる」。

④ コメント

(1) 最高裁は証明基準に関し、次のような説明を行ってきた。

まず最判昭23・8・5（有罪維持事案）は、訴訟上の証明は「真実の高度な蓋然性」をもって満足し、「通常人なら誰でも疑いを差挟まない程度に真実らしいとの確信を得ることで証明できたとするものである」と述べた。

その後、本件上告人が判例違反を主張する根拠として掲げた最判昭48・12・13［長坂町放火事件／有罪破棄事案］は、高度の蓋然性とは「反対事実の存在の可能性を否定するものではないのであるから、思考上の単なる蓋然性に安住するならば、思わぬ誤判におちいる危険のあることに戒心しなければならない」と安易な有罪心証形成を戒めたうえで、「反対事実の存在の可能性を許さないほどの確実性を志向したうえでの『犯罪の証明は十分』であるという確信的な判断に基づくものでなければならない」と敷衍した。この判決が扱った事案は情況証拠のみにより有罪と認定されたものだったが、「本件の場合のように、もっぱら情況証拠による間接事実から推論して、犯罪事実を認定する場合においては、（このことは）より一層強調されなければならない」との説明が付された。

このような昭和48年判決の表現は、情況証拠による事実認定の場合は直接証拠による事実認定の場合

よりも高度な証明が必要とされるとの誤解を生じさせる危険性がある、と感じる人がいるかもしれない。本件上告趣意もそのような観点から判例違反の主張をしていたと評されている。このような誤解を正したというのが本判決の第1の意義である。本件だけでなく、将来行われる裁判員裁判を念頭におき、裁判員を誤解させないように配慮しておいたのだ、という評価がなされている。

なお、最高裁は、本件のような情況証拠による事実認定を行う際に依るべき準則も定立している（最判平22・4・27［大阪平野区母子殺害放火事件］）。これについては〔本書89〕参照。

(2) もっとも、昭和48年判決は「合理的疑いの余地が残る」という表現を用いて有罪判決を破棄し、無罪判決を出しているのだが、この言葉の意味自体は説明しなかった。裁判員裁判を間近に控えた時期になってようやくその作業を行ったという点が本判決の第2の意義である。

本判決の定義によれば、ある疑いが合理的疑いといえるか否かは、「健全な社会常識に照らして、その疑いに合理性がないと一般的に判断される」かどうかで決される。この定義は、疑いを抱いた裁判員や裁判官に「自身が抱いた疑いは健全な社会常識に照らして合理性があると一般的に判断されるだろうか」と悩ませることになり、結局「自分は無罪と思うが、有罪と考える人を納得させられない」場合に有罪に票を投じるよう余儀なくさせる危険性を有している。つまり挙証責任の逆転ともいうべき現象を生じせる危険性を有しているのである。

(3) しかし、1年半後に第3小法廷が出した最判平21・4・14［大学教授痴漢冤罪事件］において、那須弘平裁判官は次のような補足意見を記し、上記のような懸念を排除しようとした。すなわち、「単なる直感による『疑わしさ』の表明（『なんとなく変だ』『おかしい』）の域にとどまらず、論理的に筋の通った明確な言葉によって表示され、事実によって裏づけられたものでもあ」ればそれは合理的疑いであると認められるのであり、有罪と考える他の裁判官の意見が「傾聴に値するものであり、一定の説得力ももっている」場合であっても、それだけでは無罪意見を撤回する理由にはならないというのである。裁判員裁判を射程におき、無罪と考える少数者の意見を有罪と考える多数者が押しつぶさないように配慮した、注目すべき見解である。

このような見解は第2小法廷にも受け継がれた

（最判平21・9・25）。共犯者供述の信用性が問題になった事案において法廷意見は、当該供述に関する様々な疑問を指摘し、「多くの疑問点について、それぞれ一応の説明を加えることも不可能ではない」ことを認めつつ、これら「一応の説明」に対し詳細な反駁をすることなく、「合理的疑いを容れる余地がある」と判断している。同様に、すべての事実に

つき無罪方向の説明を試みることをせず、有罪方向の事実を残したまま、原判決（無罪判決）に事実誤認なしと判示したものとして、最決平24・2・22参照。他に「合理的な疑いが残る」という理由で最高裁が事実誤認ありとしたものとして、最判平23・7・25、最判平29・3・10がある。

（中川　孝博）

89 情況証拠による犯罪事実の認定

📖 大阪平野区母子殺害放火事件

　最 3 小判平成22［2010］年 4 月27日刑集64巻 3 号233頁【LEX/DB25442111】

〈関連判例〉

　最 1 小判昭和48［1973］年12月13日判時725号104頁　【27940686】［長坂町放火事件］
　最 1 小決平成19［2007］年10月16日刑集61巻 7 号677頁　【28135458】［TATP 殺人未遂事件］〔本書88〕
　最 3 小判平成21［2009］年 4 月14日刑集63巻 4 号331頁　【25440613】［大学教授痴漢冤罪事件］
　鹿児島地判平成22［2010］年12月10日判例集未掲載　　　【25443123】
　福岡高判平成23［2011］年11月 2 日判例集未掲載　　　　【25443956】
　高松高判平成24［2012］年 6 月19日判例集未掲載　　　　【25500095】
　神戸地判平成26［2014］年 1 月14日判例集未掲載　　　　【25502991】
　東京高判平成26［2014］年 3 月12日判例集未掲載　　　　【25503368】
　福岡高判平成26［2014］年 7 月 9 日判例集未掲載　　　　【25504551】
　東京高判平成30［2018］年 3 月22日判時2406号78頁　　　【25449446】
　東京高判平成30［2018］年 8 月 3 日判時2389号 3 頁　　　【25561023】
　東京高判平成31［2019］年 4 月19日判タ1473号73頁　　　【25570287】

1 事実の概要

　本件公訴事実の要旨は以下の通りである。すなわち被告人は、(1)平成14年 4 月14日午後 3 時30分ころから同日午後 9 時40分ころまでの間に、大阪市平野区所在のマンションの306号室の B 方において、その妻 C に対し、同所にあったナイロン製ひもでその頸部を絞め付けるなどして殺害し、(2)B 及び C 夫婦の長男である D に対し、同所浴室の浴槽内の水中にその身体を溺没させるなどして殺害し、(3)同日午後 9 時40分ころ、同所にあった新聞紙、衣類等にライターで火をつけ、同マンションを焼損した、というものである。主たる争点は被告人の犯人性である。

　第一審判決（大阪地判平17・8・3）は、被告人の犯人性を推認させる幾つかの間接事実が、相互に関連し合ってその信用性を補強し合い、推認力を高めているとして、被告人の犯人性を認定し、無期懲役に処した。

　控訴審判決（大阪高判平18・12・15）も被告人が本件犯人であることにつき事実誤認を認めなかった

が、量刑不当を理由に第一審判決を破棄し、被告人を死刑に処した。そこで被告人側が上告した。最高裁は、以下のような判断により原判決を破棄し、本件を大阪地裁に差し戻した。

2 法の解釈

　「刑事裁判における有罪の認定に当たっては、合理的な疑いを差し挟む余地のない程度の立証が必要であるところ、情況証拠によって事実認定をすべき場合であっても、直接証拠によって事実認定をする場合と比べて立証の程度に差があるわけではないが（最 1 小決平19・10・16［TATP 事件］〔本書88〕参照）、直接証拠がないのであるから、情況証拠によって認められる間接事実中に、被告人が犯人でないとしたならば合理的に説明することができない（あるいは、少なくとも説明が極めて困難である）事実関係が含まれていることを要する」。

XII

3 法の適用

まず、中核となる間接事実について検討がなされている。すなわち、原々判決が中核に置いたのは被告人が現場に赴いた事実だと分析したうえで、当該間接事実を認定させる中核となった「本件マンション西側階段の1階から2階に至る踊り場の灰皿内に遺留されていたたばこの吸い殻から検出されたDNA型が被告人のそれと一致した」という間接事実の推認力につき検討を加え、被告人が現場に赴いていないとしても当該事実が存在する蓋然性が高いことを示し、他の間接事実群の「評価いかんにかかわらず、被告人が本件事件当日に本件マンションに赴いたという事実は、これを認定することができない」としている。

次に、仮に被告人が本件当日に本件マンションに赴いた事実が認められたとしても、本判決が示した基準を満たすことができない旨、いくつかの間接事実につき例証しつつ論じている。各間接事実の推認力が弱いにもかかわらず原々判決が被告人の犯人性を認定し、原判決がそれを維持したのは、本判決が示した基準を意識して審理を尽くすことがなかったためだとしたうえで、本基準の観点に立った審理を行うこと、そのためにはさらなる検察官立証を許す必要があることを差戻審に要請している。

なお、本判決には、藤田宙靖、田原睦夫、近藤崇晴の補足意見、那須弘平の意見、堀籠幸男の反対意見が付いている。裁判官全員が意見（広義）を付していることになる。

4 コメント

（1）　間接事実の総合により被告人の犯人性を認定するという作業は、帰納的推論に他ならない。帰納的推論は、不確実な状況において知識を拡張する推論であるから、必ずその過程に「飛躍」を含むものとなる。そこで、許される飛躍と許されない飛躍の区別が問題となる。

この点に関して論じた最高裁判決の嚆矢は、最判昭48・12・13［長坂町放火事件］である。この判決は、間接事実の総合評価について、「証明力が薄いかまたは十分でない情況証拠を量的に積み重ね」ても「それによってその証明力が質的に増大するものではない」と論じていた。この判示が間接事実の総合評価における注意則としてよく引用されることとなったが、その表現の抽象性がネックになっていた。

本判決が提示した「情況証拠によって認められる間接事実中に、被告人が犯人でないとしたならば合理的に説明することができない（あるいは、少なくとも説明が極めて困難である）事実関係が含まれていることを要する」という基準は、最判昭48・12・13が示した注意則を具体化・明確化しようとしたものと評することができよう。実際、その後本基準を援用して事実認定に関する判断を示した裁判例は多数にのぼる（鹿児島地判平22・12・10、福岡高判平23・11・2、高松高判平24・6・19、神戸地判平26・1・14、東京高判平26・3・12、福岡高判平26・7・9等参照）。しかし近年においては、本判決の基準の意味について争われる事案も増えてきている（東京高判平30・3・22、東京高判平30・8・3、東京高判平31・4・19参照）。

問題は、この定式に合理性があるかである。堀籠裁判官は反対意見のなかで、本基準は無意味だと疑問を呈している。①本ルールを満たす間接事実がある場合はそれ単独で合理的疑いを超えた証明がなされることになるから、複数の間接事実を総合して認定する問題ではなくなり、②複数の間接事実を総合して被告人が犯人であると認定する場合は、（本ルールは全間接事実を総合評価した結果に対して適用されることになるから）本ルールはまさしく合理的疑いを超えた証明と同義になるという。そのうえで、③「裁判員裁判は、多様な経験を有する国民の健全な良識を刑事裁判に反映させようとするものであるから、裁判官がこれまで形成した事実認定の手法を裁判員がそのまま受け入れるよう求めることは、避けなければならない」と述べている。

これに対し藤田裁判官は補足意見のなかで、「一般国民にとって必ずしも容易に理解できる概念とは言い難い『合理的疑いを容れない程度の立証』とはそもそもどういうことであるかについての手掛かりを全く与えることなく、手放しで『国民の健全な良識』を求めることが、果たして裁判員制度の本旨に沿うものであるかは疑問であるのみならず、刑事司法の原点に立った上での事実認定上の経験則とは本来どのようなものであるかを明示することは、法律家としての責務でもあるものと考える」と反論している。

最高裁判事らによる論争のポイントは、つまるところ、各間接事実の推認力が弱い場合でもそれらを総合すれば合理的疑いを超えた証明に達する場合がありうることを承認するかという点にある。この点をふまえながら本基準の意義を検討していこう。

（2）　まず前提として、被告人が犯人であるとすれば矛盾なく説明できるとか、合理的に説明できるとかいう言説は、当該間接事実が積極証拠であることを明確に表明するものではないことを確認しておこう。被告人が犯人であるという仮説と矛盾しなくとも、同時に、被告人が犯人でないという仮説とも矛盾しないのであれば、その証拠は積極証拠とはいえないからである。積極証拠であるというためには、被告人が犯人であるとして当該証拠が存在する蓋然性と、被告人が犯人でないとして当該証拠が存在する蓋然性を計算し、前者が後者よりも高いことが説明できなければならない。

このことから、本基準は、個々の間接事実が積極証拠であることを適切に論証しなければならないことを前提として、さらに、それら積極証拠のなかには推認力が相当程度高いもの（すなわち、被告人が犯人であるとして当該証拠が存在する蓋然性のほうが、被告人が犯人でないとして当該証拠が存在する蓋然性よりも高く、かつ、後者の蓋然性がもともと相当程度低いもの）が含まれていなければならないことを要求したものと理解することができよう。

もっとも、このような要求が合理的疑いを超えた証明原則から論理必然的に導き出されるとはいえない。前述のように、帰納的推論は知識を拡張する推論であるから、必ず「飛躍」を内在させている。そして、個々の間接事実のなかに極めて高度な推認力を有するものがなかったとしても、それなりの推認力を有する間接事実を総合し、たとえば本件第一審のように、「幾つかの間接事実が、相互に関連し合って……推認力を高めている」と判断することはありえないことではない。

実際、帰納的推論を研究する認知科学の分野でも、本ルールを論理必然的なものとする理論は今のところ登場していない。前提となる事実の特性が帰納的推論の確証度にどのような影響を与えるかを分析する一連の研究によると、前提事例が典型的なほど、前提事例の数が多いほど、前提事例の種類が多様なほど、確信度は強まるという。「被告人が犯人でないとしたら合理的に説明することができない事実関係が含まれていない」という関係は、前提の典型性という点で弱い証拠関係であることを意味する。しかし、典型性という要素が弱くとも、確証度を強める要素が他にもある場合、最終的に証明ありと評価する人が出てくることは十分ありうるのである。

また、本判決のルールを正当とする実質的理由として各補足意見があげるものは、上記の藤田補足意見や、「そうでなければ、刑事裁判の越えてはならない一線を越えることになるのではないかと危惧する」（近藤補足意見）のように、冤罪発生の防止という政策的な観点に基づくものがすべてである。純粋に論理の問題として考えるならば、帰納的推論における確信度を強める要素の複雑性という観点から、堀籠裁判官の批判②や批判③が成立する余地は十分にある。

以上のように、本基準は、合理的疑いを超えた証明の概念から演繹して論理的に導出されたものではない。本定式は、冤罪発生の防止という政策的観点から、間接事実の証明に制限をかけたものである。つまり、当該ルールを適用できない状況にある場合には合理的疑いを超えた証明があると判断することを許さないという外在的ルールなのである。補強法則のような実定法上の明文規定がない中、「経験則」（藤田補足意見）として呈示されたところが法律構成上の特徴である。

もっとも、本基準における「合理的に説明することができない」、「説明が極めて困難」という要件のあてはめは裁判官や裁判員によって異なってくる可能性はある。本件においてもすでに、「被告人の妻が、被告人が犯人だとの確信を深めて別居した」という事実が「被告人が犯人でないとしたならば合理的に説明できない」事実にあたるか否かにつき、各裁判官の間で対立がみられる。本基準が形骸化してしまうか否かは、今後の諸事件における運用の如何にかかっている。本基準を定立した趣旨が損なわれないような運用がなされるべきである。

（中川　孝博）

XII

90　択一的認定

📖 紋別生死不明事件

札幌高判昭和61[1986]年 3 月24日高刑集39巻 1 号 8 頁【LEX/DB27921949】

〈関連判例〉

最 1 小判昭和24[1949]年 2 月10日刑集 3 巻 2 号155頁　　　【24000483】
秋田地判昭和37[1962]年 4 月24日判タ131号166頁　　　　【27915141】［秋田県庁火災事件］
大阪地判昭和46[1971]年 9 月 9 日判時662号101頁　　　　【25402354】［大阪幼児置き去り事件］
最 2 小決昭和58[1983]年 5 月 6 日刑集37巻 4 号375頁　　　【24005870】
東京高判平成 4 [1992]年10月14日高刑集45巻 3 号66頁　　【27921263】［銀座ニコマート強盗事件］
札幌高判平成 5 [1993]年10月26日判タ865号291頁　　　　【28019598】
東京高判平成10[1998]年 6 月 8 日判タ987号301頁　　　　【28045021】
最 3 小決平成13[2001]年 4 月11日刑集55巻 3 号127頁　　　【28065112】［青森保険金目的放火・口封じ殺人事件］
最 3 小決平成21[2009]年 7 月21日刑集63巻 6 号762頁　　　【25440968】［四街道市原付自転車等窃盗事件］
東京高判平成28[2016]年 8 月25日判タ1440号174頁　　　　【25547480】

1　事実の概要

被告人は、昭和60年 1 月29日午後 6 時40分ころから、大型特殊自動車のショベル・ローダを使用して、被告人方居宅および被告人経営の工場の敷地の除雪を始め、同日午後 8 時30分ころ、途中からプラスチック製のスコップを使って雪かきの手伝いをしていた妻 V に対し、ショベル・ローダの車上から「もういいぞ」と声を掛けて家の中に入るように促した後、同日午後 8 時50分ころまで除雪作業を実施した。その後、被告人は、ショベル・ローダを貸主に返しに行くなどして、同日午後11時ころ、自宅に入り入浴したが、翌30日午前 0 時ころに至り、妻が自宅内にいないことに気付いた。

そこで、被告人は、自宅や隣接の工場事務所などを探したが、V を見付けることができなかったので、工場の敷地に出て V を探すうち、同日午前 0 時30分ころ、工場敷地内に置いてあった廃車の上に、V が除雪に使用していたスコップを発見するとともに、前日午後 8 時40分ころに同所付近でショベル・ローダをこの廃車に衝突させたことがあるのを思い出し、ひょっとしたらその際 V をひいて雪の中に埋没させたかもしれないと考え、同所付近の雪山（除雪した雪を積んだため小高くなったところ）をスコップで掘ったところ、雪の中に埋没していた V を発見し、30日午前 1 時ころ、そこから V 掘り出した。

被告人は、V を掘り出すや、その顔を叩くなどして大声で名前を呼んだが、何の反応もなかったうえ、自分のほおを V のほおにつけても氷のように冷

たいだけで、呼吸を感じることもできなかったこと、V の左胸に右手を当ててみたが、鼓動を感じることはできなかったことなどから、被告人は同女 V が死亡してしまったと思い込み、しばらくの間ぼう然自失の状態でいたが、寒気のため我に帰り、V を自宅の中に運ぼうとしたが、事故が起きたと思われるころよりすでに 4 時間近く経過していたので、これを届け出るなどしても、事故によるものであることを誰にも信じてもらえず、かえって自分に殺人などの嫌疑がかかり、そうなれば工場の経営が困難になるのみならず、2 人の子どもの将来にも大きく影響することになると考え、いっそのこと V を交通事故に見せかけて遺棄しようと決意し、同日午前 2 時40分ころ、工場敷地南西端付近まで V を運んで投げ捨て、さらに、交通事故に見せかけるため工場内から塗膜片、レンズの破片などを運び、付近の国道上にまき散らし、同日午前 3 時ころ自宅に戻った。同日午前 8 時25分ころ上記場所に倒れている V の死体が発見された。

死体の解剖所見によれば、V の死亡推定時刻は、29日午後 7 時10分ころから30日午前 3 時10分ころのあいだであり、法医学の知見からすると、V が上記死亡推定時刻の範囲内のどの時期に死亡していた可能性もあるものとされた。こうして、30日午前 2 時40分ころ、V が生存していたか、死亡していたかは明らかにすることができなかった。

第一審（旭川地判昭60・8・23）は、「被告人が V を遺棄した30日午前 2 時40分ころ V が既に死亡してい

たものと認定するには、なお合理的疑いを入れる余地があり、結局、Vの右の時点における死亡の事実については立証がないことに帰する」として、被告人の遺棄行為が、保護責任者遺棄罪の構成要件に該当することを認めた。しかし、被告人はVが死亡していたと信じていたことから、抽象的事実の錯誤があるとし、本件のような場合には、「死体遺棄罪と遺棄罪との間に実質的な構成要件上の重なり合いを認めるのが相当であり、結局、被告人については、軽い死体遺棄罪の故意が成立し、同罪が成立する」とした。

被告人が控訴したところ、控訴審は、以下のような判断を示したうえで、遺棄の時点でVが死亡していたと認定し、被告人の遺棄行為が、死体遺棄罪の構成要件に該当するとした。

②法の解釈

「死亡推定時刻は、あくまでも死体解剖所見のみに基づく厳密な法医学的判断にとどまるから、刑事裁判における事実認定としては、同判断に加えて、行為時における具体的諸状況を総合し、社会通念と、被告人に対し死体遺棄罪という刑事責任を問い得るかどうかという法的観点をふまえて、Vが死亡したと認定できるか否かを考察すべきである」。

③法の適用

法医学的所見に基づく死亡推定時刻に加えて、被告人によるVの発見から遺棄までのあいだのVの状態、気象条件、時間などからすると、遺棄の時点で、「被告人のみならず、一般人から見ても、Vは既に死亡していたものと考えるのが極めて自然である」ばかりでなく、「少なくとも遺棄時においては、Vは死亡していた可能性が極めて高いと考えられる」。

「本件において、仮に遺棄当時Vがまだ死亡に至らず、生存していたとすると、被告人は、凍死に至る過程を進行中であつたVを何ら手当てせずに寒冷の戸外に遺棄して死亡するに至らしめたことになり、Vの死期を早めたことは確実であると認められるところ、自ら惹起した不慮の事故により雪中に埋没させてしまつたVを掘り出しながら、死亡したものと誤信し、直ちに医師による治療も受けさす等の救護措置を講ずることなく、右のように死期を早める行為に及ぶということは、刑法211条後段の重過失致死罪に該当するものというべく、その法定刑は

5年以下の懲役もしくは禁錮又は20万円以下の罰金であるから、被告人は、法定刑が3年以下の懲役である死体遺棄罪に比べ重い罪を犯したことになつて、より不利益な刑事責任に問われることになる。また、被告人の主観を離れて客観的側面からみると、Vが生存していたとすれば、被告人は保護責任者遺棄罪を犯したことになるが、同罪も死体遺棄罪より法定刑が重い罪である。本件では、Vは生きていたか死んでいたかのいずれか以外にはないところ、重い罪に当たる生存事実が確定できないのであるから、軽い罪である死体遺棄罪の成否を判断するに際し死亡事実が存在するものとみることも合理的な事実認定として許されてよいものと思われる」。

④コメント

（1）有罪判決を言い渡すことができるのは、「被告事件について犯罪の証明があつたとき」（333条1項）である。刑事訴訟において審判の対象となるのは、訴因の「罪となるべき事実」（256条3項）であるから、「被告事件について犯罪の証明があつた」とは、訴因の「罪となるべき事実」について、「疑わしいときは被告人の利益に」原則（利益原則）のもとで、証明責任を負う検察官が、合理的疑いを超える証明をしたことを意味する。検察官が訴因の「罪となるべき事実」をこのようにして十分に証明したときに、裁判所は有罪判決を言い渡すことができる。

裁判所は、有罪判決において、「罪となるべき事実」を判示すべきこととなる（335条1項）。有罪判決における「罪となるべき事実」は、訴因における「罪となるべき事実」と同様、具体的な刑罰権の発動の対象となる事実であって、具体的な刑罰権の発動を基礎づけ限界づける事実である。検察官は、訴因において、「罪となるべき事実」に対する具体的な刑罰権の発動を裁判所に求め、裁判所は、有罪判決において、「罪となるべき事実」に対する具体的な刑罰権の発動を承認するのである。

最判昭24・2・10は、有罪判決の「罪となるべき事実とは、刑罰法令各本条における犯罪の構成要件に該当する具体的事実をいうものであるから、該事実を判決書に判示するには、その各本条の構成要件に該当すべき具体的事実を該構成要件に該当するか否かを判定するに足る程度に具体的に明白にし、かくしてその各本条を適用する事実上の根拠を確認し得られるようにするを以て足る」としていた。これと

XII

同じ基準を用いて、最決昭58・5・6は、昭和55年11月14日午前5時20分ころ（第一審判決・東京地判昭56・12・10による）、「被告人が、未必の殺意をもつて、『被害者の身体を、有形力を行使して、被告人方屋上の高さ約0.8メートルの転落防護壁の手摺り越しに約7.3メートル下方のコンクリート舗装の被告人方北側路上に落下させて、路面に激突させた』」という判示は、「手段・方法については、単に『有形力を行使して』とするのみで、それ以上具体的に摘示していない」としても、「被告人の犯罪行為としては具体的に特定しており、……被告人の本件犯行について、殺人未遂罪の構成要件に該当すべき具体的事実を、右構成要件に該当するかどうかを判定するに足りる程度に具体的に明白にしている」とした。

ところで、有罪判決の「罪となるべき事実」と訴因における「罪となるべき事実」とは、上記のように対応関係にある。実際には証拠による証明の程度に応じて、前者は後者に比べより具体的で詳細な事実によって示され、また、犯行の経緯、動機など、「罪となるべき事実」の不可欠の構成要素ではない事実をも盛り込まれることがあるにしても、いずれも具体的刑罰権の発動の対象となり、それを基礎づけ限界づける事実として、どの程度の特定が必要かという点においては、両者は共通するとされてきた（〔本書37〕コメント参照）。訴因における「罪となるべき事実」の特定について、最決平26・3・17〔本書37〕は、①特定の犯罪構成要件に該当するかを判定可能であること、②他の犯罪事実との区別が可能であること、という二点を基準として、その特定性が判断されるべきことを明らかにした。この基準によるとき、上記最決昭58・5・6の事案においては、先のような「罪となるべき事実」であっても、構成要件要素たる事実としての犯罪の主体・客体・行為・結果（殺人未遂）、故意、さらには日時・場所が明示されていたことから、「罪となるべき事実」が殺人未遂の構成要件に該当すると判定することが可能であり、また、殺人未遂の構成要件に該当する他の犯罪事実と区別することも可能であった。

このように、有罪判決における「罪となるべき事実」としては、特定の構成要件に該当する具体的事実が明示されなければならず、その特定の基準は、訴因の「罪となるべき事実」の特定の場合と同様、①特定の犯罪構成要件に該当するかを判定可能であること、②他の犯罪事実との区別が可能であるこ

と、だと理解することができよう。これらの基準によって「罪となるべき事実」が特定されている限り、「罪となるべき事実」の特定に不可欠とはいえない事実について、概括的・択一的な表示がなされても、それをもって「罪となるべき事実」の判示として不十分だということにはならないのである。

(2) 裁判所が、審理の結果、「罪となるべき事実」について、事実A、事実Bのいずれかであることについては合理的な疑いを超える証明があると認めたものの、A、Bいずれなのかを確定できないという心証を得た場合において、A、Bを択一的に認定することができるか。これが択一的認定の問題である。訴因変更の要否が、訴因と裁判所の心証ないし判決の認定とのあいだにずれがある場合の問題であったのに対し、択一的認定は、裁判所の心証と判決の認定との関係についての問題である。択一的認定については、①裁判所が上記のような心証を得たときに、「被告事件について犯罪の証明があつた」（333条1項）として、有罪判決を言い渡すことができるのか、②有罪判決における「罪となるべき事実」（335条1項）として、「事実Aまたは事実B」というような択一的表示が許されるのか、が問われることになる。

このうち②の問題は、裁判所が有罪判決を言い渡すことができることが前提となるから、中心的な問題となるのは、①である。333条1項にいう「被告事件」とは、審判対象となる訴因の「罪となるべき事実」を意味するから、結局、択一的認定とは、裁判所が、訴因の「罪となるべき事実」について択一的な心証しか得ることができなかったときに、「犯罪の証明があつた」といえるのか、有罪判決を言い渡すことができるかという問題である。この問題においては、「疑わしいときは被告人の利益に」という原則の働き方が問題になる。

このように考えると、従来、択一的認定は、同一構成要件内における択一的認定と異なる構成要件間における択一的認定とに区分して論じられることが多かったが、有罪判決において証明の対象となる「被告事件」とは訴因の「罪となるべき事実」なのであるから、正確にいうならば、同一の「罪となるべき事実」の枠内での択一的認定なのか、それとも異なる「罪となるべき事実」にまたがる択一的認定なのかが問題になるといえよう。

(3) 最決平13・4・11〔本書39〕は、被告人と他一名とによる殺人の共同正犯についての罪となるべき

事実において殺害の日時・場所・方法が概括的なものであり、さらに実行行為者がいずれか一方または両名というものであっても、「殺人罪の構成要件に該当すべき具体的事実を、それが構成要件に該当するかどうかを判定するに足りる程度に具体的に明らかにしているものというべきであって、罪となるべき事実の判示として不十分とはいえない」と判示した。同決定は、「殺人罪の共同正犯の訴因としては、その実行行為者がだれであるかが明示されていないからといって、それだけで直ちに訴因の記載として罪となるべき事実の特定に欠けるものとはいえない」としており、このことからすれば、実行行為者が誰かによって、訴因の「罪となるべき事実」が異なるわけではなく、したがって、実行行為者の択一的認定は、同一の「罪となるべき事実」の枠内での択一的認定ということになる。

有罪判決における「罪となるべき事実」の判示の問題としてみると、もともと殺人の共同正犯は、同一客体に対して複数事実が存在し得ないから、「罪となるべき事実」の特定に関する上記基準のうち、②は問題とならないのであって、先のような「罪となるべき事実」であっても、殺人の共同正犯の構成要件要素たる各事実が明示されていることによって、殺人の共同正犯の構成要件に該当すると判定することが可能な程度にまで具体的事実が示されていたといえよう。

また、「罪となるべき事実の判示として不十分とはいえない」との判示は、当然のこととして、裁判所が実行行為者について択一的な心証しか得られなかったとしても、殺人の共同正犯について有罪判決を言い渡すための証明としては十分であったとの判断を前提としている。それは、実行行為者が「罪となるべき事実」の特定に不可欠な事実ではないからである。そうすると、同決定は、訴因の「罪となるべき事実」について合理的疑いを超える証明があれば、「被告事件について犯罪の証明があつた」(333条1項)ものとして、有罪判決の言い渡しができることを含意しているといえよう。このことを敷衍すれば、「罪となるべき事実」について十分な証明があり、具体的な明示がなされていることで足り、「罪となるべき事実」の特定に必要ではない事実については、択一的認定が許されるということになる。換言すれば、同一の「罪となるべき事実」の枠内での択一的認定は許されるのである。

(4) 本判決の事案において、被害者が生存してい

たとすれば、「罪となるべき事実」として、重過失致死罪に該当する事実が認められ、死亡していたとすれば、死体遺棄罪にあたる事実が認められることになって、両罪は構成要件を異にするから、当然、「罪となるべき事実」も異なることになり、異なる「罪となるべき事実」にまたがる択一的認定が問題となる。もちろん、客体(「人」または「死体」)は、構成要件要素たる事実であって、「罪となるべき事実」の特定に不可欠な事実である。そうすると、問題となるのは、裁判所が、「罪となるべき事実」A(重過失致死の事実)またはB(死体遺棄の事実)という形で、異なる「罪となるべき事実」について択一的な心証しか得られなかったときに、有罪判決を言い渡すことができるか、「罪となるべき事実」について十分な証明があったといえるかということである。

本判決の事案と同じように、被害者の生死が不明であった事案について、大阪地判昭46・9・9は、死体遺棄の本位的訴因、保護責任者遺棄の予備的訴因の「各訴因の犯罪時における同児の生死は不明ということにならざるを得ないが、このような場合、右両訴因につきいずれも証明が十分でないものとして無罪の言渡をすべきものか、それとも、二者のうちいずれか一方の訴因が成立することは間違いないものとして択一的に或いは被告人に有利な訴因につき有罪の認定をなすべきかは困難な問題であるが、現行刑事訴訟法上の挙証責任の法則に忠実である限り、後者のような認定は許されないものと解すべきであるから……、右各訴因についてはいずれも証明が十分でないものとして無罪の言渡をするほかはない」とした。ここにいう「挙証責任の法則」とは、利益原則と同義と理解することができよう。すなわち、被害者の生死が不明であって、客体が「死体」なのか、「人」なのかが確定できない以上、死体遺棄の事実、保護責任者遺棄の事実のいずれについても、合理的疑いを超える証明ができていないことになり、そうすると、検察官がいずれの事実についても「挙証責任」を果たしていないということであって、そうである以上、検察官に不利益な判断をせざるをえず、したがって被告人を無罪とすべきことになるとしたのである。利益原則に忠実な判断だといえよう。

他方、本判決は、被害者の生死が論理的択一関係にある事実であることを前提として、「Vは生きていたか死んでいたかのいずれか以外にはないとこ

ろ、重い罪に当たる生存事実が確定できないのであるから、軽い罪である死体遺棄罪の成否を判断するに際し死亡事実が存在するものとみることも合理的な事実認定として許されてよい」としている。すなわち、重過失致死ないし保護責任者遺棄罪という「重い罪」の構成要件を充足する事実である被害者の生存という事実に対して利益原則を適用し、生存の事実に合理的疑いが残り、その事実を認定できない以上、「合理的な事実認定として」、被害者の死亡という事実を認定し、もって死体遺棄罪の成立を肯定したのである。このような認定を、「秘められた択一的認定」、あるいは「黙示的な択一的認定」と呼ぶことがある。このような認定を、「国民の法感情」の観点から支持する見解もある。

しかし、「重い罪」の成立と「軽い罪」の成立とが論理的択一関係にある場合でも、利益原則それ自体から、利益原則を「重い罪」の構成要件を充足する事実の存否の判断について適用すべきことが要請されているわけではない。逆に、利益原則を「重い罪」の構成要件を充足する事実の存否の判断について適用したならば、被害者の死亡という事実を認定することができなくなる。実際、第一審の判決は、被害者の死亡の事実には合理的疑いが残り、遺棄「の時点における死亡の事実については立証がない」として、被害者の生存を認定し、保護責任者遺棄罪の成立を認めていた。

利益原則それ自体から要請されるものでないとすると、本判決が利益原則を「重い罪」の構成要件を充足する事実の存否の判断について適用したのは、本判決が、「重い罪」の成立と「軽い罪」の成立とが論理的択一関係にある場合には、いずれの成立にも合理的疑いが残るとしても、「軽い罪」の成立を認めるべきであるという結論を、先取り的に肯定していたからであろう。利益原則は、合理的疑いが残る限り、被告人に不利益に事実の存在を認定することができないという原則であって、ある事実の「不存在」を認定することを超えて、そのことの反射的効果として、論理的択一関係にある事実の「存在」を積極的に認定することを許すものではない。本判決の認定は利益原則に反しているというべきであろう。

(5)「罪となるべき事実」に包摂・被包摂の関係がある場合であって、包摂事実の存在に合理的な疑いが残り、被包摂事実の存在について十分な証明があるときは、被包摂事実の存在を認定することが許される。予備的認定ないし一部認定という。たとえば、業務上横領の構成要件該当事実である業務性に合理的疑いが残るときでも、単純横領にあたる「罪となるべき事実」が十分に証明されていれば、それを認定することができる（特別関係の法条競合）。建造物放火と非建造物放火（補充関係の法条競合）、強盗と恐喝なども同じである。

共同正犯の「罪となるべき事実」と単独犯の「罪となるべき事実」との関係はどうか。これについて、下級審判例は分かれている。

東京高判平4・10・14は、「本件強盗は、被告人がＹと共謀の上実行したか（共同正犯）、単独で実行したか（単独犯）のいずれかであって、第三の可能性は存在しないと認められる上、……本件強盗の共同正犯と単独犯とを比較すると、被告人が実行行為を全て単独で行ったことに変わりはなく、単に、被告人が犯行についてＹと共謀を遂げていたかどうかに違いがあるにすぎないのである」って、「法的評価の上でも、両者は、基本形式か修正形式かの違いはあるにせよ、同一の犯罪構成要件に該当するものであり、法定刑及び処断刑を異にする余地もない」とし、このような場合において、「強盗の共同正犯と単独犯を択一的に認定することができ」ると判示し、そのうえで、「犯情が軽く、被告人に利益と認められる共同正犯の事実を基礎に」して、量刑を行うべきであるとした。共同正犯の事実と単独犯の事実とは「同一の犯罪構成要件に該当する」という理解が前提にあったといえよう。

札幌高判平5・10・26は、被告人単独の犯行として起訴し、これに対し被告人が被告人単独の犯行ではなく、所属組織の長の命令により、その構成員からけん銃の調達を受けて実行に及んだ旨主張していた事案について、被告人が実行行為のすべてを実行したことに十分な証明がある一方、Ｙ・Ｚとの共謀の可能性があるものの、十分な証明はないという場合には、「検察官主張にかかる被告人単独の犯行を内容とする起訴事実は、いわゆる合理的な疑いが残るものであり、したがって、ことを被告人の利益に判定し、……（上記のような・引用者）態様でのＹらの犯行関与があった、したがって、これによれば、被告人とＹらとの間に事前の謀議があり、被告人はこの謀議（共謀）に基づき犯行をした……ものと認定すべきである」とした。

東京高判平10・6・8は、被告人がＹと共謀して覚せい剤を所持したとの訴因により起訴されていた事

案について、第一審が単独で又は第三者と共謀の上覚せい剤を所持したとの択一的事実を明示的に認定していたところ、「原判決は、被告人が自ら本件覚せい剤を所持した点は明白であり、しかも、単独でこれを所持した疑いが濃いが、他方Yと共謀して本件覚せい剤を所持した旨の被告人の供述を完全に排斥することができないとの判断に立ち、被告人が単独で又はCとの共謀の上本件覚せい剤を所持したとの択一的な事実を認定したものと解される。しかしながら、被告人がCと共謀の上これを所持したという事実が証明されていないのにこれを択一的にせよ認定することは、証明されていない事実を認定することに帰して許されないというべきである。これに対し、被告人が本件覚せい剤を所持したことは証拠上明白であって、Cと共謀の上これを所持した疑いがあっても、そう認定することに問題はなく、択一的に認定する必要はなかった」と判示した。単独犯を認定すべきとしたのである。

ところで、共同正犯の「罪となるべき事実」と単独犯の「罪となるべき事実」との関係について、最決平21・7・21は、被告人が窃盗などの単独犯として起訴されていた事案について、「検察官において共謀共同正犯者の存在に言及することなく、被告人が当該犯罪を行ったとの訴因で公訴を提起した場合において、被告人1人の行為により犯罪構成要件のすべてが満たされたと認められるときは、他に共謀共同正犯者が存在するとしてもその犯罪の成否は左右されないから、裁判所は訴因どおりに犯罪事実を認定することが許される」とした。「他に共謀共同正犯者が存在するとしてもその犯罪の成否は左右されない」との判示からすると、同決定は、共同正犯の構成要件と単独犯の構成要件とのあいだには、前者を実行行為を行わない者にも正犯としての罪責を及ぼすという趣旨による修正構成要件(拡張構成要件)、後者を基本構成要件として、包摂・被包摂の関係があるものと理解しているといえよう。

このような理解からすれば、被告人が共同正犯の訴因により起訴され、単独犯の「罪となるべき事実」が十分に証明されている場合には、他者との共同正犯の可能性が認められるとしても、それになお合理的疑いが残るのであれば、単独犯を認定すべきことになるであろう。「罪となるべき事実」に包摂・被包摂の関係がある場合における予備的認定(一部認定)の一例である。上記の東京高判平10・6・8は、このような判断であった。

(6) 異なる「罪となるべき事実」にまたがる択一的認定は、過失犯についても問題となる。

過失犯の訴因としては、通例、①注意義務を課す根拠となる具体的事実、②注意義務の内容、③注意義務違反の具体的事実(過失態様)、が記載される。このうち、過失犯の訴因における「罪となるべき事実」を構成するのは、過失態様である。過失態様について、判決が訴因と異なる事実を認定しようとするときは、審判対象の画定という見地からの訴因変更が必要となる(〔本書40〕コメント)。

秋田地判昭37・4・24は、裁判所の心証において、被告人自身の煙草による出火という直接的過失か、被用者2人の煙草による出火についての被告人の監督過失という間接的過失か、いずれかであることに疑問はないが、いずれなのかが不確定であったという事案について、「被告人自らの行為か、さもなければ他の両者いずれかの行為によるものであり若し後者であるとすれば被告人は監督懈怠という不作為による過失責任を免れないのであるから被告人には作為、不作為いずれかの行為により出火せしめたという二者択一の帰責事由があるというべきで、かかる場合は両行為の選択的な事実認定の下に被告人の責任を追求することが法理論上可能であり又社会正義にも合致する所以であると考える。／然してかかる場合若し両過失の間に過失の程度に軽重があるとすれば被告人の利益に従い軽い方の過失責任を認めるべきであることはいうまでもない」と判示し、「二種の過失の態様を比較すれば、ことの性質上、……監督者としての注意義務違反の不作為による過失責任の方をより軽いと認むべきである」とした。「黙示的な択一的認定」を認めたのである。

ここにいう「社会正義」への合致とは、直接的過失、間接的過失のいずれかが認められるのに、なんら刑事責任を問わないというのでは、「国民の正義感情」に反する結果となり、被告人の利益をも考慮して、「軽い方の過失責任」を問うことが「社会正義」に適うゆえんであるということであろうか。しかし、注意義務の内容を前提とした注意義務違反の具体的事実、すなわち過失態様は、過失犯の「罪となるべき事実」を構成する構成要件的「行為」である。それゆえ、具体的な過失態様について合理的疑いが残るならば、利益原則より、その過失態様を構成要素とする「罪となるべき事実」を認定することはできないというべきである。同判決は、間接的過失の存在について合理的疑いが残り、十分な証明が

あるとはいえないにもかかわらず、間接的過失を認定し、有罪判決を言い渡した点において、利益原則に反しているといわざるをえない。間接的過失、直接的過失のいずれについても合理的疑いが残る以上、利益原則からすれば、いずれの過失態様をも認定することはできないというべきである。

東京高判平28・8・25は、異なる注意義務を前提とした異なる過失態様を択一的に認定した第一審の判決について、「過失を択一的に認定することは、過失の内容が特定されていないということにほかならず、罪となるべき事実の記載として不十分といわざるを得ない。これをより実質的に考慮すると、過失犯の構成要件はいわゆる開かれた構成要件であり、その適用に当たっては、注意義務の前提となる具体的事実関係、その事実関係における具体的注意義務、その注意義務に違反した不作為を補充すべきものであるから、具体的な注意義務違反の内容が異なり、犯情的にも違いがあるのに、罪となるべき事実として、証拠調べを経てもなお確信に達しなかった犯情の重い過失を認定するのは『疑わしきは被告人

の利益に』の原則に照らして許されない」と判示したうえで、第一審判決は「いずれの過失についても、確信に至っていない」にもかかわらず、「犯情の重い過失をも認定しているのであるから」、利益原則に反して違法であって、「過失を択一的に認定した原判決には理由不備の違法があり、破棄を免れない」とした。

犯情の重い過失態様の認定が利益原則に反することはたしかであるが、犯情の軽い方の過失態様の認定も、同じく利益原則に反するというべきであろう。また、同判決は、第一審判決が択一的に認定した異なる注意義務および過失態様を合成した内容の注意義務および過失態様を認定し、自判により有罪としているところ、特定の注意義務を前提とした過失態様が過失犯の構成要件要素たる「行為」にあたるとの前提に立つならば、このような認定によっては、過失犯の具体的な「罪となるべき事実」を認定したことにはならないといえよう。

（葛野 尋之）

91 厳格な証明と自由な証明

📖 茨城老女誘拐殺人事件
　最1小決昭和58[1983]年12月19日刑集37巻10号1753頁【LEX/DB24005933】
　〈関連判例〉
　　最2小判昭和24[1949]年2月22日刑集3巻2号221頁【24000505】
　　最1小判昭和28[1953]年2月12日刑集7巻2号204頁【24001660】
　　最大決昭和33[1958]年2月26日刑集12巻2号316頁【24003185】［石川自転車窃盗未遂事件］
　　最大判昭和33[1958]年5月28日刑集12巻8号1718頁【27760617】［練馬事件］
　　最3小判平成18[2006]年11月7日刑集60巻9号561頁【28115387】［東住吉事件］〔本書71〕

1 事実の概要

被告人を当該事件の犯人と認定した第一審判決（水戸地土浦支判昭56・3・31）は、その情況証拠の1つとして、犯人が身代金要求の電話をかけてきた時刻に、身代金の置いてある場所を見通せる某事務所の電話を使って被告人がどこかへ通話していたという事務所職員の供述をあげた。控訴審において被告人は、犯人がかけた電話については所轄の電報電話局（NTTの前身である電電公社の地方機関）が逆探知しているから、その資料を見れば、某事務所にある電話の番号ではないことがわかり、アリバイが証

明されると主張し、逆探知資料を所轄の電報電話局から取り寄せるよう申請した。

裁判所はこの申請を採用し、電報電話局長に逆探知資料の送付嘱託をしたが、局長は通信の秘密を理由にこれを拒否した。被告人側はこれを不服として同様の申請を繰り返したが、裁判所はいずれも却下した。そこで被告人側は逆探知の有無や逆探知記録の有無、内容等を立証趣旨として、局長らを証人申請した。

この段階で、検察官は、逆探知結果についての資料はない旨を立証趣旨として、局長作成にかかる警

察署長宛の「捜査関係事項紹介回答書」（「逆探知に関する資料はありません」等の記述がある）を書証として申請した。

　被告人がこれを証拠とすることに同意しなかったところ、裁判所は323条3号書面としてこれを採用し取り調べた上、逆探知に関する被告人側の証拠申請をすべて却下した。そこで被告人は、当該書面を323条3号書面として採用した控訴裁判所の手続きの違法を主張し、上告した（上告棄却）。

2 法の解釈

　事例判例であり、一般的な規範は示されていない。

3 法の適用

　「原審が刑訴法323条3号に該当する書面として取り調べた……回答書は、弁護人申請にかかる送付嘱託の対象物……は存在しないという事実を立証趣旨とするものであって、原審が右逆探知資料の送付嘱託を行うことの当否又は右逆探知に関する証人申請の採否等を判断するための資料にすぎないところ、右のような訴訟法的事実については、いわゆる自由な証明で足りるから、右回答書が刑訴法323条3号の書面に該当すると否とにかかわらず、これを取り調べた原審の措置に違法はないというべきである」。

4 コメント

　(1)　323条3号書面に該当しないという弁護人側の主張に対し最高裁は、そもそも証拠能力が不要であるから323条3号に該当するか否かは問題にならないと応じた。最高裁が「自由な証明」という概念を用いた初の決定であった。

　(2)　本決定を読んで、「訴訟法的事実については自由な証明で足りるとするのが判例だ」と即断してはならない。自己矛盾供述をしたという供述の証明

力評価にかかわる補助事実（つまり訴訟法的事実）について、最高裁は厳格な証明を要すると判示している（最判平18・11・7［東住吉事件］〔本書71〕）。「右のような訴訟法的事実については」との表現からわかるように、本決定は、訴訟法的事実一般についてどのような証明が妥当かを論じているわけではなく、本件における訴訟法的事実（局長等を証人として申請するか否か等を判断するための事実）のみについて論じる事例判例にすぎない。

　(3)　現在のところ、共謀共同正犯事件における共謀のような「罪となるべき事実」（最判昭33・5・28［練馬事件］）、および、累犯加重（刑57条）の理由となる前科のように「刑の法定加重の理由となる事実であって、実質において犯罪構成事実に準ずるもの」（最決昭33・2・26）については厳格な証明を要するという一般的規範が呈示されている。しかし、それ以外の事実については、事例判例が少数存在する（厳格な証明を要するものとして前述の最決平18・11・7〔本書71〕、要しないものとして、自白調書の任意性調査につき最判昭28・2・12、刑の執行を猶予すべき情状の有無に関する調査につき最判昭24・2・22など参照）のみで、判例理論が体系的・具体的に明らかになっている状況ではないことに注意する必要がある。

　(4)　なお、自由な証明という概念は、①証拠能力不要、②適式な証拠調べ不要という2つの内容を含むが、本件で問題になった回答書は適式な証拠調べを経ているため、②の点は問題にならない。本決定が「323条3号の書面に該当すると否とにかかわらず」と証拠能力の点だけに触れているのはそのためである。したがって、「自由な証明で足りる」という本判示の具体的意味は、当該証拠に証拠能力は不要というものにすぎず、適式な証拠調べまで不要という判断はしていないことにも注意する必要がある。本決定の射程はかなり狭いのである。

（中川　孝博）

92　無罪判決後の勾留

　📖 東電従業員殺人事件

　　最1小決平成12［2000］年6月27日刑集54巻5号461頁【LEX/DB28051453】

　　〈関連判例〉

　　　最3小決平成19［2007］年12月13日刑集61巻9号843頁【28145015】

最 2 小決平成23[2011]年10月 5 日刑集65巻 7 号977頁【25443811】

1 事実の概要

不法残留中の被告人が強盗殺人で起訴され、勾留されたまま公判が進められていた。第一審（東京地判平12・4・14）は平成12年 4 月14日に、被告人を犯人と認めるには合理的な疑問を差し挟む余地が残るとして無罪判決を言い渡した。これにより勾留状の効力は失われた（刑訴法345条）。検察官は18日に控訴し、同時に、東京地裁に対し勾留の職権発動を申し出た。東京地裁は職権を発動しなかったため、19日、検察官は東京高裁に職権発動を申し出た。東京高裁第 5 刑事部は、訴訟記録が高裁に到達していない段階では控訴審裁判所に勾留権限がないとの理由で、20日、職権を発動しない旨決定した（東京高決平12・4・20）。その後検察官は、東京高裁に訴訟記録が送付された後、5 月 1 日にあらためて職権発動の申出を行った。東京高裁第 4 刑事部は 8 日、本件に関し新たな証拠の取調べを行う等の実質的審理が開始される前の段階で勾留を決定した。被告人側から異議申立がなされたが、19日、東京高裁第 5 刑事部はこれを棄却（東京高決平12・5・19）。そこで最高裁に特別抗告。抗告棄却。

2 法の解釈

「裁判所は、被告人が罪を犯したことを疑うに足りる相当な理由がある場合であって、刑訴法60条 1 項各号に定める事由（以下「勾留の理由」という。）があり、かつ、その必要性があるときは、同条により、職権で被告人を勾留することができ、その時期には特段の制約がない。したがって、第一審裁判所が犯罪の証明がないことを理由として無罪の判決を言い渡した場合であっても、控訴審裁判所は、記録等の調査により、右無罪判決の理由の検討を経た上でもなお罪を犯したことを疑うに足りる相当な理由があると認めるときは、勾留の理由があり、かつ、控訴審における適正、迅速な審理のためにも勾留の必要性があると認める限り、その審理の段階を問わず、被告人を勾留することができ、……新たな証拠の取調べを待たなければならないものではない。また、裁判所は、勾留の理由と必要性の有無の判断において、被告人に対し出入国管理及び難民認定法に基づく退去強制の手続が執られていることを考慮することができると解される。以上と同旨の原決定の判断は、正当である（遠藤光男、藤井正雄裁判官の

各反対意見がある）」。

3 法の適用

本件勾留に理由と必要性があったか否かについては論じられていない。

4 コメント

（1）　345条は、無罪判決等が第一審で言い渡された場合に勾留状が失効すると定めている。この条文の趣旨については争いがある。たとえば、第一審が無罪判決であった場合、その裁判内容に拘束力を持たせる趣旨だと理解すれば、控訴審が改めて勾留する際には勾留要件の高度化や勾留できる時期・段階に制限を設けるなどの法的制約をかけるべきだという帰結が導かれる。遠藤、藤井裁判官の各反対意見もこのような考え方に立っている。

しかし、本決定は345条の趣旨にまったく触れず、勾留できる時期を制約する規定がないという形式的理由をあげ、再勾留ができる時期や段階に制約がないと述べた。たしかに、345条は無罪判決だけでなくさまざまな裁判を対象としているから、それらを統一的に理解するのが合理的だと考えるならば、345条につき判決の内容を身体拘束に関する処理に反映させたものと捉えることは困難である。そこで本決定は、345条の制度趣旨から再度の勾留に対する法的制約を導く議論を立てていないと解するのが一般的であった。

（2）　しかしその後、最決平19・12・13は、「刑訴法345条は、無罪等の一定の裁判の告知があったときには勾留状が失効する旨規定しており、とくに、無罪判決があったときには、本来、無罪推定を受けるべき被告人に対し、未確定とはいえ、無罪の判断が示されたという事実を尊重し、それ以上の被告人の拘束を許さないこととしたものと解されるから、被告人が無罪判決を受けた場合においては、同法60条 1 項にいう『被告人が罪を犯したことを疑うに足りる相当な理由』の有無の判断は、無罪判決の存在を十分に踏まえて慎重になされなければならず、嫌疑の程度としては、第一審段階におけるものよりも強いものが要求されると解するのが相当である」と述べ、このように解しても本決定の趣旨を「敷えんする範囲内のものであって、これと抵触するものではない」と明言している。控訴審が勾留できる時期や

段階を考えるにあたり345条は関係がないと最高裁は考えていると理解されたのが本決定であったが、平成19年決定は、345条の趣旨を踏まえ、嫌疑の程度は第一審段階よりも強いものを要求すべきだと述べているのである。同様の結論は345条を援用しなくとも出すことは可能だと思われる（同一の文言であっても、手続の進行発展の状態に応じ、逮捕の際の嫌疑よりも勾留の際の嫌疑のほうが高いものが要求されると解するのが一般的だが、それと同様に考えるなど）が、そのような論理構成をとらなかったので、両決定をどう整合的に理解すべきかが課題として残されている（その後、最高平23・10・15が当該事件における無罪判決後の勾留の当否について判断を示しており、その際に本決定と平成19年決定を並べて引用しているが、両者の関係を理解するための手がかりとなるメッセージは示されていない）。

また、平成19年決定が提示した嫌疑の程度についても議論されている。これは第一審段階よりも嫌疑の程度が強まっているという意味ではなく、一般的に、第一審で勾留が認められる場合のそれより強いものが要求されるという意味だと解するのが一般的である。しかしその程度でよいのかということで外

在的批判が多数寄せられているが、被告人の犯人性が争われる事案において被告人が犯人でないことが万人に明白であるような事件はほとんどなく、大半において高度の嫌疑自体は存在することにかんがみると、いずれにせよ「強い嫌疑」を強調することで実務に具体的な変化がもたらされるのか否か、疑問なしとしない。

（3）本決定の最後で最高裁は、被告人が退去強制の手続きがとられていることを勾留審査の際に考慮してもよいと述べている。刑事手続が進行している間は退去強制手続の進行は停止させるといった、退去強制手続きと刑事手続の調整を図る法令はなく、法の不備を補うために勾留を用いてもよいというのが本決定の帰結であり、このような帰結に対してはかねてから問題が指摘されている（このような法の不備問題に関しては〔本書65〕も参照）。本決定では遠藤、藤井裁判官の各反対意見がこの点を強く批判していたが、いまだ立法措置は講じられていない。平成19年決定においても田原睦夫、近藤崇晴裁判官の各補足意見がこの点につき、批判を繰り返している。

（中川　孝博）

93　控訴審による職権調査の限界

📖 新潟賭博場開張図利事件

最1小決平成25〔2013〕年3月5日刑集67巻3号267頁【LEX/DB25445369】

〈関連判例〉

最大判昭和40〔1965〕年4月28日刑集19巻3号270頁【27760783】〔茨城3区衆議院議員選挙事件〕
最大決昭和46〔1971〕年3月24日刑集25巻2号293頁【24005103】〔新島ミサイル事件〕
最1小判昭和47〔1972〕年3月9日刑集26巻2号102頁【21038501】〔大信実業事件〕
最1小判昭和57〔1982〕年4月22日集刑227号75頁【25402636】〔富士銀行背任事件〕
最3小決昭和63〔1988〕年2月29日刑集42巻2号314頁【27761240】〔チッソ水俣病刑事事件〕〔本書36〕
最1小決昭和63〔1988〕年10月24日刑集42巻8号1079頁【24006137】〔高知五台山業過事件〕
最1小決平成元〔1989〕年5月1日刑集43巻5号323頁【27921140】〔船橋交差点事件〕

XIII

1 事実の概要

本件起訴状記載の訴因は、「被告人が、Aと共謀の上、平成22年5月8日、新潟県村上市内の甲組組事務所2階において、賭博場を開張し、賭客らをして、金銭を賭けて麻雀賭博をさせ、同人らから寺銭として金銭を徴収し、もって賭博場を開張して利益を図った」という賭博場開張図利の共同正犯であっ

た。

検察官は、第一審公判において、「被告人は、甲組組長であるが、Aが、平成22年5月8日、新潟県村上市内の甲組組事務所2階において、賭博場を開張し、賭客らをして、金銭を賭けて麻雀賭博をさせ、同人らから寺銭として金銭を徴収し、賭博場を開張して利益を図った際、その情を知りながら、A

が同所を麻雀賭博場として利用することを容認し、もって同人の前記犯行を容易にさせてこれを幇助した」という賭博場開張図利の幇助犯の予備的訴因を追加請求し、第一審裁判所はこれを許可した。

第一審判決（新潟地判平23・9・9）は、本位的訴因については、被告人自身が主宰者として本件賭博場を開張したとは認められず、また、Aを主宰者とする賭博場開張図利の共謀共同正犯の成否について検討しても、被告人には同罪の正犯意思を認め難く、Aとの共謀も認定できないので、賭博場開張図利の共同正犯は成立しないとし、予備的訴因である賭博場開張図利の幇助犯の成立を認めた。

これに対し、被告人のみが控訴を申し立てたところ、原判決（東京高判平24・2・22）は、記録上認められる事実を総合勘案すれば、甲組の組長である被告人が、配下のAと共謀して、甲組の組ぐるみで本件賭博場開張図利を敢行したものと認められ、被告人とAとの賭博場開張図利の共同正犯を認定するのが相当であるから、被告人に賭博場開張図利の幇助犯が成立するとした第一審判決には判決に影響を及ぼす事実を誤認した違法があり、破棄を免れないとして、第一審判決を破棄し、本位的訴因である賭博場開張図利の共同正犯を認定して被告人を有罪とした。

これに対し被告人が上告した。最高裁は以下のような判断を示し、上告を棄却した。

2　法の解釈

事例判断であり、一般的規範を明示していないが、「法の適用」部分において、最決昭46・3・24［新島ミサイル事件］および最判昭47・3・9［大信実業事件］を参照するよう指示している。これらの決定および判決については「コメント」において紹介する。

3　法の適用

「本件のように、第一審判決の理由中で、本位的訴因とされた賭博開張図利の共同正犯は認定できないが、予備的訴因とされた賭博開張図利の幇助犯は認定できるという判断が示されたにもかかわらず、同判決に対して検察官が控訴の申立てをしなかった場合には、検察官は、その時点で本位的訴因である共同正犯の訴因につき訴訟追行を断念したとみるべきであって、本位的訴因は、原審当時既に当事者間においては攻防の対象から外されていたものと解するのが相当である。そうすると、原審としては、本

位的訴因については、これを排斥した第一審裁判所の判断を前提とするほかなく、職権により本位的訴因について調査を加えて有罪の自判をしたことは、職権の発動として許される限度を超えたものであり、違法というほかない」。

4　コメント

（1）　上訴は裁判の一部に対してすることができる（357条）が、一部上訴ができるのは裁判の内容が可分である場合に限られている、というのが一般的解釈である。この解釈からある不都合が生じる。

たとえば第一審判決が、A罪については有罪、B罪については無罪（AとBは科刑上一罪の関係にある）であったとしよう。被告人はB罪については無罪とされたのだから控訴する気がなく、A罪について有罪とされた部分のみ控訴した。検察官もB罪については無罪でやむなしと判断し、A罪については有罪とされたのだからそれで満足して控訴しなかった。このように、被告人も検察官もB罪について控訴審の審査を望んでいないにもかかわらず、科刑上一罪の場合は主文が分けて示されてないために、一審判決を分けることはできないとされ、B罪についても移審の効果が生じてしまう。したがって控訴審はA罪B罪両方について有罪との結論を出すことも可能になりそうである。

このような不都合を回避するため、最決昭46・3・24［新島ミサイル事件］は、いわゆる「攻防対象論」を導入した。移審の効果が生じたとしても、両当事者の攻防の対象から外されたとみることができる部分については、控訴審が職権調査することはできないというルールである。最決昭46・3・24は、その理由を以下のように説明していた。すなわち、「審判の対象設定を原則として当事者の手に委ね、被告人に対する不意打を防止し、当事者の公正な訴訟活動を期待した第一審の訴訟構造のうえに立つて、刑訴法はさらに控訴審の性格を原則として事後審たるべきものとしている。すなわち、控訴審は、第一審と同じ立場で事件そのものを審理するのではなく、前記のような当事者の訴訟活動を基礎として形成された第一審判決を対象とし、これに事後的な審査を加えるべきものなのである。そして、その事後審査も当事者の申し立てた控訴趣意を中心としてこれをなすのが建前であつて、職権調査はあくまで補充的なものとして理解されなければならない。けだし、前記の第一審における当事者主義と職権主義との関係

は、控訴審においても同様に考えられるべきだからである」と。したがって、「当事者間においては攻防の対象からはずされたものとみることができる」部分について、「それが理論上は控訴審に移審係属しているからといつて、事後審たる控訴審が職権により調査を加え有罪の自判をすることは、……被告人に対し不意打を与えることであるから、前記のような現行刑事訴訟の基本構造、ことに現行控訴審の性格にかんがみるときは、職権の発動として許される限度をこえたものであつて、違法なものといわなければならない」。

もっともこのルールは、明文規定もなく、また、学会で議論が十分に展開されていた理論でもない。したがって、本ルールの理論的根拠および射程については争いの余地が多々生じうる。実際、さまざまな事件において、当該ルールを適用できるのか否か、あてはめが争われてきた。

（2）さほど結論が分かれないのが、罪が可分な場合である。科刑上一罪（すなわち観念的競合および牽連犯）の場合、そして、包括一罪の場合がその典型である。

最決昭46・3・24では、包括一罪ないし牽連犯の関係にある犯罪の一部について証明がないと判決理由中に示した第一審有罪判決に対し被告人のみが控訴した事案につき、「本件公訴事実中第一審判決において有罪とされた部分と無罪とされた部分とは牽連犯ないし包括一罪を構成するものであるにしても、その各部分は、それぞれ一個の犯罪構成要件を充足し得るものであり、訴因としても独立し得たものなのである。そして、右のうち無罪とされた部分については、被告人から不服を申し立てる利益がなく、検察官からの控訴申立もないのであるから、当事者間においては攻防の対象からはずされたものとみることができる」とあてはめた。

また、関税法が規定する無許可輸出等の訴因につき第一審が無罪としたので検察官が控訴したが、控訴審は第一審の無罪判断を維持しつつ、当該行為には外為法が規定する虚偽申告罪が成立しうる（無許可輸出罪とは観念的競合の関係に立つ）として第一審判決を破棄したので、被告人のみが上告した事案において、最判昭47・3・9［大信実業事件］は、上告審にも攻防対象論が適用されるとし、「無免許または無許可輸出罪の訴因については、第一審判決において無罪とされ、検察官が控訴したが、原判決においても同じく犯罪は成立しないとされたので、原判

決に対しては同被告人からこの点について不服を申し立てる利益がなく、検察官からの上告申立もなかつたのであり、ただ原判決が前示のように右各事実は無承認輸出罪を構成する余地があるとして第一審判決を破棄し差戻したことを違法として同被告人だけから上告申立のあつた現段階においては、現行刑訴法の基本的構造にかんがみ、もはや無免許または無許可輸出罪の成否の点は当事者間において攻防の対象からはずされたものとみるのが相当」とあてはめた。

同じく観念的競合のケースについて最決昭63・2・29［チッソ水俣病刑事事件］［本書36］は、観念的競合の関係にある罪のいくつかにつき「第一審判決の理由中において公訴時効完成による免訴の判断が示され、同判決に対しては検察官による控訴の申立がなかつたものであつて、右部分は、原審当時既に当事者間においては攻防の対象からはずされていた」とあてはめている。

包括一罪についても、最判昭57・4・22［富士銀行背任事件］は、包括一罪の関係に立つもののうち「本件事実以外の部分は既に原判決の理由中において無罪とされ、これに対して検察官から上告の申立がなく当事者間において攻防の対象からはずされたものとみるべき」であるとあてはめた。これも上告審において攻防対象論が適用された事案である。

これまで紹介してきた最高裁決定・判決は、すべて、①問題となっている部分について検察官からの控訴または上告申立がないこと、②当該部分につき被告人に上訴の利益がないこと、③当該部分が訴因として独立し得たものであること（可分であること）を理由に、攻防の対象から外されたと判断したとみることができる。

（3）それでは、単純一罪の場合はどうか。最高裁が初めて判断したケースは、最決平元・5・1［船橋交差点事件］である。

業務上過失致傷事件において、検察官は「交差点の対面信号機の表示に注意するとともに、自車直前の横断歩道を横断する者の有無及び動静に留意し、その安全を確認して発進すべき業務上の注意義務があるのにこれを怠り、……発進した過失」ありという訴因で起訴していた。ところが第一審の途中で、「自車の周辺を注視し、歩行者、自転車等の有無及び動静に留意し、その安全を確認して発進すべき業務上の注意義務があるのにこれを怠り、……発進した過失」ありとする予備的訴因の追加請求をし、裁

XIII

判所がこれを許可した。当初は被害者が横断歩道の右側から左側に自転車で移動していた旨立証しようとしたのだが、被害者が被告人車後方から近付いてきた旨の証言が公判において登場したため、上記のような予備的訴因が追加されたのである。

第一審判決は、本位的訴因を排斥し、予備的訴因に沿う過失を認定して被告人を有罪とした。この判決に対し被告人のみが控訴を申し立てたところ、控訴審は、合理的疑いが残るとして第一審判決を破棄し、差し戻した。そこで第2次第一審の公判が開始されたのだが、検察官は、本位的訴因および予備的訴因のいずれも維持する旨釈明し、第2次第一審は、本位的訴因に沿う過失を認定して被告人を有罪としたのである。

最決平元・5・1は、「過失の態様についての証拠関係上本位的訴因と予備的訴因とが構成されたと認められるから、予備的訴因に沿う事実を認定した第一審判決に対し被告人のみが控訴したからといって、検察官が本位的訴因の訴訟追行を断念して、本位的訴因が当事者間の攻撃防禦の対象から外れたとみる余地はない」と消極のあてはめをした。

この決定の後に出されたのが本決定である。「事案の概要」で紹介したように、検察官が当初設定した訴因と、後に追加した予備的訴因との違いは、Aが行った賭博場開張図利につき、被告人が共同正犯として関与したのか、それとも幇助犯として関与したのかにすぎない。最決平元・5・1の事案と同様、共同正犯を認定すべき証拠の弱さにかんがみて、予備的訴因を追加したものである。それにもかかわらず、本決定は、「本位的訴因は、原因当時既に当事者間においては攻防の対象から外されていた」と積極のあてはめをしている。両決定は首尾一貫しているだろうか。

この点に関し、さまざまな説明が試みられてきた。たとえば、本決定の事案は検察官が最低限いずれかの事実の認定を求めている非両立の関係にある事実の場合なので無罪部分に関する訴追放棄は考えられないのに対し、最決平元・5・1の事案は大なる訴因が認められるならば小なる訴因も認められる両立の関係にあり、検察官が大なる訴因による訴訟追行を撤回することが可能だったのだという説明がなされている。しかし、理論的にはこのような説明によって判例を正当化できるかもしれないが、これまで見てきた最高裁の諸判決・決定のテキスト中に、このような考え方を最高裁自身がとっていることを直接示すものはないので、果たしてこのような説明が判例理論と一致しているかどうかは定かではない。

そこで、本決定が参照することを指示している、リーディングケースの最決昭46・3・24に立ち返って検討してみよう。最決昭46・3・24が攻防対象論の根拠としたのは、審判の対象（訴因）の設定を当事者の手に委ね、被告人に対する不意打ちを防止しようとする当事者主義構造を第一審がとっているため、事後審たる控訴審が当事者の攻防から外された部分について職権調査を加えて自判等をすることは当事者の不意打ちになるのでそれを防止しなければならないという点であった。そして、実際のあてはめの場面においても、無罪とされた部分について「訴因としても独立し得たもの」であるから「攻防の対象から外された」と判断したのであった。不意打ちとなるか否かは訴因によって画されるのである。

そのような観点から最決平元・5・1の事案を再度みてみよう。本位的訴因に示された過失の態様と予備的訴因に示された過失の態様は一見異なるように見えるが、過失の態様に関する訴因の同一性判断をかなり緩く行う判例理論（〔本書40〕コメント参照）に依拠する限り、実は「安全を確認して発進すべき注意義務違反」があったという意味で、本位的訴因予備的訴因の過失態様は同一と認定できる。したがって、予備的訴因の追加という形で訴因変更がなされてはいるものの、本位的訴因と予備的訴因は同一なので（つまり訴因の同一性が認められるので）、法的にはこのような予備的訴因の追加は必要なかったのである。最決平元・5・1は、「過失の態様についての証拠関係上本位的訴因と予備的訴因とが構成されたと認められる」と述べているが、このテキストの趣旨は要するに、過失の態様そのものは同一なのであるが、訴因としての拘束力が認められない「一定の注意義務を課す根拠となる具体的事実」（最決昭63・10・24〔高知五台山業過事件〕）の証明に関して問題が生じたために本位的訴因と予備的訴因とが構成されたにすぎないということであろう。

かくして、本件の本位的訴因と予備的訴因の間には訴因の同一性が認められるため、当事者の不意打ちとなるか否かを訴因で画そうとする最決昭46・3・24の考え方に立つ限り、本件において本位的訴因につき有罪としても不意打ちにはならないと判断されることになる。最決平元・5・1が、「本位的訴因が当事者間の攻撃防禦の対象から外れたとみる余地は

ない」と断言できたのはそのためだろう。

同じ観点から本決定をみてみよう。幇助犯の訴因で共同正犯を認定するためには、幇助の訴因に含まれていない共謀事実を新たに認定することになるため、訴因の同一性は認められず、訴因変更が必要となるというのが判例である（最大判昭40・4・28［茨城3区衆議院議員選挙事件］）。本件における本位的訴因は共同正犯、予備的訴因は幇助犯であるため、両者には訴因の同一性が認められない。したがって、共同正犯で有罪とするのは不意打ちとなるのである。

このように考えてきたうえで、あらためて科刑上

一罪や包括一罪の判例群を見直してみると、すべて、無罪とされた部分と有罪とされた部分の間には訴因の同一性が認められないから攻防対象論が適用されたのだという説明が可能である。以上のように、現在までのところ、最高裁は、訴因の同一性が認められるか否かを基準に攻防対象論の適用の当否を判断していると考えることができる。もちろん、当事者にとって不意打ちとなる理由は訴因の同一性がないこと以外にも考えられるので、今後登場する事件において、新たな判断要素や基準を最高裁が追加する可能性はある。

（中川 孝博）

94 控訴審における事実の取調べ

📖 北巨摩郡はみ出し通行事件

最1小決昭和59［1984］年9月20日刑集38巻9号2810頁【LEX/DB24005989】

〈関連判例〉

最3小判昭和25［1950］年12月24日刑集4巻12号2621頁【24001173】

最1小決昭和27［1952］年1月17日刑集6巻1号101頁【24001479】

最1小判昭和42［1967］年5月25日刑集21巻4号705頁【24004670】［千葉石垣削取事件］

最1小決昭和42［1967］年8月31日判時495号87頁【27930505】

1 事実の概要

車の追い越しのために道路右側部分をはみ出して通行することが禁止された区域において、前車を追い越すため道路右側部分にはみ出して通行したという道交法違反の事件である。略式命令を受けた被告人が正式裁判の請求をした。第一審（豊島簡判昭58・6・3）は被告人を罰金刑に処し、その刑の執行を猶予したため、検察官が量刑不当を理由に控訴した。

検察官は控訴審において、量刑事実である被告人の前科が第一審段階では充分に明らかにされていなかったとして、第一審において取調請求していない被告人の前科調書、交通事件原票謄本4通および交通違反経歴等に関する照会回答書の取調べを請求した。これに対し弁護人は刑訴法382条の2第1項の「やむをえない事由」がないから前科等の主張をすること自体違法であり、新証拠の取調べには異議がある旨の意見を述べた。

検察官は「やむを得ない事由」があると釈明したが、原審はこの点に関し特に理由を示すことなくこ

れら新証拠を取り調べた。そして最終的に破棄自判し、罰金の実刑判決を出した（東京高判昭58・9・29）。判決理由中には、新証拠の内容である被告人の前科等にも言及されていた。そこで被告人側が上告。上告棄却。

2 法の解釈

「『やむを得ない事由』の疎明の有無は、控訴裁判所が同法393条1項但書により新たな証拠の取調を義務づけられるか否かにかかわる問題であり、同項本文は、第一審判決以前に存在した事実に関する限り、第一審で取調ないし取調請求されていない新たな証拠につき、右『やむを得ない事由』の疎明がないなど同項但書の要件を欠く場合であっても、控訴裁判所が第一審判決の当否を判断するにつき必要と認めるときは裁量によってその取調をすることができる旨定めていると解すべきである」（最決昭27・1・17、最決昭42・8・31参照）。

XIII

3 法の適用

「原審が前記前科調書等を取り調べたからといって、……これを違法ということはできない」。

4 コメント

(1) 控訴審の運用に関する諸法令を解釈する際、控訴審が事後審であるということがその指標としてよく用いられてきた。しかし事後審とは上訴制度の一モデルにすぎず、そこから機械的に演繹された解釈論には無理が生ずることもある。

最も厳格な事後審論によると、本件で言及された393条1項本文は、383条、393条1項ただし書、同条2項が定めた例外を除き原審が取り調べた証拠に限って取り調べることができると解釈される。最高裁も当初は、この問題を扱った事例において控訴審の事後審性を強調し、前記学説と矛盾しないような表現を示していた（最判昭25・12・24参照）。しかし、本決定が参照を指示している最決昭27・1・17に至って事後審性に直接言及するのをやめた。本決定は、事後審論に依拠して393条1項本文を狭く解釈するのではなく、控訴審裁判の裁量による幅広い取調べの可能性を認めることを確認し、裁判官によって控訴審の運用がバラバラという実務の混乱状況に一定程度決着を付けることを意識したものといえる。なお、本件は量刑不当の有無の審査に必要な資料の取調べに関するものであったが、事実誤認等その他の控訴理由の有無の調査についても同じように扱われると考えてよいだろう。また、原判決が有罪判決か無罪判決かで基準を区別しようという意図はうかがわれない。

(2) 本決定には谷口正孝裁判官の詳細な補足意見が付されているが、これも議論の混乱に決着をつけようとする強い意志のあらわれといえよう。とくに、「控訴審の構造が事後審構造だからというだけで新たな証拠の取調を極めて制限的に解することには」、「第一審裁判所における弁護側の防禦活動に十全を期し難い現在の訴訟運営の実態を考える場合、刑訴法の理念とする実体的真実発見を逸するおそれがあるばかりか、その結果は被告人の不利益に帰することともなりかねない」という「疑問を残すばかりか、職権調査の実質を失わしめることにもなりかねない」と述べ、取調べを裁量に委ねたとしても「第一審における証拠の集中的取調、第一審訴訟手続の重視に毫も影響を及ぼすものでないことはいう

までもない」と論じているところは熟読玩味する必要がある。

(3) 控訴審の運用に関する最高裁判例は、本決定のように、事後審論が主張する制約を取り払う解釈を心がけ、現実的妥当性を確保しようとしてきたといえる（〔本書95〕の判例もその1つである）。事後審論からの帰結が現実的妥当性を保障しないとして最も争われてきたのは、本決定が扱った事実の取調べの範囲、そして、原判決の事実認定を審査する基準であったといえるが、前者については、本決定以後、控訴審の裁量を認める運用がほぼ確立し、後者についても、近年最高裁は、厳格な事後審論が唱える経験則・論理則違反説とは異なる事実誤認の解釈を示した（〔本書96〕参照）。事後審論を援用した最高裁判例で現在もなお生きているのは、「控訴審は原判決の当否を審査する」という命題に真っ向から抵触するようなものしかないといってよい。たとえば、第一審判決に誤りを見出すことができないのに新たな訴因変更を認めることを禁止したものとして、最判昭42・5・25参照。

(4) もっとも、事後審性の呪縛から解かれることによって問題がすべて解決されるわけではない。控訴審において、広い意味での防御権をいかに保障するかという問題が残されている。本決定においても、事実の取調べは広く行えることを認めつつも、その判断は控訴審の裁量に委ねている。そこで、この裁量権の適正な行使をいかに保障するかが議論されてきている。

他方、公判前整理手続の創設や裁判員裁判の始動にともない、再び控訴審の事後審性を強調する動きが強まってきている。たとえば、公判前整理手続を経た以上、316条の32「やむを得ない事由」が認められないものを控訴審が職権で証拠調べをすることについてはとくに慎重かつ謙抑的な運用が求められるとの主張がなされている。

裁量権の適正な行使を求める動きと、事後審論の再燃の動き――これらの動きは目指すところが異なるけれども、いずれも本決定が示した裁量の幅を狭めようとする点で共通している。このような状況のなかで、どちらのベクトルに向けるかはともかく、最高裁が本決定を動かす（判例変更、あるいは裁量の幅を限定するような事例判例の積み上げ）可能性は高い。

（中川　孝博）

95　書面審理による破棄自判有罪の可否

📖 竜丸密輸出事件

最大判昭和31[1956]年7月18日刑集10巻7号1147頁【LEX/DB21007723】

〈関連判例〉

最1小決昭和26[1951]年2月22日刑集5巻3号429頁【24001231】
最3小判昭和29[1954]年6月8日刑集8巻6号821頁【24002000】
最大判昭和31[1956]年9月26日刑集10巻9号1391頁【24002681】
最2小判昭和31[1956]年12月14日刑集10巻12号1655頁【24002721】
最2小判昭和32[1957]年6月21日刑集11巻6号1721頁【24002964】
最2小判昭和34[1959]年2月13日刑集13巻2号101頁【27680962】
最2小判昭和34[1959]年5月22日刑集13巻5号773頁【24003570】
最2小判昭和36[1961]年1月13日刑集15巻1号113頁【24003927】
最3小判昭和57[1982]年3月16日刑集36巻3号260頁【24005807】
東京高判平成29[2017]年11月17日刑集74巻1号76頁【25560132】
最1小判令和2[2020]年1月23日刑集74巻1号1頁【25570664】

1　事実の概要

本件被告人らは、免許を受けないで船舶を台湾に輸出しようと企てたという密輸出入罪（旧関税法上の犯罪）等の訴因で起訴された。第一審判決（和歌山地田辺支判昭25・10・5）は、右公訴事実の存在を確定することなく、本件に適用ある旧関税法31条、76条にいわゆる「貨物」中には「船舶」を含まないと解し、船舶は密輸出入罪の対象とならないとして、被告人らに対し無罪の言渡をした。これに対し控訴審（大阪高判昭26・4・6）は、船舶も「貨物」に含まれると解釈したうえで、何ら事実の取調をせず、刑訴法400条但書により、訴訟記録および第一審裁判所で取り調べた証拠だけによって直ちに免許を受けないで船舶を輸出した事実を確定し、被告人らに対し有罪判決を言い渡した。被告人側の上告はこの点を問うものではなかったが、最高裁は職権で判断した（この問題に関する部分については破棄差戻）。

2　法の解釈

「事件が控訴審に係属しても被告人等は、憲法31条、37条の保障する権利は有しており、その審判は第一審の場合と同様の公判廷における直接審理主義、口頭弁論主義の原則の適用を受けるものといわなければならない。従って被告人等は公開の法廷において、その面前で、適法な証拠調の手続が行われ、被告人等がこれに対する意見弁解を述べる機会を与えられた上でなければ、犯罪事実を確定され有罪の判決を言渡されることのない権利を保有するものといわなければならない。それゆえ本件の如く第一審判決が被告人の犯罪事実の存在を確定せず無罪を言渡した場合に、控訴裁判所が第一審判決を破棄し、訴訟記録並びに第一審裁判所において取り調べた証拠のみによって、直ちに被告事件について犯罪事実の存在を確定し有罪の判決をすることは、被告人の前記憲法上の権利を害し、直接審理主義、口頭弁論主義の原則を害することになるから、かかる場合には刑訴400条但書の規定によることは許されないものと解さなければならない」。「そして刑訴400条但書に関する従来の判例は右解釈に反する限度においてこれを変更するものである」。

なお、「控訴裁判所は、事後審として法律上認められた訴訟資料に基き自由な見地に立って法律判断ないし事実判断をなしうるものとしているのであって、再び事実調をなす必要があるか否かそれ自体をも控訴裁判所の裁量に委ねているのである。これが、刑訴400条本文並びに但書の法意である」とする田中耕太郎、斎藤悠輔、岩松三郎、本村善太郎の反対意見が付されている。

3　法の適用

「本件第一審判決は被告人の犯罪事実を確定しないでただ法令の解釈として罪とならないとしているのであるから原審が右第一審判決の法令解釈に誤が

あると思料したときは、第一審判決を破棄し被告事件を第一審裁判所に差戻し若しくは移送するか、または自ら事実の取調をすべきに拘らず原審は何ら事実の取調をしないで直ちに訴訟記録及び第一審で取り調べた証拠のみにより被告事件につき有罪の判決をしたのは違法であ」る。

4 コメント

　(1)　最高裁は、犯罪の証明がないという理由で第一審が無罪とした場合でも、控訴審が事実の取調べをしないで有罪の自判をすることを適法としていた（最決昭26・2・22、最判昭29・6・8など参照）。本判決はこれらの判例を変更し、第一審判決が被告人の犯罪事実の存在を確定せず無罪判決を出した場合に、控訴審が何ら事実の取調べをすることなく原判決を破棄して有罪判決を出すことは刑訴法400条但書が許さないところであると述べた。

　その後最高裁は対象範囲を広げ、犯罪の証明がないとして無罪判決を出した無罪判決を破棄し有罪判決を出した場合（最判昭31・9・26など）、心神喪失を理由とする無罪判決を破棄し心神耗弱の状態にあったものとして有罪判決を出した場合（最判昭31・12・14）、縮小認定した有罪判決を破棄して公訴事実通りに認定する場合（最判昭32・6・21など）などについても事実の取調べなしに原判決を破棄し有罪判決を出すことを違法と評価している。

　(2)　もっとも、本判決が事実の取調べを控訴審に要求することの具体的意味は必ずしも明らかではない。本判決は「憲法31条、37条の保障する権利」が控訴審でも保障されねばならないから「直接審理主義、口頭弁論主義の原則の適用を受ける」ので、「公開の法廷において、その面前で、適法な証拠調の手続が行われ、……これに対する意見弁解を述べる機会を与えられた上でなければ、犯罪事実を確定され有罪の判決を言渡されることのない権利を保有する」と述べるだけで、憲法31条、37条、直接審理主義、口頭弁論主義の具体的意義を敷衍しているわけではない。そこで、本判決以後の事例群の分析もふまえた解釈が必要となる。

　(3)　第1に、直接審理主義とは、第一審で取り調べた証拠につきすべて公判廷で証拠調べをし直さなければならないという意味ではない（394条および最判昭34・2・13参照）。本判決の後に最高裁は「事件の核心」（最判昭34・5・22）や「主要な争点」（最判昭36・1・13）につき事実の取調べを行ったかどうか

をメルクマールとして個々の事案の適法性を判断しており、控訴審が初めて事実の存在を認定する部分につき事実の取調べを必要と考えているようである。

　(4)　第2に、どのような事実の取調べが必要なのかについては、必ずしも明らかにはなっていない。

　証言の信用性を否定して核心部分の証明があると認めなかった一審無罪判決に対し被告人質問のみを控訴審で行って原判決を破棄し有罪判決を出した事案につき、最高裁は、核心部分について被告人質問を行いさえすればよく、再度の証人尋問は必要ないと理解することも可能な説明をしている（最判昭57・3・16。もっとも、本件第一審があげた証拠は公判調書中の証言記載、つまり書面であることに注意）。

　本判決が憲法37条をあげた趣旨には反対尋問権の保障も含まれると捉えると、被告人質問さえ行えばよいと誤解されるような表現をとった後続判例は批判されることになる。これに対し、憲法31条、37条を本判決があげたのは要するに最低限告知・聴聞の機会を与えなければならないという意味にすぎず、どの程度証人尋問をするかは控訴審の裁量によると解すると、この後続判例に問題はないととらえられることになる。このような考え方の背景には、反対意見のような事後審論に基づく効率重視の発想がある。

　(5)　後者のように解すると、「被告人側の主張は控訴趣意書に書かれてあるし、同じ主張を繰り返す被告人質問を行ってもあまり意味がない」と控訴審裁判官が考え、すべてが形骸化していくことにもなりかねない。実際、本判決の反対意見が示した、事後審論を基調とする自由裁量論のほうが正当だという見解も根強く残っている。

　しかし、裁判員裁判が開始され、直接主義・口頭主義が徹底した公判を経て出された結論を尊重すべきとする主張が強い現在、古き事後審論を復活させてすべてを控訴審の裁量に委ねると主張することもできないだろう。刑訴法の仕組や運用が大きく変わったことを理由に判例変更を迫り、事実の取調を一切行わずに破棄自判し有罪判決を言い渡した事案も登場した（東京高判平29・11・17）が、最高裁は、「原判決が挙げる刑訴法の制度及び運用の変化は、裁判員制度の導入等を契機として、より適正な刑事裁判を実現するため、殊に第一審において、犯罪事実の存否及び量刑を決する上で必要な範囲で充実した審理・判断を行い、公判中心主義の理念に基づ

き、刑事裁判の基本原則である直接主義・口頭主義を実質化しようとするものであって、同じく直接主義・口頭主義の理念から導かれる本件判例の正当性を失わせるものとはいえない」と述べて判例変更を行わなかった（最判令2・1・23）。

（中川　孝博）

96　事実誤認の意義

━━

📖 チョコレート缶事件

最1小判平成24[2012]年2月13日刑集66巻4号482頁【LEX/DB25444236】

〈関連判例〉

最3小判平成21[2009]年4月14日刑集63巻4号331頁【25440613】［大学教授痴漢冤罪事件］

最3小決平成25[2013]年4月16日刑集67巻4号549頁【25445542】

最1小決平成25[2013]年10月21日刑集67巻7号755頁【25445969】

最1小決平成26[2014]年3月10日刑集68巻3号87頁　【25446285】

最1小決平成26[2014]年3月20日刑集68巻3号499頁【25446293】

最1小決平成26[2014]年7月8日判時2237号141頁　【25446676】［舞鶴女子高生殺害事件］

最1小決平成26[2014]年7月24日刑集68巻6号925頁【25446523】

最2小決平成27[2015]年2月3日（同日に出された決定が2つある）裁時1621号4頁【25447048】
裁時1621号1頁【25447049】

最2小判平成29[2017]年3月10日裁時1671号10頁　【25448514】

最2小判平成30[2018]年3月19日刑集72巻1号1頁　【25449335】

最2小判平成30[2018]年7月13日刑集72巻3号324頁【25449578】

最2小判令和3[2021]年1月29日裁時1761号1頁　【25571265】

1　事実の概要

　チョコレート缶から覚せい剤が発見された事件において、裁判員裁判体であった第一審は、被告人にはチョコレート缶の中に覚せい剤を含む違法薬物が隠されていることの認識が認められず、犯罪の証明がないとして無罪を言い渡した。これに対し控訴審は、第一審判決に事実誤認があるとしてこれを破棄し、有罪を言い渡した。そこで被告人が上告した。最高裁は原判決を411条1号（法令違反）により破棄し、かつ、検察官の控訴を棄却した。そのため、第一審の無罪判決が確定した。

2　法の解釈

　「刑訴法は控訴審の性格を原則として事後審としており、控訴審は、第一審と同じ立場で事件そのものを審理するのではなく、当事者の訴訟活動を基礎として形成された第一審判決を対象とし、これに事後的な審査を加えるべきものである。第一審において、直接主義・口頭主義の原則が採られ、争点に関する証人を直接調べ、その際の証言態度等も踏まえて供述の信用性が判断され、それらを総合して事実認定が行われることが予定されていることに鑑みると、控訴審における事実誤認の審査は、第一審判決が行った証拠の信用性評価や証拠の総合判断が論理則、経験則等に照らして不合理といえるかという観点から行うべきものであって、刑訴法382条の事実誤認とは、第一審判決の事実認定が論理則、経験則等に照らして不合理であることをいうものと解するのが相当である。したがって、控訴審が第一審判決に事実誤認があるというためには、第一審判決の事実認定が論理則、経験則等に照らして不合理であることを具体的に示すことが必要であるというべきである。このことは、裁判員制度の導入を契機として、第一審において直接主義・口頭主義が徹底された状況においては、より強く妥当する」。

3　法の適用

　あらためてさまざまな情況証拠を検討した結果、「原判決は、間接事実が被告人の違法薬物の認識を推認するに足りず、被告人の弁解が排斥できないとして被告人を無罪とした第一審判決について、論理則、経験則等に照らして不合理な点があることを十分に示したものとは評価することができない」と述べている。

4 コメント

(1) 382条「事実誤認」の定義を示した判例はこれまでなかった。それは、控訴審判決に事実誤認があると最高裁が考えた場合、411条3号で原判決を破棄できるので、382条を正面から問題にする必要がなかったからであろう。

しかし本件において最高裁は、382条の解釈・適用を控訴審が誤ったとして、411条1号により破棄した。事実誤認を理由に破棄するにあたり1号も援用するケースは過去にいくつもあるが、それらは審理不尽があったとされたものばかりであるから、本件とは異なる。裁判員裁判制度の施行を踏まえ、382条の事実誤認の解釈を「判例」として打ち立て、もって今後の控訴審実務に強い影響を及ぼそうとしたものと考えられる。

(2) 本判決は、382条の事実誤認を「第一審判決の事実認定が論理則、経験則等に照らして不合理であることをいう」と解釈した。

この命題自体は、とくに目新しいものではない。最高裁が411条3号の「事実誤認」を解釈した際の命題と同一のものである。最判平21・4・14［大学教授痴漢冤罪事件］は、411条3号の「事実誤認」の有無を審査するにあたり、「原判決の認定が論理則、経験則等に照らして不合理といえるかどうかの観点から行う」と述べていた。

(3) 本判決の特色は、事後審論に基づき、第一審では直接主義・口頭主義のもとに事実認定をしていることのみを当該解釈の根拠としている点にある。民主的正統性という観点からの裁判員裁判尊重論はまったく出していない。

周知の通り、事後審論に基づく一審尊重論は、直接主義・口頭主義を第一審において徹底させるために第一審の審理にエネルギーを割くべきだという考え方、すなわち一審中心主義の考え方に基づいている。一審中心主義という政策を実現するためには、第一審における様々な問題を控訴審が当然のようにはフォローしてあげない（控訴審段階で新たな証拠の取調べ請求を認めない等）という方策が必要となる（これがいわゆる事後審徹底化論である）。事実誤認の審査基準のハードルを上げるという方策もその1つとして提唱されている。しかしながら、本判決が直接の論拠としているのは、直接主義・口頭主義のみである。法廷意見で唯一裁判員裁判に触れている箇所でも、「裁判員制度の導入を契機として、第一審において直接主義・口頭主義が徹底された状況

において……」と、直接主義・口頭主義のみを問題にしているのである。一審中心主義を実現させるために控訴審の介入は原則差し控えることにしようという政策を提示して、その政策の一環として事実誤認の定義付けを行っているのではなく、単に、第一審と第二審とでは心証を形成するための資料が異なるという点のみを問題にしていることに注意しなければならない。控訴審が積極的に証人尋問や被告人質問を行って破棄自判すること等をも抑制する論理は、本判決の理由中には含まれていない。本件控訴審は職権で証拠採用したり破棄自判したりしており、これらについて弁護側は上告趣意書中で法令違反を主張しているが、これらの主張に本判決が一切反応しなかったことには理由があると考えたほうがよい。

(4) 結局のところ、本判決が示した基準は、事後審論から導き出された体裁がとられているものの、その事後審論の中身はかなり薄いものと考えざるを得ない。覆審や続審であれば、第一審判決を審査するものではないから、控訴審が第一審とは異なる結論を出すときに、第一審判決に含まれている問題を言葉で指摘しなければならない必然性はない。これに対し事後審の場合は、第一審判決を審査するという建前をとるわけだから、控訴審が第一審とは異なる結論を出したいときには、第一審の証拠評価に問題があることを指摘できなければならない。本判決における事実誤認の定義部分が示しているのは、さしあたり、それだけのことである。

なお、本判決が事後審論を援用していることから、本判決はいわゆる論理則・経験則違反説を採用したものと捉える者もいる。しかしながら、そのように理解できる表現は判示中には用いられていない。論理則、経験則「等」に照らして「不合理」といえるかという表現に注目してほしい。審査に用いられる経験則を重大経験則（確度の高い経験則）に限るべきだというメッセージを発したように理解させる表現は用いていない。また、事後審徹底化論者がよく用いる「明らかに不合理」等の強い表現も用いていない。これらの事実は、一審中心主義を実現するために、経験則を狭くとって審査のハードルを上げようという考えを本判決は持っていないことを意味する。また、論理則・経験則違反説のドグマの1つである、「控訴審は自ら心証を形成しない」というテーゼも本判決は登場させていない。このように最高裁の考え方は、典型的な論理則・経験則違反

説からは相当離れている。

　と同時に、本判決は、モデルとしての心証優越説も否定している。モデルとしての心証優越説からは、第一審の判断が不合理であることを指摘できなくともなお控訴審の心証を優先させることができることになるが、これも否定されることになるわけである。しかし、控訴審が心証を形成すること自体を否定しているわけではない。

　(5)　本判決は、「不合理か否か」という審査基準を定立しただけでなく、「控訴審が第一審判決に事実誤認があるというためには、第一審判決の事実認定が論理則、経験則等に照らして不合理であることを具体的に示すことが必要であるというべきである」とも述べている。「不合理か否か」という基準が示された理由部分を前述のように理解するならば、「具体的に示せ」という要請は論理の必然として出てくるものといえる。

　そして法適用（あてはめ）の部分では、原判決が「第一審判決について、論理則、経験則等に照らして不合理な点があることを十分に示したものとは評価することができない」と述べ、「第一審判決に事実誤認があるとした原判断には刑訴法382条の解釈適用を誤った違法がある」と断じている。つまり、不合理であることを具体的に示せという要請は、単なる事実上の要請に止まるものではなく、法的要請なのであり、この要請に応えないことが法令違反、382条違反となることを明言しているのである。

　実際のところ、論証を法的に要求しなければ、論理則・経験則違反説であれ、心証優越説であれ、控訴審の暴走を規制できないという点では同じである。論証を要求しないと、前者の説からは、「経験則に違反する」とだけ述べて一刀両断してもよいことになり、後者の説からも「私の心証と異なる」とだけ述べて一刀両断してよいことになるからである。論証を要求することによってこのような不当な帰結を避けようとしているところが画期的である。

　(6)　本判決における法適用（あてはめ）の方法について3点指摘しておこう。第1に、控訴審の証拠評価それ自体に不合理な点があることの指摘、いわば内在的批判をしている箇所がない。第2に、第一審判決の証拠評価を正当としている箇所のほぼすべてにおいて、被告人に有利な反対仮説が成り立つ、または、反対仮説を消去できないという理由をあげている。第3に、この反対仮説を提示するために、最高裁が、第一審判決や第二審判決に登場しない事

情をも多数指摘し、独自の証拠評価をしている箇所が多数ある。1つだけ例をあげよう。検挙された際に自分が企図していたのは偽造旅券の密輸であって、缶の中身は知らなかったという弁解をするために被告人は偽造旅券を所持していたという可能性を検察官は主張していた。これに対し第一審判決は「単なる可能性のレベルを超えて、このような本件チョコレート缶の収納状況や税関検査時の態度が被告人による言い逃れの手段として演出されたものであることが証拠上、常識的に考えて間違いないとまではいい切れない」と述べていた。この論点につき第二審判決は一切言及していないが、最高裁は、「被告人は、発覚直後の段階では偽造旅券の運び屋であったなどという弁解を行っておらず、覚せい剤が発見された際弁解するために偽造旅券を所持していたものとも断じ難い」と述べている。第二審判決が取り上げていない問題について、第一審判決とは別の理由をあげて、有罪仮説を否定しているのである。第一、二審判決に叙述されていない点も含め、あらゆる角度から証拠を検討し、被告人に有利な反対仮説が残ると最高裁が判断した場合、「原判決は、一審判決の証拠評価が不合理であることを具体的に示していない」と判断されることになるわけである。

　本件のあてはめを見る限りにおいては、「論理則、経験則等に照らして不合理であることを具体的に示すこと」という要請の実体は要するに、被告人に利益な反対仮説を完全消去できているかを検討し、論証せよ、である。反対仮説を完全消去する論証ができていないと無罪判決破棄は誤りだということになる。逆に、反対仮説を消去し尽くしていないという論証ができていれば有罪判決破棄は正当だということになる。

　本判決以後、本判決が示した基準を用いて411条1号違反の有無を審査した事案も増えてきた（最決平25・4・16、最決平25・10・21、最決平26・3・10、最決平26・3・20、最決平26・7・8［舞鶴女子高生殺害事件］、最判平29・3・10、最判平30・3・19、最判平30・7・13、最判令3・1・29参照）。これらも含め、さらに後に続く事例判例群をも合わせて検討することによって、本判決が示した基準の具体的な意味がより明らかになっていくだろう。

　(7)　事実誤認の他に実務で争われることが多いのが量刑不当（381条）である。裁判員裁判体による第一審判決の量刑が不当か否かを控訴審や最高裁が

どのように判断すべきか、事実誤認と同様に問題となる。これにつき最決平26・7・24は、「裁判員裁判といえども、他の裁判の結果との公平性が保持された適正なものでなければなら」ず、これまでの量刑傾向を変容させるような判断が是認されるためには「従来の量刑の傾向を前提とすべきでない事情の存在について、裁判体の判断が具体的、説得的に判示されるべきである」と第一審に求めたうえで、当該第一審判決について「具体的、説得的な根拠が示されているとはいい難い」と述べ、これを是認した原判決を「甚だしく不当」と断じて破棄した（ただし411条１号ではなく、同条２号による）。控訴審にも最高裁が示した基準で量刑不当の有無を判断するよう

求めていると考えられる。

また、量刑不当を理由に裁判員裁判体による死刑判決を破棄した高裁２判決について、最決平27・2・3（同日に出された決定が２つある）は、死刑の「適用は慎重に行われなければならない」という観点および「公平性の確保」の観点をあげ、「死刑の科刑が是認されるためには、死刑の選択をやむを得ないと認めた裁判体の判断の具体的、説得的な根拠が示される必要があり、控訴審は、第一審のこのような判断が合理的なものといえるか否かを審査すべきである」と判示し、控訴審２判決の判断を是認している。

（中川 孝博）

---

97 一事不再理効の範囲

📖 八王子常習特殊窃盗事件

最３小判平成15[2003]年10月７日刑集57巻９号1002頁【LEX/DB28085780】

〈関連判例〉

最大判昭和25[1950]年９月27日刑集４巻９号1805頁	【27760237】	[衆議院議員選挙法等違反事件]
最３小判昭和33[1958]年５月６日刑集12巻７号1297頁	【27680902】	
最２小判昭和35[1960]年７月15日刑集14巻９号1152頁	【24003868】	
最２小判昭和43[1968]年３月29日刑集22巻３号153頁	【24004759】	
東京地判昭和49[1974]年４月２日高刑集27巻４号381頁	【27661733】	[西浅草免許運転者氏名詐称事件]
最３小決昭和50[1975]年５月30日刑集29巻５号360頁	【24005361】	
大阪高判昭和50[1975]年８月27日高刑集28巻３号321頁	【27681982】	[枚方廃油投棄事件]
最３小決昭和56[1981]年７月14日刑集35巻５号497頁	【24005766】	[大阪登記簿不実記載事件]
高松高判昭和59[1984]年１月24日判時1136号158頁	【27915559】	
最２小判平成15[2003]年６月２日集刑284号353頁	【25420038】	

1 事実の概要

(1) 以下では、盗犯等ノ防止及処分ニ関スル法律を「盗犯等防止法」、盗犯等防止法２条の罪を「常習特殊窃盗」、同法３条の罪を「常習累犯窃盗」、刑法235条の罪を常習特殊窃盗との対比で「単純窃盗」と呼ぶ。また、本事案で引用される先例（以下、高松高裁判例）とは次のようなものである。

第一審（徳島地判阿南支判昭58・6・8）は、昭和54年６月28日ころから同56年９月15日ころまでの間の34回にわたる単純窃盗を内容とする同事件公訴事実につき、公訴事実どおりの各単純窃盗の事実を認定して、被告人を懲役６年６月に処した。ところが、被告人は、これより先、昭和56年10月22日に大阪地方裁判所岸和田支部において別件単純窃盗（犯行日

は昭和55年６月20日）等により懲役１年８月の判決言渡を受け、右判決は昭和56年11月６日確定していた。これらの事実はいずれも、その客観的な行為態様をみれば、盗犯等防止法２条所定の常習特殊窃盗に該当するものであり、また、被告人は少年時の昭和36年10月に住居侵入・単純窃盗により懲役２年以上３年以下（少年法52条１項参照）に処されたのを皮切りに、昭和47年７月まで都合４度にわたり単純窃盗により服役していた。これらのことから、控訴審（高松高判昭59・1・24）は、「被告人の身上、経歴、前科関係、前刑終了後４年半が経過したとはいえ利欲的動機から再び窃盗をはじめるに至った犯行の経緯、約２年３か月の間に35回にわたり間断なく同種手口の大胆な方法で行なった犯行の内容、回

数、期間等にかんがみると、本件起訴にかかる各窃盗及び被告人の確定判決の内容となっている窃盗は、いずれも被告人が常習として盗犯等防止法2条所定の方法で犯したもの、すなわち常習特殊窃盗であると認めるほかはない」から、「被告人には前記のとおり……確定判決が存し、右確定判決には本件起訴の窃盗行為とともに常習特殊窃盗の一罪を構成する窃盗行為が含まれており、しかも本件起訴の窃盗行為はいずれも確定判決前の行為である。そうすると、本件起訴事実については、一罪の一部につき既に確定判決を経ていることになるから、免訴さるべき筋合である」とした。

なお、同判決は、この結論に対する批判についても検討を加える。まず、後訴の事件が確定判決を経たものか否かは、「その事件の公訴事実の全部又は一部について既に判決がなされているかどうかの問題であって、判決の罪名等その判断内容とは関係がなく、従って〔単純窃盗を認定した〕確定判決の拘束力を問題とする余地はない」。また、事実上同時審判を求めることができなかった場合にまで一事不再理効を認めると、犯人を不当に利して、正義感情にそぐわない場合もあり得るが、逆にそれを認めないとすると、その例外基準の定立が甚だ困難であるうえ、仮に基準を定立しても、その具体的適用には一層の困難を生ずるから、結局は一事不再理効制度の「画一性を害し、被告人の立場を不安定ならしめることになる」。さらに、訴因制度の趣旨から、訴因を超えた有罪判決は被告人の防禦権侵害となって許されないが、他方、「確定判決の有無という訴訟条件の存否は職権調査事項であるうえ、その結果免訴判決がなされても、被告人の防禦権を侵害するおそれは全くない」から、訴因に拘束されるいわれはない。むしろ、検察官の選択により、常習特殊窃盗への訴因変更で免訴となるか、単純窃盗の訴因のまま有罪か、という両極端の結果となるのは、不合理である。

(2) 本件被告人に対する本件起訴に係る犯罪事実は、合計22件、被害総額8000万円以上に及ぶ、次のような内容のものである。

被告人は、まず、①平成10年11月6日ころ、共同被告人Aとともに、②平成10年11月6日ころから平成11年4月19日ころまでの間、Aとともに、③平成10年12月7日ころから平成11年4月18日ころまでの間、被告人が単独で、④平成10年10月6日ころから平成11年2月23日ころまでの間、Aおよび共犯者B

とともに、⑤平成10年10月6日ころ、Bとともになした各行為の罰条は、いずれも単純窃盗ないし住居侵入・単純窃盗とされていたところ、そのいずれも（常習性の点を除き）盗犯等防止法2条1号ないし4号のいずれかの事由に該当するものであった。また、被告人が単独で敢行した、⑥平成10年12月4日ころ、および⑦平成11年8月8日ころの各行為についても、その罰条は単純窃盗とされているが、被告人の弁解どおりに、各犯行の際にはハンマー等の凶器を携帯していたとすると、同様に盗犯等防止法2条1号に該当するものだった。

この本件起訴に先立って、被告人は、平成12年4月14日、立川簡易裁判所で建造物侵入・単純窃盗等の罪（以下、別件）により懲役1年2月に処せられ、その裁判が同年9月20日に確定していた。その内容は、平成11年1月22日から同年4月16日までの間、Bとともに夜間に敢行した3件の建造物侵入・単純窃盗の事件のほか、単独で敢行した単純窃盗の事件である。前者の内2件は、ハンマーで窓ガラスを破り施錠を外して敢行したもので、盗犯等防止法2条1号ないし4号に該当する行為であった。

本件犯罪事実は、この別件の裁判が確定する前に行われた余罪であって、別件とは刑法45条後段の併合罪の関係にあり、別件および本件の一連の犯行は、平成10年10月6日ころから平成11年8月8日ころまでの10か月間に行われたものである。

(3) 弁護人は、第一審公判で、本件起訴に係る単純窃盗等は実体的には常習特殊窃盗罪に該当するところ、その一罪の一部を構成する上記別件についてすでに確定判決を経ている以上、同様の事案についての先例である高松高裁判例に従い、本件について免訴の言渡しをすべきである旨主張した。

第一審（東京地八王子支判平13・6・28）は、次のように判示した。まず、上記①から⑤までの窃盗は、いずれも盗犯等防止法2条1号ないし4号のいずれかに当たり、また、⑥⑦についても、上記被告人の供述を排斥できないということは認める。そのうえで、高松高裁判例の事案については、当該被告人の少年時からの前科、確定判決や単純窃盗34件に対する科刑等からみて、同事案の「一審裁判所は、被告人に対して実質的には常習特殊窃盗罪を適用して審理処断しているとも考えられないではない」から、一事不再理効を理由に、控訴審が免訴としたことは理解できる、とする。他方、本件についてみると、被告人は「昭和51年生まれの若者であり、少年

XIV

時から同様の行為を繰り返しているわけでもなく、その可塑性の豊さの観点からも、早期に窃盗常習者の認定をすることに多大の疑問が残る」として、別件および本件の一連の犯行について、盗犯等防止法２条の常習性を否定した。また、弁護側の主張によれば、検察官の訴追裁量権を制限することになるという疑問も呈するが、本件のような場合、「その科刑の限度については、被告人らに対して常習特殊窃盗罪を適用して審理、処断しているのではないかと疑われるような、重い刑を科すことは許されないというべきである」として、被告人に懲役２年を言い渡した。なお、検察官に対しては、別件にかかる確定裁判の相当以前から、多数の窃盗の余罪があることを察知しながら、余罪捜査を進めず事実上放置していたことがうかがわれ、本来は適正迅速な捜査により同時審判を求めて、被告人の不利益を避けるべきだったとして、「検察官側には厳しい反省が求められることを指摘せざるを得ない」と付言している。

（4）これに被告人側が控訴し、弁護人は、第一審と同様の主張をした。控訴審（東京高判平14・3・15）は、以下のような理由で控訴を棄却した。まず、「実体的には１つの常習特殊窃盗罪を構成する複数の窃盗行為について、①その一部を常習特殊窃盗の訴因により起訴して確定判決を得たのに、後訴において、その余を単純窃盗の訴因により起訴すること、②その一部を単純窃盗の訴因により起訴して確定判決を得たが、後訴において、その余を常習特殊窃盗の訴因により起訴することはいずれも一事不再理効により許されない」が、「③実体的には１つの常習特殊窃盗罪を構成する複数の窃盗行為の一部を単純窃盗の訴因で起訴して確定判決を得ている場合、後訴において、その余の窃盗行為も単純窃盗の訴因で起訴すること、すなわち、前訴及び後訴を通じて、常習特殊窃盗にいう常習性の評価を入れないで、単純窃盗として訴因を設定することは、検察官の訴追裁量権に照らして許容され」、「この場合、併合罪関係にある数個の事実のうちの一部の事実に関する確定判決の一事不再理効は、公訴事実の同一性の範囲を超える他の事実には及ばないから、単純窃盗の訴因に係る確定判決の一事不再理効は、これと併合罪関係にある単純窃盗の訴因で起訴がなされた後訴には及ばない」。

これを本件についてみると、別件に係る確定判決の訴因と本件訴因に掲げられた各単純窃盗行為が

「実体的には常習特殊窃盗の一罪を構成することは、たやすく否定することができないというべきである（これと異なる第一審判決の認定判断は直ちに首肯することができない）」ものの、「確定判決を経た場合に当たるか否かという免訴事由の存否に係る公訴事実の同一性の判断は、後訴裁判所において、前件確定判決に係る訴因（単純窃盗等）と後訴の訴因（単純窃盗等）を基礎として判断するべきであって、ここに両訴因には含まれない常習特殊窃盗にいう常習性という要素を持ち込み、両訴因に係る窃盗行為が常習特殊窃盗の一罪を構成するものであるとして、両訴因が公訴事実の同一性の範囲内にある、したがって、前件確定判決の一事不再理効が後訴に及ぶと解することはできないというべき」である。

（5）これに被告人側が、第一審および控訴審におけるのと同様の主張を刑訴法405条３号の判例違反と構成して上告した。それに対して本判決は、原判決が高松高裁判例と相反することは認めたうえで、高松高裁判例を変更し、原判決を維持するのが相当であり、所論の判例違反は、結局、原判決破棄の理由にならない、として刑訴法410条２項を適用して上告を棄却した。その理由は、次のとおりである。

2 法の解釈

まず、「常習特殊窃盗罪は、異なる機会に犯された別個の各窃盗行為を常習性の発露という面に着目して一罪としてとらえた上、刑罰を加重する趣旨の罪であって、常習性の発露という面を除けば、その余の面においては、同罪を構成する各窃盗行為相互間に本来的な結び付きはない。したがって、実体的には常習特殊窃盗罪を構成するとみられる窃盗行為についても、検察官は、立証の難易等諸般の事情を考慮し、常習性の発露という面を捨象した上、基本的な犯罪類型である単純窃盗罪として公訴を提起し得ることは、当然である」とする。そのうえで、「確定判決を経由した事件（以下「前訴」という。）の訴因及び確定判決後に起訴された確定判決前の行為に関する事件（以下「後訴」という。）の訴因が共に単純窃盗罪である場合において、両訴因間における公訴事実の単一性の有無を判断するに当たり、〔1〕両訴因に記載された事実のみを基礎として両者は併合罪関係にあり一罪を構成しないから公訴事実の単一性はないとすべきか、それとも、〔2〕いずれの訴因の記載内容にもなっていないところの犯行の常習性という要素について証拠により心証形成

をし、両者は常習特殊窃盗として包括的一罪を構成するから公訴事実の単一性を肯定できるとして、前訴の確定判決の一事不再理効が後訴にも及ぶとすべきか」という問題を設定し、次のように述べる。

「思うに、訴因制度を採用した現行刑訴法の下においては、少なくとも第一次的には訴因が審判の対象であると解されること、犯罪の証明なしとする無罪の確定判決も一事不再理効を有することに加え、前記のような常習特殊窃盗罪の性質や一罪を構成する行為の一部起訴も適法になし得ることなどにかんがみると、前訴の訴因と後訴の訴因との間の公訴事実の単一性についての判断は、基本的には、前訴及び後訴の各訴因のみを基準としてこれらを比較対照することにより行うのが相当である」。

3 法の適用

「本件においては、前訴及び後訴の訴因が共に単純窃盗罪であって、両訴因を通じて常習性の発露という面は全く訴因として訴訟手続に上程されておらず、両訴因の相互関係を検討するに当たり、常習性の発露という要素を考慮すべき契機は存在しないのであるから、ここに常習特殊窃盗罪による一罪という観点を持ち込むことは、相当でないというべきである。そうすると、別個の機会に犯された単純窃盗罪に係る両訴因が公訴事実の単一性を欠くことは明らかであるから、前訴の確定判決による一事不再理効は、後訴には及ばないものといわざるを得ない」。この点は、「各単純窃盗罪と科刑上一罪の関係にある各建造物侵入罪が併せて起訴された場合についても、異なるものではない」。

そのうえで、「なお、前訴の訴因が常習特殊窃盗罪又は常習累犯窃盗罪（以下、この両者を併せて「常習窃盗罪」という。）であり、後訴の訴因が余罪の単純窃盗罪である場合や、逆に、前訴の訴因は単純窃盗罪であるが、後訴の訴因が余罪の常習窃盗罪である場合には、両訴因の単純窃盗罪と常習窃盗罪とは一罪を構成するものではないけれども、両訴因の記載の比較のみからでも、両訴因の単純窃盗罪と常習窃盗罪が実体的には常習窃盗罪の一罪ではないかと強くうかがわれるのであるから、訴因自体において一方の単純窃盗罪が他方の常習窃盗罪と実体的に一罪を構成するかどうかにつき検討すべき契機が存在する場合であるとして、単純窃盗罪が常習性の発露として行われたか否かについて付随的に心証形成をし、両訴因間の公訴事実の単一性の有無を判断

すべきであるが（最高裁昭和…43年3月29日第2小法廷判決・刑集22巻3号153頁参照）、本件は、これと異なり、前訴及び後訴の各訴因が共に単純窃盗罪の場合であるから、前記のとおり、常習性の点につき実体に立ち入って判断するのは相当ではないというべきである」。

4 コメント

（1）憲法39条第1文後段および第2文に定めを置く一事不再理効については、かつては確定裁判の拘束力等の理論によって理解する確定力説もあったが、現在では、被告人が有罪とされる危険という手続的な負担を負った事実に着目して、それを人権論的に構成する二重の危険説（手続的効力説）が通説とされる。この点については、判例も、最大判昭25・9・27［衆議院議員選挙法等違反事件］において「元来一事不再理の原則は、何人も同じ犯行について、二度以上罪の有無に関する裁判を受ける危険に曝さるべきものではないという、根本思想に基くことは言うをまたぬ」と表現している。

一事不再理効の客観的範囲は、公訴事実の同一性の範囲に及ぶとするのが一般的な理解である。二重の危険説（手続的効力説）からは、訴因制度をとる現行法上、審判対象は訴因であるが、他方で訴因変更の制度もとられており、被告人は、同一の手続において、訴因変更の可能な範囲、すなわち公訴事実の同一性の範囲で手続負担を負うといえるから、その範囲で再訴が禁止される、と説明される。この「公訴事実の同一性」には、狭義の公訴事実の同一性のほか、公訴事実の単一性も含む。判例も、前訴の失火罪と公訴事実の同一性の範囲内にある後訴の現住建造物放火幇助について免訴とした第一審・原審の判断を是認し（最判昭35・7・15）、あるいは、前訴の職業安定法63条2号の罪と観念的競合の関係にある後訴の労働基準法6条違反（同法118条）の罪につき免訴としている（最判昭33・5・6）。

（2）この客観的範囲に例外を認めるべきか、議論がある。確定判決まで得た事実を基礎とする客観的範囲は実体法上の罪数論を基準とすべきで、科刑上一罪や常習一罪についても例外を認めないとする説が有力な一方、少数ながら、同時捜査・同時審判の可能性がないような場合には、一罪の一部について一事不再理効の例外を認めるべきとする説もある。

この点、下級審裁判例のなかには、観念的競合の事案で例外を認めるものがある。東京地判昭49・4・

2は、前訴の酒気帯び運転と観念的競合の関係にある後訴の無免許運転の事案について、「一部の罪についての裁判手続において他の罪について現実に審判するのが極めて困難であったという事情が認められる場合」にあたるとして一事不再理効を否定した（ただし、同事案の前訴は氏名冒用をともなうものであったことから、上告審［最決昭50・5・30］は、一事不再理効の主観的範囲の問題としてその効力を否定した控訴審の判断を是認している）。また、大阪高判昭50・8・27は、前訴において訴因外の余罪として量刑上考慮された不法投棄（廃棄物の処理及び清掃に関する法律16条1号・27条）と観念的競合の関係にある後訴の器物損壊の事案について、前訴において不法投棄はむしろ実質上これを処罰する趣旨で量刑資料として考慮されたものであることから（余罪と量刑については〔本書72〕参照）、この不法投棄の事実にも一事不再理効が及ぶが、器物損壊については（不法投棄については上記のとおり訴因は設定されていないので）「凡そ同時審判の可能性はありえない」ものであり、一事不再理効は及ばないとしている。これらに対しては、同時審判等の可能性不存在という基準自体が曖昧なものであり、捜査・訴追の不手際によって認められる、あるいは場合によっては被疑者・被告人の黙秘権行使等が同時審判等の可能性がなかった基礎事情とされるおそれもあることから、被告人の地位を不安定にするとして、このような例外を認めるべきでないとする批判も多い。

（3）常習一罪の場合には、各行為相互には本来的な結びつきがないが、常習性の発露という点で一罪と評価されるという特質があるため、実体的には常習罪であるものの一部が非常習罪として訴追されることも多いとされる。この点、判例は、前訴が非常習罪で後訴が常習罪の事例、逆に、前訴が常習罪で後訴が非常習罪の事例（本件控訴審のいう②・①の場合）で、それぞれについて前訴と後訴の全体が実体的には常習一罪を構成するとされる場合に、後訴を免訴としている。本判決も引用する最判昭43・3・29はこの前者にあたる事案で、被告人は第1事実から第5事実までの5件の窃盗が盗犯等防止法3条の常習累犯窃盗にあたるとして起訴されたが、第1事実の犯行日と第2事実の犯行日との間に、別件の窃盗の犯行に及んでおり、かつ、その別件について言い渡された判決が確定していた（刑法45条後段により、この別件と第1事実とが〔単純数罪ならば〕併合罪処理されるべき関係となる）ところ、この別件と

第1事実とは1個の常習累犯窃盗を構成するものであり、別件部分に確定判決がある以上、第1事実については免訴とすべきとした。他方、最判平15・6・2は後者にあたる事案で、大阪府条例に係る単純痴漢で起訴された被告人について略式命令が確定した（後訴）が、それに先立ち、被告人は同条例に係る常習痴漢についての略式命令が確定していた（前訴）ところ、後訴に係る事実はその態様等から前訴で認定された常習痴漢と一罪を構成することが判明したことから非常上告（454条）がなされたため、後訴に係る略式命令を破棄して免訴としたものである。

（4）常習一罪に係るもう1つの類型は、前訴と後訴の訴因がともに非常習罪で起訴されたという事例である。この類型については、従前、高松高裁判例が、やはり後訴について免訴としていた。本判決は、この高松高裁判例と同種の事案について判例を変更し、実体的には常習特殊窃盗を構成する単純窃盗に係る前訴の有罪判決確定後、多数の余罪を単純窃盗で訴追した後訴を適法としたものである。

まず、本判決は、実体的には常習特殊窃盗を構成すべき窃盗につき、「検察官は、立証の難易等諸般の事情を考慮し、常習性の発露という面を捨象したうえ、基本的な犯罪類型である単純窃盗罪として公訴を提起し得る」とした。これは、一罪の一部起訴に係る判示である。そこでいう「諸般の事情」には、上述した常習一罪の特質も含まれると解しているのであろう。もっとも、それを前提としてなお、当該一部起訴が検察官の「合理的裁量」の範囲内にあるものかは（〔本書34〕参照）、本来は事案に照らした積極的な認定が必要なはずであるが、本判決においてもその検討はなされていない。

次いで、本判決は、「前訴の訴因と後訴の訴因との間の公訴事実の単一性についての判断は、基本的には、前訴及び後訴の各訴因のみを基準としてこれらを比較対照することにより行うのが相当」とする法の解釈を示したうえで、法の適用においては、「別個の機会に犯された単純窃盗罪に係る両訴因が公訴事実の単一性を欠くことは明らかであるから、前訴の確定判決による一事不再理効は、後訴には及ばないものといわざるを得ない」と判示する。本件の第一審は、実体的な部分で常習性を否定することで両訴因の一罪性を否定し、あるいは、控訴審では、両訴因が「実体的には常習特殊窃盗の一罪を構成することは、たやすく否定することができないと

いうべき」と踏み込んだ判断をしているが、本判決は、一般論を展開するにあたって「実体的には常習特殊窃盗罪を構成するとみられる窃盗行為」という表現をしているものの、本件についてはそのような実体的な面の判断に立ち入らず、単に両訴因は「公訴事実の単一性を欠く」と結論づけている。

ここでの論点は、法の適用において本判決自身が設定しているとおり、客観的範囲に係る従前の基準を前提として、それをどのように判断するか、ということにある。この点につき本判決は、前述のとおり本件のような一罪の一部起訴を適法としたことを踏まえ、両訴因の比較対象のみによって判断すべきであって、本件については、前訴または後訴の訴因が常習罪である場合とは違い、両訴因に常習性の発露を考慮すべき契機は存在せず、常習特殊窃盗罪による一罪という観点を持ち込むことは相当でない、としたのである。この判断に対しては、実体的には一罪を構成する犯罪について、被告人が複数の訴追の危険にさらされることになることから疑問であるといった批判が加えられる。この批判自体は正当なものと考えられるが、これは結局のところ、一事不再理効をかいくぐることになるような検察官の訴因

設定の権限行使に対する批判といえる。つまりは、検察官の一罪の一部起訴が合理的裁量の範囲内にあるものかが問われているのであって、本判決の判示冒頭部分の具体的あてはめに立ち戻ることになる。

この点、判例は、訴因外事実の心証形成については一般に消極的であるが、検察官の訴因設定の権限が広範なものであるとしても、それが合理的裁量の範囲内のものでなければならず、権限濫用に至っているような場合を不適法起訴とするのであれば、その審査資料には相応のものが必要なはずである。判例・裁判例においても、たとえば親告罪の一部を非親告罪として起訴した事案などにおいては、事案の実体に立ち入った判断をしている（〔本書34〕参照）。本件についても、第一審判決が付言しているように、捜査段階に問題があったように見受けられる。また最決昭56・7・14のように、公訴時効期間が停止する対象を判断する際には、訴因のみの比較対照をしてはいない。本判決が提示した、両訴因のみの比較対照という基準では実質判断はできず、実体に係る判断がなし得るような解釈適用をすべきだったと思われる。

(正木 祐史)

98 形式裁判の内容的確定力

📖 大阪偽装死亡事件

大阪地判昭和49[1974]年5月2日刑月6巻5号583頁【LEX/DB27940725】

〈関連判例〉

大阪高決昭和47[1972]年11月30日高刑集25巻6号914頁【27940540】

最3小決昭和56[1981]年7月14日刑集35巻5号497頁　【24005766】[大阪登記簿不実記載事件]

1 事実の概要

(1) 被告人は、昭和37年1月10日、大阪地方裁判所において、暴力行為等処罰に関する法律違反、恐喝、傷害、詐欺、同未遂、監禁の各罪（以下、前提事件）により懲役2年6月を宣告された。被告人はこれに控訴して保釈されていたが、この前提事件控訴審における保釈中に、別の有価証券偽造・同行使、詐欺未遂、贓物牙保（盗品等処分あっせん）、恐喝、詐欺等の各罪を行った（以上、判示第一事件）。前提事件については、昭和41年11月15日に大阪高等裁判所において控訴棄却の判決があり、被告人はこ

れを不服として上告し、さらに保釈されていたが、この前提事件上告審における保釈中、別途起訴されていた上記判示第一事件について、昭和43年1月24日、大阪地方裁判所で懲役3年および罰金10万円の判決を受けた。

(2) 被告人は、この判示第一事件についての第一審判決を不服として控訴し、またも保釈されていたところ、前提事件および判示第一事件の各事件について実刑判決を回避することは困難な見通しにあり、その刑期も予想を上回るものだったことから、自己が戸籍上死亡したことにして刑の執行を免れよ

XIV

うと企てた。そこで、昭和43年3月1日ころ、自身の死亡診断書を偽造し、これを内容虚偽の死亡届とともに区役所に提出して戸籍に不実の記載をさせたうえ（判示第二事件）、実弟などを介して被告人死亡の旨を事件担当の弁護人に連絡し、さらに内容虚偽の除籍謄本を同弁護人に交付するなどした。その結果、大阪高等裁判所は、判示第一事件に係る控訴事件につき、同年4月16日、被告人が同年3月1日に死亡したことを理由に法339条1項4号に基づき公訴棄却の決定をし、同決定は即時抗告の申立もなく確定した。なお、これに先立って、前提事件については、第一審の有罪判決が昭和43年3月9日に確定していた。

（3）その後、被告人による死亡偽装の事実が露見するところとなり、昭和48年2月、検察官は、その死亡偽装に係る判示第二事件と、確定した公訴棄却決定が対象としていたものと同一の判示第一事件について公訴を提起した。これに対して弁護人は、形式裁判とはいえ公訴棄却の決定が確定すれば内容的確定力が生ずるから、先に大阪高等裁判所がした被告人死亡の認定を覆して、本件のような再度の公訴提起をすることはできない等と主張した。

2 法の解釈

「公訴棄却の決定はいわゆる形式裁判であるから、その裁判が確定しても再起訴は原則として妨げられないと解すべきであり、これは、刑事訴訟法340条が例外的に、公訴取消による公訴棄却決定が確定したときに再起訴が妨げられる旨規定していることに照らしても明らかである。このことは、被告人死亡を理由とする公訴棄却決定が確定しているときも同様であり、まして、被告人死亡の事実認定が内容虚偽の証拠に基づくものであったことが、新たに発見された証拠によって明白になったような場合にまで、なおも、この公訴棄却決定の示した判断が拘束性を保有して、後の再起訴を妨げるものとは、とうてい解することはできない」。

3 法の適用

「本件において、大阪高等裁判所の公訴棄却決定が内容虚偽の証拠に基づくものであり、それが新たに発見された証拠によって明白になったことも、判示第二で認定した経過に照らして明らかであり、何にもまして、死亡したとする被告人が当法廷に立つに至ったこと、この事実に優る証拠はないのである

から、大阪高等裁判所が公訴棄却決定で示した判断は当裁判所を拘束しないものと解するのが相当である」。

4 コメント

（1）確定裁判の効力をめぐる議論は、論者によって用語法が区々であり、整理の難しいところである。しかしいずれにせよ、裁判の形式的な確定により、実体裁判についての外部的効力は、一般に一事不再理効の問題として論じ、他方、とくに形式裁判について内容的確定力の1つとしての拘束力ないし既判力が議論されることになる。

形式裁判について拘束力ないし既判力が生じることについては、訴訟法説を理論的根拠とし、15条2号を実定法上の論拠として、今日異論をみないとされている。その意味では、本判決が示す、公訴棄却決定が形式裁判であることを理由としてその確定後の再起訴を妨げないとする法の解釈は、その再起訴を受けた裁判所が前訴とは違う判断をすることを内在的に予定している点で、形式裁判の拘束力そのものを否定したものであって、今日の議論状況および後述の判例からは、すでにとることのできないものといえる。むしろ形式裁判の拘束力について議論されているのは、主として、裁判の意思表示内容のうちどの範囲に拘束力があるかという点と、例外的に拘束力が及ばない場合があるかという点であって、本判決は、この後者の議論の一素材とされるのが一般的である。

（2）このうち、拘束力の生じる意思表示内容の範囲という問題については、公訴時効の成否との関係で争われた最決昭56・7・14［大阪登記簿不実記載事件］が参照される。そこでは、当初の公訴提起（旧起訴）事件が訴因不特定を理由に公訴棄却で確定した場合に公訴時効の停止効があるか否かが争われた事案の中で、次のように判示された。

旧起訴について訴因不特定を理由に公訴棄却とした「確定判決の理由中本件の受訴裁判所を拘束するのは、旧起訴は実体審理を継続するのに十分な程度に訴因が特定されていないという判断のみであり、右判断を導くための根拠の一つとして挙げられた、旧起訴状の公訴事実によっては併合罪関係に立つ建物の表示登記と保存登記に関する各公正証書原本不実記載・同行使罪のいずれについて起訴がなされたのか一見明らかでない、という趣旨に解し得る部分は、本件の受訴裁判所を拘束しないと解すべきであ

るから、旧起訴によつて、本件公訴事実第一と同一性を有する事実につき公訴時効の進行が停止されたとする原審の判断が、右確定判決のいわゆる内容的確定力に抵触するものとはいえない」。この判示につき、確定した形式裁判たる公訴棄却判決が一定の拘束力を有することを認めている点に意義があることは一般に承認されている。

他方、同決定でのこの判示に対しては、次のような伊藤正己裁判官の反対意見がある。多数意見は、「旧起訴は実体審理を継続するのに十分な程度に訴因が特定されていないという判断」、すなわち旧起訴第一審が公訴棄却とした「直接の理由」の限度においてのみ内容的確定力を認めれば足りるとするが、被告人の地位の安定を図るという内容的確定力の趣旨から妥当ではない。多数意見が、「判断を導くための根拠の一つとして挙げた」、「いずれについて起訴がなされたのか一見明らかでない、という趣旨に解し得る部分」は、むしろ「確定判決の主文を導くうえで必要不可欠な理由となる重要な判断」とみるべきであって、その部分にも内容的確定力が生ずると考えるべきである。

多数意見は、被告人の法的地位の安定性を図ることによる実体的真実の犠牲を拡大させないような考慮をしており、それが（伊藤反対意見のいう）「直接の理由」のみに内容的確定力を認めた実質的判断であろう。このように理解しないと、同決定における公訴時効停止の効力についての法の解釈および適用部分が、旧起訴に係る確定（公訴棄却）判決の内容的確定力に抵触することになってしまい、意味がなくなってしまうのである。

これに対して学説上は、伊藤反対意見に賛同して、多数意見に批判的なものが多いとされる。そこには、被告人に対する応訴強制に対抗するためのものとして訴訟条件をとらえ（〔本書33〕の「コメント」も参照）、その訴訟条件の不存在について争った被告人の防御活動の内容が形式裁判に結実するのであって、ある訴訟条件の不存在という「直接の理由」を「導くための根拠」が「必要不可欠な理由となる重要な判断」であるならば、そこにこそ内容的確定力を認めなければ、被告人の法的地位は不安定なものになってしまう、という考え方がある。

（3）内容的確定力の及ぶ範囲をいずれに考えるにせよ、その拘束力に一定の例外を認めるのが一般的であり、例外事由として異論のないものが、判断基底となる事情の変更である。本判決は、現在ではこ

の論点にかかわるものとしてとらえられている。問題は、「被告人の死亡」が偽装であったという事実は、事情の変更といえるのか、あるいはそれが事情の変更といえない場合でも他の例外事由として位置づける余地はないのか、ということである。この点、本判決の事実関係の下では、前訴において被告人死亡を理由に公訴棄却となる前と後とでは、被告人が生存していたという事実に変わりはないから、そこに事情の変更があったとはいえない。そうだとすると問題は、被告人の死亡が偽装であったとする新証拠が出てきたことが、拘束力を解除するその他の例外事由として認め得るか否かに帰することになる。

この点、上述のとおり形式裁判が応訴強制に対する被告人の防御に資するものであり、また、現行刑事手続が不利益再審を認めていないことをとらえれば、どのような新証拠が出てこようと、不利益再審に類似する状況を作出することとなる再訴は許されない、というのが1つの徹底した立場である。この立場をとる場合は、判示第一事件について再訴を許した本判決の結論を批判し、当該被告人に対しては、たとえば本件判示第二事件のような事実で公訴提起をなし得るにとどまると解することになる。

他方、本判決の結論を、別の理由づけをして支持する立場もある。その1つは、拘束力に係る理論的根拠として訴訟法説を出発点としつつ、当事者（とりわけ訴追側）に、内容的確定力に反するような矛盾行為の禁止（禁反言）を求める考えからのものである。この立場によれば、法的安定性が保障される被告人の側にも検察官の禁反言を要求する資格が必要だとして、被告人に積極的な欺罔行為があるような場合はその資格が欠けるから、拘束力が解除されて再訴が許されるとする。本件でいえば、被告人は自身の死亡を偽装してその証拠を裁判所に提出するという欺罔行為を行ったのであるから、検察官の禁反言を要求する資格がなく、再訴は許されるということになる。この立場に対しては、被告人の法的安定性の保障と禁反言の要求資格は必ずしも連動するものではないという批判がある。

もう1つは、339条1項4号の被告人死亡という公訴棄却の事由については、その拘束力を個別に検討すべきというものである。同号の決定は非終局的な決定であって確定力がない、あるいは、同号は死亡の事実ではなく、「死亡の証明」が公訴棄却の事由である、などと説明される。このうち前者は、

314条の公判停止とのアナロジーで考えるとするが、停止とはいえ事件が裁判所に係属している場合と公訴棄却が確定して裁判所の係属を離れた場合とを同列に扱うことにはそもそも無理がある。後者についても、たしかに「死亡の証明」すなわち「被告人が死亡したという証拠がある」という事情は、それを覆す新証拠の出現によって変更されたということはできようが、解釈手法として「技巧を弄する」との批判がある。この点、非終局決定の事例ではあるが、被告人の公判期日への不出頭には正当な理由があるとして96条1項1号による保釈取消決定を取り消した抗告審決定が確定したが、その後、当該抗告審の判断資料が虚偽のものであって、被告人の不出頭が正当な理由によるものでないことが判明した場合に、同じ公判期日への不出頭を理由にあらためて保釈を取り消すことの是非が争われた事案がある。その事案につき、大阪高決昭47・11・30は、「資料こそ新たに発見されたものであるとはいえ、その資料によって証明しようとする事実自体はさきの裁判の際に存在したものであるから、その裁判の際に調査を尽くし誤りを是正しておくべきであったのであり、これをしないで、その裁判が形式的に確定した後に、新たな資料を発見したことを理由に、同一事項についてさきの裁判と異なる判断内容の裁判をするがごときは、いたずらに（すなわち、公訴取消後の再起訴に関する340条、再審に関する435条に類する規定もないのに）さきの裁判の内容的確定力を否定するものであって、とうてい認めがたい」と判示している。これはそのまま、上記解釈手法に対する批判として妥当しよう。

(4) 形式裁判が確定した場合において、（いずれの立場によるにせよ）その確定した内容に反して行われた公訴提起は、その公訴提起による主張自体が不適法とされ、338条4号により公訴棄却となる。この意味で、ここでいう拘束力は、同一判断の繰り返しを求めるのではなく、同一事項について判断することじたいを排斥するものであることから、遮断効ともよばれる。

（正木　祐史）

99　破棄判決の拘束力

📖 八海事件
　最2小判昭和43[1968]年10月25日刑集22巻11号961頁【LEX/DB24004831】
　〈関連判例〉
　　最大判昭和25[1950]年10月25日刑集4巻10号2134頁　【24001106】
　　最3小判昭和26[1951]年10月23日刑集5巻11号2281頁　【27760310】
　　最3小決昭和39[1964]年11月24日刑集18巻9号639頁　【24004427】
　　最3小決昭和55[1980]年7月4日集刑218号117頁　【27817583】［羽田空港ビル内デモ事件］
　　東京高判昭和61[1986]年10月29日高刑集39巻4号431頁　【27817604】
　　最1小判平成24[2012]年2月13日刑集66巻4号482頁　【25444236】［チョコレート缶事件］〔本書96〕

1　事実の概要

(1) 山口県にある八海で発生した強盗殺人事件で、近所のAが逮捕された。Aは当初、単独犯行を自白したが、多数犯行と見込んでいた警察から追及を受け、友人のXほか4名の氏名を挙げて6名の共同犯行だと自白した。Xら5名は順次逮捕されたが、そのうち1名にはアリバイが認められ、Aの自白も5人共同犯行の内容に変わった。残るXら4名もその旨の自白をするに至り、A、Xら5名は強盗殺人で起訴された。第一審（山口地岩国支判昭27・

6・2）は、被告人全員について有罪と認め、Xに死刑、Aら4名に無期懲役を言い渡した。各被告人（および検察官）の控訴を受けた第1次控訴審（広島高判昭28・9・18）は、有罪認定を維持し、XおよびAの控訴は棄却する一方、他の3名については刑が重過ぎるとして酌量減軽を施し有期懲役を言い渡した。これに対して、Xら4名は無罪を主張して上告（Aも上告したが取り下げて服役）した。

(2) 第1次上告審（最判昭32・10・15）は、職権で本件記録を調査した結果、「被告人4名につき原審

の是認にかかる第一審判決が認定した事実を肯認するに足りず、結局判決に影響を及ぼすべき重大な事実誤認の疑があることに帰」すとして、原判決を破棄し、さらに審理を尽くすべき諸点を指摘して、広島高裁に差し戻す判決を言い渡した。

これを受けて第2次控訴審（広島高判昭34・9・23）は、都合76回に及ぶ公判を開き、上記破棄判決の趣旨に従って事実調べを行った。その結果、A供述については、変遷が著しく軽々に信用しがたく、特に共同犯行に係る供述部分には不合理不自然さが目立つうえ、その多くは関係証拠とも矛盾するとしてその信用性を否定し、被告人らの警察段階の供述については、取調べ態様に問題があって任意性に疑問があるうえ、その供述内容には信用性も認められない、3つの鑑定結果から算出される死亡推定時刻等からすると被告人らが本件事件に参加することは不可能に近い、などと判断し、「被告人等がAと通謀の上本件の凶行をなしたものとは認め難く、むしろ各種の関係証拠を綜合すれば、右凶行は、Aが単独でなした疑いが濃厚である」として、原判決を破棄し、Xら4名に無罪を言い渡した。

（3）これに対して検察官が上告したところ、第2次上告審（最判昭37・5・19）は、①A供述については「部分的の嘘や矛盾撞着のある点も或は原判示のとおりであろう。しかし、……当裁判所はAの5人共犯の供述に大体において信を措き、それが大筋に外れていないものと考えざるをえないものである。それを雄弁に物語るものは、本件犯行直後行われた検証において認められる悽惨な現場の状景と」証人B、C、Dの新証言による「被告人らのアリバイ崩壊である」、②被告人らの警察段階の供述を仔細に検討するならば、枝葉末節までは「合致しないところに、誰に教えられたのでもなく、また互にしめし合せているのでもないことがはっきりし」「右供述の推移は新鮮で生々しく、決して大筋を外れては」いない、③被害者夫婦の死亡推定時刻につき、第2次控訴審判決が、3つの鑑定結果を綜合認定するに際して「算術の計算のように……割り切って了うのは原審独自の想定以外の何ものでもない」などとして、第2次控訴審判決を破棄し、再び広島高裁に差し戻した。

第3次控訴審（広島高判昭40・8・30）は、第一審判決の事実認定について、被告人らの警察段階の自白には、A供述と異なる点があるほか、同一人の供述中あるいは各人の供述相互に異なるものもあって

容易に真偽が捕捉できず、その他原判決の引用挙示する限度の証拠によっては、被告人らの犯罪事実を認定するには不十分であるから、第一審判決には理由不備の違法があり破棄を免れないが、都合42回にわたって開かれた公判の中で行われた新たな証拠調べによって有罪を認定できるとして、Xに死刑、他の3名に有期懲役を言い渡した。

（4）これに対して、被告人らが上告した。第3次上告審（本判決）は、職権判断の序論冒頭において、書面審査による法律審であることを原則とする上告審が原判断の事実認定の当否に立ち入ることの限界について留保を置きつつも、「本件における最大の争点は事実誤認の有無に存する」から刑訴法411条3号に依拠してこの点を十分に検討しなければならないとする。そのうえで、職権判断の本論において事実判断につき検討を加えた結論として、第3次控訴審の事実認定には不合理な点があり、「被告人らと本件犯行との結びつきについて、疑をさし挟む余地のない程度に確信を生ぜしめるような資料を見出すことができない」から「疑わしきは被告人の利益の原理に従い、被告人らに無罪の宣告をする」とした。

また、本判決は、上記事実認定に先立つ職権判断の序論の中で、「本件は、1次、2次の上告審判決を経ており、当審は3次の上告審である。従って、先になされた上告審の破棄判決の拘束力について、ここで一応の検討を加えておく必要がある」と述べ、以下のように判示した。

2 法の解釈

「裁判所法4条は、『上級審の裁判所の裁判における判断は、その事件について下級審の裁判所を拘束する。』と規定し、〔平8法109による改正前の〕民訴法407条2項但書〔同改正後は同法325条3項後段〕も、上告裁判所が破棄の理由とした事実上及び法律上の判断は差戻審を拘束する旨規定している。刑訴法にはこれに相応する法条はないが、前示のごとく、上告審も職権で事実認定に介入できるのであるから、条理上、上告審判決の破棄の理由とされた事実上の判断は拘束力を有するものと解すべきである」。したがって第3次上告審としては、本件で拘束力を有する事実判断の範囲について検討しなければならないところ、「破棄判決の拘束力は、破棄の直接の理由、すなわち原判決に対する消極的否定的判断についてのみ生ずるものであり、その消極的否

定的判断を裏付ける積極的肯定的事由についての判断は、破棄の理由に対しては縁由的な関係に立つにとどまりなんらの拘束力を生ずるものではない」。したがって、破棄差戻を受けた裁判所は、「さらにこの点につき証拠調をした上であれば」、破棄「判決に示されたものとは異なる縁由的事由を認定し、もって」破棄判決の消極的否定的判断を「否定する自由が残されて」いる。

[3] 法の適用

「本件において、２次上告審判決の事実判断の拘束力は、[①] Ａの供述及び [②] 被告人らの警察自白の信用性を否定した２次控訴審判決の認定を否定する範囲内に限定されるものであり（[③] の被害者夫婦の死亡時刻に関する説示は、２次控訴審判決の認定の仕方を非難するにすぎない）、２次上告審判決が、さらに右Ａの供述及び被告人らの警察自白の信用性を積極的に肯定すべき事由としてあげるところは、破棄の理由に対し縁由的事由にすぎないものであるから、拘束力を有していないものと解すべきである。従って、３次控訴審は、さらにこの点につき証拠調をした上であれば、２次上告審判決に示されたものとは異なる縁由的事由を認定し、もって右供述ないし自白の信用性を否定する自由が残されていたものであるといわなければならない」（付加した丸数字は、上記「事実の概要」の第２次上告審の判断中に付した丸数字と対応）。そして、「３次控訴審は、差戻後あらたにＡをはじめＢ、Ｃ、Ｄの各証人をみずから尋問し、あるいは検証を行なう等、殆んどあらゆる証拠調をやり直していることが記録上明らかであるから、これらの証拠調の結果を基礎とするならば、あたらしく事実認定をする裁量権を広範囲に有していたものである。従って、もはや当審においては、２次上告審判決の事実判断の拘束力を考慮する必要はないものと解するのである」。

なお、これら法の解釈および法の適用が示された職権判断に先立ってなされた、上告趣意に対する判断のなかで、第１次上告審の第２次上告審に対する拘束力について以下のように判示している。第１次上告審の破棄判決の理由とされた事実上の判断は、「第一審及び原審に現われた証拠によっては、被告人４名につき原審の是認にかかる第一審判決が認定した事実を肯認するに足り」ないというもので、その指摘する諸点についてなお審理を尽くさせるべく差し戻したのであるから、「２次控訴審がなんら事

実審理をせずにさらに１次控訴審と同じ判断をすれば、１次上告審判決の拘束力に牴触することとなろうが、１次上告審判決の趣旨に従い審理をさらに尽くしての上であれば、有罪、無罪いずれの判決をすることもその裁量の範囲内にあ」り、「２次控訴審において裁量とされていた事項について、その判断の当否を争い上告することが許されることはいうまでもなく、右の事項に関するかぎり、２次上告審は１次上告審判決の判断の拘束を受けない」。

[4] コメント

(1) 本判決も法解釈の対象とする裁判所法４条は、原判決を破棄した上級審裁判所の判断が差し戻された下級審裁判所の判断を拘束せず、下級審裁判所が先にした自身の判断を繰り返すことになると、上級審と下級審とで判断が異なる点について上訴と原判決破棄が繰り返されることになりかねないから、無用な手続の繰り返しを防ぎ、法的安定性を保つことを政策的根拠とすると捉えられている。そして、これも本判決が指摘するとおり、民事訴訟法においては差戻審は「事実上及び法律上の判断」につき拘束されるとの明文の規定が置かれているが、刑事訴訟法上はこれに対応した規定はない。そこから、刑事裁判における破棄判決の拘束力をめぐって生じる問題は、裁判所法４条を中心とした解釈にゆだねられることとなる。

(2) まず、破棄判決の拘束力についてどのような問題があるかを、判示の順序に従い確認しておく。

第１に、裁判所法４条の文言上、上級審裁判所の破棄判決が下級審裁判所の判断を拘束するという点は明らかだが、その破棄判決が、（破棄・差戻を受けた下級審が当該破棄判決に従ってなした判断とそれに対する上訴を経由した）同一審級の上級審裁判所の判断をも拘束するか、という問題がある。この問題じたいは本判決の判示事項ではなく、その前提問題である。本判決が、本判示の冒頭において、当審は第３次上告審であるから、「先になされた上告審の破棄判決の拘束力について、ここで一応の検討を加えておく必要がある」と述べている部分は、（後述のとおり裁判所としてはすでに解決済みの）この前提問題にかかわる。

第２に、裁判所法の前身たる旧・裁判所構成法48条は、下級審裁判所を拘束するのは「法律の点に付て表したる意見」とされていたが、現行裁判所法にはそのような限定がない。また、上述のとおり、民

事訴訟法は事実上・法律上の双方の判断につき拘束するとの明文規定がある　一方、刑事訴訟法上には規定がない。したがって、法律上の判断については当然のこととしても、刑事事件における事実上の判断について破棄判決が拘束力をもつかどうかは、解釈にゆだねられているということになる。この点が、本判決の法の解釈の前半にかかわる。

そして第3に、第2の問題につき拘束力をもつという結論を前提として、その事実上の判断のどの範囲について拘束力を認めるかということが問題となる。さらにそれと関連して、一定の範囲に拘束力があるとして、その拘束力がどのような場合に解除されるか、という問題がある。これらの問題は、本判決の法の解釈の後半および法の適用に係る判示にかかわってくる。

（3）　まず、破棄判決の拘束力は同一審級の上級審裁判所（とくに上告審裁判所）に及ぶか、という第1の問題については、第二次大戦後の教職員の排除等について定めた昭和22年政令第62号違反事件に係る最大判昭25・10・25が次のように判示している。「上級審において下級審判決が破棄され事件の差戻があった場合には、下級審はその事件を処理するに当り判決破棄の理由となった上級審の事実上及び法律上の意見に拘束され、必ずその意見に従いこれに基ずいて事件の審判をしなければならないのであるから、既に下級審が上級審の意見に従って事件を処理したものである以上、その上級審の意見が客観的に間違って居ると否とに拘はらずその下級審の判決を違法視することはできない」。これを事件についてみると「事件の差戻を受けた原審は前示判決破棄の理由として開示された当裁判所の法律上の意見〔残務整理等のためやむを得ずした行為は同令の処罰対象ではない〕に従い、所謂残務整理と見られるものを除き、然らざる被告人の行為のみを本件政令違反に該当するものとし、その罰条を適用したものである」ことは明らかで、原判決に違法はないとした。最判昭26・10・23は、この大法廷判決を引用して、上告審の破棄判決の理由となった判断に従って事実認定をしたうえで結論を出した差戻控訴審の判断に違法はないとしている。

そして、最決昭39・11・24は、「下級裁判所が最高裁判所の破棄理由とした法律上の判断に従ってした判決に対する上告について審判する場合には、最高裁判所もみずからの裁判内容に拘束されることになり、これを変更することは許されないものといわな

ければならない（昭和……25年10月25日大法廷判決……参照）。もしこれを変更することが許されるとすれば、無用の手続がくり返されることになり、事件はいつまでも終局的な解決をみないことになるからである。したがって、本件のように下級裁判所が最高裁判所の破棄理由とした法律上の判断に従ってした判決に対しては、その法律上の判断を不服として上告することは許されないものと解するのが相当である」と判示している。さらに、最決昭55・7・4も、最大判昭25・10・25と最決昭39・11・24を引用して「下級裁判所が最高裁判所の破棄理由とした法律上の判断に従ってした判決に対しては、その法律上の判断を不服として上告することは許されないものと解するのが相当である」と判示している。

以上のとおり、最大判昭25・10・25以来、判例は一貫して、先の上告審の破棄判決の拘束力が差戻控訴審後の上告審にも及ぶことを明らかにしている。この点は、「下級審への拘束力の反射」などとも表現され、裁判所法4条の趣旨から当然の帰結とされている。なお、上告審に拘束力が及ぶことの効果について、上記のうち最大判昭25・10・25と最判昭26・10・23は「下級審の判決を違法視できない」と表現するが、最決昭39・11・24と最決昭55・7・4は「上告することは許されない」と別の表現をしている。この点、最決昭39・11・24の判断は最大判昭25・10・25の立場を一歩進めたものという評価もあるが、むしろ、後者の判例群は、先の上告審がした法律判断の内容そのものに不服を申し立てることが許されないとしたものである一方、前者の判決群は、先に示された法律判断を基礎として事実判断をした控訴審判決を違法と判断することはできないとしたもの、と理解すべきではないかと思われる。もっとも、先に示された法律判断について判例変更を求める場合までも上告を許さない趣旨ではなかろうという理解もあるほか、差戻控訴審の事実判断について著しく正義に反する事実誤認の判断までできないとする趣旨ではないであろう。

（4）　次いで、事実上の判断が拘束力を有するか、という第2の問題について、本判決は、「前示のごとく、上告審も職権で事実認定に介入できる」ことを理由に、「条理上」、事実上の判断が拘束力をもつことを認めている。ここで「前示のごとく」というのは、職権破棄事由として411条3号が定められていることを指す。さらにこの点を敷衍するならば、同条文のほか、旧・裁判所構成法との比較で、現行

XIV

裁判所法4条は拘束力をもつ対象に限定を付していないうえ、同条の趣旨は事実上の判断にも及ぶと考えられること、判決に影響を及ぼすべき事実誤認は控訴理由であり（382条）、控訴審における破棄事由であること（397条1項）から、事実上の判断に拘束力を認めるべき実質的理由があることも、「条理」を支えるものとしてあげられよう。

なお、拘束力を有する対象として事実上の判断が含まれることについては、先にも触れた最大判昭25・10・25がすでに、「上級審において下級審判決が破棄され事件の差戻があった場合には、下級審はその事件を処理するに当り判決破棄の理由となった上級審の事実上及び法律上の意見に拘束され、必ずその意見に従いこれに基ずいて事件の審判をしなければならない」と判示している。もっとも、この大法廷判決における事実上の判断に関する部分は傍論である。本判決がこの大法廷判決と違うのは、事実上の判断が拘束力を有することを明示し、その根拠として「条理」をあげた点といえよう。

(5) 第2の問題についての上記結論を前提として、その範囲がいかなるものかという第3の問題に入ることになる。この点の法の解釈として本判決はまず、「破棄判決の拘束力は、破棄の直接の理由、すなわち原判決に対する消極的否定的判断についてのみ生ずるものであり、その消極的否定的判断を裏付ける積極的肯定的事由についての判断は、破棄の理由に対しては縁由的な関係に立つにとどまりなんらの拘束力を生ずるものではない」という規範を定立した。

これを法の適用との関係で整理すると、まず、破棄判決の拘束力が生ずる「破棄の直接の理由、すなわち原判決に対する消極的否定的判断」にあたるものとしては、「[①] Aの供述及び［②］被告人らの警察自白の信用性を否定した2次控訴審判決の認定を否定する範囲内」のものである。すなわち、「A供述の信用性を否定するのは誤りである」、「被告人らの警察自白の信用性を否定するのは誤りである」という点にのみ拘束力が生じることになる。そして、「その消極的否定的判断を裏付ける積極的肯定的事由についての判断（破棄の理由に対しては縁由的な関係に立つにとどまるもの）」（縁由的事由）にあたるのは、「2次上告審判決が、さらに右Aの供述及び被告人らの警察自白の信用性を積極的に肯定すべき事由としてあげるところ」であるから、たとえばそれは、A供述の関係では「検証において認めら

れる悽惨な現場の状景」や証人Bらの新証言による「被告人らのアリバイ崩壊」という評価、そしてそれを基礎とした「Aの5人共犯の供述に大体において信を措き、それが大筋に外れていないものと考えざるを得ない」とする評価であり、また、被告人らの警察自白の関係では、その検討により得られた「右供述の推移は新鮮で生々しく、決して大筋を外れては」いないとする評価、ということになろう。

「事実上の判断」について、「破棄の直接の理由」たる「原判決に対する消極的否定的判断」と、「その消極的否定的判断を裏付ける積極的肯定的事由についての判断（破棄の理由に対しては縁由的な関係に立つにとどまるもの）」とに分けて、前者にのみ拘束力を認めた本判決の判断に対しては、学説はむしろ、次のような理由で批判的とされる。本判決の論理でいうと、「その消極的否定的判断を裏付ける積極的肯定的事由についての判断」はすべからく「破棄の理由に対しては縁由的な関係に立つにとどま」るとしている部分である。

すなわち、「法律上の判断」であるならば、原判決が示したある法解釈を否定する論理として、複数の競合する縁由的事由がありうる（別の法解釈が複数ありうる）から、原判決の法解釈を否定するという判断部分と、その否定がどのような縁由的事由に基づくかという部分とが分けられ、前者にのみ拘束力を認めるということには一定の合理性が認められる。それに対して「事実上の判断」については、必ずしもこのような関係が認められるものではなく、否定的判断と「裏はらをなす」肯定的判断もあるのであって、この場合は両者一体化した判断に拘束力を認めざるを得ない。たとえば第2次上告審のA供述の例でみると、「A供述の信用性は否定するのは誤りである」という破棄の直接の理由たる消極的否定的判断は、つまるところ「A供述は信用できる」という（縁由的とされる）積極的肯定的事由に基づいている。ここで、「A供述の信用性を否定するのは誤りである」とする評価に対して、「A供述は信用できる」という評価ないしそれを支える個別の事実は単に縁由的な意味をもつにすぎないかといえばそうではなく、したがってこのような、直接の破棄理由と不可分ないし論理必然の関係にある積極的肯定的判断についても拘束力を認めるべき、ということになるのである。

学説から寄せられているこの批判は、正鵠を射たものといえよう。ただし、もちろん、消極的否定的

判断と積極的肯定的判断との関係については、上記批判でいわれているような対応にはない場合もあり得る。東京高判昭61・10・29は、本判決の規範に依拠しながら、当該事件の第1次控訴審がした「第1次第一審が各供述の信用性を認めた判断は誤りである」とする消極的否定的判断部分には拘束力が生じるが、同控訴審の「各供述は信用できる」とする部分は前記消極的否定的判断の縁由として説示された積極的肯定的判断であって拘束力を有するものではなく、したがってその積極的肯定的判断から導かれる「犯人は被告人である」とする点について拘束力を生ずるべきいわれはない、としている。この前半の、信用性を肯定した判断部分に対しては、上述の学説の批判がそのままあてはまるが、後半の「犯人は被告人である」とする部分については、問題となっている各供述の信用性判断と不可分ないし論理必然の関係にあるものではないから、学説の批判によっても必ずしも拘束力が生じるわけではない。

なお、最判平24・2・13［チョコレート缶事件］〔本書96〕では、「刑訴法382条の事実誤認とは、第1審判決の事実認定が論理則、経験則等に照らして不合理であることをいうものと解するのが相当である。したがって、控訴審が第1審判決に事実誤認があるというためには、第1審判決の事実認定が論理則、経験則等に照らして不合理であることを具体的に示すことが必要であるというべきである」と判示されている。第3の問題との関連では、「不合理であること」、それを「具体的に示すこと」は、本判決のいう2区分のいずれにあたるのか、ある特定の論理則・経験則が存在することを前提になされた「不合理である・ない」の評価・判断と、そのような論理則・経験則の存否自体が問題となる場合とをどのように整理するのか、などは検討すべき課題であろう。

（6）それでは、上記学説の批判が妥当だとすると、たとえば本件において、第3次控訴審は、第2次上告審が示したA供述および被告人らの警察自白の信用性ありとした判断には拘束力が生じるから、それとは異なる判断ができないかというと、そうで

はない。これは、拘束力はどのようなときに解除されるかという第3の関連問題にかかわる。

この点、まず本判決は、この縁由的事由について、破棄差戻を受けた裁判所は、「さらにこの点につき証拠調をした上であれば」、破棄「判決に示されたものとは異なる縁由的事由を認定し、もって」破棄判決の消極的否定的判断を「否定する自由が残されて」いるという規範を定立している。そして法の適用においては、第3次控訴審は新たに証拠調べをして「あたらしく事実認定をする裁量権を広範囲に有して」おり、「もはや当審においては、2次上告審判決の事実判断の拘束力を考慮する必要はない」とする。

本判決の規範からいえば、そもそも縁由的事由には拘束力が生じないのであるから、単にすでに証拠調べのされている証拠を調べなおすだけでも新たな事実認定をすることは可能であろう。新たな証拠の証拠調べをもしているのであればなおさらである。この点は、本判決の法の適用において、第1次上告審の第2次上告審に対する拘束力について判断している部分でも確認できる。もっとも、このようにして拘束力を解除することができるとするのであれば、そもそも拘束力の生じる範囲を区分したことにどれほどの意味があるかという疑問も生じることになる。本判決についてみても、結局のところその結論にとって決定的なのは、拘束力が解除されているという点である。

この点、学説においては、消極的否定的判断と積極的肯定的判断とが一体であるとき、縁由となるのはむしろその判断となる証拠状態であると捉え、それら判断の拘束力を解除するには、証拠状態が変化すること、すなわち、新証拠の提出と取調べが必要だと考えることになる。この場合、拘束力を解除するためには、どのような証拠調べを行うことが求められるか、ということが重要となるとされている。有罪判決の破棄の場合と無罪判決の破棄の場合とで同じでよいかといった点を含めて課題は多いが、この点に関する判例理論はいまだ展開されていない。

（正木 祐史）

XIV

100 明白性の意義

📖 財田川事件

　　最 1 小決昭和51[1976]年10月12日刑集30巻 9 号1673頁【LEX/DB24005420】［財田川決定］

　　〈関連判例〉

東京高決昭和32[1957]年 3 月12日高刑裁判特報 4 巻 6 号123頁	【27920358】
最 1 小決昭和50[1975]年 5 月20日刑集29巻 5 号177頁	【24005355】［白鳥決定］
最 3 小決平成 9 [1997]年 1 月28日刑集51巻 1 号 1 頁	【28025031】［名張 5 次決定］
最 3 小決平成10[1998]年10月27日刑集52巻 7 号363頁	【28035713】［尾田決定］
最 1 小決平成14[2002]年 4 月 8 日判時1781号160頁	【28075268】［名張 6 次決定］
最 1 小決平成17[2005]年 3 月16日判時1887号 15頁	【28105114】［狭山 2 次決定］
最 2 小決平成20[2008]年 3 月24日集刑293号747頁	【28145243】［袴田 1 次決定］
最 2 小決平成21[2009]年12月14日集刑299号1075頁	【25460234】［布川 2 次決定］
最 3 小決平成22[2010]年 4 月 5 日判時2090号152頁	【25442052】［名張 7 次差戻前決定］
最 1 小決平成25[2013]年10月16日集刑312号 1 頁	【25445953】［名張 7 次差戻後決定］
最 2 小決平成26[2014]年12月10日集刑315号261頁	【25447004】［福井決定］
最 1 小決平成29[2017]年12月25日判時2390号104頁	【25449157】
最 1 小決令和元[2019]年 6 月25日判時2422号108頁	【25563156】［大崎 3 次決定］
最 3 小決令和 2 [2020]年12月22日裁時1759号 1 頁	【25571224】［袴田 2 次決定］

1 事実の概要

　強盗殺人の訴因で起訴された被告人が死刑判決を言い渡され、当該判決は確定した。この被告人が判決確定後再審請求を行ったが、435条 6 号に該当する新証拠があるとの理由はあげていなかった。高松地裁は職権により鑑定を命じ、T鑑定を取り調べていたが、高松高裁は、これを 6 号ではなく 1 号該当性判断の資料として扱ったと解釈し、最終的に 1 号に該当する事由はないと判断した（高松高判昭49・12・5）。

　最高裁は、このT鑑定を 6 号に該当する新証拠か否かという点からも検討しなければならないと判断し、まず旧証拠の検討を行った。その結果、自白の信用性に関し多数の疑念が生じた。しかし、前記新証拠は、これらの疑念を直接裏付けるものではないため、明白性が否定されるかが問題となった。最高裁は次のように判示した（原決定および原々決定を取り消し、地裁に差戻）。

2 法の解釈

　「『無罪を言い渡すべき明らかな証拠』とは、確定判決における事実認定につき合理的な疑いをいだかせ、その認定を覆すに足りる蓋然性のある証拠をいうものと解すべきであり、右の明らかな証拠であるかどうかは、もし当の証拠が確定判決を下した裁判所の審理中に提出されていたとするならば、はたしてその確定判決においてされたような事実認定に到達したであろうかどうかという観点から、当の証拠と他の全証拠とを総合的に評価して判断すべきであり、この判断に際しても、再審開始のためには確定判決における事実認定につき合理的疑いを生ぜしめれば足りるという意味において『疑わしいときは被告人の利益に』という刑事裁判における鉄則が適用されるものである（最決昭50・5・20）。そして、この原則を具体的に適用するにあたっては、確定判決が認定した犯罪事実の不存在が確実であるとの心証を得ることを必要とするものではなく、確定判決における事実認定の正当性についての疑いが合理的な理由に基づくものであることを必要とし、かつ、これをもって足りると解すべきであるから、犯罪の証明が十分でないことが明らかになった場合にも右の原則があてはまるのである。そのことは、単なる思考上の推理による可能性にとどまることをもって足れりとするものでもなく、また、再審請求をうけた裁判所が、特段の事情もないのに、みだりに判決裁判所の心証形成に介入することを是とするものでもないことは勿論である」。

3 法の適用

　（自白の内容につきさまざまな疑問を指摘して）「右

のように、申立人の自白の内容に前記のようないくつかの重大な、しかも、たやすく強盗殺人の事実を認定するにつき妨げとなるような疑点があるとすれば、新証拠であるT鑑定を既存の全証拠と総合的に評価するときは、確定判決の証拠判断の当否に影響を及ぼすことは明らかであり、したがって原審及び原原審が少なくともT鑑定の証明力の正確性につき、あるいは手記の筆跡の同一性について、更にその道の専門家の鑑定を求めるとか、又は鑑定の条件を変えて再鑑定をT鑑定人に求めるとかして審理を尽すならば、再審請求の事由の存在を認めることとなり、確定判決の事実認定を動揺させる蓋然性もありえたものと思われる。そうだとすると、原決定は、申立人の請求が、刑訴法435条6号所定の事由をも主張するものであることに想いをいたさず、かつ、原原審が申立人の請求を棄却しながらも、本件確定判決の事実認定における証拠判断につき、前記のような数々の疑問を提起し上級審の批判的解明を求めるという異例の措置に出ているにもかかわらず、たやすく原原決定を是認したことは審理不尽の違法があるというほかなく、それが原決定に影響を及ぼすことは明らかであ」る。

4 コメント

(1) 435条6号にいう「明白性」の意義については古くから争いがある。かつては、新証拠のみにより、確定判決の有罪認定を覆して無罪の認定をなすべき理由が明白であることをいうとの理解もあった（東京高決昭32・3・12など参照）。しかしこれでは、新証拠単独でアリバイを証明したり真犯人の存在を示したりすることができない限り明白性が認められないことになる。

このような過酷な実務の状況に大変化をもたらしたのが、いわゆる白鳥決定（最決昭50・5・20）と本決定である財田川決定である。両決定は、新旧証拠を総合評価し、疑わしいときは被告人の利益に原則がここでも妥当することを明らかにした。この限度において、両決定の理解に争いはほとんどない。

しかし、この2決定が示し、以降の判例が受け継いだ規範の意義については争いがある。第1に、総合評価のあり方、第2に、証拠構造を分析することの法的意義についてである。

(2) 新旧証拠の総合評価のあり方につき、最高裁は限定的再評価、すなわち新証拠の持つ重要性と立証命題が有機的に関連する部分についてのみ旧証拠

を再評価しているという見解がある。

しかし白鳥決定は、「当の証拠が確定判決を下した裁判所の審理中に提出されていたとするならば、はたしてその確定判決においてされたような事実認定に到達したであろうかどうかという観点から、当の証拠と他の全証拠とを総合的に評価して判断すべき」と述べ、心証が確定していない段階に戻って総合評価することを要請している。すなわち、全面的再評価である。そして財田川決定はこの白鳥決定の要請を繰り返している。

以後最高裁は、白鳥・財田川決定を援用して新旧全証拠の総合評価をすべきことを説き続けている。たとえば、名張5次決定（最決平9・1・28）では「再審請求後に提出された新証拠と確定判決の言い渡された第二審で取り調べられたその余の全証拠とを総合的に評価した結果として、確定判決の有罪認定につき合理的な疑いを生じさせ得るか否か」を問題とし、実際に「新旧全証拠を総合して検討」したと述べている。狭山2次決定（最決平17・3・16）でも「所論引用の新証拠のほか、再審請求以降において新たに得られた証拠を含む他の全証拠を総合的に評価し」たと述べている。新証拠の立証命題が関連する部分かそうでないかによって旧証拠の評価方法を区別すべきだと述べたことは一度もない。限定的再評価説を最高裁は採用しているとの解釈は文理上無理である。

(3) もっとも、検討の必要があるものもある。第1に、尾田決定（最決平10・10・27）では、「刑訴法435条6号の再審事由の存否を判断するに際しては、O作成の前記書面等の新証拠とその立証命題に関連する他の全証拠とを総合的に評価し」て判断するとの判示がなされている。限定的再評価説と類似した表現がとられているのである。

しかしこの部分は、総合評価のあり方を一般的に論じたものではない。「O作成の前記書面等の新証拠」という言葉からも示唆されるように、本件における判断方法を述べているにすぎない。このような書き方をしなければならなかったのは、本件が科刑上一罪と認定されたうちの一部（現住建造物放火罪）を問題にしたものだからであろう。つまり、科刑上「一罪」だからといって現住建造物放火以外の部分について検討する必要はないことを注意的に明らかにする必要があったのである。つまり、新証拠の「立証命題」とは、「現住建造物放火の部分につき435条6号事由があること」に他ならない。限定的

再評価説のいう「立証命題」とは意味が異なるのである。また、同決定は最後に「全証拠を総合的に評価しても、申立人が放火の犯行に及んだことに合理的な疑いが生じていないことは明らか」と述べている。ここでは「立証命題に関連する」という限定句を付けていないが、「放火の犯行に及んだことに」と後で述べているため、そのような限定句を付する必要はなかったのである。

第2に、名張6次決定（最決平14・4・8）は、旧証拠に新証拠（Aノート）を加えれば申立人に10分間の犯行機会があったとする確定判決の認定には合理的な疑いが生じるとの申立人の主張を取り上げて検討を加え、「申立て人に10分間の犯行機会があったとした確定判決の認定には、合理的な疑いが生じる余地はないというべきであるから、その余の点について論じるまでもなく、Aノートが刑訴法435条6号にいう『無罪を言渡すべき明らかな証拠』に当たらないとした原々決定及びこれを是認した原決定の判断は、正当である」と述べている。「その余の点について論じるまでもなく」とのフレーズが用いられていることから、この決定は限定的再評価説に立つとする評価もなされている。

しかし、このような評価には論理の飛躍がある。本決定は、「申立人に10分間の犯行機会があったとする確定判決の認定には合理的な疑いが生じる」という主張に応えて、「合理的な疑いが生じなかった」と書かれたものにすぎない。罪となるべき事実そのものにつき合理的疑いが生じるかという問題は、この申立人の主張とは直接かかわらない。だから「その余の点について論じるまでもなく」と述べているのである。このように、新旧全証拠を最高裁が再評価していたとしても、本決定のような書き方をすることは十分ありうることである。

第3に、袴田1次決定（最決平20・3・24）には、「この点に関する新旧全証拠を総合しても」というフレーズが登場する。しかし、これも限定的再評価説を採用するシンボルとして理解することはできない。別の箇所で登場する「前記1(2)のとおりの本件における客観的証拠による強固な犯人性の推認」というフレーズ等から分かるように、新証拠の立証命題に直接関係しない部分についても最高裁自身の評価が示されている。

以上のように、やはり、最高裁が限定的再評価説を採っていることを積極的に示すものはない。「判例理論における総合評価のあり方」は、新旧全証拠

の総合評価・全面的再評価なのである。

(4) 近時、最高裁の明白性判断方法につき、2段階説というものが登場している。新証拠の証明力判断は限定的再評価によるべきであり、旧証拠の証明力が新証拠によって何ら減殺されない場合は、それ以上の検討を要さずして新証拠の明白性は否定されるが（名張6次決定がその例だという）、それによって、旧証拠の証明力が減殺された場合には（旧証拠の証明力がもともと脆弱な場合も同様であり、財田川決定がその例だという）、そのことのみによって確定判決に合理的な疑いが生じない場合でも、新証拠の立証命題とは無関係に、新旧証拠を全面的に再評価する必要があり（尾田事件は、犯行の態様だけが争点で、そのような例ではないという）、その結果、旧証拠によってなお確定判決の事実認定が維持できる場合は明白性が否定され（白鳥決定、名張5次決定がその例だという）、そうでない場合には明白性が肯定される（財田川決定がその例だという）というのである。

しかし、名張6次決定を限定的再評価にとどまったと理解することが妥当でないことは上記のとおりである。また、「全証拠を総合的に評価しても、申立人が放火の犯行に及んだことに合理的な疑いが生じていないことは明らか」と述べている尾田決定を例外として検討の対象から外すのも妥当でない。さらに、新証拠の証拠価値をすべて否定しているため、2段階説に立ったのであれば旧証拠をすべて見直す必要はないはずなのに、新旧全証拠を総合評価したと述べた狭山2次決定を整合的に説明できないように思われる。最後に、論者が「限定的再評価」と呼んでいる決定書の部分は、全面的再評価1本で最高裁が判断していると解してもそのように書くことが可能である。たとえば名張5次決定が、論者がいう「限定的再評価」の部分を先行させて書いているのは事実である。しかし、全面的再評価1本で判断していたとしても、「証拠構造の一部が崩れるだけではなく罪となるべき事実の存在そのものに合理的疑いを生じさせねばならない」ことを決定書で強調したいと考えたのであれば、新証拠が旧証拠の一部の証明力を減殺する力を有していることを先行させて書く（そしてそれだけではいけないことを強調する）のは自然なことである。

その後に出された布川2次決定（最決平21・12・14）、名張7次差戻前決定（最決平22・4・5）、名張7次差戻後決定（最決平25・10・16）、福井決定（最決

平26・12・10)、最決平29・12・25、大崎３次決定（最決令１・６・25）、袴田２次決定（最決令２・12・22）のいずれも、すべて２段階説によらない説明が可能である。

（5）証拠構造を分析することの法的意義についてはどうか。白鳥・財田川決定は証拠構造論、すなわち、確定判決の事実認定の証拠構造が崩れた場合にはそれだけで明白性が肯定されるという理論を採用しているとの見解がある。

しかし、尾田決定は、確定判決の認定した事実の一部に合理的疑いが存することを認めながら、「罪となるべき事実の存在そのものに合理的な疑いを生じさせるに至らない限り、刑訴法435条６号の再審事由に該当するということはできない」と判示し、新たに事実認定をし直して、現住建造物放火罪が成立することは明らかだと述べている。判断の対象は、確定判決の証拠構造ではなく、罪となるべき事実そのものであることが明示されたのである。この判断は、その後の最高裁決定においても踏襲されている。第２次狭山決定では「申立人が強盗強姦、強盗殺人、死体遺棄、恐喝未遂の各犯行に及んだことに合理的な疑いが生じていないことは明らかである」と述べている。袴田決定では、「（新証拠は）罪となるべき事実の存在そのものに合理的な疑いを生じさせるに至るものでなければならない」と尾田決定の判示を引用したうえで新証拠等の検討に入り、結論として「申立人が本件住居侵入、強盗殺人、現住建造物等放火事件の犯人であるとした確定判決の事実認定に合理的な疑いが生じる余地はな」いと断じている。これらの決定は、白鳥・財田川決定に反するだろうか。

（6）白鳥・財田川決定は証拠構造論を採用しているとの主張が従来根拠としてきたのは、主として決定理由中の「確定判決の事実認定」「確定判決においてなされたような事実認定」（白鳥決定）「確定判決における事実認定の正当性」（財田川決定）といったフレーズである。しかし、「事実認定」というフレーズは多義的である。

改めて財田川決定をみてみると、「確定判決が認定した犯罪事実の不存在の確実性」を要するか、それとも「犯罪の証明が十分でないことが明らかになった」場合でもよいかという問題立てをし、後者が妥当とする論拠として「確定判決における事実認定の正当性についての疑いが合理的な理由に基づくものであることを必要とし、かつ、これをもって足

りる」と述べている点に注目する必要がある。財田川決定が結局のところテーマとしているのは「犯罪の証明が十分でないか」なのである。裁判所が新旧全証拠を総合評価し、確定判決の認定した「罪となるべき事実」の証明があるか否かが明白性判断のテーマである、と財田川決定を解釈することは可能である。

最高裁諸決定は、「原判決の有罪認定とその証拠関係」「原判決の基礎となった証拠関係」（白鳥決定）、「確定判決の有罪認定とその対応証拠の関係」「確定判決の有罪認定及びその証拠関係」（財田川決定）、「確定判決の事実認定とその証拠関係」（名張５次決定）というフレーズも使用している。これらは証拠構造論をとっていることを示すようにもみえ、また実際に証拠構造分析を決定理由中に示している。しかし、証拠構造論者も、白鳥決定や名張５次決定について「証拠構造分析を誤った」とか「証拠構造の組替えや証拠のかさ上げをした」と批判してきた。なぜそのような批判を受けるような証拠構造分析を最高裁が書いたのだろうか。そもそも最高裁の「証拠構造分析」は犯罪の証明が十分か否かを検討するための一方策にすぎず、明白性の判断対象（すなわち弾劾対象）そのものとして確定判決の証拠構造を明らかにするために分析しているわけではないからだと考えるのが合理的だろう。なお、名張６次決定や狭山２次決定では、証拠構造分析を示した部分はない。証拠構造論（証拠構造分析の叙述を要求する前記２段階説も同じ）では整合性のとりにくい書き方である。

（7）以上のように、新旧全証拠を総合評価・再評価し、有罪か無罪かという裸の実体判断を行うべしというのが判例理論である。白鳥・財田川決定は、孤立評価、疑わしきは確定力の利益という発想を否定するという点では画期的な意義を有していた。しかし、再審請求審にすぎない段階で裸の実体判断を行うことを認めている点で限界も有している。とくに、再審請求審という、すべては裁判所の裁量に委ねられ、請求人の手続的権利の保障が十分でないところで実質的に実体判断を行うことに対する批判は強い。

このような現状のなか、あらためて財田川決定を見直してみると、上記のような限界を有しつつも、再審請求人が６号との関係では何ら新証拠を提出せず、旧証拠の評価を争うのみであったにもかかわらず、審理の過程で（６号関連ではない別の理由で）

XV

得られた証拠を「新証拠」と解釈し、旧証拠の全面
再評価を行い、そのような作業を行わなかった原裁
判所に審理不尽の違法があると断じたことがことの
ほか重要であるように思われる。現代において、と
くに弁護人がついた場合に、このような状況が発生
するとは考え難いが、似たような問題に遭遇するこ
とはあるだろう。

　たとえば、請求人が提出した新証拠に消極証拠と
しての価値がない場合、確定力重視の裁判官は、新
旧全証拠の全面再評価をしないで済ませ、限定的再
評価説や2段階説に沿うような棄却決定書を書いて
全面再評価をしないことを正当化してしまう危険性
がある。最高裁は全面再評価1本だと解すると、最
高裁と同じように、新旧全証拠をとにかく再評価し
て合理的疑いが発生する可能性を追求せよと要求す
ることになる。再評価した結果、さまざまな合理的
疑いが発生する可能性に裁判官は気づくかもしれな
い。この可能性を現実のものとすべく、証拠開示勧
告を出して新証拠をさらに得ようとしたり、自ら検
証を行ったり、証人尋問を実施したりするかもしれ
ない（布川事件がその例。この事件では、再審請求中
に検察官が開示した資料等を新証拠として追加するこ
とが多かったが、その中には、最終的に再審開始決定
に至らせた重要なものがかなり含まれている）。財田
川決定は、そして全面的再評価1本だと最高裁諸決
定を解釈することは、裁判官にこのような行動をと
ろうとさせるエネルギーを内包させているのであ
る。

（中川　孝博）

判例索引

*数字は本書の判例番号（太字は日次判例）

大審院

大判大正12年12月5日大審院刑事判例集2巻922頁 …… 36

最高裁判所

最1小判昭和23年8月5日刑集2巻9号1123頁 ……… 88
最2小判昭和23年10月30日刑集2巻11号1427頁 …… 86
最大判昭和23年12月22日刑集2巻14号1853頁 …… 54
最大判昭和24年2月9日刑集3巻2号141頁 ……… 37
最1小判昭和24年2月10日刑集3巻2号155頁 …… 39, 90
最2小判昭和24年2月22日刑集3巻2号221頁 …… 91
最2小判昭和24年3月12日刑集3巻3号293頁 …… 54
最2小決昭和24年4月25日刑集刑9号447頁 ……… 69
最2小判昭和24年4月30日刑集3巻5号691頁 …… 86
最大判昭和24年5月18日刑集3巻6号734頁 …… 87
最大判昭和24年5月18日刑集3巻6号789頁 …… 64
最大判昭和24年11月30日刑集3巻11号1857頁 …… 54
最3小判昭和24年12月13日刑集刑15号349頁 …… 73
最大判昭和25年3月15日刑集4巻3号355頁 …… 55
最大判昭和25年3月15日刑集4巻3号371頁 …… 55
最2小判昭和25年7月7日刑集4巻7号1226頁 …… 54
最大判昭和25年9月27日刑集4巻9号1805頁 …… 97
最大判昭和25年10月25日刑集4巻10号2134頁 …… 99
最3小判昭和25年11月21日刑集4巻11号2359頁 …… 78, 80
最大判昭和25年11月29日刑集4巻11号2402頁 …… 86
最3小判昭和25年12月24日刑集4巻12号2621頁 …… 94
最2小決昭和26年1月26日刑集5巻1号101頁 …… 86
最1小決昭和26年2月22日刑集5巻3号429頁 …… 95
最1小判昭和26年2月22日刑集5巻3号421頁 …… 70
最3小判昭和26年4月10日刑集5巻5号842頁 …… 35
最2小決昭和26年5月25日刑集5巻6号1201頁 …… 70
最2小判昭和26年6月15日刑集5巻7号1277頁 …… 41
最3小判昭和26年10月23日刑集5巻11号2281頁 …… 99
最1小決昭和27年1月17日刑集6巻1号101頁 …… 94
最大判昭和27年3月5日刑集6巻3号351頁 …… 35
最2小判昭和27年3月7日刑集6巻3号387頁 …… 80
最大判昭和27年4月9日刑集6巻4号584頁 …… 64
最2小判昭和27年12月19日刑集6巻11号1329頁 …… 70
最1小判昭和28年2月12日刑集7巻2号204頁 …… 91
最3小判昭和28年4月14日刑集7巻4号841頁 …… 80
最2小判昭和28年5月1日刑集刑80号49頁 …… 80
最2小判昭和28年7月10日刑集7巻7号1474頁 …… 81
最1小判昭和29年1月14日集刑91号161頁 …… 35
最1小判昭和29年1月21日刑集8巻1号71頁 …… 41
最3小決昭和29年5月4日刑集8巻5号627頁 …… 86

最2小判昭和29年5月14日刑集8巻5号676頁 ……… 42
最1小決昭和29年6月3日刑集8巻6号802頁 …… 53
最3小判昭和29年6月8日刑集8巻6号821頁 …… 95
最1小決昭和29年7月15日刑集8巻7号1137頁 …… 1
最1小決昭和29年7月29日刑集8巻7号1217頁 …… 64
最1小決昭和29年12月2日刑集8巻12号1923頁 …… 69
最2小判昭和29年12月17日刑集8巻13号2147頁 …… 41
最大判昭和30年4月6日刑集9巻4号663頁 …… 55
最大判昭和30年6月22日刑集9巻8号1189頁 …… 86
最3小判昭和30年11月29日刑集9巻12号2524頁 …… 66
最2小判昭和30年12月9日刑集9巻13号2699頁 …… **62**
最2小判昭和30年12月26日刑集9巻14号3011頁 …… 44, 47
最大判昭和31年7月18日刑集10巻7号1147頁 …… **95**
最大判昭和31年9月26日刑集10巻9号1391頁 …… **95**
最1小決昭和31年10月25日刑集10巻10号1439頁 …… 23
最1小決昭和31年12月13日刑集10巻12号1629頁 …… 53
最2小判昭和31年12月14日刑集10巻12号1655頁 …… **95**
最大判昭和31年12月26日刑集10巻12号1746頁 …… 55
最3小判昭和32年1月22日刑集11巻1号103頁 …… **68**
最大判昭和32年2月20日刑集11巻2号802頁 …… 53
最2小判昭和32年6月21日刑集11巻6号1721頁 …… **95**
最2小判昭和32年7月19日刑集11巻7号1882頁 …… 80
最2小決昭和32年9月30日刑集11巻9号2403頁 …… **66**
最1小判昭和33年1月23日刑集12巻1号34頁 …… 37
最大決昭和33年2月17日刑集12巻2号253頁 …… 55
最大決昭和33年2月26日刑集12巻2号316頁 …… 91
最1小決昭和33年3月27日刑集12巻4号697頁 …… 41
最3小判昭和33年5月6日刑集12巻7号1297頁 …… 97
最3小判昭和33年5月20日刑集12巻7号1398頁 …… **35**
最大判昭和33年5月28日刑集12巻8号1718頁 …… 37, 87, 91
最大決昭和33年7月29日刑集12巻12号2776頁 …… 9, 11, **13**
最2小判昭和34年2月13日刑集13巻2号101頁 …… **95**
最2小判昭和34年5月22日刑集13巻5号773頁 …… **95**
最2小判昭和35年7月15日刑集14巻9号1152頁 …… 97
最1小判昭和35年9月8日刑集14巻11号1437頁 …… 67
最2小判昭和35年9月9日刑集14巻11号1477頁 …… **53**
最2小判昭和36年1月13日刑集15巻1号113頁 …… **95**
最1小判昭和36年3月9日刑集15巻3号500頁 …… 65
最2小判昭和36年5月26日刑集15巻5号893頁 …… 67
最大判昭和36年6月7日刑集15巻6号915頁 …… 17, **16**
最3小決昭和36年11月21日刑集15巻10号1764頁 …… **32**
最大判昭和37年11月28日刑集16巻11号1633頁 …… 37, 38
最2小判昭和38年9月13日刑集17巻8号1703頁 …… 78
最1小判昭和38年10月17日刑集17巻10号1795頁 …… 62, 63
最3小決昭和39年11月24日刑集18巻9号639頁 …… 99
最大判昭和40年4月28日刑集19巻3号270頁 …… 45, 93
最2小決昭和41年2月21日判時450号60頁 …… 60

最 1 小判昭41年 4 月21日刑集20巻 4 号275頁 ············· 36
最 2 小判昭41年 7 月 1 日刑集20巻 6 号537頁 ···· **78**, 79, 84
最大判昭41年 7 月13日刑集20巻 6 号609頁 ········· **51**, 72
最 3 小決昭41年 7 月26日刑集20巻 6 号728頁 ·········· 81
最 1 小決昭41年10月 6 日集刑161号21頁 ·············· 81
最 3 小決昭41年11月22日刑集20巻 9 号1035頁 ········· 61
最 2 小判昭41年12月 9 日刑集20巻10号1107頁 ······ 79, 80
最 1 小判昭42年 5 月25日刑集21巻 4 号705頁 ···· 44, 47, 94
最 1 小判昭42年 6 月 8 日判時487号38頁 ··········· 9, 13
最大判昭42年 7 月 5 日刑集21巻 6 号748頁 ··········· 72
最 1 小判昭42年 8 月31日刑集21巻 7 号879頁 ········· 44
最 1 小決昭42年 8 月31日判時495号87頁 ············· 94
最 1 小判昭42年12月21日刑集21巻10号1476頁 ······· **86**
最 2 小判昭43年 3 月29日刑集22巻 3 号153頁 ········· 97
最 2 小判昭43年10月25日刑集22巻11号961頁 ······ 87, **99**
最 3 小決昭43年11月26日刑集22巻12号1352頁 ······· 45
最 3 小決昭44年 3 月18日刑集23巻 3 号153頁 ········ **12**
最 2 小決昭44年 4 月25日刑集23巻 4 号248頁 ········· 46
最 3 小決昭44年 7 月14日刑集23巻 8 号1057頁 ······· **51**
最 1 小決昭44年10月 2 日刑集23巻10号1199頁 ········ 35
最大決昭44年11月26日刑集23巻11号1490頁 ········· **12**
最 3 小決昭44年12月23日集刑174号751頁 ··········· 81
最大判昭44年12月24日刑集23巻12号1625頁 ·········· 3
最大判昭45年11月25日刑集24巻12号1670頁 ·· 78, 84, **79**
最大決昭46年 3 月24日刑集25巻 2 号293頁 ·········· 93
最 3 小判昭46年 6 月22日刑集25巻 4 号588頁 ········ **40**
最 2 小判昭46年11月26日集刑182号163頁 ··········· 40
最 1 小判昭47年 3 月 9 日刑集26巻 2 号102頁 ········· 93
最 3 小判昭47年 5 月30日民集26巻 4 号826頁 ········· 36
最 3 小決昭47年 7 月25日刑集26巻 6 号366頁 ········· 42
最大判昭47年12月20日刑集26巻10号631頁 ·········· **54**
最 2 小判昭48年 7 月20日刑集27巻 7 号1322頁 ········ 54
最 1 小判昭48年12月13日判時725号104頁 ········· 88, 89
最 2 小判昭49年 5 月31日判時745号104頁 ··········· 54
最 1 小決昭50年 5 月20日刑集29巻 5 号177頁 ········ **100**
最 3 小決昭50年 5 月30日刑集29巻 5 号360頁 ········· 97
最 1 小判昭50年 8 月 6 日刑集29巻 7 号393頁 ········· 54
最 3 小判昭51年 3 月16日刑集30巻 2 号187頁

········ **1**, 2, 3, 5, 6, 7, 8, 18, 19, 20
最 1 小決昭51年10月12日刑集30巻 9 号1673頁 ······· **100**
最 1 小判昭51年10月28日刑集30巻 9 号1859頁 ········ 87
最 1 小判昭51年11月18日判時837号104頁 ···· 9, 10, 11, 13
最 2 小決昭52年 8 月 9 日刑集31巻 5 号821頁 ········· 25
最 2 小決昭53年 3 月 6 日刑集32巻 2 号218頁 ········ **42**
最 3 小決昭53年 6 月20日刑集32巻 4 号670頁

········ **1**, 6, **7**, 19, 73
最 1 小判昭53年 7 月10日民集32巻 5 号820頁 ········· 27
最 2 小決昭53年 9 月 4 日刑集32巻 6 号1652頁 ········ 54
最 1 小判昭53年 9 月 7 日刑集32巻 6 号1672頁

········ 7, **73**, 74, 75, 76, 78, 81, 82, 84
最 1 小決昭53年 9 月22日刑集32巻 6 号1774頁 ·········· 6
最 1 小判昭55年 2 月 7 日刑集34巻 2 号15頁 ··········· 54

最 3 小決昭55年 3 月 4 日刑集34巻 3 号89頁 ········ 39, 41
最 1 小判昭55年 4 月28日刑集34巻 3 号178頁 ········· **29**
最 3 小決昭55年 7 月 4 日集刑218号117頁 ·········· 54, 99
最 1 小決昭55年10月23日刑集34巻 5 号300頁 ··· 18, 20, **21**
最 1 小判昭55年12月17日刑集34巻 7 号672頁 ······ **33**, 34
最 1 小判昭56年 4 月25日刑集35巻 3 号116頁 ······ **38**, 43
最 2 小判昭56年 6 月26日刑集35巻 4 号426頁 ········· 33
最 3 小判昭56年 7 月14日刑集35巻 5 号497頁 ······· 97, 98
最 2 小判昭57年 3 月 2 日集刑225号689頁 ··········· 32
最 1 小判昭57年 3 月16日刑集36巻 3 号260頁 ········· 95
最 1 小判昭57年 4 月22日集刑227号75頁 ············· 93
最 3 小判昭58年 5 月 6 日刑集37巻 4 号375頁 ······· 37, 90
最 2 小判昭58年 5 月27日刑集37巻 4 号474頁 ········· 54
最 2 小判昭58年 6 月30日刑集37巻 5 号592頁 ········· 66
最 3 小判昭58年 7 月12日刑集37巻 6 号791頁

········ 75, 78, 80, 81, 82, **83**, 84
最 3 小判昭58年 9 月 6 日刑集37巻 7 号930頁 ········ **45**
最 3 小判昭58年12月13日刑集37巻10号1581頁 ········ 39
最 1 小決昭58年12月19日刑集37巻10号1753頁 ······· **91**
最 1 小決昭59年 1 月27日刑集38巻 1 号136頁 ········· 34
最 2 小決昭59年 2 月29日刑集38巻 3 号479頁 ······· **1**, 5
最 1 小決昭59年 9 月20日刑集38巻 9 号2810頁 ······· **94**
最 2 小決昭59年12月21日刑集38巻12号3071頁 ········ 67
最 2 小判昭61年 2 月14日刑集40巻 1 号48頁 ··········· 3
最 2 小判昭61年 3 月 3 日刑集40巻 2 号175頁 ········· 69
最 2 小判昭61年 4 月25日刑集40巻 3 号215頁

········ 6, 73, **74**, 75, 76
最 3 小決昭61年10月28日刑集40巻 6 号509頁 ········· 37
最 3 小決昭62年 3 月 3 日刑集41巻 2 号60頁 ········· 60
最 3 小決昭63年 2 月29日刑集42巻 2 号314頁 ······ **36**, 93
最 2 小決昭63年 9 月16日刑集42巻 7 号1051頁

········ 73, 74, 75, 76
最 1 小決昭63年10月24日刑集42巻 8 号1079頁

········ 39, 40, 93
最 3 小決昭63年10月25日刑集42巻 8 号1100頁 ······· **43**
最 2 小決平成元年 1 月23日判時1301号155頁 ········ **81**
最 2 小決平成元年 1 月30日刑集43巻 1 号19頁 ········ **12**
最大判平成元年 3 月 8 日民集43巻 2 号89頁 ········· 55
最 1 小決平成元年 5 月 1 日刑集43巻 5 号323頁 ········ 93
最 3 小決平成元年 7 月 4 日刑集43巻 7 号581頁 ········· 5
最 2 小決平成 2 年 6 月27日刑集44巻 4 号385頁 ····· 3, **10**
最 2 小決平成 2 年 7 月 9 日刑集44巻 5 号421頁 ······· **12**
最 3 小判平成 3 年 5 月10日民集45巻 5 号919頁 ········ 27
最 1 小判平成 4 年 9 月18日刑集46巻 6 号355頁 ········ 34
最 1 小決平成 6 年 9 月 8 日刑集48巻 6 号263頁 ······· **14**
最 3 小決平成 6 年 9 月16日刑集48巻 6 号420頁

········ **1**, 6, **8**, 19, 20, 21, 73, 74, 76
最大判平成 7 年 2 月22日刑集49巻 2 号 1 頁 ········ 77
最 3 小決平成 7 年 2 月28日刑集49巻 2 号481頁 ······· **56**
最 3 小決平成 7 年 5 月30日刑集49巻 5 号703頁

········ 7, 73, 74, 76
最 3 小判平成 7 年 6 月20日刑集49巻 6 号741頁 ··· 64, **65**, 77

最 3 小決平成 8 年 1 月29日刑集50巻 1 号 1 頁………16, **17**
最 3 小決平成 8 年10月18日判例集未掲載………**2**
最 3 小決平成 8 年10月29日刑集50巻 9 号683頁………74
最 3 小決平成 9 年 1 月28日刑集51巻 1 号 1 頁………100
最 2 小決平成 9 年 3 月28日判時1608号43頁………**11**
最 1 小判平成10年 3 月12日刑集52巻 2 号17頁………56
最 2 小判平成10年 5 月 1 日刑集52巻 4 号275頁………**11**
最 2 小判平成10年 9 月 7 日判時1661号70頁………24
最 3 小決平成10年10月27日刑集52巻 7 号363頁………100
最大判平成11年 3 月24日民集53巻 3 号514頁………**27**, 28
最 3 小決平成11年12月16日刑集53巻 9 号1327頁
　　　　………1, **18**, 19, 20
最 3 小判平成12年 6 月13日民集54巻 5 号1635頁………**27**, 28
最 1 小決平成12年 6 月27日刑集54巻 5 号461頁………**92**
最 2 小決平成12年 7 月12日刑集54巻 6 号513頁………4
最 2 小決平成12年 7 月17日刑集54巻 6 号550頁………**60**
最 2 小決平成12年10月31日刑集54巻 8 号735頁………77
最 2 小決平成13年 2 月 7 日判時1737号148頁………29
最 3 小決平成13年 4 月11日刑集55巻 3 号127頁
　　　　………37, 38, **39**, 40, 41, 90
最 1 小決平成14年 4 月 8 日判時1781号160頁………100
最 1 小決平成14年 7 月18日刑集56巻 6 号307頁………37
最 1 小決平成14年10月 4 日刑集56巻 8 号507頁………**15**, 19
最 2 小判平成15年 2 月14日刑集57巻 2 号121頁
　　　　………74, **75**, 76, 80, 83, 84
最 2 小決平成15年 2 月20日判時1820号149頁………40
最大判平成15年 4 月23日刑集57巻 4 号467頁………**34**
最 1 小決平成15年 5 月26日刑集57巻 5 号620頁………1, **6**, 7
最 2 小判平成15年 6 月 2 日集刑284号353頁………97
最 3 小判平成15年10月 7 日刑集57巻 9 号1002頁………**97**
最 1 小決平成15年11月26日刑集57巻10号1057頁………77
最 1 小決平成16年 7 月12日刑集58巻 5 号333頁………2
最 3 小決平成16年 9 月 7 日判時1878号88頁………27
最 1 小判平成17年 3 月16日判時1887号15頁………100
最 1 小判平成17年 4 月14日刑集59巻 3 号259頁………**55**
最 2 小決平成17年 9 月27日刑集59巻 7 号753頁………57, 67
最 1 小決平成17年10月12日刑集59巻 8 号1425頁………37
最 3 小決平成17年11月29日刑集59巻 9 号1847頁………**52**
最 3 小判平成18年11月 7 日刑集60巻 9 号561頁………**71**, 91
最 1 小決平成19年 2 月 8 日刑集61巻 1 号 1 頁………14
最 1 小決平成19年10月16日刑集61巻 7 号677頁………**88**, 89
最 3 小決平成19年12月13日刑集61巻 9 号843頁………92
最 3 小決平成19年12月25日刑集61巻 9 号895頁………**46**
最 2 小決平成20年 3 月24日集刑293号747頁………100
最 2 小決平成20年 4 月15日刑集62巻 5 号1398頁………1, **3**
最 3 小決平成20年 6 月25日刑集62巻 6 号1886頁………46
最 1 小決平成20年 9 月30日刑集62巻 8 号2753頁………46
最 3 小判平成21年 4 月14日刑集63巻 4 号331頁………88, 89, 96
最 3 小判平成21年 4 月21日集刑296号391頁………61
最 3 小判平成21年 7 月14日刑集63巻 6 号623頁………**58**
最 3 小決平成21年 7 月21日刑集63巻 6 号762頁………34, 90
最 2 小判平成21年 9 月25日判タ1310号123頁………88

最 3 小決平成21年 9 月28日刑集63巻 7 号868頁
　　　　………1, 3, 7, 18, **19**, 20, 73, 75, 76, 83, 84
最 2 小決平成21年12月14日集刑299号1075頁………100
最 3 小決平成22年 4 月 5 日判時2090号152頁………100
最 3 小判平成22年 4 月27日刑集64巻 3 号233頁………88, **89**
最 2 小判平成22年 7 月 2 日集刑301号 1 頁………50
最 2 小判平成23年 7 月25日判時2132号134頁………88
最 1 小決平成23年 9 月14日刑集65巻 6 号949頁………**57**
最 2 小決平成23年10月 5 日刑集65巻 7 号977頁………92
最 1 小決平成23年10月20日刑集65巻 7 号999頁………**77**
最大判平成23年11月16日刑集65巻 8 号1285頁………**59**
最 2 小判平成24年 1 月13日刑集66巻 1 号 1 頁………59
最 1 小判平成24年 2 月13日刑集66巻 4 号482頁………50, **96**, 99
最 1 小決平成24年 2 月22日判タ1374号107頁………88
最 3 小決平成24年 2 月29日刑集66巻 4 号589頁………39
最 2 小決平成24年 9 月 7 日刑集66巻 9 号907頁………**61**
最 1 小判平成25年 2 月20日刑集67巻 2 号 1 頁………61
最 3 小決平成25年 2 月26日刑集67巻 2 号143頁………57
最 1 小判平成25年 3 月 5 日刑集67巻 3 号267頁………**93**
最 3 小決平成25年 4 月16日刑集67巻 4 号549頁………96
最 1 小決平成25年10月16日集刑312号 1 頁………100
最 1 小決平成25年10月21日刑集67巻 7 号755頁………96
最 3 小判平成25年12月10日裁時1593号 3 頁………30
最 1 小判平成26年 3 月10日刑集68巻 3 号87頁………96
最 1 小決平成26年 3 月17日刑集68巻 3 号368頁………**37**, 38, 39
最 1 小判平成26年 3 月20日刑集68巻 3 号499頁………96
最 1 小判平成26年 7 月 8 日判時2237号141頁………96
最 1 小判平成26年 7 月24日刑集68巻 6 号925頁………96
最 1 小決平成26年11月17日裁時1616号17頁………**24**, 50
最 1 小判平成26年11月18日刑集68巻 9 号1020頁………24, **50**
最 2 小決平成26年12月10日集刑315号261頁………100
最 1 小決平成27年 2 月 2 日判時2257号109頁………67
最 2 小判平成27年 2 月 3 日裁時1621号 1 頁、 4 頁………96
最 3 小判平成27年 3 月10日刑集69巻 2 号219頁………59
最 3 小判平成27年 4 月15日集刑316号143頁………50
最 2 小決平成27年 5 月25日刑集69巻 4 号636頁………48, **49**
最 2 小決平成27年10月22日裁時1638号 2 頁………24
最 1 小決平成27年12月 3 日刑集69巻 8 号815頁………36
最 1 小決平成28年12月19日刑集70巻 8 号865頁………56
最 2 小判平成29年 3 月10日裁時1671号10頁………88, 96
最大判平成29年 3 月15日刑集71巻 3 号13頁
　　　　………1, 18, 19, **20**, 75
最 1 小決平成29年12月25日判時2390号104頁………100
最 2 小判平成30年 3 月19日刑集72巻 1 号 1 頁………45, 96
最 2 小判平成30年 7 月13日刑集72巻 3 号324頁………96
最 2 小決平成30年10月31日判時2406号70頁………26
最 1 小決令和元年 6 月25日判時2422号108頁………100
最 1 小判令和 2 年 1 月23日刑集74巻 1 号 1 頁………95
最 3 小決令和 2 年12月22日裁時1759号 1 頁………100
最 2 小判令和 3 年 1 月29日裁時1761号 1 頁………96

高等裁判所

大阪高判昭和27年 7 月18日高刑集 5 巻 7 号1170頁 ········· 53
広島高岡山支判昭和27年 7 月24日高刑判決特報20号147頁
··· 79
福岡高判昭和29年 3 月10日高刑判決特報26号71頁 ········ 78
仙台高判昭和31年 5 月 8 日高刑裁判特報 3 巻10号524頁
··· 71
東京高決昭和32年 3 月12日高刑裁判特報 4 巻 6 号123頁
··· 100
東京高判昭和40年 7 月 8 日高刑集18巻 5 号491頁 ········· 42
高松高決昭和41年10月20日下刑集 8 巻10号1346頁 ········ 51
東京高判昭和42年 9 月26日高刑集20巻 5 号601頁 ········· 72
大阪高判昭和43年12月 9 日判時574号83頁 ····················· 32
大阪高判昭和44年 5 月20日刑月 1 巻 5 号462頁 ············· 79
東京高判昭和44年 6 月20日高刑集22巻 3 号352頁 ········· 16
仙台高判昭和47年 1 月25日刑月 4 巻 1 号14頁 ··············· 21
大阪高判昭和47年 7 月17日高刑集25巻 3 号290頁 ········· 25
大阪高決昭和47年11月30日高刑集25巻 6 号914頁 ········· 98
福岡高那覇支判昭和49年 5 月13日刑月 6 巻 5 号533頁 ···· 82
大阪高判昭和50年 7 月15日刑月 7 巻 7 ・ 8 号772頁 ······· 16
大阪高判昭和50年 8 月27日高刑集28巻 3 号321頁 ········· 97
大阪高判昭和50年 9 月11日判時803号24頁 ····················· 32
福岡高那覇支判昭和51年 4 月 5 日判タ345号321頁 ···· 44, 47
大阪高判昭和52年 6 月28日刑月 9 巻 5 ・ 6 号334頁 ······· 84
東京高判昭和53年 3 月29日刑月10巻 3 号233頁 ············· 25
東京高判昭和53年11月15日高刑集31巻 3 号265頁 ········· 16
東京高判昭和54年 8 月14日刑月11巻 7 ・ 8 号787頁 ······· 23
仙台高判昭和55年 8 月29日判時980号69頁 ····················· 25
広島高岡山支判昭和56年 8 月 7 日判タ454号168頁 ········· 9
広島高判昭和56年11月26日判時1047号162頁 ················· 9
大阪高判昭和57年 3 月16日判時1046号146頁 ················· 63
東京高判昭和58年 1 月27日判時1097号146頁 ········· 62, **63**
札幌高判昭和58年12月26日刑月15巻11・12号1219頁
·· 9, 16
高松高判昭和59年 1 月24日判時1136号158頁 ················· 97
大阪高判昭和59年 4 月19日高刑集37巻 1 号98頁 ··········· 25
大阪高判昭和60年 3 月19日判タ562号197頁 ··················· 65
東京高判昭和60年 4 月30日判タ555号330頁 ··················· 23
大阪高判昭和60年12月18日判時1201号93頁 ··················· 23
大阪高判昭和61年 2 月28日判タ599号75頁 ····················· 72
札幌高判昭和61年 3 月24日高刑集39巻 1 号 8 頁 ·········· **90**
大阪高判昭和61年 4 月18日刑月18巻 4 号280頁 ············· 65
福岡高判昭和61年 4 月28日刑月18巻 4 号294頁 ············· 25
東京高判昭和61年 6 月 5 日判時1215号141頁 ················· 42
東京高判昭和61年10月29日高刑集39巻 4 号431頁 ········· 99
大阪高判昭和62年 4 月 1 日判タ642号266頁 ··················· 72
大阪高判昭和63年 2 月17日判タ667号265頁 ····················· 5
東京高判昭和63年 4 月 1 日判時1278号152頁 ··················· 2
東京高判平成 3 年 3 月26日判時1382号131頁 ················· 79
東京高判平成 3 年 4 月23日高刑集44巻 1 号66頁 ··········· 22
東京高判平成 3 年10月29日高刑集44巻 3 号212頁 ········· 72
東京高判平成 4 年10月14日高刑集45巻 3 号66頁 ··········· 90
福岡高判平成 5 年 3 月 8 日判タ834号275頁 ··················· 17
福岡高判平成 5 年 3 月18日判時1489号159頁 ················· 78
東京高判平成 5 年 4 月26日判時1461号68頁 ··················· 23
札幌高判平成 5 年10月26日判タ865号291頁 ··················· 90
大阪高判平成 6 年 4 月20日高刑集47巻 1 号 1 頁 ··········· 15
東京高判平成 6 年 5 月11日高刑集47巻 2 号237頁 ········· 14
東京高判平成 6 年 8 月 2 日高刑集47巻 2 号282頁 ········· 38
大阪高判平成 7 年 1 月25日高刑集48巻 1 号 1 頁 ··········· 15
福岡高判平成 7 年 6 月30日判時1543号181頁 ················· 60
東京高判平成 8 年 3 月 6 日高刑集49巻 1 号43頁 ··········· 15
東京高判平成 8 年 4 月11日高刑集49巻 1 号174頁 ········· 71
東京高判平成 8 年 5 月29日高刑集49巻 2 号272頁 ········· 32
大阪高判平成 8 年11月27日判時1603号151頁 ················· 70
名古屋高判平成10年 1 月28日高刑集51巻 1 号70頁 ······· 72
東京高判平成10年 6 月 8 日判タ987号301頁 ··················· 90
広島高判平成12年 6 月29日判時1820号152頁 ················· 40
東京高判平成14年 9 月 4 日判時1808号144頁 ··· 5, 76, **82**, 84
広島高判平成14年12月10日判時1826号160頁 ················· 72
大阪高判平成17年 1 月25日訟月52巻10号3069頁 ··········· 30
名古屋高判平成18年 6 月26日判タ1235号350頁 ············· 41
名古屋高判平成18年 8 月18日判例集未掲載 ··················· 10
東京高判平成19年 9 月18日判タ1273号338頁 ··················· 8
広島高岡山支判平成20年 4 月16日高等裁判所刑事裁判
  速報集（平20）号193頁 ································· 48, 49
福岡高判平成20年 4 月22日季刊刑事弁護56号185頁 ······· 41
名古屋高金沢支判平成20年 6 月 5 日判タ1275号342頁 ···· 48
東京高判平成20年10月16日高刑集61巻 4 号 1 頁 ··········· 65
東京高判平成20年11月18日判タ1301号307頁 ············ 47, 48
東京高判平成21年 7 月 1 日判タ1314号302頁 ··················· 8
東京高判平成21年 8 月 6 日判タ1342号64頁 ··················· 47
大阪高判平成21年10月 8 日刑集65巻 9 号1635頁 ··········· 80
東京高判平成22年 5 月27日高刑集63巻 1 号 8 頁 ·········· **64**
東京高判平成22年11月 1 日判タ1367号251頁 ············ 80, 84
東京高判平成22年11月 8 日判タ1374号248頁 ··················· 8
東京高判平成23年 4 月12日判タ1399号375頁 ················· 52
福岡高判平成23年 7 月 1 日判時2127号 9 頁 ·················· **30**
福岡高判平成23年11月 2 日判例集未掲載 ······················ 89
福岡高判平成24年 5 月16日高刑速（平24）号242頁 ······· 21
高松高判平成24年 6 月19日判例集未掲載 ······················ 89
東京高判平成25年 7 月23日判時2201号141頁 ········· 78, **84**
東京高判平成26年 3 月12日判例集未掲載 ······················ 89
福岡高判平成26年 7 月 9 日判例集未掲載 ······················ 89
札幌高判平成26年12月18日判タ1416号129頁 ··················· 8
東京高判平成27年 2 月 6 日東京高等裁判所
  （刑事）判決時報66巻 1 ～12号 4 頁 ················· **72**
東京高判平成27年 3 月 4 日判時2286号138頁 ··················· 8
東京高判平成27年 7 月 9 日判時2280号16頁 ················· **31**
大阪高判平成28年 4 月22日判時2315号61頁 ··················· 30
大阪高判平成28年 5 月26日判タ1438号130頁 ················· 39
名古屋高判平成28年 6 月29日判時2307号129頁 ············· 20

広島高判平成28年 7 月21日高刑速（平28）号241頁 ……… 20
東京高判平成28年 8 月10日判タ1429号132頁 …………… **85**
東京高判平成28年 8 月25日判タ1440号174頁 ………… 40, 90
東京高判平成29年11月17日刑集74巻 1 号76頁 …………… 95
東京高判平成30年 3 月 2 日判タ1456号136頁 ……………… 7
東京高判平成30年 3 月22日判時2406号78頁 …………… 89
東京高判平成30年 8 月 3 日判時2389号 3 頁 ………… 85, 89
東京高判平成31年 4 月19日判時2406号78頁 …………… 89

地方裁判所

岡山地判昭和34年 5 月25日下刑集 1 巻 5 号1282頁 ……… 78
大阪地判昭和35年 6 月16日判時230号31頁 ……………… 78
秋田地判昭和37年 4 月24日判タ131号166頁 …………… 90
東京地八王子支判昭和37年 5 月16日下刑集 4 巻 5 ・
　6 号444頁 ……………………………………………… 54
東京地判昭和38年12月21日下刑集 5 巻11・12号1184頁
　…………………………………………………………… 34
釧路地決昭和42年 9 月 8 日下刑集 9 巻 9 号1234頁 …… 23
函館地決昭和43年11月20日判時563号95頁 ……………… 81
金沢地七尾支判昭和44年 6 月 3 日刑月 1 巻 6 号657頁
　……………………………………………………… 25, 83
京都地決昭和44年 7 月 4 日刑月 1 巻 7 号780頁 ……… 23
京都地決昭和44年11月 5 日判時629号103頁 …………… **23**
東京地判昭和45年 2 月26日刑月 2 巻 2 号137頁 ……… 25
大阪地判昭和46年 9 月 9 日判時662号101頁 …………… 90
東京地決昭和47年 4 月 4 日刑月 4 巻 4 号891頁 ……… **26**
東京地判昭和47年 8 月 5 日刑月 4 巻 8 号1509頁 …… 23
旭川地判昭和48年 2 月 3 日刑月 5 巻 2 号166頁 ……… 83
東京地判昭和48年 2 月15日判タ292号389頁 …………… 23
浦和地決昭和48年 4 月21日刑月 5 巻 4 号874頁 ……… 26
青森地決昭和48年 8 月25日刑月 5 巻 8 号1246頁 …… 23
京都地判昭和48年12月11日刑月 5 巻12号1679頁 ……… 14
東京地判昭和49年 4 月 2 日高刑集27巻 4 号381頁 …… 97
大阪地判昭和49年 5 月 2 日刑月 6 巻 5 号583頁 ……… **98**
仙台地決昭和49年 5 月16日判タ319号300頁 …………… 26
大阪地判昭和49年 9 月27日刑月 6 巻 9 号1002頁 …… 78
東京地判昭和49年12月 9 日刑月 6 巻12号1270頁 ……… 25
東京地判昭和50年 1 月29日刑月 7 巻 1 号63頁 ………… 32
佐賀地唐津支判昭和51年 3 月22日判時813号14頁 …… 83
津地四日市支判昭和53年 3 月10日判時895号43頁 …… 83
東京地決昭和53年 6 月29日判時893号 3 頁 …………… **69**
名古屋地決昭和54年 3 月30日判タ389号157頁 ………… 10
京都地決昭和54年 7 月 9 日判タ406号142頁 …………… 78
富山地決昭和54年 7 月26日判時946号137頁 …………… 23
神戸地決昭和56年 3 月10日判時1016号138頁 …………… 25

仙台地判昭和59年 7 月11日判時1127号34頁 …………… 22
大津地決昭和60年 7 月 3 日刑月17巻 7 ・ 8 号721頁 …… 10
福岡地久留米支判昭和62年 2 月 5 日判時1223号144頁 … 23
東京地判昭和62年12月16日判時1275号35頁 …………… 79
東京地判昭和63年11月25日判タ696号234頁 …………… 14
浦和地判平成元年10月 3 日判時1337号150頁 …………… 79
浦和地判平成 2 年10月12日判時1376号24頁 …………… **25**
浦和地判平成 3 年 3 月25日判タ760号261頁 …………… **80**
千葉地判平成 3 年 3 月29日判時1384号141頁 …………… **4**
浦和地判平成 4 年 1 月14日判タ778号117頁 …………… 79
浦和地判平成 4 年 3 月19日判タ801号264頁 …………… 78
札幌地判平成 6 年 3 月14日判タ868号296頁 …………… 82
広島地決平成 9 年 6 月16日判時1630号159頁 …………… 78
広島地判平成 9 年 7 月30日判時1628号147頁 …………… 79
東京地決平成10年 2 月27日判時1637号152頁 …………… 11
大阪地判平成10年 4 月16日判タ992号283頁 ………… 44, 47
東京地決平成12年 4 月28日判タ1047号293頁 …………… 23
大阪地判平成12年 5 月25日判時1754号102頁 …………… 30
福岡地判平成12年 6 月29日判タ1085号308頁 …………… 25
東京地決平成12年11月13日判タ1067号283頁 ………… 25, 82
福岡地判平成15年 6 月24日判時1845号158頁 …………… 32
福岡地小倉支判平成20年 3 月 5 日季刊刑事弁護55号172頁
　…………………………………………………………… **22**
鹿児島地判平成20年 3 月24日判時2008号 3 頁 ………… 30
宇都宮地判平成22年 3 月26日判時2084号157頁 ………… 60
鹿児島地判平成22年12月10日判例集未掲載 …………… 89
大阪地判平成24年 1 月23日判タ1404号373頁 …………… 33
神戸地判平成26年 1 月14日判例集未掲載 ……………… 89
東京地判平成26年 3 月18日判タ1401号373頁 …………… 65
大阪地決平成27年 6 月 5 日判時2288号134頁 …………… 20
大阪地決平成27年 6 月 5 日判時2288号138頁 …………… 75
東京地決平成27年 7 月 7 日判時2315号132頁 …………… 32
水戸地決平成28年 1 月22日判例集未掲載 ……………… 20
札幌地決平成28年 3 月 3 日判時2319号136頁 ………… 2, **76**
鹿児島地加治木支判平成29年 3 月24日判時2343号107頁
　……………………………………………………… 2, **76**
さいたま地判平成30年 5 月10日判時2400号103頁 …… 3, **76**
千葉地判平成30年 8 月30日判例集未掲載 ……………… 20
大阪地決平成30年 9 月 8 日判例集未掲載 ……………… 24
東京地決令和元年 7 月 4 日判時2430号150頁 …………… 85
大津地判令和 2 年 3 月31日判時2445号 3 頁 …………… 22

簡易裁判所

山口簡判平成 2 年10月22日判時1366号158頁 …………… 33

執筆者紹介

(50音順／＊は編者)

石田 倫識（いしだ とものぶ）　愛知学院大学教授

〔主著〕「被疑者の黙秘権に関する一考察──イギリス黙秘権制限立法を手がかりに」九大法学86号（2003年）
「黙秘権保障と刑事手続の構造」刑法雑誌53巻2号（2014年）

伊藤 睦（いとう むつみ）　京都女子大学教授

〔主著〕「検面調書の証拠能力──アメリカにおける証人による公判外供述に関する議論を手がかりとして」法学64巻2号（2000年）
「対質権と強制手続請求権を貫く基本理念」法学69巻5号（2006年）

＊葛野 尋之（くずの ひろゆき）　一橋大学教授

〔主著〕『未決拘禁法と人権』（現代人文社、2012年）
『刑事司法改革と刑事弁護』（現代人文社、2016年）

黒川 亨子（くろかわ きょうこ）　宇都宮大学准教授

〔主著〕「差別的起訴について」刑法雑誌58巻2号（2019年）
「少年事件が捜査遅延によって成人後訴追された場合の救済方法の検討──捜査の違法を量刑事情として考慮することの可否」石田倫識・伊藤睦・斎藤司・関口和徳・渕野貴生編『刑事法学と刑事弁護の協働と展望〔大出良知・高田昭正・川崎英明・白取祐司先生古稀祝賀論文集〕』（現代人文社、2020年）

斎藤 司（さいとう つかさ）　龍谷大学教授

〔主著〕『公正な刑事手続と証拠開示請求権』（法律文化社、2015年）
『刑事訴訟法の思考プロセス』（日本評論社、2019年）

笹倉 香奈（ささくら かな）　甲南大学教授

〔主著〕「死刑事件と適正手続──アメリカにおける議論の現状」法律時報91巻5号（2019年）
「乳幼児揺さぶられ症候群（SBS）をめぐる議論の現在地」季刊刑事弁護103号（2020年）

関口 和徳（せきぐち かずのり）　愛媛大学准教授

〔主著〕「再審における証拠の明白性の判断方法・再論──全面的再評価説にたつことの意義」石田倫識・伊藤睦・斎藤司・関口和徳・渕野貴生編『刑事法学と刑事弁護の協働と展望〔大出良知・高田昭正・川崎英明・白取祐司先生古稀祝賀論文集〕』（現代人文社、2020年）
『自白排除法則の研究』（日本評論社、2021年）

高平 奇恵（たかひら きえ）　東京経済大学准教授

〔主著〕「悪性格証拠の許容性の判断手順の在り方」現代法学36号（2019年）
「悪性格証拠の推認過程の明確化の必要性──イギリスの相互の許容性に関する議論を参考に」石田倫識・伊藤睦・斎藤司・関口和徳・渕野貴生編『刑事法学と刑事弁護の協働と展望〔大出良知・高田昭正・川崎英明・白取祐司先生古稀祝賀論文集〕』（現代人文社、2020年）

＊中川 孝博（なかがわ たかひろ）　國學院大學教授

〔主著〕『法学部は甦る！上──初年次教育の改革』（現代人文社、2014年）
『刑事訴訟法の基本』（法律文化社、2018年）

＊渕野 貴生　　立命館大学教授
〔ふちの たかお〕

　〔主著〕　『適正な刑事手続の保障とマスメディア』（現代人文社、2007年）
　　　　　　『2016年改正刑事訴訟法・通信傍受法 条文解析』（日本評論社、2017年／共編著）

正木 祐史　　静岡大学教授
〔まさき ゆうし〕

　〔主著〕　『ケースブック心理臨床の倫理と法』（知泉書館、2009年／共編著）
　　　　　　『「司法と福祉の連携」の展開と課題』（現代人文社、2018年／共同責任編集）

松倉 治代　　大阪市立大学准教授
〔まつくら はるよ〕

　〔主著〕　「刑事手続における Nemo tenetur 原則——ドイツにおける展開を中心として（1）〜（4・完）」立命館法学
　　　　　　335〜338号（2011年）
　　　　　　「身分秘匿捜査と自己負罪からの自由——欧州人権裁判所アラン事件判決の意義」石田倫識・伊藤睦・斎藤司・
　　　　　　関口和徳・渕野貴生編『刑事法学と刑事弁護の協働と展望〔大出良知・高田昭正・川崎英明・白取祐司先生古稀
　　　　　　祝賀論文集〕』（現代人文社、2020年）

緑　大輔　　一橋大学教授
〔みどり だいすけ〕

　〔主著〕　『刑事訴訟法入門〔第2版〕』（日本評論社、2017年）
　　　　　　『基本刑事訴訟法Ⅰ・手続理解編』（日本評論社、2020年／共著）

Horitsu Bunka Sha

判例学習・刑事訴訟法〔第3版〕

2010年 9 月15日　初　版第 1 刷発行
2015年11月 1 日　第 2 版第 1 刷発行
2021年 6 月15日　第 3 版第 1 刷発行

編　者　　葛野尋之・中川孝博
　　　　　渕野貴生

発行者　　畑　　光

発行所　　株式会社　法律文化社

　　　　　〒603-8053
　　　　　京都市北区上賀茂岩ヶ垣内町71
　　　　　電話 075(791)7131　FAX 075(721)8400
　　　　　https://www.hou-bun.com/

印刷：中村印刷㈱／製本：㈱藤沢製本
装幀：谷本天志
ISBN 978-4-589-04160-9
© 2021 H. Kuzuno, T. Nakagawa, T. Fuchino
Printed in Japan